역량중심

# 인적자원관리

[ 제 4 판 ]

박성환 · 이준우 · 윤현중

法文社

  기업은 경제적 효율성과 사회적 효율성을 극대화하기 위해 존재한다. 이러한 기업의 경영 활동 주체는 바로 사람이다. 즉, 인적자원이 얼마나 양질의 의사결정을 하고 이를 실천에 옮기느냐에 따라 기업의 성과가 달라질 수 있기 때문에 기업은 인력을 확보, 개발, 평가, 보상, 유지, 이직 활동을 계획하고 실천하고 통제하는 모든 인적자원관리 활동을 적극적으로 추진하여야 할 것이다.

  본서는 경영학을 전공하는 학생들은 물론 수험생이나 일반인(비전공자)들이 이해하기 편리하도록 실용도서로 개정하였다. 그 주요 개정 내용은 다음과 같다.

  첫째, 제1장 인적자원관리의 개념에서, 한국 인적자원관리의 근원으로 한국의 전통적 사상인 퇴계의 수양이론[마음을 경(敬)한 상태, 즉 경건(공손하고 엄숙)하게 가지는 일이다. 이를 위해 수행자는 명상(모든 상태를 통합하여 전체 속에서 자아·인생 세계를 바라보는 노력)을 해야 한다는 이론], 율곡의 이기이론[이(理)는 도덕심(인, 경)으로 무형의 보편적 원리이고, 기(氣)는 말과 행동(정책)으로 예(禮)나 유익(有益)을 가져오는 유형 또는 활동이므로, 기의 정도에 따라 성과가 구현된다는 이론]을 보완하였다. 전략적 인적자원관리도 보완하였다.

  둘째, 제2장 역량관리에서 초일류기업의 특징과 기업의 미래를, 제3장 직무관리에서 직급체계를 보완하였다.

  셋째, 제10장 임금관리에서 최저임금제, 임금피크제 등을 대폭 보완하여 정리하였다.

  넷째, 제11장 복지후생관리에서 국민연금(노령연금·장애연금·유족연금·일시반환금)을 개정된 법규대로 전면 수정하였다. 그리고 산재보험률의 급여수준 및 급여방식 등도 보완하였다.

  다섯째, 제13장 노사관계론에서 노동조합과 사용자의 올바른 추진전략을 신설하였고, 경제사회노동위원회 부분을 많이 보완하였다. 그리고 노사관계에 있어 정부의 역할에 속하는 중대재해와 업무개시명령을 신설하였다. 단체교섭제도의 주요 단체교섭의 내용(임금·근로시간)을 신설하고 근로시간을 비교적 자세히 기술하였다. 또한 제14장에 고성과 작업시스템의 구축을 추가하였다.

  오늘날, 4차 산업혁명과 디지털포메이션 그리고 인공지능(AI)의 도입 등 디지털 시대로의 전환이 급물살을 타고 있다. 많은 전문가들은 이러한 변화가 사람들의 일과 기업경영을 완전히 새롭게 바꿀 것이라고 전망한다. 이에 따라 기업들은 이러한 변화에 적응하지 못하면 도태되고 말 것이라고 생각하고 앞 다투어 새로운 기술을 도입하려고 하고 있다.

  린다 그래턴(Lynda Gratton) 런던 경영대학원 교수는 AI가 일자리를 파괴하지 않는다. 직업을 구성하는 일부 작업을 없애는 것뿐이다. 즉 인간의 일자리를 빼앗는 것이 아니라 바꿔놓는다. 기계로 할 수 있는 모든 작업은 AI가 할 것이기에 AI시대에는 모두가 인간다워야 하고, 공감력·지식·지혜를 보유하면서 회사전반에 대해 두루 지식을 갖춘 핵심인물(generalist, senior)들이 중시된다고 역설한다. 이 시대를 사는 우리들은 새롭게 일을 진행하려면 무엇을 더 배워야 하나. 나에게 필요한 다른 기술은 무엇인가를 생각해야 한다. 따라서 어떤 일이든지 자신이 탁월하게 잘하고, 계속해서 배울 수 있는 능력을 지니고 있어야 하며, 사람을 관리하거나 사람들과 협력하는 데 능숙해야 한다.

현대는 전략적 인적자원관리 시대이다. 따라서 경영자는, 첫째 인적자원관리와 조직전략의 연계, 둘째 거시적 관점의 전체 최적화, 셋째 장기적 관점의 인적자본 육성을 이루어야 한다.

2024년의 우리나라 기업 환경은 매우 복잡다단하다. 러시아와 우크라이나의 전쟁과 이스라엘 팔레스타인 전쟁 등으로 미국을 비롯한 모든 국가가 스태그플레이션(stagflation, 경기불황 상태에서도 물가상승) 현상으로 고용이 불안하고 주가가 하락하며, 물가가 급등하고 금리가 상승하여 기업을 더욱 어렵게 하고 있다. 국제통화기금(IMF)은 2024년 세계경제성장률을 2.8%, 한국경제성장률을 2.3%로 전망하고 있다. KDI도 한국경제성장률을 2.2%로 완만한 성장세로 전망하고 있다.

따라서 경영학은 이에 대처하기 위해 경영학도들에게 기업경영 전반에 대한 체계적인 지식과 능력을 향상시킴으로써 이런 난국을 슬기롭게 해결할 수 있는 전문적인 경영역량을 향상시켜야 한다. 따라서 이 책이 경영학 전공자, 비전공자, 또는 수험생, 일반인 등 모두에게 기업과 경영에 대한 보편적 원리와 응용력이 신장되기를 충심으로 기원한다.

본서는 2007년 12월에 초판(한올출판사)을 발간하여 2008년 문화관광체육부 우수학술도서로 선정되었다. 그 후 제2판에는 법문사로 옮겨 이준우 교수가 참여하였고, 이번(제4판)에는 윤현중 교수의 참여로 그의 지식과 지혜를 많이 반영하여 교재의 완성도를 높이기 위해 더욱 노력하였다. 그러나 아직 부족하고 아쉬운 내용들이 아주 많다. 강호제현(江湖諸賢)의 여러 교수님들의 질정을 받아 더 나은 교재를 보완할 것을 약속드린다. 끝으로 부족한 이 책을 제4판으로 출간해 주신 법문사 사장님과 임직원들에게 깊은 감사를 드린다.

2024년 3월
지은이 씀

사람이 없으면 조직은 존재할 수 없다. 기업에서 오직 사람만이 자금, 기계, 원자재 등 다른 경영자원들을 결합시킬 수 있다. 기업의 경영활동 주체는 바로 사람이다. 즉 사람이 경영의 중심이다. 기업은 사람이 얼마나 양질의 의사결정을 하고 그것을 실천에 옮기느냐에 따라 그 성과가 나타난다. 따라서 기업이나 국가가 해야 할 일은 위기 상황에서 능력을 발휘할 인재를 등용하고 육성하여 사람과 조직의 가치를 높이는 합리적이고 공정한 인적자원관리이다. 인적자원이 세계화·민주화·지식정보화·기술고도화의 환경 속에서 조직의 경쟁우위를 결정하는 핵심 요소로 인식됨에 따라 역량중심 인적자원관리가 크게 강조되고 있다.

본 저서는 2007년 12월 초판을 내고 2012년 1월 개정판을 낸 후, 만 2년여가 지났다. 그러나 이 책은 필자 스스로 판단하기에도 부족한 점이 한두 가지가 아니다. 따라서 이 교재의 완성도를 높이기 위해 3판의 출간을 결심하였다.

이 책은 인적자원관리의 모든 영역을 균형 있게 기술하였고, 간결하고 이해하기 쉬우면서도 논리적이고 체계적으로 기술하도록 노력하였다. 동시에 공인노무사 등 수험생들이 체계적으로 시험 준비에 사용할 수 있도록 집필하였다.

이번 제3판의 특징은 다음과 같다.

첫째, 이번 3판은 개정판과 같이 큰 틀은 그대로 유지하였지만, 국내 주요 참고문헌을 최신의 내용으로 바꾸었다. 또한 각 장의 내용 중 논리가 불명확한 부분을 재정리하였고, 여러 곳에서 부족했던 내용을 체계적으로 보완하였다.

둘째, 제10장의 임금관리에서 '특수임금제'를 포함하였다. 최근 정년연장과 관련하여 임금피크제가 부각되고 있다. 따라서 특수임금제에 연봉제와 임금피크제를 보강하였다. 특수임금제는 이미 초판에 작성하여 게재되었으나, 책의 분량이 많아 개정판에서 삭제하였다가 다시 정리하여 환원하였다.

셋째, 특히 제13장 노사관계를 많이 보완하였다. 기존의 내용 중에서 일부를 삭제하고, 제6절 단체교섭제도와 경영참가제도를 신설하였다.

저자는 이 책의 완성도를 높이기 위해 많은 노력을 하였나. 그러나 필자의 능력부족으로 여전히 부족한 점이 많음을 인정하지 않을 수 없다. 앞으로 여러 교수님들의 비판과 충고 및 조언을 겸허하게 받아들여 지속적으로 완성도를 높여 나갈 것을 약속드린다.

끝으로 부족한 이 책을 제3판으로 출간해 주신 법문사 사장님과 임직원들에게 깊은 감사를 드린다.

2014년 2월 28일

박성환·이준우 씀

# 개정판을 내면서

초판을 낸 지 4년 만에 개정판을 내게 되었다. 사실 이 책을 처음 출간할 때만 해도 전체의 논리가 부족하고 미흡하여 부끄럽기 짝이 없었다. 그런데 저의 부족한 책을 문화체육관광부에서 우수학술도서로 선정해 준 덕분에 용기를 얻어 개정판을 내게 된 것이다. 우수학술도서로 선정해 주신 것은 정말 우수했다기보다 끈질긴 노력을 가상히 여겨 더 열심히 하라는 채찍으로 여겨진다. 평가해 주신 심사위원님들께 감사를 드린다.

경영자는 기업을 아름다운 기업으로 만들어야 한다. 이를 위해 경영자는 철학적인 인의정신과 이기사상을 바탕으로 기업의 3대 목표, 즉 경제적 목표, 사회적 목표, 생활성 목표를 달성하기 위해 인적자본과 사회적자본으로 양성하여야 한다. 따라서 각 장은 이러한 목표를 달성하기 위해 필요한 중요한 관리 주제들이다. 경영자는 종업원들을 인적자본이나 사회적자본으로 양성하기 위해 체계적인 선발, 교육훈련 등을 통한 고차원적·고숙련적 인적자원 양성도 중요하지만, 그들의 직무수행에서 인격과 보람 및 긍지를 가지도록 하는 것이 무엇보다 중요하다.

본서는 대학의 인사관리(인적자원관리) 강의와 기업의 인사담당자들에게 조금이라도 도움이 되고자 심혈을 기울여 집필하였다. 그러나 초판에서는 부족한 사항이 많았고, 분량 또한 많았다. 따라서 본 개정판에서는 초판에서 부족했던 내용을 보완함과 동시에 많은 부분을 정리하고 통합하였다.

이 개정판은 초판의 제11장 특수임금제도 관리, 제15장 노사관계의 제도관리를 삭제하여 총 16개 장에서 14개 장으로 축소하였다.

본 교재를 개정하는 데 여러분들의 도움이 있었다. 동양철학을 전공하시는 이선경 교수님, 토론에 응해주시고 교재 전체를 읽어주시며 교정까지 해 주신 정재숙 교수님께 고마움을 드린다. 이 책의 도표를 정리해 준 문석훈 군에게도 고마움을 전한다.

이 책의 출판을 허락해 주신 법문사 배효선 사장님과 관계자분들께도 감사를 드린다.

2012년 1월 3일
저 자 씀

현대는 인적자원이 기업이나 국가의 경쟁력에 결정적인 영향을 미친다. 노벨상 수상자인 게리 베커(Gary S. Becker)는 현대 경제에서 인적자원이 국부(國富)에 4분의 3을 차지한다고 하였다.

이 책은 인적자원의 역량을 중심으로 기술하였다. 또한 경영자의 인적자원관리에 초점을 두고 각 장을 선정하였고, 그 관리 3과정, 즉 계획·실시·평가에 따라 내용을 체계화하였다. 제1부는 이 책의 서론으로 인적자원관리의 기초, 제2부는 인적자원의 확보, 제3부는 인적자원의 개발, 제4부에는 인적자원관리의 보상, 제5부는 노사관계, 제6부는 이 책의 결론인 인적자원의 전반관리로 정리하였다.

본 저자는 이 책을 저술함에 있어 경영학 전공 학생들이나 기업의 인사담당자들에게 조금이라도 도움이 되고자 심혈을 기울였다. 그러나 이 책의 출간을 앞두고 그 내용을 살펴 볼때, 아직 많이 부족하고 미흡하여 부끄럽기 짝이 없다. 선배, 동료 후배 교수님들의 지도와 편달을 부탁드린다.

본 저자가 학문을 하는데 있어서 여러 교수님들의 영향을 받았다. 故 靜湖 金鏞淇 교수님께는 고매한 인격과 학문의 진지함을 배웠고, 智山 崔鍾泰 교수님은 저의 생활의 효시이자 학문적 은사이셨다. 또한 탁월하신 능력으로 앞선 학문을 지도해 주신 李順龍·李秉哲·李永勉·權錫均 교수님들께 감사를 드린다. 그리고 이 책을 저술하는데 많은 지원을 해 주신 金康植·李東明·金柱日 교수님께도 감사를 드린다. 金柱日 교수님은 본 저자가 이 책을 쓰는데 어려운 문제에 봉착할 때마다 많은 자료를 제공해 주시고 토론에 응해 주셨다. 노동부 李完永 국장님은 노사관련 많은 자료를 제공해 주셨고, 宋晙豪·金鐘澤·李準旭·李洪洙 교수님은 유익한 조언과 더불어 원고 교정에 도움을 주셨다. 이 책의 원고와 도표 정리를 도와준 강경림, 류재희, 신은경, 김진아 양에게도 고마움을 전한다.

본 저자를 위해 모든 희생을 다하시다가 돌아가신 아버지와 어머니, 그리고 무한한 사랑과 헌신을 아끼지 않은 가족을 비롯한 일가친척들에게 감사를 드린다. 이 책의 출판을 허락해 주신 한올출판사 사장님과 여러 관계자분들께도 감사를 전한다.

끝으로 저자에게 삶의 목적과 보람을 알게 하신 하나님께 감사와 영광을 드린다.

2007년 12월 안양 수리산 기슭 연구실에서

박 성 환 씀

## 제3편　인적자원의 개발

## 제5편  노사관계

## 제6편 인적자원의 전반관리

제 **1** 편

# 인적자원관리의 기초

# 제1장
# 인적자원관리의 발전

## 1. 인적자원관리의 의의

경영학은 개별경제학, 즉 개별경제단위에서 일어나는 경제현상을 연구하는 학문이다. 구체적으로 설명하면 기업의 구매, 생산, 판매, 인사, 재무, 정보활동 등을 계획, 조직화, 통제하는데 나타나는 모든 현상을 체계적으로 연구하는 분야이다. 다시 말하면 경영학은 인간이 환경의 제약을 극복하고 조직의 일정한 목적을 효율적으로 달성하기 위해 여러 개의 대체수단 가운데 하나 또는 소수의 최적 구조와 수단·과정·행동을 객관적으로 추구하는 학문이다.

인적자원관리는 사람을 통해 성과를 향상시킬 수 있도록 조직시스템을 구축하는 것이다. 이를 구체적으로 보면 인적자원으로서의 조직 구성원의 능력개발과 활용 및 보상 등에 관한 이론과 실무 등 모든 현상을 체계적으로 연구하는 분야이다. 다시 말하면, 인사관리(인적자원관리)는 구성원들이 자발적이고 적극적으로 조직의 목적달성에 기여하여 조직의 발전과 함께 개인의 안정과 발전도 아울러 달성할 수 있는 철학과 이를 실현시키는 제도 및 기술을 합리적으로 처리하는 것이다.

기업은 자본을 효율적으로 조달하고, 각종 생산설비와 원재료 등의 결합을 통해 가치를 창조한다. 따라서 기업은 종업원의 새로운 역량과 기술을 항상 필요로 하고 있다. 기업의 종업원, 즉 인적자원은 기업의 '경쟁력 창출요인'이고, '전략요인'이며, 나아가 기업의 사활을 결정하는 '핵심요인'이 되고 있다. 따라서 기업은 개인의 역량이 향상되도록 유도하는 것이 인적자원관리의 출발점이 되고 있다.[1]

인사관리의 연구방법에는 두 가지 부류가 있다.

첫째, 학자들이 정립한 이론을 통한 연구이다. 이는 생산성을 향상시키기 위해 조직에서 일과 사람 간에 설정된 이상적(理想的)인 관계로서 법칙적이고, 원리적·통일적으로 체계화된 인식체계를 말한다.

둘째, 경영자들이 현장의 실무를 통해 터득한 연구이다. 이는 경영자들이 실제로 기업의 운영을 통해 경험으로 터득한 능률적인 방안이다. 인류 역사가 시작된 초기의 공사장이나 가내공장에서부터 거대 기업에 이르기까지 근로자가 일을 능률적으로 수행하도록 하였던 방안들이다.

따라서 경영학 내지 인사관리는 학자들이 기업의 실태를 분석하여 이론을 정립하고, 경영자들이 이 이론을 기업에 적용하여 능률을 향상시킨다. 그러므로 이론과 실무가 서로 보완을 거듭함으로써 발전해 왔다.[2]

## 2. 전략적 인적자원관리[3]

### 1) 전략적 인적자원관리의 의의

현대는 전략적 인적자원관리 시대이다. 전략적 인적자원관리는 인사전략을 기업의 성장전략이나 경쟁전략의 형성과 집행과정을 통합시킴으로써 일관된 방향이 설정되고 추진되는 것이다. 전략적 인적자원관리는 궁극적으로 기업의 경제적 가치를 제고하는데 목적을 둔다. 즉 종업원의 능력과 태도, 가치와 신념, 그리고 행동을 전략적으로 구축하고 활용함으로써 기업의 가치를 높이는 데 최종 목표를 두고 있다.[4] 곧 경영전략이 사람에 의해 사

---

1) G.R. Ferris, D.T. Barnum, S.T. Rosen, L.P. Holleran, & J.H. Dulebohn, 1995.
2) 학문은 다음과 같은 과정을 거쳐 정립된다. 첫째, 역사적 흐름을 통한 여러 현상(사례)을 과학적이고 체계적으로 분류하고 해석하며 비판을 통해 일반화시킨 귀납법을 사용한다. 둘째, 상위 목표를 먼저 제시하고 이에 도달하기 위해 구체적인 실천(실무)에 매진하거나 또는 일반적 진리를 전제로 하여 특수한 다른 사실을 추리로서 이끌어 내는 연역법을 사용한다.
3) 전략적 인적자원관리는 본 장의 제2절 3. 1)에 더 자세히 설명되어 있다.
4) 권석균·이병철·양재완, 2022, 94~95.

람을 통해 구현되는 것이다.

전략적 인적자원관리는 초창기에 다양한 전략에 따라 어떤 종류의 인적자원 관행이 연관될 수 있는지에 대한 유형론을 개발하고자 했다. 그러나 최근에 인적자원을 전략과 연결하려는 시도는 조직의 가치사슬에 대한 이해를 통해 전략, 역량, 인력을 통합하는데 초점을 맞추고 있다.5)

전략적 인적자원관리는 첫째 인적자원의 효과적 관리를 통해 조직의 전략적 목표와 일치시켜 장기적 관점을 취해야 하고(인적자원관리와 조직전략의 연계), 둘째 개별 인적자원관리 기법 간 연계 및 통합을 통해 거시적 관점의 전체 최적화를 이루어야 하며(거시적 관점의 전체 최적화), 셋째 장기적 관점에서 조직의 전략수립과 이를 달성하기 위한 인적자본을 육성(장기적 관점의 인적자본 육성)하여야 한다.

전략적 인적자원관리는 그 영향이 강력하여야 한다. 전략적 인적자원관리는 경영전략과 인사제도와 실질적인 실행, 그리고 뒷받침하는 문화와의 정합성이 있어야 한다. 구체적으로 인적자원을 운영하는 제도, 즉 인적자원시스템이 기업의 경영전략과 정합성(alignment)을 가져야 한다. 이를 [그림 1-1]과 같이 나타낼 수 있다.

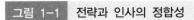

그림 1-1  전략과 인사의 정합성

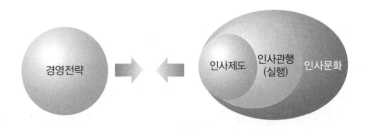

자료: 권석균・이병철・양재완, 2022, 95.

## 2) 전략적 인적자원관리의 가치와 참여

전략적 인적자원관리는 실행과정에서 가치와 참여를 중시하고 있다. 가치중시를 가치지향 인적자원관리라고도 하고 참여중시를 참여형 인적자원관리라고도 한다.

---

5) Raymond A. Noe, John R. Hollenbeck, Barry Gerhart, Patrick M. Wright: 윤동열・김우철・김태형・나동만・류성민・류준열・박종규・방오진・조윤형・최우재・한승현・홍운기 공역, 2024, 186.

가치지향 인적자원관리는 기업의 이념과 핵심가치, 조직특성 등에 적합성을 갖는 인적
자원 가치를 정의하고 그 가치를 높이고자 하는 제반 인사활동이다. 이 때 기업의 이념과
핵심가치는 인간의 본성과 욕구를 반영하는 보편적 가치임과 동시에 조직특유(organ-
ization-specific, 조직의 역사와 접목된 것으로서 구성원들의 공동체적 열망과 선호체계를 반영)의
가치이다.6)

참여형 인적자원관리는 조직 내 특정집단(예를 들어 인사부서 또는 경영진)의 전유물이 아
니라 구성원 모두 인사전문가, 라인관리자(현장관리자), 종업원 등이 인사활동(인사권)에 능
동적으로 참여하는 형태이다. 인적자원관리의 가치활동의 주체는 현장의 관리자와 종업원
이다. 따라서 인적자원관리는 본원적 가치 활동이 통합된 현장중심형(현장관리자와 종업원)
이 되어야 하고, 조직구성원 모두가 참여하여야 한다. 인적자원관리는 역할도 인사전문가,
라인관리자(현장관리자), 종업원 등이 합리적으로 배분되어야 한다. 그래서 오늘날 기업은
첫째, 인사전문가보다 라인관리자의 역할이 강조되고 있다. 둘째, 인사전문가보다 종업원
의 능동적 참여가 늘어나고 있다. 종업원도 회사의 인사제도를 이해하고 수용하며 나아가
능동적으로 조직이 필요로 하는 역량을 개발하고 조직목표 달성에 기여하고자 적극적으로
역량을 투입하여야 한다. 인적자원관리는 사용자의 일방적 요구와 필요에 의한 관리활동
이 아니고, 인사부서의 일방적 활동도 아니다. 인적자원관리는 이들의 쌍방적 활동이고, 순환
적 창조의 과정이다.7)

### 3) 전략적 인적자원관리의 특성과 발전

전략적 인적자원관리는 다음과 같은 특성이 있다. 첫째 핵심가치(core values)와 인적자
원에 관한 기본원칙이 상호 조화되어 있으며 이에 모든 인사 방침, 관행들이 정렬되어 있
다. 둘째 인적자원의 기본원칙, 방침, 관행들이 집약된 인사철학이 명시적·묵시적으로 존
재하며 기업의 부침의 역사와 더불어 일관되게 구현되고 있다. 셋째 인사철학과 원칙이 인
간존중, 학습과 성장. 자아실현, 공정성과 정의 등 인간 본연의 가치와 맥을 같이하는 내용
으로 구성되어 있다.8)

이와 같이 전략적 인적자원관리는 가치와 참여를 반영하고 나아가 한국인 고유의 의식
구조와 가치관, 그리고 한국기업 특유의 지배구조와 경영자 및 종업원 관계를 고려하여

---

6) 위의 책, 75~76.
7) 위의 책, 77~79.
8) 위의 책, 76.

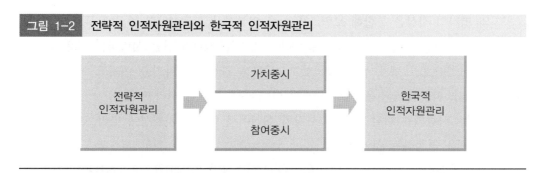

그림 1-2  전략적 인적자원관리와 한국적 인적자원관리

[그림 1-2]와 같이 한국적 인적자원관리로 발전시켜야 할 것이다.

## 3. 한국적 인적자원관리의 사상적 근원

### 1) 유교사상

한국적 인적자원관리의 근원은 철학적 관점에서 유교의 인의(仁義)사상에 바탕을 둔, '이기(理氣)사상'이라 할 수 있다.

유교에서 공자는 '인(仁)'을 인간이 취하여야 할 모든 행동의 근본이라 하였다. 인은 '어진 것'[9]으로서, 사람을 대할 때 온화하고 진실하며 성실하게 대한다. 그리고 어려운 사람에게 도움을 베푼다. 공자는 국가와 사회를 이끌어 갈 지도층 인사로 인격의 완성체인 군자(君子)의 양성에 두었다. 군자는 인을 지향하고 예로서 정진하고 실천하는 사람이다. 군자교육의 중심은 인(어질고), 의(의롭고), 예(예의를 알며), 지(지혜롭고), 신(신망이 두터움)이다. 따라서 공자는 인(仁)을 정치나 윤리에서 모든 덕(德)의 기초가 되는 최고의 이상(理想)으로 여겨져 왔다.

맹자는 '인(仁)과 의(義)'를 함께 중시했다. 맹자는 공자의 인을 그대로 받아들이면서 의를 별도의 명제로 설정하여 강조한다.[10]

---

9) 어질다는 것은 마음이 너그럽고 착하여 슬기롭고 덕행이 높다는 의미이다.
10) 맹자의 사상은 인의설(仁義說)과 그 기초가 되는 성선설(性善說), 그리고 왕도정치론(王道政治論)으로 나누어진다. 인의설은 한편으로 보편적인 인애(仁愛)의 덕(德)을 주장하고, 다른 한편으로 그 인애의 실천에 있어서 현실적 차별상에 따라 그에 적합한 태도를 결정하는 의(義)의 덕을 주장하였다. 인은 사람의 마음이요, 의는 사람의 길로서 인의 실천에서 준거할 덕이다. 성선설은 사람에게 인심(仁心)이 누구에게나 갖추어져 있음을 강조한 설이다. 맹자는 인간의 본성에 악(惡)에 이르는 욕망도 존재한다는 사실을 인정하면서도 도덕적 요청으로서 본성이 선(善)한 것이라고 주장하고, 모든 사람의 도덕에 대한 의욕을 조장하려고 하였다. 따라서 사람으로서의 수양은 욕심을 적게 하여 본래의 그 선성(善性)을 길러내는 일이었다. 왕도정치는 인심에 입각한 정치이다. 군주는 민중에 대한 사랑을 바탕으로 정치를 해야 한다고 주장하고, 또 경제적으로 넉넉하

공자와 맹자의 사상을 통합해 보면, 인(仁)을 인본사상(人本思想)의 중심에 두고 있다. 유가사상에서는, 인을 인간적 관점에서 순수하고 정직함(質直)과 남을 사랑하는 마음(愛人)으로 측은지심(惻隱之心, 맹자 주장)이라 했고, 사회적 관점에서 자기를 이기고 예를 행하며(克己復禮, 忍), 따뜻한 인정을 베푸는 것인 박애(博愛, 한유 주장)라고 했다.11)

한편 의는 '사람의 나아갈 길'이고 사랑의 실천에서 현실적 차별성에 따라 그에 '적합한 태도와 행동'을 결정하는 것이다.

한국에서 유교사상의 핵심덕목인 인(仁)은 심성중심의 정(情)12)으로 나타나고, 가족 혹은 공동체 중심의 효충(孝忠)이 강조된다. 또한 인(仁)은 의(義)와 예(禮)를 구현하기 위해 명분(名分: 합당한 본분)을 중시하고, 내면적 수양(修養)으로 중용(中庸: 조화로운 행동)을 지향한다.13)

## 2) 성리학의 이와 기

유교는 뒤에 성리학으로 발전되었다. 성리학은 인간의 본성을 이루고, 이것을 확충하고 발휘할 수 있도록 하는 마음과 사물의 이기(理氣)에 관해 연구하는 학문이다. 성리학의 주창자인 주희는 우주의 생성과 구조, 인간심성의 구조, 사회에서 인간의 자세 등에 관하여 깊이 사색하여 이(理)와 기(氣)의 개념을 정립하였다.

이(理)는 모든 현상의 원인 및 이유를 가리킨다. 즉 올바른 진리를 천명함으로써 사람들이 나아갈 바 표준과 방향, 곧 사람을 포함한 사물이 당연히 지키고 따라야 할 기준이고 표준이다.

기(氣)는 사물의 질(質: 무겁거나, 흐림)을 이루는 것, 곧 사람을 포함한 사물의 현상 그 자체를 가리킨다.14)

이와 같이 성리학은 사람을 중심으로 보면 이(理)란 인간의 본체, 즉 본성이고, 기(氣)란 현상, 즉 인간을 둘러싼 환경이다. 다시 말하면 이(理)는 보편성(普遍性)을 바탕으로 이상(理想)을 추구하고, 기(氣)는 변화성(變化性)을 바탕으로 현실(現實)을 추구한다.

이(理), 즉 성(性)은 마음의 아무 작용도 일어나지 아니하고, 기(氣), 즉 정(情)은 마음의 작용 또는 기능이 일어난다고 보고 있다. 또한 기는 이성적 · 감성적 사유능력을 모두 포함

---

게 한 다음 도덕교육을 해야 한다고 주장하였다. 불인(不仁)한 군주는 쫓아내어야 한다고도 하였다.
11) 신일철 외, 1994, 245~246.
12) 한국 민족은 정(情)과 한(恨)을 강조한다. 정은 사랑의 한 종류로서 애정, 연민, 동정, 애착, 유대 같은 감정들이 포함되는 정서적 · 심리적 유대이다.
13) 류수영, 2007, 90~92.
14) 윤사순, 1985, 75~77.

하고 있다. 이(理)는 영원한 진리의 푯대로 우뚝 선 가치이지만, 이것을 삶의 현장에서 구체화하고 실현해가는 것은 기(氣)의 역할이다. 따라서 이 없는 기는 나아갈 방향과 푯대를 잃고 만다. 반면 구체적 활동성으로서 기의 작용이 없다면 이는 한낱 상아탑에 갇힌 관념이 되고 말 것이다.

### 3) 주요 성리학자의 이론

한국인의 행동은 성리학에 영향을 받은 바 크다. 한국의 대표적인 성리학자는 이황(퇴계), 이이(율곡), 조식(남명) 등이다. 이분들의 이론은 다음과 같다.

#### (1) 퇴계(退溪)
#### (ㄱ) 퇴계의 사상

퇴계는 마음(心)을 일신의 주재자로 보고, 우주 만물이 이(理)와 기(氣)의 2대 요소(2원론)로 구성되었다고 해석한다.

이(理)[15]는 당연한 원칙을 의미하므로 완전히 선(善)한 것이며 존귀한 것이라고 보았다.[16] 마음에 있어서의 이(理)란 인간이 본래 존재하는 본질로서의 성(性=본 바탕, 타고난 소질)이다. 성은 태어나면서부터 가지고 있는 본성이다. 즉 성은 천리(天理)이자, 도심(道心)의 근거가 된다.[17] 퇴계에 있어 기(氣)는 사람을 포함한 사물의 질을 의미하므로 마음에서 실제로 일어나는 것이 아니라 혈육(血肉)으로 말미암아 일어나는 '감각', '감정', '정서'와 같은 것이다. 기는 기운과 같이 바람이 있거나 욕심이 있어서 악의 현상도 있게 된다는 것이다. 기를 위주로 하는 마음을 인심(人心) 혹은 인욕(人慾: 악의 결과)이라 한다.[18] 즉 기는 인간이 구체적이고 경험적인 사실로 나타나는 인간의 한 기능적 현상으로 정(情)을 의미한다.[19]

퇴계는 이가 기를 주재하고 기의 활동 근거가 된다는 주리론(主理論)을 주장한다. 퇴계는 순선한 도덕 감정이 기의 개입 없이 이가 직접 발동한다는 입장을 취한다. 이것은 논리적으로 모순이지만, 이(理)와 기(氣)를 가치론적 관점에서 바라보는 까닭에 순선한 도덕 감정은 이가 절대적으로 주재하여 기가 멋대로 움직일 수 없다고 보는 것이다. 따라서 인간은 도덕적 푯대로서 이(理)를 존숭하고 악으로 흐르기 쉬운 기를 억제해야 한다고 본다.

---

15) 성리학은 인, 의, 예, 지를 이(理)에 속한다고 보고 있다.
16) 윤사순, 1985, 73, 76.
17) 윤사순, 1985, 79.
18) 윤사순, 1985, 77, 119~122.
19) 윤사순, 1985, 80.

퇴계는 초기에 선한 감정[20]은 기의 간섭 없이 이가 발한 것이라는 이발설(理發說)을 주장하다가,[21] 나중에는 선한 감정은 이가 주도적으로 발하는데 기가 따르고, 선하지 못한 감정은 기가 주도적으로 발하는데 이가 탄다고 하여, 이와 기가 함께 발한다는 호발설(互發說)로 변경한다.[22] 그러나 결국 선한 감정은 순수하게 이(理)가 발하거나 주재하는 것이라는 이발설의 입장을 끝까지 고수한다. 이와 같이 퇴계는 인간의 본성인 이(理)를 우주만물의 궁극적 실제로 보았다.[23]

### (ㄴ) 퇴계의 주요이론

심성론과 수양론이 있다.

심성론은 인간의 마음속에는 본성과 감정이 있다고 보고, 인간의 본성을 다루는 이론으로서 사단칠정론을 이기론과 연관시켜 심성개념을 분석하고 해명하여 적용하는 이론이다.

수양론은 인간의 인격적 자기완성을 추구하는 실천 방법론을 제시하고 있다. 즉 수양이 이루어지는 바탕인 '심(心)'과 수양을 실천하는 방법인 '경(敬)'으로 설명하고 있다. 심, 즉 마음은 '경'의 상태로 가지는 일이다. 남의 위에 서려는 사람은 무엇보다도 먼저 마음을 올바르게 세우는 일이 가장 중요하다. 마음을 세운다는 것은 명확하게 자각하는 자세이다. 따라서 유학을 심학이라고 한다. 퇴계의 경사상은 마음을 경건하게(공손하고 엄숙하게) 가지는 일(어떤 경우든 화를 내지 않고 남을 배려함)이다.[24] 그러기 위해서는 명상(冥想)을 한다. 명상은 수행자가 본래 지니고 있는 앎과 삶을 바탕으로 깨달음의 가능성을 믿고, 그 위에 스스로의 심신 등 모든 상태(지성과 감성, 생각과 느낌, 몸과 마음)의 통합에 주의하고 지켜봄으로써, 전체 속에서 자아, 인생, 세계를 바라보려는 노력이다. 경은 예(禮)의 근본이며 사회 보편적 실천윤리로서, 사람들의 상호관계에서 공경과 배려의 생명존중과 민본중심 사상을 담고 있다. 즉 경은 누구를 막론하고 도덕적 정진을 통해 인간다운 인간으로 실현하려 하는 자율적 정신이자, 건전한 윤리적 인간사회를 이루는 데 근본적으로 요구되는

---

20) 사단칠정론(四端七情論)은 선한 감정에 대한 이론이다. 사단이란 네 가지 드러난 것, 알려진 것의 끝, 즉 단서로서 측은(惻隱), 수오(羞惡), 사양(辭讓) 또는 공경(恭敬), 시비(是非)의 마음을 말한다. 仁·義·禮·智는 인간의 본질적인 특성, 즉 인간의 본성(성)이자, 선한 정(情)이 나오는 근거이다. 칠정(七情)은 희(喜)·로(怒)·애(哀)·구(懼)·애(愛)·오(惡)·욕(欲)을 의미한다. 따라서 칠정은 인정의 총화(總和)이다(윤사순, 1985, 84~87). 성리학은 칠정이 인정의 총화로 보는 것이 일반론이지만, 퇴계는 가치론적 관점에서 사단을 이(理)의 발로로, 칠정을 기(氣)의 발로로 본다. 그러나 칠정은 인욕(人慾)에 떨어지기 쉬우므로 오직 사단만을 순선한 감정으로 인정하고 있다.

21) 윤사순, 1985, 12, 55.

22) 윤사순, 1985, 87, 147.

23) 정진일, 1995, 385.

24) 김민재, 2014, Sogang Journal of Philosophy, Vol.37, May, pp. 327-358.

공동체의식이다.

### (2) 율곡(栗谷)

#### (ㄱ) 율곡의 사상

율곡은 우주만물의 근본을 이(理)와 기(氣)의 2대 요소(2원론)로 인식한다.

율곡은 이와 기를 일체로 보고 신비적인 이보다 물질적인 기에 대한 인식에 보다 적극적이다. 율곡은 발(發)하는 것은 기요, 발하는 까닭은 이라는 주기론(主氣論)을 주장한다. 이는 기를 주재하며, 기는 이를 태우고 있다는 기발이승설(氣發理乘說)이다.

퇴계의 경우 기는 악으로 흐르기 쉬운 경계의 대상이었지만, 율곡에 있어서 기는 악으로 흐를 수도 있지만, 동시에 선을 구현하는 구체적 행위자이기도 한 양면성을 지닌다. 따라서 율곡은 이란 움직이지 않으며, 변화하지 않는 진리의 표준이고, 변화하고 운동하는 것은 그것이 정신적인 것이든, 물질적인 것이든 모두 기로 보고 있다. 따라서 마치 구름이 해를 가리듯, 기가 이를 가리면 악이 되지만, 기운을 맑게 하여 이(理)를 드러내면 선이 된다. 즉, 율곡에 있어서 인간행위의 악도 기의 소행이지만, 선도 기에 의해 이루어지는 것이다. 이러한 점에서 율곡의 기에 대한 관점은 근대로 향하는 맹아를 지니고 있다고 할 수 있다.

율곡은 학문이란 내적으로 인륜에 바탕을 둔 덕성의 함양은 물론, 외적으로 경제부강도 겸해야 한다고 주장한다. 그는 현실세계가 실리를 주장하다 보면 의리에 맞지 않고, 의리를 추구하다 보면 실리를 망각하기 쉬우므로 개인은 이러한 모순을 원만히 타결해 나가야 한다고 했다. 율곡의 이런 사상은 현실문제에 관심을 가져 수많은 사회개혁론을 제시하였다. 10만 양병론(養兵論)도 그 가운데 하나이다.[25] 이러한 율곡의 학문은 당대 사회에 주목할 만한 변화를 유발시키면서 실학(實學; 실질적인 것을 중시하는 학문)으로 발전하게 된다.

#### (ㄴ) 율곡의 주요이론

인심도심론과 이통기국론이 있다.

율곡은 인심도심론(人心道心論)에서 인간의 마음을 인심(人心)과 도심(道心)으로 이루어져 있다고 주장한다. 즉 인심은 본능적 욕구로서 항상 부도덕으로 흘러갈 위험성이 있는 마음이고, 도심은 도덕적 마음으로 보았다. 또한 사단은 도덕적이고, 칠정은 인심과 도심이 합한 것으로 보고 있다. 인심과 도심은 고정된 것이 아니라, 인심이 도심이 될 수도 있고, 도

---

25) 이동인, 2002, 40.

심이 인심이 될 수 있다고 보았다.

율곡은 이기론에서 이통기국론(理通氣局論)26)을 주장한다. 즉 이는 무형의 보편적 원리이고, 기는 그 원리를 구체화하는 유형(有形: 재료적인 것)과 유위(有爲: 활동)의 것이다.27) 기가 치우친 경우 이도 치우치지만, 치우친 것은 이가 아니라 기다. 기가 완전한 경우도 마찬가지다. 이의 완전성은 기의 완전한 정도에 따라 구현된다는 것이다. 따라서 기는 유형·유위로서 이를 구체화하는 재료요, 이는 무형(無形: 원리적인 것)·무위(無爲: 무활동)로서의 기를 주재하는 원리이다. 즉 이는 그렇게 된 까닭으로서, 기를 주재하는 이치 혹은 조리에 불과한 것으로 본 것이다.28) 따라서 율곡은 이기이론에서 이(理)는 도덕심(인, 경)으로 무형의 보편적 원리이고, 기(氣)는 말과 행동(정책)으로 예(禮)나 유익(有益)을 가져오는 유형 또는 활동이므로, 기의 정도에 따라 성과가 구현된다는 것이다.

### (3) 남명(南冥)

남명은 스스로 경계와 반성을 그치지 않고, 타락한 권력을 질타하며, 무기력한 지식인 사회에 경종을 울리는 선비정신을 실천하였다. 그의 사상은 경(敬: 마음을 곧게 함)과 의(義: 바르게 결단하여 실천함)로 요약된다(內明者敬 外斷者義: 진리를 밝게 깨친 자는 선악시비에 대해 바른 판단을 할 수 있음). 즉 아는 것에 그치는 것이 아니라 실행에 옮겨야 한다는 실천 철학이다. 남명은 퇴계에게 손으로 물 뿌리고 청소하는 절도도 모르면서 입으로만 천리를 논하여 세상을 속이고 성현의 이름을 도둑질하는 행위를 그만두라고 하였다(퇴계는 인(경) 중심, 남명은 의 중심).

## 4. 한국적 인적자원관리의 정의29)

### 1) 인의(仁義)사상과 이기(理氣)사상

한국적 인적자원관리는 인의사상과 '이기사상'을 바탕으로 '아름다움'을 추구하는 것이다. 아름다움(beauty: 美)30)은 한국철학인 이와 기, 서양철학인 진과 선이 조화와 균형을

---

26) 이통기국론은 물(理)이 어느 그릇(氣)에 담기든 본질(理)은 변하지 않지만 그 그릇에 따라 둥근 모양, 네모 모양으로 변한다고 하였다.
27) 윤사순, 1985, 147.
28) 정진일, 1995, 389.
29) 칸트는 합리론(인간의 순수하고 논리적인 생각을 통해 진리에 도달한다는 논리)과 경험론(인간이 실험·관찰 등 경험을 통해 진리에 도달한다는 논리)을 비판하며 새로운 이성론을 완성하였다. 칸트에 의하면 인간은 스스로 생각할 줄 아는 이성(reason, 理性)을 가진 존재이고, 이성은 개념적으로 사유하는 능력으로서 사람이 사물을 옳게 판단하고 사고할 수 있도록 해준다고 보았다. 그에 의하면 인간은 경험을 기초

이룸으로써 나타나는 순수한 감정이다.

인의사상은 인이 생명을 가진 것에 대해 소중히 하는 절대적 가치를 부여하는 사상이라면, 의는 때로는 생명을 희생시키는 것이 도리어 나을 수도 있는 상대적 가치를 부여하는 사상으로 볼 수도 있다. 조직이 인간을 위해 존재하는 한, 인의 사상은 절대적으로 소중하다고 하겠다. 그러나 인의 과도한 실천으로 인하여 조직 전체가 붕괴되어서는 의미가 없다.[31] 즉 인의 실천은 반드시 필요하지만 의에 의한 조절과 보완작용으로 보다 성숙한 인(仁)을 완성시킬 필요가 있다.

한편 이기사상은 앞 절에서 설명한 바와 같이 한국 성리학으로서 한국인의 중심사상이다. 이는 유교사상, 즉 인의사상을 더욱 심오하게 발전시킨 사상이라 할 수 있다.

### 2) 진선미(眞善美)사상

진선미사상은 칸트가 인간의 이성을 통한 진리의 도달로 연결시킨 서양인의 중심사상이다.

진(眞: truth)은 참(거짓이 아님)이고 진리이다. 진리는 인식에 관한 초월적인 가치이며, 지성이 노리는 목적으로서의 초월적인 대상이다. 진리에는 존재론적 진리와 인식론적 진리가 있다. 전자는 존재 그 자체의 모습이 드러나 있는 것 또는 존재 그 자체를 드러나게 하는 것에 대하여 논해질 때, 후자는 지성의 분석과 종합 작용인 판단에 관하여 논해질 때 나타난다.[32]

선(善: good)은 '선한 의지'를 갖고 실천하는 가치를 말한다. 선은 광의로 보면 인간이 지성·재치·판단력 등 모든 정신적 재능이나 단호한 태도와 끈기 등 타고난 기질에 대해 선의지를 만족시킴으로써 적극적인 가치가 있다고 판단되는 모든 것을 가리키는 말이다. 또한 협의로 보면 행위나 의지의 규정 근거로서 모든 가치 있는 것을 말한다.[33]

미(美: beauty)는 완전성, 조화, 빛남 속에서 나타날 수 있다. 미적 판단은 보편성·객관

---

재료로 삼지만 이와 상관없이 본래부터 보유한 이성을 통해 보편적인 진리에 도달할 수 있으므로 진리(절대적인 도덕법칙)를 반드시 따라야 함을 강조한다. 즉 본인의 이익이나 쾌락을 따르지 않고 도덕적인 의무에 따라야 한다는 것이다. 따라서 개념적 사유능력을 가질 뿐만 아니라 이성적 명령에 따르는 행위를 해야 하는 것이다. 이것이 바로 진·선·미이다

30) 칸트가 주장하는 바와 같이 아름다움은 주관적 취향(趣向)의 문제일 수도 있다. 그리스인들은 아름다움을 조화(harmonia) 혹은 균형(symmetria)으로 생각하였다. 그들은 아름다움(kala), 참(aletheia), 좋음(선; agathon)을 거의 같은 의미로 받아들이고 있다.

31) 윤석철, 1992, 214~216.

32) 동아세계대백과사전 26권, 1988, 121.

33) 동아세계대백과사전 17권, 1988, 75.

성이 요구되지만, 선이나 진은 그렇지 않다. 즉 미는 개념 없이 보편적으로 만족을 주는 것이므로 선과 진 없이는 올바르게 발휘될 수 없다. 아름다움의 가치는 이 둘이 함께 존재할 때, 비로소 빛을 발한다.[34]

### 3) 한국적 인적자원관리

한국적 인적자원관리는 한국인의 행위체계인 이(理)과 기(氣)이다. 이는 인간으로서 행동해야 할 본질을 의미한다. 이(理)는 정적인 사상으로서 선(善) 그 자체이자 진리이다(윤사순, 1985, 79). 또한 기(氣)는 인간이 실제로 행동하고, 표현하는 실상을 의미한다. 즉 이는 도덕심으로서 인(仁) 경(敬)이고, 기는 말과 행동(정책)으로 예(禮) 및 유익(有益)과 관련이 있다. 이를 정리하면 〈표 1-1〉과 같이 나타낼 수 있다.

**표 1-1    한국적 인적자원관리의 행위체계**

| 구분 | 이(理) | 기(氣) | |
|---|---|---|---|
| 덕목 | 도덕심 | 말 | 행동(정책) |
| 실천 | 인(仁), 경(敬) | 예(禮), 유익(有益) | |

한편 기(氣)는 동적인 사상으로서 선(善)의지를 갖고 지식과 지성으로 나아갈 때 진(眞)을 이루고, 선(善)의지를 갖고 행동이나 예술로 나아갈 때 바로 미(美)를 이룰 수도 있고 진과 함께 미(美)를 이룰 수도 있다.[35] 이를 [그림 1-3]과 같이 나타낼 수 있다.

**그림 1-3    이기사상과 진선미사상**

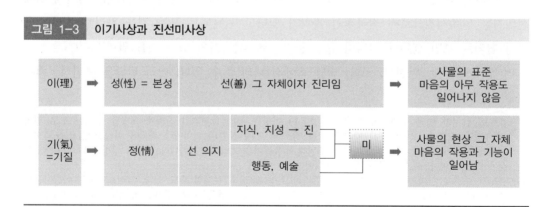

---

34) 동아세계대백과사전 12권, 1988, 474.
35) 동아세계대백과사전 30권, 1988, 241.

이와 같이 한국적 인적자원관리는 인의(仁義)사상과 이기(理氣)사상을 바탕으로 최고의 성과를 도출하기 위해 인적자원관리의 모든 영역에서 중요 구성요소들이 조화와 균형을 이루도록 업무를 처리하는 것을 의미한다.

## 5. 한국적 인적자원관리의 구성 체계

한국적 인적자원관리는 유교주의 사상을 바탕으로 다음과 같은 체계로 구성되어 있다.

첫째, 한국적 인적자원관리는 철학적 관점에서 이성과 감성에 의한 구성미와 표출미의 조화와 균형을 중시하고 있다. 즉 눈에 보이는 현상의 세계, 즉 이성에 집중하다 보면 눈에 보이지 않는 정신세계, 즉 감성을 놓치게 되고, 고준(高峻: 높고 어려운)한 정신세계를 추구하다 보면 발등에 떨어진 불을 못 끄는 경우가 발생한다.

둘째, 한국적 인적자원관리는 목표적 관점에서 이와 기를 바탕으로 하여 전문능력향상관리와 사회능력향상관리를 중시하고 있다. 인·이는 '전문능력향상관리'를 이루는 근원이고, 의·기는 '사회능력향상관리'를 이루는 근원이다. 따라서 전자와 후자가 통합하여 기업이 중시하는 효율성과 사회성 목표, 종업원이 중시하는 생활성 목표를 이루어야 한다.

셋째, 한국적 인적자원관리는 아름다움의 실현적 관점에서 '나'보다는 '우리'를 중시하는 공동체의식, 정(情)과 의리를 소중히 여기는 인간관계를 중시하고 있다. 한국적 인적자원관리는 딱딱한 형식주의에 얽매이기보다 인간중심의 여유, 풍유, 신바람, 흥 등 미풍으로 신뢰와 협동정신을 계승하고 있다. 이는 개인주의를 바탕으로 하는 서구적 의식구조와는 상반되는 것으로, 친하지만 거리를 두고, 논리와 성과를 중시하며, 인적자원관리에서 구조적이고 공식적인 법을 우선으로 하는 것과는 대조적이다.

넷째, 한국적 인적자원관리는 '인간의 창조적인 노동'을 중시하고 있다. 인간의 창조적인 노동은 새롭고, 더 완전한 진리, 곧 객관적인 진리추구를 지향한다.36) 따라서 인간의 모든 창조적인 활동은 개인의 미적 법칙에 따라 세계를 인식하고 변화하며 창조할 수 있도록 하는 인격의 표현인 것이다.37) 즉 이것은 동양철학이 주장하는 미(美)에 해당된다. 한국적 인적자원관리의 구성 체계를 [그림 1-4]와 같이 나타낼 수 있다.

---

36) Kiashchenko, 349~350.
37) 앞의 글, 362~363.

**그림 1-4** 한국적 인적자원관리의 구성체계

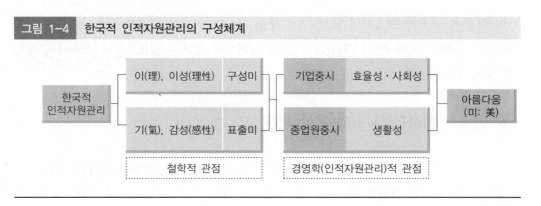

## 6. 한국적 인적자원관리의 목적과 목표

### 1) 한국적 인적자원관리의 목적

한국적 인적자원관리의 궁극적 목적은 경영의 목적과 같이 '기업의 이윤추구'에 있다. 그러나 이를 달성하기 위한 현실적 목적은 이와 기, 기업과 종업원의 조화와 균형을 통해 '아름다움의 추구'에 있다. 아름다움은 인류사회가 소중하게 생각하고 지향하는 최고의 가치 가운데 하나이고, 인간이라면 누구나 추구하는 보편적 가치이다.

인류의 문화유산들이 아름다운 까닭은 작품 자체의 '구성미와 표출미'가 조화와 균형 및 통일을 유지함으로써 돋보이기 때문이다. 따라서 아름다움을 구성하는 핵심 요소는 구성미와 표출미로 이루어진다. 구성미는 사상이든지, 예술품이든지, 시나 문학이든지 작품의 본질적인 우수성에 관한 것이고, 표출미는 사상이나 작품 등에서 지식과 기술수준이 높아 어색하거나 서투른 데가 없이 잘 나타난 것들을 의미한다. 구체적으로 표출미는 심적 상태와 그 과정, 즉 성격·지향·의미 등을 총괄해서 정신적이고 주체적인 것을 외면적·감성적 형상으로 나타내는 것이거나, 그 객관적·감정적 형상 그 자체, 즉 표정·몸짓·동작·언어·작품 등을 말한다.

아름다움의 기준은 시대에 따라 조금씩 변해왔지만, 아름다움의 존재 원리는 조화와 균형에 있다고 여겨져 왔다. 중세시대에는 구성미와 표출미의 조화와 균형을 갖춘 것들이 거기에 간직된 형상의 빛남을 통해 인식될 때 비로소 기쁨을 자아낸다고 보았다. 미는 신의 빛이므로, 그 빛을 받아서 완전한 형태가 된다고 본 것이다. 그러나 근대에 와서는 미의 개념이 바뀌어 때때로 동적이고 발전적 생명감의 발로로서 혼돈된 전체 속에서 미가 추구되고 있다.

이와 같이 아름다움(미)은 인류가 추구하는 보편적인 가치로서, 서로 이질적인 존재인 너와 내가 갈등 없이 조화와 균형을 이룰 때, 비로소 구성미와 표출미가 어우러지면서 생성되는 인류 최고의 가치 가운데 하나이다.

### 2) 한국적 인적자원관리의 목표

#### (1) 효율성, 사회성 및 생활성 목표

한국인적자원관리의 목표에는 기업의 목표와 종업원의 목표가 있다. 전자는 기업의 발전에 목표를 두고 이성적 관점에서 종업원의 전문능력과 사회능력 향상을 통해 효율성·사회성을 중시한다. 그러나 후자는 종업원의 발전에 목표를 두고 감성적 관점에서 그의 근로생활을 즐겁게 할 수 있는 생활성(만족성)을 중시한다.

기업은 그의 목적을 '이윤추구'에 둔다 하더라도 종업원은 개인의 가치 향상을 목표로 하고, 돈은 수단으로 여기는 것이 바람직하다. 종업원은 그렇게 할 때, 그의 가치를 존중받을 수 있고, 창의성도 발휘할 수 있게 될 것이다.

기업은 목표지향적 실체로서 영속하기 위해 조직차원에서 구조 또는 제도와 관련이 있는 경제적 생산시스템과 사회적 협동시스템, 개인차원에서 개인의 행위와 관련이 있는 심리적 협동시스템을 지니고 있다.[38]

첫째, 기업은 경제성목표를 바탕으로 한 효율성목표, 구체적으로 생산성목표에 두고 있다. 경제성목표란 최소의 경비로 최대의 효과를 올리는 경제원칙이 아닌, 재화와 용역 등의 투입에 대한 산출의 이성적 관계를 이루기 위한 목표이다.[39] 효율성목표란 투입된 노력에 대해 얻어진 보람 있는 결과에 관한 목표이다. 효율성목표는 주로 경제적 시스템보다 구체화된 기술적 시스템에 따른 생산성향상을 목표로 두고 있다. 생산성목표는 객관적인 노동성과로서 노동생산성, 노동경제성, 그리고 시간당 성과로 나타낼 수 있다.

둘째, 기업은 사회성목표에 두고 있다. 사회성목표는 종업원이 사회생활에서 반드시 가져야 할 근본성질에 관한 목표이다. 사회성목표란 기업의 내부에서 '공정성목표', 외부에서 '공공성목표'가 있다.

공정성목표(justice)는 조직구성원들이 공평하고 정당하게 대우받고 있다는 느낌, 즉 개인과 조직 사이의 교환관계로서 개인이 조직에 투입한 것에 상응하는 적절한 보상을 조직으로부터 받고 있다고 느끼도록 만들기 위한 목표이다.[40]

---

38) 신유근, 2011, 26~27.
39) 한희영, 1992, 39.

공공성목표(community)는 종업원들이 일반 사회의 여러 사람들과 정신적이나 물질적으로 공동의 이익을 위한 목표이다. 공공성목표는 여러 이해관계자 집단들의 이윤 극대화를 이루기 위한 '조정능력'을 높이는 데 있다. 따라서 공공성목표는 기업이 공기(公器)로서 본연의 경제적 기능 이외에 사회가 기대하는 윤리성41)(정직), 즉 '선'(善)의 행동화가 필요하다.

사회성목표는 협동능력과 조정능력을 높일 수 있는 사회역량의 개발로서 사회적 자본 형성의 바탕이 되고 있다.

셋째, 기업은 생활성목표와 관련되어 있다. 생활성목표란 개인이 기업으로부터 인간다운 대우를 받음으로써 종업원의 근로가 즐겁고 힘과 슬기를 발휘할 수 있는 생활이 되기 위한 목표이다. 생활성목표는 종업원의 만족성으로서 종업원이 더 중시하는 목표이다.

생활성목표는 개인역량의 개발로 인적자본과 사회적자본 형성의 바탕이 되고 있다. 이를 [그림 1-5]와 같이 나타낼 수 있다.

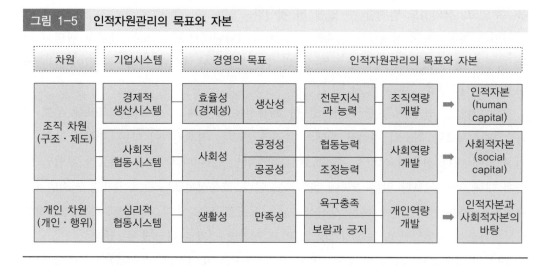

그림 1-5  인적자원관리의 목표와 자본

---

40) Adams, 1963.
41) 윤리성과 도덕성은 약간의 차이가 있다. 윤리성(ethics)은 개인이나 사회의 도덕적 규범과 가치가 되는 원리와 이에 따른 판단과 적용에 관한 성질이다. 도덕성은 선악으로 생각되는 관행과 행동(practice and activities), 그와 같은 관행이나 행동을 지배하는 관습(rule), 그리고 그와 같은 관행이나 행동 속에 파묻혀 그 속에서 배양되어 추구되는 가치(value)를 판단하는 기준이다. 그러나 엄밀히 보면 윤리성은 행동기준을 '정직'에 두고 그 실천은 솔직과 성실이 내포된 정당한 행동이고, 도덕성은 판단기준을 선(善) 가치에 비추어 평가하고, 그 행동기준을 선한 행동에 두고 있다(김해천, 2003, 18~25).

## (2) 인적자본과 사회적자본

인적자원관리는 궁극적으로 종업원을 인적자본과 사회적자본으로 만드는 데 있다.

### (ㄱ) **인적자본(human capital)**

인적자본은 기업의 임직원들이 업무수행을 위해 가지고 있는 지식·스킬·능력의 결합물을 말한다. 이에는 기업의 임직원들이 공유하고 있는 경영철학, 가치관 등 문화적인 요소도 포함된다. 인적자본은 경제적 측면을 강조하는 인력처럼 단순한 노동력 수준의 생산요소가 아니라, 인간이 지니는 역량과 품성을 말한다. 인적자본은 인적자산 혹은 인적자원과 유사한 개념으로 사용된다.[42]

인적자본은 조직이 개인의 역량을 향상시켜 그의 자본으로 삼아야 한다는 이론이다. 인적자본은 조직이 종업원들의 장기 고용을 통한 교육과 훈련 등의 투자로 종업원이 보유하는 역량과 기술이다. 인적자본에는 개인차원에서 개인역량, 집단차원에서 조직역량이 있다. 기업은 개인차원에서 개인들의 역량향상을 먼저 형성할 경우 조직차원에서 조직역량을 형성할 수 있을 것이다.

인적자본은 조직(기업)에서 개인들이 보유한 역량, 즉 다기능화를 의미한다. 다기능화(multi skilling)는 다기능작업자가 여러 직무에 다재다능(a jack of all trades)하여 포괄적 직무에 대가(大家, 名將: master)가 될 수 있는 작업수행 방식을 의미한다.[43] 다기능은 작업내용의 이해, 작업의 자율성, 작업의 분배·교환·공동이행, 종업원의 호의적 태도를 장려하는 형태를 말한다. 다기능은 구성원들의 적절한 숙련혼합(skill mix), 즉 기능적 전문성(작업수행능력)과 문제해결능력(능력의 유용성, 즉 새롭고 추가적이며 안전한 업무수행) 등 보완적 능력을 골고루 가져야 한다.

인적자본은 다기능화와 동일한 의미로서의 숙련(skill)을 의미하기도 한다.[44] 숙련은 종업원들이 획득한 지식, 능력, 경험을 가리키는 말로서 기능이나 기술이 능숙함을 의미한다. 고이케는 작업자가 작업수행에서 사용하는 지적·기능적 능력인 숙련을 '지적숙련(intellectual skill)'이라고 부른다.[45] 지적숙련은 변화와 이상에 대처하는 능력을 말한다.[46]

---

42) 자본(자기자본, 타인자본)은 기업이 조달한 금액이고, 자산은 기업이 경영활동(운용)을 하기 위해 자본과 부채를 바탕으로 현금으로 보유하거나 물품 등을 구입한 자원이며, 자원은 생산의 바탕이 되는 여러 가지 물자나 인재이다.
43) M. Cross, 1991, 44.
44) Becker, 1962; Schultz, 1961.
45) 小池, 1986, 2.
46) 박기성, 1992, 20.

한편 인적자본은 다기능과 숙련을 통합한 '다기능숙련'을 의미하기도 한다.47) 고이케도 지적숙련을 다기능숙련이라고 하였다.48) 다기능숙련은 작업자가 통합적·포괄적인 작업에 대해 지적·기능적인 직무를 수행할 수 있는 체화된 능력이다.49)

### (ㄴ) 사회적자본(social capital)

사회적자본은 개인과 집단 및 조직 차원에서 구성원들 상호 간에 맺고 있는 사회적 관계와 그 구성원들이 조직 내 다른 개인 또는 집단의 구성원들과 다양한 사회적 관계 모두를 동원할 수 있는 자원이다. 사회적자본은 목표지향적 행위에 동원되는 개인 간의 관계뿐만 아니라 그 관계의 구조 속에 붙박여 있는 모든 것들이다.50) 사회적자본은 개인과 사회 차원에서 협동능력을, 조직차원에서 조정능력을 향상시킨다. 조직의 모든 구성원들이 뛰어난 능력을 보유하였다 할지라도 사회적자본이 형성되지 못해 일부 구성원들이 고립되거나 구성원 간에 원활한 업무협조 관계를 갖지 못한다면 집단 전체의 성과는 낮을 수밖에 없는 것이다.

사회적자본은 개인중심 연결망, 사회중심 연결망, 전체중심 연결망 등 3차원으로 구분할 수 있다.

개인중심(ego-centric) 연결망은 한 행위자와 다른 행위자들과 '연결(bridging)'하는 행위이다. 즉 개인이 다른 구성원들과 공통의 관점에서 이해를 같이하는 '인지(cognitive)'의 연결망이다. 개인의 인지는 사회연결망 내의 구성원들 간의 관계 내용, 즉 공통의 관점에서 이해를 같이하는 '비전 및 가치공유(공유된 언어와 코드, 공유된 묘사)'와 관련되어 있다.

사회중심(socio-centric) 연결망은 내부 행위자가 외부 행위자와의 유대에 있다기보다 공식조직이나 부서의 모든 구성원들이 한 집합체 내 행위자들 간의 '관계(relations)'와 연결되어 있다. 관계적 관점은 구성원들 간의 상호작용을 통해 형성되는 인간적인 관계를 의미한다. 즉 개인들 간의 집단 응집성을 통한 공동목표 달성을 촉진시키기 위해 모든 다른 사람들과 '결속(bonding)'하는 연결망이다.51) 사회의 결속은 관계내용의 정신적 연결인 '신뢰'와 관련되어 있다. 또한 대인간 결속의 본질은 동료들 간의 정서적 관계와 관련되어 있다.52)

---

47) 박성환, 1995, 18.
48) 小池, 1986, 2.
49) 박성환, 1995, 11.
50) McFadyen & Cannela, 2004; 박혜원 외, 2007, 133.
51) Adler & Kwon, 2002; 설홍수, 2004, 164~165.
52) Krackhardt, 1992; Bolino et al., 2002.

전체중심(whole-centric) 연결망은 조직·지역사회·국가 단위 행위자들 간의 '구조(structure)'이다. 조직 내 사회관계의 구조는 구조적 붙박임에서 조직 내의 특수연결망·전체관계의 연결망·사회전체 속성 관련 연결망 간에 '유대(banding)'를 맺는 '네트워크'와 관련된 조직 내 사회관계와 관련이 있다.53)

이와 같이 사회적자본은 개인중심과 사회중심 차원에서 협동능력을 향상시키고, 전제중심 차원에서 조정능력을 향상시킨다. 이들은 상호독립적인 것이 아니라 상호관련성을 맺고 있다. 이를 정리하면 〈표 1-2〉와 같이 나타낼 수 있다.

| 표 1-2 | 사회자본의 3차원 | | | |
| --- | --- | --- | --- | --- |
| 차원 | 기본요건 | 심리상태 | 관련성 | 능력 |
| 개인 | 연결 | 인지 | 비전과 가치공유 | 협동능력 |
| 사회 | 관계 | 결속 | 신뢰 | |
| 조직(전체) | 구조 | 유대 | 네트워크 | 조정능력 |

### (3) 효율성, 사회성 및 생활성 목표의 조화

인적자원관리의 목표는 최고의 성과를 도출하기 위해 생산성을 중시하는 효율성(경제성)목표와 조직의 내적(공정성)·외적(공정성) 균형을 중시하는 사회성목표, 그리고 종업원의 만족성을 중시하는 생활성목표라는 3대 목표를 달성하는데 있다. 효율성(생산성)과 사회성(공정성·공공성)목표는 기업이, 생활성(만족성)목표는 종업원이 더 중시한다.

기업은 인적자원의 생산성과 공정성·공공성을 높이기 위해 만족성을 높여야 하고, 만족성을 높이기 위해 생산성과 공정성·공공성을 높여야 한다. 따라서 기업은 인적자원의 가치창출적 역량향상(생산성) 목표, 협동적 직무수행(공정성·공공성) 목표와 더불어 종업원의 삶의 질(만족성) 목표 간의 조화와 균형이 필요하다.

기업은 궁극적으로 종업원들이 일과 삶의 조화와 균형을 통해 아름다움을 추구할 때, 이윤의 장기화를 이룰 수 있다. 많은 성공기업들은 눈앞의 이윤보다 긴 안목을 갖고 인적자원관리의 모든 영역에서 중요 구성요소들이 조화와 균형을 이루어 단기적으로는 안정을, 장기적으로는 성장을 이루어 계속기업으로 발전시키고 있다.

인적자원관리의 궁극적 목표는 인적자본과 사회적자본의 형성에 있다. 즉 전문지식과

53) Adler & Kwon, 2002; 설홍수, 2004, 164~165, 168~169.

능력의 향상을 통한 인적자본이 중요하지만, 협동능력과 조정능력의 향상을 통한 사회적자본도 필요하다. 또한 이들 간의 조화와 균형도 필요하다. 특히 사회적자본은 기업 내부의 개인차원에서 비전과 가치공유, 사회차원에서 신뢰가 있어야 한다. 그리고 기업 외부의 조직전체차원에서 네트워크가 형성되어야 한다.

## 7. 인적자원관리의 시스템과 과정

인적자원관리는 다음과 같이 관리시스템과 관리과정을 통해 이루어진다.

### 1) 인적자원관리 시스템

경영자는 기업(조직)의 효율적인 인사관리시스템을 구축하여야 한다. 여기서 시스템이란 '한 조직이나 그 주요관리 소재(素材)를 효율적으로 운영하기 위해 구축된 유기적인 체계'를 말한다.

인적자원관리의 정태적 시스템은 기업의 업무를 잘 수행하기 위해 목적(목표), 구조, 기능 중 상위인 목표와 하위인 구조와 기능의 상호작용을 통해 하나의 전체가 구성되는 유기적 체계이다.

인적자원관리의 동태적 시스템은 기업의 업무를 효율적으로 수행하기 위해 외적 에너지 원천 → 투입 → 변환 → 산출 → 외부고객으로 이루어지는 유기적 체계이다. 이 중 투입 → 변환 → 산출 간의 내적 피드백과 외적 에너지 원천 → 외부고객 간의 외적 피드백이 이루어진다.54)

따라서 기업의 시스템은 경영자 또는 인적자원관리자가 이미 한 조직이나 주요관리소재(예: 임금시스템)를 효율적으로 운영하기 위해 가장 적합하게 구축되어야 할 대상이자, 구축된 시스템을 효율적으로 운영하여 그의 업무를 효율적으로 추진할 수 있도록 관리할 대상이다.

### 2) 인적자원관리의 과정

관리란 관리자가 조직에 구축된 시스템을 이용하여 업무를 효율적으로 수행해 가는 통합적 과정이다.

기업의 관리는 인적자원·물적자원·정보자원·재무자원을 목표에 따라 계획적으로 투

---

54) 김영재 외, 2013.

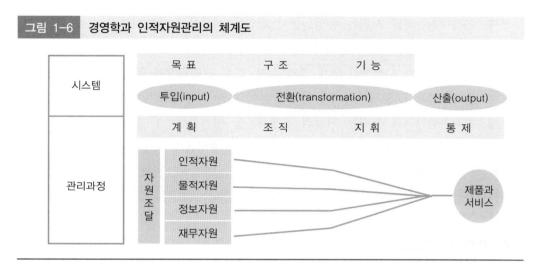

그림 1-6  경영학과 인적자원관리의 체계도

입하여 조직화(구조), 지휘(기능) 등의 전환과정을 거쳐 훌륭한 제품과 서비스를 산출하고, 그 결과를 통제(확인)하는 활동을 말한다. 경영학 전체와 인적자원관리의 체계는 [그림 1-6]과 같이 구성되어 있다.

인적자원관리 주제는 인력의 '확보·개발·평가·보상·유지·이직' 등이 있다.

인적자원관리는 업무를 효율적으로 수행하기 위해 다음과 같은 네가지 과정을 거친다.

첫째, 인적자원관리의 계획은 미래를 예측하기 위한 진단과 모색을 통해 인적자원관리의 목표를 달성하기 위해 가장 적절한 행동을 취하도록 결정하는 활동이다. 즉, 인적자원관리의 목표를 달성하기 위해 누가, 무엇을, 언제, 어디서, 어떻게 수행할 것인지를 결정하는 것이다. 그러므로 인적자원관리의 계획은 일(직무)을 수행하기 위한 투입·목적(목표)·정책(전략)·비전·설계·구상 등으로서 다음 단계인 조직화와 지휘를 이끌기 위한 상위의 개념이라 할 수 있다.

둘째, 인적자원관리의 조직화는 직무와 권한의 공식적 구조를 설정함으로써 인적자원과 물적자원을 연결시키는 활동이다. 그러기 위해 기업은 업무활동을 논리적·체계적으로 분류하고, 이에 따라 직책에 맞게 사람을 할당하여야 한다. 그러므로 인적자원관리의 조직화는 구조와 제도55)라는 '공간적 측면'으로서 특정 직무가 존재하는 이유, 다른 직무들과의 관계, 이를 수행하기 위한 방법, 필요한 도구, 인적자원이 기능을 능률적으로 발휘할 수 있는 조직형태 등과 관련되어 있다.

---

55) 제도란 가치관이나 규범 그리고 이념에 따라 '내규나 업무절차'를 만들어 구성원의 행동을 통제하는 것을 말한다.

셋째, 인적자원관리의 지휘는 종업원들이 과업을 이해하고 수행하도록 통솔(지도)하고 동기를 부여하는 활동이다. 즉 인적자원관리의 지휘는 기능(활동)이라는 '시간적 측면'으로서 직무를 성공적으로 수행하기 위해 일의 순서, 직무 진행과정에 있어서 타 직무와 연결시키는 활동을 말한다. 인적자원 활동의 대부분이 이와 관련되고 있다.

넷째, 인적자원관리의 통제는 기업의 경영성과를 평가함으로써 계획과 비교하여 목표달성을 측정하여 그 편차를 수정하고, 피드백을 통해 경영관리 과정상의 문제점을 발견하여 개선하는 활동이다. 일반적으로 통제는 사전통제, 사후통제, 진행(조정)통제 가부통제의 네 가지 과정으로 이루어진다. 즉 성과를 계획에 비추어 보고 수정을 가하는 활동이다.

## 8. 인적자원관리의 환경

기업의 인적자원관리 환경은 기업과 그의 이해관계자들과의 원만한 관계를 유지하여야 하는 구성인자를 말한다. 이에는 공급업자, 경쟁자, 고객, 금융기관, 정부, 공중, 주주, 노동조합 등 여덟 가지 구성인자들이 있다. 그러나 이들 요인들은 기업마다 그 대상이 다르므로 모든 기업의 공통 환경요인을 정치환경, 경제환경, 경영환경, 기술·정보환경, 노동시장, 노동조합, 기업조직의 변화 등을 중심으로 분석하여 다른 기업과 비교하면서 적용하여야 할 것이다.

## 제2절 인적자원관리의 발전

## 1. 인사관리

### 1) 표류인사관리

표류인사관리(drifting personnel management)는 1850년대 산업혁명에서부터 남북전쟁(1861~1865)을 거쳐 급속한 공업화를 이룩한 1910년 이전까지로서 인사관리가 체제를 갖추지 못하던 시대를 의미한다. 표류인사관리시대의 인사담당자는 인사관리를 체계화시키지 못하고, 그저 자기 방식대로 수행한다. 즉 인사담당자는 사전에 기업의 작업수행에 대한 표준을 제시하지 못하고 작업자들에게 그의 경험과 주관에 따라 업무를 수행하도록 유도

한다. 그러므로 이를 '주먹구구식 인사관리'라 부르기도 한다. 따라서 표류인사관리는 단기적인 전망을 가지고 임기응변으로 관리하기 때문에 조직의 능률이나 종업원의 만족도가 높을 수 없다.

표류인사관리는 산업화의 초기나 창업초기의 가내공업이나 소기업 등에서 실시되는 인사관리 형태로서 가부장적 인사관리라 할 수 있다. 이 때에는 인사뿐 아니라 다른 영역들도 이론과 기법이 제대로 형성되지 못하였다. 표류인사관리는 하루의 목표생산량에 대한 계획도 없고, 직무 간의 유기적인 조정도 불가능하여 작업자들의 조직적 태업(systematic soldiering)이 용이하였다. 따라서 기업은 이러한 문제를 해결하기 위해 일급제에서 성과급제로 전환시켰으나, 작업자의 성과급제에 대한 불신으로 능률향상이 이루어지지 못하였다. 그러므로 표류인사관리는 기업의 외적 적합성과 내적 적합성이 모두 낮다고 할 수 있다.

## 2) 초기 인사관리

### (1) 초기 인사관리의 발전

초기의 인사관리(personnel management)는 인간관을 '합리적 경제인'으로 삼고 있다. 합리적 경제인은 금전에 의해 동기부여 되는 계산적인 다수 종업원과 광범위하게 대중을 조직하고 관리하는 도덕적 관리자를 확보하기 위해 필요한 인간이다. 종업원의 조직적 태업을 방지하기 위해 처음 도입된 성과급이 작업자들로부터 불신을 받고 있었으므로 이를 해소시키기 위해 나타났다. 따라서 초기의 인사관리는 이를 해결하고, 작업의 합리화를 위해 과학적관리법이 정립되었다.

과학적관리법은 아담 스미스의 '옷핀 제조공장' 분업사례에 영향을 받은 테일러(F.W. Taylor)에 의해 창안되었다. 과학적관리법은 직무수행에 대한 합리적인 원리와 원칙을 설정하고 이에 따라 관리하는 기법이다. 이 기법은 직무를 분업의 원리에 따라 세분하고, '과업'(작업자의 1일 표준작업량)을 설정하여, 이를 기준으로 직무를 수행한다. 또한 과학적관리법은 일을 세분화하여 한 작업지에게 그 세분된 한 업무를 맡김으로써 인력을 전문화시키고 있다. 따라서 과학적관리법은 과업관리를 통하여 작업자의 조직적 태업 문제를 해결하고, 작업자의 성과에 따른 임금률을 합리적으로 결정할 수 있었다.

초기의 인사관리는 전체시스템을 전략적으로 접근하기보다는 임금, 인사고과와 같이 개별적인 기능을 합리적으로 관리하였다. 그러나 이런 개별 기능은 조직의 목표나 전략에 어떻게 연계되어야 하는지를 이해하는 데 좋은 지침이 되지만, 실제로 전체의 한 시스템으로서 기능을 발휘하거나 조화를 이루지 못할 가능성이 있다.

과학적관리법은 인력의 선발과 활용에서 주로 노동비용의 절감을 목표로 전개되었고, 또 이를 뒷받침하려는 연구와 교육프로그램의 개발에만 주력하였다.[56] 즉 이 기법은 비용의 최소화(cost-minimization) 또는 생산과 효율의 극대화(production & efficiency maximization)를 이루기 위해 종업원에게 순응을 강조하는 통제지향적 관리를 더욱 강조한다. 그렇지만 때로는 종업원의 만족을 향상시키기 위한 유연관리를 하기도 한다.

마일즈와 스노우(R.E. Miles & C.C. Snow)[57]는 통제지향적 관리를 전통적 모형이라 부른다. 그들은 종업원이 일을 싫어하고, 돈을 중요하게 여긴다고 보고 있다. 따라서 경영자는 직무의 세분화를 통해 작업자가 단순하고 반복하는 업무를 수행할 수 있도록 작업규칙을 정해 관리하여야 한다고 주장한다. 따라서 그들은 경영자가 종업원을 엄격하게 감독함으로써 효율성을 높일 수 있다고 주장한다. 그러므로 초기의 인사관리는 내적 적합성은 높으나, 외적 적합성은 낮다고 할 수 있다.

### (2) 초기 인사관리 접근방법

초기 인사관리는 합리성을 강조한 테일러의 과학적관리법, 페욜의 일반관리론, 웨버의 관료제론에 근거한 관리방식으로 발전하였다.

#### (ㄱ) 과학적관리법

과학적관리법(scientific management)은 테일러가 정립한 이론이다. 테일러는 미국의 공장 직장(foreman) 출신으로서 아담 스미스(Adam Smith)가 주장한 '분업론'을 바탕으로 그의 이론을 전개하였다. 테일러는 1911년, 철강회사 기술자로서 자신의 경험과 연구결과 등을 정리하여 '과학적관리의 원리(the principle of scientific management)'라는 저서를 출간하면서 비롯되었다. 이 저서의 내용은 작업장에서 감독자들이 알아야 할 '공장의 효율적인 관리에 대한 기계적 접근원리'를 설명하였다.

테일러는 직무수행을 더욱 효율화하기 위해 직무의 객관적인 기준인 과업, 즉 '표준'을 근거로 하여 기계화(자동화)시킴으로써 대량생산을 가능하게 하고 단위당 생산비를 절감시킨다. 즉 기업은 총수익에 대한 인건비의 비율을 줄이면서 작업자에게 높은 임금을 지급할 수 있었다. 다시 말하면 '낮은 노무비(저노무비: 低勞務費)와 높은 임금(고임금: 高賃金)'을 실현시킨 것이다. 따라서 테일러는 그의 과학적관리가 작업자들의 능률과 생산을 향상시킬 수 있는 유일 최선의 방법(one best way)이라고 주장하고 있다.

---

56) 신유근, 1994, 222.
57) R.E. Miles & C.C. Snow, 1994, 42, 146.

과학적관리법은 다음과 같은 세 가지 특성이 있다.

과학적관리법은 직무수행을 효율화하고 표준작업량을 명확하게 하기 위해 직무의 객관적 기준, 즉 '과업'(課業: task)을 설정하고, 이를 통해 직무수행을 규격화(표준화)함으로써 생산성을 향상시키는 '과업관리'를 실시한다. 과업관리는 종업원이 합리적으로 작업을 수행하였을 때, 비교적 우수한 작업자가 달성할 수 있는 하루의 작업량을 설정하고 이를 실시할 수 있도록 관리하는 것이다.

테일러는 그의 이론이 과업에 바탕을 두고 있으므로 '과업관리'라고 이름을 지어 붙였다. 그러나 과업관리는 훗날 그의 후학들에 의해 '과학적관리법'이라고 불리어진 것이다.[58] 테일러는 과업을 과학적으로 할당하기 위해 시간 및 동작 연구를 하였다. 시간 및 동작 연구는 일의 작업과정을 가장 단순한 기본적인 동작들로 나누어 각 동작에 소요되는 가장 빠른 시간단위를 발견하려는 것이다. 테일러의 이러한 노력의 결과가 직능적 직장제도로 나타난다. 직능적 직장제도는 기업을 직계조직(line organization)에서 기능조직(functional organization)으로 바꾸고, 모든 구성원들이 각자의 직분에 따라 일하며 협동하도록 하는 제도이다.

과학적관리법은 작업능률을 향상시키기 위해 시간 - 동작연구를 통하여 체계적으로 표준화 된 '직무'(job) 설계를 한다. 직무설계는 주로 전문화원리에 따라 이루어진다. 과학적 관리법의 직무설계는 작업의 기획과 설계를 맡은 관리자 혹은 기술자와 이를 실천하는 작업자가 서로 기능별로 분리하여 수행하고, 또 서로 협동함으로써 그 효과를 높일 수 있도록 설계되었다. 따라서 과학적 관리법은 작업자가 수행하는 직무에 적합하게끔 배치와 훈련이 이루어져야 하며, 도구와 작업절차의 표준화가 이루어져야 하는 것이다.

과학적관리법은 과업관리를 뒷받침해 주기 위한 임금제도, 즉 '차별성과급제도'(differential piece-rate system)를 채택하고 있다. 차별성과급제는 과업을 설정하고 종업원들이 표준과업량 이상을 달성하였을 때 높은 임금(high pay for success)을, 표준과업량을 미달하였을 때 낮은 임금(loss in case of failure)을 적용하는 제도이다.[59] 과학적관리법은 작업자가 경제적 수입을 더 얻을 수 있을 때 그의 직무를 더 활발하게 한다고 보고, 성과와 비례하여 임금을 지불하고 있다.

과학적관리법은 직무를 분화하여 세분화하고(단순화), 세분된 직무를 규격화(표준화)시켜 이를 수행하게 함으로써 생산성을 향상시키는 '과업관리'를 하며, 한 작업자에게 세분된 직

---

58) 한희영, 1992, 114.
59) 신유근, 1994, 42~44.

무를 맡겨 숙련화(전문화)가 이루어지도록 한다.

포드(H. Ford)는 테일러의 이론을 더욱 발전시켜 과학적관리의 꽃이라 부르는 '3S원리'로 발전시켰다. 그는 그의 자동차사에 컨베어시스템(conveyer system: 이동조립법)을 고안하여 적용하였다. 첫째, 경영자는 직무를 분업의 원리에 따라 세분하여 작업수행이 편리하도록 단순화(기계화: simplification)시킨다. 둘째, 경영자는 작업수행과 관련이 있는 여러 작업조건을 표준화(규격화: standardization)시킨다. 예를 들어 못을 생산할 때 1호, 2호, … 등으로 규격화하여 생산하면 생산품목수도 줄이고 작업도 편리하게 한다. 셋째, 경영자는 여러 과업으로 세분된 직무 한두 개를 한 작업자에게 담당하게 함으로써 전문화(숙련화: spe-cialization)시킨다. 그럼으로써 직무담당자는 짧은 기간 내에 업무가 숙련될 수 있고, 미숙련 작업자도 직무수행이 가능하도록 만들며, 나아가 다른 작업자로의 대체도 가능하게 하였다.

포드는 기업을 봉사의 기관(instrument of service)이라 정의하고, 이의 실천을 기업의 사명으로 생각했다. 즉 그는 사회대중의 생활수준 향상을 위해 자동차 가격을 인하시키면서 (저가격), 종업원들에게 높은 임금(고임금)으로 봉사하는 기관으로 보았다. 따라서 포드 자동차회사는 종업원과 소비자가 곧 사회이므로 이에 봉사하는 기관이라고 말한 것이다. 이 봉사의 원리는 결코 이윤 그 자체를 부정하는 것이 아니라, 궁극적인 기업목적으로서의 이윤추구를 부정할 뿐, 봉사의 결과로서 얻어지는 이윤을 당연한 이윤이라고 보았다.60) 포드는 이를 뒷받침하기 위해 이동조립방식을 이용한 대량생산으로 노동능률을 높여 상품의 낮은 가격을 실현하고(박리: 薄利), 나아가 많은 수량을 판매(다매: 多賣)하여 기업의 수입을 높이고 종업원들에게 높은 임금을 지급할 수 있게 하였다.

과학적관리법 이론의 발전에는 포드 이외에도, 작업자의 동작연구(motion study)·시간연구(time study)를 탐구한 길브레스(Gilbreth) 부부 및 새로운 보너스 제도를 고안한 간트(Gantt) 등 여러 사람의 지원이 있었다.

이와 같이 과학적관리법은 작업의 과학화 등 기업에 많은 공헌을 한 것도 사실이지만 문제점도 지적되고 있다. 이 이론은 작업자들의 직무수행에 따른 감정이나 정서를 무시하면서 지나치게 경제적 욕구만 강조하는 바람에 작업자를 기계와 같이 취급하였다는 비판이 있다. 즉 과학적관리법은 인간의 기본적인 욕구(예; 공정한 보상 등)는 배려되었다 하더라도 인간의 존엄성과 자율성은 무시되고 있다.

---

60) H. Ford, 1962, 137~152.

### (ㄴ) 일반관리론

일반관리론은 프랑스의 경영자인 페욜(H. Fayol)이 주장한 이론이다. 이 이론은 경영자들이 조직이나 공장을 효율적으로 다루는 원리로 구성되어 있다.

페욜은 1916년 산업 및 일반관리론(*Administration Industrielle et Generale*)이라는 저서에서 최초로 경영활동과 관리활동, 그리고 관리원칙을 제시하였다.

첫째, 관리자는 관리활동을 여섯 가지 경영활동 중의 하나로 인식하고, 예측(계획), 조직, 지휘, 조정, 통제하여야 한다. 페욜은 경영활동, 즉 기술(생산), 영업(마케팅), 재무, 보전(인사), 회계, 관리적 활동을 제시하고, 6번째를 관리(administration)라고 하였다. 따라서 그는 경영관리론의 참된 아버지라고 불리어지고 있다.

둘째, 관리자는 관리원칙을 제시하고 이를 상황에 맞게 선택하여 활용하여야 한다. 페욜은 관리원칙으로 일반관리를 제시하였다. 관리의 일반관리란 관리활동을 수행함에 있어서 따라야 할 일반적 규준을 의미한다. 즉, ① 분업의 원칙 ② 권한·책임 명확화의 원칙 ③ 규율의 원칙 ④ 명령통일의 원칙 ⑤ 지휘일원화의 원칙 ⑥ 전체이익 우선의 원칙 ⑦ 공정한 보상의 원칙 ⑧ 집권화의 원칙(집권화 수준의 유연성) ⑨ 계층화의 원칙 ⑩ 질서 유지의 원칙 ⑪ 공평성의 원칙 ⑫ 고용안정의 원칙 ⑬ 창의존중의 원칙 ⑭ 협동·단결의 원칙 등이다.

페욜에 의하면 기업은 이 원칙들을 경직되게 적용해서는 안 되고, 기업의 실정에 따라 유연하게 적용하여야 한다고 하였다. 이 원칙들은 과학적 검증을 거쳤다거나 실제조사를 통해 도출된 것은 아니지만, 페욜이 관리자로서 오랫동안 조직관리의 경험을 통해 나온 결과이므로 상당히 신뢰할 수 있는 원칙이라고 할 수 있다. 또한 이 원칙들은 당시 경영학의 형성기에 알맞은 원칙이었을 뿐 아니라 최근에 강조되고 있는 원칙까지 포함되어 있다. 그러나 이 원칙들 간에 상호모순 되는 것들도 있고, 지나치게 이상적이라는 비판도 있다.

### (ㄷ) 관료제론

관료제론은 19세기 말 독일의 사회학자 베버(M. Weber)에 의해 확립되었다. 베버는 조직구성원들 간의 권력관계를 연구하여, 조직의 권한구조(authority structure)를 정립하였다. 그는 그 동안 사회조직이 전통적·세습적 혹은 카리스마적인 권력자에 의해 지배되어 온 경우가 많았기 때문에 많은 모순과 비용을 초래하였다고 보고, 미리 정해진 법과 규칙에 따라 시대와 공간 및 대상을 초월하여 언제 어디서나 동일하게 운영하여야 한다고 주장하였다.

관료제(bureaucracy)는 조직이 미리 규정과 절차를 정해 놓고, 모든 구성원들은 이에 따라 업무를 수행하고 행동하도록 하는 합리적인 제도이다. 관료제는 과학적관리법의 논리를 국가의 행정기관에 적용하였을 때 사용되는 명칭이다.

관료제는 과학적관리에서처럼 세분화(분업)된 한 직무의 전문화에서 비롯된다. 먼저 수평적으로 단순하고 직선적으로 분화된 직위에서부터 차차 복잡한 기능이나 부서로 발전되고, 그 다음은 수직적으로 높아져 간다. 관료제의 주요내용에는 합법성의 원리, 분업의 원리, 정실배제의 원리, 고용보장의 원리, 수직 계층의 원리, 문서화·공식화의 원리 등이 강조되고 있다.

### 3) 후기 인사관리

#### (1) 후기 인사관리의 발전

후기 인사관리는 인간관을 '사회인'으로 삼고 있다. 종업원의 생산성과 만족성은 경제적 자극보다 동료들에게 받아드려지고 호감을 받고 싶어하는 욕구나 그 집단의 소속감에 의해 영향을 받는다. 과학적관리법의 반성과 개선의 필요에 따라 나타난 것이다. 그 당시 기업은 과학적관리법을 채택하였음에도 불구하고, 노사분규가 급증하고 매우 혼란스러운 상태였다. 따라서 과학적관리법은 일의 '분업화(分業化)'를 통해 생산의 극대화를 이룰 수 있을지 모르지만, 생산현장에서 종업원을 생산의 한 부품으로 간주하였기 때문에 일에 대한 자긍심을 상실시켜 '인간성 상실'로까지 이르게 만들었다.

이러한 시점에 나타난 것이 메이요(E. Mayo)와 뢰스리스버거(F.J. Roethlisberger)의 인간관계론(human relations)이다. 인간관계론은 경영자가 종업원들의 사기를 높이고 기업의 생산성을 향상시키도록 하는 가부장적 인사관리이다.

가부장적 인사관리는 인간관계론의 사고대로 경영자가 종업원들을 아버지처럼 보호해 주고 따뜻하게 대해 주는 관리이다. 가부장적 인사관리의 구체적인 관리방법은 온정과 회유를 위해 사용되는 '인센티브'와 권위를 세우기 위한 '교화'가 사용되었다. 즉 가부장적 인사관리는 노동조합의 요구에 의해서가 아니라 경영자가 주도하여 종업원들이 높은 만족을 느끼도록 하고, 기업에 충성하도록 하는 인센티브 방안으로써 우리사주 개설·연금제도 도입·작업환경 개선·사원 공동주택설치 등의 사업을 실시하고, 종업원들을 교화시키는 방안으로써 도서관 설치·휴양시설 설치·각종 교양교육 등을 실시하여 종업원들의 수준을 중간계층 정도로 높인다는 것이다. 그럼으로써 경영자는 종업원들이 노동조합을 설치하지 않거나, 노동조합 가입률을 낮아지게 하여 생산성을 향상시킬 수 있다고 보고 있다.

마일즈(R.E. Miles)에 의하면 인간관계모형은 종업원들이 경영자에게 인정을 받고 있다고 느끼도록 하여, 스스로 중요한 존재라는 사실을 인식하도록 함으로써 작업능률을 향상시키게 한다는 것이다. 마일즈와 스노우(R.E. Miles & C.C. Snow)[61]는 종업원들이 돈보다는 일의 의미나 심리 및 사회성[62]을 중시하고 있다고 보았다. 그들에 의하면 경영자는 종업원들이 일상적인 과업을 자율적으로 처리하도록 정보를 제공하고 의견을 존중하도록 하는 것이 바람직하다고 주장하고 있다. 따라서 이는 '작업과 종업원의 인간화모형'이라고 할 수 있다.

### (2) 후기 인사관리의 접근이론

후기 인사관리는 신고전적 관리론이라고도 한다. 이 이론은 메이요(E. Mayo)와 그의 동료들에 의해 1927년부터 1932년 사이에 미국 서부전기회사의 호손공장 연구(Hawthorne factory experiment)가 새로운 계기가 되었다. 이 연구는 그 당시 이 공장이 테일러의 '분업원리와 차별 성과급제도'를 시행하고 있었으나, 생산성이 악화되고 관리에 문제가 많아지자 그 까닭을 발견하고자 했다.

메이요는 다음과 같은 결과를 발표하였다.

종업원들은 경제적 요인보다 정신(마음), 즉 가치, 감정, 욕구 등과 같은 "심리적 요인"이 생산성에 직접적으로 영향을 준다라는 점을 강조했다. 이런 사실은 호손연구에서 증명되었다. 일반적으로 생산현장에서 불의 밝기는 생산성에 비례한다. 그러나 호손연구에서 나타난 바와 같이 불의 밝기를 낮추더라도 생산성이 도리어 올랐다. 이런 결과가 나타난 까닭은 면접조사에서 밝혀졌는데 작업자들이 자신이 회사를 대표하여 연구에 참가자로 선발된 것만으로 긍지를 갖고 일했기 때문이다. 인간관계론자들은 종업원의 동기부여(motivation), 근로의욕(morale)이 핵심이 되고 있다.

종업원들은 그들이 소속된 '비공식조직'(informal group)의 역할(role)과 규범(norm)이 실제행동에 영향을 미친다. 왜냐하면 개인은 비공식집단에 소속됨으로써 공식적 조직구조로부터 받는 소외감을 극복하게 되고 더 친밀한 행동기준을 발견하게 됨으로써 공식조직이 주지 못하는 심리적·사회적 욕구를 만족시키게 되기 때문이다. 인간관계론자들은 종업원들의 비공식적 관계를 확장하여 기업사회에서의 관계, 즉 '인간관계'가 직무성과에 중요한 영향을 준다고 인식하고 있다.

---

61) R.E. Miles & C.C. Snow, 1994, 42, 146.
62) 집단에 소속되어 자신의 의견이 수용되고 인정받는 것을 말한다.

이처럼 후기 인사관리는 기업의 생산성(경제성)과 구성원의 인간성(만족성)을 한꺼번에 달성하는 것을 기본목표로 하였으나, 인간성 목표를 더욱 강조하는 경향이 두드러졌다. 따라서 작업자의 정신(마음)에 관련이 있는 모티베이션과 근무의욕, 비공식적 조직관계나 인간관계의 연구로 조직의 생산성 수준을 결정하는 데 결정적인 영향을 미치게 되었다. 그러나 인간관계적 접근은 비경제적인 보상을 강조한 나머지, 임금이나 복지후생과 같은 경제적 보상의 경시에 따른 종업원의 반발이 나타나기도 하였다. 또한 기업에서 비공식조직이 존재하느냐 하는 의문에서부터, 비공식조직이 있다 하더라도 관리할 수 있느냐 하는 회의(懷疑)에 이르기까지 다양한 문제가 나타나기도 하였다. 따라서 인간관계적 접근은 종업원의 비위나 맞추는 '사탕발림 인사관리'(soft management)라는 비판을 받기도 하였다.

## 2. 근대 인적자원관리

근대는 인간관을 "복잡인"으로 삼고 있다. 인간의 욕구와 동기는 연령이나 발달단계, 능력 및 일의 성질, 역할의 변경, 대인관계, 상황, 조직생활에서의 경험, 관리전략 등에 따라 다르게 나타난다. 개인과 조직의 관계는 그 효과에 대한 심리적 계약의 확립과 재확립을 위한 상호작용, 즉 상호영향과 상호교섭을 통하여 전개된다.

### 1) 근대 인적자원관리의 의의

오늘날 기업, 사회 그리고 국가에서는 인적자원의 중요성이 높아지고 있다.

근대 인적자원관리는 인적자원관리의 강조에서부터 상황적합적 인적자원관리까지를 의미한다.

인적자원관리는 인사관리와 다음과 같은 차이가 있다.

인사관리는 경영자가 종업원을 비용 중심으로 사고하고 판단한다. 따라서 인사관리는 종업원의 주체적인 작업을 통해 효율성을 높이는 존재가 아니라, 기계와 같이 하나의 생산요소로 여긴다. 기업은 장래 종업원의 지속적인 기여도를 고려하지 않고, 현재 낮은 비용과 높은 효율을 올릴 수 있는 사람을 채용하여 사용하다가, 그 효용이 다하면 해고하고 다른 사람을 고용한다. 즉 기업은 종업원을 단기 고용하여 그의 역량을 활용할 뿐이지, 그의 역량을 향상시키기 위해 노력하지 않는다.

하지만 인적자원은 경제적 측면을 강조하는 인력처럼 단순하게 노동이라는 생산요소로 여기는 수준이 아니라 지식·능력·기술·태도 등 인간이 지니는 역량과 품성을 말한다.

또한 인적자원은 생산의 중요한 요소임과 동시에, 목표·창의성·욕망·기대 등을 지니고 있으므로 다른 생산요소를 효율적으로 결합시키거나, 생산방식을 개선하도록 끊임없이 노력하는 자원이다. 나아가 인적자원은 개인관점이 아니라 조직관점에서 사용하는 개념으로, 인적자원은 기업의 임직원들이 업무수행을 위해 가지고 있는 스킬·지식·능력의 결합물이다. 인적자원에는 기업의 임직원들이 공유하고 있는 경영철학과 가치관 등 문화적인 요소도 포함된다. 따라서 인적자원은 조직이 가지고 있는 가치창출의 원천으로 보고 실물자본과 마찬가지로 조직이 사람에게 투자하여 개인의 역량을 향상시켜 자본으로 삼아야 한다는 의미로63) 인적자원의 축적은 실물자본 축적과 달리 인간집단 사이에서 일어나는 사회적 활동의 결과로 나타난다.64)

인적자원관리(human resources management)는 기업이 종업원을 비용 중심이 아닌 '자원 혹은 자산'으로 여기고, 유능한 사람들을 채용하여 교육·훈련이나 학습 등을 통해 잠재능력과 자질을 향상시켜 조직의 경쟁력을 높이는 관리이다.

인적자원관리는 종업원을 기업의 부가가치 창출에 기여하는 자원으로 여기고, 장기적으로 역량 향상에 투자함으로써 조직을 성장시키는 관리라고 할 수 있다.65) 따라서 인적자원관리는 기업이 현재에 종업원의 능력을 활용하는 것보다 장기적으로 조직에 공헌할 수 있는 잠재능력을 향상시키는 관리이다.66) 인적자원에는 경영자집단과 종업원집단이 있다.

## 2) 초기 및 후기 인적자원관리

### (1) 초기 인적자원관리의 발전

초기의 인적자원관리는 1970년대 후반부터 논의되기 시작하였다.67) 이 시기의 세계경제는 경제성장이 둔화되고 경영환경이 더욱 악화되었으나, 일본은 이에 구애됨이 없이 크게 부상하였다. 그 원인은 일본기업이 미국을 비롯한 여러 선진국과 달리 종업원의 종신고용, 노사 한가족제, 숙련 향상 등 독특한 인적자원관리 방식에서 찾을 수 있었다.68)

초기 인적자원관리는 관리활동과 관련된 기능과 역할, 그리고 권한과 책임이 라인과 스태프 모두에게 분담되어져야 함을 강조하였다. 초기 인적자원관리의 담당자는 인사관리 역할인 관리자(administrator)로부터 자율성 부여자(empowerment man) 또는 촉진자(facilitator)

---

63) Becker 1962; Schultz 1961.
64) Lucas, 1988.
65) 山口博幸, 1992.
66) J.G. March, 1991; 이동명·김강식, 2004, 41.
67) 신유근, 1994, 223; J. Storey, 1989.
68) P. Blyton & P. Turnbull, 1992.

로서의 역할로 변화하였다.69) 초기의 인적자원관리는 환경변화의 신속한 적응을 위해 '인적자원의 능력'을 강조함으로써 경영현실의 적용가능성을 중시하고 있다. 이것이 인적자원모형이다.

인적자원모형은 구성원이 갖고 있는 많은 잠재력을 조직(경영자)이 발견하여 그의 기능과 기술을 향상시키는 것을 중시하고 있다. 인적자원모형은 조직의 인적자원, 조직원의 기능과 잠재능력의 향상을 조직 성공의 바탕이라고 여기고 있다.70)

마일즈(R.E. Miles)와 스노우(C.C. Snow)에 의하면 종업원은 일을 싫어하는 것이 아니라, 자주성과 자율성을 준다면 그의 능력을 창의적으로 수행하며, 효율성도 증대시킨다고 보았다. 또한 그들은 경영자가 모든 인적자원의 잠재력과 기술을 최대한 발휘하도록 환경을 조성하고, 의사결정의 참가를 확대시켜야 한다고 주장하고 있다. 그러나 인적자원모형은 인사기능 간의 통합은 있으나, 조직목표와 전략의 연결이 미흡하다고 할 수 있다.

### (2) 초기 인적자원관리의 접근이론: 인적자원관리이론

인적자원관리이론은 인사관리의 기능중시에 대한 비판에서부터 출발하였다. 즉 전통적 인사관리는 환경변화에 효율적으로 대처할 수 없으므로, 이에 대응하기 위해 종업원의 지식과 능력 향상이 가장 필요하다고 보고 있다.

인적자원관리이론은 마일즈(R.E. Miles)에 의해 주장되었다. 마일즈는 종업원이 창조적으로 일할 수 있도록 그의 재능과 능력 향상을 강조하였다.

한편 리커트(Likert)는 종업원의 역량이나 기술을 기업의 주요한 자산으로 여기고, 이를 기업의 재무제표에 표기하여 기업의 가치를 재평가해야 한다고 강조하였다.

마일즈와 리커트는 인적자원이론을 다음과 같이 정리하고 있다. 첫째, 인적자원관리는 인적자원의 비용 중심이 아니라 역량 및 기술 중심의 가치를 중시하고 있다. 둘째, 인적자원관리는 기업의 '전략에 상응하여 인적자원의 수준 향상을 중시하고 있다. 셋째, 인적자원관리는 기업의 정보와 커뮤니케이션 등 신기술 도입에 상응하여 종업원의 역량과 기술의 향상을 중시하고 있다. 넷째, 인적자원관리는 기업의 국제화에 상응하여 인적자원의 수준향상을 중시하고 있다.

이와 같이 인적자원관리이론은 한마디로 인간과 노동을 경영 의사결정에 통합시키고 인적자원을 기업경쟁력의 중요한 요소로 인식하고 있다. 따라서 기업은 종업원의 교육훈련

---

69) 신유근, 1994, 227~228.
70) G.R. Ferris et al., 1995.

을 통한 역량의 향상으로 기업경쟁력을 극대화함으로써 경영의 목표를 달성하고자 하는 것이다.

### (3) 후기 인적자원관리의 발전

후기 인적자원관리는 1980년대 중반 이후, 상황적합인적자원모형의 강한 영향을 받기 시작하였다.

상황적합인적자원모형(environmental human resources model)은 기업의 환경변화에 유연하게 대응하기 위해 조직의 환경요인들, 즉 조직의 규모, 기술, 시장상황, 전략 등의 적합성에 따라 효율적인 관리방식을 도출하여 적용하려는 모형이다. 따라서 이 모형은 '환경변화에 따른 적절한 대응'을 경쟁력 우위의 원천으로 인식하고, 이를 위해 인적자원의 가치나 역량의 극대화에 두고 있다.[71]

상황적합인적자원관리는 기업이 환경에 효율적으로 대처할 수 있도록 주로 조직 내부의 기능 간, 상하 또는 부서 간의 연계와 조화를 중시하는 '시스템의 조화'와 주로 조직 외부의 복잡한 환경과 상호작용 하는 개방체계(open system)[72]를 중시하는 '상황의 적응'으로 구성되어 있다. 그러나 인적자원 모형에서는 이를 부차적 내지 종속적 요소로 여기고 있다. 이를 정리하면 [그림 1-7]과 같다.

---

**그림 1-7  상황적합인적자원관리의 구성**

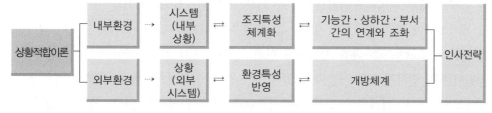

---

### (4) 후기 인적자원관리의 접근이론: 상황적합이론

상황적합이론(contingency approach)은 조직이 그 운영과 직접 관련이 있는 구체적인 문

---

71) 신유근, 1994, 231.
72) 기업의 개방체제라는 의미는 기업이 외부와의 관계에서 외부단위의 도움이 있어야 그 집단체계로서의 기능을 할 수 있으므로 기계론적 방법으로 통제하거나 완전히 규제할 수 없는 상태라는 것이다. 따라서 개방체계에서는 환경이 기업내부체계의 투입과 산출에서 매우 중요한 영향을 미친다는 것이다.

제에 대해 여러 상황을 고려하여 해결책을 찾으려는 이론이다. 상황적합이론은 시스템이론과 상황이론이 있다.

시스템(system)이란 어떤 목적을 이루기 위해 여러 구성인자가 유기적으로 연결되어 상호작용하는 결합체를 말한다. 시스템이론(system approach)은 독일의 생물학자 베르탈란피(K.L. Bertalanffy)에 의해 주장된 이론으로서 기업의 내적 적합성을 중시하고, 여러 분야 간에 교류와 통합을 증진시킬 수 있는 공통적인 사고의 틀을 제시하는 이론이다. 기업의 모든 시스템은 다른 기업에서 생산된 산출물이 투입물로서 기업체계로 들어와서, 다시 산출물이 되어 환경으로 되돌아간다. 즉 투입물(input) → 변환과정(transformation) → 산출물(output)이다. 또한 하나의 시스템은 상위개념인 목표(objective)와 하위개념인 구조(structure)와 기능(function)으로 구성되어 있고, 이들 간의 조화와 상호작용을 통한 효율성과 전체성을 매우 중요하게 여겨지고 있다.73)

시스템이론은 인사관리차원에서 적용되고 있다. 전체 인사시스템은 인사관리 차원에서 조직 내에 세부적 단위, 즉 여러 개의 하위 인사시스템으로 구성되어 있다. 즉 기업의 인사시스템은 여러 하위 인사시스템과의 조화와 상호작용을 통해 효율성과 전체성을 중시하고 있다. 따라서 인사의 각 기능들이 구조적으로 통합되는 '내적 적합성'이 강조되고 있지만, 외적 시스템들과의 조화인 '외적 적합성'도 필요하다고 보고 있다.

상황이론은 기업의 '과업환경'과의 외적 적합성을 중시하고 있다. 상황이론의 초기에는 기업이 정치·경제·사회·문화·기술 등의 환경에 순응하여야 함을 강조하였으나, 최근에는 조직의 내부 핵심시스템이 환경, 즉 외부시스템관리를 통해 이들 간의 역기능을 규명하고 제거하여야 함을 강조하고 있다. 즉, 환경은 주어지는 것이 아니라, 조직에 참여한 사람들 간의 상호작용, 즉 내부 적합성에 의해 재구성 내지 창조된다고 보고 있다.74)

상황이론은 인사전략과 직결되고 있다. 즉 전체 인사시스템은 인사전략 차원에서 기술·사회·소비자·경쟁회사 등의 외부시스템과 서로 연결되어 있다. 기업의 인사시스템은 외부 인사시스템과의 조화, 즉 '외적 적합성'을 강조하고 있다. 따라서 한 기업의 외부시스템과의 적합성은 일이 복잡하면 복잡할수록 경쟁이 치열하면 치열할수록 더욱 필요하다고 할 수 있다. 그러나 기업은 내부상황, 즉 구조, 관리, 전략, 조직문화, 조직특성 등 '내적 적합성'도 필요하다고 보고 있다.

이와 같이 상황적합이론은 외적 적합성과 내적 적합성이 모두 높아야 조직의 효율성을

---

73) 최종태, 2000, 3~13.
74) K.E. Weick, 1979.

높일 수 있다고 보고 있다. 이 이론은 실제 조직세계에서 나타나는 현장상황을 중심으로 연구하는 것이기 때문에, 유용성이 높다고 할 수 있다. 그러나 이 이론은 다양하고 예외가 많아서 이론으로서 갖추어야 할 보편타당성을 획득하기 어려우므로 특정 상황에만 적용될 수 있는 특수한 사실에 불과하다고 폄하되기도 한다.

## 3. 현대 인적자원관리

### 1) 전략적 인적자원관리

#### (1) 전략적 인적자원관리의 의의

현대 인적자원관리는 인간관을 '전략인'으로 삼고 있다. 전략적 인적자원관리(strategic human resources management)는 인적자원이 조직의 목적과 비전을 잘 반영하여 기업의 성과에 기여하도록 전반적인 전략경영 과정과 잘 통합하고 연계하여 그 기능을 효율적으로 발휘하는 데 중점을 두는 관리를 말한다.

초기 전략적 인적자원관리는 조직이론의 주류였던 상황이론과 1970년대 말부터 활기를 띠기 시작한 전략이론에 영향을 받아 인적자원관리의 환경·구조·경영전략의 연결고리에 관심이 집중되었다. 전략적 인적자원관리는 산업환경, 경영전략 등의 '외부 적합성(external fit)'을 중시할 뿐만 아니라, 기업이 추구하고 있는 전략적 상황(strategic context)이나 인적자원관리시스템 내의 독립된 인사관리제도들 간의 '내부적합성(internal fit)'도 중시된다. 전략적 인적자원관리는 1980년대 초부터 인적자원이 경영전략 결정과정의 중요한 요소이고, 조직의 목표달성에 주된 역할을 담당해야 한다고 강조하면서부터 시작되었다.[75] 전략적 인적자원관리는 전략경영[76]을 반영하여 환경-전략-성과 패러다임(A.D. Chandler, I. Ansoff), 산업분석 패러다임(M.E. Porter), 자원-역량 패러다임(G. Hamel, C.K. Prahalad, R.P. Rumelt, J.B. Barney)으로 발전되었다. 환경-전략-성과 패러다임은 1970년대 장기전략차원(환경과 기업)에서, 산업분석 패러다임은 1980년대 산업구조 및 분석차원(시장과 산업)에서, 자원-역량 패러다임은 1990년대 이후 경쟁우위 창출 및 유지차원(기업과 역량)에서 발전되었다.[77]

75) N.M. Tichy, C.J. Fombrun, & M.A. Devanna, 1982.
76) 전략경영이란 사업 환경변화에 대응하여 장기적 관점에서 기업가치를 극대화하기 위해 전략적 사고를 사업구성, 마케팅, 생산, 경영관리 등 다양한 기업활동에 적용함으로써 경쟁우위를 창출하고 유지해가는 일련의 과정이다(C.K. Prahalad & G. Hamel, 1994).
77) 장세진, 2013, 15~16; 김영곤·이병철, 2005, 46~48.

최근 전략적 인적자원관리는 근본적으로 인적자원을 조직의 목적과 비전에 잘 통합시켜 전략경영 과정(process)과 잘 연계되도록 하고, 경영관리 기능(function)들 간에도 조화를 이루어서 조직의 전략목적을 효율적으로 달성하는 점을 강조하고 있다.[78]

상황적합이론은 전략적 인적자원관리의 이론적 배경이 되고 있다. 상황적합이론은 인적자원관리시스템 내의 요소들이 '환경'을 고려하여, 동일한 효과를 낼 수 있는 시스템이 복수로 존재(보편성의 오류를 줄임)할 수 있다고 보고 있다. 따라서 전략적 인적자원관리시스템은 전체 조직시스템을 구성하는 여러 하부시스템이 다른 하부구조들과의 적합성과 조직의 경영전략과 인적자원관리간의 조화를 이루어야 한다.

또한 전략적 인적자원관리는 전략 수행과정에서 고용·직무설계·인사고과·보상·교육훈련 등 여러 제도들의 기능과 활동과도 균형과 조화를 통해 일관성 있게 전개되어야 한다. 그럼으로써 전략적 인적자원관리는 인적자원관리의 각 기능이 통합되고, 여러 제도들의 기능이 시너지(synergy)를 통해 전체 효율성을 극대화시킬 수 있을 것이다.[79]

[그림 1-8]과 같이 환경(environment)과 전략(strategy) 그리고 조직구조(structure) 및 운영과정(process) 간에 적합(fit) 관계를 형성하게 되고, 그 적합관계가 얼마나 일관성 있게 형성되어 조화를 이루느냐에 따라 조직의 성과가 결정된다.[80]

---

그림 1-8  **환경, 전략, 구조·과정의 관계**

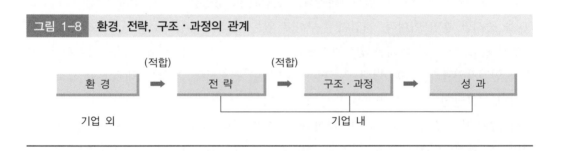

---

### (2) 전략적 인적자원관리의 특성

전략적 인적자원관리는 보편성, 상황성, 형태성 등 세 가지 특성으로 구성되어 있다.[81] 전략적 인적자원관리는 이 중에서 상황적합이론이 강조하고 있는 상황성, 즉 전략을 중시하고 있다.

---

78) C. Mabey and G. Salaman, 1995, 35~39.
79) R.A. Noe et al., 2000, 51~52.
80) A.D. Chandler, 1962, 1~17.
81) 유규창, 1998, 586~601; 김성수, 2002, 124~127.

### (ㄱ) **보편성**(universalistic approach)

보편성은 모든 것에 두루 합당한 성질로서 보편주의를 지향한다.

보편주의(universalism)는 초기 비교문화론 연구에서 미국식 경영방식을 보편타당한 경영이론 또는 경영방식으로 보고 있다. 보편주의는 특수주의(particularism)에 대칭되는 개념으로서 시간과 공간, 체제나 문화적 차이를 관류하여 모든 기업·산업·조직에 적용할 수 있는 것을 의미한다.82)

페욜(H. Fayol)의 일반관리론이나 테일러(F.W. Taylor)의 과학적관리법과 같이 시간과 공간의 제약 속에서 존재하는 이론과학의 특성을 의미한다. 미국 경영학의 핵심인 관리론은 기능과 원칙으로 구성된 보편성을 바탕으로 형성되고 있다. 보편성 논리는 프로테스탄트 윤리에서 나온 것으로, 모든 사람들이 일을 능률적으로 운영하려면 인정과 감정에 사로잡히지 않고 신의 대의(大義), 신의 영광(榮光)을 빛내기 위해 모든 것들을 합리적으로 처리하는 초인격적인 태도를 가져야 한다는 것이다.83)

또한, 1980년대 후반 이후 일본기업의 인적자원관리에 영향을 받아 미국기업을 중심으로 퍼지기 시작한 혁신적인 인적자원관리기법(innovative HR practices) 혹은 초우량 작업장(high performance work organizations) 개념과 밀접한 연관이 있다.84) 따라서 전략적 인적자원관리의 보편성은 모든 기업의 어떤 상황에서도 어떤 특정 인사관리시스템이나 특정 인사관리제도가 공통적으로 우수한 경영성과를 가져다줄 수 있다는 가정에서 출발한다. 즉 어느 국가나 사회 및 조직의 어떤 상황에서도 글로벌 스탠더드라고 불리는 최선의 경영방식 또는 제도가 동일하게 적용될 수 있고, 문제를 해결하고 성장·발전시킬 수 있는 유일 최선(one best)의 이론과 관리방식들이 존재한다는 입장이다. 예를 들어 종업원들의 높은 동기부여, 선발기준의 강화로 우수한 인력의 선발, 직무 다양화·다기능 교육훈련·내부 승진 등의 강화, 제안제도·QWL·고충처리제도 등 종업원들과의 정보공유와 경영참여 확대, 그리고 참여 성과분배제도의 채택 등이 기업의 성과를 높인다는 것이다.85)

### (ㄴ) **상황성**(contingency approach)

상황성은 시간과 공간을 초월하여 특수한 상황을 강조하는 실천과학의 특성을 의미한다. 상황성은 상황적합이론을 의미하는 것으로서, 좋은 제도라 할지라도 문화나 기업의 전

---

82) H.M. Muller, 1994.
83) 최문환, 1981, 58.
84) M.A. Huselid, 1995; P. Osterman, 1994.
85) J. Pfeffer, 1994; J.P. MacDuffie, 1995; M.A. Huselid, 1995.

략이 내부적 상황 등과 잘 조화를 이루지 못하면 좋은 경영성과를 낼 수 없다고 보는 관점이다. 상황성은 그 기업이 처한 독특한 상황과 환경에 맞는 개별적(case by case)인 제도나 시스템을 만들고 운영하여야 성과를 향상시킬 수 있다는 특수주의(particularism)를 신봉하고 있다. 따라서 조직마다 성공사례가 다 다르므로 이론과는 거리가 멀다고 할 수 있다.

상황적합이론의 기본전제는 다음과 같다. 첫째, 경영관리나 전략의 결정에 하나의 최선의 방법은 없다. 둘째, 경영관리나 전략의 결정방법에 따라 조직의 효율성은 달라진다. 셋째, 경영관리나 전략의 결정을 둘러싼 상황에 따라 최상의 방법은 달라진다.86)

상황성은 수직적 적합성(vertical fit)으로서의 기업의 문화나 전략이 특정 인사제도 혹은 인사관리시스템과 서로 잘 맞아야 하고, 수평적 적합성(horizontal fit)으로서의 어떤 인사관리제도가 변경되거나 새로 도입될 때 그 제도가 기존의 다른 인사관리제도들과 서로 잘 부합되어야 한다는 것이다.

상황성 적용의 가장 적합한 방법은 인사관리제도들의 도입과 운영이 주어진 조직의 상황적 특성(contextual characteristics)과 일관성을 유지하는 것이라고 보고 있다.87) 즉 기업은 그의 목표달성을 위해 여러 가지 내외적인 환경을 감안하여 전략을 선택하고, 이에 부합되도록 실천함으로써 성과를 극대화시킬 수 있다.

또한 기업은 수명주기라는 상황, 즉 창업단계에 이어 성장단계 그리고 쇠퇴나 혹은 재도약 단계 등이 있다. 따라서 기업은 이런 환경에 따라 인적자원관리정책이 달라져야 한다.

(ㄷ) **형태성**(configurational approach)

형태성은 다음과 같이 두 가지 특성이 있다.

첫째, 중범위이론으로서 인적자원관리 정책과 제도 및 시스템과 상호작용을 통해 일정한 논리를 가지고 내부에서 적합한 한 조합(combination)으로 '전형'(典型 · pattern: 본받을 틀)을 이룬다. 기업이 우수한 경영성과를 낼 수 있는 형태는 개별 인사관리의 제도가 아닌, 이들 제도들의 조합인 인사관리시스템으로 구축되어야 한다. 따라서 전략적 인적자원관리의 형태성은 경영자가 그 조직에서 독특하면서 내적으로 적합한 일련의 조직군(sets of organizations)을 찾아야 하는 것이다. 형태성은 '보편성'과 '상황성'의 중간적 입장인 중범위이론에 속한다. 따라서 형태성은 기업의 전략, 구조, 과정에서 공통적으로 일어나는 속성

---

86) J.R. Galbraith, 1977.
87) R.S. Schuler & I.C. MacMillan, 1984; R.S. Schuler & S.E. Jackson, 1987; R.S. Schuler, 1989.

들의 중범위에서 상대적인 집약(clusters)을 의미한다.88)

둘째, 기업은 자원기반관점에서 종업원의 역량을 향상시켜 지속적인 경쟁우위를 창출한다. 전략적 인적자원관리는 근본적으로 종업원의 학습을 통한 역량 향상이 가장 필요하다고 할 수 있다. 마일즈와 스노우는 전략적 인적자원관리를 인간투자모형(human investment model)이라고 하였다.89) 그들에 의하면 종업원들은 잠재능력이 무한하므로, 그의 역량과 공헌 의지를 높이기 위해 일이나 사업에 대한 학습을 계속하여야 한다고 강조한다.

종업원 역량향상의 유형에는 두 가지 유형이 있다.

월턴(R.E. Walton, 1985)은 형태성을 '비용절감형(cost reducers)'과 '종업원몰입형(commitment maximizers)'으로 나눈다. 전자는 보상체제와 평가제도를 통해 종업원들의 통제기능을 강화하여 노동비용의 절감으로 효율성을 높이는 형태이고, 후자는 조직의 목표와 종업원의 목표를 동일시할 수 있는 인적자원 정책을 추구함으로써 종업원들의 동기부여를 강화시켜 효율성을 높이는 형태이다. 따라서 그는 종업원 몰입형이 기업의 발전을 위해 바람직하다고 하였다.

라도와 윌슨(A.A. Lado & M.C. Wilson, 1994)은 형태성을 역량파괴형(competence-destroying)과 역량향상형(competence-enhancing)으로 나누고, 기업을 자원기반관점(resource-based view)에서 후자를 기반으로 해야 함을 강조하였다.

기업의 자원기반관점은 기업을 생산적 자원의 독특한 집합체90)로 파악하는 관점이다. 기업의 자원기반관점은 기업이 장기간에 걸쳐 나름대로 독특한 자원과 능력이 결합되고, 나아가 차별적, 즉 독특한 역량으로 구축되어 가고 있다고 보고 있다. 자원기반관점은 조직능력, 핵심역량, 기업문화, 경영자의 능력 등과 같은 무형자산을 중요하게 여긴다. 이러한 자산은 자원의 이질성과 비이동성의 특성이 있어서 경쟁기업이 쉽게 모방하거나 구입하기 어렵다. 특히 자원의 이질성은 장기간 지속될 수 있으며, 이것이 경쟁우위의 지속성을 뒷받침한다.91)

자원기반 인적자원관리시스템은 다음과 같은 역할을 한다.

첫째, 자원기반 인적자원관리시스템은 선발-개발-평가-보상-승진제도가 잘 결합된 인적자원관리 정책, 제도 및 시스템으로서 경쟁사가 쉽게 모방하거나 대체하기 힘들게 만들므로 경쟁력을 향상시킬 수 있다. 이런 인적자원관리 제도나 시스템은 대부분의 경우 이의

---

88) D.J. Ketchen, J.B. Thomas & C.C. Snow, 1993, 1278.
89) R.E. Miles & C.C. Snow, 1994.
90) E.T. Penrose, 1959
91) 조동성, 2008, 202.

진화 및 발전 과정이 경로의존적(path dependent)이고, 인과관계의 모호성(causal ambiguity)이 존재하여 쉽게 모방하거나 대체할 수 없는 경우가 많기 때문이다.[92]

둘째, 자원기반 인적자원관리시스템은 종업원의 역량 향상으로 개인의 자율성과 정체성이 보장되어 창의성을 최대한 향상시킬 수 있고,[93] 개개인들의 상호 유기적 관계를 통해 협동과 전체적인 조화를 이룰 수 있다. 자원기반 인적자원관리시스템은 조직이 어떤 인적자원을 보유하고 있는가 하는 것이 아니라, 인적자원이 획득하고 축적할 수 있는 새로운 기업특유의 역량은 무엇이고, 또 실제로 어떤 과정을 통하여 그런 역량을 창출할 수 있는가 하는 것이다.[94]

## 2) 역량중심 인적자원관리

최근 인적자원관리는 인간관을 '역량인'으로 삼고 있다. 역량중심 인적자원관리(competency based human resources management)는 종업원 몰입형과 자원기반관점을 바탕으로 한 인적자원관리이다. 역량중심 인적자원관리는 전략적 인적자원관리의 보편성, 상황성, 형태성의 특성과 동일하다. 그러나 역량중심 인적자원관리는 이 중에서 형태성을 강조하고 있다. 따라서 역량중심 인적자원관리란 중범위 이론으로서 효율적인 인적자원관리 정책과 제도 및 시스템의 상호작용을 통해 일정한 논리를 가지고 내부에 적합한 한 조합으로 '전형'을 이루고, 자원기반관점에서 인적자원의 '역량'을 향상시킴으로써 지속적인 경쟁우위를 창출하는 것이다.

역량중심 인적자원관리는 다음과 같은 절차가 필요하다.

먼저, 여러 기업에서 공통적인 일반역량(generic competence)을 참고로 하여 고성과자나 고성과조직의 내적 특질을 파악하여야 한다.

그 다음, 준거집단을 선정하여 자료를 수집하고, 직급, 직렬, 전사에 공통으로 필요한 특수역량, 즉 '역량모델'을 개발하여야 한다. 역량모델은 조직이 하나의 역할을 효과적으로 수행하기 위해 필요한 인적자원 특성(지식, 능력 그리고 기술)의 조합을 말한다.[95]

마지막으로, 역량모델을 기준으로 개인이나 조직구성원들을 연습과 훈련 및 학습을 통해 고차원화·고숙련화시킨다.

---

92) 김성수, 2005, 311.
93) 유규창, 1998, 595~598.
94) 김주일, 1999, 50~51.
95) A.D. Lucia & R. Lepsinger; 정재창 외, 2001, 24.

### 3) 전략적 인적자원관리와 역량중심 인적자원관리의 비교

전략적 인적자원관리와 역량중심 인적자원관리의 공동 특성이다. 이 두 인적자원관리는 똑같이 보편성, 상황성, 형태성이 중시되고 있다.

보편성은 일반론적 관점에서 어느 기업이나 동일하게 적용하여야 할 기본적 요소이다.

상황성은 특수론적 관점에서 기업마다 그 독특한 환경이 있으므로, 내·외적인 환경을 감안하여 전략을 선택하고 이에 부합되는 행동을 강조한다. 수직적으로 기업의 문화나 전략이 특정 인사정책과 제도 및 시스템에 부합되어야 하고, 수평적으로 특정 인사 정책과 제도 및 시스템이 기존의 다른 인사제도들과 서로 잘 부합되어야 한다는 것이다.

형태성은 중범위론적 관점에서 기업의 효율적인 인적자원 정책과 제도 및 시스템과 상호작용을 통해 일정한 논리를 가지고 내부에서 적합한 한 조합으로 전형을 이룰 때 성과가 높고, 자원기반관점에서 종업원의 역량을 향상시킴으로써 지속적인 경쟁우위를 창출할 수 있는 것이다.

전략적 인적자원관리와 역량중심 인적자원관리의 다른 특성이다. 전략적 인적자원관리는 보편성, 상황성, 형태성 등 세 가지 특성 중 상황성, 즉 환경을 더 강조한다. 한편 역량중심 인적자원관리는 보편성을 인적자원관리의 근본요인으로 하고, 상황성을 인적자원관리의 환경요인으로 하며, 형태성을 인적자원관리의 핵심요인으로 하고 있다. 따라서 이를 [그림 1-9]와 같이 나타낼 수 있다.

역량중심 인적자원관리는 자원기반관점에서 지적자원관리(intellectual resource management)와 능력관리(performance management)로 구성되고 있다.

그림 1-9 ┃ 현대 인적자원관리의 체계

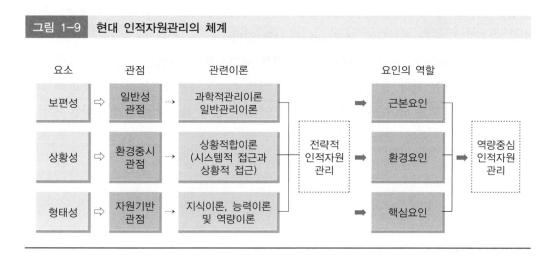

지적자원관리는 종업원이 지식을 습득·창출·보유·저장 그리고 활용하는 인적자원의 자산화를 통하여 조직의 능률을 향상시키는 관리를 말한다.

능력관리는 어떤 사람의 직무수행능력과 경영가치향상능력을 중심으로 점수나 순위를 매겨 급여수준이나 서열을 결정하는 관리이다. 즉, 능력관리는 직능자격등급을 만들어 그의 보유능력에 따라 승진이나 임금 등을 결정하는 인사관리제도이다. 따라서 능력관리에서는 직능요건에 따른 능력평가가 중심이 되고 있다.96)

### 4) 현대 인적자원관리의 발전과 적용

#### (1) 현대 인적자원관리의 발전

기업의 인사관리는 인사관리시대(표류 인사관리, 초기 인사관리, 후기 인사관리), 인적자원관리시대(초기 인적자원관리, 후기 인적자원관리, 현대 인적자원관리)로 발전되어 왔다.

표류 인사관리는 경영자의 경험과 주관에 따라 실시하는 관리이다.

초기 인사관리는 노동비용의 절감과 이를 위한 통제를 중심으로 하는 관리이다.

후기 인사관리는 인간의 감정(마음)과 비공식조직의 행동규범 및 사회관계(인간관계)를 더욱 중시하는 관리이다.

초기 인적자원관리는 경쟁력우위의 창출과 근로생활의 질 향상을 강조하였다.

후기 인적자원관리는 조직특성의 체계화와 환경특성의 대응을 더욱 중시하였다. 이에 반해, 현대 인적자원관리는 전략적 인적자원관리 또는 역량중심 인적자원관리라고 부르고, 보편성·상황성·형태성을 강조하고 있다. 다만 전략적 인적자원관리는 상황성에서 전략을 강조하고, 역량중심 인적자원관리는 형태성에서 제도나 시스템 등의 상호작용을 통해 일정한 논리를 가지고 적합한 한 조합으로서 전형(典型)에 따라 인적자원의 역량향상과 개발을 강조한다. 이를 정리하여 보면 〈표 1-3〉과 같다.

현대는 인적자원이 기업이나 국가의 경쟁력을 판가름한다. 노벨상 수상자인 게리 베커(Gary S. Becker)는 현대 경제에서 인적자본이 국부(國富)의 4분의 3을 차지한다고 하였다. 즉 도로·공장·빌딩 등 눈에 보이는 자산이 아닌, 사람의 몸이나 두뇌에 체화된 지식·기술·노하우가 국부의 대부분이라는 것이다.

---

96) 高橋俊介, 1999, 65~66.

| 표 1-3 | 인적자원관리의 발전과정 | | | |
|---|---|---|---|---|
| 관리 명칭 | 연 대 | 이론적 배경 | 특 성 | |
| 표류<br>인사관리 | 1910년<br>이전 | | • 경영자의 경험과 주관에 따라 실시 | |
| 초기<br>인사관리 | 1910년대 | 과학적관리론 | • 노동비용의 절감과 이를 위한 통제 | |
| 후기<br>인사관리 | 1930년대 | 인간관계론 | • 인간의 감정(마음)과 조직의 사회관계(인간관계)<br>가 생산성에 영향을 미치는데 후자를 더욱 중시<br>함 | |
| 초기<br>인적자원관리 | 1970년대<br>후반 | 일본기업의<br>경영방식 | • 경쟁력우위요인 창출<br>• 근로생활의 질 향상 | |
| 후기<br>인적자원관리 | 1980년대 | 상황적합이론<br>(시스템이론,<br>상황이론) | • 조직특성의 체계화와 환경특성의 대응을 중시하<br>는 인적자원관리 | |
| 현대<br>인적자원관리 | 1990년대<br>이후 | 보편적,<br>상황적,<br>형태적<br>접근의 특성 | • 보편성·상황성·형태성을 강조<br>• 전략적 인적자원관리: 상황성의 전략을 강조<br>• 역량중심 인적자원관리: 시스템·제도 등의 상<br>호작용을 통해 일정한 논리를 가지고 적합한 한<br>조합을 이룸<br>• 인적자원의 역량향상과 개발을 강조 | |

### (2) 현대 인적자원관리의 적용

기업은 인적자원관리뿐 아니라 경영학 전반에서 다음 세 유형 중 서로 상반된 두 요인을 적절하게 선택하여 적용하여야 할 것이다.

### ㈀ 보편성과 상황성

보편성(universalistic approach)은 미국경영학의 과학적관리론을 비롯한 전통적 관리론에서 중시하는 기능과 원칙을 의미한다. 보편성은 조직의 안정, 즉 일반성·보수성을 중시한다. 보편성은 모든 것에 두루 합당한 성질로서 보편주의를 지향한다.

보편주의(universalism)는 어느 국가나 사회 및 조직의 어떤 상황에서도 글로벌 스탠더드라고 불리는 최선의 경영 방식 또는 제도가 동일하게 적용될 수 있고, 문제를 해결하고 성장·발전시킬 수 있는 유일 최선(one best)의 이론과 관리방식들이 존재한다는 입장이다.

상황성(contingency approach)이란 미국경영학의 상황적합이론 이후 관리론에서 중시하는 사상으로서, 좋은 제도라 할지라도 문화나 기업의 전략이 내부적 상황 등과 잘 조화를 이루지 못하면 좋은 경영성과를 낼 수 없다는 원리이다. 상황성은 그 기업이 처한 독특한 상황과 환경에 맞는 개별적(case by case)인 제도나 시스템을 만들고 운영해야 성과를 향상시킬 수 있다는 특수주의(particularism)를 신봉하고 있다. 상황성은 조직의 변화, 즉 유연성과 개혁성을 중시한다.

상황성 적용의 가장 적합한 방법은 인사관리제도들의 도입과 운영이 주어진 조직의 상황적 특성(contextual characteristics)과 적합성을 유지하는 것이라고 보고 있다. 왜냐하면 상황성은 기업의 경영이 상황에 따라 유연하게 추구할 수 있기 때문이다. 유연성은 시간과 공간을 초월하여 특수한 상황에 맞는 가장 훌륭한 방안의 채택을 의미한다.

이와 같이 경영자는 안전을 지나치게 강조하면 보수가 수구(守舊)가 되고, 변화를 지나치게 강조하면 개혁이 허구(虛構)가 된다. 따라서 수구는 열린 보수로, 허구는 합리로 사고를 전환할 필요가 있다. 다시 말하면 양 극단보다 중용이 필요할 때가 많을 것이다.

#### (ㄴ) 연공중심와 능력중심

연공중심(the gospel of seniority)은 학력·경력·근무연수가 높은 종업원을 인사에 우대해야 한다는 원리이다. 연공중심은 한국을 비롯한 동양의 유교 가치관인 장유유서(長幼有序), 즉 연령적 질서가 중시되는 연공주의를 지향한다. 따라서 연공주의는 동양적 정서에 알맞고, 종업원들의 수명주기에 부합된 사상이다. 연공주의는 기업에서 종업원의 성과가 사무직처럼 그의 근무연수(경험), 즉 연령에 비례하여 상승할 때 주로 사용된다.

능력중심(the gospel of efficiency)은 어떤 사람의 직무수행능력과 경영가치향상능력을 중심으로 직능자격등급을 만들어 그의 보유능력을 점수나 순위 등으로 평가하고, 이에 따라 승진이나 임금을 결정하는 원리이다.[97] 능력중심은 개인의 창의력이나 지식, 정보능력 등에 의한 성과의 차이가 분명할 경우에 적절한 방법으로 능력주의를 지향한다.

연공주의가 사람중심이라면, 능력주의는 직무중심이다. 능력주의는 실력주의와 동일하다고 할 수 있다. 연공중심은 근로자의 근로생활을 안정시킬 수 있어서 애사(愛社)의식이 높아지나, 안이한 근무자세로 조직의 비능률을 초래할 수도 있고 첨단산업에서는 도리어 능률이 떨어질 수 있다. 따라서 많은 기업들은 인사제도를 연공중심에서 성과중심으로 변화시키고 있다.

---

97) 高橋俊介, 1999, 65~66.

### ㈜ 형평성과 수월성

형평성(衡平性, equilibrium)은 정의와 함께 민주적인 법 이념의 하나인데, 일반적·추상적으로 정해진 법을 일률적으로 적용하면 도리어 타당하지 않을 수도 있으므로 균형에 맞게 수정해야 한다는 원리이다. 합법성이 추상적인 정의라면, 형평성은 구체적인 정의라 일컬어진다. 형평성이란 누구에게나 민주적 이념에 따라서 동등한 혜택이 제공되어야 한다는 것이다.

전통적으로 사회는 소수의 엘리트가 사회의 주도 세력이 되어 사회를 움직이는 원동력이었으나, 시민혁명과 산업사회 이후 민주주의의 이념과 더불어 교육 등에서 기회평등을 위한 노력이 계속되어 왔다. 그러나 형평성(공정성)은 주로 사람들의 주관적인 판단에 의하여 결정되는 경향이 있다. 즉 사람들은 자신의 투입-산출비율과 다른 사람의 그 비율이 같을 경우 형평성이 인식되지만, 이 비율에 대한 불공정성을 인식하게 되면 형평성이 깨져 불만을 표출하게 된다.

수월성(秀越性, excellence)은 모든 종업원을 대상으로 자신의 잠재력을 최대로 계발하기 위해 그 능력과 적성을 고려해 맞춤형 교육을 통해 최대로 성취할 수 있도록 가르쳐야 한다는 원리이다. 즉 어떤 수준에 도달한 종업원이 그 단계에 머무르지 않고 더 진전된 수준으로 계속 학습해 나가는 것이다. 가드너에 의하면, 수월성은 개인적인 측면에서 인간이 가지고 있는 다양하고 풍부한 잠재능력을 개발하는 것이고, 사회적인 측면에서는 개인생활뿐만 아니라 사회의 질을 향상시키고 사회 전체의 활력유지 및 인류의 진보에 기여하는 것이다.

수월성은 '형평성'이 성취될 때 극대화 될 수 있다. 수월성은 다양한 수준과 관심을 가지고 있는 종업원들에게 좀 더 다양한 교육과정과 교수학습방법을 제공할 수 있느냐의 문제이다. 따라서 기업은 '다양성'을 보장하는 공정한 교육시스템을 통해 종업원 개개인이 다다를 수 있는 최상의 상태 또는 자아실현이 이루어지도록 해야 한다.

경영자는 기업의 운영에서 형평성과 수월성의 조화를 이루어야 한다. 형평성은 기본적인 인권이나 생존권, 평등, 교육복지 등이 강조되고, 수월성은 선진화, 경쟁성, 창의성 등이 강조되고 있다. 특히 수월성은 모든 종업원들의 역량 향상, 기업의 혁신, 경쟁력 향상이 필요한 부서에 반드시 적용되어야 할 것이다.

기업은 세 유형 중 서로 상반된 두 요인을 기업의 실정에 맞게 선택하여 활용해야 할 것이다. 이 세 유형의 주요 관점을 〈표 1-4〉와 같이 나타낼 수 있다.

| 표 1-4 | 인적자원관리의 주요 관점 | | |
|---|---|---|---|
| 구 분 | 보편성 / 상황성 | 연공중심 / 능력중심 | 형평성 / 수월성 |
| 관련 내용 | 안정 / 변화(개혁) | 연공주의 / 능력주의 | 공정성 / 창의성 |

## 제3절 인사담당자의 역할과 역량

### 1. 인사담당자 역할

#### 1) 인사담당자의 역할 구분

기업의 인사담당자가 일상적으로 수행하고 있는 역할을 차원별로 구분하면, 인사제도운영자 · 종업원지원자 · 전략동반자 그리고 변화관리자로 구분할 수 있다.

울리히(D. Ulrich)는 그의 '다역할모형'(多役割模型)에서 인사담당자에게 필요한 여러 가지 기능과 역할을 제시하고 있다. 즉 인사담당자가 수행해야 하는 영역을 초점영역과 활동영역으로 구분하고 있다.98)

초점 영역은 미래에 대한 전략에 초점을 두고, 전략중심과 업무중심으로 구분하였다. 결국 인사담당자는 단기 · 장기에 초점을 맞추면서, 업무적인 활동과 전략적인 활동을 동시에 수행해야 한다는 의미이다.

활동 영역은 프로세스 관리에서부터 사람 관리에 이르기까지 연속선을 이루고 있다. 프로세스와 사람을 관리한다는 것은 인사담당자의 기능적 역량을 의미이다.

기업은 이 두 축을 사용하여 인적자원관리를 네 가지 역할로 구분하고 있다. 이를 [그림 1-10]과 같이 나타낼 수 있다. 인사의 인프라관리(제Ⅰ상한)는 업무중심과 프로세스관리이다. 종업원의 지원관리(제Ⅱ상한)는 업무중심과 사람관리이다. 조직의 전략적 인사관리(제Ⅲ상한)는 전략중심과 프로세스관리이다. 종업원의 변화관리(제Ⅳ상한)는 전략중심과 사람관리이다.

---

98) D. Ulrich, 1997, 24~27.

| 그림 1-10 | 인적자원관리의 역할 |
| --- | --- |

| 고<br>↑<br>초점 영역<br>↓<br>저 | 전략중심 | 전략적 인사관리(Ⅲ)<br>(전략동반자) | 종업원 변화관리(Ⅳ)<br>(변화관리자) |
| | 업무중심 | 인사 인프라관리(Ⅰ)<br>(인사제도운영자) | 종업원 지원관리(Ⅱ)<br>(종업원지원자) |
| | | 프로세스관리 | 사람관리 |
| | | 저 ← 활동 영역 → 고 | |

## 2) 인사담당자의 계층별 역할

전통적으로 인사관리 담당자(스태프)가 관심을 갖고 '받들어야 할 대상'은 최고경영자나 기업가였으나, 현대 인적자원관리 담당자는 최고경영자층뿐만 아니라 모든 종업원들을 포함시키고 있다. 기업에서 인사담당자의 계층별 역할은 다음과 같다.

### (1) 인사담당 실무자의 인사 인프라관리

인사담당 실무자는 인사 인프라관리의 기능과 역할을 수행한다. 인사담당 실무자는 대리 이하의 종업원들이다. 인사 인프라관리는 인사에 기반을 확고히 하는 가장 기본적인 업무로서 '인사제도운영자'의 기능과 역할이다. 즉 인사관리의 전통적인 역할로서 조직의 제도와 절차 및 프로세스를 효율적으로 운영하기 위한 관리를 말한다. 인사 인프라관리는 비교적 단기적이고 일상적이며, 프로세스 중심으로 이루어지므로 모든 제도와 절차 및 시스템을 설계하고, 이를 합리적이고 능률적으로 운영하는 것이다.[99]

따라서 인사담당 실무자는 종업원들이 조직목표 달성에 바람직한 행동을 유발하도록 하고, 그들이 장기적·적극적으로 환경에 적응하도록 하며, 그 결과를 지속적으로 지켜볼 수 있는 관리시스템을 설계하여야 한다.[100] 인사담당 실무자는 채용에서 퇴직까지 인사의 모든 과정(채용·교육훈련·평가·보상·승진 등과 아울러 조직 내 인력의 흐름을 효율적으로 관리)을 이해하고 수행하여야 한다. 즉 인사담당 실무자는 종업원들의 자아실현의 안내자 (guider) 및 노사교섭의 중개인(liaison)의 역할을 수행하여야 한다.

---

99) 이학종 외, 2013, 58.
100) 이진규, 2012, 24.

### (2) 인사담당 과장의 종업원 지원관리

인사담당 과장은 종업원 지원관리의 기능과 역할을 수행한다. 종업원 지원관리는 인사시스템의 인프라 구축과 조직구성원들의 의견을 청취하고 해결해 주는 '종업원 지원자'의 기능과 역할이다. 즉 종업원 지원관리는 종업원들의 일상적인 문제와 관심사 및 욕구해결을 지원하는 관리이다. 따라서 인사담당 과장은 공정한 보상제도의 마련·정보시스템의 인프라 구축·구성원들 간의 빈번한 교류와 학습의 장 마련 등의 업무를 수행하여야 한다.

첫째, 인적자원의 역량에서 핵심역량을 확인하고, 조직에 공헌할 수 있도록 직무관리, 훈련과 개발관리, 종업원들 간의 네트워크관리를 한다.

둘째, 비일상적 업무에서 요구되는 역량의 향상에 관심을 기울려야 한다.[101]

셋째, 종업원들이 일을 훌륭하게 그리고 열심히 처리하도록 의욕을 갖게 해 주어야 한다. 인사담당 과장은 과잉충성으로 종업원을 감시·감독하거나 종업원들의 동태를 파악해서 경영층에 보고하는 것이 아니라, 어떤 역량이 조직의 성과를 향상시키는데 도움이 될 것인지를 보고하여야 한다. 즉 종업원들의 역량과 기업의 성과를 연결해 주는 역할을 해야 한다. 인사담당 과장은 종업원들과의 좋은 인간관계를 유지하기 위해 발도 넓어야 하고, 모든 직원들로부터 칭찬은 아니더라도 나쁜 평가는 받지 않아야 한다. 인사담당 과장은 기업이나 조직에 대해서 조직의 발전을 전제로 한 바른 소리도 할 수 있어야 하며, 일반 종업원들을 상담할 수 있는 상담전문가의 기능과 자기소속 구성원의 통솔 및 동기유발을 촉진시키는 지도자(coach)의 역할을 할 수 있어야 한다.

### (3) 인사담당 차장과 부장의 전략적 인사관리

인사담당 차장과 부장은 전략적 인사관리의 기능과 역할을 수행한다. 전략적 인사관리는 기업의 전략에 참여하여 설계할 수 있는 '전략동반자'의 기능과 역할이다. 기업의 전략적 인사관리는 인사의 전략과 활동을 사업전략과 연관시켜 실시하는 관리이다. 인사담당 차장과 부장은 인사전략(개별 인사기능을 개선하는 일, 인사제도운영자의 일)을 수행하여야 한다.

인사담당 차장과 부장은 경영자의 전략적 파트너가 되기 위해 사업전략의 결정과정에 '참여'하여야 하고, 사업전략과 방향이 일치하도록 '설계'하여야 한다. 또한 인사담당 차장과 부장은 기업의 사업전략을 구체적으로 실행에 옮길 수 있는 인사시스템을 설계하는 업무를 수행하여야 한다.

---

101) 이진규, 2012, 21~22.

## (4) 인사담당 임원의 종업원 변화관리

인사담당 임원은 변화관리의 기능과 역할을 수행한다. 종업원의 변화관리는 기업의 변화를 모색하고 추진할 수 있는 '변화관리자'의 기능과 역할이다. 기업의 변화관리는 종업원이 기업의 부가가치를 창출시킬 수 있도록 인사혁신을 통해 변화시키는 관리를 말한다.

기업의 인사혁신은 '제도혁신', '사람혁신', '성과혁신'으로 나눌 수 있다.[102] 제도혁신은 연공중심에서 능력 또는 성과중심으로 전환을 의미한다. 사람혁신은 핵심인재와 우수인재의 확보 및 유지에 관심을 보인다. 성과혁신은 제도와 사람을 묶을 수 있는 하나의 틀로서 기업의 성과를 향상시키기 위한 성과시스템을 의미한다.

기업의 성과를 향상시키기 위한 간접적인 혁신방안은 문화혁신이다. 한 조직에서 사람·제도·관행·기술 등의 문화가 그 조직의 성과를 향상시킬 수 있도록 형성되어 있으면 좋지만, 그렇지 않을 경우 이를 전체차원에서 변화시켜야 한다. 문화혁신은 윤리경영, 도덕경영 등의 명칭으로 실시되고 있다. 기업의 인사변화 활동은 새로운 행동을 위한 문화의 설계와 실천을 꾸준히 수행하고, 순환기간(cycle time)을 효율적으로 단축시키는 노력을 해야 한다. 그러므로 인사담당 임원은 기업을 변화시키기 위해 종업원들이 스스로 옛 문화를 버리고 새로운 문화를 받아드리도록 하는 '변화 촉진자'(change agent)가 되어야 한다.

인사담당 임원은 한편으로 문화변화의 선봉자이어야 하지만, 다른 한편으로 문화보호의 수호자가 되어야 한다. 따라서 인사담당 임원은 이 두 가지 상반된 역할을 동시에 조화 있게 수행하여야 한다. 즉 인사담당 임원은 기업의 과거 전통과 역사를 존중하고 발전시킴으로써 종업원들이 자부심을 가지도록 해야 하고, 기업의 미래를 위해 이를 검토·비판하여 바람직한 방향으로 변화시켜야 한다.[103]

기업이 불확실한 경영환경 변화에 능동적으로 대응하기 위해 학습조직을 구축하는 것이 필연적이다. 따라서 인사담당 임원은 조직 외부환경 변화를 인지하고 이를 해결할 수 있는 대응책을 마련하며, 종업원들의 학습을 통해 역량을 향상시켜야 한다.[104] 따라서 인사담당 임원은 자기의 가치관과 비전을 실현시키기 위해 인적자원의 변화관리에 대한 역량을 갖추고 실행할 수 있는 조장자(promotor) 역할을 다하여야 한다.

기업의 여러 구성원들은 인사부서에 오래 근무한 인사담당 임원이 인사시스템 등의 변화관리에 힘쓰기보다는 도리어 걸림돌이 된다고 인식하고 있다. 왜냐하면 인사담당 임원은

---

102) 공선표, 2005.
103) 최종태, 2000, 100~101.
104) 이진규, 2012, 25.

기업의 변화관리를 완전히 받아들이지 못하거나, 역량을 제대로 갖추지 못하는 경우가 많기 때문이다. 따라서 기업은 외부의 컨설팅사에 맡기는 예가 많다.

울리히는 다음 〈표 1-5〉와 같이 변화관리에 대한 책임에 있어서 전체를 10으로 볼 때 인사변화가(임원)가 약 3할을 차지하고 라인관리자(부장)가 4할 정도 그리고 외부의 컨설턴트가 나머지 3할을 차지한다고 한다.[105] 이런 사실로 보면 인사담당 임원은 전략적 기능을 부장에게 빼앗기고 변화관리를 일선전략가에게 빼앗김으로써 자신의 경력경로의 위치가 불명확해지고 있다.

인사담당 임원은 기업에서 자신의 전문분야를 지속하는 경우도 가끔은 있지만, 다른 기능을 맡게 되는 경우가 더 많다. 왜냐하면 대기업이 아니고서는 인사담당 부사장을 두는 경우가 거의 없기 때문이다. 따라서 인사담당 임원은 인사담당 부사장이 있는 기업으로 옮기든지, 그 기업을 퇴직한 후 CEO로 진출하기 위해 변화관리와 사업전략에까지 연계된 역량을 쌓아야 하는 것이다.[106]

**표 1-5  각 인사관리담당자의 분담과 공유된 책임**

| 구분 | 인사 인프라관리 | 종업원 지원관리 | 전략적 인사관리 | 종업원 변화관리 |
|------|------|------|------|------|
| 책임 | 인사담당자<br>(본사스태프) 5<br>아웃소싱 3<br>정보기술 2 | 인사지원자(스태프) 2<br>라인관리자 6<br>종업원 2 | 인사전략가(스태프) 5<br>라인관리자 5 | 인사변화가(스태프) 3<br>라인관리자 4<br>외부 컨설턴트 3 |

자료: Ulrich, 1997; 최종태, 2000, 109.

## 2. 인사담당자의 역량

기업에서 인적자원관리 담당자의 계층별 역량은 다음과 같다.

### 1) 인사담당 실무자의 역량

인사담당 실무자는 '인사제도운영자'의 역량을 갖추어야 하고, 인사전문가로 발전하기 위해 자신만의 인사시스템(틀)과 인사관(人事觀)을 정립하는 역량을 가져야 한다. 그리고 인사담당 실무자는 아주 미시적 기법이나 기교만을 다룰 줄 아는 인사제도운영자에서 최

---

105) D. Ulrich, 1997, 49~51.
106) 공선표, 2004, b.

적의 성과창출영역에까지 수립할 수 있는 역량을 가져야 한다.

인사담당 실무자는 종업원의 다양한 욕구와 고충 등을 제대로 파악하여 전문서비스기능을 수행할 수 있는 역량과 기업의 불필요한 비용을 제거하여 조직의 효율성을 높이고 직무를 보다 잘 수행할 수 있는 방법을 모색하여 적용하는 역량을 가져야 한다.

## 2) 인사담당 과장의 역량

인사담당 과장은 종업원의 관심사항과 욕구를 파악하고, 이들의 욕구를 충족시켜 줄 수 있는 '종업원 지원자'의 역량을 갖추어야 한다.[107] 인사담당 과장은 비용에 초점을 두면서 재무성과 가치를 창출할 수 있는 역량을 가져야 한다. 즉, 기업의 인사활동과 종업원들의 역량을 연결하여 재무성과를 창출하고, 이를 측정할 수 있는 기법이나 노하우 역량을 가져야 한다. 또한 인사담당 과장은 비용절감을 통한 새로운 부가가치를 창출해 낼 수 있는 역량을 가져야 한다.[108] 즉, 종업원의 어떤 역량이 조직의 사업성과를 올리는 데 도움이 될 것인지를 분석하고, 기업의 성과를 증진시킬 수 있는 역량을 가져야 한다. 이와 같이 인사담당 과장은 경영의 본원적인 업무를 수행할 수 있는 역량이 필요하다.

인사담당 과장은 성과에 도움이 되는 명확한 영역을 설정하여 관리하는 역량을 가져야 한다. 그리고 인사전략가로 발전하기 위해 종업원의 만족도 조사를 비롯한 직원 의견조사를 주기적으로 실시하여 종업원들의 요구사항이나 불만, 그리고 갈등상황을 정리할 수 있는 역량을 가져야 한다.

## 3) 인사담당 차장과 부장의 역량

인사담당 차장과 부장은 기업의 성과 향상을 위한 인사전략을 수립하고, 주도적으로 추진하여야 하며, 그 결과를 측정하고 평가할 수 있는 '인사전략가'의 역량을 갖추어야 한다.

인사담당 차장과 부장은 기업경영의 전략적 동반자로서 기업전략의 수립단계에서 전략상 발생하는 여러 문제를 해결하며, 인사전략이 기업전략과 일치시키는 역량을 가져야 한다. 또한 인사전략을 사업전략에 연결시키는 전략적 역량을 갖추어야 한다. 따라서 인사담당 차장과 부장은 영업부문이나 전사 기획을 담당하여 전체를 조망할 수 있는 경영자의 시각을 가져야 하고, 사업전략회의에도 참석하여 안목을 넓혀야 한다. 또한 인사담당 차장과 부장은 이와 같은 업무를 효율적으로 수행하기 위해 전문서적을 두루 섭렵하여 더 많

---

107) 최종태, 2000, 99.
108) 공선표, 2004, a.

은 이론을 습득하여야 한다.

### 4) 인사담당 임원급의 역량

인사담당 임원은 인사혁신을 통해 종업원을 변화시킬 수 있는 '인사변화가'의 역량을 갖추어야 한다. 따라서 인사담당 임원은 사업전략에 전략적 파트너가 되기 위해 조직의 재무적 역량, 전략적 역량, 그리고 기술적 역량까지 갖추어야 한다.

기업에는 거의 매일 일어나는 '일상적 혁신활동'도 있고, 일하는 과정에서 일어나는 '프로세스 혁신활동'도 있으며, 사업수행방식이 바뀔 때 나타나는 '문화 혁신활동'도 있다. 인사담당 임원은 이 세 가지 변화유형을 모두 다룰 수 있는 역량을 길러야 한다.

휴렛패커드사는 '경쟁우위로서의 종업원'(personnel as competitive advantage)이라는 경영목표 하에 새로운 인사관리의 역할모형을 정립하였다. 그중 네 영역별 인사관리 담당자에게 필요한 역량을 소개하면 다음 [그림 1-11]과 같다.

**그림 1-11 인사담당자의 역량**

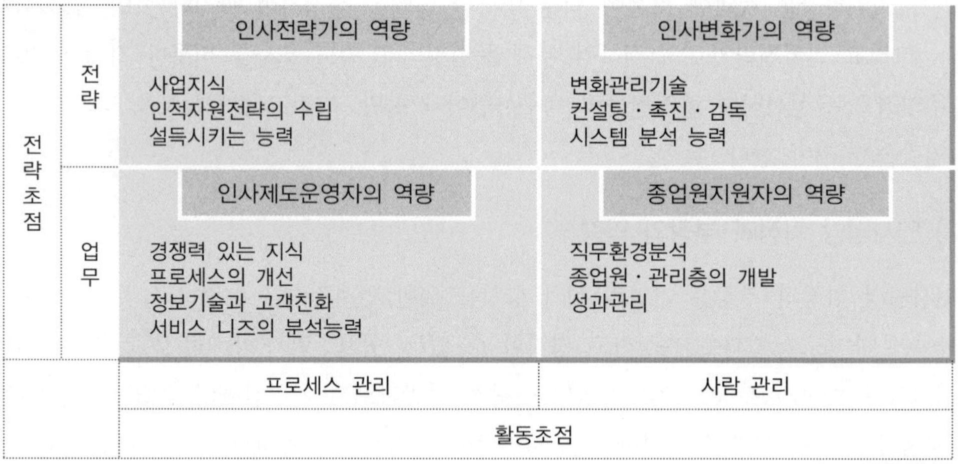

| 전략초점 | 전략 | 인사전략가의 역량<br>사업지식<br>인적자원전략의 수립<br>설득시키는 능력 | 인사변화가의 역량<br>변화관리기술<br>컨설팅·촉진·감독<br>시스템 분석 능력 |
|---|---|---|---|
| | 업무 | 인사제도운영자의 역량<br>경쟁력 있는 지식<br>프로세스의 개선<br>정보기술과 고객친화<br>서비스 니즈의 분석능력 | 종업원지원자의 역량<br>직무환경분석<br>종업원·관리층의 개발<br>성과관리 |
| | | 프로세스 관리 | 사람 관리 |
| | | 활동초점 | |

자료: Ulrich, op. cit., 33.

## 참고문헌

공선표 (2004a), 국내기업 인사혁신 방향은 성과혁신과 문화혁신, CEO Consulting Group.

공선표 (2004b), 인사 스탭의 구분과 계층별 경력개발, CEO Consulting Group.

공선표 (2005), 한국인사관리협회, 특집기사 189호.

권석균·이병철·양재완 (2022), 지속가능 성장을 위한 인적자원관리(제2판), 시대가치.

김성수 (2002), "인적자원 아키텍쳐가 조직유효성에 미치는 영향", 노사관계연구, 서울대학교 노사관계연구소 제13권, 123~142.

김성수 (2005), "전략적 인사관리와 인적자원 아키텍쳐", 한국기업의 인적자원관리, 박영사.

김영곤·이병철 (2005), 대한민국에는 SK텔레콤이 있다. 21세기북스.

김영재·박기찬·김재구·이동명 (2008), 조직행동론, 무역경영사.

김용기 (1995), 생산과 생활, 영남대출판부.

김주일 (1999), "중소기업의 핵심역량이 비교우위에 미치는 영향에 관한 연구", 서울대학교 대학원.

김해천 (2003), 경영윤리 기본, 박영사.

동아세계대백과사전 (1988), 30권, 241; 26권, 121; 17권 75; 12권, 274.

박기성 (1992), 한국의 숙련형성, 한국노동연구원.

박성환 (1995), 다기능숙련화의 영향요인과 성과에 관한 연구, 동국대학교 대학원.

박혜원·문형구 (2007), 집단의 사회적 자본이 집단 효과성에 미치는 영향에 관한 연구, 인사·조직연구, 한국인사·조직학회, 제15권 제4호, 87~130.

배종석 (2006), 인적자원관리론, 홍문사.

설홍수 (2004), 조직사회자본이 조직시민행동에 미치는 영향, 인사·조직연구, 인사조직학회, 제12권 제3호, 163~200.

신유근 (1994), "현대 인적자원관리의 이론구축을 위한 연구접근법 고찰", 노사관계연구, 서울대 경영대 노사관계연구소, 제5권, 217~269.

신유근 (2011), 경영학원론, 다산출판사.

신일철·윤사순·최동희·김영철 (1994), 철학개론, 고려대학교 출판부.

유규창 (1998), "인적자원관리의 전략적접근에 관한 연구", 경영학연구, 한국경영학회, 제 27권 제3호, 585~610.

윤사순 (1985), 한국유학논구, 현암사.

윤석철 (1992), 프린시피아·매니지멘타, 경문사.

이동명·김강식 (2004), "경영자의 몰입전략과 유연 작업조직설계", 인사·조직연구, 인사·조직학회, 제12권 1호, 33~68.

이동인 (2002), 율곡의 사회개혁사상, 백산서당.

이진규 (2012), 전략적·윤리적 인사관리, 박영사.

이학종·양혁승 (2013), 전략적 인적자원관리, 오래.

장세진 (2013), 경영전략, 박영사.

정재훈 (2012), 인적자원관리, 학현사.

정진일 (1995), 철학개론, 박영사.

최문환 (1981), 막스웨버 연구, 삼영사.

최종태 (2000), 현대인사관리론, 박영사.

최진남·성선영 (2023), 스마트경영학, 생능.

키야슈헨코(Kiashchenko) (1990), "미적 활동의 주체로서 인간", 인간의 철학적 이해, 새날.

한희영 (1992), 경영학원론, 다산출판사.

小池和男 (1986), 現代の人材形成, ツネルウァ書房.

高橋俊介 (1999), 成果主義, 東洋經濟新報社.

山口博幸 (1992), 戰略的 人的資源管理の 組織論的 研究, 東京, 信山社.


Adams J. S. (1963), Toward an understanding of inequity, *Journal of Abnormal and Social Psychology*, 67: 422~436.

Adler, P. S. & Kwon, S. W. (2002), Social capital: Prospects for a new concept. *Academy of Management Review*, 29: 17~40.

Becker, G. S. (1962), Investment in human capital: A theoretical analysis, *Journal of Political Economy*, 70: 9~49.

Bass, B. M. (1985), *Leadership and Performance Beyond Expectations*. NY: Free Press.

Blyton, P. & Turnbull, P. (1992), "HRM: Debates, Dilemmas and Contradiction", in Blyton, P. & Turnbull, P. eds., *Reassessing Human Resource Management*, London: SAGE Publications, 1~15.

Bolino, M. C., Turnley, W. H. & Bloodgood, J. M. (2000), Citizenship behavior and the creation of social capital in organization, *Academy of Management Review*, 27(4): 505~522.

Chandler, A.D. (1962), *Strategy and Structure*, Cambridge, MA, MIT Press.

Ferris, G. R., Barnum, D. T., Rosen, S. D., Holleran, L. P., & Dulebohn, J. H. (1995), "Toward Business-university Partnerships in Human Resource Management: Integration of Science and Practice", in G. R. Ferris, S. D. Rosen, & D. T. Barnum eds., *Handbook of Human Resource Management*, Cambridge, MA: Blackwell, 1~13.

Galbraith, J. R. (1977), *Organization Design*, Reading, MA: Addison-Wesley.

Huselid, M. A. (1995), The impact of human resource management practices on turnover, productivity, and corporate financial performance, *Academy of Management Journal*, 38: 635~672.

Jones, G. R. & George, J. M. (2019), Essentials of Contemporary Management, 윤현중·이준우 등 역(2021), 경영학에센스, 지필미디어.

Judge, T. A. & Bretz, R. B. (1994), Political influence behavior and career success, *Journal of Management*, 20: 43~65.

Ketchen, Jr. D. J., Thomas, J. B., & Snow, C. C. (1993), Organizational configurations and performance: A comparison of theoretical approaches, *Academy of Management Journal*, 36: 1278~1313.

Kinicki, A. & Soignet, D. B. (2022), Managemet: A Practical Introduction, 김안드레아 역(2022), 실용적 접근방식의 경영학원론, 한빛아카데미.

Krackhardt, D. (1992), The strength of strong ties: The importance of philos in organizations, In N. Nohria & R.G. Eccles (Eds.), Networks and organizations: Structure, *form, and action*: 216~239, Boston: Harvard Business School Press.

Lado, A. A. & Wilson, M. C. (1994), Human resource systems and sustained competitive advantage: A competency-based perspective, *Academic of Management Review*, 19: 699~727.

Lucia, A.D. & Lepsinger, R. (2001), *The Art and Science of Competency Models*, 정재창·민병모·김종명 역, 알기쉬운 역량모델링, PSI컨설팅.

Mabey, C. & Salaman, G. (1995), *Strategic Human Resource Management, Oxford, England*: Blackwell Publishers.

MacDuffie, J. P. (1995), Human resource bundles and manufacturing performance: Organizational logic and flexible production systems in the world auto industry, *Industrial and Labor Relations Review*, 48: 197~221.

March, J. G. (1991), Exploration and exploitation in organizational learning, *Organization Science*, 2(1): 71~87.

McFadyen, M. A. & Cannela, Jr, A. A. (2004), Social capital and knowledge creation: Diminishing returns of the number and strength of exchange relationships, *Academy of Management Journal*, 47(5): 735~746.

Miles, R. E. & Snow, C. C. (1994), *Fit, Failure, and the Hall of Fame: How Company Succeed or Fail*, New York : The Free Press.

Muller, H. M. (1994), A System of Systems Approaches", in *Celebration of C. West Churchman's 80 Years Interfaces*, Jul-Aug., Vol. 24, No. 4, 16~26.

Noe, R. A., Hollenbeck, J. R., Gerhart, B., and Wright, P. M. (2000), *Human Resource Management: Gaining a Competitive Advantage*, 3rd. ed., NY: McGraw-Hill.

Osterman, P. (1994), How common is workplace transformation and who adopts it?, *Industrial and Labor Relations Review*, 47: 173~188.

Pennings, J. M., Lee, K., & Wittloostuijn, A. (1998), Human capital, social capital, and firm dissolution, *Academy of Management Journal*, 41: 425~440.

Penrose, E. T. (1959), *The Theory of the Growth of the Firm*. Oxford: Blackwell.

Pfeffer, J. (1994), *Competitive Advantage Through People*. Boston, MA: Harvard Business School Press.

Porter, M. E. (1980), *The Competitive Strategy*, New York: Free Press.

Porter, M. E. (1985), *Competitive Advantage: Creating and Sustaining Superior Performance*, New York: Free Press.

Prahalad, C. K. & Hamel, G. (1994), *Competing for The Future*, Harvard Business School Press.

Raymond A. Noe, John R. Hollenbeck, Barry Gerhart, Patrick M. Wright: 윤동열·김우철·김태형·나동만·류성민·류준열·박종규·방오진·조윤형·최우재·한승현·홍운기 공역 (2024), 인적자원관리(제13판), 시대가치.

Schuler, R. S. (1989), Strategic human resource management and industrial relations, *Human Relations*, 42: 157~184.

Schuler, R. S & MacMillan, I. C. (1984), Gaining competitive advantage through human resource management practices, *Human Resource Management*, 23: 241~255.

Schuler, R. S. & Jackson, S. E. (1987), Linking competitive strategies with human resource management practices, *Academy of Management Executive*, 1: 207~219.

Schultz, T. W. (1961), Investment in human capital, *American Economic Review*, 51: 1~17.

Stogdill, R. M. (1974), *Handbook of Leadership: A Survey of the Literature*, New York: Free Press, 259.

Storey, J. (1989), "Introduction: from Personnel Management to Human Resource Management", in J. Storey(ed.), *New Perspectives on Human Resource Management*, London: Routledge, 1~18.

Tichy, N. M., Fombrun, C. J., & Devanna, M. A. (1982), Strategic human resource management, *Sloan Management Review*, 23: 47~61.

Ulrich, D. (1997), *Human Rources Champion*, Boston, MA: Harvard Business School Press, 24~47.

Walton, R. E. (1985), From control to commitment in the workplace", *Harvard Business Review*, 2: 76~84.

Weick, K. E. (1979), *The Social Psychology of Organizing*, 2nd ed., Reading, MA: Addison-Wesley.

# 제2장
# 역량관리

제1절 인적자원 역량의 개념

## 1. 인적자원 역량의 의의

오늘날 기업은 개인과 조직의 역량을 높이지 않고 기업의 경쟁력을 향상시키기 어렵다.

역량(competency)은 심리학자인 맥클러랜드(D.C. McClleland, 1973)에 의해서 처음으로 제시되었다. 그는 초기에 역량을 업무 성과와 관련된 심리적 또는 행동적 특성으로 정의하였으나, 그 후에 우수성과자의 지식·능력·기술·기타 특성으로 정의하였다.[1]

역량이란 개인이나 조직이 업무수행에 관한 지식과 기술의 축적으로 고차원화하고 기능과 기술의 연마로 고숙련화함으로써 고난도의 업무를 효율적으로 수행하여 고성과를 창출할 수 있는 추진력을 의미한다.[2] 역량은 고성과자나 고성과집단의 특성을 파악하여 모델화하고, 이를 기준으로 연습, 훈련 및 학습을 통해 지식, 기능, 기술의 향상으로 이루어진다. 따라서 역량은 개인이나 조직이 지식이나 능력을 기반으로 어떤 일을 잘 해낼 수 있는 추진력이 되고 있다.

---

1) R.J. Mirabile, 1997.
2) G.E. Ledford, 1995, 55.

역량은 종업원이 특정한 상황에서 업무를 효과적으로 수행할 수 있는 '구체적인 준거'이고 우수한 '성과의 원인'이 되며, 우수 성과 창출자가 보유한 '내적 특성'이다.3) 준거 관련 (criterion related)란 역량의 우수 정도를 구체적 표준으로 예측할 수 있는 특성을 의미한다. 성과 관련(casually related)이라는 것은 행동이나 성과에 원인을 제공해 줄 수 있는 특성을 의미한다. 그리고 내적 특성은 개인의 행동을 예측할 수 있도록 해주는 개인성격의 심층적이고 지속적인 특성을 의미한다. 이를 〈표 2-1〉과 같이 나타낼 수 있다.

| 표 2-1 | 스펜서 – 스펜서의 20개 역량 | | |
|---|---|---|---|
| **역량군** | **역 량** | **역량군** | **역 량** |
| **성취와 행동**<br>(achievement and action) | 성취지향성<br>질서, 품질, 정확성에<br>대한 관심<br>주도성<br>정보추구 | **관리**<br>(managerial) | 타인육성<br>지시<br>팀웍과 협력<br>팀리더십 |
| **대인서비스**<br>(helping and human services) | 대인이해<br>고객지향성 | **인지**<br>(cognitive) | 개념적 사고<br>분석적 사고<br>기술적·직업적·관리적<br>전문성 |
| **영향력**<br>(impact and influence) | 영향력<br>조직인식<br>관계형성 | **개인효과성**<br>(personal effectiveness) | 자기조절<br>자기확신<br>유연성<br>조직헌신 |

자료: Spencer and Spencer, 1993.

역량은 다음과 같은 두 가지 특성을 가지고 있다고 알려져 있다. 첫째, 역량은 행동을 강조하는 경향이 있다. 역량은 능력보다 더 행동지향적인 개념이다. 둘째, 역량은 성과와 직접적인 관련을 가진다. 역량은 개인이나 조직구성원들이 목표달성을 위해 지식과 능력 및 동기(특히 성취동기로서의 행동)를 보유하고 고성과를 이룰 수 있는 잠재력을 의미한다.4) 역량은 성과와 인과관계가 있는 행동요인을 의미하므로 기업은 고성과를 이루기 위해 역량관리가 필요하다.

역량관리는 직급·직렬·전사에 공통으로 필요한 역량을 발견하고, 개인과 조직차원에

---

3) L.M. Spencer and S.M. Spencer, 1993.
4) G.E. Ledford, 1995, 55.

서 이를 향상시키기 위한 업무를 합리적으로 처리하는 것을 의미한다.5) 기업에서 역량은
일반적으로 개인역량(직무역량), 조직역량(핵심역량), 리더십역량으로 구분되고 있다.6) 그러
나 역량관리는 개인역량과 조직역량으로 구분하고, 리더십역량은 조직의 관리자에 필요한
역량이므로 조직역량에 포함시키기로 한다.

## 2. 역량중심 인적자원의 지식과 능력

기업의 인적자원관리는 일 중심의 직무중심 인사관리에서 일과 사람 공동 중심의 역량
중심 인적자원관리로 변화되고 있다. 전통적으로 직무중심의 인사관리를 시행해 오던 미국
도 역량중심의 인적자원관리로 변화시키고 있다.7) 왜냐하면 직무중심의 인사관리는 시장
이 요구하는 유연성과 적응성을 잘 받아들일 수 없기 때문이다.

역량중심 인적자원관리는 직급·직렬·전사에 공통으로 필요한 종업원의 역량,8) 즉 지
식과 능력의 향상을 중심으로 인적자원 업무를 합리적으로 처리하는 것을 말한다. 역량은
지식과 능력으로 구성되어 있다.

지식은 개인이나 조직이 직무에 대한 고차원적인 이치·의식·판단·논리를 잘 이해하
고 습득하여 '업무수행 관점'에서 고부가가치를 창출할 수 있는 원천(stock 개념)이다.

지식은 개인이나 조직구성원들이 업무내용이나 기법을 이해하거나 습득되어진 것이다.
피터 드러커는 지식이란 일하는 방법을 개선하거나, 새롭게 개발하거나 또는 기존의 틀을
바꾸는 혁신을 단행해서 부가가치를 높일 수 있는 원천이라고 보고 산업현장이나 생활에
연결시켜 정의하였다.9) 다시 말하면 지식은 기업에서 가장 중요한 전략적 요소이다. 이것
이 기업특유의 자산이 될 때 공공재(public goods)나 사유재(private goods)가 된다.10)

능력은 개인이나 조직 전체를 하나의 유기체로 인식하고 '기업전략 관점'에서 우수한 성
과를 낼 수 있는 특성(flow 개념)이다.

---

5) 박우성, 2000.
6) P.R. Sparrow, 1996.
7) 김동원, 1999.
8) 역량은 기능, 지식, 능력으로 구성된다는 문헌적 동의는 없으나 대체로 사용되고 있다(G.E. Ledford, 1995,
   55). 또한 실무계도 이 두 요소를 사용하고 있다(B. Murray & B. Gerhart, 1998, 68, IRS, 1996).
9) P.F. Drucker, 1993.
10) J.C. Spender, 1996.

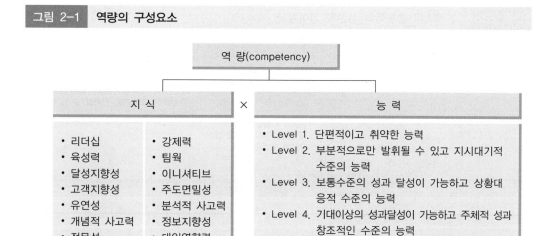

그림 2-1 역량의 구성요소

능력은 개인이나 조직구성원들이 변화하는 환경에서 시장의 요구사항을 맞추기 위해 조직 내·외부의 전략적 자원이나 경쟁요소를 변화시키고, 조직 전분야에 걸쳐 통합하며 시장상황에 따라 재조합하는 경영의 전략적 자질이다.[11] 즉 능력은 개인이나 집단이 중심이 되어 기능과 기술의 자격에 대한 광범위하고 안정적인 특성을 보유하여 고난도의 업무를 최대한 잘 수행할 수 있는 힘을 말한다. 역량의 구성요소인 지식과 역량을 [그림 2-1]과 같이 나타낼 수 있다.

지식은 이치나 논리 중심으로 이해하고 습득하는 대상이라면, 능력은 기능과 기술 등을 습득하여 자격을 보유하고 일을 잘 수행할 수 있는 힘이다. 지식과 능력은 원래 개인·집단·조직 차원에서 연습과 훈련 및 학습을 통해 보유하고 발전시킬 수 있다. 이들 중에서 능력은 지식보다 기업의 성과에 더욱 효과적이라고 할 수 있다. 또한 역량은 지식과 능력이 합쳐진 것이므로, 기업의 성과에 가장 많이 기여할 수 있다. 따라서 "지식은 알고 있다 – 능력은 할 수 있다 – 역량은 잘 한다"라고 표현할 수 있다. 이를 [그림 2-2]와 같이 나타낼 수 있다.

---

11) Teece, 1997; 이장환 외, 1999, 189.

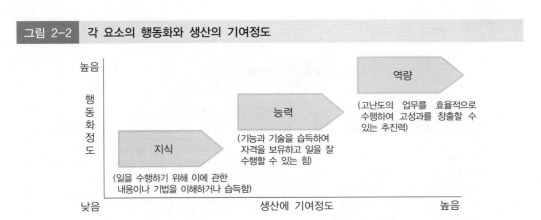

그림 2-2 각 요소의 행동화와 생산의 기여정도

## 제2절 개인의 역량관리

### 1. 개인역량의 의의

기업은 개인의 역량을 발휘함으로써 경쟁력을 향상시킬 수 있다.

개인역량(personal competence)은 개인이 업무에 관한 지식과 기술을 축적하여 고차원화하고, 기능과 기술의 연마로 고숙련화함으로써 고난도의 업무를 효율적으로 수행하여 고성과를 창출할 수 있는 추진력이다. 개인역량은 고성과자의 특성을 파악하여 독특한 상황에 맞는 특수역량(specific competence), 즉 역량모델(competence model: 우수한 성과을 내는 요인)을 만들고, 이를 기준으로 연습, 훈련 및 학습을 통해 지식, 기능, 기술의 향상으로 이루어진다. 즉 개인역량의 향상은 수월성 차원에서 개인이 지식 등의 고차원화, 기능 등의 고숙련화로 이루어진다.

개인지식은 개인이 기업에서 가치를 창출할 수 있게 해주는 원천을 의미한다. 개인지식은 명시지와 묵시지로 구성된다. 그러나 명시지는 주로 이성으로 형성되지만, 묵시지는 감성에 더 많은 영향을 받는다. 바꿔 말하면, 이성(理性)은 이론의 원리나 개념을 이해하도록 함으로써 생산성을 향상시킬 수 있는 지식의 바탕이 된다. 이에 대해 감성(感性)은 경험적·감각적으로 깨닫거나 느낌으로써 지식을 체화시켜 지식능력으로 변화시키는 역할을 한다.

개인능력은 개인이 어떠한 일을 수행할 수 있는 최대한의 한계를 의미한다. 개인능력에는 지성이 중심이 되는 지식능력, 감성이 중심이 되는 감정능력 그리고 육체의 힘이 중심이 되는 육체능력이 있다.

지식은 '이해'함으로써 축적될 수 있고, 능력은 '실천'함으로써 신장될 수 있다. 그러나 지식과 능력의 세부적 구성요소를 보면, 그 일부가 같은 요인으로 구성되어 있다. 즉 능력의 한 종류인 '지적능력'도 결국 '지식에 의한 능력'을 의미하므로, 지식도 능력의 핵심요인의 하나가 되고 있다. 이와 같이 역량의 구성체계를 [그림 2-3]과 같이 나타낼 수 있다.

| 그림 2-3 | **역량의 구성체계** |
| --- | --- |

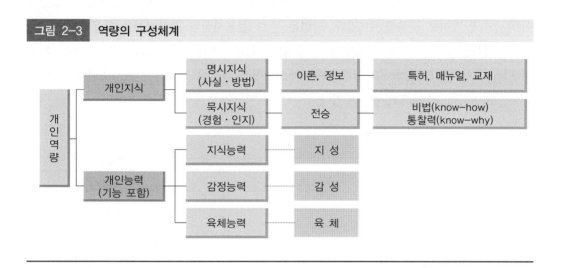

## 2. 개인지식

### 1) 개인지식의 의의

기업은 개인의 지식을 축적시킴으로써 조직의 경쟁력을 향상시킬 수 있다.

개인지식(personal knowledge)은 개인이 환경 속에서 생존하고 환경을 혁신하기 위해 형성된 종합적이고 체계적인 개념의 집합체이다.[12] 개인지식은 가치 있는 정보,[13] 행동하기 위한 재능(a capacity to act)[14]을 말한다. 또한 개인지식은 근로자의 성실성, 기업의 신뢰성, 현장의 기술력, 기술특허, 기술경험(세계은행 98보고서)으로 보기도 하고, 무형의 자산, 즉 연구개발력, 상상력, 판매력, 효율적인 생산력[15]을 의미하기도 한다. 따라서 개인지식

---

12) 김효근 외, 1999, 209.
13) A. Anderson, 1996.
14) M. Polanyi, 1967.

은 기업을 활기 있게 만들고, 새로운 가치를 창출할 수 있게 해준다.

지식은 생산의 3요소인 노동·자본·토지에 이어 제4의 요소로 여겨지고 있다.16) 드러커(P.F. Drucker, 1993)에 의하면 미래사회는 지식근로자가 중심이 되는 지식사회이며, 지식이 유일하고 의미 있는 핵심자원이 될 것이라고 하였다. 노나카(Nonaka et al., 1995)는 지식을 특정개인이나 집단이 가지는 '지적능력'(이는 능력개념까지 포함)으로 보고, 신제품개발이나 일상적인 문제를 해결할 수 있는 것이라고 하였다.

지식에는 여러 가지 형태가 있다. 이를 계층별로 분류하면 학문지식, 실용지식, 경험지식17) 등 세 가지로 구분할 수 있다. 기업은 주로 실용지식과 경험지식을 활용하고 있다.

개인지식은 〈표 2-2〉에서 나타난 바와 같이 기술·기계·컴퓨터와 같이 도구를 다룰 수 있는 고차기능을 포함하고 있다. 또한 개인지식은 상당한 부분에서 지적숙련 또는 다기능숙련도 포괄하고 있다고 할 수 있다.

**표 2-2  지식의 구조**

| 지식의 종류 | 기술과 기능 | | | 지식의 구성 |
|---|---|---|---|---|
| 과학 (순수이론과학) | 실험과학 | | | 명시지식 |
| 학문(공학)지식 | 기술 | | | 명시지식 > 묵시지식 |
| 실용(응용)지식 | | 고차기능 | 지적숙련 또는 다기능숙련 | 명시지식 = 묵시지식 |
| 경험(현장)지식 인지적 지식 기술적 지식 | | | | 명시지식 < 묵시지식 |
| 정보 / 저차기능(단순기능) | | | | |

### 2) 개인지식의 종류

개인지식에는 명시지식과 묵시지식이 있다.

---

15) I. Nonaka & H. Takeuchi, 1995.
16) Nonaka et al., 1995; Drucker, 1993.
17) 학문지식은 기초과학기술, 경영경제이론, 순수학문 등이고, 실용지식은 기술특허, 소프트웨어, 데이터베이스, 설계기술, 디자인기술 등이며, 경험지식은 생산현장노하우, 고객서비스노하우, 고객서비스노하우, 일선 경험 및 경영지식 등이다(김영인 외, 1998, 415).

## (1) 명시지식

명시지식(explicit knowledge)은 말이나 글로서 체계적으로 정리되어 있거나 부호·숫자·그림 등으로 표현되어 있어서 전달가능한 지식이다. 즉 명시지식은 묵시지식을 말이나 글 그리고 부호와 숫자 등 표현이 가능한 상태로 바꾸거나 원인과 결과의 필연적인 연접에 의해 객관적은 지식이 된 상태를 말한다.

명시지식은 사실지식과 방법지식으로 구분할 수 있다.

사실지식은 여러 가지 인지사실의 축적과 사물의 특성·상태·원리를 나타내는 사실적 명제의 이해를 의미한다.[18] 이에는 업무보고서·신제품개발 아이디어·시장동향분석 보고서 등이 있다.

방법지식은 인간과 사물의 모든 인과관계, 예를 들어 인간의 욕구나 문제를 해결하는 방법에 관한 지식을 의미한다. 이에는 경영전략 수립방법, 광고문안 작성법, 신제품 개발방법 등이 있다.

## (2) 묵시지식

묵시지식(tacit knowledge)은 개인이 경험이나 체험을 통해 보유하고 있어서 겉으로 드러나지 않는 상태이거나 표현하기 어려운 지식이다. 묵시지식은 상위자인 숙련자가 하위자인 미숙련자에게 대리행위, 시범행위, 질의응답 등 도제방식으로 이전(移轉)된다. 따라서 묵시지는 사람의 몸과 머리에 축적(stock)되어 있고, 원인과 결과가 모호하여 복잡하고 특수하게 여겨지는 속성이 있다.[19]

묵시지식은 경험지식과 인지지식으로 구분할 수 있다.

경험지식은 개인이 사물에 관한 단편적인 경험을 통하여 사실적(寫實的)으로 파악할 수 있는 지식을 의미한다. 경험지식은 '경험이나 체험'에 의하여 형성된다. 경험지식은 개별적인 항목들이 판단을 통하여 개념적으로 일반화된 영구적인 실제양식이라 할 수 있다. 이것은 '노하우(know-how)'를 의미한다. 노하우는 일을 처리하는 방법에 관하여 오랜 경험을 통해 얻어진 특수기능이나 수완(手腕), 그리고 비법(秘法)이나 비결(秘訣)이다.

인지지식은 개인이 지각과정을 통해 사물이나 그 본질에 대해 파악할 수 있는 지식을 의미한다. 즉 인지지식은 '외부'에 있는 감각물(지각내용)을 두뇌(정신)에 의해 지각되므로 '두뇌지식'이라 할 수 있다. 따라서 인지지식은 개인이나 조직이 보유하고 있는 어떤 사물

---

18) 김효근 외, 1999.
19) U. Zander & B. Kogut, 1995, 76~92.

에 대한 명료한 의식으로서, 원리에 따라 통일적으로 조직되고 객관성과 타당성을 갖춘 판단체계이다. 인지지식은 한 개인이 구체적인 대상들에 대하여 '왜' 그렇게 나타나며 그런 행동을 하는가, '어떤 방식으로' 대처할 것인가 하는 지각행위이다. 이것은 '노와이(know-why)'를 의미한다. 노와이는 인간의 사물에 대한 깊은 통찰력(洞察力)으로서 사건의 밑바탕에 깔려있는 기본적 원리나 일의 근본적인 인과관계를 이해하여 그 처리방법을 인식하는 것이다.

인지지식은 현존하는 존재20)와 함께 있거나 존재와 더불어 있어야 취득할 수 있다. 왜냐하면 존재는 자신의 정신에까지 도달하지 않으면 완전한 것이 되지 못하기 때문이다. 따라서 지식은 인간의 지각을 통해 나타나는 존재로서 시간과 공간에 걸쳐있는 특성들로서 이루어져 있다.

### 3) 개인지식의 특성

개인지식은 다음 네 가지의 특성이 있다.21)

개인지식은 명시성(지)보다 '묵시성'(지)의 가치를 더 인정하는 특성이 있다. 묵시지는 과학적 의미에서의 객관적 지식이 아니고, 절대적인 확실성도 없다.22) 그러나 묵시지식은 어떤 아이디어 또는 상징, 비법(know-how)과 통찰력(know-why)으로 기업의 생산성 향상에 크게 기여할 수 있는 지식이다.

개인지식은 '행동지향성'의 특성이 있다. 개인지식은 사람의 감정이나 의욕을 기초로 하고 있으므로 실천에 뿌리를 두고 있다. 개인지식은 개인이 받은 감각적 느낌에 대한 분석을 통하여 새로운 지식을 끊임없이 생성하고 파기하며, 환경의 요구에 빠르게 대응하거나 변신하면서 환경적응력을 높여주는 기능을 한다.23) 또한 개인지식은 자신에게 유리한 환경을 만들어 가면서 환경창출력을 높여주는 기능을 하기도 한다.24) 따라서 개인지식은 문제규명 능력, 문제해결 능력, 가치창출 능력 등이 있다.25)

개인지식은 '법칙기반성'의 특성이 있다. 사람의 행동은 에너지를 절약하고, 여러 상황에

---

20) 존재론은 하이데거가 주장한 이론으로서 학문 이전의 무감각한 상황을 초월하여 '인간 존재에 관한 철학적 자각'에 따라 성립된다고 본다. 존재론은 철학의 바탕을 존재로 보고 존재양식을 천명하고, 모든 존재의 확정 내지는 그 상호관계를 중심으로 연구하는 입장이다. 즉 이는 존재, 또는 존재의 가장 근본적이고 보편적인 규정을 밝히는 것이다.
21) K.E. Sveiby, 1997, 29~35.
22) M. Polanyi, 1967.
23) C.M. Fiol & M.A. Lyles, 1985.
24) B. Hedberg, 1981.
25) 이종관, 1999, 461.

빠르고 효율적으로 실행할 수 있는 두뇌규범을 확립하고 있다. 개인지식은 두뇌규범 법칙을 기반으로 한 도구들 중의 도구(tool of tools)로서 기능과 기술에 관한 지식의 획득을 더욱 활기차게 한다. 그러나 이런 지식의 법칙성은 규범세계를 통하여 빠르고 쉽게 분류하거나 범주화시킬 수 있지만, 도리어 사고의 경직으로 새로운 지식의 창조를 어렵게 만들 수도 있다.

개인지식은 '계속 변화성'의 특성이 있다. 개인지식은 그의 존재를 구체적으로 표현할 수 있는 명시지식과 그의 존재를 구체적으로 표현할 수 없는 묵시지식이 상호작용하면서 계속적으로 변화와 확장이 이루어진다.

### 4) 개인지식의 형성

#### (1) 개인지식의 원료습득과 구성

개인지식의 원료습득은 다음 세 형태가 있다. 개인지식의 원료습득은 객관적인 존재인 논문이나 보고서 등 '이론'(theory)을 통한 습득, 데이터(data)에 의해 만들어진 '정보'(information)를 통한 습득, 사실(fact)을 체험함으로써 이루어지는 '전승'(inheritance)을 통한 습득이 있다.

**표 2-3  지식의 원료습득형태**

| 구 분 | 이론을 통한 습득 | 정보를 통한 습득 | 전승을 통한 습득 |
|---|---|---|---|
| 지식의 원료습득 형태 | 명료하게 표현된 이론을 통해 습득함 | 명료하게 표현된 정보를 통해 습득함 | 표현될 수 없는 능력과 표현될 수 있는 능력을 통해 습득함 |
| 지식의 독립여부 | 개인으로부터 독립적임 | 개인으로부터 독립적임 | 개인으로부터 독립적이기도 하고 의존적이기도 함 |
| 지식의 상태 | 정적 | 정적 | 동적 |
| 지식의 원료습득 속도 | 느림 | 빠름 | 느림 |
| 지식의 성문화 여부 | 성문화 될 수 있음 | 성문화 될 수 있음 | 성문화 될 수 없음 |
| 지식의 유통량 | 대량유통이 수월함 | 대량유통이 수월함 | 대량유통이 어려움 |
| 지식의 이전방법 | 세미나, 교육 | 네트워크, 디지털 정보 | 상사나 동료, 팀제 등 유연작업방식 |

자료: K.E. Sveiby, 1997, 45를 참고로 작성.

이론과 정보는 개인지식의 하드웨어를 구축하고 전승은 개인지식의 소프트웨어를 구축한다. 지식의 습득형태는 〈표 2-3〉과 같다. 개인지식의 습득은 다음에 설명할 지식형성에 기반이 되고 있다.

### (2) 개인지식의 형성과정

개인지식의 형성은 개인이 지식의 원료 습득·구성·창출 과정을 거쳐 이루어진다.

개인지식은 개인이 이론·정보·전승을 통한 '지식원료'를 습득한다. 개인지식은 이들의 습득과정에서 '은유(metaphor)' 즉 직관을 통해 사물을 이해하고 의미화(meaningfulness)를 이룬다. 은유는 지식습득과정에서 서로 간에 상이한 경험의 영역이 하나의 포괄적인 이미지 또는 상징으로 통합되고 나아가 인식의 도약을 이룬 상태이고, 직관은 종합적인 인식과 감성을 말한다.

개인지식은 개인의 인식을 통해 본질을 추출하여 '하나의 관점'이 구성된다. 관점은 상황과 맥락 속에서 특정사물에 초점을 맞추려는 인지능력이다. 따라서 개인은 그의 관점으로 특정대상에 대한 개념이 어떤 상황에 놓여 있는가에 대한 '자율적인 판단'과 어떤 의미로 형성되어 있는가에 대한 '의도'(목적의식)를 파악할 수 있다. 또한 개인은 그의 자율적인 판단과 의도에 따라 같은 정보라도 서로 다르게 해석하게 된다. 이 과정에서 개인은 '비유(analogy)'를 통해 서로 다른 두 개념의 유사성과 차별성을 합리적 논리에 따라 비교하면서 조정해 나간다. 즉 개인은 환경이나 대상과 부단히 상호작용을 통하여 비평형적 질서를 평형적이고 유지적인 상태로 만드는 자기조직화(self organization) 체계를 형성하게 된다. 개인은 이 체계를 통하여 지식의 개념화(conceptualization)가 이루어지는데, 이를 '지식의 구성(construction)'이라고 한다.

개인지식은 개인의 관점이 동요와 혼돈을 유발하면서 새로운 모형이 창출된다. 동요와 혼돈은 무질서가 아니라 모든 법칙성을 부정하게 할 수도 있고, 모든 것을 가능하게 할 수 있는 창조적인 것이다. 이런 과정을 통해 이미 구상되어 있는 개념들을 구체화시켜 새로운 모형(model)이 나타나고 형태화(configuration)를 이룬다. 그럼으로써 개인은 1~2개 정도 '지식의 창출(creation)'이 이루어진다.

개인에 의해 창출된 지식은 기존의 지식과 통합되어 체화(embodiment)되면서 차츰 하나의 완전성 내지 전체성을 이루게 된다. 이런 과정을 통해 '지식의 형성(formation)'이 이루어진다.

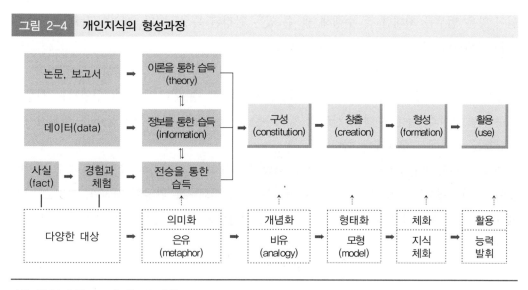

그림 2-4    개인지식의 형성과정

자료: 野中郁次郎, 1993을 참고로 작성.

　개인지식은 지식의 원료 습득(의미화: 은유), 하나의 관점 구성(개념화: 비유), 지식의 창출(형태화: 모형)과정을 거쳐 형성된다. 개인들은 이 3과정에서 다양한 대상과의 교류를 통해 명시지와 묵시지의 변환이 이루어진다. 즉, 묵시지에서 묵시지로의 이전과정인 공동화(socialization), 묵시지에서 명시지로 변환과정인 표출화(externalization), 명시지에서 명시지로의 이전과정인 연결화(combination), 명시지에서 묵시지로의 변환과정인 내면화(internalization) 등 4과정이 이루어진다. 이를 SECI라고 한다. 개인지식의 형성에는 지식의 창출이 가장 중시되고 있다.

　지식의 상위개념이지만 광의로 보면 지식에 포함되는 지혜(wisdom)가 있다. 이는 지식 창조의 전과정에서 추론, 문제의 파악, 문제의 해결을 가능하게 할 수 있는 지식능력(이는 능력개념까지 포함됨)이다. 개인지식의 형성과정을 [그림 2-4]와 같이 나타낼 수 있다.

## 3. 개인능력

### 1) 개인능력의 의의

　개인능력(personal ability)은 개인이 기능과 기술의 연마로 광범위하고 안정적인 특성을 보유하고 습득하여 고난도의 업무를 최대한 잘 수행할 수 있는 힘이다. 즉, 개인능력은 개인이 맡은 업무를 최대한 잘 수행해 낼 수 있는 안정된 특성들이다. 개인이 능력이 있다는 것은 이해보다 실천을 잘할 수 있다는 것을 의미한다.

기업은 직무를 효율적으로 수행하기 위해 종업원의 능력을 반드시 향상시켜야 한다. 연공중시가 사람중심이라면, 능력중시는 직무중심이라 할 수 있다. 따라서 경영자는 직무가 요구하는 능력과 이를 수행할 사람의 능력수준을 분석하여 직무수행 능력을 향상시키고 해당자를 인사에서 우대해야 한다.

기업은 종업원이 능력에 따라 직무를 어떻게 구성하고 분할하여 종업원들에게 배치할 것인가, 직무체계를 어떻게 구성하고 어떤 기능이 발휘되도록 편성할 것인가, 그리고 어떻게 하면 기업의 미래에 유의(有意)한 직무를 발견하도록 할 것인가 등과 결부시켜 판단해야 한다.

일본경제연구소(日經研)는 기업이 노동력 부족, 임금수준의 빠른 상승, 기술혁신, 개방경제의 진전 등의 새로운 경제발전 단계에 따라 종업원의 직무수행능력을 발견하고, 그 능력을 향상 및 개발하여 유효하게 활용하는 능력주의를 채택해야 한다고 주장한다.

기업에서 개인능력의 중시 사상은 능력주의로 발전되었다.

능력주의는 어떤 사람의 업무수행능력과 경영가치향상능력을 중심으로 직능자격등급을 만들어 종업원들의 보유능력을 점수나 순위 등으로 평가하고, 이에 따라 승진이나 임금을 결정하는 제도이다.26) 능력주의는 기업이 바라는 능력을 적극적으로 육성하고 향상시켜서 그 결과를 평가하여 각종 인사제도에 적용해야 한다는 주장이다. 능력주의는 실력주의라고도 한다. 이는 단순히 우수한 인재의 발탁이라는 비체계적인 방식이나 업적제일주의의 극단적인 성과주의로 치닫는 방식이 아니라, 무언가 체계적인 인사시책으로서 '능력체계'와 '직무 및 지위의 체계'에 적합하도록 하는 의도가 함축되어 있다.

## 2) 개인능력의 관점

개인의 능력27)의 관점에는 인적자본 관점과 직무특성 관점이 있다.

### (1) 인적자본 관점

인적자본 관점은 '종업원'이 담당 업무수행은 물론 인접 업무수행에 관한 기능과 지식 및 기술을 어느 정도 보유하여야 한다는 관점이다. 따라서 종업원은 다양한 기능과 지식

---

26) 高橋俊介, 1999, 65~66.
27) 개인의 능력은 지식의 요소가 일부 포함되고 있다.

및 기술을 보유하고 생산성을 높이는 요소이므로 자본으로 보고 있다. 따라서 능력의 너비는 종업원 자신이 담당하는 직무 이외에도 여러 인접직무에 대한 '기능과 지식 및 기술을 다양하게 보유'하고 있어야 하고, 기업의 제품구조와 생산공정 전반을 이해하고 있어야 한다. 능력의 깊이는 종업원 자신이 다루고 있는 기계나 설비의 작동원리와 담당하고 있는 업무에 대하여 '기능과 지식 및 기술을 체화'하고 있는 상태를 의미한다.28)

### (2) 직무특성 관점

직무특성 관점은 '직무수행'에 필요한 기능과 지식 및 기술에 따라 종업원이 이를 어느 정도 보유하여야 한다는 관점이다. 직무특성 관점은 직무를 세분화하여 한 종업원에게 한 직무만 요구하는 단기능 직무, 즉 탈숙련화 직무29)와 직무통합화나 직무충실화를 통해 몇 가지 직무를 요구하는 다기능 및 기술 직무, 즉 고숙련화 직무30)가 있다. 오늘날 종업원이 수행하여야 할 직무는 다기능 직무, 기술 직무 및 공동 직무가 대부분이므로 고차원적이고 고숙련화된 직무수행력이 필요하다고 할 수 있다.

## 3) 개인능력의 유형

개인의 능력에는 세 유형이 있다.

지식능력은 이성(理性)31)이 중심이 되어 사물의 이치를 생각하고 논리적으로 사고하며 추리해 낼 수 있는 능력이다. 지식능력은 지식이 바탕이 되어 어떤 문제를 잘 해결해 낼 수 있도록 사고하고 추리할 수 있는 능력이다. 지식능력은 IQ(Intelligence Quotient)를 자주 사용한다. IQ는 직무능력과 정(正)적 상관관계가 있다고 알려져 있다.

감정능력은 감성(感性)이 중심이 되어 자극에 의하여 느낌이 일어나는 직무를 추진할 수 있는 능력을 말한다. 감성은 지식을 구성하는 독립적인 상징(표상)이며, 외부의 자극 또는 변화에 대하여 감각이 일어나게 하는 능력, 즉 감수성을 의미한다. 감정능력은 자신이나 다른 사람의 감정이나 감성을 알고 이해하며 조정할 수 있는 능력이다. 따라서 감성능력이 높은 사원들은 판매고를 높이고 고객서비스를 더 잘 한다고 알려지고 있다. 감정능력은 EQ(Emotional Quotient)를 자주 사용한다. EQ는 창의력의 발휘에 IQ보다 더 결정적이라는 주장이 있으며, 인간관계가 생명인 팀웍 업무에서 사회성지수(SQ: Social Quotient)가 매우

---

28) 김주일, 1999, 63.
29) H. Braverman, 1974.
30) R. Blauner, 1964.
31) 이에 대한 더 자세한 설명은 제1장 2절을 참고하기 바란다.

중요시 되고 있다.

　육체능력은 기업에서 단순 직무나 노동에서 주로 필요하다고 할 수 있다. 즉 육체능력은 팔의 완력이나 다리의 힘, 어깨의 힘 등을 말한다.

　이 세 가지 능력 중에서 작업자가 장인이나 달인의 경지에 도달하면 육체능력보다 지식능력과 감정능력이 더욱 필요하다고 할 수 있다.

### 4) 개인능력의 향상

　기업은 개인의 능력 향상과 개발을 계획적이고 체계적으로 실시하여야 한다.

　개인의 능력 향상과 개발 방법이다. 첫째, 고성과자의 특성을 파악하여 독특한 상황에 맞는 특수역량, 즉 역량모델을 만든다. 둘째, 이를 기준으로 연습·훈련·성찰 등을 통하여 지식과 기술의 고차원화보다 기능과 기술의 연마로 고숙련화 한다. 개인의 능력향상과 개발은 이론이나 정보도 바람직하지만, OJT를 통한 전승이 더욱 바람직하다.32)

　개인의 능력 향상과 개발은 다음과 같은 과정을 거친다.

① 능력개발을 보다 체계적으로 준비하고 실시하며, 그 결과를 활용하고 싶도록 '개발환경을 정비'한다.

② 스스로 '능력개발 의욕'을 불러일으킨다.

③ 능력개발의 과정에서 '제약요인을 진단하고 제거'한다.

④ '능력개발과 활용기회를 획득'한다. 능력개발의 기회가 주어졌을 때, 가장 바람직한 개발과 활용의 순환적인 과정을 고찰할 필요가 있다. 개인이나 조직은 능력의 본질과 가치를 인식하고, 개발하는 노력과 개발된 능력을 활용하는 방법을 찾는다.33)

　종업원의 능력개발은 '창조력의 개발'로 이루어질 수 있다. 창조력 개발은 조직에서 무엇이 문제인지를 파악하는 것에서부터 시작하여 현상을 분석하고 진단하여 목표달성에 필요한 기능·정보·지식·기술을 추출하고 재편성하는 과정에서 문제가 된 것들을 해결할 수 있도록 개발하는 것이다. 따라서 창조력 개발은 일련의 절차와 체계를 반복하는 종합적인 훈련과 노력이 필요하다.

---

32) 野中郁次郎, 1993.
33) 土方文一郎, 1975, 336~337.

## 4. 개인역량의 형성

개인역량은 개인의 지식과 능력이 결합되었을 때 형성되는 것이다. 개인역량은 지식으로부터 나오기도 하지만, 주로 능력에서 나온다고 할 수 있다. 개인역량은 이론이나 정보를 통한 지식의 습득보다 장인이 도제에게 전수시키는 것 같이 기능과 기술의 연습과 훈련 등을 통한 '전승'이 가장 침투력이 강하다고 할 수 있다. 따라서 개인역량은 고된 작업과정을 통해 획득될 때, 가장 효과적이라고 할 수 있다.

개인은 고도의 역량보유자(전문가)가 되기 위해 기존의 규칙을 습득하여 적용하는 역량뿐 아니라, 기존의 규칙을 깨뜨리고 더 나은 것으로 대체할 수 있는 역량을 보유하여야 한다. 다시 말하면, 개인은 현재의 업무수행 규칙에 대한 전체적인 틀을 익히고, 다른 사람들이 이룬 성과에 견주어 자신의 절차적 규칙을 검토하는 것도 필요하지만, 그러한 규칙을 수정할 수 있는 역량을 갖추어야 한다.[34] 개인역량은 끊임없이 개인학습을 통해 형성될 수 있다. 영업사원의 업무수행에 필요한 역량모델 개발의 예는 〈표 2-4〉와 같다.

| 표 2-4 | 여신 전문회사 종업원의 영업역량모델 |
| --- | --- |
| **역 량** | **구체적 역량** |
| 인성(personality) | 높은 정서적 안정성, 단호성, 자족감, 사교성, 경쟁심, 활기 |
| 지식(knowledge) | 재무분석, 컴퓨터 활용능력, 상품지식, 경쟁환경에 대한 이해 |
| 능력(ability) | 정신적 기민성, 양적 추론, 확산적 사고 |
| 기술(skill) | 기본 영업기술, 문제해결력, 프리젠테이션 스킬, 코칭·훈련스킬 |

## 제3절 조직의 역량관리

### 1. 조직역량의 의의

기업은 전통적으로 정태적 역량인 개인역량을 중시하였으나, 최근에는 동태적 역량인 조직역량이 강조되고 있다.[35]

---

34) K.E. Sveiby, 1997.

조직역량(organizational competence)은 조직구성원들이 업무에 관한 지식과 기술을 축적하여 고차원화하고, 기능과 기술의 연마로 고숙련화함으로써 고난도의 업무를 효율적으로 수행하여 고성과를 창출할 수 있는 추진력을 말한다. 조직역량은 고성과 집단의 특성을 파악하여 독특한 상황에 맞는 특수역량, 즉 역량모델(competece model)을 만들고, 이를 기준으로 연습, 훈련 및 학습을 통해 지식, 기능, 기술의 향상으로 이루어질 수 있다. 즉, 조직역량은 복잡한 사회적 관행 중의 하나로서 조직구조나 운영프로세스와 같이 가시적인 것들로부터 조직문화와 종업원들 간의 네트웍과 같은 무형적인 것들까지 포함하고 있다.36) 다시 말하면 조직역량은 기업이 소유하는 특정기술, 특정자원 및 그 특유한 사용방식이다.37)

조직역량은 조직지식과 조직능력으로 구성되어 있다. 조직지식은 공식자본과 지적자본38)으로 구성되어 있고, 조직능력은 조직의 업무를 잘 수행할 수 있는 힘을 말한다. 이를 [그림 2-5]와 같이 나타낼 수 있다. 조직역량은 모든 종업원들의 공유된 기능·지식·능력·기술로 구성되어 있으므로, 기업의 경쟁우위 원천이 되고 있다.

기업의 조직역량 형성에는 두 가지 관점이 있다. 조직역량은 종업원의 개인지식이 바탕이 되어 조직지식이 형성된다는 관점과 종업원들의 개인능력을 바탕으로 조직능력이 형성된다는 관점이 있다.

그림 2-5    조직역량의 구성체계

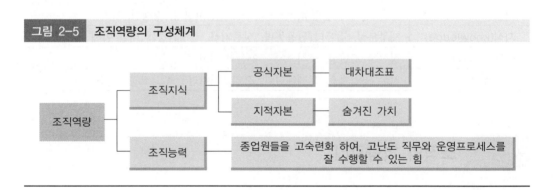

---

35) D.J. Teece, G. Piasano & A. Shuen, 1997.
36) J.B. Barney, 1992.
37) R. Reed, 1990; 김주일, 1999, 51.
38) 지식이 생산에 투입되면 그것은 하나의 지적자본이 된다.

## 2. 조직지식

### 1) 조직지식의 의의

기업은 조직역량을 향상시키기 위해 조직지식을 축적하여야 한다.

조직지식(organizational knowledge)은 조직구성원들에 의해 형성되어져서 조직의 문제해결에 유용하다고 검증된 사실(fact), 노하우(know-how), 패턴(pattern) 또는 모델(model) 들의 집합이다.[39] 조직지식은 조직이 목표로 하는 특정영역이나 그의 업무수행으로 형성된 정보시스템과 소프트웨어에 내재된 모든 과정적 지식[40]을 의미한다. 다시 말하면 조직지식은 조직의 문제해결에 도움을 줄 수 있는 검증된 자원이다.

조직지식은 다음과 같은 특성을 가지고 있다.

첫째, 조직지식은 종업원들에 의해 창출되지만 검증과 관리는 조직차원에서 이루어진다.

둘째, 조직지식은 창출과 공유 과정에서 조직의 문화, 환경, 전략 등 조직상황에 의해 영향을 받는다.[41]

셋째, 조직지식은 창출과 공유과정에서 사회적 특성에 영향을 받는다.[42]

기업의 조직지식은 다른 기업이 이를 쉽게 모방할 수 없으므로 경쟁우위의 원천이 되고 있다. 조직지식은 단지 공식자본인 '재무적 자본'과 사람이 새로운 아이디어를 창조하고 시장에 적응할 수 있는 '지적자본'으로 구성되어 있다. 지적자본은 지속적으로 조직가치를 창출하는 원천이다.

지적자본은 종업원이 시장에서 경쟁력 확보에 필요한 지식, 적용경험, 조직기술, 작업적 능력, 고객과의 관계를 의미한다.[43] 지적자본은 '인적자본＋구조적자본＋고객자본' 등의 구성체로서, 이들에 포함되어 있는 능력·기술·영업권 등 숨겨진 가치를 의미한다.

인적자본은 종업원들이 직무수행에 필요한 경험, 지식, 능력, 기술, 혁신성 등과 기업의 가치체계인 문화, 철학 등이다. 인적자본은 주로 기업의 '핵심인재'를 의미한다. 따라서 핵심인재는 종업원이 기업의 가치사슬·가치창출·효익증대에 영향을 주는 '전략적 가치'와 조직특성에 적합한 역량을 특유한(idiosyncratic) 방식으로 적용할 수 있는 '독특한 가치'를

---

39) 이장환 외, 1999, 190.
40) Swanson, 1996.
41) Nonaka, 1995.
42) Brown, 1998.
43) L. Edvinsson & M.S. Malone, 황진우 역, 1998, 58.

가진 사람이다.44)

구조적 자본은 종업원들의 직무수행을 지원하는 하드웨어, 소프트웨어, 데이터베이스, 조직구조, 특허, 등록상표, 기업이미지, 정보기술체계의 질과 범위, 조직적 개념 등이다. 이 자본은 인적자본에 의해 구축되어진다.

고객자본은 기업의 고객관계가 견고하고, 충성스러운 마음을 의미한다. 고객관계의 가치평가는 만족성, 지속성, 가격민감성, 장기고객의 재무상태 등으로 평가된다.45) 이를 [그림 2-6]으로 나타낼 수 있다.

회계학에서는 자산을 자본+부채로 보고, 이를 공식 재무상태표에 나타내었지만, 최근 기업들은 지적자본도 재무상태표에 나타내고 있다.

조직지식은 조직역량과 서로 차이가 있다. 조직지식은 관리자들이 조직체를 옮겨 다니며 이전하기도 하고, 강의 또는 경영학 서적을 통해서 이전되기도 한다. 그러나 조직역량은 조직의 전문가들이 보유한 '지식'과 '능력'을 조직구조나 운영프로세스에 어떤 방식으로 활용할 것인가, 조직문화와 운영프로세스에 어떻게 영향을 미치게 할 것인가와 관련된 것이므로 마음대로 이전이 불가능하다고 할 수 있다.46)

---

그림 2-6  **조직지식(기업의 자산)**

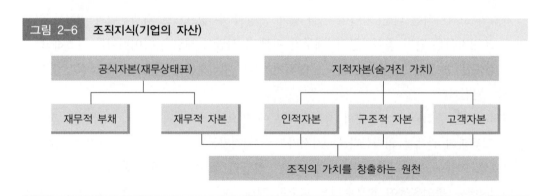

자료: K.E. Sveiby, 1997.

---

44) 배종석, 2012, 268~269.
45) L. Edvinsson & M.S. Malone, 황진우 역, 1998, 11~66.
46) K.E. Sveiby, 1997.

## 2) 조직지식의 형성

### (1) 조직지식의 구성과 창출주체

#### (ㄱ) 조직지식의 구성

조직지식도 개인지식과 마찬가지로 명시지식과 묵시지식으로 구성되어 있다. 조직의 명시지식은 특허, 매뉴얼, 순환보직 등이 있다. 또한 조직의 묵시지식은 종업원들의 공동 업무수행을 통한 '기술지식의 형성', '기술적 비법의 보유', 그리고 종업원들의 공동경험 및 인식을 통해 형성되는 '조직문화'로 나타난다.

바니(J. Barney, 1991)와 그랜트(R.M. Grant, 1996) 등에 의하면 조직의 지식은 '독특한 자원'이 되고 있다고 한다. 그들은 조직지식이 기업에서 경쟁우위의 원천이 되기 위해 조직의 업무 프로세스나 시스템에 녹아 있어야 그 역할을 수행할 수 있다고 한다.

#### (ㄴ) 조직지식의 창출주체

조직지식은 개인지식을 바탕으로 이루어진다. 그러나 지식은 개인만이 창출할 수 있는가, 조직도 창출할 수 있는가에 따라 개인창출론, 개인·조직공동창출론이 대립되고 있다.

개인창출론은 개인만이 뇌를 가지고 있고 이를 통해 생각하고 행동할 수 있는 신념·개성·습관과 같은 정신이 있으므로 개인만이 학습(개별학습)을 할 수 있고, 지식을 창출할 수 있다는 이론이다. 즉 지식은 개인에 의해 이루어지고,[47] 개인들의 상호작용을 통해 조직의 지식을 창조한다는 것이다.[48]

개인·조직공동창출론은 지식의 창출주체가 개인뿐 아니라 조직도 가능하다는 이론이다.[49] 개인이 조직을 떠나고 경영진이 달라져도 조직 전구성원은 인지와 기억시스템이 있어서 시간의 경과에도 불구하고, 조직의 지식과 특정한 행동양식인 규범·규칙·가치관 등이 남아 있다는 것이다.[50] 따라서 조직은 개인의 신념이나 개성으로 지식을 발전시키는 것과 같이, 조직도 조직원들이 보유하고 있는 인지시스템과 기억시스템에 의해 체계화된 세계관이나 이데올로기 같은 조직정신으로 조직학습을 할 수 있고 나아가 지식을 창출한다는 것이다.

조직의 지식은 개인지식의 단순한 합 이상의 시너지 효과가 있다. 따라서 지식의 창출은 개인은 물론이고, 조직도 조직원들이 모여 더 세련되고 발전된 지식을 창출할 수 있으

---

47) R.M. Grant, 1996; H.A. Simon, 1993.
48) Grant, 1996.
49) A.C. Inkpen & M.M. Crossan, 1995, 595~618.
50) R.L. Daft & K.E. Weick, 1984.

므로 개인·조직공동창출론이 통설이라고 할 수 있다.

### (2) 조직지식의 형성과정

조직은 개인들의 집합이다. 따라서 조직지식의 형성은 개인차원으로부터 시작되어 개인이 습득한 개인지식이 조직에서 조직구성원들과 상호작용을 통해 조직지식으로 발전된다.

개인의 개인지식이 조직에서 조직지식으로 발전되기 위해서는 다음과 같은 조건을 갖추어야 한다.

첫째, 개인과 지식제공자 간의 '활발한 상호작용'이 이루어져야 한다.

둘째, 개인은 조직차원에서 새로운 정보의 가치를 인식하는 '수용능력'과 흡수·소화하는 '흡수능력', 특정목적에 적용될 수 있는 '적용능력'[51]이 있어야 한다.

조직의 지식은 다음과 같은 형성과정을 거친다.

조직지식은 개인에 의해 형성된 지식을 바탕으로 하여 조직구성원들이 새로 설정된 주제에 따라 데이터나 현상을 새롭게 해석하거나 새로운 패러다임으로 정리함으로써 묵시지식을 공유(의미화: 조직체 지식)하고, 구성(개념화)하며, 이를 체계화하여 창출(형태화)된다. 그리고 이것들은 저장·활용되는 것이다. 조직지식의 창출은 개인수준의 지식과 연결하여 생성·실현된 개념 및 그 실체를 의미한다. 즉 조직의 지식창조(출)물은 기업 비전, 제품 컨셉, 제품, 서비스, 제도, 시스템 등이 있다.[52]

또한 조직지식의 구성, 창출 및 공유의 과정은 매우 복잡하다. 이들의 과정에는 개인지

---

그림 2-7  **조직지식의 형성과정**

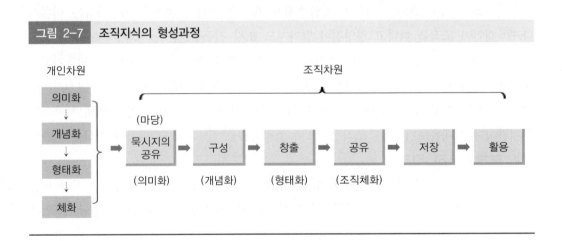

---

51) W.M. Cohen & D.A. Levinthal, 1990, 128~151.
52) 野中郁次郎, 1993, 120~122.

식의 형성과 같이 묵시지와 명시지의 변환 4과정, 즉 SECI를 통해 이루어진다. 이와 같이 조직지식의 창출은 인식론적 차원에서 묵시지와 명시지의 변환 4과정과 더불어 존재론적 차원에서 개인, 부서, 나아가 조직을 거치면서 나선형 소용돌이(spiral)'를 통하여 체계화·증폭화 되고 있다. 이를 정리하여 나타내면 [그림 2-7]과 같다.

## 3. 조직능력

### 1) 조직능력의 의의

기업은 조직역량을 향상시키기 위해 먼저 조직능력을 향상시켜야 한다.

조직능력(organizational ability)은 종업원들이 기능이나 기술의 연마로 광범위하고 안정된 특성을 보유하여 고난도 업무의 기능과 운영프로세스를 최대한 잘 수행할 수 있는 힘이다. 조직에서 능력이 있다는 것은 '이해'보다 '실천'을 할 수 있다는 것을 의미한다. 조직능력이 있는 기업은 자산에 대한 새로운 조합을 통해 생산성을 획기적으로 높이거나 새로운 제품을 출시하여 기업의 가치를 높일 수 있다.[53]

조직능력에는 다음 두 가지 기능이 있다.

기업의 기본 기능이다. 레이아웃, 물류, 마케팅, 생산우월성, 고객친밀성, 제품, 리더십 등을 수행할 수 있는 능력이다.

기업의 개선 기능이다. 단기적으로 제품이나 공정의 혁신·생산유연성·시장대응력·개발기간단축 등의 능력, 장기적으로 학습하고 적응하고 변화하고 새롭게 태어나는 능력, 전략적으로 조직의 통찰력에 의해 전략을 성공적으로 수행할 수 있는 능력이 있다.

조직능력의 유지조건에는 모방이 불가능한 '기업특유성'(firm-specificity), 작업과정을 통해 장기적으로 축적되는 '경로의존성'(path-dependence), 지속적인 경쟁우위의 원천이 될 수 있는 '잠재수완'(latent faculties)을 들 수 있다.[54]

조직능력은 조직에서 부(富)의 창출을 극대화 할 수 있는 역할을 한다.[55] 기업에서 조직능력이 있다는 것은 해당 분야에서 주도적인 지위를 획득하여 보유하고 있다는 의미이다. 따라서 조직능력은 다른 조직이 전혀 할 수 없거나, 하더라도 아주 어렵게 할 수밖에 없는 일을 쉽게 수행할 수 있다는 의미이다.[56] 따라서 조직능력이 탁월한 기업은 모든 구성원

---

53) 이홍, 1988, 189.
54) 김주일, 1999, 55.
55) P.F. Drucker, 2000, 이재규 옮김, 2001, 139~140.
56) C.K. Prahalad & G. Hamel, 1990.

들이 생산자 또는 공급자로서 시장 및 고객의 가치에 특별히 기여할 수 있는 핵심역량을 보유하고 있는 것이다.[57]

## 2) 조직능력 향상 3단계

기업은 조직능력을 효율적으로 향상시키기 위해 다음 3단계를 거친다.[58]

### (1) 직무권한의 명확화 단계: 직무체계 → 능력

기업은 '직무'를 합리화하기 위해 '직책과 권한'을 명확히 한다. 이 단계의 기본적 목표는 종래까지 극히 애매했던 직무분담을 명확하게 하고, 이로 인한 권한체계를 확립(確立)하고 위양(委讓)한다. 따라서 기업은 권한체계를 확립하기 위해 종업원들에게 위양된 업무에 대해 직무평가와 인사고과제도를 매개로 하여 직무와 능력을 통합한다.

### (2) 직능자격제도의 설정 단계: 능력 → 자격

기업은 직능자격제도를 설정한다. 직능자격제도는 능력주의를 바탕으로 한다. 능력주의는 '직무체계'에 의해 질서유지가 어렵기 때문에, 직무체계를 바탕으로 '자격체계'를 만들어 직무를 배분하고 이에 따라 승진하도록 한다. 직능자격제도는 직무관념이나 직무계층 개념이 미성숙하거나 종신고용이 확고한 상황에서, 직무중심 관리의 불완전한 분야를 보충 내지 대체하기 위한 제도이다.

직능자격제도는 직무수행의 능력을 효율적으로 향상시키기 위해 작업 자체를 명확히 하고 각 계층의 업무에 대한 잠재능력을 설정하는 제도이다. 즉 현재 그 능력에 맞는 일을 수행하지 않는 경우에도, 그들의 능력에 따라 수행하려는 직무의 질을 설정하는 것이다. ① 학력정도와 입사 후 ×년의 경험을 가진 종업원이 직무를 수행할 수 있는 능력정도를 정한다. ② 그 시점에서 수행하고 있는 직무에 가시적(可視的)인 행동수행상의 특질을 정한다. ③ 각 사람에게 가정적인 직무능력 평가단계를 결정하였을 때, 그 단계의 직무를 수행할 수 있는 능력을 정한다.

직능자격제도는 종업원들의 직무수행능력에 어울리는 직무를 부여하여, 이를 활용할 수 있도록 모든 인사전략과 연결시키는 것이다. 이와 같이 직능자격제도는 능력주의체제로 계속 발전될 수 있도록 각 능력단계에 따라 직무의 창출과 배분, 전문직·전문관리직의 직능과 권한, 자격제도와 직위관리와의 연계 등 조직관리를 해야 한다.

---

57) P.F. Drucker, 2000, 이재규 옮김, 2001, 25~26.
58) 土方文一郎, 1975, 87~101.

(3) 직무와 능력의 전략적 연결단계: 인위적 합리화 노력 → 자연적 흐름

기업이 앞으로 나아갈 방향에 따라 직무를 능력과 전략적으로 연결시키면서 어떻게 동기부여시킬 것인가에 초점을 두어야 한다. 이에는 목표에 의한 관리, 임시편성조직, 동태적·유동적 조직 등이 있다.

조직관리는 종업원의 생활과 그 보람을 연결하여 '수준의 결정', '직무와의 관계 설정' 등에 더 정성들여 고찰하고, 그들의 다양한 반응 가능성을 고려하여야 한다. 기업은 관리체제의 합리화를 이루기 위해 직무구조와 능력구조를 확립하고, '인위적인 도구'를 이용하여 관철시키려고 노력한다. 그러나 조직관리에서 관리대상이 갖는 모든 속성은 자연적인 법칙에 따라 움직인다는 사실을 충분히 파악해 둘 필요가 있다.

따라서 기업은 이러한 인위적인 체계화 노력보다는 지금까지 관행으로 되어온 직무분담이나 직무수행의 관점에서 상호보완적이고 유기적인 특징을 효율적으로 추진하는 방향으로 나아가야 할 것이다. 왜냐하면 이것은 체계화를 목적으로 하는 것이 아니라, 효율화를 목적으로 하고 있기 때문이다.

## 3) 조직능력의 향상

기업의 조직능력은 종업원의 개인능력을 바탕으로 기업의 부서나 집단별 업무수행에 대한 기능과 기술을 향상시켜야 한다. 따라서 기업은 부서나 집단별로 업무수행능력 요인을 추출하고 이에 알맞은 수준을 결정하여 능력을 향상시켜야 할 것이다.

기업은 조직능력을 향상시키기 위해 다음과 같은 과정을 거쳐야 한다.

첫째, 기업은 고성과를 내는 조직의 내적 특성을 파악하여야 한다. 즉 기업은 그 조직의 특성에 비추어 종업원들이 수행할 직무능력 요소를 추출한다.

둘째, 기업은 고성과 조직의 특성을 요소로 추출하여 수집한 자료를 근거로 능력수준별 모형을 설정하여야 한다.

셋째, 기업은 종업원들의 업무수행능력 수준별로 조직능력을 설정해야 한다.

넷째, 기업은 종업원들이 고성과 집단의 특성을 보유할 수 있도록 조직학습을 실시해야 한다.

## 4. 조직역량의 형성

기업은 조직역량, 즉 조직지식과 조직능력의 향상이 반드시 필요하다.

조직역량은 구조적으로 개인의 지식과 능력이 바탕이 되어 조직에서 지식과 능력을 형성함으로써 이루어진다. 이를 좀 더 구체적으로 나타내면, 조직역량은 종업원들의 개인지식이 바탕이 되어 조직지식을 이루고, 개인들의 개인능력이 바탕이 되어 기능과 운영프로세스를 잘 수행할 수 있는 조직능력을 향상시킴으로써 이루어질 수 있다.

조직역량은 내용적으로 개인역량을 바탕으로 하여 발전되고 있다. 조직역량은 개인역량을 바탕으로 하여 종업원들이 업무에 관한 지식과 기술을 축적하여 고차원화하고, 기능과 기술의 연마로 고숙련화함으로써 이루어진다.

조직역량은 끊임없는 조직학습을 통해 형성될 수 있다. 조직학습은 조직이 환경변화를 탐지하며 기업경영에 유용한 새로운 정보와 지식, 능력을 지속적으로 창출하고, 조직전체에 공유하며 전략과 관리에 활용하는 과정이다.[59]

기업은 개인역량이 바탕이 되어 조직역량을 향상시키고, 나아가 이를 조직의 핵심역량으로 발전되도록 관리하여야 할 것이다. 〈표 2-5〉는 A사의 인사담당자에 대해 필요한 조직역량의 현장중심 마인드 평가지표의 예이다.

| 표 2-5 | 현장중심 마인드 |
|---|---|
| 평가<br>착안사안 | • 현장 직원의 애로사항 발굴과 개선정도에 따라 수준별로 구분한다.<br>• 리더로서 동질감 형성정도에 따라 수준별로 구분한다. |
| 1. 수준<br>(무관심) | • 현장 직원의 업무성과만을 챙긴다.<br>• 대면하는 시간이 거의 없어, 동질감을 형성하지 못한다. |
| 2. 수준<br>(의견수렴) | • 현장 직원의 업무성과 향상을 위해 애로사항을 파악한다.<br>• 간혹 대화의 장을 가진다. |
| 3. 수준<br>(장애개선) | • 현장 직원의 업무성과 향상을 위해 애로사항을 개선한다.<br>• 현장 직원과 자주 만나 팀웍을 형성한다. |
| 4. 수준<br>(편의제공) | • 현장 직원의 근무환경을 직원 편의위주로 개선한다.<br>• 현장 직원에 맞춰 출·퇴근 시간을 조정하고, 친목도모의 장을 자주 마련한다. |
| 5. 수준<br>(보호관리) | • 조직의 업무 프로세스를 현장직원 중심으로 재편한다.<br>• 현장직원의 조력자로서, 직원의 장기적인 성장을 위해 조언하고 지원한다. |

---

59) 신유근, 2008, 505.

## 제4절  조직의 핵심역량관리

### 1. 핵심역량의 의의

오늘날 기업은 기업간 경쟁이 격화되면서 가격과 품질에서 우위를 확보하기 위해 핵심역량을 중시하고 있다.

핵심역량(core competence)은 1990년에 프라할라드와 하멜(C.K. Prahalad and G. Hamel, 1990)이 주장한 이론이다. 그는 핵심역량을 기업 경쟁력의 원천이라고 여기고, 이를 강화하기 위한 최고경영층의 역할을 강조하였다.

핵심역량은 기업이 소비자들에게 특별한 효용을 제공할 수 있게 하는 지식, 능력 및 기술의 묶음이다.[60] 즉, 핵심역량은 기업의 조직역량 중에서 가장 뛰어나서 다른 기업보다 경쟁우위를 확보할 수 있는 기업특유의 공통된 기능, 능력 및 기술을 의미한다.[61]

프라할라드와 하멜(1990)의 핵심역량이론은 생산과정에 내재되어 핵심부품(core product)의 가치를 높이고, 그 핵심부품은 각 사업단위(business unit)에서 다시 최종제품에 이용됨으로써 그 가치를 높여 성과를 향상시킨다고 보고 있다. 이를 나무에 비유하면, 핵심역량은 성장 및 생명유지에 필요한 영양분을 공급하고 안정시켜 주는 뿌리이고 핵심부품은 그의 근간이 되는 줄기이며, 개별사업단위는 가지이고, 최종제품은 그의 작은 가지에 달린 잎·꽃·열매라고 할 수 있다. 따라서 핵심역량은 해당기업의 유능한 전문가들이 보유한 기업특유 자원으로서 사업성공의 핵심요인으로 작용한다는 것이다.

기업의 핵심역량은 다음 두 가지 특성이 강조되고 있다.

핵심역량은 특정 기업이 다른 기업과 비교해서 특별히 잘하는 '차별적인 역량'(distinctive competence)의 특성이 있다.[62] 따라서 역량은 기업이 전략적으로 성장할 수 있도록 문제를 정의하고 이를 해결할 수 있는 통찰력이 필요하다.

핵심역량은 기업의 내외 환경이 변화함에 따라 지속적으로 변화해야 하는 '역동적인 역량'(dynamic competence)의 특성이 있다.[63] 역동적 역량은 실험을 통해 정보를 이전하고,

---

60) C.K. Prahalad & G. Hammel, 1994.
61) 박성환, 1999, 188.
62) E.P. Learned et al., 1965.
63) D.J. Teece, G. Pisano, & A. Shuen, 1997.

자기발현 학습방법(heuristics)과 계속적인 재정의(再定義) 및 개선을 통해 일반적이고 묵시적인 지식을 시스템적 메타지식64)으로 통합시키며, 역동적인 기계적 절차(dynamic routines)를 기업특유의 기술(firm-specific skills)로 개발할 수 있다. 즉 역동적 역량은 다양한 성장전략을 선택할 수 있게 하고, 현존하는 기술들의 새로운 적용과 새로운 사업을 개발할 수 있다.65)

핵심역량은 자원기반관점을 기반으로 하여 발전되고 있다.66) 자원기반관점의 연구는 1980년대 전략경영의 연구 방향에 대한 논의가 이루어지면서 경쟁전략패러다임에 대한 재인식과 비판의 일환으로 나타나게 되었다. 자원기반관점의 핵심은 기업 간의 차별성을 인정하고, 성과를 향상시킬 수 있는 요인이 사고방식·행동·환경요인보다 인적자원이 보유하고 있는 특수한 자원과 그 능력에 의해 결정된다는 것을 강조한다.67) 즉 자원기반관점의 핵심은 슘페터(J. Schumpeter)68)의 주장처럼 자원들의 새로운 결합(new combination, 가격경쟁보다 창조적 파괴), 즉 기업특유의 자원 및 능력과 수익 간의 관계로서 경영자원들의 결합이 지속적 경쟁우위를 가능하게 하는 메커니즘이라는 것이다.

## 2. 핵심역량의 구성요소와 지향점

### 1) 핵심역량의 구성요소

핵심역량은 기업의 지식을 전략적으로 활용하기 위한 핵심지식역량(core knowledge competencies)과 능력으로 새로운 제품을 시장에 적기에 제공하는 핵심성과역량(core per-formance competencies)으로 구성되어 있다. 이 두 가지가 높은 기업은 지속적 경쟁우위를

---

64) 메타지식은 한 관리자가 업무수행에서 하부와 상부와의 관계를 원활하게 하면서 능률적·합리적으로 수행하는 지식이다. 하부로는 대상지식(SECI; 개인이나 집단 차원의 지식 변환을 다루는 업무지식)을 조직차원에서 관리함으로써 개인간 또는 집단간에 상호전환관계를 조정·관리하고, 상부로는 지식을 조직의 상위 의사결정자와 공유하여 전환시킨다(이홍, 2000).
　　메타지식은 메타시스템과 관련이 있다. 메타시스템이란 상위시스템으로서 하부시스템의 모습을 멀리서 통찰하는 시스템을 말한다. 즉 메타시스템은 그 시스템에서 보유하는 메타지식을 사용하여 하위시스템을 '자기 성찰로 관리하며, 하위시스템이 보유하고 있는 대상지식을 조직차원으로 전환시켜 지식을 창출한다. 하부시스템은 메타시스템의 조정과 통제에 따라 주어진 과업을 수행하게 된다. 그러나 하부시스템은 그 실행에 있어서 메타시스템의 통제 하에 있는 것이 아니라, 자율성에 의한 자기조직화로 자생성을 확보한다.
65) D. Lei, M.A. Hitt, & R. Bettis, 1996, 549.
66) R. Reed et al., 1990.
67) B. Wernerfelt, 1984; C.K. Prahalad & G. Hamel, 1990.
68) 슘페터는 기업가의 기능을 핵심으로 보고, 신재품의 개발과 생산, 신생산방식의 도입, 신조직의 형성, 신시장의 개척, 신원료 공급원의 확보로 보았다.

가질 수 있다.69)70)

기업의 지식은 그 사용과는 무관하게 잠재적인 서비스의 묶음인 정태적 개념, 즉 스톡 (stock)이고, 능력은 기능과 활동을 의미하는 가시적 서비스인 동태적 개념, 즉 플로우 (flow)라 할 수 있다.71) 사실 지식과 능력은 대등한 요소이기도 하지만 역량형성과정은 직 무지식이 능력으로 발전하고, 나아가 핵심역량으로 발전(지식 → 능력 → 핵심역량)한다.

## 2) 핵심역량의 지향점

기업의 핵심역량은 다음 세 가지를 지향한다.

첫째, 기업의 핵심역량은 인적자본론 관점에서 개인의 '고숙련화'를 지향한다. 고숙련화 는 종업원이 경험·지식·능력 등을 숙달하여 높은 수준에 이른 상태를 말한다.

숙련이론은 일본을 중심으로 발전되었다. 숙련이론은 상사가 부하에게 수공적·비전(秘 傳)적·만능적인 직무수행을 통해 기술을 전수시킴으로써 전문가로 양성하는 것을 의미한 다. 수공업·기술직·사무전문직 등에서 높은 숙련은 기예(技藝)72)와 기술(技術)이라고 불 리어지고 있다.73)

숙련이론에는 대표적으로 고이케(小池)가 주창한 지적숙련이 있다. 지적숙련은 작업자에 게 일상 작업이 아닌 비일상 작업, 분리가 아닌 통합 작업을 수행하도록 함으로써 두 가지 작업의 경계를 초월하여 변화(變化: 동요)와 이상(異常)을 극한까지 가시화 할 수 있는 작업 자의 역량을 의미한다.74) 비일상 작업이란 제품구성의 변화, 생산량의 변화, 기계설비의 고장, 불량발생 등의 변화와 이상을 감지하고 이에 대처할 수 있는 작업이다. 통합 작업은 설비의 점검·청소 등의 직무가 아니라, 간단한 수리 및 개선에 관한 설비직무를 말한다.

둘째, 기업의 핵심역량은 직무통합론 혹은 직무특성론 관점에서 개인의 '다기능화'를 지 향한다. 직무특성론은 미국을 중심으로 발전되었고, 대표적으로 다기능화(multi-skilling)를 지향한다. 다기능은 다기능작업자가 여러 직무에 다능다재(a jack of all trades)하여 포괄적 직무에 대가(大家, 名將: master)가 될 수 있는 작업수행 방식을 의미한다.75) 다기능화는 직

---

69) V. Alle, 1997.
70) 핵심지식역량은 사업의 독특한 면을 제공할 수 있어 경쟁우위를 가져다 줄 수 있는 지식과 기술이고 핵 심성과능력은 고객에 보다 빠르고, 좋은 품질, 효율적 가격으로 제품이나 서비스를 제공해 줄 수 있는 기 능이나 프로세스이다.
71) E.T. Penrose, 1959.
72) 갈고 닦은 재주 또는 솜씨 그리고 기술.
73) Kiashchenko, 1990, 361.
74) 小池和男, 1986, 2; 野中郁次郎, 1993, 240.
75) M. Cross, 1991, 44.

무다양성(폭)과 직무복잡도(깊이)에 두고 있다.

셋째, 기업의 핵심역량은 인적자본축적론 관점에서 인적자본론과 직무특성론을 통합한 '다기능숙련화'를 지향한다. 다기능숙련화는 이 두 관점을 통합하여 종업원이 변화하는 직무를 연속적이고 위계적 특성에 따라 생애에 걸쳐 최적의 것을 선택하여 숙련함으로써 역량을 축적하는 다기능숙련화를 의미한다.76)

## 3. 핵심역량의 역할과 내용

### 1) 핵심역량의 역할

핵심역량은 다음과 같은 역할을 한다.

핵심역량은 기업목적을 전략적·효율적으로 달성할 수 있는 '가치 있는 자원'으로 중요한 역할을 한다. 핵심역량은 기업특유의 자산(firm-specific assets)으로서 새로운 제품의 생산과 제조과정을 변혁시킬 수 있다.

핵심역량은 기업의 각 분야에 존재하면서 조직의 독창성을 가지므로 '성과의 향상'에 중요한 역할을 한다. 핵심역량이란 한 기업의 특유한 강점을 의미한다. 즉, 해당기업이 다른 기업에 비해 소비자들에게 제공하는 제품이나 서비스 등 가장 중요한 부문에서 경쟁력 있는 '업무추진력'을 보유하고 있음을 의미한다.

핵심역량은 경쟁자들이 수행하지 않는 새로운 방법으로 고객을 위한 가치창조를 실시함으로써 '경쟁우위의 원천'에 중요한 역할을 한다.77)

기업의 경쟁력은 바로 이런 독특한 자원을 얼마나 확보하여 개발할 것인가에 의해 결정된다. 따라서 기업이 핵심역량을 보유할 때, 불확실한 시장 환경 하에서 성공 가능성이 있는 제품이나 서비스를 더 빨리, 그리고 더 우수하게 개발할 수 있다.

### 2) 핵심역량의 내용

핵심역량은 다른 기업과 구별될 수 있는 특유의 지식, 능력 및 노하우를 말한다. 그러나 좀 더 넓게 보면 다른 기업에 비해 경쟁적 우위를 창출할 수 있는 유형자원(물적재산, 금융자산), 무형자원(기술, 명성, 기술문화) 및 인적자원(노하우, 의사소통, 동기부여) 등을 들기도 하지만, 핵심기술, 핵심자산, 핵심프로세스로 나누고 있다.

---

76) 김주일, 1999, 61~65; 박성환, 1995, 11~23; 박성환, 1998, 816~823.
77) J. Barney, 1991.

| 표 2-6 | 기업의 기능분야별 핵심역량의 예 | |
|---|---|---|

| 기능분야 | 핵심역량 | 대표적 기업 |
|---|---|---|
| 경영<br>관리 | 효과적인 재무관리시스템 | Hanson, Exxon |
| | 다각화된 기업의 전략적 통제에 필요한 전문지식 | General Electric, ABB |
| | 효과적인 부문별 및 사업부 단위의 경영 조절과 동기부여 | Shell |
| | 인수합병 관리능력 | Electolux |
| | 강력한 리더십 | Wall－Mart<br>Federal Express |
| 경영<br>정보 | 중앙에서 강력하게 조정되고 있는 효율적인 MIS 네트워크 | American Airline의<br>Sabre 네트워크 |
| 연구<br>개발 | 혁신적인 신제품을 개발할 수 있는 기초 연구능력과 신제품 개발의 속도 | Metck, AT&T, SONY<br>3M, Mazada, Honda |
| 생산 | 생산의 효율성<br>제조공정의 지속적인 향상능력<br>유연성과 민첩한 반응속도 | Toyota<br>Nucor<br>Benetton |
| 기술 | 카메라의 정밀광학과 정밀기계 | Canon |
| | LCD(컬러액정화면) 등 광소자분야의 반도체 및 액정기술 | Sharp |
| | 각종 음향, 영상기기 VTR, 워크맨의 소형화 기술 | Sony |
| | 즉석촬영, 인화용카메라의 촬영 및 고화질 영상기술 | Polaroid |
| | 마그네틱테이프 등 각종 테이프 및 인화지의 도장, 접착 기술코팅의 2대 기술 | 3M |
| 제품<br>디자인<br>마케팅 | 디자인 능력 | Apple Computer |
| | 브랜드의 관리 및 판촉 | Procter & Gamble<br>Pepsi co |
| | 고품질의 명성을 널리 활용하는 판촉활동 | American Express<br>Mercedes Benz |
| | 시장의 흐름에 대한 빠른 반응 | Gap |
| 판매와<br>유통 | 판매량의 증가 | Microsoft, Glaxo |
| | 신속, 효율적인 물류 | Federal Express<br>Limited |
| | 대고객 서비스의 품질과 효율성 | Walt Diseny<br>Marks & Spender |

자료: 장세진, 2020, 15.

첫째, 핵심기술은 기업이 가지고 있는 숙련된 기술이나 독특한 자원이다. 예를 들어 혼다의 엔진제조 기술, 캐논의 광학기술, 쏘니의 소형화기술 등이 있다.

둘째, 핵심자산은 기업이 보유하고 있는 브랜드, 특허기반 시설, 기술력 표준, 고객 데이터 그리고 희소하면서 가치 있는 자원이다. 예를 들어 코카콜라, P&G 등 기업들의 브랜드, 설비투자가 중요한 제조업의 설비시설 등이 있다.

셋째, 핵심프로세스는 기업에서 종업원들이 실제로 수행하고 있는 작업과정이나, 투입물을 산출물로 변형시키는데 사용되는 활동이다. 예를 들어 델 맞춤형 시스템, 도요타의 린 생산방식, 월마트의 강력한 물류시스템, 삼성의 AS 등이 있다.

세계 우수기업들의 기능분야별 핵심역량은 〈표 2-6〉과 같다.

## 4. 핵심역량의 형성과정

### 1) 핵심역량 형성과정의 의의

핵심역량은 기업의 차별화된 가치를 창출할 수 있고, 다른 기업들에 비해 경쟁우위를 지속적으로 유지할 수 있다. 핵심역량은 시간(시대)이나 공간(산업)을 초월하여 이전이 가능하고 다양한 형태로 가치를 창출할 수 있다. 따라서 핵심역량은 대부분의 경우 주관적 평가에 의해 설명될 수 있다. 예를 들어 SK텔레콤의 핵심역량은 새로운 환경을 주도하는 변화 주도력, 가치를 창출하는 창의 구성력, 월등한 집단적 효율성으로 나타내고 있다.[78] 핵심역량은 조직이 외부 혹은 내부의 정보를 선택하고 흡수하여 조직 내 지식으로 보유하고 있다가, 그 지식을 선택하여 통합할 때 비로소 새로운 제품 또는 해법이 나오게 된

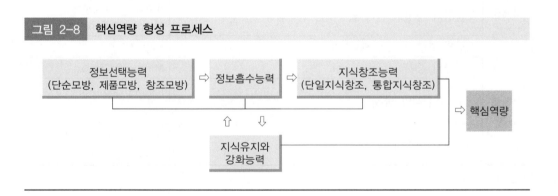

그림 2-8 핵심역량 형성 프로세스

---

78) 김영곤・이병철, 2005, 124~125.

다. 즉 핵심역량은 개인역량과 조직역량이 동시에 정보선택능력 → 정보흡수능력 → 지식창조능력 → 지식유지와 강화능력 등 4과정을 거치면서 형성된다. 다만 지식유지와 강화능력은 앞의 3가지를 감싸 안는 역할을 한다.[79) 이를 정리하면 [그림 2-8]과 같다.

## 2) 핵심역량의 내용

핵심역량은 다른 기업과 구별될 수 있는 특유의 지식, 능력 및 노하우를 말한다. 그러나 좀 더 넓게 보면 다른 기업에 비해 경쟁적 우위를 창출할 수 있는 유형자원(물적재산, 금융자산), 무형자원(기술, 명성, 기술문화) 및 인적자원(노하우, 의사소통, 동기부여) 등을 들기도 하지만, 핵심기술, 핵심자산, 핵심프로세스로 나누고 있다.

첫째, 핵심기술은 기업이 가지고 있는 숙련된 기술이나 독특한 자원이다. 예를 들어 혼다의 엔진제조 기술, 캐논의 광학기술, 쏘니의 소형화기술 등이 있다.

둘째, 핵심자산은 기업이 보유하고 있는 브랜드, 특허기반 시설, 기술력 표준, 고객 데이터 그리고 희소하면서 가치 있는 자원이다. 예를 들어 코카콜라, P&G 등 기업들의 브랜드, 설비투자가 중요한 제조업의 설비시설 등이 있다.

셋째, 핵심프로세스는 기업에서 종업원들이 실제로 수행하고 있는 작업과정이나, 투입물을 산출물로 변형시키는데 사용되는 활동이다. 예를 들어 델 맞춤형 시스템, 도요타의 린 생산방식, 월마트의 강력한 물류시스템, 삼성의 AS 등이 있다.

## 3) 핵심역량의 형성 4과정

### (1) 정보의 선택능력

정보선택능력은 다음의 단순모방, 제품모방, 창조모방을 통해 핵심역량의 소재로 사용할 정보를 획득할 수 있는 능력을 의미한다.

단순모방은 기존에 존재하는 것들의 조합과 같은 모방이다. 이 모방은 기존의 정보를 조합한 것이므로 가장 낮은 수준의 모방이라 할 수 있다.

제품모방은 모방자가 선구자의 어떤 것들을 흉내 내는 복제와 같은 모방이다. 제품모방에는 제품을 모방하는 경우와 절차나 과정을 모방하는 경우가 있다. 전자는 위조, 모조품, 디자인 복제 또는 의장 복제에 속한다. 따라서 이는 창의성이 없고 모방만 하는 것이므로, 특허권·상표권의 침해 논란에 이어 불법 판정을 받을 가능성이 있다. 후자는 제품의 절차와 과정 또는 경영전략과 관행 등이 있다. 이는 문화나 조직구조에 뿌리를 두고 있으므로

---

79) 김영진·김언수, 1998, 428~440.

모방이 쉽지 않고, 분쟁 소지도 거의 없어서 가장 바람직하고 필요한 모방이라 할 수 있다.

창조모방은 기존 제품을 개량하거나 기존 제품에 새로운 경쟁요소를 불어넣는 모방이다. 창조모방은 창조적 개작(creative adaptation)이라고도 부르며, 가장 혁신적 모방이라 할 수 있다.80) 이 모방은 기존의 정보를 조합해서 이미 존재한 것과는 완전히 다른 새로운 지식이나 제품을 만들어 내거나, 창조성을 더하여 한 발짝씩 기술발전을 이루어내는 것이다. 이 때 기업의 이미지나 명성, 상표충성도, 최상의 시장을 선점할 기회, 제품 표준을 설정할 기회, 특허 획득기회 등을 얻을 수 있다.

### (2) 정보의 흡수능력

흡수능력(adsorptive capacity)은 코헨과 레벤탈(W.M. Cohen & D.A. Levinthal, 1990)에 의해 처음 제시된 개념이다. 기업의 정보는 종업원들에게 흡수될 때 지식이 된다. 정보흡수능력은 원래 정보선택능력에 의해 새로운 외부정보의 가치를 인식하고, 동화(同化)하여 상업적인 목적에 사용할 수 있는 능력을 의미한다. 핵심역량은 많은 정보를 무차별로 받아들이는 것보다는 유용한 정보를 선택해서 흡수하는 것이 중요한 요건이 되고 있다.

정보흡수능력은 사전지식과 노력의 강도에 가장 많은 영향을 받는다. 즉 정보 흡수능력은 종업원들이 새로운 지식을 흡수하여 동화시키기 위해 이와 관련된 사전지식을 필요로 한다. 따라서 학습자는 학습할 대상이 기존에 알고 있는 것과 연관이 있을 때 그 성과가 가장 크게 나타난다.

### (3) 지식의 창조능력

지식창조능력은 기업 목적달성에 새롭게 사용할 수 있는 1~2개의 지식을 기업내에 흩어져 있는 지식과 통합하여 새로운 차원의 제품(지식)이나 해법으로 창조할 수 있는 능력을 의미한다.

지식의 창조는 다음 두 단계를 거친다.

단일지식의 창조이다. 이는 조직에서 한두 가지 지식을 창출해 내는 것을 의미한다. 단일지식의 창조는 다음 단계인 특정 제품이나 해법에 필요한 지식이라고 판단될 경우 기존지식과의 통합 과정을 밟게 된다.

통합지식의 창조이다. 이는 조직에 들어온 많은 정보 중에서 한두 개 정도를 선택하고 이를 흡수하여 지식화한 후, 각 개인과 부서에 흩어져 있는 지식과 통합함으로써 새로운

---

80) S.P. Schnaars, 1994.

제품(지식)이나 해법이 생성된다.

조직의 지식창조는 종업원들의 지식통합능력으로 이루어진다. 지식통합능력은 종업원들의 흡수능력을 바탕으로 지식의 효율성(efficiency), 범위성(scope), 유연성(flexibility)을 고려하여 제품과 해법을 산출해 내는 능력을 의미한다. 조직의 지식통합에는 개별기술들을 혼합하는 능력인 '기술적 통합'과 연구개발, 생산, 마케팅 등과 같이 다양한 기능들을 성공적으로 통합하는 능력인 '기능적 통합' 등이 있다.[81] 지식이 통합되면 새로운 지식이 창조된다.

### (4) 지식유지능력과 지식강화능력

지식유지능력 개념은 슈란스키(G. Szulanski, 1996)에 의해 처음 제시되었다. 기업이 정보를 지식화 하고 그 지식을 통합하여 핵심역량을 보유하였다 하더라도 이를 장기적으로 지식을 유지하거나 강화하여야 한다.

지식유지능력은 기업이 계속 건전하고 균형잡힌 정보의 선택능력, 정보의 흡수능력, 지식의 창조능력을 유지할 수 있도록 세 가지 능력을 감싸 안는 능력을 말한다. 다시 말하면 지식유지능력이란 기업이 성취한 우수성(excellence)과 그 이면(裏面)에 있는 위험성(riskiness)을 동시에 보게 함으로써 장·단기적으로 기업의 성과를 지속시키는 능력을 말한다.

지식강화능력은 조직학습을 통해 이미 기업에 생성된 핵심역량을 보완하거나 튼튼하게 할 수 있는 능력을 의미한다. 그러나 기업이 어떤 부문의 핵심역량에 자원을 집중하다 보면, 핵심역량에 속하지 않는 부문의 자원 성장을 가로막아, 결국 전체기업의 성장을 저해시키는 핵심경직성(core rigidity)이 발생하기도 하므로 유념하여야 할 것이다.[82]

## 5. 핵심역량의 형성

기업들은 나름대로 성장단계 등을 거치면서 형성된 독특한 역사와 문화, 그리고 고유한 자원의 총체로서 핵심역량을 가지고 있다.[83]

### 1) 핵심역량의 형성체계

기업의 핵심역량은 개인역량(직무역량)과 조직역량이 합해져서 형성된다. [그림 2-9]에서 나타나 있는 바와 같이 핵심역량은 개인역량(직무역량)과 조직역량이 서로 중복된 영역

81) C.K. Prahalad & G. Hamel, 1994.
82) D. Leonard-Barton, 1992.
83) J.B. Barney et al., 1995.

이다. 핵심역량은 개인의 개인역량이 이미 조직에 축적된 조직역량과 결합하여, 조직의 가장 중요한 부문에서 경쟁력 있고 높은 부가가치를 창출할 수 있는 역할을 수행하는 것이라 할 수 있다.

그림 2-9  핵심역량과 성과

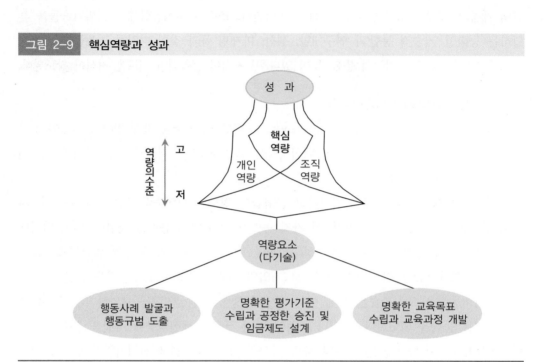

그림 2-10  핵심역량의 형성체계

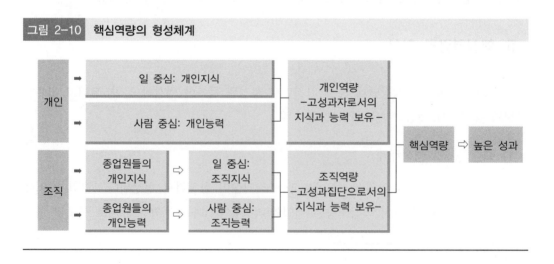

기업의 핵심역량의 형성체계는 [그림 2-10]과 같이 나타낼 수 있다.

먼저 개인차원에서 개인지식과 개인능력이 합하여 개인역량(직무역량)이 이루어지고, 그 다음 조직차원에서 조직지식과 조직능력이 합하여 조직역량이 이루어진다. 이 두 가지가 합쳐져서 핵심역량이 형성된다.

## 2) 핵심역량 형성단계

기업의 핵심역량 형성은 다음과 같이 직군별로 단계를 거쳐야 한다.

- 기능직: 기업은 종업원을 '장인' 또는 '장인기술자'로 양성하기 위해 단일 과업수행(단기능) → 2~3개 과업수행(단순 다기능숙련) → 한 전문기술의 직무수행(전문 다기능숙련) → 포괄적 전문기술 직무수행(전략적 기술) → 고도의 장인기술 직무수행(고도의 변화적 기술)으로 발전시켜야 한다. 숙련의 폭은 근로자가 자신이 담당하는 작업 이외에도 여러 인접작업에 대한 기능을 다양하게 보유하고 있음은 물론, 회사의 제품구조와 생산공정 전반을 이해하고 있는 역량의 정도를 의미한다. 숙련의 깊이는 자신이 다루고 있는 기계나 설비의 작동원리를 포함하여 자신이 담당하고 있는 업무에 대하여 이해하거나 숙달되어 있는 역량의 수준을 의미한다.
- 생산직: 기업은 종업원을 '다기능숙련가' 또는 '지적숙련가'로 양성하기 위해 조작 → 조작 + 정비 → 정비 + 지도 → 지도 + 개선 + 검사 → 지도 + 개선 + 검사 + 관리 → 개선 + 검사 + 관리 + 전략(변화기술)으로 그 업무를 확대하면서 발전시켜야 한다.
- 사무직: 기업은 종업원을 '고도 전문가'로 양성하기 위해 직무기술자 → 직무전문가 → 전략수행자 → 변화수행자(변화직무)로 발전시켜야 한다.

## 3) 핵심역량의 형성방법

기업들은 일단 이상적인 전략을 세워 놓고 이에 맞는 종업원의 역량을 향상시킬 수 있도록 추진하는 것보다, 역량을 먼저 파악하여 독특한 상황에 맞는 인적자원 특성인 역량모델을 만들고, 이에 따라 업무에 관한 지식과 기술을 축적하여 고차원화 하고, 기능과 기술의 연마로 고숙련화 한 후, 이를 활용할 수 있는 전략을 수립하여야 할 것이다.84) 이를 인적자원의 역량향상 우선주의라고 할 수 있다. 예를 들어 고객초점이 핵심역량이라면 영업소 관리자들의 행동(예, 영업소 간의 협조를 통한 고객문제 해결, 상품을 준비하기 위한 구매형태의 분석 등)뿐만 아니라 고객 서비스를 제공하기 위한 신입사원의 행동(예, 전화가 세 번

---

84) R.I. Hayes, 1985.

울리기 전에 전화 응답하기, 예의 바른 언어사용 등)까지 고객에 초점을 맞추어 행동으로 나타내어야 한다.[85]

　다기술전문가에게는 남의 추종을 불허하는 식견과 기량(전문역량), 애착, 애정 및 헌신(의욕 또는 태도), 사명감과 전문윤리(기본자질)를 보유해야 한다.

　다시 말하면, 다기술전문가에게는 전문능력과 이에 걸맞은 품위가 필요하다. 만약 이것이 이루어지지 않으면 다기술전문가로 형성되기 어려우며 형성된 것도 유지하기 어렵다. 개인의 품위는 인격(人格)[86]으로, 회사(조직)의 품위는 사격(社格)으로, 국가의 품위, 즉 나라의 정신적 기강이 되는 이념적 품격은 국격(國格, 국가위상)이다.[87]

　기업의 핵심역량은 개인 직무활동의 산물로서, 최고의 유능한 전문가에 의해 형성될 수 있다. 핵심역량은 '비밀과 수수께끼'라고 인식될 정도의 전문성을 의미한다. 이런 수준에 도달하기 위해서는 종업원이 자기 자신과 담당직무에 대해 완전한 통찰과 통달로 창조의 수준에 도달할 수 있어야 한다. 핵심역량의 명칭은 기능직·생산직·사무직 등 모든 직종에 적용될 수 있는 '다기술전문가(high multi-professionalist)'라고 할 수 있다. 각 직종의 역량명칭은 〈표 2-7〉과 같다.

| 표 2-7 | 각 직종의 역량명칭 | | |
|---|---|---|---|
| 구 분 | 역량명칭 | 최고역량명칭 | 공동핵심역량명칭 |
| 기능직 | 장인(匠人: craftsman)<br>장인기술자(master) | 신기(神技:<br>exquisite skill)[88] | 다기술전문가<br>(high multi-<br>professionalist) |
| 생산직 | 다기능숙련가(multiskilling)<br>지적숙련가(intellectual mastery) | | |
| 사무직 | 전문가(expert) | 귀재(鬼才: genius) | |

---

85) A.D. Lucia & R. Lepsinger, 정재창 외, 2001, 28.
86) 인격이란 개인이 정신적인 측면인 지(知)·정(情)·의(意)와 육체적 측면을 총괄하는 전체적인 통일체를 갖춘 상태이다.
87) 정범모, 2005. 10. 31. 교수신문 참조.
88) 신기란 매우 뛰어난 기량과 탁월한 기술을 가진 사람이고, 귀재란 세상에 드문 재능을 가진 사람이다.

## 제5절 초일류기업의 특징과 기업의 인재

### 1. 초일류기업의 특징

초일류기업들은 일반적으로 다음과 같은 네 가지 특징이 있다.[89]

#### 1) 건전하고 독특한 사람중심의 기업문화

기업의 합리적 문화는 성과주의이다. 성과주의는 명령, 규칙, 규제 등 통제와 능률, 안정을 특징으로 하는 '관료주의(위계문화)'나 개인의 욕구와 목표가 타인이나 집단의 그것보다 우선하여 응집력과 팀웍을 약화시키고 방어적 태도를 갖는 개인주의보다 기업에 대한 주인의식이 높게 나타나고 있다. 그러나 성과주의는 목표, 과업, 성취를 강조하고 경쟁을 지나치게 만들어, 인간적 배려를 소홀히 할 수 있으므로 직무만족이 저하되고, 구성원들의 타산적·거래적 몰입은 강해질 수 있지만 심리적·정의적 몰입을 향상시키기 어렵다는 한계가 있다.

현대의 기업들은 정보사회화·지식사회화·다원사회화 등으로 특징 지워지는 미래 경영환경, 조직과 개인 간의 관계 등에서 볼 때 과거의 경영방식과는 다른, 새로운 경영 패러다임에 기초한 사람중심의 기업문화와 경영방식에 주목할 필요가 있다. 사람중심의 기업문화와 경영방식은 지금까지의 효율 일변도의 기업경영방식에서 발생하고 있는 문제점들을 치유함은 물론 기업경쟁력을 제고시키고 경영환경의 변화에 기업이 적극적으로 대응할 수 있도록 하는 새로운 경영방식으로 인식되고 있다.[90] 슈네이더(Schneider)[91]도 사람중심 기업문화에 따라 조직 내 인적자원의 관리방식(채용, 배치, 보상, 감독, 승진 등)이 변화하게 되고, 이는 기업풍토의 변화를 유발하고, 변화된 기업풍토는 조직구성원들의 인지적·정의적 상태에 영향을 미쳐 동기부여, 직무만족의 정도가 달라지고 결국 조직몰입도 영향을 받게 된다고 하였다.

삼성전자는 급변하는 글로벌 경영환경에 능동적으로 대응하고, 소프트웨어와 솔루션 사업 확대에 부합하는 창조적 기업문화를 조성하기 위해 노력하고 있다. 삼성전자는 기업문

---

89) 신원동, 2015, 9.
90) 신유근, 1998, 147~175.
91) Schneider, 1995, 289.

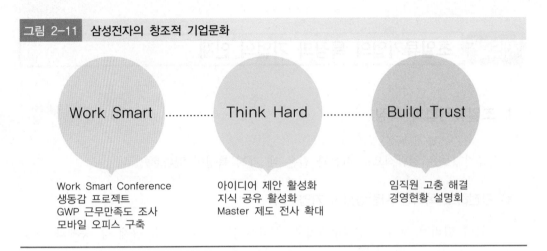

그림 2-11 삼성전자의 창조적 기업문화

**Work Smart**

Work Smart Conference
생동감 프로젝트
GWP 근무만족도 조사
모바일 오피스 구축

**Think Hard**

아이디어 제안 활성화
지식 공유 활성화
Master 제도 전사 확대

**Build Trust**

임직원 고충 해결
경영현황 설명회

화를 유연하게 개선하고, 임직원 개개인의 창의성을 최대한 발휘할 수 있는 꿈의 일터 조성을 위해 Work Smart, Think Hard, Build Trust를 3대 축으로 하여 노사가 하나가 되어 지속적인 개선을 추구해 나가고 있다. 삼성전자의 창조적 기업문화는 [그림 2-11]과 같다.

## 2) 앞서가는 인사제도와 인재경영

인사제도는 인사 각 영역에 관련된 원칙과 기준을 정한 것이다. 인사제도의 내용은 인사전략에서부터 시작하여 회사의 비전 달성을 위해 필요한 인재를 채용, 배치, 육성, 평가, 보상, 퇴직 등 개선 방향 및 방법을 정리하고 있다. 필요한 인재를 정의(인재상이나 핵심가치)하고, 구체적인 인사전략과 운영을 통해 실제 사업목표를 달성하는 것이다.

우리나라 최고수준의 기업의 하나인 삼성은 이병철 회장시절부터 '인재 제일'을 실천하여 1954년 삼성물산에서 국내 최초로 사원을 공개 채용하는 인재경영을 실시하였다.

삼성전자는 오늘날처럼 변화가 빠르고 미래를 예측하기 어려운 경영환경 속에서 핵심인재를 확보·유지하고, 모든 임직원의 역량을 제고하는 등 인재경영을 중요시 하고 있다. 이에 삼성전자는 여성 및 글로벌 인력채용 확대를 통해 다양성을 구현하고, 임직원 역량개발을 강화하여 창조적인 기업문화를 구축해 나가고 있다. 삼성전자는 전 세계 모든 임직원이 동일한 교육체계 내에서 성장할 수 있도록 표준화된 교육체계를 운영하고 있다. 회사의 내부 양성 교육체계는 Core, Leadership, Expertise 3대 축으로 구성되어 있다. 삼성전자의 인재양성 프레임워크는 [그림 2-12]와 같다. 삼성전자는 이를 기반으로 임직원이 매년 수행하는 EDP(Expertise Development Process) 진단 결과에 따라 다양한 교육 프로그램을

**그림 2-12 삼성전자의 인재양성 프레임워크**

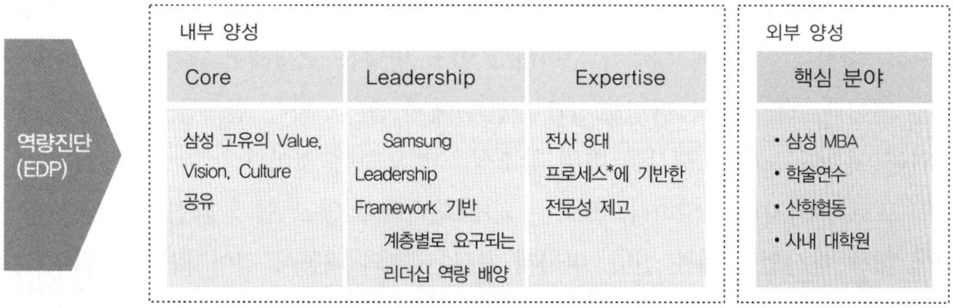

| 역량진단 (EDP) | 내부 양성 | | | 외부 양성 |
|---|---|---|---|---|
| | **Core** | **Leadership** | **Expertise** | **핵심 분야** |
| | 삼성 고유의 Value, Vision, Culture 공유 | Samsung Leadership Framework 기반 계층별로 요구되는 리더십 역량 배양 | 전사 8대 프로세스*에 기반한 전문성 제고 | • 삼성 MBA<br>• 학술연수<br>• 산학협동<br>• 사내 대학원 |

*8대 프로세스: 개발, 구매, 제조, 영업, 마케팅, 물류 서비스, 경영지원

제공하고 있다. 또한 혁신적인 외부 협력 과정 및 해외 파견 등을 통해 전략적으로 기업에 필요한 핵심인력을 양성하고 있다.

한편, GE도 인재를 매우 중시한다. GE의 크로톤빌연수원은 GE의 리더십 및 인재육성 노하우를 가르친다. 이 프로그램에 참가하려면 인사평가 프로세스인 '세션(session) C'를 통과해야 한다. 즉 우수직원 만이 이 프로그램에 참가할 수 있다.

2006년 GE는 회사의 핵심성장전략으로 '유기성장(organic growth)'을 채택하고 전 직원이 성장리더가 되어야 함을 공표하면서 리더가 갖추어야 할 다섯 가지 특징을 아울러 정리하였다.

첫째, 명료한 사색가(clear thinker)이다. 리더는 복잡한 맥락 속에서도 간결하고 명료한 사고로 정확하고 빠르게 전략을 구체적인 실행계획으로 전환하여야 하고, 우선순위에 맞게 업무를 실행하여 성과와 효율의 극대화를 가져오도록 한다.

둘째, 포괄성(inclusiveness)이다. 리더는 높은 성과를 도출하기 위해 내·외부 고객과 직원 등 주요 이해관계자와 소통(연결) 및 융화, 즉 포괄성을 갖추어야 한다.

셋째, 전문가(expertise)이다. 리더는 빠른 속도로 변화하는 환경을 이해하고, 이를 선도해 갈 수 있는 최고의 전문가가 되어야 한다.

넷째, 상상력(imagination)이다. 리더는 기존의 성공방식에 갇혀있지 않고, 열린 자세와 마음으로 항상 배우고 상상력을 발휘하며 위험에 과감히 도전할 수 있는 용기를 가진 사람이 되어야 한다.

다섯째, 외부초점(external focus)이다. 리더는 항상 고객관점에서 성공을 정의하는 고객지향적 관점과 외부의 시각에서 내부를 들여다 보는 열린 관점을 가진다.

### 3) 프로의식과 주인의식이 투철한 종업원

프로의식(professionalism)은 완벽함을 추구하는 정신이다. 즉 자기가 그 직업의 전문가임을 깨닫고, 항상 그 직업에 대해서 고민하고 발전 방향을 모색해서 남들보다 뛰어난 사람이 되는 것이다. 즉 자신과 타인(조직과 관련자)에게 좀 더 나은 만족을 주고 좋은 결과를 얻기 위해 여분이 노력과 생각을 더해 창조성을 발휘하는 것이다.

첫째, 프로는 의지가 분명하다. 프로는 쉽게 포기하지 않고 쉽게 타협하지 않으며, 자신의 일에 대해 자신의 명예를 건다. 따라서 프로는 그의 내공이 깊어지면 깊어질수록 행동거지는 단정하고 기품이 생긴다.

둘째, 프로는 장인정신(craftmanship)을 가지고 있다. 프로는 하나의 부품이나 소리도 독창적으로 만들기 위해 수많은 연습을 한다. 그래서 기계가 만들 수 없는 유일한 부품이나 작품이 탄생하게 되는 것이다. 프로는 목표의식이 투철하고 목표에 접근하는 방법을 안다. 따라서 직무수행의 과정마다 진지하고 완벽을 지향하는 도전을 계속한다.

셋째, 프로는 책임감을 크게 가진다. 이는 소명의식이다. 소명의식이란 하나님의 부르심에 대한 깨달음이다. 자기가 만든 제품에 대한 책임뿐 아니라 정확하게 기일도 지키는 책임감을 가지고 있다. 즉 자신의 일에 자긍심을 갖고 일의 성과에 책임을 진다.

넷째, 프로는 실수를 하지 않는다. 프로는 이미 마음속에서 자기가 해야 할 일에 대해 그림을 완성하고 일을 시작한다. 즉 자기가 맡은 일에 대해 시뮬레이션이 되어 있다. 시뮬레이션 능력은 부단한 노력밖에 없다.

다섯째, 프로는 매우 빨리 일을 해내는 집중력을 갖추고 있다. 프로는 가장 중요한 문제, 아무도 풀지 못하는 문제 하나를 풀기 위해 존재하는 사람이다. 그렇지만 프로는 이한 문제를 풀기 위해 여러 문제의 해결을 경험했던 사람이다.[92]

주인의식(ownership)은 주어진 역할에서 능동적이고 적극적으로 책임감을 갖는 의식이다(Ringelmann effect). 주인의식을 가지면 자율적 업무수행 능력도 향상되고 단순히 고용인 이상의 높은 관여를 보임으로써 조직과 목표에 대한 몰입이 강화된다.[93] 주인의식은 집단중시 문화와 발전중시 문화에서 나타난다.

'집단중시 문화'는 구성원들의 참여, 팀웍, 충성, 사기 등을 특성으로 한다. 특히 높은 수준의 참여는 기업에 대한 관심을 증대시키고, 책임감과 자긍심을 향상시키면서 주인의식도 갖게 한다. 이처럼 집단중시 문화에서는 조직과 개인의 목표가 일치하는 현상이 나타나는

---

92) 이재영, 2014.
93) Denison & Mishra, 1995, 213-214; Denison, 1997, 6.

데, 여기에는 개인의 조직에 대한 신뢰가 기초가 된다. 또한 집단중시 문화에서는 가족적 인간관계와 사기를 중시한다. 가족적 인간관계는 직무만족의 중요한 구성요소(특히 감독, 상관, 동료에 대한 만족)가 되고 사기도 직무만족과 깊은 관계가 있다.

'발전중시 문화'는 구성원들이 하고 싶은 일을 도전과 창조정신으로 조직의 최대 지원을 받으면서 자율적으로 수행할 수 있으므로 조직과 일체감이 형성된다. 이러한 업무 환경에 대해서 구성원들이 만족하는 것은 당연하며 직무가 즐겁고 긍정적인 태도를 갖게 될 것이므로 직무만족이 높아질 것이다. 따라서 발전중시 문화는 구성원들의 신뢰, 자율, 재량을 바탕으로, 조직의 목표와 가치를 수용하고 내면화시켜 자발적이고 적극적으로 업무를 수행하게 함으로써 조직몰입을 향상시키는 역할을 하게 된다 .

### 4) 기술중시로 고품질 제품과 서비스 제공

기술은 지적 또는 지적 과정과 결합된 실체로서 그 과정에 의하여 어떤 형태의 소재가 동일 조직 내의 다른 조직이나 하위시스템에서 사용되는 산출물로 변형시킨다. 또한 다른 실체와 세력들(인적 혹은 비인적 모든 것)을 결합시키고 연결시키기 위한 일련의 방법(a family of methods)으로서 다른 이질적인 공학의 실행을 위한 한 방법이며, 절대적이거나 무관심한 환경속에서 표출되는 특성(emergent properties)이 지니고 있는 연관된 부분들을 비교적 안정된 시스템의 구축을 위한 방법이다.[94]

기술은 세 군데의 공간에 존재하는데, 이를 결합시켜 놓은 상태에서 그 기능이 발휘된다. 즉 ① 기계나 설비 같은 하드웨어 속에 체화(hardware의 본체와 그 주변기기), ② 숙련과 숙달을 통해 인간의 근육 속에 체화(기계를 다루는 인간의 솜씨와 능력), ③ 순수한 지적 소프트웨어로서 인간의 두뇌 속에 체화(사용 원료의 종류, 상태, 투입 방법에 관한 노하우) 등 넓은 범위에 걸쳐 존재하는 요소들을 조직화시켜 놓은 유기적 상태이다.[95]

조직의 기술은 조직 내에서 투입물(inputs)을 산출물(outputs)로 변환시키는 과정 또는 방법이라고 정의할 수 있다. 즉, 조직기술은 조직의 여러 가지 투입물을 조직이 원하는 산출물로 변화시키는 데 이용되는 도구, 기법, 지식, 그리고 활동이다.[96]

최근에는 감성존중시대, 두뇌경쟁시대, 그리고 고객만족경영시대가 다가오고 있다. 따라서 경영학은 기술진보와 직접·간접으로 연계되어 있어서 공학과의 결합 없이는 해법을

---

94) Law, 1987, 115.
95) 윤석철, 1991, 7.
96) Perrow, 1967.

찾기 어렵다.97) 따라서 이런 시대의 흐름에 부응하기 위해 자연과학과 사회과학이 접목된 기술경영98)의 역할이 더욱 부각되고 있다.

이와 같이 초일류기업은 종업원의 역할을 중시하고 있다. 기업의 인적자원관리는 결국 종업원들이 기업의 주체로서 힘써 일할 수 있도록 도와주는 것이라 할 수 있다. 그러기 위해서는 종업원들이 자신의 직장을 좋은 직장이라고 생각하는 것이 아주 중요하다. 종업원들의 입장에서 본 좋은 일터는 1) 상사에 대한 신뢰가 높고, 2) 업무와 조직에 대한 자부심이 크며, 3) 함께 일하는 동료 간에 우애와 재미를 느끼는 일터라고 할 수 있다.99) 종업원이 좋아하는 기업은 [그림 2-13]과 같다.

**그림 2-13  종업원이 좋아하는 기업**

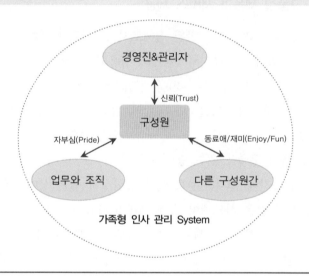

97) 박용태, 2011, 42.
98) 기술경영(management of technology: MOT)이란 공학, 자연과학 및 경영의 원리를 결합하여 기업의 전략적이고 실무적인 목표들을 수립하고 달성하기 위한 기술적 역량을 계획, 개발, 그리고 실행하는 것에 관한 학문이다(Bean, 1989). 따라서 기술경영은 산업과 기술에 대한 전문지식과 경험을 바탕으로 학문적 소양과 통합적 안목을 배양하여 기술혁신(R&D: 생산성 제고, 기술사업화 촉진, 기술사업화 촉진)과 지식경제(기업혁신 역량, 국가경쟁력 제고)로의 효과적인 이행에 필요한 인력을 양성할 수 있다(서울대 기술경영경제정책대학원 자료).
99) 신원동, 2015, 11.

## 2. 기업의 인재

모든 기업은 그 기업의 여건에 맞는 인재, 즉 '적합한 인재(right people)'가 필요하다. 적합한 인재는 기업마다 서로 다르다고 할 수 있다. 왜냐하면 한 사람의 인재도 기업의 문화, 규모, 업종 및 성격에 따라 적합도가 서로 다르기 때문이다.

기업의 모든 사람이 그러하듯 적합한 인재가 보유하여야 할 요인을 두 차원으로 분류하여 설명할 수 있다. 하나는 생산성이고, 다른 하나는 생활성이다. 생산성은 종업원의 보유한 기술 및 업무역량을 의미하고, 생활성은 태도역량, 즉 인격역량이라 할 수 있다. 인격역량100)은 의(意),구(口),신(身)을 의미한다. 의는 마음, 즉 생각을, 구는 의사소통을, 신은 행동을 의미한다. 즉 인격역량은 스스로 바르고 순수한 마음으로 생각하고, 말하고, 열정을 가지고 행동하는 역량이다.

적합한 인재는 일반적으로 생각되는 핵심인력이나 우수 인재가 아니라 회사의 경영철학, 가치, 신조, 기업문화, 사업특성 등 자사의 상황에 공감하며 열정을 갖고, 함께 꿈을 가꾸어 갈 수 있는 코드가 서로 맞는 사람이라 할 수 있다. 다시 말하면, 적합한 인재는 기술, 업무지식, 경험과 같은 기술역량과 업무역량만이 아니라 열정, 도덕성, 책임감, 성실성 등 태도나 정서적 측면의 인격역량도 함께 갖추어야 한다. 특히, 회사가 추구하는 경영의 핵심 가치에 동조하고 이를 체화하며 실천해 낼 수 있는 감성역량을 가지고 있는 사람이다.

적합한 인재는 생산성에서 '창의'가 아주 필요하고, 생활성에서 '열정'이 필요하다. 창의적이고 열성적인 인재는 기업의 발전과 성공의 기반이며 향후 지속성장의 원동력이다.

창의적 인재는 제4차 산업혁명에도 필수적인 요인으로 꼽고 있다. 4차 산업혁명은 인공지능, 사물인터넷, 로봇기술 등의 융합으로 이뤄지는 차세대 기술혁신 시대이다. 4차 산업혁명의 본질은 '융합과 연결'이다. 즉, 사람이 인공지능 등 기계의 암기력에 도저히 이길 수 없으므로 창의력(상상력)을 기르는 방향으로 바뀌어야 한다는 것이다. 즉, 인재가 많이 아는 지식 중심(지식)에서 역량 중심(활용), 나아가 창의 중심(창조)으로 바뀌어야 한다는 것이다. 정보통신기술의 발달로 전 세계적인 소통이 가능해지고 개별적으로 발달한 각종

---

100) 인격역량은 의(意), 구(口), 신(身)을 의미하지만, 불교에서는 사람들의 지은 죄가 다른 사람들에게 미치는 영향이 큰 것부터 신(身), 구(口), 의(意)로 나열하고 바른 행동을 강조하고 있다. 사람들은 원천적으로 욕심을 가지고 있어서 이 세 가지 요소의 사용 과정에서 죄를 짓고 있으므로, 바르고 깨끗하게 사용해야 할 것이다.

기술이 원활한 융합을 가능하게 한다. 따라서 4차 산업혁명은 어느 분야에 특정되지 않고 정보통신기술과 제조업, 바이오산업 등 다양한 산업 분야에서 이뤄지는 융합과 연결이 새로운 부가가치를 창출할 수 있는 것이다.

4차 산업혁명의 특징은 초연결성, 초지능성, 예측 가능성이다. 사람과 사물, 사물과 사물을 인터넷 통신망으로 연결(초연결성)하고, 초연결성으로 비롯된 막대한 데이터를 분석하여 일정한 패턴으로 파악(초지능성)하며, 분석 결과를 토대로 인간의 행동을 예측(예측 가능성)하는 것이다. 따라서 4차 산업혁명시대는 품질과 가격경쟁력이 최우선의 가치였던 시대는 지났고, 소비자들의 요구를 보다 정확하게 파악하여 이 요구를 즉각적으로 제품에 반영하는 기업이 시장을 선도하게 되는 것이다.

열성적 인재는 모든 근로자에게 필요한 요인이다. 근로자가 직무를 수행할 때, 열성적으로 수행하지 않을 경우 이룰 수 있는 것이 거의 없다고 할 수 있다. 열성적 인재는 강한 몰입능력이 있는 사람을 의미한다. 로브 거피의 『Managing People』을 보면 '몰입'은 인간의 에너지를 창출하는 동시에 마음의 생기를 불어넣어 주고, 독창성과 아이디어를 실현하는데 밑바탕이 된다고 주장한다.

기업은 그 기업에 맞는 적합한 인재를 채용하여 핵심인력을 우수인재로 양성해야 한다. 그러기 위해서는 교육훈련이 절대적으로 필요하고 경력관리, 배치와 전환 및 승진관리, 보상관리 등이 뒷받침이 되어야 한다. 기업의 인재와 관리는 [그림 2-14]와 같다.

**그림 2-14** **기업의 인재와 관리**

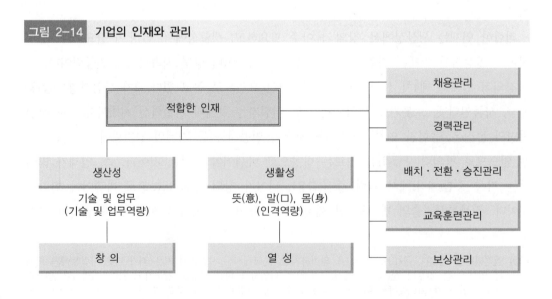

기업은 모든 종업원들을 기업이 원하는 인재들로 채용하여 즐겁고 보람되게 일할 수 있도록 동기부여하고, 역량 및 성과 향상을 위해 다양한 교육체계를 개설하여 육성해 주며, 그들의 성과를 객관적으로 평가하여 이를 근거로 내적·외적 공정성이 확보되도록 보상하며, 회사를 떠날 때 회사와 그 종업원을 위해 도와주는 퇴직관리를 한다.

참고문헌

김동원 (1999), 기술급제도, 한국노동연구원.

김영곤·이병철 (2005), 대한민국에는 SK텔레콤이 있다. 21세기북스.

김영인·최석행 (1999), "생산현장의 지식경영과 지식경영촉진 체계", 제2회 지식경영 학술 심 포지엄, 매일경제신문사, 411~434.

김영진·김언수 (1998), "핵심역량과 모방: 조직능력 형성과정에 대한 구성요소별 접근", 한국 인사·조직학회 발표논문집, 427~451.

김인수 (1999), 거시조직이론, 무역경영사.

김주일 (1999), "중소기업의 핵심역량이 비교우위에 미치는 영향에 관한 연구", 서울대 대학원.

김효근·나미자 (1999), "조직구성원의 지식기여도 평가도구 개발에 관한 연구", 제3회 지식경 영 학술 심포지엄, 매일경제신문사, 139~188.

키야슈헨코 (Kiashchenko)(1990), "미적 활동의 주체로서 인간", 인간의 철학적 이해, 새날.

박성환 (1995), "다기능숙련화의 영향요인과 성과에 관한 연구", 동국대학교 대학원.

박성환 (1998), "다기능숙련화의 영향요인과 성과에 관한 실증적 연구", 경영학연구, 한국경영학 회, 제27권 제3호, 815~853.

박성환 (1999), "기술지식의 창출과 공유에 관한 연구", 경영논집, 서울대 경영대 경영연구소, 제33권 제4호, 170~200.

박용태 (2011), 기술과 경영, 생능.

박우성 (2000), 역량중심의 인적자원관리(워킹페이퍼), 한국노동연구원.

배종석 (2012), 인적자원관리론, 홍문사.

세계은행 (1998), '98. 세계개발보고서.

신원동 (2015), '조직설계 및 인력관리 컨설팅' 2015컨설턴트 역량강화교육, 한국컨설팅서비스협회.

신유근 (1998), 한국기업에서 인간존중 경영의 실태에 대한 조사연구, 경영논집, vol.32(3), 서울 대학교 경영대학 경영연구소, 147~175.

신유근 (2008), 인간존중경영, 다산출판사.

윤석철 (1991), 기술개발의 경영학적 고찰, 경영논집(25권 제2호), 서울대경영연구소.

이재영 (2014), 탁월함이란 무엇인가, 원앤원북스.

이장환·김영걸 (1999), 조직의 지식경영 관리체계 및 단계모델에 대한 탐색적 연구, 제2회 지 식경영 학술 심포지엄, 매일경제신문사, 187~203.

이종관 (1999), "지식경영 실천을 위한 구체적인 방법론", 제3회 지식경영 학술 심포지엄, 매일 경제신문사, 455~490.

이재규 옮김 (2001), 변화 리더의 도전, 청림출판(Drucker, Peter F.) (2000), *The Eessential*

*Drucker on Management.*

이홍 (2000), "신경사이버네틱스를 통한 학습조직의 설계", 지식경영연구, 한국지식경영학회, 제 1권 제1호, 65~80.

장세진 (2020), 경영전략, 서울: 박영사.

정재창 · 민병모 · 김종명 역 (2001), 알기 쉬운 역량모델링, PSI컨설팅 (Anntoinette D. Lucia, Richard Lepsinger, *The Art and Science of Competency Models*).

최진남 · 성선영 (2023), 스마트경영학, 생능.

小池和男 (1986), 現代の人材形成, ツネルウァ書房.

野中郁次郎 (1993), 知識創造の經營, 日本經濟新聞社.

高橋俊介 (1999), 成果主義, 東洋經濟新報社.

土方文一郎 (1975), 能率主義と動態組織, 産業能率短期大學出版部.


Anderson, A. (1996), "The American Productivity & Quality Center," *The Knowledge Report, Highlights of the Knowledge Imperative Symposium.*

Alle, V. (1997), *The Knowledge Evolution: Expending Organizational Intelligence*, Butterworth-Heinemann.

Barney, J. (1991), Firm resources and sustained competitive advantage, *Journal of Management*, 17(1): 99~120.

Barney, J. B. (1992), "Integrating Organizational Behavior and Strategy Formulation Research: A Resource Based Analysis", in Shrivastava, P., Huff, A. and Dutton, J. eds. *Advances in Strategy Management*, 8, Greenwich CT: JAI Press, 39~69.

Barney, J. B. & Wright. P. M. (1995), *On Becoming a Strategic Partner: The Role of Human Resources in Gaining Competitive Advantage.* Working Paper, The Ohio State University.

Bean, A. S. (1989), "Management education reformed", NTU/MOT Residency, August, 14, pp. 1~9.

Blauner, R. (1964), *Alinaion and Freedom*, Chicago: Chicago University Press.

Braverman, H. (1974), *Labor and Monopoly Capital: The Degradation of Work in the Twentieth Century*, New York: Monthly Review Press.

Brown J. S., & Duguid P. (1998), Organizing knowledge, *California Management Review*, 40(3): 90~111.

Cohen, W. M. & Levinthal, D. A. (1990), Absorptive capacity: A new perspective on learning and innovation, *Administrative Science Quarterly*, 35: 128~152.

Cross, M. (1991) Monitoring multi-skilling: The way to guarantee long-term change,

*Personnel Management*, 44~49.

Daft, R. L. & Weick, K. E. (1984), To work a model of organizations as interpretation systems", *Academy of Management Review*, 9(2): 284~295.

Denison, D. & Mishra, A. (1995), Toward a theory of organizational culture and effectiveness, *Organizational Science*, 6(2): 204~223.

Denison, D. (1996), What is the difference between organizational culture and organizational climate? A native's point of view on a decade of paradigm wars, *Academy of Management Review*, 21(3): 619~654.

Drucker, Peter F. (1993), Post-Capitalist Society, New York: Haper Collins.

Edvinsson, L. & Malone, M. S. (1998), *Intellectual Capital, Realizing Your Company's True Value by Finding Its Hidden Brainpower*, 황진우 역, 지적자본, 세종서적.

Fiol, C. M. & Lyles, M. A. (1985), Organizational learning, *Academic of Management Review*, 10: 803~813.

Hayes, R. I. (1985), Strategic planning-forward in reverse? *Harvard Business Review*, Nov.-Dec. 111~119.

Hedberg, B. (1981), "How Organizations Learn and Unlearn", in P. C. Nystrom and W. H. Starbuck, eds, *Handbook of Organizational Design*, New York: Oxford University Press.

Jones, G. R. & George, J. M. (2019), Essentials of Contemporary Management, 윤현중·이준우 등 역(2021), 경영학에센스, 지필미디어.

Kinicki, A. & Soignet, D. B. (2022), Managemet: A Practical Introduction, 김안드레아 역(2022), 실용적 접근방식의 경영학원론, 한빛아카데미.

Learned, E. P., Christensen, R. C., Andrews, K. R., & Guth, W. D. (1965), *Business Policy: Test and Cases*, Ilinois: Irwin, Inc.

Lei, D., Hitt, M. A., & Bettis, R. (1996), Dynamics core competence through meta-learning and strategic context, *Journal of Management*, 22(4): 549~569.

Leonard-Barton, D. (1992), Core capabilities and core rigidities: A paradox new development, *Strategic Management Journal*, 13: 23~38.

McClleland, D. C. (1973), Testing for competence rather than for intelligence, *American Psychologist*, 28: 1~14.

Miller, W., & Morris, L. (1999), 4th Generation R&D, John Wiley and Sons 손욱 역, 제4세대 R&D 모색, 2001.

Mirabile, R. J. (1997), Everything you wanted to know about competency modeling, *Training and Development*, 73~77.

Murray, B. & Gerhart, B. (1998), An empirical analysis of a skill-based pay program and plant performance outcomes, *Academy of Management Journal*, 41(1): 68~78.

Nonaka, I. & Takeuchi, H. (1995), *The Knowledge-Creating Company: How Japanese Create the Dynamics of Innovation*. New York: Oxford University Press, Lexington, MA: Lexington Books.

Penrose, E. T. (1959), *The Theory of the Growth of the Firm*, Oxford: Basil Blackwell.

Perrow, C. (1967), A framework for the comparative analysis of organizations, *American Sociological Review*, 32: 194~208.

Polanyi, M. (1967), *The Tacit Dimension*, London: Rouledge & Kegan Paul.

Prahalad, C. K. & Hamel, G. (1990), The core competencies of corporation, *Harvard Business Review*, 68(3): 79~91.

Prahalad, C. K. & Hamel, G. (1994), "Competing for the Future", Harvard Business School Press.

Reed, R. & DeFillippi, R. J. (1990), Causal ambiguity, barriers to imitation, and sustainable competitive advantage, *Academy of Management Review*, 15(1): 88~102.

Schnaars, S. P. (1994). *Managing Imitation Strategies*, Free Press.

Schneider, F. (1995), Psychiatry Research: Neuroimaging, Volume 61, Issue 4, 10, Pages 265~283.

Simon, H. A. (1993), Strategy and organizational evolution, *Strategic Management Journal*, 14: 131~142.

Sparrow, P. R. (1996), "The Psychology of Strategic Management", in Cooper, C. & Robertson, I. eds., *International Review of Industrial and Organizational Psychology 9*, Wiley.

Spencer, L. M. & Spencer, S. M. (1993), *Competence at Work*, New York, NY: John Wiley & Sons.

Spender, J. C. (1996) Making knowledge the basis of a dynamic theory of the firm", *Strategic management Journal*, 17(Winter Special): 45~61.

Sveiby, K. E. (1997), *The New Organizational Wealth: Managing and Measuring Knowledge-based Assets*, Berrett-Koehler Publishers, Inc.

Swanson (1996), "New Organizational Knowledge and Its Systems Foundations", by E. Barton Swanson, *Proceedings of the 29th Annual Hawaii International Conference on System Sciences*, Vol. 4, 140~146.

Szulanski, G. (1996), Exploring internal stickiness: Impediments to the transfer of best practice within the firm, *Strategic Management Journal*, 17: 27~44.

Teece, D. J. & Pisano, G. & Shuen, A. (1997), Dynamic capabilities and strategic management, *Strategic Management Journal*, 18(7): 509~533.

Teece, David. J. (1997), *Invention, Innovation and Competitive Advantage: Dynamic Capabilities in Context Academy of Management.*

Wernerfelt, B. (1984), A resource based view of the firm, *Strategic Management Journal*, 5: 171~180.

Wilkins, A. L. & Ouchi, W. G. (1983). Efficient cultures: Exploring the relationship between culture and organizational performance. *Administrative Science Quarterly*, 28(3): 468~481.

Zander, U. & Kogut, B. (1995), Knowledge and the speed of the transfer and imitation of organizational capabilities: An empirical test, *Organization Science*, 6(1): 76~92.

# 제3장
# 직무관리

직무관리의 개념

## 1. 직무관리의 의의

기업이 직무와 인적자원을 합리적으로 연결함으로써 그의 목표를 이룬다.

직무(職務: job)는 조직구성원이 수행하여야 할 유사한 과업들이 모인 하나의 일의 범위이다. 즉 직무는 조직 내 개인의 역할을 규정하는 기본적 단위이다. 따라서 기업은 종업원들이 직무를 효율적으로 수행하도록 관리하여야 한다.

직무관리는 체계적인 직무분석을 바탕으로 직무를 설계(나아가 조직설계)하고, 각 직무가 지니는 상대적 가치를 평가하여 각종 업무 및 인사에 합리적으로 활용하는 것을 의미한다. 기업은 조직 내 개인의 역할을 원활히 수행하도록 다음과 같은 직무관리를 하여야 한다. 직무관리는 '직무분석 → 직무분류 → 직무설계 → 직무평가'로 이어진다. 직무분석은 직무의 내용과 그 수행자가 보유해야 할 기능과 자질을 밝히는 일이고, 직무분류는 직무분석의 결과에 따라 동일·유사한 직무들을 직무군으로 묶는 일이며, 직무설계는 직무를 조직과 개인과의 관계를 고려하여 조직구성원들의 직무활동을 정리하여 그 관계를 명시하는 일이고, 직무평가는 직무내용과 그 자격요건에 따라 상대적 가치를 밝히는 일이다.

## 2. 직무관리의 목적

기업의 직무관리 목적은 직무설계와 직무평가 등 다음 두 가지로 정리할 수 있다.

직무관리는 능률적인 '직무설계'를 목적으로 한다. 직무관리는 직무분석→직무분류→직무설계의 과정을 거친다. 따라서 직무설계는 직무분석과 직무분류를 거쳐 이루어진다. 직무설계는 여러 직무들 중에서 어떤 직무끼리 합치거나 나눔으로써 직무를 능률적으로 수행할 수 있도록 설계하는 것이다. 나아가 직무설계는 조직전체와 관련이 있는 조직설계로 이어질 수 있다.

직무관리는 합리적인 '직무평가'를 목적으로 한다. 직무관리는 직무분석→직무분류→직무평가의 과정을 거친다. 직무평가는 직무분석과 직무분류를 거쳐 이루어진다. 직무평가는 직무와 사람와의 관계, 즉 어떤 직무에 대하여 상대적으로 더 높거나 낮은 가치를 인정할 것인지를 평가하는 것이다. 따라서 각 직무평가의 결과는 종업원의 인사고과나 임금결정에 영향을 미친다.

직무설계는 일의 능률화를 목적으로 하고, 직무평가는 작업자 대우의 차별화를 목적으로 한다. 이를 요약하면 [그림 3-1]과 같다.

---

그림 3-1 **직무관리의 목적**

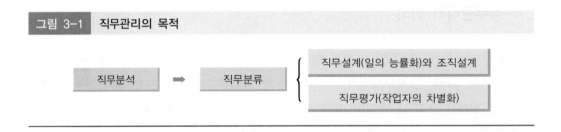

---

## 제2절 직무분석

## 1. 직무분석의 의의

직무분석(job analysis)은 특정 직무의 내용과 이를 수행하는 데 필요한 직무수행자의 기능 및 자질 등을 밝히는 과정이다. 기업은 직무분석을 성공적으로 수행하기 위해 직무분석

전략을 수립하여야 한다. 직무분석 전략은 직무의 합리적인 분석과 관련하여 직무를 효율적으로 수행하거나 인적자원관리에 효율적으로 활용할 수 있도록 하는 방법이나 책략이라 할 수 있다.[1]

기업의 구체적인 직무분석전략은 다음과 같다.

기업은 직무분석을 인적자원관리의 기본기능으로 여기고, 얼마나 계속 분석할 것인가에 대해 결정하여야 한다. 따라서 기업은 직무분석을 전략적 인적관리의 기본요건으로 삼고 계속 관리하여야 할 것이다.

기업은 직무분석을 얼마나 자세히 그리고 심층적으로 분석할 것인가에 대해 결정하여야 한다. 기업은 직무분석을 그 목적과 용도에 따라 다르게 분석하여야 한다. 예를 들어 교육 훈련에 사용될 직무분석은 자세한 분석이 필요하고, 보상관리에 사용될 직무분석은 포괄적인 분석으로도 가능하다.

기업은 직무분석의 실시시기에 대해 결정하여야 한다. 기업이 조직구조의 변화, 새 기술의 도입, 업무수행절차의 계획, 새 직무의 추가 등 직무내용의 변화가 필요할 경우 해당직무의 분석이 필요하다. 그리고 기업은 직무의 변화가 심할 경우 직무와 조직구조의 변화를 예측하고 적절한 분석시기를 정하여야 할 것이다.

## 2. 직무의 구성

직무, 즉 일은 요소, 과업, 직무, 직군, 직종 등으로 구성되어 있다.

요소(element)는 직무관련 동작, 정신적 처리과정 등이 세분화된 가장 작은 단위를 말한다. 즉 타자치기에서 종이를 컴퓨터에 끼우는 일, 글자를 치는 일, 프린트하는 일 등이다.

과업(task)은 하나의 목적을 수행하기 위한 최소한의 작업수행 단위이다. 과업은 인력수급계획, 인력채용계획, 인력교육계획 등을 말한다. 예를 들어 인력수급계획 안의 여러 작업 요소, 즉 타자치기, 문서작성하기, 자료수집하기, 의사결정하기 등 모두가 과업이다. 한편, 과업은 배당된 업무, 즉 몫일을 말하기도 한다.

직무(job)는 유사한 과업들이 모인 '하나의 일의 범위'를 말한다. '일의 범위 내지 크기'에 대한 상대적인 범위이다. 인력수급계획, 인력채용계획, 인력교육계획 등을 합하여 인사직무라고 할 수 있다. 따라서 작은 직무일 때는 몇 개의 직무를 합하여 한 개인에게 맡길 수도 있고, 한 개의 직무를 한 개인에게 맡길 수도 있으며, 직무가 너무 커서 한 개의 직무

---

1) 이학종 외, 2005, 240~241; W.J. Rothwell and N.C. Kazanas, 1989, 140.

를 몇 사람이 맡을 수도 있다. 그러므로 직무를 개인 직무 또는 부서 직무라고 부르기도 하는데, 이는 직무 그 자체에 대해 정리한 것일 뿐, 작업자와 관련된 개념은 아니다. 그러나 직무와 유사한 내용으로서 직위가 있다. 직위(position)는 한 사람의 작업자에게 부여되는 직무의 양적 집합을 의미한다.

직군(job family)은 유사한 직무들의 집단이다. 앞에서 제시한 인력수급계획·인력채용계획·인력교육계획 등은 '인사직군', 경영분석직·인력개발직·자금관리직·시장분석직 등은 '사무전문직군', 총무직·영업직·대리점지원직 등은 '사무일반직군', 전산총괄직·기술감독직·기술지원직 등은 '기술전문직군', 그리고 정비직·조업관리직·기계운영직 등은 '기술일반직군'이라 한다. 따라서 동일한 직군 내에서의 직무들은 상호이동이 가능하다.

직종(occupation)은 유사한 직군들의 집단이다. 사무직종, 생산직종, 관리직종 등이 있다.

## 3. 직무분석의 내용과 과정

직무분석은 직무를 요소에서부터 직종에 이르기까지 직무의 내용(작업분석, 요건분석)을 분석하게 된다. 직무분석의 내용은 [그림 3-2]와 같다.

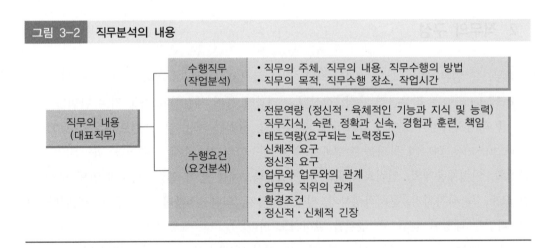

**그림 3-2** **직무분석의 내용**

또한 직무분석은 '특정 직무'의 내용과 이를 수행하는 데 필요한 '직무수행자'의 행동, 육체적 및 정신적 능력을 체계적으로 밝혀야 한다. 전자는 직무와 관련된 정보를 직무분석 목적에 맞도록 획득하고 정리할 필요가 있고, 후자는 직무를 수행하는 사람의 능력 및 행동과 관련되는 광범위한 정보가 필요하다. 따라서 직무분석은 직무별 내용을 정리함으로써

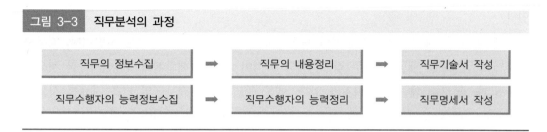

그림 3-3　**직무분석의 과정**

직무기술서가 작성되고, 이에 따라 담당자의 자격요건을 정리함으로써 직무명세서가 작성된다. 이를 요약하면 [그림 3-3]과 같다.

직무분석의 과정을 정리하면 다음과 같다. 첫째, 조직전체의 정보를 파악한다. 즉, 해당 기업의 조직도, 업무분장표, 조직의 직무수행도(flow chart) 등을 파악한다. 둘째, 대표직위를 선정한다. 조직은 모든 직무를 전부 분석할 수 없으므로 대표적인 직무를 선정하여 중점적으로 분석한다. 셋째, 직무의 내용을 파악한다. 넷째, 직무기술서를 작성한다. 다섯째, 직무명세서를 작성한다.

## 4. 직무정보의 수집

### 1) 직무정보 수집의 양당사자

#### (1) 직무분석자

기업의 직무분석은 분석자를 누구로 할 것인지를 결정하여야 한다. 즉 직무분석을 직무수행자 자신이 분석할 것인가, 혹은 다른 사람이 분석할 것인가에 대해 결정하여야 한다. 직무분석자를 다른 사람으로 할 경우 해당조직의 인사담당자 혹은 외부전문가가 있어야 한다. 따라서 직무분석자는 직무에 대한 정보를 정확하게 수집할 수 있는 사람으로 결정하여야 한다.

#### (2) 직무정보 제공자

기업의 직무분석은 정보제공자의 적격성에 따라 크게 영향을 받으므로 다음과 같이 누구로 할 것인지를 결정하여야 한다.

첫째, 직무정보제공자는 오랜 기간 동안 일을 하여 분석대상 직무에 대해 잘 알고 이해하는 사람이다. 이에는 '작업자'와 그들을 지도·감독하는 '직속상사' 등이 있다. 또한 직무정보제공자는 그 직무와 직접 연계되어 있는 '외부 고객'을 보조 정보제공자로 활용할 수 있다.

둘째, 직무정보제공자는 직무분석의 목적과 관련하여 이해관계가 없는 사람이다. 직무수행자가 직무정보를 제공할 경우 직무분석의 목적이 그의 이해관계에 영향을 미칠 것으로 판단될 때, 정보를 왜곡시킬 여지가 있다. 예를 들면, 특정 직무급의 기초 자료를 확보할 목적으로 직무를 분석할 경우 그 목적을 알고 있는 작업자는 자신이 수행하고 있는 직무가치와 직무수행에 대해 필요한 기술습득의 난이도를 부풀릴 수 있다. 이 경우 작업자로부터 확보된 직무정보를 직속상사의 검토와 보완을 통하여 확정하는 것이 바람직하다.[2] 왜냐하면 상사의 경우 마땅히 수행되어야 할 업무위주로 정보를 제공할 수 있기 때문이다.[3]

셋째, 직무정보 제공자는 분석직무의 정확한 정보를 제공할 의지를 가지고 있는 사람이다.

## 2) 직무정보 수집방법

직무에 따른 개인 특성, 즉 기능·지식·능력·역량 등의 파악은 원활한 인적자원 활동의 기본이 되고 있다. 따라서 조직은 이에 대한 정보를 파악하여야 한다. 조직의 직무정보 수집방법은 다음과 같다.

### (1) 관찰법

관찰법(observation method)은 직무분석자가 작업자의 직무수행을 관찰하고 직무내용, 직무수행방법, 작업조건 등 필요한 내용을 기재하는 방법이다. 이 방법은 가장 간단하고 실시하기 쉽기 때문에 육체적 활동과 같이 관찰이 가능한 직무에 적절히 사용될 수 있다. 그러나 지식업무나 고도의 능력을 필요로 하는 직무일 경우 관찰이 어렵고, 비반복적인 직무일 경우 관찰에 너무 많은 시간이 소요되어 비효율적일 수 있다. 이 방법은 관찰자가 관찰할 수 있는 자질과 역량을 갖추었는가가 가장 중요한 관건이 된다. 그러나 중요사건 기록법 등 다른 방법과 병행하여 사용하는 것이 좋을 것이다.

### (2) 면접법

면접법(interview method)은 직무분석자가 작업자와 직접면접을 통하여 정보자료를 수집하는 방법이다. 이 방법은 작업자로부터 직접 직무정보를 얻기 때문에 정확하지만 많은 시간이 소요될 수 있다. 면접법은 개인면접보다 집단면접이, 재량면접보다 표준면접이 효율을 높일 수 있을 것이다. 그러나 직무분석에는 면접으로서 알 수 있는 것도 있지만, 알 수

---

2) Raymond A. Noe et al., 2004.
3) 이학종 외, 2013, 170~171.

없는 것도 있다.

### (3) 설문지법

설문지법(questionnaire method)은 직무분석자가 직무에 관한 설문지를 작성하여 작업자에게 응답하도록 하여 직무정보를 수집하는 방법이다. 이 방법은 설문지가 잘 설계되고 작업자들이 정확한 직무정보를 제공할 경우, 비교적 단시일 내에 수집할 수 있다. 그러나 직무내용을 정확하게 기술할 수 있는 설문지를 설계하려면 많은 노력과 비용이 소요된다.

또한 설문지법은 조직 내에 있는 다양한 직무들을 하나의 설문지에 포괄하고자 할 경우 설문문항이 지나치게 많아질 수 있고, 질문문항 수를 줄이고자 할 경우 직무내용이 지나치게 포괄적으로 기술됨으로써 개별 직무내용을 정확하게 기술할 수 없게 된다. 따라서 이때에는 다양한 직무를 몇 개의 직무군으로 구분하여 직무군별 설문지를 작성하는 것이 좋다.

### (4) 중요사실기록법

중요사실기록법(critical incidents method)은 직무분석자가 직무수행자의 직무행동 가운데 성과와 관련하여 효과적인 행동과 비효과적인 행동을 구분하여 그 사례들을 수집하고, 이러한 사례들로부터 직무성과에 효과적인 행동패턴을 추출하여 분류하는 방법이다. 중요사실기록법은 직무행동과 직무성과 간의 관계를 직접적으로 파악할 수 있다.

그러나 중요사실기록법은 수집된 직무행동을 분류하고 평가하는데 많은 시간과 노력이 소요되고, 이 방법에 의해 얻는 정보만 가지고 해당직무에 대한 포괄적인 정보를 획득할 수 없다.

## 5. 직무분석의 기법

직무분석법은 직무분석의 대상이 되는 직무의 내용과 직무수행자에게 요구되는 자격요건을 어떤 관점에서 수집하여 분류하느냐에 따른 기법이다. 이에는 기능적 직무분석법, 직위분석설문지법, 관리직무분석법 등이 있다.

### 1) 기능적 직무분석법

기능적 직무분석법(functional job analysis)은 자료·사람·사물과 관련되는 기능을 분석함으로써 정보를 획득한다. 기능적 직무분석법은 미국 노동성에 의해서 개발된 것으로 직무배치와 상담에 사용되었다. 이 분석법은 직무를 간략하게 분류하고자 할 때 매우 유용하다. 기능적 직무분석법은 모든 직무에 존재하는 세 가지의 일반적 기능, 즉 자료와 관련되는 기능, 사람과 관련되는 기능, 사물과 관련되는 기능 등을 중심으로 분류하고 정리한다. 정보수집방법은 작업자의 업무일지와 메모, 작업자 및 그의 상사와 면접, 작업의 진행사항 관찰 등을 통해 이루어진다.

미국은 기능적 직무분석법을 통해 얻어진 자료를 토대로 직업사전(Dictionary of Occupational Titles: DOT)을 만들었다. 따라서 이 분석법은 이 직업사전을 이용하여 특정 직무를 간단히 분류할 수 있다. 특히 이 분석법은 중소기업에서 쉽게 사용될 수 있다.

### 2) 직위분석설문지법

직위분석설문지법(position analysis questionnaire: PAQ)은 맥코믹(E.J. McCormick)에 의해서 개발된 것으로서 작업자의 활동과 관련된 187개의 항목과 임금관련 7개의 항목을 합하여 총 194개의 항목으로 구성된 설문지로 작업에 대한 표준화된 정보를 수집하는 대표적인 방법이다. 직위는 그 기업의 사람 수만큼 부여되기 때문에 그 수만큼 직위가 존재한다. 설문항목은 정보의 투입, 정신적 과정, 작업성과, 다른 사람과의 관계, 직무환경, 기타 직무특성의 총 6개의 범주로 구성되어 있다.[4]

직위분석설문지법의 예는 〈표 3-1〉과 같다. 각 설문항목은 활용빈도, 소요시간, 직무의 중요성, 발생가능성, 응용가능성, 특수한 코드 등 6개 척도 중 반드시 하나를 사용하여 평가한다. 이 기법은 다른 직무분석기법들보다 더욱 철저히 연구된 것이며, 변형 없이도 넓

| 표 3-1 | 직위분석 설문지의 내용 |
| --- | --- |
| 부문(요소의 수) | 내 용 |
| 1. 정보의 투입(35개) | 직무수행에 필요한 정보를 어디서, 어떻게 얻는가? |
| 2. 정신적 과정(14개) | 직무수행에 포함되는 논리, 의사결정, 계획, 정보처리활동은 무엇인가? |
| 3. 작업성과(49개) | 직무수행에 필요한 육체적 활동은 무엇이며 어떤 도구, 수단이 사용되는가? |
| 4. 다른 사람과의 관계(36개) | 직무수행에서 다른 사람과의 어떤 관계가 요구되는가? |
| 5. 작업환경 및 직무상황(19개) | 직무가 수행되고 있는 직무의 물적·사회적 상황은 어떠한가? |
| 6. 기타 측면(41개) | 직무와 관련된 다른 활동·조건·특성은 무엇인가? |

---

4) E.J. McCormick, 1979, 144~145.

은 범위의 직무에 사용할 수 있고 많은 자료의 비교도 가능하다. 이 기법은 종업원의 선발과 직무의 분류에 활동될 수 있지만 인사고과와 훈련에는 활용하기 어렵다.

### 3) 관리직무분석법

관리자의 직무는 직급·직종·지역적 여건·조직성격에 따라 달라지기 때문에 이러한 사항들을 고려하여 직무수준을 설정하고 측정하여야 한다.

관리직무분석법은 관리직 기술설문지를 개발하여 사용하는 기법이다. 관리직무분석법은 직위분석설문지법과 마찬가지로, 설문항목의 포함여부를 결정하기 위해 중요수준을 결정하고, 직무수행에 필요한 기능·지식·능력을 추정한다. 토나우와 핀토는 관리직무의 수행에 관련이 있는 책임·관계·제약·요구·활동 등을 객관적으로 기술하기 위해 관리직 기술설문지(management position description questionnaire: MPDQ)를 개발하였다. 관리직 기술설문지는 다양한 직능·직급·기업전체에 걸쳐 과업중심적인 분석으로 도출한 208항목으로 구성되어 있다. 이 설문지는 많은 관리자들의 응답을 통계적으로 분석하여 13개의 직무기술요인을 추출하고, 이를 다시 정의한 것이다.[5] 관리직 기술설문지는 〈표 3-2〉와 같이 구성되어 있다.

관리직무분석법은 관리자의 보상관리를 위해 처음 개발되었으나, 최근에는 새로운 관리직무를 분석하고 평가하는 수단으로 활용되고 있다. 또한 이 기법은 관리자가 새로운 직무로 이동할 경우 교육의 필요성을 진단하고, 그 직무의 분류와 평가에 활용된다. 따라서 관리직무분석법은 관리자들의 개인자질과 직무의 행동요건, 조직성과의 측정을 연계시키는 것이 중요한 과제이다.[6]

| 번호 | 범 주 | 정 의 |
|---|---|---|
| | **표 3-2** 관리직 설문지의 구성 | |
| 1 | 제품, 마케팅, 재무전략 계획수립 | 장기적인 사업성장과 기업의 안정성을 얻기 위해 생각하고 계획을 수립하는 것 |
| 2 | 다른 부서와 인력에 대한 조정 | 관리자가 직접적으로 통제하지 못하는 개인과 집단의 활동을 조정하는 것 |

---

5) W.W. Tornow & P.R. Pinto, 1976.
6) 김영재 외, 2013, 230~233.

| 3 | 내부 경영통제 | 기업의 재무적·인적, 그리고 다른 자원을 검토하고 통제하는 것 |
|---|---|---|
| 4 | 제품과 서비스에 대한 책임 | 생산시기와 품질을 확실하게 하기 위해, 제품과 서비스의 기술적인 측면을 통제하는 것 |
| 5 | 대중 및 고객과의 관계 | 고객과 대중에 대해 직접적인 접촉을 통해 기업의 명성을 유지시키는 것 |
| 6 | 높은 수준의 컨설팅 | 조직에서 제기되는 특별한 문제를 다룰 수 있는 기술적인 능력을 적용하는 것 |
| 7 | 행동의 자율성 | 거의 직접적인 감독 없이 직무활동을 수행하는 것 |
| 8 | 재무적인 약속의 승인 | 조직에서 행한 큰 재무적인 약속을 승인하는 것 |
| 9 | 스태프의 서비스 | 사실확인과 기록정리와 같은 스태프의 서비스를 상사에게 제공하는 것 |
| 10 | 감독 | 부하들과 대면적인 접촉을 통해 다른 사람들의 작업을 계획하고 통제하며 조직화하는 것 |
| 11 | 복잡성과 스트레스 | 마감시간을 맞추고 요구하는 직무활동을 수행하기 위해 높은 스트레스를 받으며 작업하는 것 |
| 12 | 높아진 재무적 책임 | 기업의 성과에 직접적으로 영향을 줄 거대한 재무적 투자와 다른 재무적 의사결정을 하는 것 |
| 13 | 폭넓은 인력에 대한 책임 | 기업 내에서 종업원에 영향을 미치는 인적자원관리와 정책에 대해 매우 폭넓은 책임을 지는 활동과 관련되는 것 |

## 6. 직무기술서와 직무명세서의 작성

### 1) 직무기술서

#### (1) 직무기술서의 의의

직무기술서(job description)는 직무분석의 결과로 얻어진 직무의 내용 및 성격 등에 관한 정보를 일정한 양식으로 기록·정리한 문서로서 직무해설서라고도 한다. 이것은 직무의 주요 특성과 함께 효율적인 직무수행에 요구되는 활동내용을 기록한 문서이다.

직무기술서는 종업원의 모집 및 배치의 적정화와 직무의 능률화를 목적으로 개개인의 직무에 대한 책임·의무·활동의 정도 및 범위를 설명한 문서로서 직무평가의 기초 자료로 사용된다.

#### (2) 직무기술서의 기재사항

직무기술서는 일반적으로 직무인식사항·직무개요·직무내용·직무자격요건 등을 기재한다. 직무기술서의 기재내용은 다음과 같다.

직무인식사항(job identification)은 직무명칭·다른 분류명칭·직무번호·소속 부처·분석일자 등을 기재한다.

직무개요(job summary)는 직무내용을 전체적으로 간략하게 요약한다.

직무내용(job content)은 수행하는 직무의 내용과 성격을 밝힌다. 즉 일상적으로 매일하는 업무, 주기적인 업무, 부정기적인 업무 등을 분류하여 기술한다.

직무자격요건(job requirement)은 직무수행에 있어서 요구되는 최소한의 자격을 기술한다. 주로 교육·경험·능력·성별·나이·책임·지식 등을 항목으로 나누어 기술하기도 하고, 포괄적으로 기술하기도 한다.

직무책임은 직무수행에 수반되는 책임을 기재한다.

## 2) 직무명세서

### (1) 직무명세서의 의의

직무명세서(job specification)는 직무의 내용 및 특성과 관련하여 그 직무담당자의 직무수행에 요구되는 자질과 능력을 설명한 문서이다. 즉 직무기술서는 직무분석 결과에 의하여 직무내용 및 성질 등을 해설한 문서인데 반해, 직무명세서는 직무의 내용 및 특성과 관련하여 인적자원의 요건인 자질·기능·지식 등을 일정한 양식에 따라 정리한 문서이다. 다시 말하면, 직무명세서는 어떤 일에 대해서 어떤 사람이 필요한 것인가에 대한 자격요건을 적어둔 문서이다.

### (2) 직무명세서의 기재사항

직무명세서에는 일반적으로 다음과 같은 사항이 기재된다.

직무내용에 관한 사항은 ① 직무의 명칭, ② 분류번호, ③ 직무의 일반적 내용, ④ 필요한 도구·기계, 특별한 설비와 이 설비의 전용·공용의 구별, ⑤ 직무담당자의 자세, ⑥ 필요한 자료, ⑦ 관련 직무와의 관계, ⑧ 하위 직무와 상위 직무, ⑨ 훈련방법 및 기간, ⑩ 급여액과 형태, ⑪ 평균 작업시간, ⑫ 작업조건 및 위험의 종류와 정도, ⑬ 동작연구에 있어서 표준작업방법과 표준시간, ⑭ 기타 상황 등이 기재된다.

직무담당자에 관한 사항은 ① 성별·연령, ② 육체적 조건, ③ 재능의 정도, ④ 성격, ⑤ 정신적 조건(지식·주의력·창의성 등), ⑥ 능력, ⑦ 경험과 기능, ⑧ 기타 사항 등이 기재된다.

(3) 직무명세서의 유형

직무명세서는 사용목적에 따라 다음과 같은 유형으로 구성된다.

첫째, 채용·배치·전환·승진 등 인사를 위한 명세서이다.

둘째, 교육과 훈련을 위한 명세서이다.

셋째, 권한과 책임명료화 등 조직을 합리적으로 관리하기 위한 명세서이다.

넷째, 직무평가를 통해 직무급을 확립하기 위한 명세서이다.

다섯째, 산업재해방지 및 기타 안전관리를 위한 명세서이다.

이상에서 설명한 바와 같이 직무기술서와 직무명세서에 포함되는 사항을 정리하여 나타내면 〈표 3-3〉과 같다.

**표 3-3  직무기술서와 직무명세서에 포함되는 사항**

| 구 분 | 직무기술서 | 직무명세서 |
|---|---|---|
| 내 용 | 직무명칭 | 직무명칭 |
| | 직무의 소속직군, 직종 | 직무의 소속직군, 직종 |
| | 직무내용의 요약(개요, 목적, 근무시간, 작업장소, 작업자세) | 요구되는 교육수준 |
| | 수행되는 과업 | 요구되는 기능·기술 수준 |
| | 직무수행의 방법 | 요구되는 지식 |
| | 직무수행의 절차 | 요구되는 정신적 특성(창의력, 판단력 등) |
| | 사용되는 원재료, 장비, 도구 | 요구되는 육체능력 |
| | 관련되는 다른 직무와의 관계 | 요구되는 작업경험 |
| | 작업조건(작업집단의 인원 수, 상호작용의 정도 등) | 책임의 정도 |

## 제3절  직무분류

### 1. 직무분류의 의의

직무분류(job classification)는 동일 또는 유사한 성격을 가진 직무들을 묶어 직무군(job family)으로 분리하는 작업을 말한다. 한 직무군은 하나 또는 둘 이상의 동일 또는 유사한 성격의 지식과 능력을 바탕으로 하는 승진의 계열을 가지고 있어서 다른 직무군들과 간단히 대체될 수 없는 전문지식과 업무수행의 기능체계를 가지고 있다. 조직은 이런 직무분류를 통해 유사한 직무들을 직무군으로 관리하고자 하는 것이다. 따라서 동일 직무군은 채용·전환·훈련 등에서 필요로 하는 기초교양·전문지식·근무조건 등이 유사하여 하나의 집단으로 관리할 수 있는 집합체이다.

직무분류는 직무분석의 결과에 따라 직업명칭사전(dictionary of occupational titles)을 활용하여 분류할 수 있다. 직무분류는 반드시 직무분석 과정을 거친 후에 이루어져야 하는 것은 아니며, 조직의 관리목적에 따라 관리직·영업직 등으로 분류할 수도 있다.

## 2. 직무분류의 활용

기업은 직무분류의 결과를 다음과 같은 각종 인적자원관리 제도 구축에 활용할 수 있다.

### 1) 능률적 직무설계

기업의 직무분류는 능률적 직무설계, 즉 계층적(수직적)으로 분화하여 직계제도를 만들 수 있고, 또 이를 근거로 직능자격제도를 만드는 데 활용할 수 있다.

직계제도(職階制度)는 직무평가에 의하여 직무의 상대적 가치를 밝혀 서열을 결정하고, 해당 직급의 직무를 담당하도록 하는 제도이다.

직능자격제도(職能資格制度)는 직무분석을 기초로 하여 조직 내의 인력이 갖추어야 할 능력수준을 직급별로 구체화하고, 이를 개개인에게 평정(評定)하는 제도이다.

이 두 제도는 조직 내의 모든 직무를 하나의 범위로 하여 서열화하는 것이 아니라, 먼저 직군별로 나누어서 서열화하고, 그 다음 전체 직군간의 서열을 조정하는 절차가 따른다.

### 2) 인사고과와 인력선발

기업의 직무분류는 직무분석 결과를 직군별로 묶고, 이를 다시 직무분류에 따라 직급별로 서열화하여 필요능력을 체계화할 수 있다. 그럼으로써 직군별·직급별 필요능력을 기준으로 한 인사고과를 가능하게 하고, 공통적인 능력이나 적성을 기준으로 한 종업원의 선발을 가능하게 할 수 있다.

### 3) 이동과 승진

기업의 직무분류는 동일한 기초능력이나 적성이 필요로 하는 직무들을 하나의 군(群)으로 묶어 직군 또는 직종으로 분류함으로써, 같은 분류 내에서 단계적으로 이동(異動; 제8장 참고)과 승진에 활용할 수 있다. 그럼으로써 종업원들은 이동이나 승진 후에도 보다 쉽게 새로운 직무를 수행하고 학습할 수 있다.

### 4) 교육훈련과 역량향상

기업의 직무분류는 종업원들이 체계적으로 기술을 습득할 수 있도록 여러 가지 직무들을 유사한 직군과 직종별로 분류하여 체계화함으로써 교육훈련에 효율적으로 활용할 수 있다. 또한 기업은 이를 통해 종업원들의 역량을 향상시켜 분야별 전문가 양성에 활용할 수 있다.

## 제4절 | 직무설계

### 1. 직무설계의 의의

직무설계(job design)는 조직의 목표달성과 개인의 욕구충족을 위해 조직의 구조와 근로자의 인간관계 등을 고려하여 조직구성원들의 직무와 관련된 활동을 정리하여, 그 관계를 명시하는 작업이다.[7] 즉 직무설계는 직무내용을 구축하는 과정이다.

직무설계의 기본방식은 기능별·목적별·의사결정별로 구분할 수 있다.

기능별 설계는 전문지식이 필요할 경우 필요한 활동별로 구분하여 설계하는 방식이다.

목적별 설계는 생산하는 제품 또는 부품별로 직위 내지 부문 등의 자기통제를 촉진하기 위해 설계하는 방식이다.

의사결정별 설계는 상황에 따라 문제점을 중심으로 과업의 기능과 목적 또는 양자를 혼합하여 설계하는 방식이다.[8]

조직의 직무설계는 인사관리의 발전에 따라 변화되어 왔다. 즉 직무설계는 과학적관리

---

7) R.W. Griffin, 1982, 4.
8) 최종태, 2000, 154~158.

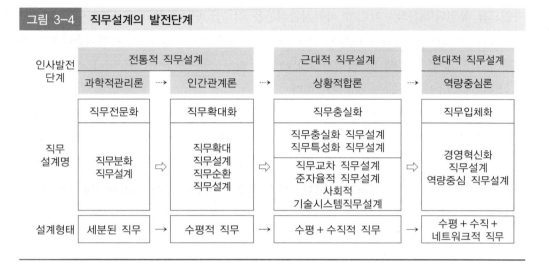

그림 3-4   직무설계의 발전단계

론을 바탕으로 한 직무전문화(직무분화 직무설계) → 인간관계론을 바탕으로 한 직무확대화
(직무확대 직무설계) → 상황적합론을 바탕으로 한 직무충실화(직무충실 직무설계) → 역량중심
론을 바탕으로 한 직무입체화(경영혁신 직무설계)로 발전하여 왔다. 이를 [그림 3-4]와 같
이 나타낼 수 있다.

## 2. 전통적 직무설계

전통적 직무설계는 개인차원에서 과학적관리론(법)을 바탕으로 하는 직무분화 직무설계
와 인간관계론을 바탕으로 하는 직무확대 직무설계, 그리고 집단차원에서 직무순환 직무설
계가 있다.

### 1) 개인차원

### (1) 직무분화 직무설계

직무분화 직무설계는 과학적관리론의 원리를 바탕으로 직무를 설계하는 방식이다. 이는
기술적·조직적 욕구충족에만 관심을 두는 설계방식이다.

제 1장에서 밝힌 바와 같이 과학적관리론은 전체 직무를 가능한 한, 최소의 작업단위로
세분화하고(단순화), 세분된 직무를 수행하기 위해 필요한 작업절차나 방법의 규정화 내지
제품의 규격화(표준화)를 통해, 각 작업자에게 한 가지의 직무만 계속 수행하도록 함으로써

숙련도를 높인다(전문화). 따라서 과학적관리론은 직무를 단순화하고 표준화하여 작업자를 세분화된 직무에서 전문화가 이루어지도록 하는 것이라 할 수 있다. 즉 과학적관리론은 경영자가 일의 분업을 통해 한 작업자에게 세분된 한두 직무를 맡겨 생산의 효율성을 이루는 직무전문화(job specialization) 기법이다.

과학적관리론은 아담 스미스의 '옷핀 제조공장' 사례에서 나타난 바와 같이 엄청난 생산성을 올렸다. 즉, 처음 10명의 작업자 한 사람 한 사람이 18개 공정을 모두 수행하여 핀 완제품을 만들었을 때 하루에 총 240개만을 생산하였으나, 18개 공정(직무)을 분화하여 작업자 한 사람이 1~2개씩 나누어 수행함으로써 하루 총 48,000개를 생산하였다. 따라서 과학적관리론은 작업의 분업, 즉 합리화로 불후(不朽)의 공적을 남겼다고 할 수 있다.

직무분화 직무설계는 종전의 복잡한 직무를 단순한 직무로 바꾸어 일의 능률을 향상시킨다. 그러나 작업자 입장에서는 이 방식이 반복작업방식이므로 지루하고 흥미가 낮아서 생산성이 떨어지게 되고, 결근이 많아지며, 심지어 퇴직의 원인이 되기도 한다.

### (2) 직무확대 직무설계

직무확대 직무설계는 직무분화 직무설계의 단점을 해결하기 위해 나타났다. 직무분화 직무설계의 단점은 직무분화 정도가 낮을 경우 생산성이 낮고 직무분화 정도가 높으면 생산성도 높아진다고 보았지만, 그 정도가 과도하면 작업자의 심리상태에 영향을 끼쳐 생산성도 낮아진다는 것이다.

직무확대 직무설계는 '과도기적 직무설계'라고 부르기도 한다. 직무확대 직무설계는 기술적·조직적 욕구뿐만 아니라 인간적·사회적 욕구까지도 충족시킬 수 있도록 직무내용, 직무방법 및 작업 상호간의 관계를 결정하는 방식이다.

직무확대화(job enlargement)는 한 작업자에게 세분된 일의 몇 가지를 통합하여 담당하게 함으로써 근로생활을 만족하도록 하는 설계방식이다. 직무확대 직무설계는 사회가 산업화됨에 따라 과학적관리를 바탕을 하는 합리성보다 인간관계론에 바탕을 두고 종업원의 생활성(만족성)을 더 중시한다. 직무확대화는 양적 직무확대와 질적 직무확대가 있는데, 여기에서 설명되고 있는 직무확대는 전자를 의미한다. 즉 양적 직무확대는 수평적 직무확대화로서 과학적관리론에 의해 체계적으로 나누어진 직무를 두세 가지로 늘려서 작업자가 수행하도록 하는 방식이다. 이를 [그림 3-5]로 나타낼 수 있다. 이에 반해 수직적 직무확대화는 상사의 의사결정 권한과 책임을 부하에게 이양하는 방식이다. 그러나 이것은 직무확대 직무설계에 적용되지 않는다.

| 그림 3-5 | 양적 직무확대화 |
|---|---|

하나의 직무 　　　　　　　　　　　　　여러 가지 직무

직무확대화는 작업자의 피로도, 단조로움, 싫증 등을 줄이기 위해, 직무의 수를 확대함으로써 기능과 기술의 다양성(폭) 증가로 직무수행에 대한 '의미'(meaningful)를 다소 증대시키는 데 있다. 따라서 직무확대화는 경제적 성과보다 사회적 성과를 더 중시하고 있다. 그렇지만 직무확대화가 작업자에게 단조로운 일을 더 추가시킬 경우 도리어 실망이 더욱 커질 수도 있을 것이다.

### 2) 집단차원: 직무순환 직무설계

직무순환(job rotation)은 직무설계가 아니지만, 집단차원의 직무설계로 간주되고 있다. 직무순환은 종업원들이 여러 직무를 다양하게 경험하기 위해 일정기간이 지나면 다른 직무들로 순환시켜 근무하게 하는 제도이다. 직무순환은 이동·전환·직무이동·순환보직 등의 명칭으로 사용되고 있다. 직무순환은 집단을 대상으로 직무순환이 가능한 직무군을 미리 정해두고, 수평적으로 순환하는 것이다. 따라서 직무순환은 직무 유연모델로서 집단 간의 이동을 통해 종업원의 직무수행능력을 향상시키는 것이므로 수평적 직무확대의 의미를 함축하고 있다.

직무순환은 다음과 같은 목적을 달성하기 위해 실시되고 있다.

첫째, 작업자가 특정 직무를 오래 수행함으로써 많은 스트레스를 가져다 줄 수 있는데, 이를 다소 해소 내지 경감시킬 수 있다.

둘째, 작업자가 비교적 장기간에 걸쳐 여러 직무를 수행함으로써 단조로움을 줄이고 매너리즘(mannerism)에 빠지는 것을 막을 수 있다.

셋째, 작업자에게 보다 수준 높은 직무수행의 기회를 제공하여 그의 능력을 신장시킬 수 있다.

기업이 직무순환제도를 도입하기 위해서는 다음 사항을 고려하여야 한다.

먼저, 전체 직무의 체류기간을 결정하여야 한다. 직무체류기간은 직무의 난이도, 직무의 적응기간, 그리고 성과가 최대로 상승된 이후 지속되는 기간 등이 고려되어야 한다.

그 다음, 직무들의 권한 크기, 난이도, 스트레스 정도를 사전에 파악하여 직무순환의 순서를 결정하여야 한다. 그럼으로써 경영자는 종업원들의 직무 적응도를 높이고, 능력을 체계적으로 향상시킬 수 있으며, 합리적인 직무순환을 가능하게 할 것이다.

종업원들은 직무순환을 통해 다양한 기능과 지식 및 능력을 높일 수 있고, 기업은 이를 바탕으로 인력배치의 융통성과 환경변화에 대한 적응력을 높이며, 외부노동시장의 영향을 줄일 수 있다.

직무순환은 작업자가 여러 직무를 자주 교체하여 수행하는 제도이므로, 새로운 직무를 배우는 데 많은 시간이 걸리게 되어 생산성이 저하될 수 있고, 이미 형성되어 있던 조직역량이나 협동시스템이 훼손될 수 있다. 특히 순환 초기에는 직무수행이 서툴러서 생산성이 더욱 떨어질 수 있다. 또한 직무순환은 순환된 종업원들을 위해 새로운 직무에 대한 이해와 지식의 습득을 위해 교육 및 훈련을 실시해야 함으로 '비용'이 증가된다.

직무순환은 작업자의 근로의욕 상승을 통해 생산성 향상이라는 순기능과 작업자의 잦은 교체로 새로운 직무의 적응이나 숙련에 시간이 필요하기 때문에 생산성이 저하된다는 역기능이 공존하고 있다. 따라서 기업의 직무순환제도는 유사한 기술을 사용하고 있어서 과업의 호환성이 가능하고 작업흐름에 큰 지장을 주지 않으며, 직무활동이 더 이상 도전적이지 않을 때 실시하는 것이 좋을 것이다.

## 3. 근대적 직무설계[9]

근대적 직무설계는 개인차원에서 수평과 수직으로 직무확대가 이루어지는 상황적합이론에 의한 직무충실화 직무설계가 있고, 집단차원에서 수평과 수직으로 직무확대가 이루어지는 상황적합이론에 의한 직무교차 직무설계, 준자율적 직무설계, 사회적 기술시스템 직무설계가 있다.

### 1) 개인차원

개인차원 직무설계는 개인을 대상으로 수평과 수직에서 직무확대가 이루어지는 상황적합론적 직무설계로서 직무충실화 직무설계와 직무특성화 직무설계가 있다.

---

9) 한국의 대부분의 학자들은 근대적 직무설계를 현대적 직무설계에 포함시키고 있다. 그러나 필자는 다음 장에서 설명하는 바와 같이 경영혁신화 직무설계와 역량중심 직무설계만을 현대적 직무설계라고 보기로 한다.

## (1) 직무충실화 직무설계

직무충실화(job enrichment) 직무설계는 단순히 일의 가지 수를 확대시켜 주는 양적 확대뿐만 아니라, 의미 있는 일과 자유재량권 및 책임 등 질적 확대가 동시에 이루지는 방식이다. 직무충실화 직무설계는 수평적으로 과업 가지 수의 확대와 수직적으로 의사결정의 권한 확대를 의미한다. 이를 [그림 3-6]으로 나타낼 수 있다. 그림에서 나타난 바와 같이 처음 ㄱ에서 ㄴ으로의 확대는 수평적 직무확대화를 의미하고, ㄱ에서 ㄷ으로의 확대는 수직적 직무확대화를 의미한다. 즉 상사는 부하에게 그가 수행하던 일정한 일의 일부를 위임함으로써 부하는 일의 가지 수도 늘어나고 의사결정의 권한과 책임도 늘어가게 된다.

**그림 3-6 　수평적 및 수직적 직무확대화**

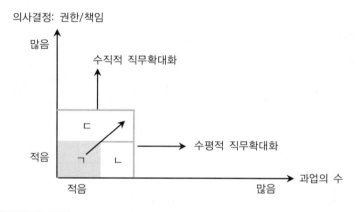

직무충실화 직무설계는 작업자에게 '완전한 직무'를 수행하도록 함으로써 창의력의 개발을 촉진시키고 직무수행의 능력을 향상시킬 수 있다. 따라서 직무충실화 직무설계는 종업원들의 의사결정 능력향상 등을 위해 추가적인 교육훈련 프로그램이 요청되고 있다. 그러나 상급자들은 그들의 권한을 부하들에게 위양시키는 것을 반대할 수도 있고, 성장욕구가 낮은 작업자들은 도리어 직무확대가 심리적으로 더 부담이 될 가능성도 있다는 것을 고려하여야 한다.

## (2) 직무특성화 직무설계

직무특성화(job characteristics) 직무설계는 직무특성화모형으로 설계함으로써 작업자를 동기유발시킬 수 있는 방식이다. 직무특성화모형은 해커먼과 올드햄(J. Richard Hackman &

Greg R. Oldham, 1980)이 주장하였다.

직무특성화모형은 작업자의 핵심 직무특성이 기술다양성, 과업정체성, 과업중요성을 가질 때, 작업자는 작업의 의미를 인식하여 경제적 성과인 이직 및 결근율 저하 등으로 생산성을 향상시킬 수 있고, 사회적 성과인 모티베이션 제고 등으로 만족성을 증대시킬 수 있다. 이 때 경영자가 작업자에게 자율성을 부여하면 일의 책임감이 높아지고, 또 피드백을 실시하면 작업결과를 더욱 인식하게 되어 경제적·사회적 성과를 더욱 향상시킬 수 있다. 이를 [그림 3-7]과 같이 나타낼 수 있다.

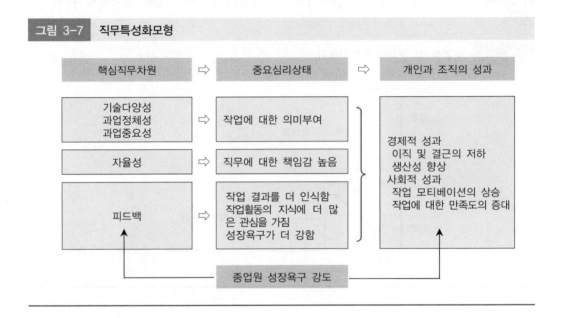

그림 3-7  직무특성화모형

직무특성화모형에서 제시된 핵심직무특성(core job characteristics)은 작업자가 수행하는 직무의 잠재적인 동기유발 정도를 측정하는 데 활용되고 있다. 즉 직무의 동기유발 잠재력 지수의 산출공식은 다음과 같다.

$$동기유발\ 잠재력지수 = \frac{기술다양성 + 과업정체성 + 과업중요성}{3} \times 자율성 \times 피드백$$

이 식은 핵심직무특성의 수준이 높을수록 작업자의 동기가 유발된다는 것을 보여주고 있다. 또한 자율성과 피드백도 작업자의 동기유발에 영향을 준다.

최근의 연구결과에 따르면 단순한 업무는 도리어 관료제와 같이 규정과 명령에 따라 관리하는 '전통방식'이 효율적이고, 복잡하고 고난도 업무일수록 자율성이 필요한 '유연방식'이 적합하다는 것이다.[10]

## 2) 집단차원

집단차원 직무설계는 집단을 대상으로 수평과 수직에서 직무확대가 이루어지는 상황적 합론적 직무설계로서 직무교차 직무설계, 준자율적 직무설계, 사회적 기술시스템 직무설계가 있다.

### (1) 직무교차 직무설계

직무교차(overlapped workplace) 직무설계는 직무의 일부분을 다른 작업자와 공동으로 수행하도록 짜여져 있는 수평적 직무설계 방식이다. 이를 [그림 3-8]로 나타낼 수 있다. 그림에서 나타난 바와 같이 직무교차 직무설계는 종전에 작업자 갑이 직무 1만 수행하였고 을이 직무 2만 수행하였으나, 변경 후에는 갑이 을의 e업무까지 확대하고, 을은 갑의 d업무까지 확대하여 갑과 을이 d업무와 e업무를 공동으로 수행하게 되는 것이다.

직무교차 직무설계는 다음과 같은 장점과 단점이 있다.

직무교차 직무설계의 장점은 다음과 같다.

첫째, 작업자들은 공통작업으로 과업 영역이 늘어나 직무수행을 유연하게 할 수 있다. 예를 들어 집단 중 한 동료가 결근하였을 때 다른 동료로 대체할 수 있으므로 직무를 유연하게 수행할 수 있다.

둘째, 작업자들은 직무수행에 있어서 단조로움과 싫증을 줄일 수 있고, 종업원들의 상호 협력을 통하여 능률을 향상시킬 수 있다.

샛째, 작업자들은 직무의 범위가 확대됨에 따라 기능과 기술의 폭이 넓혀져서 다기능을 형성할 수 있다.

넷째, 작업자들은 교차된 직무를 옆 작업자와 같이 수행함으로써 인간관계를 더욱 향상시킬 수 있다.

직무교차 직무설계의 단점은 두 사람 이상이 교차 직무를 수행하게 됨으로써 직무를 서로 미루거나 소홀하게 취급할 가능성이 있다는 것이다. 따라서 이런 현상이 발생하지 않도록 사전 교육이 요청되고 있다.

---

10) T. Burns, and G.M. Stalker, 1961.

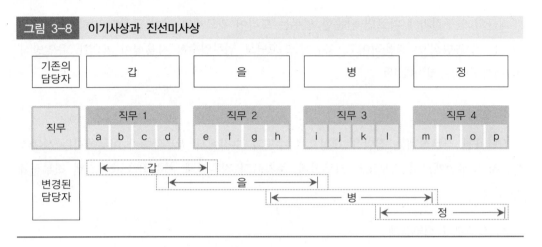

그림 3-8  이기사상과  진선미사상

## (2) 준자율적 직무설계

오늘날에는 기업의 업무가 DB화(Data Base: 전산화) 됨에 따라 조직의 중간관리층 인원수가 줄어들고, 하위 작업층의 인원수는 늘어나면서 자율성이 많이 부여되고 있다.

준자율적(semi-autonomous workgroup) 직무설계는 경영자가 몇 개의 직무들을 묶어 하나의 작업집단을 구성하고, 종업원들에게 어느 정도의 자율성을 허용해 주는 방식이다. 따라서 준자율적 작업집단 종업원들은 자신들이 수립한 집단규범에 따라 직무를 스스로 조정·통제할 수 있다.

준자율적 작업집단의 종업원들은 상당한 정도의 지식이나 기술업무의 계획 및 실천을 어느 정도 자율적으로 수행하지만, 그 업적에 대해 경영자의 평가나 통제를 받는다.

준자율적 작업집단은 종업원들이 노하우를 공유할 수 있고, 성장욕구를 충족시킬 수 있어서 만족도가 매우 높은 제도라고 할 수 있다. 그러나 준자율적 작업집단이나 자율적 작업집단은 경영자와 종업원들 간에 새로운 갈등문제가 나타나기도 한다.

## (3) 사회적 기술시스템 직무설계

사회적 기술시스템이론(socio-technological system theory)은 1950년대 사회학자들에 의해 제시된 직무설계이론이다. 이 직무설계 이론은 조직을 테일러적인 단순한 기술시스템 또는 인간관계적인 사회시스템만으로 보지 않고, 거시적 입장에서 기술시스템을 중심으로 하면서 미시적으로 사회시스템을 보완하는 통합시스템으로 보고 있다.

사회적 기술시스템 직무설계는 기술시스템을 중심으로 하지만, 노동의 인간화 및 근로생활의 질 향상(QWL)에 영향을 미치는 '인간적인 삶을 위한 노력'에서부터 시작하여 '인간을 고려한 직무'를 보완하는 방식이다. 즉 사회적 기술시스템 직무설계는 기업시스템이 기계설비 및 이의 운용을 통해 이루어지는 기술시스템이지만, 사회 및 심리적 원칙에 의해 지배받는 종업원과 종업원들 간의 사회시스템을 복합적으로 구성하는 방식이다.

기업은 전체 업무를 최적화하기 위해 각 시스템이 상대방에 방해를 받지 않고 독자적인 기능에 따라 기능을 충분히 발휘할 수 있는 관계 설정이 필요하다. 따라서 기업의 사회적 기술시스템 직무설계는 사회적 하위시스템(인간적 요구)과 기술적 하위시스템(기술적 요구)의 공동최적화 방향으로 직무설계를 제시하고 있다. 이 직무설계는 직무 내 과업의 최적 다양성, 전체과업과 관계되는 의미 있는 과업, 성과기준 설정에 있어서의 재량권과 결과의 피드백, 경계과업을 포함하도록 하는 과업의 확장 등을 원칙으로 하고 있다.

## 4. 현대적 직무설계

현대적 직무설계는 경영혁신화이론과 역량중심이론을 바탕으로 한다. 이 설계는 조직차원 직무설계로서 경영혁신화 직무설계와 역량중심 직무설계가 있다. 이 설계는 조직의 모든 대상을 수평적, 수직적 및 네트워크적, 즉 입체적으로 설계하는 유연적 직무설계이다.

### 1) 경영혁신화 직무설계

#### (1) 경영혁신화 직무설계의 의의

경영혁신화이론(business reengineering)은 비즈니스를 근본적(fundamental)으로 '고객중심'에서 사고하고, 일의 방법을 '프로세스 중심'으로 파악하여 혁신적(radical)으로 재구축함으로써 극적(dramatic)으로 업무성과를 향상시키는 이론이다.

경영혁신화 직무설계는 기존의 기능 중심의 업무수행방식에 대한 문제점을 해결하게 위하여 프로세스 중심으로 새로운 업무를 수행할 수 있도록 설계하는 방식이다. 즉 종래의 조직단위나 작업 순서는 완전히 무시하고 일의 방법을 근본적으로 뜯어 고쳐, 모든 사업 활동을 혁신적인 '프로세스 중심'으로 집단을 넘어 조직전체 차원에서 직무를 설계하는 방식이다.[11]

---

11) Hammer는 다음과 같이 기술하고 있다. 현재는 '순종'과 '근면'이 무의미하다. 명령에 따르는 것(순종)은 성공을 보장할 수 없다. 잘못된 방식으로 열심히 일하는 것(근면)은 미덕이 아니다. 고객에 대한 이해, 사고와 행동(작업)의 유연성, 열정적인 고된 노동 없이는 어디에도 도달할 수 없다. 일(작업)은 스마트하게, 적절한 목표를 정하여 특정 프로세스와 고객의 상황에 적응해서 수행해야만 한다. 순종(충성심)과 근면(하드워크)은 과거의 유물이고, 현재는 조직이 종업원에 대해 회사에 대한 충성심 이상으로 고객에 대해 충성심을 갖도록 그 태도를 바꾸지 않으면 안 된다. 그것이 회사가 살아남는 유일한 길이다.

경영혁신화 직무설계는 기업이 과거 오랜 시간에 걸쳐 확립되어 온 시장수요와 기술에 따른 업무의 설계와 절차를 단념하고, '고객 중심'으로 제품과 서비스를 제공하기 위해 직무를 '프로세스 중심'으로 설계하는 것이다. 경영혁신화 직무설계(직무프로세스설계)는 다음과 같다.

- 목표설정: 기업의 사명과 프로세스의 목표를 정한다.

- 프로세스 파악: 기업의 주요 업무흐름의 프로세스를 파악한다. 이때 기업이 고객에게 가치를 제공하는 데 필요한 핵심프로세스 위주로 파악하여야 한다. 기업의 여러 부문에 흩어져 있는 프로세스 구성업무들을 찾아내고, 업무처리 단계별로 의사결정 소요시간과 대기시간 등 비효과적인 업무들을 찾아낸다. 어떤 기업도 전체프로세스를 동시에 구축할 수 없으므로 프로세스의 역기능성, 프로세스의 중요성, 프로세스의 실행가능성을 중심으로 그 대상을 선택한다. 그리고 어떤 프로세스를 어떤 순서로 처리해야 하는지를 결정한다.

- 용어붙임: 재설계할 프로세스를 찾아내어 용어를 붙인다. 기업의 사업 및 그와 관련된 목적에 따라 전체적 관점에서 프로세스를 재설계한다. 주요 프로세스를 찾아 그들 간에 경계를 정하고 전략적으로 적합한 프로세스를 선택한다. 선택된 프로세스에 용어를 붙인다. 즉 프로세스가 시작되고 끝난 상태를 나타내는 용어(예를 들어, 판매는 고객의 요구에서 주문까지)를 만드는 일이다.

- 흐름도 작성: 프로세스를 조사·분석하여 흐름도를 작성한다. 이 흐름도는 기업의 여러 가지 작업 흐름을 나타내는 것이다.

- 프로세스 재설계: 프로세스를 재설계한다. 불필요한 중복업무와 업무를 지연시키는 요인을 찾아 개혁한다. 그리고 새로 설계된 프로세스를 평가한다. 이 프로세스가 효율적이라고 판단되면 새로운 프로세스를 확정한다. 이때 정보시스템이나 정보기술의 활용방안을 함께 모색한다.

- DB 구축: 프로세스 재설계를 위한 DB를 구축한다. 새로운 프로세스는 정보기술 없이는 존재할 수 없다. 새로운 프로세스는 컴퓨터를 이용한 DB의 구축으로 정보를 작업자들이 공유하도록 함으로써 완성된다.[12]

## (2) 경영혁신화 직무설계의 사례
경영혁신화 직무설계의 사례는 다음과 같다.

---

12) M. Hammer & J. Champy, 1994.

| 그림 3-9 | 텍사스 인스트루먼트사(社) 프로세스의 흐름도 |

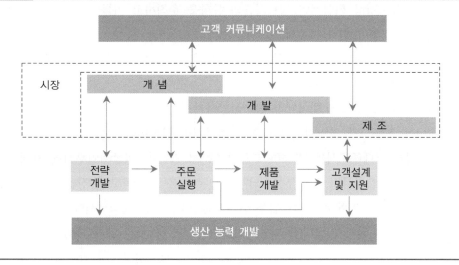

혁신적인 직무프로세스를 설계한 텍사스 인스트루먼트사의 반도체 사업부문 프로세스의 흐름도를 소개하기로 한다. 이를 [그림 3-9]로 나타낼 수 있다.

첫째, 이 회사의 프로세스 흐름도는 전략개발, 주문실행, 제품개발, 고객설계와 지원, 고객 커뮤니케이션, 생산능력개발 등 매우 간단하다. 전략개발은 새로운 전략의 설정을, 주문실행은 고객이 원하는 제품의 납품을, 제품개발은 총체적인 제품설계를, 고객설계와 지원은 주문설계를, 고객 커뮤니케이션은 고객의 요구와 질문에 대답을, 생산능력개발은 공장을 나타낸다.

프로세스 흐름도에는 이 회사의 시장(고객들: 비고객과 잠재고객을 포함)이 프로세스 흐름도의 중심이고, 전략개발 프로세스의 중요한 요인이 된다.

둘째, 고객은 단일체가 아니라 개념(컨셉), 제품개발, 제조 등 세 가지 중요한 프로세스 관점에서 파악하고 있다. 이것은 이 회사가 어떻게 고객을 위한 사업(개념)을 운영하고, 어떤 고객을 위한 업무(제품개발)를 추진하며, 어떻게 제조(공정)함으로써 기여할 것인지를 인식하여야 한다.

셋째, 기존의 프로세스를 이해하고 측정한다. 경영혁신에서 현재의 프로세스를 분석하고 이해하는 것은 현재의 문제를 반복하지 않고 앞으로 개선하기 위한 기준 마련에 중요하다. 팀구성원들은 지식, 직관, 통찰력으로 완전히 새롭고 우수한 설계를 할 수 있을 정도로 높은 차원의 식견이 필요하다.

넷째, 알맞은 정보기술을 찾아낸다. 정보기술은 프로세스의 재구축을 가능하게 하는 도구이므로, 기업은 항상 핵심적인 정보기술의 동향을 추적하고 이를 조직 내부화 할 수 있도록 꾸준히 노력해야 한다.

다섯째, 특정 프로세스를 재구축하는 것은 상당한 위험을 내포하기 때문에 먼저 프로세스의 원형을 설계하고 구축한다.

포드(Ford)사의 프로세스 재설계과정을 설명하기로 한다.

그림 (A)는 포드사가 경영혁신화 이전의 업무처리 방식이다. 첫 단계로 구매부서가 부품공급업자에게 구매주문서를 발송하고 구매주문서 사본을 외상매입부서에 제시한다. 두 번째 단계에서 부품공급업자는 부품수납부서에 부품을 공급하고 송장을 외상매입부서에 발송한다. 세 번째 단계에서 부품수납부서는 부품인수를 외상매입부서에게 알린다. 마지막으로 부품인수 확인절차가 끝나면 외상매입부서는 부품공급업자에게 대금을 지급한다.

한편 그림 (B)는 포드사의 경영혁신화를 실시한 이후의 업무처리 방식이다. 직무프로세스에 대한 재설계를 통해서 이 업무처리 절차는 간결해진다. 즉 구매부서의 부품공급업자에 대한 구매주문서 발송, 부품공급업자의 부품공급, 외상매입부서의 대금지급 등 핵심직무 위주로 업무처리는 신속히 이루어지며, 그 외 경영혁신화 이전 단계에서 요구되던 모든 당사자들 간에 업무연계는 데이터베이스에 의해 이루어지게 된다.13)

따라서 경영혁신화 이전에는 일의 처리를 분업화 원리에 의해 어느 한 담당자나 각 부서가 특정프로세스의 모든 업무단계를 처음부터 끝까지 순차적으로 직렬처리하였다. 그 결과 지체, 지연 및 오류가 나타났다. 그러나 경영혁신화 방식에서는 공유된 데이터베이스에 입력하여 많은 사람들이 정보를 동시에 활용할 수 있게 함으로써 각 부서의 위치에 상관없이 자신이 필요한 정보로 사용하여 업무를 병렬처리(parallel processing)할 수 있다. 따라서 전체소요시간, 정확도 및 비용에서 획기적인 개선이 이루어지게 되었다. 이를 [그림 3-10]으로 나타낼 수 있다.

이와 같이 경영혁신화에서는 전문가시스템의 도입으로 일반직원들도 정보기술의 도움을 받아 전문가 작업을 수행할 수 있게 된다. 이는 전통적으로 전문가만이 복잡하고 어려운 작업을 수행할 수 있다는 사고의 혁신적인 변환이라 할 수 있다.

---

13) 박경규, 2013, 98~99.

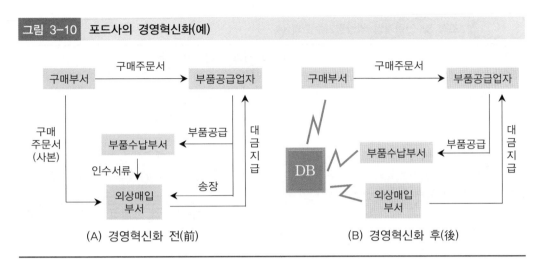

그림 3-10   포드사의 경영혁신화(예)

(A) 경영혁신화 전(前)        (B) 경영혁신화 후(後)

## 2) 역량중심 직무설계

역량중심 직무설계는 역량모델을 구축하여 역량중심 직급에 따라 업무를 수행할 수 있도록 설계하는 방식이다.

한국 존슨앤존슨사는 직급 수가 지나치게 많고, 역량도 지나치게 많이 구분되어 있는 것이 불합리하다고 판단하여 직급을 변경하였다. 한국 존슨앤존슨사의 직급체계는 역량을 기초로 총 5개의 직급으로 구성되어 있다. 이를 〈표 3-4〉로 나타낼 수 있다. 한국 존슨앤존슨사는 1983년 한국 진출 이후 우리나라 기업들과 같이 인적자원을 관리해 왔으나, 직무를 중심으로 한 성과주의 임금제도로 변화를 시도하면서 5개로 변경하였다.

표 3-4   한국 존슨앤존슨의 직급체계

| 직급 1 | 직급 2 | 직급 3 | 직급 4 | 직급 5 |
|---|---|---|---|---|
| 초급자(junior) | 상급자(senior) | 감독자(supervisor) | 지배인(manager) | 이사(director) |

한국 존슨앤존슨사의 직급은 각 직무가 필요로 하는 역량의 차이에 기초로 하고 있다. 한국 존슨앤존슨사의 핵심역량은 조직 및 인력개발, 고객지향, 시장지향, 혁신과 창조, 상호협력, 커뮤니케이션, 계획과 조직, 변화관리, 판단과 문제해결, 기업성과지향 등 10개로 최종 결정하였다. 한국 존슨앤존슨사는 이 핵심역량을 각 차원에서 5개의 직급에 해당하는 역량 수준으로 구분하였다. 최종적으로 조직 및 인력개발을 위한 역량평가내용 다섯 가지

| 표 3-5 | 조직 및 인력개발 역량평가수준의 예 |
|---|---|

| 역량<br>수준 | 조직 및 인력개발을 위한 역량평가 내용<br>조직의 성과지향적 환경을 조성하고 개인이 최상의 성과를 낼 수 있도록 도와줄 수 있는 능력 |
|---|---|
| 1 | 자신의 전문능력 영역에서 다른 사람들에게 조언하고 훈련을 실시한다. 조직의 부서에 요구되는 OJT에 참여하여 지도하고, 동시에 자신의 개발을 추구한다. 자신의 잠재력을 최대한 발휘하는 방향으로 노력한다. |
| 2 | 다른 사람들에게 신속하고 정직하며, 건설적인 피드백과 OJT를 제공한다. 다른 사람들이 효율적으로 일할 수 있도록 지속적으로 코치한다. 역량과 성과를 규칙적으로 모니터링 함으로써 개인과 팀의 개발을 지원한다. |
| 3 | 관리과정을 통해 성과관리를 정착시킨다. 개인과 팀의 개발욕구를 명확히 파악하여, 이를 충족시켜 줄 구체적 계획을 수립·실행한다. 효과적으로 권한을 위임하고 사소한 개선도 가치 있는 것으로 인정한다. |
| 4 | 인력개발이 필요한 부분을 찾아내고, 각 개인의 기능과 성과를 정기적으로 평가한다. 기업 성과에 기여하는 각 개인의 다양한 특성들을 적극적으로 발굴하여 개발한다. 실패를 인정해 주면서도 전사적인 차원에서 기업 성과의 문제점을 찾아내고, 이를 해결하기 위해 노력한다. |
| 5 | 전사적인 경영관리시스템을 통해 성과지향적 문화를 도입하고 정착시킨다. 전략적 계획을 달성하기 위해 필요한 인력개발의 필요성과 우선순위를 결정한다. 개인의 능력을 개발시키기 위한 전사적인 전략을 개발한다. |

수준의 예는 〈표 3-5〉와 같다.

한국 존슨앤존슨사의 역량중심 직급은 5개의 직급 중에서도 직급 3이상의 관리자급 임금관리에 초점이 맞추어져 있고, 임금제도는 기본적으로 핵심역량에 기초한 직무성과급이라고 볼 수 있다. 그러나 실제로는 직급 2이하 종업원들의 임금에는 아직도 근속연수가 중요한 영향을 미치고 있다.

## 제5절 직무평가

### 1. 직무평가의 의의

직무평가(job evaluation)는 직무분석의 결과로 밝혀진 직무의 구체적인 내용과 이를 작업자가 직무수행을 위해 요구되는 자격요건에 따라 '해당직무의 상대적 가치'를 밝히는 활동이다. 직무의 가치란 작업자의 해당직무 수행결과가 기업의 목표달성에 공헌하는 정도이다. 즉 기업의 목표달성에 더 많이 공헌하는 직무를 다른 직무에 비해 더 가치가 있다고 보는 것이다. 예를 들어 기업의 업무 중 엔지니어업무와 수위업무를 비교할 때 전자가 후자보다 더 높은 가치를 가진다고 할 수 있다. 그렇지만 기업의 많은 업무들을 기업목표의 공헌도와 비교하여 가치를 평가하는 것은 매우 어렵다. 왜냐하면 하나의 수행결과가 최종적으로 기업목표 달성에 까지 연결되는 데에는 많은 직무들이 상호의존성을 가지고 영향을 주고 있기 때문에, 어느 것이 공헌도가 더 큰 것인지 판단하는 것은 쉬운 일이 아니다.

　직무의 가치평가는 직무의 '기업목표 달성 공헌도'를 바탕으로 해당 직무를 수행하는데 요구되는 작업상황의 양적·질적 측면에 대한 가치를 평가하는 간접적인 방법이다. 직무의 가치평가는 기업의 목표달성에 대한 개별직무의 중요도, 수행상의 난이도, 작업환경의 위험도 등을 기준으로 평가된다. 그 결과 평가점수가 높은 직무를 수행하는 작업자는 평가점수가 낮은 직무를 수행하는 작업자보다 더 많은 임금을 받게 된다. 그러나 직무평가는 개별 직무의 절대적인 가치를 평가하는 것이 아니고, 그 기업에 존재하는 다른 직무에 대비한 상대적인 가치를 평가하는 것이다.

## 2. 직무평가의 목적

### 1) 임금(직무급)의 결정

　직무평가의 근본목적은 임금수준의 결정에 있다. 기업은 그의 목표달성에 대한 개별직무의 내용과 수준, 특히 중요도, 수행상의 난이도, 작업환경의 위험도 등을 기준으로 상대적인 가치를 평가하여 임금과 결부시키고 있다. 즉 종업원의 임금이 직무가치에 의해서 결정될 때 이를 직무급이라고 한다. 기업이 직무가치를 기준으로 하여 임금을 지불하게 되면 임금 공정성이 확보될 수 있으므로, 임금과 관련된 종업원과의 갈등을 최소화시킬 수 있다.

### 2) 인력의 확보와 배치

　직무평가의 목적은 인력의 확보와 배치에 있다. 기업 내 각 직무는 내용과 수준, 특히 중요도와 난이도 등에서 차이가 있으며, 종업원들도 정신적·육체적·기술적 능력수준에서 서로 차이가 있다. 따라서 기업은 인력을 확보하거나 배치할 때, 직무평가 자료를 이용함으로써 직무와 인력의 적합관계를 이룰 수 있다. 다시 말하면 기업이 직무가치 정도를 평가하여 인력의 확보와 배치에 사용함으로써 인사의 합리성을 높일 수 있을 것이다.

### 3) 종업원의 역량개발

직무평가의 목적은 역량개발에 있다. 기업이 각 직무의 내용과 수준, 특히 중요성과 난이도 등의 평가를 바탕으로 인적자원을 관리함으로써 종업원들의 역량을 개발 내지 향상시킬 수 있다. 즉 기업이 직무평가 결과를 종업원들의 교육훈련·배치·이동·승진 등에 사용함으로써 그들의 역량개발을 더욱 촉진시킬 수 있을 것이다.

## 3. 직무평가의 방법

직무평가의 방법에는 크게 종합적 평가방법과 분석적 평가방법이 있다.

### 1) 종합적 평가방법

종합적 평가방법은 직무수행의 중요도와 난이도를 기준으로 포괄적인 판단에 의하여 직무의 가치를 상대적으로 평가하는 방법이다.

### (1) 서열법

서열법은 직무평가자가 평가하려는 직무들의 직무기술서 및 직무명세서를 가지고 '포괄적인 가치'를 상대적으로 평가하여 서열을 정하는 방법이다. 서열법의 중요기준은 기업의 목표달성에 대한 해당직무들의 중요도, 직무수행상의 난이도, 작업환경의 위험도 등 포괄적인 가치에 따라 서열을 정한다.

서열법은 가장 간편한 방법이므로 효율적이라는 장점이 있으나, 주관적 평가로 이루어지므로 그 결과에 대한 신뢰도를 확보하기 어렵다.

서열법의 유형은 일괄서열법, 쌍대서열법, 위원회서열법 등이 있다.

일괄서열법은 최상위 직무와 최하위 직무를 먼저 선정하고, 그 다음 나머지 직무의 서열을 상대적으로 정하여 서열을 메기는 방법이다.

쌍대서열법은 각 직무들을 두 개씩 짝을 지어 비교하여 서열을 메기는 방법이다.

위원회서열법은 평가위원회를 설치하여 다수의 위원들이 서열을 결정하는 방법이다. 이 방법은 평가자 1인이 실시하는 것보다 편견도 적고 객관성도 더 높다고 할 수 있다.

### (2) 분류법

분류법은 미리 해당직무를 등급으로 나누고 평가 내용을 기술하여 작성한 분류표에 따라 평가하는 방법이다. 직무의 모든 등급은 등급표를 작성하여 나타낸다. 등급표는 직무의 중요성·직무수행상의 난이도·직무환경의 위험도 등을 고려하여 개별등급을 포괄적으로 나타낸다. 분류법은 등급법이라고도 하는데, 서열법을 좀 더 발전시킨 방법이다.

분류법은 기업이 해당 직무를 평가할 때 주어진 등급(5-10등급)에 대해 분류만 하기 때문에 다른 직무평가 방법보다 간단하고 용이하다. 그러나 분류법은 개별 등급에 대한 정의가 여러 직무들이 가지고 있는 공통적 가치, 즉 일반적 개념을 기술하고 있으므로 명확하지 못하여 정확한 평가가 어렵다. 특히 중간 등급에 대한 차별화가 어렵다. 또한 분류법은 주관적으로 평가하므로 신뢰성을 확보하기 어렵다.

예를 들어 생산직종의 직무등급표의 정의는 〈표 3-6〉과 같다.

| 표 3-6 | **직무등급표(생산직종)** |
|---|---|
| **등급** | **정 의** |
| 1 | 매우 단순하고 반복적인 과업들이나 혹은 비반복적인 과업이라 하더라도 사고의 필요성이 거의 없는 직무들. |
| 2 | 직무를 수행하면서 일하는 방법을 배울 수 있기 때문에, 사전에 간단한 학습(훈련)을 필요로 하는 과업들. 엄격한 감독 하에서 수행되는 직무들. |
| 3 | 과업들은 다양하지만, 본질적으로 반복적인 직무들. 그러나 직무수행의 절차는 회사의 방침이나 작업규칙에 의해 결정되어 있음. 간단한 지시와 같은 업무감독 하에서 직무가 수행됨. 직무수행 의사결정 권한이 드물게 부여되고 약간의 판단력이 요구됨. |
| 4 | 과업들이 다양하고, 이를 수행하기 위해 어느 정도의 직무경험이 필요한 직무들. 자주 판단력을 필요로 하며, 독자적 사고가 요구되는 직무수행. 직무는 보통 정도의 감독 하에서 수행됨. |
| 5 | 과업들의 기술수준이 어느 정도 요구되며 과업분야에서 특화되어 있는 직무들. 작업자 자신의 독자적 판단력이 작업수행에 빈번하게 발생됨. 보통 정도의 감독 하에 직무가 수행됨. 해당 직무수행자는 몇 명의 하위직급 작업자들을 지휘할 수도 있음. |
| 6 | 높은 수준의 책임이 부여되는 과업들로서 독자적인 판단을 필요로 하는 직무들. 또한 높은 수준의 전문기술이 요구됨. 보통정도의 감독 하에 직무가 수행됨. 소규모의 하위 작업 집단을 지휘하고 조정하는 업무가 있을 수 있음. |

## 2) 분석적 평가방법

분석적 평가방법은 직무를 기초적인 요소 또는 조건으로 보고, 이를 계량적으로 평가하는 방법이다.

**(1) 점수법**

점수법은 평가대상인 개별직무의 가치를 점수화하여 표시하는 방법이다.

점수법의 평가과정은 다음과 같다.

- 제1단계: 평가요소의 선정과 등급화

기업은 먼저 개별직무의 어떤 측면을 평가할 것인지를 결정하여야 한다. 직무평가의 수는 적을 경우 3개, 많을 경우 25개 정도이나 일반적으로 10개 정도가 사용되고 있다. 〈표 3-7〉의 평가요소의 분류는 ILO의 제네바 국제회의에서 합의한 평가요소이다. 직무평가요소는 기업과 종업원 측이 협의한 후 결정하여야 한다. 따라서 기업은 기존의 여러 모형 중 그 직종과 규모 및 직무특성에서 가장 유사한 모형을 선정하고, 이를 다소 수정하여 사용하는 것이 좋을 것이다.

**표 3-7 평가요소의 분류**

| 평가 요소 | 구성 요소 | |
|---|---|---|
| | 중분류 | 소분류 |
| 역량 | 지식 | 기초지식, 직무지식, 일반지식 |
| | 경험 | 신체적 숙련, 동작적 숙련 |
| | 응용 | 판단력 |
| 노력 | 육체적 노력 | 근육부담, 에너지 대사율 |
| | 정신적 노력 | 단조도, 감각피로도 |
| 책임 | 대인적 책임 | 감독의 폭 및 인원 수, 피감독자의 관계 |
| | 대물적 책임 | 감독시설관리 책임, 직접제조 책임, 간접제조 책임 |
| 작업조건 | 작업환경(불쾌조건) | 불쾌항목, 불쾌도, 불쾌직면시간 |
| | 위험도(재해위험) | 주의력 부담정도, 위험원인, 재해 직면시간의 장단, 재해 시 위험정도 |

평가요소가 결정되면 이를 기준으로 각 항목을 등급화 하여야 한다. 평가요소의 등급을 〈표 3-8〉로 나타낼 수 있다.

| 표 3-8 | | 평가요소의 등급화 | | | | | | | |

| 기본<br>요소 | 세분<br>요소 | 정 의 | 관찰<br>항목 | 척 도 | | | | | |
|---|---|---|---|---|---|---|---|---|---|
| | | | | 1급 | 2급 | 3급 | 4급 | 5급 | 6급 |
| 역량 | 지식<br>(교육) | 직무수행상<br>필요한<br>기초적·이<br>론적 지식 | 학교교육<br>내지 이에<br>준한<br>교육정도의<br>습득 | 무학력<br>이라도<br>가능함. | 초졸정도 | 중졸정도<br>간단한<br>기계적 지식 | 고졸정도<br>약간의<br>화학적·<br>물리적<br>지식 | 대졸정도<br>전문적<br>지식 | 대졸이상<br>전문직<br>지식 |
| | 경험 | 필요한<br>기능·숙련<br>의 소요기간 | 숙련기간 | 보통<br>상식 | 1~2개월 | 3~6개월 | 1년<br>보통의<br>선반공정<br>도 | 2~3년<br>숙련을<br>요함 | 5~7년<br>장기<br>숙련을<br>요함 |
| | 응용성 | 직무의<br>복잡도 | 판단력<br>선택력<br>응용력 | 극히<br>단순한<br>일 | 반복적인<br>일·판단<br>과<br>선택적인<br>일이 없음 | 매일 같고,<br>일상적인<br>일을 수행함.<br>내용이 약간<br>복잡함 | 일의<br>내용이<br>복잡함 | 일상적인<br>일이<br>적고,<br>대단히<br>복잡함 | 일상적인<br>일이 아닌<br>고도의<br>판단을<br>요함 |
| 노력 | 육체적<br>노력 | 직무수행상<br>필요한<br>육체적<br>필요도 | 직무명세서 | 극히<br>적음 | 때때로<br>필요 | 자주 필요 | 항상<br>필요 | 고도로<br>필요 | 부단히<br>새로운<br>문제가<br>발생 |
| | 정신적<br>노력 | 직무수행상<br>필요한<br>정신적<br>필요도 | 직무명세서 | 〃 | 〃 | 〃 | 〃 | 〃 | 〃 |
| 책임 | 대물적<br>책임 | 직무수행에<br>경제적<br>손실을<br>미치는 정도 | 원가분석 | 경영과<br>는<br>무관계 | 근소한<br>관계 | 중간 | 중요 | 극히<br>중요 | 기업성쇠에<br>문제가<br>있음 |
| | 대인적<br>책임 | 직무수행에<br>인간적인<br>관계에서<br>보전하여야<br>하는 정도 | 인간관계<br>분석 | 〃 | 〃 | 〃 | 〃 | 〃 | 〃 |
| 작업<br>조건 | 작업<br>환경 | 직무수행을<br>위한<br>작업장의<br>환경정도 | 직무기술서 | 아주<br>조금<br>쾌적 | 조금<br>쾌적 | 중간 | 상당히<br>쾌적 | 극히<br>쾌적 | 매우 쾌적 |
| | 위험 | 직무수행을<br>위한<br>작업장의<br>위험정도 | 직무기술서 | 아주<br>조금<br>위험 | 조금<br>위험 | 중간 | 상당히<br>위험 | 극히<br>위험 | 매우 위험 |

－제2단계: 평가요소에 대한 가중치 부여

평가요소가 선정된 후 각 평가요소에 가중치(직무가치)를 부여하여야 한다. 각 평가요소는 가중치의 부여로 그 중요도가 달라진다. 가중치 부여는 '전반적인 경영관리'에서 본 가중치와 '직무상 평가요소'를 나타내는 가중치로 구분해서 생각할 수 있다. 이러한 가중치는 백분비로 표시되는 것이 보통이다.

가중치 부여는 업종 및 규모에 따라 다르기 때문에 그 기업의 사정에 맞도록 적절히 조정해야 한다. 가중치 부여방법에는 등차급수 방법과 등비급수 방법이 있다. 등차급수를 사용하여 계산해 보면 가중치 점수가 바로 최고 등급인 6등급의 점수가 된다. 그리고 1등급의 점수는 6등급의 1/10로 계산한다. 그리고 나머지 2－5등급은 S＝최고치－최저치/N－1 (S, 등급간의 차, N, 등급수)에 따라 계산한다. 이를 〈표 3-9〉로 나타낼 수 있다.

| 표 3-9 | 평가요소의 배점표 | | | | | | | |
|---|---|---|---|---|---|---|---|---|
| 요소 | 등급 | 1 | 2 | 3 | 4 | 5 | 6 | 가중치 |
| 역량 | 지식 | 2 | 5.6 | 9.2 | 12.8 | 16.4 | 20 | (20) |
| 역량 | 경험 | 1 | 2.8 | 4.6 | 6.4 | 8.2 | 10 | (10) |
| 역량 | 응용 | 1 | 2.8 | 4.6 | 6,4 | 8.2 | 10 | (10) |
| 노력 | 육체적 노력 | 1 | 2.8 | 4.6 | 6,4 | 8.2 | 10 | (10) |
| 노력 | 정신적 노력 | 1.5 | 4.2 | 6.9 | 9.6 | 12.3 | 15 | (15) |
| 책임 | 대물적 책임 | 0.5 | 1.4 | 2.3 | 3.2 | 4.1 | 5 | (5) |
| 책임 | 대인적 책임 | 1 | 2.8 | 4.6 | 6.4 | 8.2 | 10 | (10) |
| 작업조건 | 작업환경 | 1 | 2.8 | 4.6 | 6.4 | 8.2 | 10 | (10) |
| 작업조건 | 위험 | 1 | 2.8 | 4.6 | 6.4 | 8.2 | 10 | (10) |
| 합 계 | | | | | | | | 100 |

－제3단계: 평가요소에 대한 점수산정

각 요소가 선정되고 가중치 및 기준이 설정되면, 〈표 3-9〉와 같이 등급간 정의에 따라 평가한다. 이때 모든 요소에 대한 점수의 집계가 바로 직무평가의 점수로서 나타난다. 즉 직무평가의 점수는 평가직무의 모든 요소에 해당되는 등급의 점수를 합한 값이다. 각국의 주요 직종별 각 요소의 가중치는 〈표 3-10〉과 같다.

| 표 3-10 | 직종별 각 요소의 가중치 | | | | |
|---|---|---|---|---|---|
| 종류 | 지식(교육) | 정신적 요건 | 노력 | 환경 | 계 |
| 철강(독일) | 25 | 43 | 14 | 18 | 100 |
| 항공기(독일) | 30 | 40 | 20 | 10 | 100 |
| 기계(독일) | 26 | 34 | 24 | 16 | 100 |
| 전기(미국 A) | 62 | 19 | 6 | 13 | 100 |
| 전기(미국 B) | 57 | 21 | 8 | 14 | 100 |
| 미국(5사 평균) | 45 | 31 | 11 | 13 | 100 |
| 독일(14사 평균) | 22 | 34 | 24 | 20 | 100 |

－제4단계: 대표직무의 임금조사와 임금체계 설계

제3단계에서 얻은 각 대표직무의 직무평가 점수를 화폐가치로 바꾸어야 한다. 그 순서는 다음과 같다. 첫째, 대표 직무를 선정하여 직무의 표본을 추출한다. 둘째, 노동시장에서 표본기업을 선택한다. 셋째, 적절한 임금정보를 얻는다.

임금조사에 의해서 얻어진 자료를 분석하고 평균화하여 대표직무의 화폐가치를 임금도표에 점으로 나타낸다. 그렇게 함으로써 모든 직무들의 실제 평가와 유사한 추세선(값)을 최소자승법에 의해 구한다. 그러나 대표직무의 임금조사를 통한 임금체계의 설계는 각 기업 간에 동일 직무의 비교, 자료의 수집과 분석에 사용되는 적절한 통계기법이 매우 중요하다고 할 수 있다. 따라서 기업은 이런 사항을 잘 이행하였을 때, 그 기업의 실정에 맞는 직무급 임금체계를 설계할 수 있다.

### (2) 요소비교법

요소비교법(factor-comparison method)은 점수법에서 발전되었다. 점수법은 각 평가요소의 가치에 따라서 점수를 부여하는 데 반하여, 요소비교법은 각 직무들의 평가요소별로 서열화하고 이를 임금으로 환산한다. 요소비교법은 기업에서 핵심이 되는 몇 개의 기준직무를 선정하고, 각 직무의 평가요소를 기준직무의 평가요소와 비교함으로써 모든 직무의 상대적 가치를 요소 임금액으로 평가하여 결정하는 방법이다.

요소비교법의 구체적인 평가과정은 다음과 같다.

－제1단계: 몇 개의 기준직무 선정

기준직무는 업무내용이 명확하고, 지불되는 급여액이 적절하다고 인정되는 것이어야 한다. 기준직무의 수는 예정 직무등급 수와 같아야 한다.

– 제2단계: 기준직무의 평가요소 결정

일반적으로는 역량·정신적 노력·육체적 노력·책임·작업환경의 5개 요소가 많이 사용된다.

– 제3단계: 평가요소의 중요도에 따라 임금배분

기준직무에 대한 각 평가요소의 중요도에 따라 임금을 배분한다. 수 명의 평가위원이 수 회에 걸쳐 각 기준직무의 시간당 현재임금(또는 평균임금)을 평가요소별로 배분한 결과를 종합하고 평균한다. 그리고 이를 바탕으로 모든 기준직무의 요소별로 최종 순위를 결정하여 임금배분표를 작성한다. 〈표 3-11〉에 의하면 기계공의 시간당 임금 92원 중 역량요소는 얼마가 지급되고 있으며, 책임요소는 얼마가 지급되고 있는지를 일목요연하게 표시한 것이다. 이 때, 임금의 요소별 배분에는 일정한 기준이 있는 것이 아니라, 평가자의 주관적 판단에 의해 결정된다. 그러므로 수명의 평가위원이 평가한 결과를 종합하여 평균할 필요가 있다.

| 표 3-11 | **평가위원의 평가요소별 임금배분의 예** | | | | | | |
|---------|--------------|------|--------------|--------------|------|----------|-------------|
| 기준직무 | 평가위원<br>(회수) | 역량 | 정신적<br>노력 | 육체적<br>노력 | 책임 | 작업조건 | 임금<br>(시간당) |
| 기계공 | 1 | 33 | 30 | 9 | 14 | 6 | 92(원) |
| | 2 | 32 | 27 | 11 | 15 | 7 | |
| | 3 | 33 | 26 | 11 | 16 | 6 | |
| 수위 | 1 | 3 | 6 | 16 | 5 | 12 | 42(원) |
| | 2 | 5 | 5 | 17 | 4 | 11 | |
| | 3 | 4 | 4 | 18 | 4 | 12 | |

– 제4단계: 기준직무 이외의 직무는 유사 직무요소의 임금액 적용

기준직무 이외의 직무는 기준직무 요소별 배분표에서 가장 유사한 직무요소를 찾아 요소별로 임금액을 결정한다. 그러므로 기준 이외의 직무는 이들 요소별 임금액을 합계하여 정한다.

| 표 3-12 | 기준직무요소별 임금배분표의 예 |

| 평가요소<br>배분<br>임금 및<br>직위<br>기준직무 | 역량 | | 정신적 노력 | | 육체적 노력 | | 책임 | | 작업조건 | | 시간당<br>임금 |
|---|---|---|---|---|---|---|---|---|---|---|---|
| | 임금 | 순위 | 임금 | 순위 | 임금 | 순위 | 임금 | 순위 | 임금 | 순위 | |
| 기계공 | 33.4 | 1 | 26.8 | 1 | 10.2 | 7 | 15.8 | 2 | 5.8 | 8 | 92 |
| 공구공 | 32.1 | 2 | 21.7 | 3 | 12.2 | 5 | 13.8 | 3 | 8.2 | 7 | 88 |
| 동력공 | 21.1 | 3 | 24.9 | 2 | 4.1 | 9 | 27.7 | 1 | 4.2 | 9 | 82 |
| 조립공 | 20.1 | 4 | 11.1 | 4 | 14.0 | 4 | 12.2 | 4 | 10.6 | 4 | 68 |
| 재료공 | 18.8 | 5 | 10.1 | 5 | 10.8 | 6 | 10.6 | 5 | 9.7 | 5 | 60 |
| 목 공 | 7.3 | 7 | 5.5 | 7 | 19.2 | 2 | 6.9 | 7 | 13.1 | 2 | 52 |
| 운전공 | 14.2 | 6 | 8.8 | 6 | 8.2 | 8 | 10.5 | 6 | 8.3 | 1 | 50 |
| 운반공 | 4.2 | 8 | 3.2 | 9 | 21.9 | 1 | 5.0 | 8 | 13.7 | 6 | 48 |
| 수 위 | 3.5 | 9 | 5.0 | 8 | 17.7 | 3 | 4.0 | 9 | 11.8 | 3 | 42 |

요소비교법은 복잡하여 노력이 많이 드나, 기준직무만 적절히 선정하면 점수법보다도 훨씬 합리적이다. 또한 점수법은 주로 기능직에 국한하여 사용되지만, 요소비교법은 〈표 3-12〉와 같이 기능직은 물론 사무직·기술직·감독직·관리직 등 다른 직무에도 널리 이용될 수 있다. 그러나 기준직무의 정확성이 결여되거나, 직무의 내용에 변화가 생긴다면 자연히 평가결과에 영향을 끼치게 되므로 전체의 측정척도를 변경하지 않으면 안된다.

### 3) 각 직무평가방법의 특성비교

직무평가의 방법, 즉 서열법, 분류법, 점수법, 요소비교법의 특성을 비교하기로 한다. 이 분석법은 사용빈도로 보면 점수법, 요소비교법, 분류법 순이다. 그러나 정확도에서 보면 요소비교법, 점수법, 분류법, 서열법 순이다. 이를 요약하면 〈표 3-13〉과 같다.

| 표 3-13 | 각 직무평가방법의 특성 비교 |

| 특성 \ 방법 | 서열법 | 분류법 | 점수법 | 요소비교법 |
|---|---|---|---|---|
| 사용빈도 | 가장 적음 | 셋째 | 가장 많음 | 둘째 |
| 비교유형 | 직무 대 직무 | 직무 대 등급정의 | 직무 대 점수표 | 직무 대 직무 |

| 요소의 수 | 없음 | 없음 | 평균 11개 | 7개 이하 |
|---|---|---|---|---|
| 표준척도 | 없음 | 직무등급을 분류한 단일 척도 | 직무요소별 점수척도 | 직무요소별 서열척도 및 임금 |
| 타기법과의 유사성 | 요소비교법의 단순한 형태 | 점수법의 단순한 형태 | 분류법의 세분화된 형태 | 서열법의 발전된 형태 |

## 제6절 직급체계

직급체계는 직군제도와 직급제도로 이루어져 있다. 직급체계는 먼저 직무분석을 통해 동일하거나 유사한 직무들을 직군(직무군)으로 묶어야 한다. 그 다음 이를 바탕으로 하여 직급으로 체계화하여야 한다.

### 1. 직군제도

#### 1) 직군제도의 개념

직군제도는 기업이 조직 내 상이한 직무를 수행하는 부문별로 차별화된 인사제도와 기준을 적용함으로써 직무특성에 부합하는 인력의 운용과 육성의 효율을 극대화하는 데 그 목적이 있다.

직군제도는 기업이 각 직군별로 채용부터 배치전환, 급여, 평가, 승진, 교육제도 등에 이르기 까지 평가와 육성의 차별적 특성화된 기준을 설정하여 기업의 핵심역량을 강화한다 (예: 직군별 승진율의 차등적용, 연봉 인상의 차별적용, 인사평가 배분율의 차별화 등).

기업이 직군으로 구분하여 인사관리를 운용함으로써 직무특성이 상이한 구성원의 조직 몰입과 직무만족도를 높이며, 기업 또한 직무특성과 인력구성의 특성에 적합한 인사제도를 운용함으로써 제도의 적용성과 형평성을 확보할 수 있다.

직군은 조직 내 직무에 따라 지원직, 영업직·마케팅직, 연구직, 전문직 등으로 분류하여 인사시스템을 구축하여 운용하는 것이 일반화된 추세이다.

| 표 3-14 | 직군별 요구능력 |
|---|---|

| 직  군 | 요구되는 능력 |
|---|---|
| 지원직 | 기획·행정능력, 충성도, 협조·조정능력, 인성, 규율성 등을 중시 |
| 영업직·마케팅직 | 프로젝트 수주·매출 발생능력, 활동력, 마케팅 능력 중시 |
| 연구직 | 프로젝트 수행결과 중시(규율성이나 인성 등은 2차적 문제로 보는 시각) 일반적으로 구성된 직제를 별도로 편성하는 경향 |
| 전문직·기술직 | 기술직·생산직을 주로 표현하는 것으로 규율성, 집중·인내력, 집단생산성 등을 중시(관리자로 성장경로보다는 전문 기술력, 기술력 발휘의 성장경로 제시) |

## 2) 직군제도와 인사제도

채용은 각 직군별 소요인력을 구분하여 수급계획에 반영한다. 채용 시에는 각 직군에 부합하는 면접항목을 설정하여 역량을 검증할 수 있다.

급여는 직군별로 보상의 차별화가 이루어지는 것이 바람직하다. 따라서 직급별로 급여항목과 수준의 차별화가 가능하다.

평가는 각 직군별로 차별화된 평가항목을 설정하여 운용할 수 있다. 각 직군별로 업적(성과)과 역량으로 구분하여 그 반영비율을 차등 운용한다.

승격은 각 직군별로 따로 심사할 수 있다. 직군에 따라 조직운용 우선, 능력 도달 우선(자격 중심) 등 인사관리에 대한 시각을 차별화함으로써 상위직급을 부여한다.

## 2. 직급제도

직급은 근무 연한, 경력, 학력과 업무수행능력, 조직에서의 역할 등을 구분한 구성원 신분의 등급으로서 일정한 심의에 의하여 부여된다. 1-2-3-4-5급, 혹은 Manager-Senior-Junior-Assistant 등이다.

직위는 각 직급에 대응하는 조직에서의 호칭으로 인사기준의 적용에 특별한 대상이 되지는 않으나 조직에서의 신분 대우의 범위를 의미한다. 부장-차장-과장-대리-사원, 수석-책임-선임-주임-사원, 소장-직장-반장-주임-사원 등이다.

직책은 조직기구 장의 개념으로서 각 단위조직에서의 사업, 업무, 인력운용의 권한과 책임을 보유하고 리더로서의 역할을 수행함을 의미한다. 담당(임원)·본부장-부장-과장, 사업부장-실장-팀장-(파트장), 본부장-사업부장-팀장-그룹장-(파트장) 등이다.

표 3-15 **직급체계**

| 직급 | 직위(호칭) | 표준체류 년한 | 직책 | 비 고 |
|---|---|---|---|---|
| G7, S7, C7, R7 | 부장/수석연구원 |  | 실장 |  |
| G6, S6, C6, R6 | 차장/책임연구원 | 4년 | 팀장 |  |
| G5, S5, C5, R5 | 과장/선임연구원 | 4년 | 파트장 |  |
| G4, S4, C4, R4 | 대리/주임연구원 | 3년 |  |  |
| G3, S3, C3, R3 | 사원/연구원 | 3년 |  | 대졸(4년제)신입 |
| G2, S2, C2, R2 | 사원/연구원 | 2년 |  | 대졸(2~3년제)신입 |
| G1, S1, C1, R1 |  | 2년 |  | 고졸신입 |

※ 직급체계는 지원직(G), 영업직(S), C/S직(C), 연구개발직(R)으로 구분하고, 7단계로 구성함. 직급과 직책을 엄격히 분리하여 운영함.

※ 지원직, 영업직, C/S직군의 직위(호칭)는 사원, 대리, 과장, 차장, 부장으로 설정함.

※ 연구개발직군의 직위(호칭)는 연구원, 주임, 선임, 책임, 수석으로 설정함.

※ 파트장은 비공식조직으로 팀장의 판단 하에 팀 내부 조직으로 운영함. 의견제시권은 있으나 평가권은 없음.[14]

---

14) 신원동, 2015, 8.

참고문헌

김영재·김성국·김강식 (2013), 신인적자원관리, 탑북스.
박경규 (2013), 신인사관리, 홍문사.
신원동 (2015), 조직설계 및 인력관리 컨설팅, 한국컨설팅서비스협회
이학종·양혁승 (2013), 전략적 인적자원관리, 오래.
최종태 (2000), 현대인사관리론, 박영사.
최진남·성선영 (2023), 스마트경영학, 생능.


Burns, T. & Stalker, G. M. (1961), *The Management of Innovation*, London: Tavistok.

Griffin, R. W. (1982), *Task Design: An Integrative Approach*, Scott: Foresman and Company.

Hackman, J. Richard & Oldham, Greg R. (1980), *Work Redesign, Reading*, MA: Addison-Wesley.

Hammer, Michael & Champy, James (1994), *Reengineering the Corporation*, Harper Collins Publishers, Inc.

Jones, G. R. & George, J. M. (2019), Essentials of Contemporary Management, 윤현중·이준우 등 역(2021), 경영학에센스, 지필미디어.

Kinicki, A. & Soignet, D. B. (2022), Managemet: A Practical Introduction, 김안드레아 역 (2022), 실용적 접근방식의 경영학원론, 한빛아카데미.

McCormick, Ernest J. (1979), *Job Analysts: Methods and Applications*, NY: Amacom.

Noe, Raymond A. & Hollenbeck, J. R., Gerhart, B., and Wright, P. M. (2004), *Fundamentals of Human Resource Management*, NY: McGraw-Hill.

Rothwell, Willian J. & Kazanas, N. C. (1989), *Strategic Human Resource Development*, Englewood Cliff, NJ: Prentice-Hall.

Tornow, W. W. & Pinto, P. R. (1976), "The Development of A Managerial Job Taxonomy: A System for Describing, Classifying and Evaluating Executive Positions", *Journal of Applied Psychology*, Vol. 61, 410~418.

제**2**편

# 인적자원의 확보

# 제4장
# 소요와 확보예측관리

인적자원 소요 및 확보의 개념

## 1. 인적자원 소요와 확보의 의의

기업은 변화하는 환경 속에서 계속 발전하기 위해 필요한 시기에 필요한 인적자원의 양과 질에 대한 소요와 확보를 예측하여야 한다. 따라서 인적자원의 소요와 확보예측은 인력계획과 관련이 있다.

소요 및 확보예측관리는 기업이 소요(필요)로 하는 인적자원의 양과 질을 확보할 수 있는지 예측하는 업무를 합리적으로 처리하는 것을 의미한다. 인적자원의 인력예측관리에는 소요예측과 확보예측이 있다.

인력의 소요예측은 현재 및 미래의 각 시점에서 기업이 필요로 하는 인력의 양과 질을 사전에 예측하는 것을 의미한다. 즉 기업의 인력소요예측은 항상 미래의 기술변화나 시장변화를 전제로 하여 현재 보유하고 있는 인력에 비교하여 '미래 일정시점의 양적·질적 측면에서 보유하여야 할 필요 인력'을 예측하는 것이다. 기업의 인력 소요예측은 인력의 수요라고도 할 수 있다.

기업의 인력의 수는 미래 일정시점에서 필요 종업원 수(양)가 현재 보유 종업원 수보다 많을 때에는 순소요인력이 필요하고, 그 반대일 경우 과잉인력이 발생한다.

기업의 인력의 질은 미래 일정시점의 필요 종업원 질(수준)이 현재 보유 종업원 질보다 높을 경우 현 종업원의 질을 향상시키든지 아니면 우수인재를 신규 채용하여야 한다.

인력의 확보예측은 미래 일정시점에 기업이 필요한 종업원의 양과 질을 확보할 수 있는지에 대해 예측하는 것을 의미한다. 인력의 확보예측은 소요예측에 따라 조직 내외에서 확보할 수 있는 인력을 예측하는 것이다. 인력의 확보예측은 전체노동시장의 입장에서 보면 인력의 공급이 된다. 기업의 인력확보방법은 다음과 같이 행해진다.

내부 노동시장의 확보방법은 크게 '시간외 노동'과 '배치전환 및 승진'으로 구분할 수 있다. 전자는 노동시간을 연장하여 소요인력을 확보하는 방법이고, 후자는 노동의 수평적 및 수직적 이동을 통해서 확보하는 방법이다.

외부 노동시장의 확보방법은 '새로운 고용계약'과 '인력 아웃소싱'이 있다. 전자는 신규 종업원의 채용을 의미하고, 후자는 필요한 인원에 대해 일정기간 동안 인력파견업체와 임대계약을 맺고 파견인력을 활용한 후 그 대가로 임대료를 지불한다.

기업의 인력계획은 내부확보의 경우 미래의 인력예측을 통하여 어떤 종업원을 이동이나 승진시키기 위해 조직의 각 직위별 필요 인원수와 현재 인원의 변동가능 여부를 파악하여야 하고, 외부확보의 경우 어떤 종업원을 외부노동시장에서 각 직위별 필요 인원수를 채용할 것인지 여부를 파악하여야 한다.

기업은 미래 일정시점의 기업 내・외부노동시장의 여건에 따라 인력의 소요예측 활동과 확보예측 활동이 필요하다. 이는 사업의 경기(景氣)와 기업의 전략 및 기술 등에 따라 달라지기 때문에 양적・질적 측면에서 고려가 필요하다.

## 2. 인적자원 소요와 확보의 전략

기업은 미래에 필요한 인력의 소요와 확보를 예측하여야 한다. 인력의 소요와 확보에 대한 기본전략은 '인력양성전략'과 '인력구매전략'이 있다.

### 1) 인력양성전략

인력양성전략은 기업이 현재 직무수행능력보다 잠재력을 보유한 사람을 확보하고, 미래의 일정시점에서 요구되는 인력과 그 수준(질: 필요한 역량 및 의욕 등)의 정도를 예측하여, 교육훈련을 통해 내부노동시장에서 양성(make)하는 전략이다.

인력양성전략은 기업이 인력을 스스로 양성함으로써 외부노동시장의 의존성을 낮추고, 기업자체의 고유한 역량과 기술을 축적시킬 수 있다. 종업원들은 인력양성전략이 그들의 지식과 능력을 향상시켜 줄 것이라고 보고 선호하고 있다. 따라서 이 전략은 교육훈련이 주요 이슈가 된다.

인력양성전략은 기업이 미래 일정시점의 기술변화나 환경변화를 예측하여 목표기술을 정하고 이에 부합되는 인력을 양성하려고 하는 전략이지만, 실패할 우려가 있다. 따라서 기업은 이런 위험을 줄이기 위해 목표기술의 범위를 넓혀 '다기능 인력'을 양성하는 전략을 수립하여 실시하기도 한다. 그러나 이 전략은 기업의 장기 전략에서 바람직할 수 있으나, 당장 실무에 적용하는 데 유용도가 떨어져 손실을 초래할 가능성이 있다. 또한 기업은 당장 필요 없는 기술을 종업원에게 학습시켜야 하기 때문에 추가비용이 발생하게 된다. 기업이 많은 노력과 비용을 들여 양성한 인력을 다른 회사에 스카웃 당할 위험 또한 존재한다.

## 2) 인력구매전략

인력구매전략은 기업이 직무수행에 필요한 인력 수(양)와 그 수준(역량 및 의욕)을 근로자의 수와 수준과 비교하여 그 때마다(현재 또는 미래) 외부노동시장에서 구매(buy)하는 전략이다. 인력구매전략은 기업이 미래의 인력에 대비하지 아니하고, 현재 보유하고 있는 인력이 직급별·계층별·수준별로 '종업원 수'가 과다할 때 그 수만큼 해고하고, 부족할 때 고용하며, 기업이 보유하고 있는 인력의 질이 낮을 경우 해고하고, 높은 인력을 기업 내·외의 노동시장에서 고용하는 유연전략을 말한다. 따라서 이 전략은 노동시장의 실태가 주요 이슈가 된다.

인력구매전략은 기업이 필요로 하는 인력을 노동시장에서 그때그때 확보(고용)하기 때문에 목표기술에 부합하지 않을 위험이 없어 인력투자의 비효율을 막을 수 있다. 그러나 이 전략은 기업의 기술축적이 어렵다. 또한 기업이 일정시점에서 그의 직무에 맞는 수준의 인력을 구매하였다하더라도, 기업의 기존 기술과 융합시키는 데 많은 시간이 소요될 것이므로 조직의 효율성이 떨어질 수 있다. 특히 기업이 일정시점에 가서 기술 환경의 변화에 적합한 자격요건을 갖춘 인력을 외부노동시장에서 구하지 못할 경우 시장기회를 상실할 수 있다.

### 3) 인력 양성과 구매전략의 선택

기업은 인력 양성과 구매 전략 중에서 해당 기업의 특성에 맞고 효율성이 높은 전략을 선택하여야 할 것이다. 해당 산업에서 선두에 있는 기업이나 첨단 지식기업은 반드시 양성전략을 채택하여야 할 것이다. 그러나 후발기업이나 일반화된 기술을 사용하는 기업은 기술의 사용종류에 따라 양성전략과 구매전략을 적절하게 섞어서 사용해도 무방할 것이다. 그렇지만 기업이 세계화 또는 정보지식화 시대에서 경쟁우위를 확보하기 위해서는 다소 비용이 더 들고, 위험이 있다하더라도 기업이 특유한 기술을 보유할 수 있는 인력양성전략을 선택하는 것이 바람직할 것이다. 이를 정리하면 〈표 4-1〉과 같다.

**표 4-1　양성전략과 구매전략**

| 구분 | 인력양성전략 | 인력구매전략 |
|------|-------------|-------------|
| 장점 | 기업의 고유한 기술축적을 가능하게 함.<br>종업원들은 능력이 향상되고 승진기회가 확대되어 선호하고 있음. | 기업이 소요하는 적임자를 채용할 가능성이 큼.<br>인력 투자의 효율성 높음(경비절감). |
| 단점 | 목표기술 예측이 잘못될 위험이 있음.<br>경비지출이 많음.<br>양성된 인력이 스카웃 당할 수 있음. | 기술축적이 어려움.<br>인력이 필요한 시점에서 목표기술 보유자를 확보하지 못할 가능성이 있음. |

## 제2절 | 인적자원관리의 소요예측

인력소요예측은 기업이 어떤 지식과 능력을 가진 종업원을 양과 질에서 얼마나 필요로 하는가에 대해 예측하는 활동을 말한다. 이에는 양적인 인력소요예측과 질적인 인력소요예측이 있는데, 인력의 질이 인력의 양의 결정에 영향을 주고 있다. 예를 들어 기업이 일반적 수준에서 2명의 인력이 소요된다 하더라도 고숙련 인력을 채용할 경우 1명으로 충분할 수도 있다. 따라서 질적 인력소요예측을 먼저 설명하고 그 다음 양적 인력소요예측을 설명하기로 한다.

## 1. 인력소요의 질적 예측

### 1) 인력소요 질적 예측의 의의

종업원의 인력소요 질적 예측은 미래 일정시점에서 기업의 해당 직무를 수행하는데  필요한 '직무내용'과 미래에서 기대되는 해당직무의 '성과기준'을 사전에 밝히는 활동이다. 따라서 전자는 미래 생산기술 변화의 정도, 적용되는 작업방법, 제공되는 작업조건 등에 의해 결정된다. 또한 후자는 기업의 경영전략에 의거한 판매계획 및 생산계획 과정을 거쳐 결정된다. 그러나 후자는 각 기업마다 다르므로 여기서는 제외하기로 하고, 전자, 즉 해당 직무를 수행하는 데 필요한 직무내용에 대해 설명하기로 한다.

기업의 직무(기술)는 끊임없는 환경의 변화로 항상 변화하고 있고, 이에 따라 종업원들에게 요구되는 직무수행 자격요건이 항상 바뀔 수 있다. 기업의 직무수행 자격요건은 작업자가 갖추어야 할 자격요건을 말하는데, 그 내용으로서 숙련·지식·능력·책임감·직무경험 등을 들 수 있다. 현재와 미래의 직무수행 자격요건 분석의 예를 [그림 4-1]과 같이 나타낼 수 있다. 따라서 기업은 질적 인력소요를 예측하기 위해 기술변화에 부응하여 미래 일정시점에서 요구되는 종업원의 자격요건을 설정하여야 한다.

종업원의 '직무수행 자격요건'은 그 변화에 따라 자격상승설, 현상유지설, 혼합설 등 다

**그림 4-1**  **자격요건분석(예)**

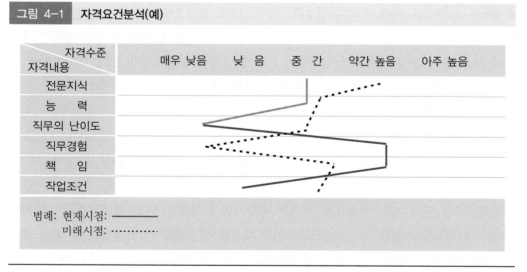

자료: F. Bisani, 1976, 108; 박경규, 2013, 172.

음 세 가지 학설이 있다.

자격상승설은 기업의 기술은 고도로 복잡하고 상호관련성이 있기 때문에, 작업자의 높은 기술이나 다양한 숙련 등 자격요건이 높아진다는 학설이다.

현상유지설은 기업의 기술수준과 직무수행요건은 높아지거나 어렵다하더라도 작업의 자동화로 흡수될 것이므로 작업자의 높은 기술이나 다양한 숙련 등은 근본적으로 큰 차이가 없다는 학설이다.

혼합설은 기업의 관리직 자격수준이 높아지고 제조분야 자격수준은 낮아지는 등 기술변화의 내용이나 정도에 따라 직무수행의 자격요건이 다양하게 변화된다는 자격상승과 현상유지의 혼합된 학설이다.

기업의 직무는 해를 거듭할수록 고도화되어 가고 있어서 종업원은 높은 기술수준이 요구되고 있다. 그러나 작업의 자동화 진전에 따라 그 일부는 흡수될 것이지만, 여전히 작업자의 높은 기술수준이 요구된다고 할 수 있다. 따라서 기업은 미래 인력의 질적 소요전략을 '자격상승설'로 삼고 대비하여야 할 것이다. 기업의 생산기술 변화는 양적 및 질적 인력소요예측의 중요한 변수가 된다.

## 2) 인력소요의 질적 예측기법

### (1) 거시분석: 환경예측기법

환경예측기법은 거시적 관점에서 해당기업에 영향을 미칠 기업의 미래 경영환경 변화를 분석하는 기법이다. 미래 기업의 환경과 구조는 매우 불안정하고 복잡한 변화가 예상되고 있다. 따라서 해당기업은 조직구조와 직무구조 및 생산기술의 변화 등에 대한 예측이 용이하지 않을 경우, 전문가 집단에 의뢰하여 미래에 발생할 경영환경의 변화, 해당기업에 나타날 미래의 기회와 위협, 그리고 개별 직무내용의 변화에 대해 예측하여야 한다.

기업의 성과와 관련된 각종 중요한 정보는 다음과 같다.

① 기술변화의 추세, ② 시장의 국제화, 교역관계의 변화, ③ 에너지 및 원재료의 공급, ④ 제품시장의 수요와 공급, ⑤ 경쟁기업의 행동, ⑥ 자본시장 및 자본비용의 발전추세, ⑦ 사회가치관의 변화, ⑧ 교육제도의 변화 등.

환경예측은 위의 모든 정보들을 가지고 해당기업에 영향을 미칠 경영환경을 규명하는 것이다. 그러므로 기업은 이를 바탕으로 일의 내용을 도출하고 미래 달성할 수 있는 성과수준(매출액, 시장점유율, 수익 등)을 파악하여야 한다. 환경예측은 거시적이고 개괄적이기 때문에 정교하지는 않지만, 기업의 비교적 장기적 예측에 활용될 수 있다.

## (2) 미시분석: 자격요건분석기법

자격요건분석기법은 대개 단기적 예측에 적합하며, 현재의 직무에 대한 직무기술서 및 직무명세서를 가지고 현재와 미래의 자격요건을 분석하는 기법이다. 자격요건분석기법은 기업의 환경과 구조가 매우 안정적이어서 미래 일정시점에서의 조직구조·직무내용·생산기술 등이 거의 변화되지 않는 경우에 사용될 수 있다. 이를 [그림 4-2]와 같이 나타낼 수 있다.

자격요건분석기법은 개별직무들의 과업분석을 통해 다음과 같이 자격요건을 예측할 수 있다.

기업은 '직무구조' 변화를 분석하여 자격요건을 예측할 수 있다. 기업은 직무분석, 즉 직무기술서 및 직무명세서를 가지고 미래의 직무를 예측할 수 있다. 즉 여러 해의 기업 직무분석을 통해 핵심적 과업과 부수적 과업 등의 구조를 파악할 수 있다. 기업은 여러 개별직무들의 변화추세를 [그림 4-2]와 같이 분석함으로써 현재와 미래의 핵심적 과업과 부수적 과업의 변화추세를 명확히 이해할 수 있다.

---

**그림 4-2**　**직무구조의 변화(예)**

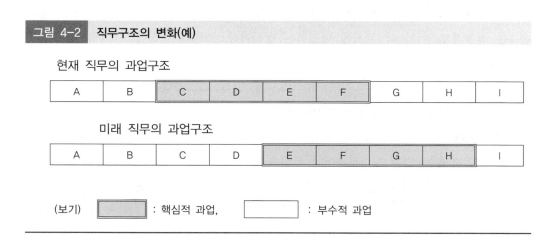

---

기업은 여러 해 동안의 직무분석 자료를 이용하여 직무 재분류 내지 재설계함으로써 자격요건을 예측할 수 있다.

## 2. 인력소요의 양적 예측

종업원의 인력소요 양적 예측은 미래의 일정시점에서 기업의 해당직무를 수행하는 데 필요한 작업자의 양을 사전에 밝히는 활동이다.

## 1) 인력소요의 양적 예측방법

### (1) 인력소요의 총체적 예측방법

기업의 인력소요예측은 주로 인력소요의 총체적 예측방법이 사용되고 있다. 인력수요의 총체적 예측방법은 거시적 예측방법과 미시적 예측방법이 있다.

### ㈀ 거시적 예측방법과 미시적 예측방법의 의의

기업은 작업집단별로 미래의 일정시점에 필요한 인력의 수를 예측하는 인력소요계획이 필요하다. 이를 정원계획이라고도 한다. 정원이란 특정기업에서 현재의 조직이 생산 내지 업무의 양, 설비와 작업방식, 종업원의 지식이나 능력 등에 따라 소정의 생산 내지 업무를 완수하기 위한 필요한 인원을 의미한다. 정원의 산정은 생산량은 물론이고 조직이나 작업방법, 나아가 종업원의 역량 등에 따라 변동되는 것이다.

기업의 인력소요계획, 즉 정원계획 수립과정은 거시적·미시적 두 방법이 있다.

거시적 인력예측방법은 기업이 '인건비 지불능력'을 고려하여 기업 전체의 소요인원의 총수를 결정하고, 이를 각 부서에 배정하는 방식이다. 기업에서 직급별·계층별·수준별 등 전체적 인력모형에 따라 경영자가 정책적으로 목표인력의 총수를 정하고, 이를 기준으로 각 부서에 인원을 배정하는 '하향적 인력산정' 방식이다. 하향적 인력산정은 생산·판매·재무·설비계획 등 모든 경영계획에 대한 가치분석(value analysis)을 실시하여 전사적 수준에서 미래의 총소요인원을 산정하고 이를 각 부서에 일정한 인원을 할당하는 방식이다.

미시적 인력예측방법은 사업부문이나 부서별 등 직무단위별로 작업량에 따라 '작업수행에 소요되는 인원'을 산정하고 이를 집계하여 기업 전체의 소요인원 총수를 결정하는 방식이다. 각 사업부문, 공장 또는 부서별로 공식화된 산업공학적 자료와 과학적 추정 등 다양한 분석을 근거로 하여 각 부문의 장이 부문별 소요추정인력을 산정하고, 이를 종합하는 '상향적 인력산정' 방식이다. 상향적 인력산정은 직무분석, 표준작업량의 설정 등 IE (Industrial Engineering)기법을 사용하여 각 부서의 직무를 표준화된 상태로 분석하여 소요인원을 산정하고 조직의 상부로 올라가면서 그 인원을 집계하는 누적적인 방식이다.[1] 이를 정리하면 〈표 4-2〉와 같다.

---

1) 최종태, 2000, 639~640.

| 표 4-2 | 총체적 인력수요 분석방법 | | |
|---|---|---|---|
| 구 분 | 인원결정의 출발점 | 어프로치 방법 | 분석중심대상 |
| 거시적 예측방법 | 기업 총소요인원 수의 결정 | • 위에서 아래로 소요인원산정<br>• 생산·판매·재무·설비 등 가치분석 기법을 사용하여 전사적 수준의 목표 총인원의 결정 | • 기업의 지불 능력<br>• 부가가치 및 비용 |
| 미시적 예측방법 | 직무단위별 소요인원수의 결정 | • 아래에서 위로 소요인원 산정<br>• 직무분석, 표준작업설정 등 IE기법을 사용하여 직무단위수준에서 목표인원의 결정 | • 작업수행능력<br>• 직무단위별 작업량 |

### (ㄴ) 거시적 인력예측전략

거시적 인력예측전략은 먼저 조직단위 전체의 인력을 예측하여 총원을 정하고, 그 다음 이를 인력의 종류로 분할하여 인력소요를 산정하는 전략이다.

매출액과 부가가치를 기준으로 인력을 예측하는 방법의 예를 보면 다음과 같다.

– 총인원산정: 시장상황을 예측하여 목표매출액을 정하고 이에 대응하는 비용계획을 세워서 목표 부가가치액을 예측한 다음, 목표 노동분배율(인건비/부가가치액)을 결정하여 허용인건비예산을 정한다. 이를 1인당 평균인건비로 나누어 총인원을 산정한다. 현재시점에서 정원이 아닌 경우 인건비상승요인(인건비상승률)을 예측하여 반영한다. 거시적 인력 예측에서 총소요인력 산정방식은 다음과 같다.

**거시적 총소요 인원 = 인건비 총액 / 1인당 평균임금**

$$\text{소요인원수} = \frac{\text{부가가치액} \times \text{노동분배율}}{\text{1인당인건비}} = \frac{\text{매출액} \times \text{부가가치율} \times \text{노동분배율}}{\text{1인당인건비}}$$

$$= \frac{\text{목표매출액} \times \text{계획부가가치율} \times \text{계획노동분배율}}{\text{현행1인당인건비} \times (1+\text{계획임금상승률})^{x년} \times \text{연인원구성고도화율} \times \text{시간단축률}}$$

– 인원분할: 총소요인력을 적정한 인원비율에 의하여 부문별, 직종별·직급별 인원으로 분할한다. 이 방법에 의한 인력예측은 기업전반의 경영계획과 직결되고 있다.

인력의 소요예측은 직능부문별로 적절한 추정치와 지표들을 선택하여 실시하여야 한다. 즉, 제조부문은 부가가치 및 생산성, 연구 부문은 총판매 수익, 판매부문은 판매 수익과 경쟁적 위치, A/S 부문은 총판매 수익과 제품 특성, 구매 부분은 구입 원료의 유형 및 총량,

인사부문은 총가용 직원, 회계부문은 회계의 자동화 정도 등을 추정치의 기준으로 삼을 수 있다.

### (ㄷ) 미시적 인력예측전략

미시적 인력예측전략은 기업이 여러 직무 또는 작업단위별로 과학적 측정에 의해 전체 인력을 산정하는 전략이다. 현장작업의 경우 다음과 같이 작업표준시간 산정과 소요인원 산정이 있다.

- 작업표준시간 산정: 작업총량을 시간수로 환산하기 위해 각 근로자의 실제 작업을 분석한 후, 불필요한 동작을 다음과 같이 제거 또는 개선하여 '작업 표준시간'을 산정한다.

① 고정된 시간은 생산량과 관계없이 개인 고정시간과 집단 고정시간이 있다. 개인 고정시간은 작업시작과 마칠 때의 현장 왕복시간, 옷 갈아입는 시간, 도구준비시간, 작업지시·수령시간 등이고, 집단 고정시간은 작업장의 청소 및 정돈시간, 기계설비의 점검 및 준비시간 등이다.

② 생산량과 관련하여 변동하는 시간은 생산량에 체증하는 경우, 생산량에 비례하는 경우, 생산량에 체감하는 경우 등이 있다.

③ 여유시간은 개인 여유시간(예: 용변, 휴식 등), 직장 여유시간(예: 고장수리, 공정 간의 연락 및 대기 등) 등이 있다.

- 소요인원산정: '사무 또는 작업의 총량'(가동률과 여유율계산)이나 '총성과'를 근로자 1인당 담당량 또는 성과로 나누어 소요인원을 산정한다.

① 기업은 특정 노동에 필요한 활동시간을 근로자 1인당 평균활동시간(근무시간)으로 나눈다.

② 일정기간의 총성과를 동 기간의 1인당 성과로 나누어서 소요인력을 계산한다.

미시적 인력예측에서 소요인력을 공식에 따라 산정하는 방식은 다음과 같다.

$$\text{미시적 집적요원 = 총 작업량 / 1인당 표준작업량}$$

$$\text{소요인원수} = \frac{(1일생산소요전체시간) + (직장고정시간)}{(1일작업시간) - (개인고정시간)} \times (1 + 여유율) \times 가동률$$

- 미시적 소요인원산정은 다음과 같은 문제가 있다.

첫째, 미시적 소요인원 산정의 적정시기를 맞추기 어렵다. 조직의 직무를 분석하는데 3

개월 내지 1년이 걸리기 때문에, 그 기간 중 각종 기술혁신 등 경영여건이 변화할 수 있어서 적정시기를 맞추기 어렵다.

둘째, 미시적 소요인원의 산정은 표준 업무시간을 기초로 삼는데, 제조직접부문은 용이하나 제조간접부문(사무직 등)은 어렵다. 제조업 등 직접부문의 경우 표준업무시간을 산정할 수 있어서 적용이 쉽지만, 사무직·감독직·연구직 등 제조간접부문의 경우 표준업무시간을 산정할 수 없어서 적용이 어렵다.

셋째, 부서책임자는 자기 부서의 인원을 감축하려 하지 않는다. 기업은 소요인력을 예측할 때 부서의 작업 수행능력과 직무 단위별 작업량을 기준으로 한다. 따라서 부서책임자는 자기 부서의 인원감축이 경영자들에게 무능하게 보일까 두려워 가급적 인원을 확대하려고 한다. 그러므로 부서책임자에게 경영혁신이나 직무수행방식의 개선을 통해 인원을 감축하기를 바라는 것은 더욱 어렵다.

### (ㄹ) 거시와 미시 조정전략

기업은 거시와 미시분석에서 인력의 거시적 한정인원과 미시적 집적인원의 산출과정에 따라 그 인원을 산출하여 최종적으로 결정한다. 이를 요약하면 [그림 4-3]과 같이 나타낼 수 있다.

– 거시적 인원: 기업의 이익계획과 관련하여 적정인건비 범위 내에 소요 가능한 인원수를 결정한다. 거시적 인원산정은 시장상황을 고려하여 목표매출액을 정하고 이에 따라

**그림 4-3  거시적 인력수요 분석과정**

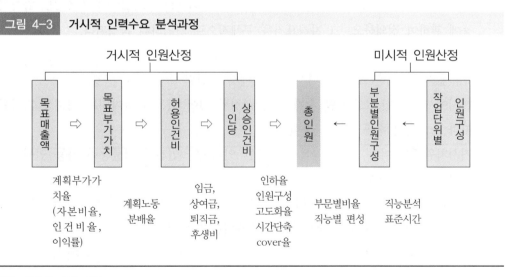

자료: 최종태, 2000, 653.

비용계획을 세워서 목표 부가가치액을 예측한다. 목표 부가가치액에 계획노동분배율(부가가치액에 대한 인건비의 비율)을 곱하면 허용인건비가 나온다. 허용인건비에 인건비상승요인(인건비상승률)을 고려한 금액을 1인당 평균인건비로 나누어 거시인원을 산정한다.

  – 미시적 인원: 작업단위별 작업량과 관련하여 소요되는 인원수를 결정한다. 미시적 인원 산정은 먼저 작업단위별 인원을 산정하고, 그 다음 부분별 인원을 산정한다. 그리고 이를 집계하여 미시인원을 산정한다.

  – 총인원 산정: 거시인원과 미시인원을 조정하여 총인원을 산정한다. 거시와 미시 분석에서 소요인원의 수는 항상 거시적 소요인원보다 미시적 소요인원 수가 많기 마련이다. 따라서 다음과 같이 조정한다.

  – 조직 및 직무 재설계에 따른 조정법: 미시인원 수를 줄여 거시인원 수로 접근하는 방식.

① 조직의 통합, 조직구조의 개선활동, 업무의 간소화, 업무의 기계화, 설비나 설치, 외주, 작업시간 연장 등 작업방법의 개선을 통한 직위 수 및 작업시간 수를 줄인다.

② 목표인력수준의 수정, 직무확대 및 충실화 등의 직무설계에 의한 동기부여, 교육훈련에 의한 기술축적 등에 의해 인력 수를 줄인다.

③ 업무수행 능률기준을 변경 또는 단축한다.

④ 평균작업시간을 초과하는 시간은 높은 임률(+50% 이상)이 적용되기 때문에 노동분배율 자체를 변경하여 목표인력수준을 수정한다.

⑤ 부서별·직종별로 정리한 정원표를 작성한다. 정원표는 부서별이나 직종별로 담당직능에 관하여 정의하고, 그 자격요건을 구체적으로 기입하여 작성된다.


  – 직무재분석에 따른 조정법: 미시와 거시에서 총인원 수를 다시 산정.

① 미시에서 제시한 소요인원 수가 잘못 산정된 것이 있는지 찾아내는 재분석 과정에 따라 소요인원 수를 다시 산출한다.

② 거시차원에서 이미 미시차원에서 산출한 인원수와 인건비 지불능력 가능 인원수를 비교하여 소요 인원수를 다시 산출한다.

③ 미시와 거시에 의한 한정 인원수를 다음 공식에 따라 계산하고, 이를 기준으로 양자의 입장을 고려하여 최종 전략적으로 결정하는 방법이다.[2]

---

2) 최종태, 2000, 650~652.

미시적 집적요원 = 총 작업량 / 1인당 표준작업량

거시적 한정요원 = 적정인건비 / 1인당 인건비

## (2) 인력소요의 개별적 예측방법

기업의 양적 인력소요 결정요소는 먼저 일정시점에서 해당기업이 목표로 하는 '생산계획'이 가장 중요한 영향을 미치고, 그 다음은 인력소요에 영향을 미치는 개별요소로서 기술수준, 작업조건, 작업자의 상황, 생산프로그램의 종류, 조직규모, 작업시간 등이 영향을 미친다. 이 요소들을 [그림 4-4]로 나타낼 수 있다.

그림 4-4 **양적 인력소요의 결정변수**

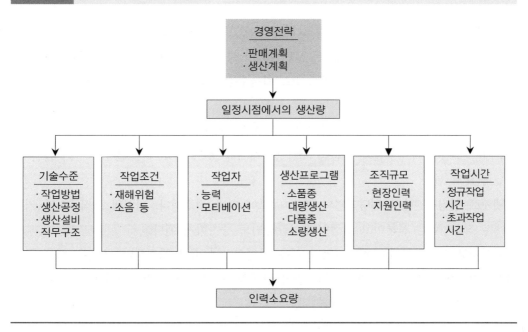

기업의 주요 양적 인력소요는 다음에 따라 결정된다.

첫째로 일정시점에서 해당기업의 경영전략, 특히 판매계획 및 생산계획에 의해 결정된다. 생산량과 소요인력과의 관계는 다른 결정요인이 고정적(constant)일 때 [그림 4-5]와 같이 생산량이 증가할수록 인력소요는 비례하여 증가한다.

둘째로 일정시점에서 해당기업의 생산기술수준(작업방법, 생산공정, 생산설비 등)에 따라 결정된다. [그림 4-6]에서 나타난 바와 같이 인력수요의 다른 결정변수가 고정적일 때, 기

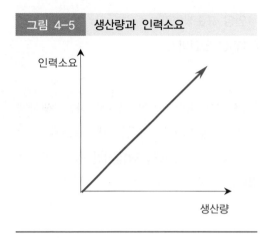

그림 4-5 생산량과 인력소요

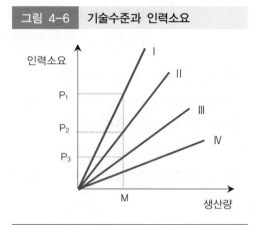

그림 4-6 기술수준과 인력소요

술수준이 낮은 정도(Ⅰ)에서 높은 정도(Ⅳ)로 발전함에 따라 소요인력의 양이 달라짐을 보여준다. 즉 기술수준이 낮은 단계 Ⅰ은 M1 정도의 생산량을 달성하기 위해 P1의 인력이 필요하지만, 기술수준이 높은 단계 Ⅱ는 P2, 기술수준이 더 높은 단계 Ⅲ은 P3으로 감소되고 있다.

셋째로 일정시점에서 해당기업의 생산프로그램 종류에 따라 결정된다. 생산프로그램의 종류에는 소품종 대량생산과 다품종 소량생산체계가 있는데, 후자는 전자보다 더 많은 인력을 필요로 한다.

넷째로 일정시점에서 해당기업의 조직 규모에 따라 결정된다. 기업의 조직규모가 커질 때에는 직접인력은 물론이고 간접인력(지원인력)도 증가하게 된다.

다섯째로 일정시점에서 해당기업의 허용 작업시간에 따라 결정된다. 기업은 허용 근무시간(주당 작업시간)을 예측하기 위해 법적 환경의 변화와 노조 및 종업원의 근로에 대한 가치관의 변화 등을 예측하여야 한다.3)

## 2) 인력소요의 양적 예측기법

### (1) 생산성 비율분석

생산성 비율분석은 과거 해당기업이 달성했던 생산량의 변화에 대한 정보를 가지고 미래에 필요한 생산라인에 투입할 인력(직접인력)을 예측하는 기법이다. 여기에서 생산성이란 단위 연도당 한 명의 직접노동인력이 생산한 제품의 평균수량을 말한다. 생산성에 근거한

---

3) 박경규, 2013, 177.

인력소요예측은 기본적으로 필요한 인력의 수가 작업량에 따라 비례적으로 증가한다는 가정에 그 바탕을 두고 있다.

기업은 생산량의 변화에 따른 '기술의 혁신'과 '작업자의 숙련향상' 등으로 소요인력을 예측할 수 있다.

기술의 혁신은 앞의 [그림 4-6]에서 설명한 바와 같이 기술수준에 따른 생산성과 인력의 양을 소요인력예측에 활용된다. 즉 기술수준이 높을수록 소요인력의 양이 낮아진다.

작업자의 숙련향상은 학습곡선(learning curve)[4]을 인력소요예측에 활용된다. 학습곡선은 작업자의 작업 반복이나 생산활동 증가로 작업능률과 생산능률이 향상되어(학습효과) 소요인력의 양이 낮아지는 현상을 파악할 수 있으므로 인력의 소요예측에 유용한 기법이다.[5]

작업자의 학습곡선에 의한 실증적 연구는 항공기 산업에서 비롯되었다.[6] 이 연구에 의하면 생산량이 배로 증가할 때마다 작업자의 작업시간은 20%씩 감소되었다고 한다. 이는 곧 학습효과가 20%임을 뜻하는 것으로 이 경우 학습률은 80%가 된다. 그러나 학습현상은 일정기간 내지 일정생산량까지는 변화율이 크지만, 무한정 계속 나타나지 않아 어느 한계에 이르면 둔화된다.

---

**그림 4-7   학습곡선**

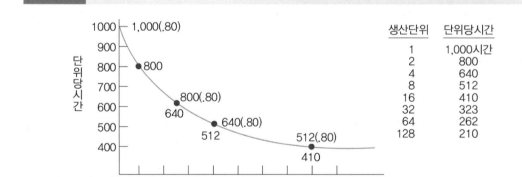

| 생산단위 | 단위당시간 |
|---|---|
| 1 | 1,000시간 |
| 2 | 800 |
| 4 | 640 |
| 8 | 512 |
| 16 | 410 |
| 32 | 323 |
| 64 | 262 |
| 128 | 210 |

---

4) 학습곡선(learning curve)은 작업자의 경험이 축적됨에 따라 작업능률 내지 생산능률이 향상되어, 점점 더 많은 제품을 생산할 수 있음을 보여준 그래프이다. 학습곡선은 경험곡선(experience curve)이라고도 한다. 한편 학습효과(learning effect)는 작업자가 작업을 반복함에 따라 작업시간(man hour)이 체감되는 현상이다. 즉 능률 내지 생산성 향상을 의미한다. 학습률(rate of learning)은 작업능률 내지 생산성 향상률을 의미한다(이순룡, 1993, 518~519).

5) 이순룡, 1993, 518~519.

6) T.P. Wright, 1936.

[그림 4-7]의 학습곡선에서 보여준 바와 같이 소형 항공기의 조립공장에서 첫 번째 비행기를 조립하는 데 1,000시간이 소요되고, 두 번째의 비행기를 조립할 때는 800시간, 4대째를 조립할 때는 대당 조립작업시간이 640시간으로 체감되고 있다. 조립작업량을 배로 늘림에 따라 학습효과는 20%가 오르는 경우로서 이 경우 학습률은 80%가 된다.

## (2) 시계열분석

시계열분석(time series analysis)은 조직이 과거에서부터 내려온 시간적 추이와 인력변화에 대한 정보를 통해 미래의 인원 수를 예측하는 분석이다. 시계열분석은 미래 해당년도의 종업원 수를 예측하기 위해 간편한 방법으로 이동평균법(moving averages)을 사용하고 있다. 이 방법은 최근 자료의 평균치를 토대로 미래를 예측할 수 있는 방법이다. 이 방법의 계산은 아래와 같이 t+1기의 고용비율을 예측할 수 있다.

$$S_{t+1} = (S_t + S_{t-1} + S_{t-2} + \cdots S_{t-N}) / N$$

시계열분석의 사례는 〈표 4-3〉과 같다. H호텔은 객실의 수와 객실담당자 수에 따라 1인 담당객실 비율을 계산한다.

위 공식의 $S_{t+1}$은 t+1기의 고용인원을 예측할 수 있다. 〈표 4-3〉의 과거 6년간(2018~2023년) 고용비율의 평균값은 0.23이다. 따라서 2024년에 객실을 얼마나 증설하느냐에 따라 객실담당자의 인원을 알 수 있다. 즉 2024년에 객실을 300개로 증설할 경우 객실담당자는 69명이 된다.

**표 4-3　H 호텔의 객실 담당자 고용추이**

| 연 도 | 객실의 수 | 객실담당자수 | 객실수/담당자수 비 | 비 고 |
|---|---|---|---|---|
| 2018 | 200 | 45 | 0.23 | 실제치 |
| 2019 | 170 | 37 | 0.22 | |
| 2020 | 100 | 20 | 0.20 | |
| 2021 | 150 | 33 | 0.22 | |
| 2022 | 200 | 50 | 0.25 | |
| 2023 | 250 | 75 | 0.30 | |
| 2024 | 300 | 69 | 0.23 | 예측치 |
| 2025 | 350 | 81 | 0.23 | |

### (3) 추세분석

추세분석(trend analysis)은 과거 인력변화의 영향요소로 작용했던 환경요소를 찾고 시간에 따른 인력변화 정도를 파악하여 미래 인력수요를 예측하는 분석이다. 그러나 시계열분석에서 사용된 이동평균법은 기존 고용인력의 증감에 경영환경이나 내부적인 요소들을 고려하지 않았다.

추세분석에서는 인원수의 양적변화의 추세를 분석하기 위해 다음의 요소들이 고려되고 있다.[7)]

첫째, 과거 인력변화에 관련된 요인이 무엇인지를 확인한다. 예컨대 경기의 호황이나 불황, 조직의 구조조정, 사업투자액의 변화 등이다.

둘째, 과거 인력변화요인과 인력규모에 대한 관련성을 파악한다. 예컨대 조직이 재무구조의 악화나 노동생산성의 수익성 악화로 인해 인력을 감축하였다면, 몇 명의 인력을 해고하였는지에 대한 자료이다.

셋째, 종업원의 노동생산량을 계산한다. 종업원의 노동생산량은 투하된 노동량인 인건비와 매출액(생산량)을 기준으로 구할 수 있다. 또한 과거 두 요인의 자료를 가지고 노동생산성의 추이도 파악할 수 있다.

넷째, 노동생산성의 미래 추이를 파악한다. 이는 과거 노동생산성 추이를 토대로 미래 노동생산성의 추이를 예측할 수 있다.

다섯째, 미래 일정시점에 대한 수요인력을 예측한다. 노동생산성의 추이를 토대로 이에 필요한 소요인력이 어느 정도 되는지를 파악할 수 있다.[8)]

### (4) 상관관계분석과 회귀분석

상관관계분석(correlation analysis)은 미래 일정시점의 인력소요를 예측하기 위해 인력소요에 미치는 결정적인 한 변수로 간주할 때 실시한다. 상관관계분석은 하나의 변수와 하나의 결과의 관계를 예측하는 기법이다.

회귀분석(regression analysis)은 기업의 인력소요 결정에 미치는 여러 영향요소들의 복합적인 영향력을 계산하여 해당기업의 미래 인력소요를 회귀방정식으로 예측하는 기법이다. 기업의 인력소요 결정에 영향을 미치는 변수로는 매출액·생산량·생산장비에 대한 투자액·수익·기술수준의 정도 등을 들 수 있다. 따라서 기업들은 인력소요를 결정하기 위해

---

7) W.F. Cascio, 1989.
8) 이진규, 2012, 95~96.

회귀분석에 이들 변수들을 이용할 수 있다. 회귀분석 결과로 얻은 방정식에 일정시점의 모든 변수들의 수치를 대입시키면 인력소요가 계산된다.

$$Y = a + bX_1 + cX_2 + dX_3$$

$Y$ = 인력소요(t1)  $a$ = 고정인력  $X_1$ = 매출액

$X_2$ = 생산량  $X_3$ = 생산장비 투자액

인력소요 예측을 위한 통계적 기법은 기업의 '과거' 역사적 자료를 가지고 미래를 예측한다는 특징을 가지고 있다. 이 기법은 기업의 미래 환경이 과거로부터 변동없이 연속적으로 변화할 때 사용된다. 그러나 기업이란 항상 '불연속성'과 '불확실성' 속에 있기 때문에 한계가 있기 마련이다. 따라서 기업은 통계적 기법을 통해 얻은 양적 인력 소요치를 과신(過信)하기보다 미래의 소요인력에 대한 방향을 새롭게 인식하고 예측기간을 가능한 한, 단기간으로 좁혀 나가면서 예측치에 대한 수정작업을 계속해 나가는 것이 바람직하다.

## 제3절 인적자원의 확보예측

경영자는 기업에 필요한 인력의 소요를 예측하였을 경우 이에 따라 인력을 확보할 수 있는지에 대하여 예측하여야 한다. 인력확보예측은 기업이 예측한 인력의 수와 그가 보유한 지식·능력 등의 수준(질)에서 적합한 인재를 확보할 수 있는가에 대해 예측하는 활동이다. 인력의 확보예측은 기업 내에서 확보하는 방법과 기업 외에서 확보하는 방법을 분석하여야 한다. 전자를 내부노동시장 인력확보라고 하고, 후자를 외부노동시장 인력확보라고 한다.

### 1. 내부노동시장의 인력확보 예측

#### 1) 내부노동시장 인력확보 예측의 의의

내부노동시장(internal labor market)은 기업의 특정 직위에 필요한 소요인력에 대해 기업 내의 종업원을 대상으로 소요와 확보가 이루어지는 시장메커니즘을 말한다. 다시 말하면 기업의 내부노동시장은 현재 해당기업에 고용되어 있는 모든 종업원들을 계속 근무시키거

나 다른 직위로 이동 또는 승진을 통해 소요와 확보가 이루어지는 것을 말한다.

내부노동시장의 인력형태를 미래의 특정시점에까지 유지했을 때 기업이 필요로 하는 인력을 확보할 수 있을 것인지를 예측하는 활동을 말한다. 이러한 활동은 양적 측면과 질적 측면으로 구분할 수 있다.

인력확보 예측의 양적 측면은 미래의 일정시점에서 보유인력 수와 관련되는 정보, 즉 퇴직인력에 대한 보충 및 새로 생긴 직무를 메우기 위한 인력의 이동(전환) 등을 예측하는 활동이다.

인력확보 예측의 질적 측면은 미래의 일정시점에서 해당기업이 보유하게 될 인력의 자격요건에 대해 예측하는 활동이다.

## 2) 내부노동시장의 인력확보 예측분석

내부노동시장의 인력확보 예측에서 인력확보의 양은 질에 영향을 주지는 못하지만, 질 (수준과 자격)은 양(수)의 결정에 영향을 주고 있다. 따라서 질적 인력확보 예측을 먼저 설명하고, 그 다음 양적 인력확보예측을 설명하기로 한다.

### (1) 내부노동시장의 질적 인력확보 예측

질적 인력확보의 예측은 기업이 미래의 일정시점에서 일정한 수준이나 자격을 갖춘 인력을 확보할 수 있는지를 예측하는 활동이다. 기업은 현재보다 미래의 일정시점에서 종업원들의 직무수행 역량이 높은 수준이나 자격을 필요로 한다. 따라서 기업은 내부노동시장에 적합한 종업원을 확보하기 위해 이에 알맞는 인력개발을 실시해야 할 것이다.

기업은 미래의 일정시점에서 종업원들이 해당직종별, 직군별 그리고 개인별로 다음 요소들에 대해 적합한 수준이나 자격을 갖추어야 할 것이다.

• 지식(교육정도, 보충지식), • 기능(직무의 처리능력), • 육체적 능력, • 인지적 능력(지식 능력의 구조, 기억력 등), • 정신적 능력(창의력, 문제해결력, 주의력 등), • 사회적 능력(대인관계 능력 등).

기업이 미래 내부노동시장의 인력확보를 질적으로 예측한다는 것은 매우 어렵다. 왜냐하면 기업이 미래에 어떤 생산기술을 도입하느냐, 그리고 어떤 교육훈련프로그램을 도입하느냐에 따라 종업원이 미래에 갖추게 될 자격수준은 달라지기 때문이다. 그러나 기업은 이러한 어려움이 있음에도 불구하고 미래의 일정시점에서 인력확보의 위험부담을 최소화하기 위해 개략적이나마 질적으로 예측활동을 시도해야 한다. 따라서 이에 적합한 기법은 추세분석이다.

추세분석(trend analysis)은 과거부터 현재에 이르기까지 종업원들의 자격수준(직능)에 변화를 가져다주었던 요인들을 찾아, 이 요인들의 시간적 흐름에 따른 변화를 파악하여 미래 일정시점에서 인력확보를 예측하는 것이다. 예를 들면 종업원들의 근무년수와 직능변화 간의 관계를 직종별·직군별로 추세를 분석하여 미래 일정시점에서 인력의 확보를 예측하는 것이다.

추세분석은 해당기업이 도입하고 있는 생산기술이 불연속이 아닌 연속(continuity)으로 변화하고 발전한다는 전제가 깔려 있다. 따라서 어떤 기업의 기술이 연속으로 변화하고 있다면, 종업원들을 대상으로 적절한 교육훈련을 실시함으로서 일정시점에서 일정한 수준이나 자격을 갖춘 종업원을 확보할 수 있을 것이다.

### (2) 내부노동시장의 양적 인력확보 예측

#### (ㄱ) 내부노동시장의 양적 인력확보 예측의 의의

양적 인력확보의 예측은 해당기업이 미래의 일정시점에서 인력의 전체 수뿐만 아니라, 직종별·직급별·직군별·직무별 그리고 연령별의 필요한 수를 확보할 수 있는지를 예측하는 활동이다.

종업원의 수를 결정하는 요인은 현재부터 미래의 일정시점까지 예상되는 퇴직인력(정년퇴직자, 이직자 등), 기업내부에서의 이동(전환, 승진) 그리고 신규 채용인력(외부노동시장 확보 영역) 등이 있다.

또한 일정시점에서 종업원 수를 결정하는 요인에는 출근율과 생산성 등도 있다. 예를 들어 미래 일정시점의 보유인력이 1,000명이라 가정할 때, 출근율이 95%라고 예측한다면 공급인력은 950명이 되고, 생산성이 현재보다 10% 향상된다고 예측한다면 1,100명이 되는 것이다.

기업은 인력의 내부확보를 분석하기 위해 작업상황 변화에 따른 효과를 분석해야 한다. 즉 현재의 근무시간에 대한 인사정책의 변화가능성, 초과시간·휴일·임시고용 등에 대한 인사정책의 변화가능성에 따른 인력의 공급원을 평가해야 한다.

그리고 기업은 양적 인력확보의 예측을 위해 기업 내에 체계를 구축하여야 한다. 즉 '기능목록'과 '관리능력목록'을 작성하고, 이를 하나의 데이터베이스에 결합시켜 '인적자원정보시스템'을 구축하여야 한다.

기능목록(skill inventories)은 종업원의 인적 자료(연령, 성, 결혼 여부 등), 기능(교육, 직무경험, 훈련 등), 특별 자격(전문가 집단의 회원, 특별한 업적 등), 급료 및 직무 내용(현재 및 과거의 급료, 임금인상 일자, 담당직무 등), 회사 자료(복지후생 자료, 퇴직자료, 연공 등), 개인의 능력(심리 및 기타 검사결과 및 건강 정보 등), 개인의 특별한 선호(지리적 위치, 직무 유형 등) 등을 정리해 놓은 자료이다. 이는 여러 직무에 적합한 사람에 관한 정보를 정확히 발견하고, 조직의 인적자원에 관한 정보를 종합하기 위한 것이다.

관리능력목록(management inventories)은 관리직 및 전문직 종업원에 대하여 연령, 현재의 성과수준, 잠재적 승진 가능성 등을 정리해 놓은 자료이다.

인적자원정보시스템(human resource information system)은 기업이 모든 종업원들과 모든 직위에 관한 정보를 하나의 시스템으로 결합시킨 체계이다. 어떤 기업이 채용을 위해 전산화된 기능목록, 보상시스템, 직무·직위 정보시스템, 그리고 업적평가 등의 자료를 하나의 데이터베이스에 결합시킨 체계이다.

예를 들어 회계분야 종업원의 기능목록이 기업전체 차원에서 하나의 인적자원정보시스템으로 구축되었을 때, 다음과 같은 정보를 효과적으로 얻을 수 있다.
① 인구통계적 측면에서 직종, 직군, 직급별 인력 파악
② 자격증 보유인력 파악(공인회계사, 전기기사 1급 등)
③ 승진 내지 내부이동(직무순환)을 위한 후보자 선정
④ 직무수행과 관련하여 현재 자격요건을 갖춘 종업원 수의 파악
⑤ 교육·훈련 등 능력개발 대상자 선정
⑥ 내부이동과 관련되는 종업원의 정보 파악

그럼으로써 경영자와 종업원 모두가 직무와 직위에 대해 고도로 통합된 모든 정보를 신속하게 이용할 수 있다.

### (ㄴ) 내부노동시장의 양적 인력확보 예측기법
내부노동시장의 양적 인력확보 예측기법에는 빈도분석과 추세분석 등이 있다.

빈도분석(frequency analysis)은 인력확보예측과 관련하여 종업원의 연령구조와 이직 및 결근 등의 빈도에 따른 경향을 예측한다.

추세분석(trend analysis)은 앞의 소요분석에서 설명한 바와 같이 과거 환경변화의 추세가 미래의 일정시점에도 유사하게 변화할 것이라는 가정하에 이직률, 입직률, 결근율 그리고 생산성의 변화 등에 대한 과거의 추세를 분석하여 미래를 예측한다. 그러나 환경변화나 기

술변화의 정도가 높은 기업은 추세분석을 도입하는 데 그 한계가 있다. 추세분석에는 마코브분석과 헤이어분석 등이 있다.

마코브분석(Markov analysis)은 마코브(Markov)가 개발한 모델로서 조직내부 이동에 의한 인적자원의 잠재적 변화를 분석하기 위해 안정적 조건인 승진, 이동, 이직의 비율을 적용함으로써 미래 각 기간에 걸친 현재 구성원의 변동 상황을 예측하는 기법이다.9) 즉 마코브분석은 해당기업 종업원의 이동을 근거로 하여 미래 어떤 시점의 인력확보를 예측할 수 있는 유용한 기법이다.

마코브분석에 의한 내부 인력확보 예측의 특징은 다음과 같다.

① 추정 통계적 모형(stochastic model) 또는 확률적 방법(probablistic method)을 사용한다.

② 매 기간 일정한 변환 확률(transition probability)을 가정하며, 모든 고용은 교체만으로 실시된다.

③ 조직 내에서 인력의 스톡(stock)와 프로우(flow) 등 변동 상황을 예측하여 통제할 수 있다.

④ 개별 직위에 대한 소요 인력의 파악이 가능하다.

⑤ 대규모 종업원들이 안정적 기초 위에서 이동할 경우에 잘 적용된다.

마코브분석의 핵심은 '전이행렬'(transition probability matrix)이다. 전이행렬은 예측기간(주로 1년) 동안 종업원들이 그의 직무에 계속 재직 가능성, 조직 내의 다른 직무로 이동 가능성, 조직의 이탈 가능성 등을 표시해 준다. 전이행렬은 매년 초 각각의 직무에 종사하고 있는 사람들의 숫자를 이동 예상률과 곱하여 매년 말 각 직무에 종사하는 사람이 몇 명이 될 것인지를 나타내는 지표로 활용된다.

전이행렬의 개발단계는 다음과 같다.

– 제 1 단계: 직무별 이직 가능성에 따라 분류

인력의 이동이나 해고 등의 이유로 조직을 떠날 가능성이 있는 모든 직무별로 상호배타적인 일련의 상황에 따라 분류한다.

– 제 2 단계: 과거 직무별 이직 자료 수집

각각의 상황 하에서 이동률에 관해 발생한 지난 몇 년 동안의 자료를 수집한다. 예를 들어 어떤 기업의 직무간 이동률은 〈표 4-4〉와 같다. 직무 A, B, C, D는 과거의 자료에 의거하여 직급(부장, 차장, 과장, 사원)이나 직군에 따라 그 이동률을 구할 수 있다. 연초

---

9) N.G. Markov, 1998.

| 표 4-4 | 직무 간 이동예상률 | | | | | |
|--------|------|------|------|------|------|------|
| 구 분 | | time 2 (이동예상률) | | | | |
| | | 직무 A | 직무 B | 직무 C | 직무 D | 퇴직 |
| time 1 | 직무 A | 0.70 | 0.10 | 0.05 | 0 | 0.15 |
| | 직무 B | 0.15 | 0.60 | 0.05 | 0.10 | 0.10 |
| | 직무 C | 0 | 0 | 0.80 | 0.05 | 0.15 |
| | 직무 D | 0 | 0 | 0.05 | 0.85 | 0.10 |

(time 1)에 A라는 직무에 근무했던 종업원의 15% 정도가 연말(time 2)에 회사를 떠났고, 10% 정도는 B라는 직무로 이동하였으며 5% 정도는 C라는 직무로 이동했음을 보여준다.

－ 제 3 단계: 매년 연초에 전이행렬을 작성하여 인력예측

이러한 이동률에 대한 정보를 가지고 매년 연초의 인력을 대입시켜 다음 〈표 4-5〉와 같이 전이행렬을 작성하여 미래의 인력을 예측한다. 전이행렬에서 직무 A는 연초에 종업원이 62명 있다고 가정한다. 이 중 연초부터 계속해서 직무 A에 종사해 온 사람은 44명이다. 또한 10%(0.10×62=6)는 직무 B로 옮겨갔고, 5%(0.05×62=3)는 직무 C로 옮겨 갔으며 15%(0.15×61=9)는 조직을 떠났다. 그런데 직무 B에 종사하던 75명 중 15%(0.15× 75=11)가 직무 A로 이동했다. 결국 연말에 직무 A에 종사하는 직원 총수는 55명(44+ 11=55)이었다.

| 표 4-5 | 전이행렬 계산 | | | | | | |
|--------|------|------|------|------|------|------|------|
| 구 분 | | | time 2 (연말) | | | | |
| | | | 직무 A | 직무 B | 직무 C | 직무 D | 퇴직 |
| time 1 | 직무 A | 62 | 44(0.70) | 6(0.10) | 3(0.05) | 0(0.00) | 9(0.15) |
| | 직무 B | 75 | 11(0.15) | 45(0.60) | 4(0.05) | 8(0.10) | 7(0.10) |
| | 직무 C | 50 | 0(0.00) | 0(0.00) | 40(0.80) | 2(0.05) | 8(0.15) |
| | 직무 D | 45 | 0(0.00) | 0(0.00) | 2(0.05) | 38(0.85) | 5(0.10) |

$$[62\ 75\ 50\ 45] \times \begin{Bmatrix} 0.70 & 0.10 & 0.05 & 0.00 & 0.15 \\ 0.15 & 0.60 & 0.05 & 0.10 & 0.10 \\ 0.00 & 0.00 & 0.80 & 0.05 & 0.15 \\ 0.00 & 0.00 & 0.05 & 0.85 & 0.10 \end{Bmatrix} = [55\ 51\ 49\ 48\ 29]$$

만일 time 3에서의 인력이동에 대한 예측치를 구하려면 time 2에서의 각 직무별 인력 (직무 A: 55명, 직무 B: 51명, 직무 C: 49명, 직무D: 48명, 퇴직: 29명)에 다시 앞의 〈표 4-5〉에 서 제시한 방식대로 전이행렬을 작성하여 계산할 수 있다. 이러한 방식으로 해당기업의 목표연도에서 각 직무별, 직급별, 직군별 등 공급인력을 구할 수 있는 것이다.

기업은 이 기법으로 양적 인력확보를 정확하게 예측하기 위해 기준년도의 이동률이 정상적이어야 한다. 즉 이동률이 비정상적으로 높거나 낮아서는 안 된다. 그래야만 확보예측이 정확해진다. 따라서 비정상적인 이동률은 그냥 사용하기보다 몇 년간의 이동률의 평균치를 사용하는 것이 좋을 것이다.

그림 4-8 경영계획의 일환으로서 인사계획

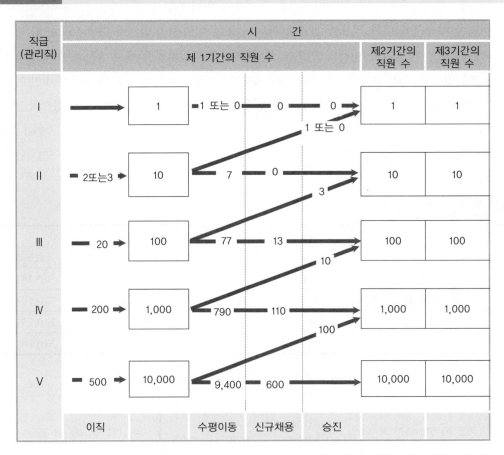

헤이어분석은 헤이어(Haire)가 개발한 모델로서, 조직내부위 이동에 의한 인적자원의 잠재적 변화를 분석하기 위하여 인력의 유입, 내부이동 및 유출 등을 분석함으로써 단기적 소요인력의 예측을 용이하게 하는 기법이다. 이 기법은 인력프로우(flow)를 신규채용(유입), 수평이동 및 승진(내부이동), 이직(유출)의 범위로 분류하여 '한 시점의 인력스톡'(stock)에서 '일정기간 후의 인력스톡'으로 이동과정을 파악한다.

예컨대, [그림 4-8]에 나타난 바와 같이 제1기간 동안 최하위 직급인 직급 Ⅴ에서는 10,000명의 직원 중 500명이 이직하고, 600명이 신규로 충원되었으며, 9,400명은 현직급에 계속 잔류하였고, 100이 직급 Ⅳ로 승진하였다. 따라서 제1기 초의 인력스톡 10,000명은 제2기 초에로 동일 수준에서 유지된다. 직급 Ⅳ의 경우에는 제1기간 중 200명이 이직, 10명이 직급 Ⅲ으로 승진하였으며, 790명이 잔류하였다. 당초 1,000명의 인력스톡을 유지하기 위한 210명의 확보는 신규채용(외부로부터의 확보) 110명과 직급 Ⅴ에서의 승진 100명(내부에서 확보)으로 충당되었다. 즉, 최하위 직급을 제외한 나머지 직급의 인력배치는 내부에서 승진과 외부로부터의 경력사원 채용의 두 가지 공급원에서 확보되고 있음을 알 수 있다.

## 2. 외부노동시장의 인력확보 예측

### 1) 외부노동시장 인력확보 예측의 의의

외부노동시장(external labor market)은 기업의 특정한 직위에 필요한 인력을 기업 외에서 자격을 갖춘 인력들을 대상으로 소요(수요)와 확보(공급)가 이루어지는 시장메커니즘을 말한다.

외부노동시장의 인력확보 예측은 현재 외부에 있는 사람(인재)을 기업의 필요인력으로 확보할 수 있을 것인지를 예측하는 활동을 말한다. 즉 이들은 ① 기업 밖의 다른 기업에 근무하고 있으면서 옮길 의도가 있는 인력이나 ② 실업상태·학생신분 등으로 있으면서 기업에 취업하기를 원하는 인력을 말한다. 다시 말하면 이들은 해당기업에 신입정규사원, 경력사원, 비정규직사원 등의 형태로 취업하기를 원하는 인력이다.

외부노동시장의 인력확보는 실업률이 높을 경우 필요한 인력을 보다 용이하게 확보할 수 있다. 그러나 실업률이 낮을 경우 인력을 확보하기가 그만큼 어려워진다.

외부노동시장의 분석은 양적 측면과 질적 측면 등 두 가지 측면에서 분석하여야 한다. 양적 측면에서는 인구의 규모 및 구성, 경제활동 인구와 참가율 등을 분석하여야 하고, 질적 측면에서는 교육훈련 수준의 노동 성취동기 수준 등을 분석하여야 한다.

### 2) 외부노동시장 인력확보 예측의 분석

#### (1) 외부노동시장 인력확보 예측의 총체적 분석

기업은 미래 일정시점의 외부노동시장 여건이 해당기업의 인력(신입정규사원, 경력사원, 비정규직사원) 확보에 얼마나 유리한지를 예측하기 위해 다음 두 가지를 분석하여야 한다.

##### (ㄱ) 경제활동 인구동향분석

미래 일정시점에서 '국가의 경제활동 인구동향'에 대한 분석이 이루어져야 한다. 특정 해당분야에서 미래 일정시점의 경제활동 인구동향을 분석하기 위해서는 다음과 같이 인력에 대한 정보수집이 필요하다.

인구구조, 즉 연령·성별의 구성, 인구성장률 등을 조사할 필요가 있다. 오늘날 노동인구 구조변화의 가장 큰 특징은 노령화 현상과 여성근로자 비율의 증대이다. 이에 대한 분석이 필요하다. 특히 고도로 발전된 산업국가의 경우 인구성장률이 둔화되거나, 인구성장률이 마이너스를 보이고 있어 근로인구가 역피라미드 형태를 초래할 가능성이 있다.

교육수준, 즉 교육제도와 교육기간 등의 조사가 필요하다. 선진국일수록 교육과정의 다양화와 교육기간의 장기화 경향이 나타나고 있다.

사회·문화적 성취동기수준, 즉 욕구구조의 조사가 필요하다. 최근의 추세는 물질적인 욕구 이외에 자아존중, 자아실현, 사회·정신적 욕구가 강하게 요청되고 있다.

##### (ㄴ) 노동시장제도 변화파악

기업은 '국가의 노동시장제도 변화'를 파악하여야 한다.

먼저, 노동시장제도와 관련된 공인직종과 더불어 직업안정제도를 분석하여야 한다.

그 다음, 국민 경제적 차원에서 공급된 노동력 중 실제 생산과정에 투입된 노동량이 구조적으로 어떻게 변화하는지를 분석하여야 한다. 그리고 기업은 노동량의 구조적인 변화를 파악하여야 한다. 이를 위해 취업구조와 실업구조를 분석하여야 한다.

#### (2) 외부노동시장 인력확보 예측의 구체적 분석

기업은 미래의 일정시점에서 총수요인력이 총공급인력을 초과할 경우(순수요인력)나, 기업에서 양성할 수 없는 특유한 분야의 인력이 필요할 경우, 외부노동시장에서 인력(신임정규사원·경력사원·비정규직사원)을 확보하여야 한다.

외부노동시장의 구체적 분석방법은 다음과 같다.

경제활동 인구조사분석이다. 이는 각종 기관에서 발표하는 산업별 취업자 동향(대분류)에서 농업, 광업, 제조업, 건설업, 서비스업 등의 경제활동 인구조사를 분석한다. 이런 분석을 통해 해당기업이 속한 산업의 취업자 변동사항을 어느 정도 파악할 수 있다.

직종별 취업자 동향분석이다. 이는 산업별 취업자 동향분석을 말한다. 산업별 취업자 동향분석은 기업의 정보획득에 유용한 것은 사실이다. 그러나 기업은 직종별 취업자 동향분석이 미래의 일정시점에서 외부노동시장의 정보획득을 위해 더욱 유용하다고 할 수 있다. 예를 들면 제조업의 경우 전기·전자·화학·금속 분야의 기능공 내지 기술자가 미래의 일정시점에서 얼마나 존재할 것인가 등에 대한 정보가 필요하다.

세분화된 노동시장분석은 기업에서 세분화된 직종(특수한 분야)들의 인력확보를 예측한다. 이는 기업의 인력확보에 매우 중요하지만, 현실적으로 많은 어려움이 있다. 그러나 해당기업은 미래의 일정시점에서 인력확보와 관련된 비용을 최소화시키기 위해 가능한 한 많은 정보를 수집하고, 보다 세분화된 노동시장을 분석하여 인력확보를 예측하여야 할 것이다.

## 참고문헌

박경규 (2013), 신인사관리, 홍문사.

이진규 (2012), 전략적·윤리적 인사관리, 박영사.

이순룡 (1993), 생산관리론, 법문사.

최종태 (2000), 현대인사관리론, 박영사.

최진남·성선영 (2023), 스마트경영학, 생능.


Bisani, F. (1976), *Personalwesen,* Opladen: Wesdeatscher Velag.

Cascio, W. F. (1989), *Managing Human Resources*, 2nd ed., McGraw-Hill.

Jones, G. R. & George, J. M. (2019), Essentials of Contemporary Management, 윤현중·이준우 등 역(2021), 경영학에센스, 지필미디어.

Kinicki, A. & Soignet, D. B. (2022), Managemet: A Practical Introduction, 김안드레아 역(2022), 실용적 접근방식의 경영학원론, 한빛아카데미.

Markov, N. G. (1998), *Principles of Economics*, The Dryden Press.

Wright, T. P. (1936), "Factors Affecting the Cost of Airplanes", *Journal of the Aeronautical Sciences*, 3, Feb.

# 제5장
# 채용관리

## 제1절 인적자원 채용의 개념

### 1. 채용의 의의

현대 기업은 종업원의 역량과 기술 등이 기업 발전의 성패를 좌우하는 시대이다. 따라서 기업은 역량과 기술이 높은 종업원의 채용이 그 발전을 지속시킬 수 있는 가장 중요한 요인 중의 하나로 인식하고 중요하게 관리해야 한다.

채용(employment)은 모집, 선발, 그리고 배치를 의미한다.[1] 따라서 채용관리는 조직계획과 직무계획 및 인력계획에 따라 조직이 필요로 하는 인력을 모집, 선발 및 배치 등의 업무를 합리적으로 처리하는 것을 의미한다. 그러나 여기서는 모집과 선발만 설명하도록 하고, 배치는 제8장에서 다루기로 한다. 인력의 모집은 기업이 지원자(적합한 인재)들을 기업에 응모하도록 자극하는 일이다. 이는 기업이 인재를 적극적으로 찾는 활동으로서 보다 공격적 활동이며, 선발은 모집된 사람 중에서 부적격자를 탈락시키는 활동으로서 방어적 활동이다.

---

1) 최종태, 2000, 679.

종업원의 채용관리는 기업이 그 목적달성에 부합하는 유능한 인재의 확보와 관련된 업무를 합리적으로 처리하는 것을 의미한다.

기업은 현재 보유한 인력의 수가 부족하거나, 새로운 사업이나 프로젝트를 준비 중에 있거나, 앞으로 더 많은 제품을 생산하여야 할 경우, 단기에 신규인력의 채용이 필요하게 된다. 또한 기업이 현재 종업원들의 질(수준)로서 업무를 원활하게 수행하기 어렵다고 판단할 경우, 이에 부합되는 수준의 신규인력 채용이 필요하다. 기업이 인력의 채용을 잘못하면, 그 이후의 인사활동을 아무리 잘해도 모두 허사가 될 수밖에 없다. 즉 이는 좋은 제품을 만들기 위해 제조과정의 기술도 중요하지만, 좋은 원료를 확보하는 것이 더욱 중요하다는 것과 같은 이치라고 할 수 있다.

## 2. 채용의 대체안 모색

기업은 인력을 모집하고 선발하기에 앞서 그 대체안(alternatives)을 찾아야 한다. 이 때, 신규인력을 고용하기 위한 모집·선발비용, 교육훈련비용, 퇴직금·복지후생비와 같은 인건비를 절약해야 장기고용에 따르는 위험부담을 경감시킬 수 있다.

기업의 신규인력 채용에 대한 대체안에는 여러가지가 있다.

초과근무(overtime)이다. 이는 기업이 일시적으로 인력의 수요가 더 필요할 경우 현재 인력의 근무시간을 늘이는 방식이다. 그러나 종업원들이 건강상 따를 수 없다거나 여유시간이 없어 허용되지 않을 때에는 채택할 수 없을 것이다.

임시직 채용(temporary employee)이다. 이는 인력수요가 단기간에 필요할 경우 도입하는 방식이다.

하도급(subcontracting)이다. 이는 당해 기업제품의 수요가 계절적으로나 특수한 사정에 의해서 비교적 단기간에 증가할 경우, 생산기능의 일부분을 다른 기업에 의뢰하는 방식이다.

리스고용(employee leasing)이다. 이는 해당기업이 리즈회사와 고용계약에 따라 리즈회사로부터 필요한 인력을 제공받는 방식이다.

기업이 경기가 계속 호황 등으로 인해 위와 같은 인력의 대체안을 통한 해결이 어려워 추가적인 수요가 필요하다고 판단할 경우, 인력의 모집과 선발이 필요하게 된다.

제2절 **인적자원의 모집관리**

모집관리(recruitment management)란 기업이 인재를 선발하기 위하여 유능한 지원자를 내부 혹은 외부로부터 구하여 그들이 조직 내의 어떤 직위에 응시하도록 자극하여 확보하는 업무를 합리적으로 처리하는 것을 의미한다. 따라서 기업은 유능한 지원자의 '모집'이 순조롭게 수행되어야 우수한 인재를 '선발'할 수 있다.

## 1. 모집의 계획

기업의 인력모집계획은 우수한 인재를 선발하기 위하여 유능한 지원자를 내부 혹은 외부로부터 구하여, 그들이 조직 내의 어떤 직위에 응시하도록 미리 설계하는 것을 의미한다.

### 1) 모집방침의 설정

기업에서 인적자원의 모집은 모집방침의 설정으로부터 시작된다. 모집방침의 설정은 직무명세서를 기초로 하여 인력모집의 요구사항을 기술한 것이다. 모집방침의 설정에는 다음과 같은 전제조건이 고려되어야 한다.

첫째, 기업은 인력이 필요로 하는 직종을 파악하여 이에 적합한 양과 질의 인적자원을 모집하여야 한다.

둘째, 기업은 인력의 모집공급원을 어디에 둘 것인지를 결정하여야 한다. 즉 모집 지역, 모집 시기, 모집 직종 등을 결정한다.

셋째, 기업은 모집 인력을 직종별로 분류하여 이에 합당한 방법을 선택하여 실시하여야 한다.

넷째, 기업은 인력의 모집 전에 임금, 수당, 노동시간, 기타의 근로조건을 미리 결정하여야 한다.

다섯째, 기업은 평등고용법에 저촉되지 않도록 평등하게 모집하여야 한다.

### 2) 기업의 채용여건분석

기업은 인적자원을 모집하기 위해 내·외 채용여건을 분석하여야 한다.

내부 채용여건에는 두 요소가 있다. 먼저, 생산적 요소로서 현재 보유인력의 적정성, 현직 종업원의 지식과 능력, 직무수행 자격요건의 변화추세, 종업원의 연령분포, 이직률, 결근율 등이 있다. 그 다음으로, 인간적 요소로서 종업원의 직무만족도, 헌신, 경력욕구 등이 있다.

외부 채용여건에는 해당기업의 경기분석(성장기냐, 쇠퇴기냐), 지역별·직종별 인력확보 가능성 분석, 실업률 분석, 채용관련 법률저촉여부 분석, 해당회사의 이미지 분석 등이 필요하다.

인력의 채용여건에는 해당기업의 노동채용여건을 분석하여 필요한 인력의 양과 수준 및 인력을 외부나 내부에서 쉽게 구할 수 있느냐 없느냐 등에 대한 분석이 필요하다.

### 3) 모집형태의 결정

기업의 모집형태에는 그 기업의 미래 인력구성과 직결되고 있다. 따라서 기업은 미래 인력구성의 이상적인 형태를 설정하고 이에 부합될 수 있는 인력확보전략을 수립하여야 할 것이다.

기업의 인력모집은 그 기업을 기능조직으로 운영할 것인가, 유연조직으로 운영할 것인가에 대해 결정하여야 한다. 이는 [그림 5-1]과 같이 조직형태와 밀접하게 관련되어 있다.

산업화 초기기업은 기업 업무가 쉽고 단순할 경우 안정성 중심인 기능조직, 즉 고층조직(tall organization)을 이루고 있다. 따라서 기능조직은 개별종업원의 직무가 기능 중심으로 분화되어 있어서 같은 기능이나 유사한 기능을 오래 맡아 할 경우 기업의 능률을 향상시킬 수 있다.

현대조직은 기업의 업무가 어렵고 복잡하여, 근로자들이 환경변화에 대응하여 상사의 지시 없이 신속하게 의사결정을 해야 하고, 혁신을 이룰 수 있는 유연조직, 즉 평면조직(flat organization)으로 변화되고 있다. 이때 조직의 기술이나 기법도 자주 바뀌어서 항상 고차원적이고 고숙련화된 종업원을 필요로 한다. 따라서 기업은 노동의 유연성을 중시하면서 고용이 다양화되고 있다.

조직의 구성원에는 정규직·비정규직·임시직이 있다. 기업의 인력모집은 정규직인 기간제종업원, 비정규직인 보조종업원, 임시직인 임시종업원[2]의 모집을 결정하여야 한다. 따라서 기업은 이 세 직종의 이상적인 구성형태가 되도록 인력을 모집하여야 할 것이다.

---

2) 임시직은 일반적으로 비정규직에 포함시키고 있으나, 근무시간이 매우 짧기 때문에 비정규직과 구분하기로 한다.

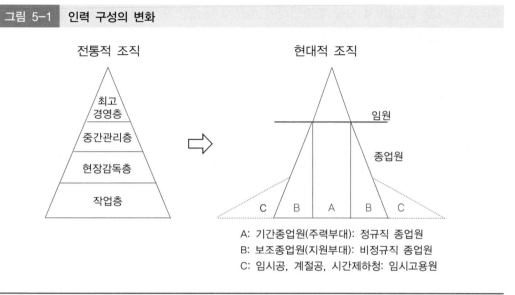

| 그림 5-1 | 인력 구성의 변화 |

자료: 최종태, 1996, 264; 古閑正元, 1974, 224.

## 4) 조직의 모집방법 결정

기업은 인력모집을 내부에서 할 것인가, 외부에서 할 것인가를 결정하여야 한다. 전자는 내부노동시장모집이고, 후자는 외부노동시장모집 유형이다.

내부노동시장형(internalization)은 기업이 지식과 능력에 잠재력이 있는 인력을 확보하여 교육과 훈련을 통해 인재를 육성하는 인재양성전략(making policy)을 적용하는 형태이다. 즉 내부노동시장형은 기업이 하위 종업원에서부터 잠재력이 있고 우수한 인력을 외부노동시장에서 조기에 확보하여 장기 고용을 보장하면서, 지속적인 이동과 승진 및 교육훈련 등을 통해 필요로 하는 지식 및 기술 향상으로 인재를 양성하는 전략이다. 따라서 이 형태는 종업원들의 높은 충성심과 팀워크를 기대할 수 있다. 그러나 외부환경변화에 대한 유연성이 떨어지고, 기업의 인건비가 점차 가중되기도 한다.

외부노동시장형(externalization)은 기업이 필요한 인력을 내부에서 양성하지 않고, 외부로부터 인력을 구매하는 인재구매전략(buying policy)을 적용하는 형태이다. 즉 외부노동시장형은 외부에서 양성된 인력 중 기업에 부합되는 인력을 적기와 적시에 구매하는 전략이다. 외부노동시장형은 노동시장의 유연성을 전제로 신입사원뿐만 아니라 전 직급에 걸쳐 현재 필요한 자질과 지식 및 능력이 갖추어진 경력사원을 채용하고, 어떤 종업원이 더 이상 기업에서 필요하지 않는다면 퇴출시키는 전략이다. 따라서 이 형태는 인력관리를 신축적으로 운영할 수 있어서 시장 환경변화에 빠르게 대응할 수 있다는 장점이 있다. 그러나 종업원들은 고용에 불안을 느끼며 조직에 대한 충성도가 약해질 수 있다.

전통적으로 한국과 일본 등 동양권의 기업들은 내부노동시장형을 선호하고 있고, 서구 기업들은 외부노동시장형을 선호하고 있다. 이 두 형태를 〈표 5-1〉과 같이 나타낼 수 있다.

| 표 5-1 | 내부노동시장과 외부노동시장 채용 | |
|---|---|---|
| 구분 | 내부노동시장 채용 | 외부노동시장 채용 |
| 특징 | • 인재의 육성정책<br>• 신입사원 중심으로 우수인력 조기 채용<br>• 장기근속을 전제로 역량을 통한 탄력적이고 지속적인 훈련을 통한 기업 특수 기술과 숙련보유가 가능 | • 인재의 구매 정책<br>• 전 직급에 걸친 경력사원 채용<br>• 고용을 통한 탄력성 유지<br>• 승진보다는 성과중심(보상) |
| 장점<br>(이익) | • 안정적 고용보장과 내부승진으로 종업원의 동기부여<br>• 기업이 보유하고 있는 기능과 지식 및 능력에 대한 예측이 가능함<br>• 팀워크가 증진되고 조정과 통제가 수월함<br>• 기업에 필요한 인재양성<br>• 채용비용(거래비용)이 낮음 | • 인력관리의 신축적 운영 가능(종업원의 수와 유형에 대한 재량권 증대)<br>• 중요 자원을 핵심역량의 개발에만 사용 할 수 있음<br>• 필요한 인력의 신속한 확보 가능<br>• 조직의 새로운 변화를 유도할 수 있고 변화에 빠른 대응 가능<br>• 훈련비용 절감<br>• 총액 인건비의 통제 용이 |
| 단점<br>(비용) | • 고용관계에서 관료제 현상으로 경직성 유발<br>• 장기근속으로 인한 기술의 노후화<br>• 시간이 지남에 따라 인건비의 수직 상승<br>• 새로운 환경변화에 대한 적응력이 떨어짐<br>• 높은 교육훈련 비용 | • 종업원의 결속력 약화<br>• 불안정 고용으로 인한 사기저하<br>• 채용비용 높음<br>• 적절한 인재를 찾기가 쉽지 않음<br>• 외부인력을 아웃소싱 함으로 인해, 기업의 기술과 핵심역량의 개발을 지연시킬 수 있음 |

기업의 모집에는 집권적 모집과 분권적 모집이 있다. 전자는 종업원의 채용주체가 조직 전체를 대표하여 인사부서가 실시하는 것이고, 후자는 사업부서나 팀의 운영자가 자율적으로 실시하는 것이다. 다시 말하면 집권적 모집은 조직의 경영자, 즉 인사담당자와 인사전문가에 의해 모집활동이 수행되고, 분권적 모집은 개별 사업단위별로 모집활동이 수행된다.

집권적 모집과 분권적 모집의 장단점은 다음과 같다.

집권적 모집은 여러 사업단위에서 일관성 있는 정책을 수행할 수 있다. 또한 여러 부서의 중복 모집활동을 줄일 수 있다. 그러나 각 사업의 특수한 상황을 반영할 수 없다.

분권적 모집은 종업원을 적시에 모집할 수 있으며, 사업단위별로 특수한 상황을 반영할 수 있다. 그러나 여러 사업단위가 그에 적합한 인력을 모집하도록 전체적으로 일관성이 없고, 광고 등에서 중복 활동이 많아 비용이 많이 든다.

오늘날 기업의 직무는 고도로 전문화되어 있으므로 집권적 모집으로 적임자를 모집하기에는 그 한계가 있다. 따라서 기업의 모집은 집권적 모집에서 사업부서 중심의 분권적 모집으로 나아가는 추세이다.

### 5) 모집시기의 분석

기업은 외부에서 인력을 충원하기 위해서는 상당한 시일이 걸린다. 따라서 기업은 상당한 시간적 여유를 가지고 모집활동을 하여야 할 것이다. 기업은 언제 모집활동을 시작하는 것이 적절한지를 판단하기 위해 '시간경과 자료'를 활용하는 것이 효율적이다. 시간경과 자료는 외부충원과 관련하여 정상적으로 발생하는 주요 의사결정 단계들 사이에 걸리는 평균시간을 알 수 있도록 정리된 자료를 의미한다.

### 6) 지원자 수의 예측

기업은 자격 있는 신규 채용자를 확보하기 위해 '지원자 수'를 예측하여야 한다. 지원자 수의 예측은 조직이 고용인원 이상의 수를 모집할 수 있느냐에 대해 예측하는 활동이다. 그러나 지원자 중에서 자격 미달자도 많을 것이다. 따라서 기업은 모집활동을 시작하기 전에 목표 지원자 수를 설정하고, 이에 도달할 수 있도록 추진하여야 한다. 기업이 신규 채용자의 수를 합리적으로 예측하기 위한 방법에는 산출률(yield ratio)이 있다. 산출률은 지원자의 투입과 산출과의 관계를 의미한다.

### 7) 모집예산의 편성

모집에는 상당한 비용이 수반되고 있다. 따라서 기업은 비용을 절감하기 위해 철저한 계획을 수립할 필요가 있다. 모집예산의 편성은 두 가지 방식이 있다.

하향(top-down)방식은 최고경영자가 사업계획의 일환으로 모집예산을 편성하고, 본사 인사 담당부서에서 집행함으로써 모집비용을 통제하는 방식이다.

상향(bottom-up)방식은 개별 사업단위 책임자가 사업단위별 모집일정에 따라 예산의 구체안을 마련하고, 나아가 전체모집비용을 편성하는 방식이다.

대부분의 기업은 모집예산을 상향방식(개별 사업단위)보다 하향방식(본사 인사담당부서)을 더 선호하고 있다. 이것은 개별 사업단위보다 본사 인사부서의 기능을 더 중시하기 때문이라고 볼 수 있다. 그러나 상향방식은 하향방식보다 더욱 능력 있고 믿을만한 인재를 채용할 수 있는 구체적 방안을 마련할 수 있을 것이다.

## 2. 모집의 실시

기업은 그의 인력모집계획에 따라 모집직종과 직종별 인원이 결정되면 다음과 같은 모집활동이 시작된다.

### 1) 지원자와 조직과의 관계

기업의 모집활동은 인력의 채용을 위해 자질과 지식 및 능력을 가진 지원자를 확보하기 위한 활동을 말한다. 기업의 모집활동은 지원자가 해당 기업에 지원하도록 '홍보'하고 '모집'한다. 기업의 모집활동은 전달매체를 통해 조직의 직무내용과 정보를 지원자들에게 홍보하여야 한다. 따라서 조직은 어떤 내용을 홍보할 것인가, 어떤 매체를 통해 홍보할 것인가가 중심이 된다.

지원자의 응모활동은 조직의 '직무탐색'에서 시작하여 '직무선택(조직선택)'으로 이어진다. 즉 지원자는 직무에 대한 정보를 탐색하여 직무를 선택하는 것이다. 직무의 선택은 그 자체가 특정 기업이나 조직의 선택을 의미한다. 왜냐하면 직무는 조직 안에 존재하는 것이므로 직무선택이 조직선택이 되는 것이기 때문이다. 이를 [그림 5-2]와 같이 나타낼 수 있다.

**그림 5-2  지원자의 직무선택과 조직의 모집활동**

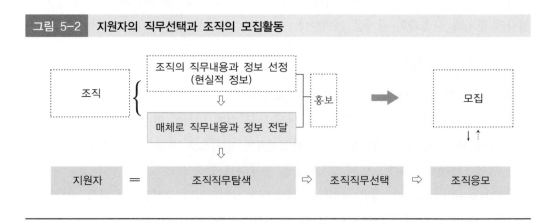

## 2) 지원자의 조직선택

### (1) 지원자의 조직정보탐색

조직정보탐색이란 지원자가 '조직의 일반적 특성'과 '직무와 관련된 정보'를 수집하는 과정을 의미한다. 대부분의 사람들은 직무탐색에 있어서 비공식적인 네트워크 정보를 많이 이용하고 있다. 왜냐하면 지원자들은 노동시장에서 제공하는 공식적 네트워크정보보다 비공식적인 네트워크 정보가 더 풍부하고 신속하며 신뢰성이 높다고 믿기 때문이다. 따라서 조직은 지원자들이 비공식적 네트워크보다 공식적 네트워크를 더 많이 이용하도록 풍부하고 신뢰성 있는 정보를 제공하여야 할 것이다.

### (2) 지원자의 조직결정

조직선택은 지원자가 여러 개의 조직을 두고, 최종적인 조직선택과 관련된 개인의 의사결정을 의미한다. 지원자의 조직선택(OS)은 직무환경 특성(JC)과 지원자 특성(SC) 및 모집활동 적극성(RA)의 함수이다. $OS = f\{JC \times SC \times RA\}$이다.

직무환경의 특성은 지원자는 지원할 조직의 임금, 복지후생, 경력개발 가능성 등 객관적인 근로조건이 조직선택에 영향을 미친다.

지원자의 특성은 지원자의 특성과 조직의 이미지 및 분위기와의 부합 여부가 조직 선택에 영향을 미친다. 즉 지원자의 성격, 취미, 선호도 등의 특성은 모집직종의 선택, 즉 조직선택에 영향을 미친다. 예를 들어, 성취욕구가 높은 사람은 진취적인 기업에 매력을 느낄 것이다.

모집활동의 적극성은 지원자는 모집활동 담당자의 모습이나 모집활동의 적극성이 조직선택에 영향을 미친다. 지원자들은 모집담당자들이 신뢰할 만한 지위에 있는 사람인가, 얼마나 친절하고 공정하며 신속하게 일을 처리하는가, 모집활동의 강도는 어떠한가 등을 보고 조직을 판단하는 자료로 사용한다.

지원자의 조직선택은 지원자들이 조직으로부터 얻은 정보를 바탕으로 그 조직을 선택할 것인가, 거절할 것인지를 결정한다. 즉 지원자가 자신의 성격이나 역량에 비추어 해당 조직에 부합된다고 생각한다면 그 조직을 선택하기로 마음을 굳히고 '조직의 응모'로 이어진다. 이를 자기선발(self-selection)이라고도 한다.[3]

---

3) 김식현, 1999, 242~243.

### 3) 조직의 모집활동

#### (1) 조직의 정보제공

조직이 지원자에게 전달하는 정보는 지원자가 조직을 선택하는데 중요한 역할을 한다. 따라서 조직은 다음과 같은 정보를 제공하여야 한다.

조직은 지원자에게 자격요건 등 구체적이고 '현실적인 직무정보'를 제공하여야 한다. 현실적 직무정보란 현실적 직무개요를 말한다. 조직은 지원자가 고용될 경우 담당할 직무의 긍정적인 면과 부정적인 면을 솔직하게 알려주어야 한다. 조직은 지원자에게 잘못된 정보를 제공하였을 경우, 채용된 후 조직에 만족하지 못하고 사퇴할 가능성이 매우 크다. 따라서 지원자는 조직의 담당직무가 본인에게 부적합할 경우 미리 포기하도록 하는 것이 좋을 것이다.

조직은 지원자에게 보상 등에 관한 '정확한 조직정보'를 제공하여 자발적으로 조직을 선택하도록 하여야 한다. 즉 조직은 지원자가 자기 선발할 수 있도록 유도하고, 그가 채용된 후 불만 없이 헌신하고, 열정을 쏟을 수 있도록 하여야 한다.

한편 지원자들은 기업의 모집과정에서 위의 두 가지 정보를 획득하기 위해 현장답사, 인턴, 임시직무시도(job try-out), 작업모의실험(work simulation) 등을 이용하기도 한다.

#### (2) 조직의 정보전달

조직은 지원자에게 모집에 관한 정보를 제공하여야 한다. 조직이 지원자에게 제공하는 정보는 매체와 모집인의 신뢰성에 영향을 받는다.

매체(media)의 신뢰성은 지각된 전문성, 개인선호에 의해 결정된다. 모집에서 신문광고나 채용박람회 등 광범위한 매체정보는 지원자가 신뢰성을 낮게 인식한다. 그러나 개인적 접촉, 즉 친구나 친척 등 집약적인 매체정보는 신뢰성이 높게 인식하고 있다.

모집인(recruiter)의 신뢰성은 너무 젊거나 늙지 않으면서 조직 내에서 상당한 지위가 있고 설득력이 있을 때, 지원자의 신뢰가 높아지는 경향이 있다. 또한 지원자들은 모집인이 명랑하고 정열적이며, 그들에게 관심을 표명할 때 좋아하는 경향이 있다. 그러나 모집원들이 지원자들에게 매우 사적인 질문이나 위협적인 질문은 좋지 않게 생각되므로 삼가하여야 한다. 따라서 기업은 유능한 모집원의 선발과 그들의 훈련에 신중을 기하여야 할 것이다.[4]

---

4) 황규대, 2013, 165.

## 4) 모집의 방법

### (1) 내부노동시장 모집

내부노동시장 모집은 조직 내에서 근무하는 종업원을 대상으로 모집하는 방법이다. 기업의 내부 노동시장 모집에는 두 가지 방법이 있다.

### (ㄱ) 사내충원제도

사내충원제도는 인사부서에서 작성한 직무기술서 및 직무명세서, 종업원의 인사기록부와 인사고과 등을 바탕으로 해당 직위에 적합한 인물을 선발하는 제도이다. 따라서 사내충원제도는 종업원을 상대로 모집활동을 하지 않고, 선발작업이 끝날 때까지 전혀 공개되지 않은 채 진행된다. 이때 압력단체가 개입하여 특정 인물이 선정될 가능성이 있고, 기록을 잘못 보거나 간과하여 충분한 자격을 가진 종업원이 제외될 가능성도 있다. 그럼에도 불구하고 이 방법은 조직에서 가장 많이 쓰이고 있는 방법 중에 하나이다.

### (ㄴ) 사내공모제도

사내공모제도(job posting and bidding system)는 기업에서 어떤 직위에 공석(公席)이 생겼거나 증원이 필요할 때, 사내 게시판에 모집공고를 내어 자격요건을 갖추었다고 생각되는 종업원이면 누구라도 지원하도록 유도하는 제도이다. 사내공모제도는 노조가 연공을 기준으로 추천하는 사람과 경영자가 구하는 최적임자 선정 간의 차이가 나타난 경우 타협이 필요할 때도 있다. 따라서 종업원들은 경영자와 교섭(bargaining)을 통해 보다 공정한 승진기회를 갖는다. 기업들은 지원자의 지원 사실과 선발의 진행과정을 철저히 비밀로 하여야 한다.

어떤 기업들은 다음과 같이 사내공모제도에 지원할 수 있는 종업원의 자격을 제한하기도 한다. ① 지난해 인사고과 점수가 B이상, ② 현직에서 1년 이상 근무한 자, ③ 징계 중에 있지 않는 자, ④ 결근율이 극히 낮은 자 등이다.

사내공모제도에는 다음과 같은 장점과 단점이 있다.

사내공모제도의 장점은 다음과 같다. 첫째, 상위직급의 경우 종업원들에게 승진기회를 공정하게 제공함으로 사기를 진작시킬 수 있다. 둘째, 지원자에 대한 평가의 정확성을 확보할 수 있다. 셋째, 모집비용이 저렴하다. 넷째, 이직률이 낮다.

사내공모제도의 단점은 다음과 같다. 첫째, 외부인력의 영입이 차단되어 조직이 정체될 수 있다. 둘째, 성장기업의 경우 사내의 인재확보가 불충분할 수 있다. 셋째, 특정부서가 연고주의를 고집할 경우 조직에 파벌을 조장할 가능성이 있다. 넷째, 지원자는 그의 소속 부서 상사와 인간관계가 훼손될 가능성이 있다. 다섯째, 어떤 지원자가 선발에서 여러 번 탈락되었을 때 심리적으로 위축될 수 있다.5)

### (2) 외부노동시장 모집

외부노동시장 모집은 조직 밖에 있는 사람을 대상으로 모집하는 방법이다. 외부노동시장에 의한 모집은 기업의 확장으로 보조 인력을 충원해야 할 경우나 현재인력으로 대처할 수 없는 특수인력이 필요한 경우에 실시된다. 외부노동시장 모집은 정규직과 비정규직이 있다.

## 5) 정규직

### (1) 정규직의 의의

종업원 모집은 정규직이 가장 핵심이라 할 수 있다. 정규직은 전일제 근로로서 계속 고용되어 근무하는 형태이다. 정규직근로자는 조직의 중심인력이 되어 전략이나 관리, 그리고 업무를 담당하는 사람이다. 정규직근로자(fulltime employer)는 평직원에서부터 최고경영자에 이르기까지 여러 직위에 고용되어 비교적 장기적으로 근무하면서 전략 그리고 관리 및 업무를 맡아 계획하고 이를 실천하며 그 결과를 통제하는 역할을 하는 사람이다.6) 이들은 조직 활동에서 원료와 기계(물적자원), 자본(재무자원), 정보(정보자원) 등을 유기적으로 결합하여 경쟁력 있는 재화와 서비스를 산출한다.

정규직근로자는 조직에 오랫동안 고용되어 임금이나 복지후생에 많은 혜택을 받고, 자신들의 지속적인 역량과 기술 향상을 통해서 부가가치를 창출하는 중심인력이다. 따라서 정규직근로자는 교육, 훈련 및 학습을 통해 기업특유의 역량과 기술인 핵심역량을 형성하여 조직의 경쟁우위를 확보할 수 있는 인적자원이다. 따라서 정규직은 기업의 미래 핵심업무를 수행할 사람이므로, 외부노동시장에서 엄격한 자격요건을 갖춘 신입사원이나 경력사원을 직접 모집하고 있다.

---

5) 박경규, 2013, 205~207.
6) 정규직의 상대적인 개념인 비정규직 종업원들도 때로는 전략수립 업무를 수행한다. 그러나 이들은 기업의 중심된 역할이 아닌 보조역할에 머무른다.

### (2) 모집안내서 작성

#### (ㄱ) 모집요강과 모집안내

기업이 종업원을 외부노동시장에서 모집할 때 먼저 '모집요강'을 작성하여야 하고, 그 다음 '모집안내' 또는 '입사안내서' 등을 작성하여야 한다. 기업의 모집요강과 모집안내는 많은 지원자들이 자기 조직을 지원하도록 유도하기 위한 것이다.

#### (ㄴ) 제출서류 고지

기업은 유능한 인재를 확보하기 위해 모집안내 또는 입사안내서 등에 필요한 자격요건이 제시된 제출서류를 고지하여야 한다. 이는 지원자가 기업이 필요로 하는 자격요건을 갖추고 있는지를 파악하기 위한 것이다. 따라서 기업은 지원자로부터 제출받은 서류를 심사하여 자격요건을 확인하거나 자질과 지식 및 능력을 평정하는 자료로 활용하게 된다.

### (3) 모집방법 결정

#### (ㄱ) 광고를 통한 모집

광고를 통한 모집에는 먼저 매체를 선택하고, 그 다음 광고문안의 작성 및 디자인의 제작이 필요하다. 광고를 통한 모집은 인쇄매체와 비인쇄매체가 있다.

인쇄매체는 신문·잡지 등이 있다. 인쇄매체는 오랜 기간 동안 읽혀질 수 있기 때문에 응모자 수를 증가시킬 수 있고 기업의 이미지와 명성을 높이는 데에도 기여할 수 있다. 그러나 인쇄매체는 상대적으로 독자가 제한되어 있고 출판할 때까지 소요기간이 길다는 단점이 있다. 신문을 통한 광고는 많은 사람들에게 알릴 수 있으나, 자격 없는 지원자가 지원할 수 있다. 전문잡지를 통한 광고는 보유기술·교육수준·사고방식 등 비슷한 모집원들이 쉽게 접근할 수 있으므로 자격이 없거나 부족한 지원자들의 지원을 막을 수 있다. 일반잡지를 통한 광고는 잠재적 지원자를 확보할 수 있어 기업이미지를 부각시키는 효과를 거둘 수 있다.

비인쇄매체는 라디오·TV·옥외 게시판 등이 있다. 비인쇄매체는 기업이 인력을 급히 모집할 경우 짧은 기간에 홍보할 수 있고, 특정상황을 알리는 데 효과적이나, 제한된 정보만 제공할 수밖에 없다.

기업은 인쇄 매체든지 비인쇄 매체든지 광고문안과 디자인을 작성하기에 앞서 그의 이미지를 결정하고, 기업과 그 직무에 대한 정보를 제공하여야 한다.

(ㄴ) 직업안정소를 통한 모집

직업안정소는 사용자의 모집과 선발 기능을 대행하고, 구직자에게 직장알선을 돕는 기관이다. 직업안정소에는 두 가지 유형이 있다.

공공 직업안정소(public employment agency)이다. 이는 국가나 지방자치단체가 비영리적으로 운영하는 직업알선기관이다. 기업들은 공공직업안정소를 통해 자유로이 구인신청을 할 수 있다. 공공 직업안정소는 법령을 위반하는 구인의 구직활동이 아니라면, 그 신청을 받아들이고 있다.

사설 직업안정소(private employment agency)이다. 이는 주로 사용자로부터 수수료를 받아 운영하는 개인의 직업알선기관이다. 사설 직업안정소는 기술직과 전문직, 그리고 작업직의 숙련·미숙련 업무영역에서 많은 역할을 담당하고 있다. 사설 직업안정소는 공공 직업안정소보다 세심하게 인터뷰·테스트·상담을 통해 지원자의 성격과 능력에 맞는 직업을 알선한다. 주로 화이트칼라, 소매상 직원 등에서 지원이 많다.

(ㄷ) 현 종업원 추천에 의한 모집

현 종업원 추천모집은 현직 종업원이 자기 기업에 적절한 사람을 추천하고, 기업이 그를 고용하는 형태이다. 이를 '연고자 채용'이라 한다. 이 모집은 현종업원이 기업에 대한 사정과 추천 대상자에 대한 실정을 잘 알고 있으므로 정보전달이 정확하여 서로 연결시키기 쉽다.

현 종업원 추천모집은 기업이 적은 비용으로 유용한 인재를 확보할 수 있고, 채용 후 종업원들 간에 친밀도가 높다. 추천자는 기업과 고용자 양측에서 칭찬을 받게 될 것이므로 사기가 높아질 수 있다. 그러나 이 모집은 추천자와 고용자가 너무 밀착되어 다른 종업원들을 상대적으로 멀리함으로써 파벌이 조성되고, 기업의 인간관계를 해칠 수도 있다.

(ㄹ) 교육기관 추천에 의한 모집

교육기관 추천모집은 기업이 교육기관 또는 교수진과 협약을 맺고 이들이 추천하는 사람을 고용하는 형태이다. 이 때의 추천교육기관은 고교, 대학, 직업훈련소 등이다. 이 모집은 추천자가 지원자의 기본능력, 잠재능력 그리고 적성 등에 대한 많은 정보를 가지고 있으므로 상당히 신뢰할 수 있다.

그러나 우리나라에서는 교육담당자가 많은 학생들을 지도하므로 학생들의 능력이나 적성을 잘 파악하지 못한 상태에서 추천함으로써 요식행위에 그칠 가능성도 있다. 또한 추천서가 표준화되어 있지 않고, 지원자의 적성과 지식 및 능력 등의 기록이 체계화 되어 있지 않아 인사담당자가 정확한 내용을 파악하는 것도 한계가 있다.

### ㈁ 자발적 지원을 통한 모집

자발적 지원모집은 지원자가 개별적으로 찾아오거나 서신을 통하여 입사를 원하는 사람들을 대상으로 모집하는 형태이다. 기업이 특별한 모집활동을 하지 않았음에도 불구하고 지원자가 그 기업의 좋은 이미지에 호감을 가지고 전화, 편지, 혹은 방문 등을 함으로써 모집이 이루어진다.

자발적 지원모집은 지원자가 나름대로 지원하는 기업에 대해 비교적 많은 정보를 가지고 고용되기를 원하고 있기 때문에, 채용직무에 적합한 인물일 경우 모집비용을 절감할 수 있다. 그러나 기업이 필요로 하는 지원자를 필요한 시기에 고용할 수 없다는 한계가 있다.

### ㈂ 인턴을 통한 모집

인턴을 통한 모집은 기업이 주로 학생들을 시간제 근무 등으로 임시 채용하여 자질이나 능력을 검증한 후, 졸업 후에 정식으로 고용하는 형태이다. 기업은 이를 통해 해당학생의 자격여부와 기업의 적합성 여부를 판단할 수 있다. 또한 학생은 교육기관에서 배운 이론을 바탕으로 기업에서 실무를 배울 수 있다.

### ㈃ 리스계약을 통한 모집

리스계약 모집은 기업이 필요한 기간만 종업원을 필요로 할 때 리즈회사와 계약을 통해 고용하고, 그 기간이 끝나면(인력이 필요 없을 때) 해고하는 형태이다. 이 모집은 기업이 단기인력을 필요로 할 경우 인력파견업체를 통해 모집하는 형태로서 임시 사무직에 자주 이용된다. 따라서 기업은 잘 훈련된 종업원을 쉽게 얻을 수 있을 뿐 아니라 고용인에 대한 연금, 여러 가지 보험, 그리고 부가급 등을 지급할 필요가 없게 된다.[7]

## 6) 비정규직

### (1) 비정규직의 의의

오늘날 기업들은 정규직근로자를 줄이고 비정규직근로자를 늘이고 있다. 비정규직은 기업의 보조인력을 한시적으로 고용하는 형태를 의미한다. 비정규직근로자는 기업이 필요할 때에만 비교적 단기간 고용하면서 주로 보조적인 업무를 수행하는 사람이다. 비정규직근로자는 정규직근로자의 상대적 개념으로 단기간근로자, 파견근로자, 계약직근로자, 임시근로

---

7) 최종태, 2000, 499~501.

**표 5-2  정규직근로자와 비정규직근로자의 실태**

(단위 : 천 명, %)

| 연도 | 임금근로자 | 정규직근로자 | 비정규직근로자 |
|---|---|---|---|
| 2018. 8 | 20,045 | 13,431 (67.0) | 6,614 (33.0) |
| 2019. 8 | 20,559 | 13,078 (63.6) | 7,481 (36.4) |
| 2020. 8 | 20,446 | 13,020 (63.7) | 7,426 (36.3) |
| 2021. 8 | 20,992 | 12,926 (61.6) | 8,066 (38.4) |
| 2022. 8 | 21,714 | 13,558 (62.5) | 8,156 (37.5) |

자료: http://kosis.kr

자, 인턴제, 계절근로자, 재택근로자, 가내근로자, 호출근로자, 일용직근로자, 프리랜서, 아르바이트 등을 모두 포함하고 있다.

우리나라 근로자의 정규직과 비정규직근로자의 실태(경제활동 인구조사 근로형태별 부가조사)는 〈표 5-2〉와 같다.

정규직은 장기고용을 통해 우수한 역량을 보유하여 중추적인 업무를 수행하는 데 반해, 비정규직은 단기고용을 통해 보조업무를 맡겨 정규직 인력의 보호막이 되고 있다.8) 비정규직근로자는 근로자 수의 일정부분을 주변 업무수행에 필요한 '단순근로자'가 대부분이고, 일부에서 특정 전문분야에 필요한 '전문근로자'도 모집하여 활용하고 있다. 단순근로자는 기업이 심한 제품수요의 변동, 계절적 특수의 경우 활용되고, 전문근로자는 심한 기술의 변동, 특정 프로젝트가 있을 경우에 활용되고 있다.

기업은 비정규직근로자를 직접고용하기도 하고 간접고용하기도 한다. 비정규직의 직접모집형태는 정규직과 유사하므로 설명을 생략하고, 간접고용형태를 중심으로 설명하기로 한다.

전통적으로 비정규직근로자는 인사부서에서 직접 고용하였으나, 최근에는 인사부서에서 직접 적절한 자질과 역량을 갖춘 근로자를 적기와 적시에 찾기 어렵기 때문에 고용대행전문업체(인력파견회사)에 의뢰하여 고용하는 비율이 늘어나고 있다. 직접고용형태는 인력을 고용할 회사(인사부서)가 주체가 되어 근로자와 직접고용계약을 맺는 형태이고, 간접고용형태는 인력을 고용할 회사가 인력파견회사와 공급계약을 맺고, 근로자는 인력파견회사와 고용계약을 맺는 형태이다. 인력파견회사는 유휴인력을 모아 보관하고 있다가 원하는 기업에

---

8) 최종태, 2000, 812.

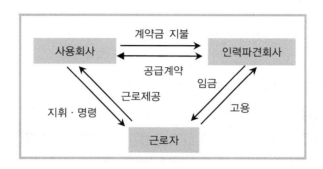

그림 5-3 간접고용 형태

한시적 기간만 빌려주는 회사이다. [그림 5-3]에서 나타난 바와 같이 인력사용회사는 인력파견회사와 공급계약을 맺고, 근로자는 인력파견회사와 고용계약을 체결하고 고용되지만 실제로 일은 인력사용회사에 근무하면서 노동력을 제공한다.

### (2) 비정규직의 특징

비정규직은 다음과 같은 특징이 있다.

첫째, 비정규직은 통상적인 고용형태와 상이한 '단기계약'에 따른 고용이다. 따라서 비정규직은 정규직이 전일제 근로와 계속성이 전제되는 고용관계라고 할 때, 불규칙한 근로시간, 짧은 근로시간, 통상적이지 않은 노무제공의 양태, 불안정한 법적·경제적 지위를 가진다.

둘째, 비정규직은 고용이 '불안정'한 고용이다. 비정규직은 정년을 보장하지 않는 고용계약이다. 특히 파견근로자, 임시직·일용직 근로자의 고용불안이 더욱 심각하다.[9] 예외적으로 전문직 비정규근로자는 근로조건이 정규직에 비해 나쁘지 않은 경우도 존재한다.

셋째, 비정규직은 사회 보편적으로 적용되는 근로기준법이나 복지의 혜택을 받지 못하는 '낮은 보상수준'의 고용이다. 비정규직은 정규직과 동일한 업무를 수행하는 경우에도 임금수준이 낮은 것이 일반적이다. 임금수준은 정규직의 60%~80%정도이다. 임금 외에 초과근무수당, 퇴직금, 보너스 등도 적용받지 못한다. 이러한 보상수준의 차이는 기본임금이 낮고 각종 복리후생비, 퇴직금, 상여금 등의 지급이 낮기 때문이다. 이로 인해 근로자 개인의 불만뿐만 아니라 저소득층의 확산과 임금불평등이라는 사회적인 문제로까지 확대되고

9) 이영면, 2005, 52.

있는 실정이다. 그러나 전문직 비정규근로자는 '유연한 근로조건'과 '높은 보상'을 받으므로 차별은 없다고 할 수 있다.

### (3) 기업과 비정규직근로자의 입장

#### (ㄱ) 기업의 입장

기업이 비정규직을 채용하는 이유는 다음과 같다.

첫째, 인건비 절감이다. 기업이 정규직근로자만을 고용할 경우 직접적인 임금뿐 아니라, 복지후생·교육훈련 등에서 많은 비용이 지출되므로, 비정규직 인력을 고용하여 활용함으로써 인건비를 절감할 수 있다. 기업의 비정규직은 인건비, 상여금, 복지후생비용, 연·월차 수당 및 퇴직금 등이 자동적으로 상승하지 않기 때문에 상당한 정도의 인건비 절감효과가 있다.

둘째, 인력의 유연성 증대이다. 기업이 정규직인력만을 채용하여 사업을 운영할 경우 제품이나 서비스의 시장 수요가 감소할 때에 인력의 수급을 조정하기 어렵다. 따라서 기업은 비정규직을 활용함으로써 기업 내외 환경변화의 유연성을 확보할 수 있다.

셋째, 근로자들의 낮은 요구이다. 기업의 정규직근로자들은 점차 요구가 많아지고 다양해져서 기업에 많은 부담을 주고 있다. 그러나 비정규직은 정규직보다 사용자에 대한 요구가 제한되어 있다. 특히 비정규직은 정규직근로자에 비해 고용과 해고가 쉽고, 노조결성조차도 사실상 불가능하여 근로조건에서 그들의 유리한 요구를 주장하기 힘든 실정이다.

넷째, 신규사업의 진출이 가능하다. 기업이 새 사업을 시작하고 싶으나 전문역량과 기술이 없을 경우 이런 역량을 갖춘 비정규근로자를 고용할 수 있다. 물론 전문역량과 기술을 갖춘 인력을 정규직으로 채용하는 것이 더욱 좋겠으나, 이들이 정규직으로 고용자체를 거부할 수 있고, 고용을 승낙한다하더라도 과다한 보상을 요구할 경우 고용이 불가능할 수도 있다. 따라서 기업은 전문역량과 기술을 갖춘 인력을 단기간 동안 비정규직으로 고용하여 배우고 살피다가, 계약 기간이 끝나면 그 업무를 직접 수행할 수 있는 것이다.

#### (ㄴ) 비정규직근로자의 입장

근로자가 비정규직으로 취업하는 이유는 크게 자발적인 취업과 비자발적인 취업이 있다. 자발적인 취업은 정규직 목적, 전문능력 제공목적, 기술습득 목적, 부수입·취미 살리기 목적 등 여러 가지 이유로 비정규직을 원해서 취업하는 경우이다. 비자발적인 취업은 정규직을 원하지만 정규직 일자리가 없어서 비정규직에 취업하는 경우이다.[10] 후자의 경우 비정규직근로자는 저임금과 고용불안에 불만을 갖고 살게 된다.

### (4) 비정규근로제에 대한 노사의 주장

비정규직에 대한 노사의 주장은 다음과 같이 서로 다르다.

기업 측은 비정규근로제가 노동시장의 자생적 요구에 의해 발생된 제도이므로 기업의 인력수요에 대응하고, 근로자의 구직 탐색비용을 줄여 인력수급의 효율화시킬 수 있다고 주장한다. 또한 기업은 유휴인력의 취업기회를 확대하고, 그들에게 현장의 직업정보 및 훈련기회를 제공함으로써 정규직으로 고용될 수 있도록 돕는다고 보고 있다.

또한 비정규근로제는 기능적 유연화나 수량적 유연화 양 측면을 모두 포괄할 수 있는 효율적인 고용유연화제도라고 보고 있다. 기업은 여성근로자들이 근로생활과 개인생활을 동시에 영위할 수 있으며, 장애인도 근로기회를 가질 수 있을 뿐 아니라, 고령근로자들이 단계적으로 일을 줄이면서 삶을 마감하는 데 유익하다고 주장한다.

근로자 측은 비정규근로제가 원칙적으로 근로자가 누릴 수 있는 혜택을 중간에서 착취하는 제도이므로 금지되어야 한다고 주장한다. 특히 비정규근로제는 비정규직근로자의 고용불안을 야기시키고, 그의 열악한 근로조건을 방치하며, 정규직으로의 진출을 방해하고 있다고 보고 있다.

또한 비정규직근로자는 비정규근로가 임금과 사회보장 등을 보장받지 못하도록 만드는 제도라고 주장한다. 비정규직근로자는 비정규근로가 그의 소득안정을 보장해 주지 않는다고 보고 있다.

경영자는 비정규직근로자 상호 간은 물론이고 정규직과 비정규직을 공정하게 대우할 때, 상호'간에 호혜적인 규범이 생겨 기업의 성과를 향상시킬 수 있다고 보고 있다.[11]

### (5) 단순직 비정규근로자와 전문직 비정규근로자

단순직 비정규근로자와 전문직 비정규근로자는 서로 차이가 있다.

단순직 비정규근로자는 대체로 그들의 필요에 의해 비정규직으로 고용된 것이 아니라 기업의 필요에 의해 고용된 상태이다. 그러나 주부·학생 등 일부는 자신의 필요에 따라 고용되고 있다.[12] 비정규직은 정규직으로 고용되기 위한 '가교(架橋 bridging)'라기보다는 '함정(陷穽 trap)'의 성격이 더 강하다.[13] 따라서 단순직근로자는 항상 고용안정에 대한 위협을 느끼고 있고, 작업강화나 노동착취의 신호로 인식될 수 있다.[14] 또한 기업 차원에서

---

10) 이영면, 2005, 51.
11) D.W. Organ, 1988.
12) 김주일, 2001; H.H. Tan and C.P. Tan, 2002.
13) 김주일, 2001; 금재호, 2000; 남태량·김태기, 2000.

정규직과 비정규직의 처우나 급여 등 차이에서 불공정 문제를 야기시킬 뿐만 아니라, 사회 전체 차원에서 빈부의 양극화 현상을 초래하여 새로운 갈등요소로 작용하기 쉽다.[15]

많은 기업들은 비용절감을 위해 비정규직 고용을 확대하고 있지만, 중장기적으로 잠재 비용(hidden costs)을 발생시킬 가능성이 있다.[16]

전문직 비정규근로자는 일부 전문직종에서 기업과 근로자 모두에게 유익한 제도이다. 즉 기업은 전문직근로자를 정규직근로자로 확보하고 싶지만 그렇게 할 수 있는 여건이 되지 못할 경우 이들을 시간제 혹은 계약제로 채용하여 그의 역량을 효율적으로 활용할 수 있고, 전문근로자는 한 곳에만 계속 얽매이지 않고 여러 조직에 노동력을 제공하여 고소득을 올릴 수 있다.

### (6) 비정규직근로자의 유형

비정규근로자는 단기근로자, 파견근로자, 계약근로자 등으로 분류할 수 있다. 그러나 이는 형태적인 분류에 불과하고, 내용적으로 보면 한 직종이 세 가지 정도의 모든 특성을 보유하고 있는 경우도 있다.

단기근로자(part-time employee)는 당해 사업장의 동종업무에 종사하는 정규직근로자의 일주일간 소정 근로시간에 비해 짧게 근무하는 고용근로자이다.

파견근로자는 인력파견회사와 고용계약을 체결하여 그 고용관계를 유지하고, 인력파견 회사와의 파견계약에 따라 인력사용회사에 파견 근무하는 근로자이다.

계약근로자는 기업과의 고용기간과 고용조건을 사전에 확정하고, 이에 따라 그 업무를 수행하는 단기근로자이다. 계약근로자는 계약에 따라 임시 업무를 맡는다는 의미에서 임시 직근로자라고도 한다. 계약근로자는 사용자가 일방적으로 채용 시에 고용기간을 1년 혹은 3년으로 계약하는 경우가 대부분이고, 심지어 1일씩 계약하는 일용직 근로자도 있다.

계약근로자는 재택근로자, 도급근로자, 자유계약자 등 세 가지 유형이 있다.

재택근로자는 회사의 일반적 통제로부터 벗어나 그의 자택에서 직무를 수행하는 근로자이다.

도급근로자는 계약 당사자 일방이 어느 한 단위의 일을 완성해 줄 것을 약속하고 그 일이 완성되면 상대에게 보수를 지급하는 동시에 계약이 완료되는 근로관계이다.

자유계약자(freelancer)는 많은 지식, 능력, 기술과 자격증을 가진 전문가로서 여러 기업

---

14) R. Drago, 1998.
15) 권순식, 2004.
16) Allan, 2000.

에 자유롭게 노동력을 제공하는 근로자이다.

### (7) 비정규직의 관리

#### (ㄱ) 보수관리

비정규직근로자가 단순 노동을 제공할 경우 '직무급'을 적용하는 것이 좋을 것이다. 그러나 비정규직근로자의 담당직무가 성과측정이 가능하고, 직무수행에 공헌할 의지가 높을 경우 성과급을 적용하는 것이 좋을 것이다. 왜냐하면 비정규직근로자는 작업이 단순하여 근로시간이 곧 성과로 연결될 때, 근로시간에 따라 임금을 결정할 수 있기 때문이다. 또한 복지후생은 근로자들이 필요로 하는 품목을 중심으로 탄력적으로 운영하여야 할 것이다.

#### (ㄴ) 신분관리

비정규직의 관리가 통일적으로 관리되지 못하고 사용부서별로 운영되고 있어서 평가와 승진시스템도 갖추지 못하는 기업이 많다. 따라서 기업들은 비정규직에 대해 체계적이고 효율적인 인사시스템 구축이 필요하다.

비정규직 단순근로자의 대부분은 정규직근로자가 되는 것이 꿈이라 할 수 있다. 그러므로 기업은 비정규직근로자들의 직무수행에 대해 일정한 자격이나 업적수준을 정해놓고, 이에 도달한 근로자를 정규직으로 승격시킬 수 있도록 제도화하는 것이 바람직할 것이다.

#### (ㄷ) 노동생산성관리

비정규직근로자는 정규직근로자에 비해 조직에 대한 충성과 몰입이 낮아 생산성도 낮게 나타나고 있다. 특히 근로의욕이 낮아 근로자들 간에 협력이 어렵고, 근무시간이 짧아서 팀워크가 잘 이루어지지 못할 수도 있다. 또한 비정규직근로자는 돌발적인 상황에 대처할 수 있는 권한을 부여받지 못하여 효율적인 직무처리가 어렵게 되어 있다. 따라서 경영자는 이런 요인들을 고려하여 생산성을 향상시킬 수 있는 합리적인 방안을 강구하여야 할 것이다.

#### (ㄹ) 노사갈등관리

비정규직근로자는 정규직근로자와의 차별은 어쩔 수 없다하더라도 심한 차별은 없어야 할 것이다. 더욱이 비정규직근로자들 간의 차별은 더욱 있어서는 안 될 것이다. 이런 요인들은 노사갈등의 원인이 되므로 세심한 관리가 요청된다.[17]

---

17) 최종태, 2000, 813~820.

## (8) 비정규직근로자의 보호관련 법규

비정규직이 기업현장과 사회에서 끊임없는 논란이 제기되어 비정규직 보호 3법이 2007년 7월 1일부터 시행되었다. 그 내용은 다음과 같다.

첫째, 기간제근로 및 단시간근로 남용제한이다. 기업의 비정규직근로자 총 사용기간(고용기간)을 2년으로 제한하였다. 이 기간을 초과할 경우 자동적으로 정규직근로자로 간주된다. 다만, 휴직, 파견으로 일시적 결원이 생겨 대체하는 경우, 특정 프로젝트의 완성을 위한 경우, 만 55세 이상 고령자와 계약하는 경우, 박사학위를 가진 대학강사, 기술사 등급의 국가자격을 갖춘 사람, 16개 분야 국가자격소지자(감정평가사, 건축사, 공인노무사 등), 고위임원이나 관리자, 전문가 등 전문직종에 근무하면서 일정소득 이상의 연봉을 받는 사람(정부가 해마다 고지), 일반 사무보조원과 산후조리 종사원의 경우에는 예외로 한다. 또한 단기간근로자의 경우 초과근로시간을 주 12시간으로 제한하고 있다.

둘째, 차별처우 금지 및 시정이다. 기업이 비정규직근로자를 임금, 근로시간, 복지 등에서 합리적인 이유 없이 정규직근로자보다 불리하게 대우하는 것을 금지하는 조항이다. 차별적 처우란 동일자격·동일 학력·동일 직무를 수행하는데, 비정규직만 낮은 처우를 받는 경우를 말한다. 즉 정규직에는 유급휴가를 주면서 비정규직에는 무급휴일로 처리하는 것, 정규직에만 연말성과급을 지급하는 것, 비정규직에만 연장·휴일 근로를 규정하는 것 등이 해당된다.

비정규직근로자는 차별을 받은 날로부터 3개월 내에 지방노동위원회에 차별 내용을 구체적으로 밝히고 시정을 요구할 수 있다. 단 노조가 이를 대신 신청할 수 없다. 차별처우에 대한 입증은 사용자가 해야 한다.

셋째, 불법파견 제재와 파견근로자 보호 강화이다. 기업이 비정규직근로자의 불법파견 시에 파견사업주와 사용사업주 모두 처벌을 받게 되고, 불법파견 상태로 2년이 지나면 사용 사업주는 그 근로자를 직접 고용해야 한다.

## 7) 아웃소싱

### (1) 아웃소싱의 의의

아웃소싱(outsourcing)은 기업이 중요한 분야인 '핵심부문'과 가장 잘 할 수 있는 '핵심역량'에 모든 자원을 집중시키고, 부가가치가 낮은 업무(단순업무) 등을 외부의 우수 기업(혹은 인재)에게 맡기거나 부품 등을 조달 받는 것을 의미한다. 따라서 아웃소싱은 기업이 그의 자원과 역량을 '핵심부문'에 집중함으로써 효율성을 높이고, 그 외 업무는 '외부화나 외부조달' 등으로 외부 전문분야에 도움을 얻음으로써 자신들의 경쟁력을 높인다.

아웃소싱이란 약간의 차이는 있으나 하청·외주·컨설팅·업무 대행 등을 포괄하는 의미로 사용되고 있다. 하청이란 업무의 일부, 즉 부품이나 기능의 일부를 외부 기업에 맡기는 것이다. 그러나 기획 등 업무의 중심부분은 발주한 기업이 보유한다. 외주란 기업이 외부자원을 활용하는 것으로서, 하청과 업무 대행 등을 포함한 포괄적 개념이다.

미국의 기업은 1980년대 처음 정보시스템 부문을 외부에 위탁하였고, 그 후 총무·경리·물류·유통·인사·영업 등 전 분야로 확대하여 나갔다. 따라서 기업의 아웃소싱에는 외부에 주문생산을 하거나, 해외출장과 관련 업무를 아웃소싱하기도 하고, 기업의 자동차를 없애고 외부의 렌터카를 이용하는 등 여러 가지가 있다.

### (2) 아웃소싱의 효과

아웃소싱은 기업의 '비용을 절감'할 수 있다. 정규직 인건비는 고정비로 지출되지만, 아웃소싱인력의 인건비는 변동비로 지출된다. 그러므로 아웃소싱은 적은 비용으로 전문성 있는 외부 인력을 공급받아서 업무를 처리하기 때문에 생산비나 일반경비의 절감효과도 대단히 크다고 할 수 있다.

아웃소싱위탁회사는 '비핵심사업을 탈피'하고, 주력 업무인 핵심사업에 경영자원을 집중하여 핵심역량 중심으로 사업을 수행할 수 있다. 일반적으로 아웃소싱위탁회사는 부가가치가 낮은 비핵심사업을 탈피하고 상대적으로 우위에 있는 핵심사업에 집중하므로 효율성이 크다.

아웃소싱위탁회사는 단순히 아웃소싱수탁회사의 외부자원 활용에만 그치지 않고, 아웃소싱근로자들과의 파트너십을 최대한 살린다면 '조직의 시너지효과'를 얻을 수 있을 것이다. 즉 기업의 내부자원과 외부자원은 서로 다른 경험과 기술을 갖고 있으므로 상호 교류를 통하여 기업의 부가가치를 향상시켜 조직을 활성화시킬 것이다.[18]

### (3) 아웃소싱위탁회사의 아웃소싱수탁회사 관리

아웃소싱위탁회사는 아웃소싱수탁회사를 다음과 같이 관리하는 것이 바람직하다.

### (ㄱ) 인력의 통제관리

아웃소싱위탁회사는 아웃소싱수탁회사가 제공하는 재화와 서비스를 의도한 대로 제공받을 수 없을 때 큰 손실을 입을 수 있다. 따라서 아웃소싱위탁회사는 아웃소싱수탁회사와의

---

18) 임창희, 2005, 143~144.

계약사항을 명확히 하고 문제점이 발생했을 때, 그에게 이를 즉시 조사하게 하여 손실만큼 보전을 받아야 할 것이다.

### (ㄴ) 인력의 이해조정관리

아웃소싱위탁회사는 아웃소싱수탁회사와의 목표가 서로 상충될 경우 문제가 발생될 수 있다. 이 때 양자 간 문제는 의사소통으로 해결되어야 할 것이다. 따라서 양자 간의 의견을 조정하여야 할 사항이 빈번히 발생할 경우, 조정비용과 잠재비용이 증가될 수 있다.

### (ㄷ) 인력의 보안관리

아웃소싱위탁회사는 아웃소싱수탁회사가 보안과 기밀을 유출하여 상호 보완적인 관계를 해칠 수 있다. 따라서 이러한 문제를 해결하기 위해 아웃소싱위탁회사는 아웃소싱수탁회사와 계약할 때부터 철저히 점검하여 신뢰에 문제가 없는 업체를 선정하여야 할 것이다. 그러나 아웃소싱수탁회사는 본의 아니게 보안과 기밀이 유출될 수도 있을 것이므로, 스스로 철저한 관리가 필요하다.[19]

## 3. 모집의 평가

기업의 인력모집평가는 모집의 여러 활동, 즉 모집계획인 모집방침・모집전략, 모집실시인 정보선정・정보전달・모집방식결정・지원자 확보활동 등에 대하여 평가하는 것을 말한다. 모집의 평가내용은 다음과 같다.

### 1) 모집방법에 대한 평가

모집의 방법은 사내모집제도(사내충원제도, 사내공모제도)와 사외모집제도가 있다.

사내모집제도는 외부노동시장의 의존도를 줄이고, 조직의 특유기술을 축적시킬 수 있는 인재양성전략이라 종업원들이 선호한다. 그러나 조직의 기술이 급속도로 변화되는 현실에서 내부 인적자원의 교육훈련을 통한 역량과 기술을 향상과 개발시켰으나 미래 일정 시점에서 목표기술에 부합하지 않을 수 있다. 이에 대한 평가가 필요하다.

사외모집제도는 외부로부터 적합한 인재를 구매하는 인재구매전략으로서 사내모집전략(특유기술의 양성전략)처럼 인적자원의 교육훈련과 개발비용이 들지 않고, 목표기술에 부합하지 않을 위험이 없다. 그러나 현재의 종업원들이 선호하지 않고, 기업이 필요한 인재를

---

19) 임창희, 2005, 144~145.

필요한 시기에 구매할 수 없을 수도 있다. 이에 대한 평가가 필요하다.

### 2) 지원자의 수와 수준평가

모집의 평가는 '지원자 수'를 가지고 자기 조직과 다른 조직을 비교하거나 지원자 수 중에서 '입사제안자 수'를 가지고 자기 조직과 다른 조직을 비교하여 평가한다. 즉, 산출률(신규 채용자 수/지원자 수)을 모집원별, 모집방법별로 평가한다. 그러나 모집활동은 지원자 수나 입사제안자 수보다 지원자의 수준, 즉 '자격을 갖춘 지원자'를 얼마나 많이 확보했느냐를 평가해야 한다.

### 3) 모집에 대한 효율성평가

모집의 효율성평가는 효율성, 즉 '시간'이다. 다시 말하면 모집단계별로 시간의 소요정도를 평가하는 것이다. 이 평가를 모집원 또는 모집방법별로 수집하면 더욱 효과적일 것이다. 시간의 소요정도는 모집직무 개시일과 지원자의 식별, 지원자의 식별과 채용제안, 또는 채용제안과 직무개시일 사이에 기간을 계산하여 평가할 수 있다. 따라서 이 평가는 모집 과정의 신속성을 높여야 할 분야를 평가하여야 할 것이다.

### 4) 모집에 대한 경제성평가

모집의 경제성평가에는 경제성, 즉 '비용평가'이다. 비용은 모집에 필요한 직접비용(모집의 인건비)과 간접비용(소모품비나 여행 등의 경비)으로 구성된다. 주요한 지표 중에 하나는 신규채용자 1인당 비용(모집비용/신규 채용자 수)이다. 이 비용은 모집원별이나 모집방법별로 계산하여 평가해야 한다.

### 5) 모집에 대한 제도운영평가

조직의 모집제도가 평등고용법에 저촉되지 않았는지 또는 모집원이나 모집방법별로 소수집단에게 부정적 영향을 주지는 않았는지를 평가하여야 할 것이다. 예를 들어 종업원 추천은 종업원들의 친척이나 동문들만으로 추천되었을 경우 조직 내의 편파적인 인력구성 여부에 대하여 평가하고, 이에 대한 부정적 요인을 제거하는 조치가 필요할 것이다.[20]

---

20) 박경규, 2013, 209~212.

**인적자원의 선발관리**

선발관리(selection management)는 모집된 사람 중에서 기업이 필요로 하는 유능한(자질을 갖춘) 지원자를 선별하는 업무를 합리적으로 처리하는 것을 의미한다. 즉 지원자의 채용여부를 결정하는 과정이다. 모집은 기업에 입사하려는 지원자를 모으는 과정인데 비하여, 선발은 이들 중에서 한 직무와 지원자 사이의 적합 정도를 평가하여 직무를 가장 잘 수행할 수 있는 유능한 지원자를 선발하는 과정이다.

## 1. 선발의 계획

### 1) 선발 3원칙

#### (1) 직무적합주의

직무적합주의는 지원자가 담당할 직무를 기준으로 가장 적합한 사람을 선발하는 방식이다. 직무적합주의는 해당직위의 직무를 수행하는 데 필요한 직무의 역량과 기술 정도를 기준으로 선발하는 방식이다. 따라서 직무적합주의는 종업원의 선발에 직무명세서가 이용된다. 즉, 직무적합주의는 해당 직무의 자격요건에 적합한 사람을 선발하는 방식이므로 지원자의 자질과 중장기적인 역량개발 가능성을 등한시 할 수 있는 단점이 있다.

직무적합주의는 일반적으로 기업의 직무가 기능별로 전문화되어 있으므로 종업원을 '한 세부 직무의 전문가(specialist)' 양성을 목표로 선발해야 한다는 주장이다. 그러므로 이를 '직무차원의 선발'이라고 할 수 있다.

직무적합주의는 해당종업원의 흥미나 역량 및 기술 정도에 따라 직무가 선택되므로 성취의욕을 자극하여 능률 향상을 기대할 수 있다. 그러나 직무적합주의의 종업원들은 특정 직무에 고용된 상태이므로 아무리 성과를 올렸다하더라도 승진과 연결되지는 않는다. 왜냐하면 직무적합주의에서는 지원자가 기업에 채용될 때, 기업은 인사직의 6등급 직위라든가, 판매직의 6등급 직위를 보충하기 위해 채용하는 등 특정한 직위를 대상으로 채용하기 때문이다. 따라서 인사직 6등급 직원으로 채용된 사람은 인사직 5등급으로 자동 승진할 수 있다는 보장은 없으며, 동일한 등급이라도 인사직에서 판매직으로 이동한다는 것은 생각할 수도 없다. 왜냐하면 상위직위에는 그 종업원이 현재 직무를 수행하고 있는 것과는 다른 자격과 소질을 필요로 하기 때문이다.

따라서 직무적합주의에서 어떤 종업원은 배치전환·승진을 위해 해당 직무를 수행할 수 있는 능력이 있는지 검증받지 않으면 안 된다. 즉 자격요건에 맞도록 역량과 기술을 높이든지, 자기의 수준에 맞는 직위에 결원이 생기기를 기다려야 한다.

### (2) 경력중심주의

경력중심주의는 지원자가 현재 한 직무(공석이 된 직무)에서 요구하는 자격요건을 어느 정도 갖추었을 뿐만 아니라, 조직에서 경력을 쌓아가는 과정을 통하여 중장기적으로 공헌할 수 있는 지식, 잠재능력, 기술을 더 중시하여 선발하는 방식이다.

경력중심주의는 기업이 해당 종업원에게 중범위 직무를 설정하고, 이에 따라 계속 경력을 쌓도록 하여, '한 부서나 한 직종에서의 전문가(professionalist)' 양성을 목표로 선발해야 한다는 주장이다. 그러므로 이를 '직종차원의 선발'이라고 한다. 경력중심주의는 지원자가 현재의 직무가 요구하는 자격요건을 전부 갖추고 있지 않더라도 전체조직의 목적달성에 더 많이 공헌할 수 있는 지식과 잠재 능력 및 기술을 갖추고 있는 사람을 선발하는 것이다.

### (3) 기업중심주의

기업중심주의는 종업원을 평생 근무할 사람(종신고용)으로 여기고 기업을 기준으로 하여 그 풍토에 가장 적합한 사람을 선발하는 방식이다. 기업중심주의는 기업에 합당한 인격과 품성을 가진 사람을 대상으로 선발하는 방식이다. 따라서 기업중심주의는 종업원을 해당 기업의 문화나 풍토에 맞는 '일반전문가(generalist)' 양성을 목표로 선발해야 한다는 주장이다. 그러므로 이를 '기업차원의 선발'이라고 한다.

기업중심주의는 지원자가 선발될 때에 인사직무나 영업직무 등 구체적으로 어떤 직종의 직위를 희망하는지 고려하지 않는다. 이는 임용 때 고려될 사항이다. 따라서 기업중심주의에서는 총무관련 직위로부터 판매관련 직위 또는 회계관련 직위로 이동할 수가 있다. 지원자들은 "S그룹이 단기 업적주의, 완벽주의 등 과학적으로 운영하고 있으니 좋다거나, H그룹은 막걸리식, 밀어붙이기식 등이 사나이다워서 좋다" 등으로 나타날 수 있다.

따라서 기업중심주의는 다수 종업원들의 이동관리를 체계화하기 위해 조직 내의 종업원들을 몇 개의 계층으로 나누어 사람과 직위를 결합시킬 수 있는 범위로 한정한다. 예를 들어 고급직, 상급직, 중급직, 초급직, 또는 A직, B직, C직, D직과 같이 계층구분이 설정되어 그 계층 구분에 따라 채용 및 승진이 이루어진다.

기업중심주의는 종업원들이 안심하고 업무에 몰입할 수 있다. 그러나 종업원의 직무 내지 직종 전문화가 어려워서 무사안일로 흐르기 쉽고, 작업에 대한 의욕이 감퇴되어 능률향상을 기대하기 어렵다. 또한 장래를 보장받은 사람은 예외이겠지만, 젊고 근무의욕이 강한 사람을 성장시킬 수 있는 길이 막연하다.

### 2) 고용직무 자격요건 확정

기업은 각 직무에 가장 적합한 종업원을 선발하기 위해 다음과 같이 직무요인별 자격요건을 확정하여야 한다.

기업은 고용직무의 기능(skill)·전문지식(knowledge)·전문능력(ability)·성취동기(motivation: 의욕) 즉 SKAM의 자격요건수준을 확정하여야 한다. 여기에서 말하는 고용직무 요인별 자격요건은 직무적합주의의 직무차원도 되고, 경력중심주의의 직종차원도 되며, 기업중심주의의 기업차원도 된다. 전문지식과 전문능력에는 지식, 적성, 업적이 있고, 성취동기에는 태도가 있다. 전문지식과 전문능력은 지원자가 특정 직무를 수행할 수 있는 적합한 지식과 능력수준을 갖추고 있는가에 대한 것이고, 업적은 조직구성원의 업무수행 결과로서 과거에 수행한 실적이 어느 정도인가 하는 것이다. 성취동기는 특정 직무를 담당할 흥미와 의욕을 가지고 있는가에 대한 것이다. 지식과 적성 및 태도평가는 미래지향적 평가라 할 수 있고, 업적평가는 과거지향적 평가라고 할 수 있다. 이를 [그림 5-4]로 나타낼 수 있다.

---

그림 5-4  **선발직무요인**

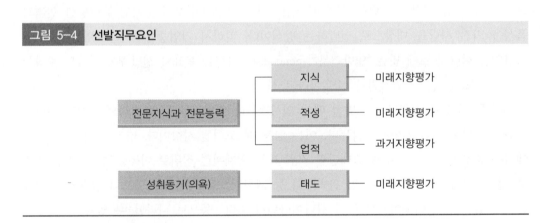

---

기업은 해당조직의 인재상(人材像)에 따라 고용직무의 자격요건, 고용직종의 자격요건, 고용기업의 자격요건 수준을 확정하여야 한다. 그러나 지원자가 직무수준보다 낮은 지식과 능력을 보유하였을 경우는 말할 나위도 없지만, 지나치게 높은 지식과 능력을 보유하고 있는 사람이 지원할 경우 또 다른 문제를 야기한다. 왜냐하면 이들은 조직에 선발된 후 불평

과 불만이 나타나게 되어 조직에 해를 끼치게 된다는 것이다.

### 3) 선발방식의 결정

기업은 다양한 선발수단에서 획득한 점수를 인적자원의 선발에서 어떻게 적용할 것인지에 대해 결정해야 할 것이다. 인적자원의 선발방식에는 다음과 같이 세 방식이 있다.

종합적 평가법은 지원자에게 선발의 모든 평가단계를 거치게 하여, 각 단계에서 획득한 점수를 더한 총점수에 의해 선발하는 방식이다. 종합적 평가법은 선발기준의 관련성과 중요성에 따라 비중을 다르게 할 수 있다. 종합적 평가법은 지원자에게 선발의 모든 단계를 거치게 한 후, 총점수에 의해 결정되기 때문에 합리적으로 선발할 수 있으나 많은 비용이 든다. 이 평가법은 일반적으로 지원자의 수가 200명 미만에 적용된다.

단계적 제거법은 선발의 각 단계마다 지원자의 자격수준이 미달할 경우 제거시키는 방법이다. 예를 들어 예비면접을 통과한 사람만이 선발시험을 볼 자격이 주어진다. 일반적으로 각 단계에서의 제거요인은 직무성공에 중요한 요소라야 한다. 단계적 제거법은 선발단계별로 지원자를 제거하기 때문에 선발비용이 적게 드는 반면, 우수한 지원자를 탈락시킬 위험이 있다. 일반적으로 지원자의 수가 200명 이상에 적용된다.

중요사항 제거법은 중요한 사항을 먼저 평가하여 부적격자를 제거한 후, 나머지 사람을 종합적 점수로 선발하는 방법이다. 이 방법은 직무수행에 결정적인 사항을 갖추지 못한 지원자를 일단 제거시키고, 남은 사람들을 상대로 정교한 선발에 시간과 비용을 투입함으로써 효과를 올릴 수 있을 것이다. 각 선발기준의 중요사항은 수영장 안전요원의 경우 수영 자격증이고, 컴퓨터 기사의 경우 해당 급수의 자격증을 제거기준으로 사용할 수 있다. 또한 각 선발단계에서 최소한의 기준점수를 제시할 수도 있을 것이다.

## 2. 선발의 실시

### 1) 종업원 선발의 절차

인력의 선발은 기업의 미래 직무를 가장 잘 수행할 수 있는 사람을 찾는 활동이다. 인력의 선발은 기업의 미래 직무를 가장 잘 수행할 수 있는 사람을 채용하는 활동이다. 채용 프로세스에 대한 분석틀은 채용목적의 규명, 채용과정 그리고 채용결과로 구성된다. 이를 [그림 5-5]로 나타낼 수 있다.[21]

---

21) 배종석, 2023, 122~123.

그림 5-5    채용 프로세스 분석틀

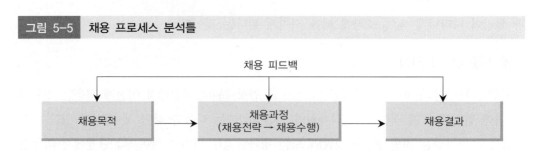

자료: 배종석, 2023, 122.

채용목적은 채용을 제대로 이해하고 목적을 명확히 규명한 후 이에 따라 수행해야 한다. 일반적으로 채용의 목적은 첫째, 특정 직위에 충원되는 수이다. 둘째, 채용하고자 하는 지원자의 특성에 대한 방침이 있어야 한다. 셋째, 충원에 대한 시기(적기에 꼭 필요한 인재확보)가 분명하여야 한다.

채용과정은 채용전략개발과 채용활동이 포함된다. 채용전략의 수립은 6하 원칙(왜, 누가, 누구를, 언제, 어디서, 어떻게)에 입각하여 왜 채용해야 하는지는 채용목적과 관련이 있지만, 다른 것들은 전략적 선택과 관련된 것이다. 이런 전략적 선택을 한 후에 실제 채용을 수행하게 되는데, 이때에는 구체적인 방법에 대한 선택도 포함되어야 한다.

채용결과는 채용목적에 대한 평가에 따른다. 목적이 무엇인가에 따라서 평가가 달라지기 때문에 어떤 목적에 따른 채용이었는지에 대한 분명한 이해가 선행되어야 한다. 즉 채용인원, 적기, 필요역량 등에 대해 제대로 충족되었는지에 대해 평가하게 된다.

기업의 인력선발은 여러 지원자들에게 일정 기간동안 해당 직무를 수행하도록 하고, 그 중에서 가장 성과를 많이 올린 사람을 선발하는 것이 가장 확실한 방법이다. 그러나 이 방법은 현실적으로 불가능하므로 여러 선발절차를 거치면서 지원자의 자질과 지식 및 능력에 대한 측정결과를 가지고 지원자의 미래의 성과를 예측한다.

선발절차는 기업의 사정에 따라 차이가 있겠지만, 대체로 [그림 5-6]과 같은 과정을 거친다. 즉, 서류전형, 예비면접, 선발시험, 선발면접, 경력조회, 신체검사, 선발결정, 채용 등의 순서로 이루어진다.[22]

선발과정은 직책에 따라 선발절차를 다소 바꾸어 적용하고 있다. 종업원의 선발에서 경력이 가장 필요로 하는 경우 경력검사부터 먼저 실시할 수 있고, 모집인원의 많고 적음에

---

22) 요더(Yoder)는 응모자 접수, 예비면접, 입사원서 검토, 선발시험, 면접, 경력조사, 고용담당부문에 의한 예비선발, 취업부문에 의한 최종선발, 신체검사, 배치로 구분하였다.

따라 몇 가지 절차를 생략할 수도 있다.

특히 신체검사는 정부가 시행하지 못하도록 규제하고 있으나(고용정책 기본법 제19조23)), 이를 어겼을 경우 법적인 제재는 없다. 따라서 기업은 임의대로 시행하고 있다.

한국경영자총연협회에서 신입사원을 채용한 전국 종업원 100인 이상 374개 기업을 대상으로 실시한 '대졸 신입사원 채용실태 조사'에서 서류면접이 40.3%, 면접 52.5%, 필기시험 7.2%로 나타났다.

**그림 5-6  종업원 선발절차**

## 2) 종업원 선발 절차와 기법

기업은 지원자의 선발절차와 그 선발평가를 평가직무의 자격요건과 보상에 비추어 지원자의 역량과 동기를 평가하기 위해 시행하고 있다. 선발절차에 따른 선발평가는 [그림 5-7]과 같다.

**그림 5-7  선발절차 따른 선발평가**

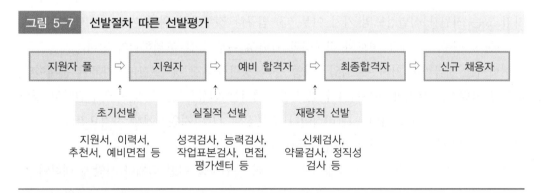

자료: 황규대, 2013, 205.

---

23) 제19조(취업기회의 균등한 보장) 사업주는 근로자를 모집·채용함에 있어서 합리적인 이유 없이 성별, 신앙, 연령, 사회적 신분, 출신지역, 출신학교, 혼인·임신 또는 병력(病歷) 등을 이유로 차별을 하여서는 안 되며, 균등한 취업기회를 보장하여야 한다(시행일 2006.3.31).

(1) 서류전형 및 예비면접

(ㄱ) 서류전형

서류전형(a paper screening test)은 경영자가 지원자 중에서 지식과 능력 및 의욕을 갖춘 유능한 인재를 선발하기 위해 지원서, 이력서, 추천서 등의 평가를 의미한다. 즉, 지원자가 제출한 각종 서류의 내용이 기업의 선발방침에 부합되는지에 대하여 평가하는 것이다. 따라서 기업은 자원서, 이력서, 추천서를 일정한 형식으로 구조화하고, 각 항목에 표준화된 점수(가중치)를 부여하여 평가하여야 한다. 한국경영자총협회의 '대졸 신입사원 채용실태 조사'에서 서류전형이 40.3%를 차지하는 것으로 나타났다. 그중에서 학점이 20.6%, 자격증이 17.9%, 외국어가 17.8%, 출신학교가 16.3%를 차지하고 있다.

지원서는 지원자가 공식적으로 해당기업에 고용을 바라는 의사표명의 서류이면서 그가 해당기업에 대하여 적합여부를 판단하도록 정보를 제공하는 서류이다. 지원서에는 지원자의 성명, 주소, 전화번호, 성별, 나이, 신장, 몸무게, 신체적 특징, 결혼여부, 가족상황, 종교, 국적 등과 학교성적, 자격증 소지여부, 입원경력, 검거사실여부 등 직무를 수행하기 위한 기본 자격이나 조건을 기재하도록 하고 있다. 그 외에도 희망직무의 종류, 작업시간(정규근무, 파트타임, 야간근무 등)에 대한 선호, 이전의 직장경험 등을 요구하고 있다. 지원서는 지원자가 자필로 작성하는 것을 원칙으로 한다.

인사담당자는 지원서를 가지고 평가항목을 설계할 때 ① 부정적 영향 극소화 여부, ② 자격 있는 지원자 식별정보의 가치 여부, ③ 법규나 정부방침 위배 여부, ④ 사생활의 침해 가능성 여부, ⑤ 해당 정보의 직무성과 관련성 여부 등을 고려하여야 한다.

이력서는 지금까지 거쳐 온 학업·직업 등의 경력사항(군 경력포함)을 기록한 문서이다. 따라서 지원자는 본인이 전문지식이 있고 유능하다는 인상을 줄 수 있도록 간결하고 정확하게 작성하여야 한다. 기업은 관리직이나 전문직의 경우 지원자에게 자격요건을 포함한 이력서를 제출하도록 요구하는 것이 보통이다.

추천서는 지원자와 특별한 관계에 있는 사람이 지원자를 어떤 직위나 사안에 대하여 적절한 대상임을 천거하는 문서이다. 추천서는 지원자의 과거 직무경험과 직무상의 성과를 평가하기 위해 사용된다.

추천서가 선발에 활용되는 데에는 두 가지 문제점이 있다.

첫째는 추천서가 조직에서 자격 있는 지원자와 자격이 없는 지원자를 구별하는데 거의 도움이 되지 않는다는 것이다. 왜냐하면 우리나라는 추천자들이 열등한 지원자를 제외하고 추천해 줄 뿐 아니라, 추천대상자의 행적을 과장하는 경향이 있기 때문이다.

둘째는 대부분의 추천서가 구조화나 표준화되어 있지 않아서 지원자들 간에 비교하기가 상당히 어렵다는 것이다.24)

### (ㄴ) 예비면접

예비면접(initial interview)은 인사담당자가 선발을 위하여 지원자들을 먼저 만나 그의 일반적인 사항에 대해 파악하는 일을 의미한다. 예비면접은 선발과정을 본격적으로 시작하기 전에 결격사유가 있는 지원자의 탈락을 목적으로 한다. 예를 들어 연령이 초과한다든지, 용모 및 언어표현에 결정적인 문제가 있는 경우 등이다.

예비면접은 이직률을 줄이고, 보다 안정된 종업원의 선발을 위해 실시된다. 이 경우에는 자기 집의 소유여부, 결혼 여부, 나이, 성별 등의 안정성과 관련이 있는 질문이 중심이 될 것이다. 만일 기업이 경력사원 등을 대상으로 예비면접을 실시할 경우 업무성과와 관련된 '판매실적'·'인사고과점수' 등을 면접항목으로 사용할 수도 있을 것이다.

또한 면접자는 연령, 출생지, 성, 신체적 특징 등을 질문함으로써 소수집단의 채용이 불리하게 작용한다고 느끼지 않도록 하여야 한다.

### (2) 선발시험

선발시험에 대한 내용은 다음 '3) 선발의 핵심과정'을 참고하기 바란다.

### (3) 선발면접

선발면접에 대한 내용은 다음 '3) 선발의 핵심과정'을 참고하기 바란다.

### (4) 경력조회

경력조회(career reference)는 주로 경영자가 선발 가능성이 있는 지원자에 대해 그가 제출한 서류를 바탕으로 과거의 행적에 대해 확인하는 일을 의미한다. 경력조회 대상은 ① 학교 당국자, ② 이전의 고용자, ③ 지원자가 제출한 보증서(인물보증서, 추천장, 신원보증서 등) 등이 있다.

경력조회의 내용은 지원서나 이력서에 기재된 지원자의 학력, 직무경험, 자격증 획득 등이 사실인지를 밝히는 활동이다. 특히 경력사원을 채용하는 경우 전 직장에서의 근무실태, 퇴직이유 등에 대한 정보가 선발결정에 유용한 자료가 된다. 또한 경영자는 경력조회를 통해 지원자의 개성과 행동에 대한 중요한 사항을 발견할 수 있다.

---

24) 황규대, 2013, 196~197.

### (5) 신체검사

신체검사(physical examination)는 지원자가 직무수행에 필요한 건강과 신체적 조건을 갖추었는지를 확인하고, 신체적·정신적 장애를 가진 사람을 선별해 내기 위한 일이다.

신체검사의 기준은 다음과 같다. ① 직무가 요구하는 신체적 조건을 구비되지 못한 지원자는 탈락시킨다. ② 신체적 장애가 있다 할지라도, 직무가 요구하는 신체적 조건만 구비한다면 배제시키지 않을 수 있다.

앞의 ②항은 특이하다. 국가 및 지방자치단체는 '장애자 고용촉진 및 직업재활법'에 따라 정원의 2/100 이상, 상시 50인 이상의 근로자를 고용하는 사업주는 그 근로자 총수의 5/100 범위 안에서 대통령이 정하는 비율 이상을 고용하여야 한다. 따라서 기업은 지원자 중 신체적 결함자를 채용할 경우 담당직무를 효과적으로 수행할 수 있을 것인지를 판단하여 채용을 결정해야 할 것이다. 경영자는 지원자의 선발 당시 선발자의 신체적 또는 정신적 상태를 명확히 함으로써, 입사 후 상해보상의 기준이 될 수 있도록 한다. 또한 전염병자를 골라내어 전염을 방지하게 한다.

### (6) 선발의 결정과 채용

#### (ㄱ) 선발의 결정

선발의 결정(selection decision)은 원칙적으로 현장에서 활용하는 일선관리자가 선발을 결정한다. 그러나 인사스태프는 조직의 일관성 있는 선발절차의 적용과 선발도구의 적용 등의 역할 때문에 최종선발에 많은 영향을 줄 수 있다.[25]

경영자는 채용후보자의 선발을 결정할 때 다음과 같이 조직체의 선발전략과 방침을 반영하여야 한다. 첫째, 선발 평가항목 중에서 어느 항목에 더 많은 점수를 주어야 하는지 가중치를 결정하여야 한다. 둘째, 선발 평가항목의 비중은 인사, 생산, 기술, 영업, 재무, 회계 등에 따라 다르게 결정하여야 한다. 셋째, 선발과정에서 수집된 평가항목의 결과치와 정보를 종합적으로 평가하여야 한다.

경영자는 채용후보자에 대한 경력조회가 끝나면 선발자료를 분석·평가하고 최종적으로 선발을 결정하게 된다.

#### (ㄴ) 채용

경영자는 선발된 후보자를 채용한다. 채용(employment)은 채용후보자의 선발이 결정된

---

25) 이학종 외, 2013, 239.

후 비로소 그 조직의 구성원이 되는 마지막 과정이다. 그러나 선발에 탈락한 지원자는 큰 상처를 입을 가능성이 있다. 따라서 경영자는 이들을 대상으로 어떻게 탈락되었는가에 대하여 이해시키는 것이 중요하다. 이때 경영자는 그들의 탈락 이유를 적합하게 찾아서 기분 나쁘지 않게 설명하여야 한다.

### 2) 선발의 핵심과정

#### (1) 선발시험

#### (ㄱ) 선발시험의 의의

선발시험(selection test)은 선발자가 선발 직위의 직무수행에 필요한 지원자의 자질과 기능적·지식적·정신적 능력(추리력·지도력)을 갖추고 있는지에 대한 상대적인 평가이다. 다시 말하면 선발시험은 심리검사, 필기시험, 실기시험 등을 통해 지원자가 가지고 있는 '직무지식과 능력(발휘능력, 잠재능력) 및 개인특성(성격, 적성 등)' 등을 측정하는 일을 의미한다. 시험은 신뢰성과 타당성을 매우 중요하게 여긴다.

선발시험은 다음과 같이 3원칙에 부합되는 문제를 출제하여야 한다.

직무중심주의는 지원자가 직무를 수행하는 데 필요한 지식과 숙련을 대상으로 시험을 실시한다.

경력중심주의는 지원자가 중·장기적으로 공헌할 수 있는 지식이나 능력을 대상으로 시험을 실시한다.

기업중심주의는 기업에 합당한 지원자의 인격과 품성을 대상으로 시험을 실시한다.

#### (ㄴ) 선발시험의 기본원칙

선발시험의 기본원칙은 다음과 같다.

첫째, 선발시험은 직무기술서와 직무명세서 등 정확한 직무분석 프로그램의 결과에 따라 시험문제가 설계되어야 한다. 즉, 직무를 수행하는 데 필요한 자질과 기능적·지식적·정신적인 능력(추리력·지도력)이 무엇인지를 밝히는 분석, 즉 넓은 의미에서 '직무분석'을 하여야 한다.

둘째, 선발시험은 측정이나 평가하고자 하는 목적과 전략에 따라 다르게 설계되어야 한다. 즉, 자질과 능력의 유무를 어떠한 수단으로 판정할 것인지에 대한 '시험기법'을 결정하여야 한다. 예를 들어 기업에서 선발대상자가 담당할 직무는 개성과 대인관계 등에 따라 성과에 큰 영향을 받게 되는 경우가 있다. 이 때 선발대상자의 시험은 필기고사와 같이 뚜

렷하게 구분하여 실시하는 시험보다 상황에 따라 문제를 해결하는 시험이 바람직하다.

#### (ㄷ) 선발시험의 절차

##### ㉠ 선발시험의 6단계

기업의 인력선발시험은 다음과 같이 여섯 단계를 거쳐야 한다.

시험목표를 설정한다. 기업은 누구에게, 어떤 시험을, 무엇 때문에 부과하여야 할 것인가 하는 시험의 목표를 뚜렷이 설정해야 한다.

직무분석을 실시한다. 기업은 직무특성을 파악하기 위해 직무분석을 실시하여야 한다.

시험문제를 작성한다. 기업은 직무수행에서 필수적으로 요구되는 직무특성을 선별하여 시험문제를 작성한다. 이때 시험문제의 신뢰도, 내용이나 형식의 타당도·난이도 등에 중점을 두어야 한다. 또한 시험은 한 가지 시험만으로 직무수행 능력을 완전히 측정할 수 없으므로, 여러 가지 시험과목을 출제하여 종합한다.

실험집단을 선정하여 평가한다. 기업은 시험의 타당성 여부를 검증하기 위하여 실험집단을 선정하여 평가한다. 시험의 타당성을 확인하기 위해 상당한 기간이 필요로 하므로, 현재 직무수행자들을 실험집단으로 선정하여 시험점수(내용)와 업무성과 사이의 상관관계를 분석한다.

업무성과기준과 시험점수의 연관을 분석한다. 기업의 업무성과기준은 정확하고 완전하며 공정한 척도가 되도록 설정되어야 한다. 기업의 업무성과기준은 일반적으로 다음과 같다. ① 생산의 양 ② 생산의 질 ③ 교육훈련의 수료점수 ④ 사고빈도 ⑤ 출석률 ⑥ 승진율 ⑦ 특허·저작물·표창 등과 같은 업적 ⑧ 상사의 인사고과 등이 사용된다. 따라서 기업은 업무성과기준과 시험점수를 연관시켜 다각적으로 분석하여야 한다.

합격점수를 결정한다. 일반적으로 합격점수는 허용선, 수준, 노동력의 수요에 따른 공급량, 선발비용, 부적격자의 선발 문제 등에 의해 결정된다.

##### ㉡ 능력검사

능력검사(ability test)는 개인이 독특한 방식으로 직무를 수행할 수 있는지를 알아내는 검사이다. 능력검사는 어떤 사람이 해당직무에 대해 적당한 훈련을 받을 경우, 그 직무를 배울 수 있는 가시적 능력 혹은 잠재적 능력을 측정하는 것이다. 능력검사는 지원자가 해당 직무에 경험이 없을 경우 유용한 검사도구가 된다.

능력검사에는 적성검사와 성취도검사가 있다. 적성검사는 개인이 특정방식으로 직무를 수행할 수 있는 '선천적 능력'이고, 성취도검사는 개인이 특정방식으로 직무를 수행할 수 있는 '학습능력'이다.

ⓒ 작업표본검사

작업표본검사(work sample test)는 특정직무와 관련된 작업표본을 직접 수행하게 하고, 이를 측정하는 검사이다. 작업표본은 직무의 소규모 복사판이다. 따라서 작업표본검사는 작업에 대한 예측력과 테스트에 대한 수용력을 측정할 수 있다.

작업표본검사는 다음과 같이 두 유형이 있다.

행위작업표본검사(behavioral work sample test)는 주요 과업을 수행하는데 필요한 행위작업표본을 측정하는 검사이다. 이 검사는 구체적인 직무를 대상으로 하고 있으며, 단일 직무를 위해 시험이 설계되었다. 그 예로는 타이핑과 워드프로세스시험, 속기시험, 포장시험, 부품조립시험 등이 있다.

지식 및 스킬작업표본검사(knowledge and skill sample test)는 성공적인 작업성과에 필요한 지식이나 스킬을 측정하는 검사이다. 이 검사는 전문직, 기술직 및 관리직 직무에 적절하다. 그 예로는 정보 및 기술지식시험, 도표 및 설계도면 해석시험, 리더십 적성시험, In-basket시험 등이 있다.

ⓔ 성격 및 흥미도검사

성격 및 흥미도검사는 개인의 일반적 능력과 심리적 특성을 파악하기 위한 심리검사이다.

성격검사(personality test)는 개인이 특정한 방식으로 '행동'하는 성향을 평가하는 검사이다. 이 검사는 개인이 환경과의 상호작용을 통해 행동하는 특성을 파악하는데 활용된다. 이 검사에는 외향성, 심리안정성, 호감, 성실성, 그리고 경험개방성 등 5개 성격특성이 활용되고 있다.

흥미도검사(interest tests)는 지원자의 '동기부여' 즉 의욕정도를 평가하기 위한 검사이다. 이 검사는 성공적인 종업원의 흥미도와 지원자의 흥미도를 비교하는 방식으로 수행된다. 개인의 흥미는 비교적 장기적으로 지속되는 요소이므로 어떤 산업분야에서도 종업원의 직무수행에 따른 성공여부를 훌륭히 예측할 수 있다.

## (2) 선발면접

### (ㄱ) 선발면접의 의의

ⓐ 선발면접의 정의

면접은 일반적으로 어떤 특정한 목적을 위하여 보통 두 사람 사이에 행하여지는 대화이다. 선발면접(selection interview)은 직무요건과 보상에 비추어 지원자에 대한 능력과 의욕

을 평가하기 위한 대화이다. 다시 말하면 선발면접은 면접자가 종업원의 선발을 위해 지원
자들을 대상으로 담당직무요건이나 보상에 비추어 자질·지식·능력 그리고 의욕 등에 대
한 정보를 얻기 위한 평가이다. 아울러 기업 소개나 기업의 급여·승진 등의 고용조건에
대한 여러 가지 정보를 지원자에게 제공하는 일을 의미한다.

　면접자는 면접을 주관적이고 다양한 판단기준에 따라 실시하고 있으므로 많은 오류가
발생한다. 따라서 면접은 잘 훈련된 면접자에 의해 실시되어야 한다. 면접에서도 신뢰성과
타당성이 요구되고 있다.

　선발면접은 지원자에 대한 모든 정보를 종합하여 심사할 수 있는 유일한 방법이기 때문
에 반드시 실시되고 있다. 선발과정에서도 보듯이 면접에는 예비면접, 인사부서면접, 최종
선발면접 등 세 번 정도 주어진다.

　한국경영자총협회의 '대졸 신입사원 채용실태 조사'에서 면접이 52.5%를 차지하는 것으
로 나타났다. 면접전형에서는 기업들이 업무관련지식(20.8%), 책임감(19.7%), 활동성 및 협
동심(13.4%), 의사소통능력(12.7%), 창의성(12.6%) 등이 주요 평가대상이 되고 있다.

　ⓒ 선발면접의 목적

　• 면접자의 입장

　면접자는 지원자가 해당기업에 고용될 자격이 있고 배치하려는 직무에 적합한지를 판별
하기 위해 충분한 정보(지식 및 능력)를 파악해야 한다. 면접자는 지원자와 면접을 통해 지
원서에 기재된 불명확한 사항을 명확하게 하고, 지원서에 나타나 있지 않는 정보를 파악하
려고 한다.

　면접자는 기업의 직무내용이나 정보를 지원자에게 제공해 줌으로써 지원자가 이 직무를
수락할 것인가 말 것인가에 대한 판단을 하도록 한다. 또한 면접자는 자격을 갖춘 우수한
지원자가 다른 기업으로 가지 않도록 유도한다. 면접자는 지원자에게 조직과 직무에 대한
좋은 정보를 제공하여, 다른 기업에 가지 않도록 설득한다.

　• 지원자 입장

　지원자는 자신의 지식, 능력 및 의욕을 면접자에게 설명함으로써, 고용될 수 있도록 한
다. 지원자는 면접자로부터 받은 정보를 바탕으로 자신이 지원한 여러 기업 중에서 한 곳
을 최종 결정하도록 한다.

## (ㄴ) 면접의 방법과 내용

### ㉠ 면접의 방법

면접자는 시험성적이나 지원서 이외의 다른 예측수단에 대한 정보를 가지고 면접에 임한다. 면접자는 피면접자와 상호작용을 통해 자기의 목표·경험·태도를 완전히 그리고 자유롭게 표현하도록 분위기를 만들어 주어야 한다. 이 때 면접자는 피면접자에게 질문·대답·표정 등 자극을 주면, 피면접자는 객관적인 사실뿐만 아니라 자신의 목표·경험·욕구 등을 고유한 방식으로 반응하게 된다.

면접자는 간단하게 A, B, C와 같이 등급으로 평가할 수 있다. 그러나 보유역량, 인간관계능력, 성취동기 등과 같이 분야별로 평가한다면 더욱 자세한 평가를 할 수 있을 것이다.[26]

### ㉡ 선발면접의 내용

선발면접의 내용은 지원자가 지니고 있는 지식, 능력 및 의욕 등을 평가하는 것이다. 따라서 선발면접은 직무분석에 근거하여 직무의 요건과 보상 등에 관련된 질문, 예를 들어, 유사한 직무에 있어서 근무경험, 가장 만족스러운 보상의 종류 등에 초점을 맞춘다.

면접자는 면접과정에서 지원자의 자질과 특성을 확인하고 평가하여야 할 것이다. 즉, 면접자는 지원자의 학업성적, 대인관계의 능력, 직업의 경력, 지원자의 경력욕구, 지원자의 전반적인 능력 등을 파악하여야 한다. 지원자의 자질과 특성 평가는 조직 요구에 대한 지원자의 적합성 평가라고 할 수 있다.

## (ㄷ) 면접자와 지원자의 선발면접

### ㉠ 면접자의 역할

면접자는 지원자로부터 정확한 정보를 얻기 위하여 동기부여시켜야 한다. 면접자는 지원자의 진술과 행위반응을 평가해야 한다. 그러나 지원자가 고의로 적절한 의사소통을 하지 않고 필요한 정보제공을 기피할 경우, 면접의 유효성이 감소할 수밖에 없다. 따라서 면접자는 지원자에게 자신의 의견을 발표할 수 있도록 많은 기회를 제공하여야 한다. 그러면 지원자들에게도 호의적인 반응을 얻을 수 있다.[27]

선발면접은 선발하고자 하는 직무에 따라 면접시간에 차이가 있다. 단순한 직무(예를 들면 비숙련공)의 경우 5분 내지 10분 정도 걸리지만, 상위계층 직무의 경우 면접시간이 늘어

---

26) 황규대, 2013, 204.
27) H. Schuler, J.L. Farr, & M. Smith, 1993.

나는 경향이 있다.

ⓒ 지원자의 자세

지원자는 면접자가 모든 것을 알고 평가하는 것이 아니고, 면접 시의 몸가짐이나 옷차림, 행동, 말씨, 표정 등, 보고 느끼는 것들만을 평가하게 되므로 여러 면에서 '세심한 주의'가 필요하다.

지원자의 '옷차림은 정장'으로 한다. 그럴 경우 지원자는 안정감을 주고 예의바른 모습을 보이게 될 것이므로, 좋은 평가를 받게 될 것이다.

지원자 자신의 여러 가지 표출은 인격에 관한 것이므로 '신중'해야 한다. 지원자는 비언어적 행위(미소·제스쳐어·눈접촉 등)을 자연스럽게 하거나 인상관리기술(면접자 칭찬·자기선전·비위 맞추기 등)을 적당한 수준으로 하면 매력 있는 사람으로 좋은 평가를 받을 수 있을 것이다. 그러나 인상관리가 너무 과도하게 행해진다면 오히려 부정적 결과를 초래할 수도 있다.

기업의 선발면접에서 면접자와 지원자의 역할은 〈표 5-3〉과 같다.

| 표 5-3 | 면접자와 지원자의 선발면접 과정 | |
|---|---|---|
| 단 계 | 면접자 | 지원자 |
| 1. 사전단계 | 이력서 검토<br>면접지침 검토<br>질문사항 준비 | 복장검토 현장도착<br>대기 중 면접준비물 검토 |
| 2. 인사 및<br>분위기 형성 | 인사<br>착석요구<br>적절한 화제로 분위기 이완 | 인사<br>요청시 착석<br>좋은 인상 |
| 3. 직무관련<br>질문 | 교육배경 요청<br>근무경험에 대한 관련된 세부사항요청<br>특수한 스킬과 능력 논의<br>지원자의 근무동기 파악 | 교육배경 제시<br>작업경험 제시<br>개인적 스킬과 능력 설명<br>직무에 대한 적절한 동기 제공 |
| 4. 지원자 질문<br>에 대한 답변 | 조직입장에서 지원자의 질문응답<br>조직에 대한 긍정적 인상을 주기 위한 시도 | 임금 및 복지후생 질문<br>승진기회 및 조직문화 등 질문 |
| 5. 마무리 | 면접이 거의 끝나갔다는 것을 보여 줌<br>다음 단계는 무엇이 될지 설명<br>일어나서 인사 | 면접자로부터 끝났다는 신호를<br>기다림<br>다음 단계 논의 |

자료: W.L. Tullar, 1989; 황규대, 2013, 204.

## ㈃ 면접의 형태 및 방식

### ㉠ 면접의 형태

면접의 형태는 심층면접, 표준면접, 재량면접 등 3가지로 분류할 수 있다.

심층면접(planned interview)은 면접자가 기본적으로 알아내려고 하는 것에 대해 미리 윤곽을 잡아 두고, 그 부분에 대하여 집중적으로 질문하는 형태이다. 면접자는 직무명세서를 기초로 질문항목을 미리 준비하여, 지원자에게 심층적으로 질문하는 형태이다. 예를 들어 가정생활, 현재 집안사정, 교육정도, 경력, 사회적 적응, 태도, 레크리에이션에 대한 흥미도 등에 대해서 자유롭게 이야기할 수 있다.

표준면접(standardized interview)은 면접자가 기본적으로 아주 세분되고 상세한 내용의 질문 문항을 준비하여 질문하는 형태이다. 이 면접은 구조화 면접이라고도 한다. 면접자는 직무분석에 의해 직무를 성공적으로 수행할 수 있는 요인에 근거하여 지원자의 배경·지식·태도·동기 등에 대해 조직적으로 질문 문항을 작성한다. 면접자는 모든 지원자들에게 동일한 순서에 의해 동일한 질문을 한다. 특별한 경우를 제외하고는 보충질문도 없다.

재량면접(discretionary interview)은 면접자가 특정한 질문 목록을 준비하지 않고, 중요하다고 생각하는 내용을 질문하는 형태이다. 이 면접은 비구조화 면접이라고도 한다. 이 면접은 노련한 면접자에 의하여 지원자들에게 부합되는 서로 다른 질문을 한다. 면접의 내용은 즉흥적인 대답을 요구하는 것이 아니라 생각해서 대답할 수 있는 설문으로 정한다. 바람직한 질문과 바람직하지 않는 질문의 예는 다음과 같다.

바람직한 질문이다. ① 본인의 강점, 약점을 말해보시오. ② 우리 회사에 귀하가 고용되었을 때, 어떤 면에서 경쟁기업보다 더 유리하게 될까요? ③ 5년 후 귀하는 우리 회사에서 어떤 위치에 있기를 원합니까? ④ 일을 열심히 했는데 기대한 만큼 평가를 받지 못한다면 어떻게 할 것인지? 등의 질문을 한다.

이에 반해 바람직하지 않는 질문은 다음과 같다. ① 예, 아니요 등의 대답만이 요구되는 질문 ② 질문의 내용이 너무 뻔한 대답이 요구되는 질문 ③ 개인 프라이버시에 관한 질문 ④ 성차별적 질문 ⑤ 정치적으로 민감한 질문 등이다.

### ㉡ 면접의 방식

집단면접(group interview)은 면접자가 한번에 여러 명의 피면접자를 대상으로 평가하는 방법이다. 이 면접은 시간이 절약되며, 여러 명의 피면접자들 간에 비교가 용이하여 우수한 지원자를 쉽게 파악할 수 있다. 그러나 개별지원자가 갖고 있는 특수 재능을 파악하기 어렵다.

위원회면접(board interview)은 다수의 면접자가 한 명의 피면접자를 평가하는 방법이다. 여러 면접자가 한 명의 피면접자를 동시에 관찰하므로, 그의 특수재능을 파악할 수 있다. 그러나 다수의 면접자 앞에서 피면접자가 심리적으로 위축될 수 있으므로 정확한 평가가 어려울 수 있다. 이 면접은 집단면접보다 시간이 많이 소요된다. 면접자는 통상 3명 내지는 5명으로 구성된다. 이 면접은 신뢰도가 가장 높다고 알려지고 있다.

스트레스면접(stress interview)은 면접자가 지원자의 약점을 공개적으로 비난할 때, 피면접자가 어떻게 반응하느냐를 평가하는 방법이다. 2차대전 당시 전략 정보수집요원을 선발하기 위하여 고안된 것이다. 스트레스면접은 지원자의 스트레스 처리능력을 평가하기 위해 사용되므로, 기업에서는 판매직과 같은 공격적인 특수직무 지원자에 한하여 적용되고 있다. 따라서 일반적인 산업 또는 경영부문에는 적합하지 않은 방법이다. 스트레스면접은 지원자가 탈락되었을 때 해당기업에 대한 반감을 강하게 갖는다는 약점이 있다. 그러므로 스트레스면접은 매우 능숙한 면접자에 의해 실시되어야 한다.

평가센터법(assessment center)은 평가자와 다수의 지원자가 특정 장소에 며칠간 합숙하면서 여러 종류의 선발도구를 동시에 적용하여 지원자를 평가하는 방법이다. 평가센터법은 선발에 있어서 여러 선발도구를 한꺼번에 적용할 수 있는 종합적인 평가방법이라 할 수 있다. 평가센터법의 선발도구는 면접, 집단토의, 특정 주제에 대한 발표, 그리고 각종시험 등이 사용된다. 이 기법의 평가자는 대개 인사분야 전문가, 해당기업의 인사담당자 등 다수로 구성된다. 평가센터법은 지원자의 자질이나 지식 및 능력을 다른 어떤 선발도구보다 잘 평가할 수 있다. 따라서 평가센터법은 주로 중간이상의 관리자나 경영자를 선발할 때 사용된다. 그러나 이 방식은 많은 시간과 노력 및 비용이 든다.

### (3) 선발면접의 편견과 오류 및 개선 방향

#### (ㄱ) 선발면접의 편견과 오류

선발면접은 면접자의 주관적 판단에 의하여 이루어진다. 면접자의 주관적 판단은 항상 오류와 편견을 지니는 한계가 있다.

면접자의 편견과 오류의 유형은 다음과 같다. 면접자는 대면을 통한 첫인상의 한정된 지각으로 평가에 영향을 미친다는 '첫인상 효과'(first impression effect)의 오류, 면접자는 타인의 행동을 예측하고 그대로 되리라고 믿는 경향이 있는데 지원자가 면접자의 의도대로 행동이나 반응을 하게 되면 자기가 예측한 대로 평가하는 '자기충족적 예언'(self-fulfilling prophecy)의 오류, 면접자는 경험을 통해 만들어진 수많은 원판을 만들어 놓고 있다가 하나라도 비슷하다면 그에 따라 평가하는 '상동효과'(stereo type effect)의 오류, 면접자는 여러 지원자를 평가할 때 특정지원자를 기준으로 대비하여 평가하는데 특정지원자가 누가 되는가에 따라 평가가 다르게 나타나는 '대비효과'(contrast effect)의 오류,28) 면접자는 어떤 대상으로부터 얻은 일부의 특별한 정보(아주 좋음, 아주 나쁨)가 다른 부분의 여러 특성을 평가할 때 동일하게 평가하게 되는 '후광효과'(Halo effect)의 오류가 있다. 따라서 면접자는 지원자의 정확한 여러 정보를 기준으로 하여 객관적으로 평가하여야 오류가 적게 나타날 것이다.

### ㈕ 선발면접의 개선 방향

#### ㉠ 면접자의 훈련

면접자가 적합한 상황에서 선발목적에 잘 부합되는 기법에 대해 적절한 훈련을 받는다면 지원자의 역량과 의욕을 잘 평가할 수 있을 것이다.

인사담당자는 다음과 같은 면접자 훈련을 실시하여야 한다.

첫째, 인사담당자는 면접자와 지원자간의 상호작용이 원활하게 이루어지도록 '면접자 훈련프로그램'을 운영하여야 한다. 즉 면접자 훈련프로그램의 내용은 개방적인 의사소통 분위기의 유도, 일관성 있는 질문, 면접상황의 통제력 유지, 듣는 자세의 개발, 관찰사항의 적절한 기록 등에 초점을 맞추어야 한다.

둘째, 인사담당자는 기업의 직무성과와 관련된 인적특성을 도출한 후, 이를 구체적인 기준에 따라 면접자에게 '평가하는 방법'을 훈련시켜야 한다.

셋째, 인사담당자는 면접자가 지원자의 행위나 응답을 '체계적인 척도'에 따라 평가할 수 있도록 훈련시켜야 한다.

#### ㉡ 면접의 표준화

표준면접은 보다 일관성 있고, 타당성 있는 정보를 획득할 수 있다. 면접의 표준화에는 다음 방법이 있다.

과거행위진술 표준면접이다. 이는 과거 행위에 초점을 맞추어 직무수행에 당면하였던 상황이나 의사결정에 대한 질문문항을 준비하여 실시하는 면접이다.

예를 들어 출근을 평가하기 위해서 "최근 일을 나가지 않고 집에 있었던 사실이 있으면 말해 보시오. 이유는 무엇이었습니까? 당신은 실제로 무엇을 했습니까?"라는 질문을 한다.

---

28) 예를 들어 3~4명의 부적격자를 연속하여 평가한 후 평균수준인 지원자를 평가하게 될 때, 이 지원자를 우수하다고 평가하게 되는 경우이다.

상황진술 표준면접이다. 이는 지원자가 과거에 경험하지 못한 분야로서 직무상 당면할 수 있는 상황이나 의사결정에 대한 질문문항을 준비하여 실시하는 면접이다.

예를 들어 한 상황의 의도를 평가하기 위해 "당신의 부인과 10대의 두 자녀가 감기에 걸려 집에 있으며 아무도 도와 줄 수 있는 사람이 없다. 그리고 3시간 후면 당신의 근무가 시작된다. 당신은 어떻게 하시겠습니까? 라는 질문을 한다.

포괄진술 표준면접이다. 이는 지원자에게 포괄적이고 전반적인 사항을 평가할 수 있는 질문문항을 준비하여 실시하는 면접이다. 포괄적인 진술이란 상황적 질문, 직무지식, 직무모의실험, 작업자의 자격요건 등이다.

### (ㄷ) 객관적인 평가척도 개발

모든 면접에는 객관적인 평가척도를 개발하여 활용하여야 할 것이다.

표준면접은 객관적인 '척도'를 개발해 사용하므로 바람직하다고 할 수 있다. 표준면접에도 과거행위진술 표준면접, 상황진술 표준면접, 포괄진술 표준면접 중 상황진술 표준면접, 포괄진술 표준면접은 객관적인 척도를 개발하여야 할 것이다. 그리고 심층면접도 척도개발이 필요하다고 할 수 있다. 그럼으로써 면접의 효과를 높일 수 있을 것이다.

## 4) 선발도구의 타당성 검증

조직의 선발도구들은 조직의 직무자격요건과 보상수준에 비추어 지원자들의 지식과 능력 및 의욕을 평가하여 효율적인 종업원이 될 수 있는 사람을 정확히 예측하는 수단이다. 인사담당자는 특정 선발도구를 선발에 직접 활용하기 전에 먼저 타당성을 검증하여야 한다.

### (1) 타당성 검사의 의의

타당성(validity)은 선발을 위해 사용된 내용과 도구가 측정하고자 하는 '개념이나 속성'을 정확히 반영할 수 있는가 하는 것이다. 타당성은 측정결과의 정확성이다.

타당성 검증은 특정 선발도구가 평가목적을 달성하는데 어느 정도 기여할 수 있는가에 대해 검사하여 증명하는 것을 의미한다. 즉 인적자원의 선발타당성은 직무내용을 효과적으로 선택하여 평가한 후, 이에 적합한 인재를 선발하는 것이 핵심이다.[29] 따라서 선발도구의 타당성은 특정 선발도구가 측정하고자 하는 개념을 어떻게 잘 정의하여 얼마나 평가목적을 충족시키느냐 하는 것이다. 그 예로서 공석이 된 비행기 안내원의 선발에 수영경기를 시켜 가장 빠른 사람을 채용하였다고 할 때, 이 선발도구(수영경기)는 평가목적을 충족시켰

29) L.R. Gomez-Mejia, D.B. Balkin, and R.L. Cardy, 1998, 208.

다고 할 수 없을 것이다.

타당성에는 실증타당성과 내용타당성이 있다. 실증타당성은 내용타당성보다 복잡한 반면, 타당성으로서의 증거력이 강하다고 할 수 있다.

### (2) 실증타당성

실증타당성은 선발도구의 점수와 직무성과의 측정치 사이의 연관을 검증하는 것이다. 선발도구에 있어서 입사 시험성적 내지 점수를 '예측치(predictor)'로 하고, 종업원의 직무성과 달성도를 '기준치(base line)'로 하여 통계적 상관계수로 나타낼 수 있다.

실증타당성의 검증과정은 [그림 5-8]과 같다.

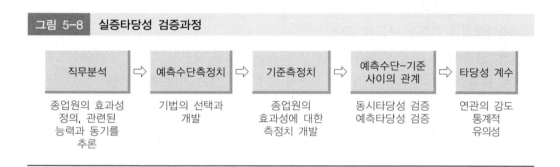

그림 5-8 **실증타당성 검증과정**

| 직무분석 | ⇨ | 예측수단측정치 | ⇨ | 기준측정치 | ⇨ | 예측수단-기준 사이의 관계 | ⇨ | 타당성 계수 |
|---|---|---|---|---|---|---|---|---|
| 종업원의 효과성 정의, 관련된 능력과 동기를 추론 | | 기법의 선택과 개발 | | 종업원의 효과성에 대한 측정치 개발 | | 동시타당성 검증 예측타당성 검증 | | 연관의 강도 통계적 유의성 |

### (ㄱ) 동시타당성

동시타당성(concurrent validity)은 현직종업원에 시험을 실시하여 그 시험성적을 예측치로 하고, 현재 그 종업원의 직무성과를 기준치로 하여 타당성을 검증하는 것이다. 동시타당성은 예측측정치와 기준측정치가 현직 종업원으로부터 얻어진다. 이 방법은 예측치와 기준치에 대한 점수를 얻자마자 매우 편리하고 빠르게 타당성을 검증할 수 있다.

동시타당성의 문제점은 다음과 같다.

첫째, 현직 종업원들은 지원자들과 같이 열성적으로 시험에 응하지 않는다는 것이다.

둘째, 현직 종업원은 지원 시 구성원이 이동·승진 등으로 다른 구성원일 가능성이 크므로 현직 종업원은 여러 가지 측면에서 지원자와는 다를 수 있다.

셋째, 현직 종업원의 예측수단 점수는 현 직무로부터의 경험이나 훈련에 의해 영향을 받을 수 있다. 예측수단은 종업원의 업무수행 결과가 아니라 신입사원들이 입사 후 업무수행을 예측하기 위한 것이므로 이를 바탕으로 예측하는 데 무리가 있다.[30]

(ㄴ) **예측타당성**

㉠ 예측타당성의 의의

예측타당성(predictive validity)은 선발시험을 치루고 합격한 지원자들의 시험성적을 예측치로 하고, 그가 고용되어 직무를 충분히 학습한 후 나타난 직무성과를 기준치로 하여 타당성을 검증하는 것이다. 예측타당성의 예측치(시험성적)는 직무를 수행하기 전에 얻어지므로 직무경험이 예측치 점수에 영향을 미치지 않아 정확히 예측할 수 있을 것이다.

여기서 높은 시험성적을 얻은 지원자일수록 높은 직무성과를 내고, 낮은 시험성적을 얻은 지원자일수록 낮은 직무성과를 낸다면 그 시험, 즉 선발도구는 예측타당성이 높다고 할 수 있다. 따라서 이 방법은 미래 종업원의 잠재능력까지도 어느 정도 파악 내지 예측할 수 있어서 합리적이라고 할 수 있다.

예측타당성의 한계는 다음과 같다.

첫째, 예측타당성 검증에 필요한 표본의 크기는 종업원 숫자가 200명 이상이어야 한다. 따라서 대기업을 제외하고 이 정도의 표본을 추출하는 것은 거의 불가능하다.

둘째, 시험점수와 기준점수의 측정 간에 시간적 간격이 있어서 편리하지도 신속하지도 않다. 두 요인 간에 시간적 간격이 커질수록 여러 가지 다른 요인들이 개입하는 정도가 높아지기 때문에 시험점수와 기준점수간의 상관관계가 낮아지는 경향이 있다.[31]

㉡ 예측타당성 계수와 검증

예측타당성은 예측치와 기준치 사이에 관련성의 강도와 통계적 유의성을 검증하는 것이다. 이에는 분산도분석, 상관계수, 통계적 검증이 있다.

분산도분석(scatterplot)은 예측치(시험성적)와 기준치(직무성과) 간의 관계에서 나타난 각 측정치들의 분산 상태를 나타낸 것이다. 이를 [그림 5-9]와 같이 나타낼 수 있다. 그림에서 횡축은 예측치의 점수를, 그리고 종축은 기준치의 점수를 나타내고 있다. 각 측정치들의 위치를 점으로 나타냄으로써 분산도를 육안으로 판독할 수 있다. 즉 원보다 타원이 관련성이 높고, 더 나아가 선에 가까우면 더욱 관련성이 높게 된다. 따라서 (가)는 관련성이 가장 낮고 (다)는 가장 높다고 할 수 있다.

상관계수분석(correlation coefficient)은 두 변수 사이의 선형관계를 나타내는 통계적 지표[32]이다. 상관계수($r$)는 $-1$에서 $+1$ 사이의 수치를 가진다. 상관계수의 수치가 클수록

---

30) 황규대, 2013, 181.
31) 김식현, 1999, 257~258.
32) 타당성 분석에 있어서는 이를 타당성계수(validity coefficient)라고 한다.

| 그림 5-9 | 예측수단과 기준 사이의 관계 |

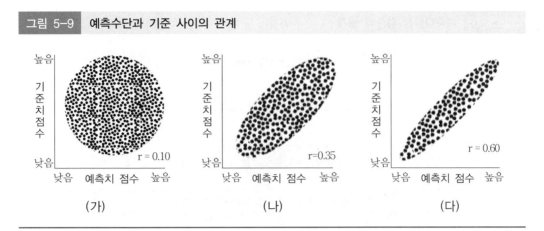

(가)　　　　　　　(나)　　　　　　　(다)

(+1 또는 −1에 가까울수록) 두 변수 사이의 관계는 크다는 것을 의미한다.

통계적 검증분석(statistical analysis)은 두 변수 사이의 관계는 없지만, 표본에서 우연에 의한 관계로 나타날 가능성을 의미하는 것이다. 즉 우연에 의해서 나타날 확률이 적다면, 타당성 계수가 통계적으로 유의하다고 할 수 있다. 그러므로 통계분석에서는 유의도(유의수준)가 0.05보다 적은 수치일 때 유의하다고 판단하게 된다.

### (3) 내용타당성

내용타당성은 측정대상의 본질을 어느 정도 설문(내용과 도구)으로 담고 있는가를 검증하는 것이다. 내용타당성은 예측치만으로 논리적으로 판단해서 결정하게 된다. 사실 인사관리에서 타당성여부를 판단하는 통계기법은 내용타당성보다 실증타당성이 더 적합하다. 따라서 실증타당성을 검증할 수 없을 경우 내용타당성이 활용된다.

내용타당성의 검증조건은 다음과 같다.

첫째, 표본 수가 200개 이하로서 통계적 분석을 할 수 없을 경우이다.

둘째, 예측치(예: 지원자의 시험성적)만 있고, 기준치(예: 종업원의 직무성과)가 없어서 통계적 분석을 할 수 없을 경우이다.

내용타당성 검증의 설계는 [그림 5-10]과 같다.

**그림 5-10** 예측타당성 검증의 설계

| |
|---|
| 엄밀한 직무분석 |
| ⇩ |
| 직무에 능통한 전문가 패널의 구성 |
| ⇩ |
| 패널위원들이 각 측정항목들을 평가<br>0=직무에 불필요, 1=직무에 유용, 2=직무에 필수적 |
| ⇩ |
| 각 항목에 대해서 내용타당성비율(CVR) 계산<br>CVR= E-(N/2)/(N/2)  E=항목에 2점을 준 패널위원 숫자, N=패널위원 수 |
| ⇩ |
| 각 항목의 CVR을 평균해서 시험의 내용타당성 점수 계산 |

내용타당성의 측정과정은 다음과 같다.

제 1 단계: 철저하고 상세한 직무분석을 한다. 직무분석의 목적은 직무내용을 주요성과 차원에서 정의하기 위한 것이다.

제 2 단계: 지원자의 어떤 지식, 능력 및 의욕을 측정해야 하는지를 식별한다. 이를 위하여 면접자는 특정 직무나 상황에 맞는 새로운 예측수단(다양한 지식, 능력 및 의욕)을 개발하여야 한다. 일반적으로 내용타당성의 결정은 시험에서 측정하려고 하는 시험문제나 내용의 적절성을 이해하는 전문가의 판단에 따라 이루어진다. 예를 들어, 타이피스트는 그의 직무에서 실질적으로 요구되는 대표적인 시험이 타이핑시험이다. 또한 숙련기능공은 기계부품과 전체 설계도를 읽을 수 있어야 하기 때문에 기술시험이 필요하다. 이 시험은 논리적으로 기계설계기호, 기계용어, 설계도, 관습적인 표현양식 등을 포함시킨다.[33]

제 3 단계: 개발된 선발기법으로 예측수단을 측정한다.

## 3. 선발의 평가

인력선발평가는 기업의 인력선발이 합리적으로 실시되었는지를 확인하기 위한 평가이다. 인력선발의 평가는 선발의 전 과정을 분석하는 것이 좋겠지만, 선발의 2대 핵심과정인

---

33) 김식현, 1999, 257~258.

시험과 면접만이라도 필요하다고 할 수 있다.

### 1) 신뢰성평가

신뢰성(reliability)은 동일한 개념을 반복 측정했을 때, 동일한 측정값을 얻을 가능성에 대한 개념이다. 선발의 신뢰성이란 지원자의 어떤 면을 측정할 때, 동일한 환경에서 측정된 결과가 서로 일치하는 정도를 말한다. 신뢰성의 변화는 다른 표본의 설정으로 인한 항목들의 변화, 시간의 변화, 다른 평가자들 판단의 변화에 기인하고 있다.[34]

신뢰성평가 요소는 다음과 같은 요소가 중요시 된다.

내적 일관성은 같은 성향의 질문을 하였을 때 같은 응답이 나올 가능성 정도를 말한다. 예를 들어 지원자의 성격이 어느 정도 '외향적'인지를 측정하기 위해 다섯 가지 질문을 하였을 때, 이 질문의 응답들이 서로 얼마나 비슷한 경향을 보여주었느냐를 측정하는 것이다. 첫 두 질문에서는 상당히 '외향적'인 요소를 나타내는 곳에 대답하였고, 다음 세 질문에는 상당히 '내향적'인 요소를 나타내는 곳에 대답했을 경우 이 지원자의 대답은 정직하다고 볼 수 없다. 즉 '외향적' 성격을 묻는 여러 질문간의 대답결과에 일관성이 없는 것이다.

시험-재시험은 동일한 사람에게 같은 수준(내용)의 시험을 시기를 달리하면서 여러 번 실시하고, 그 성적을 비교하여 거의 일치할 가능성 정도를 말한다. 이 시험은 시간의 변화에도 불구하고 측정대상이 상대적으로 매우 안정적인 결과가 나왔을 때를 의미한다. 예를 들어 성격은 단기간에 형성된 것이 아니기 때문에, 이 방법을 통해 신뢰도를 측정할 수 있다. 단, 첫 번째 시험의 기억이 다음 시험의 시행에 아무런 영향을 미치지 않아야 한다. 시험-재시험은 두 시점에서 시험을 실시한 후, 이 시험결과들 간의 상관관계를 구하여 특정 시험의 신뢰도를 판단한다.

평가자 간의 일치는 동일한 피면접자에 대하여 두 명 이상의 면접자 평가가 일치할 가능성 정도를 말한다. 평가자간의 신뢰도가 낮다면, 면접자들은 자신들의 예측이 서로 일치하지 않는다는 것이다.

### 2) 타당성평가[35]

타당성(validity)은 어떤 도구(사용된 내용)가 측정하고자 하는 목적을 정확히 측정하고 있는지를 가리키는 개념이다.[36] 타당성평가는 평가목적을 얼마나 정확한 도구(방법)로 측정

---

34) W.F. Cascio, 1995, 196.
35) 타당성의 개념은 앞 절에 설명되어 있음.
36) A. Anastasi, 1988, 139.

하는가에 중점을 둔다. 선발도구(사용된 내용)가 대상자를 선발하는데 얼마나 정확하게 측정할 수 있는지를 의미한다.[37]

[그림 5-11]은 지원자의 입사점수와 성과를 양축으로 하여 작성된 타당성평가이다. X축은 입사시험점수(예측측정치)이고, Y축은 성과창출능력(기준측정치)이다. X축에서 입사시험은 80점을 합격선으로 표시되어 있고, 그 이상의 점수를 받은 사람은 합격하였으며, 그 미만을 받은 사람은 탈락하였다. Y축에서 성과창출능력은 전 지원자에게 입사를 허용하여 근무시켰다고 가정할 경우 성과창출능력을 A, B, C로 구분하고, B를 평균선으로 표시하고 있다.

따라서 Ⅰ집단은 80점 이상을 받아 합격한 후, B이상의 직무성과를 올린 집단이다. Ⅱ집단은 80점 이상을 받아 합격한 후, B미만의 직무성과를 올린 집단이다. Ⅲ집단은 80점 미만을 받아 불합격하였으나, 근무시켰을 경우 B이상의 직무성과를 올릴 수 있는 집단이다. Ⅳ집단은 80점 미만을 받아 불합격하였으나, 근무시켰을 경우 B미만의 직무성과를 올릴 수 있는 집단이다.

그러므로 인력선발에서 Ⅰ집단과 Ⅳ집단의 의사결정은 매우 잘된 의사결정이며 타당성도 높다고 할 수 있다. 그러나 Ⅱ집단과 Ⅲ집단은 매우 잘못된 의사결정이며 타당성도 매우 낮다고 할 수 있다. 그러므로 타당도를 높이기 위해서는 Ⅱ집단과 Ⅲ집단의 수를 최소화하고, Ⅰ집단과 Ⅳ집단의 수를 최대화함으로써 타원형에서 땅콩형으로 변형시켜야 할

그림 5-11   지원자의 성과 및 입사점수 분포

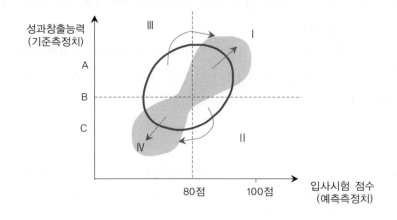

37) 이진규, 2013, 181.

것이다. 그러나 Ⅰ집단의 수는 기업의 채용률의 결정에 따라 크기가 다르게 나타날 수 있다.

## 3) 효과성평가

효과성(effectiveness)은 '투입'된 자원들을 '전환'과정에서 효율적으로 결합시킴으로써 비용을 최소화하고, 시너지 효과(synergy effect)를 최대화하여 보다 많은 '산출'을 이루도록 하는 것이다. 즉 효과성은 투입과 산출과정에서 최소의 희생으로서 최대의 성과를 이룩하는 데 있다.

인적자원의 효과성평가[38)는 인력의 선발에 드는 비용에 대한 편익(효과)의 정도를 평가하는 것으로서 비용편익분석(cost-benefit analysis)이라고도 한다. 인적자원의 선발에서 비용은 선발도구를 개발 내지 도입하는 데 투입된 '모든 비용'을 말하고, 편익은 이에 대한 '모든 효과'를 말한다. 즉 선발도구의 비용은 선발도구의 개발 내지 도입은 물론이고 선발이 잘못되었을 때 발생하는 비용의 상승과 이직비용까지 포함되고, 선발도구의 편익은 완전한 선발기법을 개발하여 사용함으로써 이직비용을 절감하고 보다 양질의 인재를 선발할 수 있는 것을 말한다. 그러나 선발도구의 개발과 도입에 대한 비용은 쉽게 산정할 수 있겠지만, 특정 선발도구의 효과 측정은 현실적으로 많은 어려움이 뒤따른다.

선발도구의 도입에 소요되는 비용은 평가센터법이 가장 많이 들며, 생활사 자료(biodata) 분석은 가장 적게 든다고 할 수 있다. 그러나 선발도구의 효과는 평가센터법이 가장 높고 생활사 자료 분석은 비교적 낮다고 할 수 있다.

## 4) 합리성평가

합리성평가(rationality)는 선발의 개별평가를 모두 감안하여 합리 정도를 종합적으로 평가하는 것으로서 종합적 평가라고 한다.

### (1) 타당성과 선발비율 평가

종업원의 선발에서 타당성과 선발비율은 합리성에 영향을 미친다.

타당성 평가는 타당성이 높을수록 기업의 올바른 선발의사결정이 이루어질 수 있다. 즉, 시험의 타당성이 높을 경우 입사시험점수가 높은 사람이 성과창출능력도 높고, 입사시험점수가 낮은 사람이 성과창출능력도 낮을 가능성이 높다는 의미이다. 즉 선발의 타당성이 높

---

38) 인적자원의 효과성평가는 비용을 분석한다는 측면에서 경제성 분석과 유사하다. 그러나 엄밀하게 따지면 효과성은 비용뿐만 아니라 시간의 개념도 포함되고 있으므로 약간은 차이가 있다고 할 수도 있다. 그렇지만 경제성도 시간을 비용으로 계산하여 포함시킬 경우, 양자는 거의 동일하다고 할 수 있다.

을 경우 지원자 중에서 선발된 지원자가 미래 성공적인 종업원이 될 가능성은 높아진다.

선발비율 평가는 동일한 수준의 타당도를 가진 선발도구라도 선발비율(고용인원 수/총지원자 수)에 따라 그 합리성의 정도가 달라진다. 선발비율이 높아 1.0에 가까워지면 선발의 의미가 상실되고, 선발비율이 극소수인 0.05에 이르면 선발비용이 상대적으로 많이 발생하게 된다.

[그림 5-12]에 나타난 바와 같이 타당도 계수는 세 경우 모두 0.70으로 동일하다. 그러나 합격선을 (가) 낮음, (나) 중간, (다) 높음으로 다르게 정하였을 경우 선발비율은 다르게 나타나고 있다.

그림 5-12  선발비용과 선발도구의 타당도

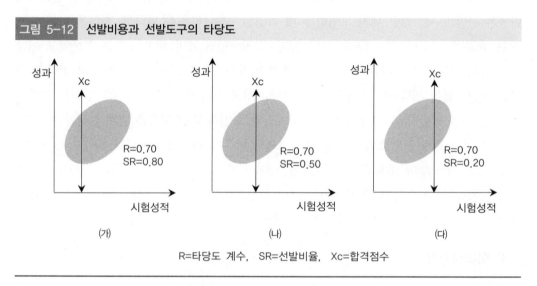

R=타당도 계수,  SR=선발비율,  Xc=합격점수

자료: W.F. Cascio, 1982, 217; 박경규, 2013, 236.

먼저, (가)는 합격선을 낮게 정하였을 경우, 선발비율이 0.80으로 매우 높다. 즉 선발된 사람들의 성과수준은 매우 낮은 범위에까지 분포하게 될 것이다.

그 다음, (다)는 합격선을 높게 정하였을 경우, 선발비율이 0.20으로 매우 낮다. 즉 선발된 사람들의 성과수준은 매우 높은 수준에 분포하게 될 것이다.

종업원의 선발비율이 낮을수록 선발비용은 증가하고, 잘못 결정된 불합격자(합격될 사람이 불합격될 경우)는 늘어나지만, 잘못된 합격자는 줄어들게 된다. 따라서 이를 고려한 전략이 필요하다. 또한 선발도구의 타당도가 낮을 경우 선발비율을 낮추고, 타당도가 높을 경우 선발비율을 높여 적정수의 선발과 높은 수준의 유능한 인재를 선발되도록 하는 전략도

필요하다.39)

## (2) 미래 성공적 종업원 선발평가

미래 성공적인 종업원 선발평가는 미래 성공적인 종업원의 선발평가율(성공적 업무수행자의 수/신규 채용자의 수)로서 나타낼 수 있다. 즉 미래 성공적인 종업원 선발율은 현재 선발과정을 통하여 선발된 종업원이 미래 성공적인 종업원이 될 수 있는 비율을 의미한다.

타당성이 일정할 경우 선발률을 증가시키면, 미래 성공적인 종업원 비율은 감소한다. 이와 반대로 선발률이 일정할 경우 타당성을 증가시키면, 성공적인 종업원이 될 수 있는 비율은 증가한다. 따라서 미래 성공적인 종업원 선발률은 다른 조건이 동일할 경우 타당성을 상당히 높이거나, 선발률을 아주 낮추거나, 많은 지원자를 확보할 때 높아진다.

현재 성공적인 종업원의 선발률이 높을 경우 선발도구에 의해 미래 성공적 종업원 선발률을 더 높이기는 어렵다. 이것은 금을 제련하는 상황과 매우 유사하다. 금의 순도가 50%일 때 한번 더 제련함으로써 금의 순도를 상당히 높일 수 있으나, 금의 순도가 99%일 때 그 순도를 더 높이기 위해서는 더 많은 노력과 비용이 들 것이다.

기업은 입사성적 우수자가 입사 후 성과창출능력도 우수한 경우인 '올바른 선택'과 입사성적이 열등한 사람이 입사 후(가정) 성과창출 능력도 열등한 경우인 '올바른 탈락'을 최대화 하여야 한다.

입사성적은 우수하지만 성과창출능력은 열등한 경우인 '잘못된 선택'과 입사성적은 열등하지만 성과창출능력은 우수한 경우인 '잘못된 탈락'을 최소화 하여야 한다.

올바른 선택이나 올바른 탈락을 높이고, 잘못된 선택이나 잘못된 탈락을 낮추며, 선발율을 낮추거나 타당성을 높이는 데 드는 비용을 최소화하고, 이에 대한 효과를 최대화하는 것이 필요하다.40)

## (3) 평등고용평가

기업의 인력선발은 법이나 정부규제에 저촉되거나 이를 위반하여서는 안 된다. 특히 평등고용법을 위반하지 않도록 고용의 평등 정도를 평가하여야 할 것이다. 따라서 기업은 소수집단에 대하여 차별 등 부정적인 영향을 주지는 않았는지를 평가하여야 한다.

인사부서는 소수집단의 선발율이나 활용율을 검토하여 선발방법의 부정적 영향과 선발방법의 소수집단에 대한 부정적 영향 등을 평가하여 선발방법의 타당성을 낮추는 요인을

---

39) 박경규, 2006, 236~246.
40) 황규대, 2013, 186~193.

찾아 개선함으로써 이를 높일 수 있는 방법을 찾아야 할 것이다.

## 4. 채용의 결정

기업에서 구성원의 선발은 넓은 의미로 보면 초기선발, 실질적 선발, 재량적 선발 등을 거쳐 이루어진다. 그리고 이에 따라 여러 선발기법을 사용하여 채용을 결정한다. 이를 정리하여 보면 개인-직무와 개인-조직 적합한 인재를 선발하여 채용을 결정한다고 할 수 있다.

조직은 직무분석을 통하여 직무수행에 필요한 기능(skill), 지식(knowledge), 능력(ability), 성취동기(motivation: 의욕), 즉 SKAM의 자격요건수준을 확정한다. 이렇게 직무상에 필요한 자격요건을 기준으로 지원자의 수준을 측정·평가함으로써 조직도 개인-직무 적합(person-job fit)을 달성할 수 있다.

기업들은 조직의 가치관(value)이나 문화에 맞는 지원자를 선발하는 데 높은 우선순위를 두고 있다. 이런 선발 기준은 개인-조직 적합에 대한 관심을 높게 하고 있다. 일반적으로 조직의 종업원 선발은 개인-직무 뿐 아니라, 개인-조직 적합을 동시에 달성하고자 한다. 이와 같이 기업의 구성원 채용결정 과정을 [그림 5-13]과 같이 나타낼 수 있다.[41]

**그림 5-13  구성원의 채용결정**

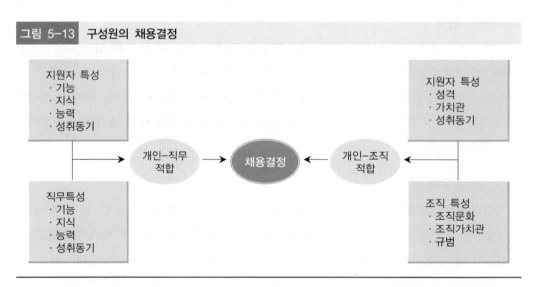

자료: 황규대, 2013, 176.

---

41) 황규대, 2013, 175~176.

## 참고문헌

권순식 (2004), "정규직 비용이 기업성과에 미치는 영향에 관한 실증연구", 경영학연구, 제33권 제3호, 891~931.

금재호 (2000), "비정규직 함정은 존재하는가?", 분기별 노동동향 분석, 4/4, 37~53.

김식현 (1999), 인사관리론, 무역경영사.

김주일 (2001), "비정규직 고용의 영향요인에 대한 연구", 경영저널, Vol.2. No1. 57~76.

남재량·김태기 (2000), "비정규직 가교인가 함정인가?", 노동경제논집, 제23권 제2호, 82~105.

박경규 (2013), 신인사관리, 홍문사.

배종석 (2023), 인적자원론(제3판), 홍문사.

이진규 (2013), 전략적·윤리적 인사관리, 박영사.

이학종·양혁승 (2013), 전략적 인적자원관리, 오래.

임창희 (2005), 신인적자원관리, 명경사.

최진남·성선영 (2023), 스마트경영학, 생능.

최종태 (1996), 현대노사관계론, 경문사.

최종태 (2000), 현대인사관리론, 박영사.

황규대 (2013), 인적자원관리, 박영사.

古閑正元 (1974), 勞務管理序說－日本勞務管理 形成, 靑山學院大學, 同文館.

Allan, C. (2000), "The Hidden Organizational Costs of Using Non-Standard Employment", *Personnel Review*, 29(2), 188~206.

Anastasi, A. (1988), *Psychological Testing*, 6th ed., New York: Macmillan.

Cascio, Wayne. F. (1982), *Applied Psychology in Personnel Management*, 2nd ed., Reston Publishing, Inc.

Cascio, Wayne F. (1995), *Managing Human Resources*, Fourth Edition, Englewood Cliffs, NJ: Prentice Hall.

Drago, R. (1988), "New Systems of Work and New Workers", in Kathleen Barker and Kathleen Christensen eds., *Contingent Work: American Employment Relations in Transition*, Ithaca: Cornell University Press, 144~169.

Gomez-Mejia, Luis R., Balkin, David B., & Cardy, Robert L. (1998), *Managing Human Resources*, 2nd ed. NJ: Prentice Hall, Inc.

Jones, G. R. & George, J. M. (2019), Essentials of Contemporary Management, 윤현중·이준우 등 역(2021), 경영학에센스, 지필미디어.

Kinicki, A. & Soignet, D. B. (2022), Managemet: A Practical Introduction, 김안드레아 역 (2022), 실용적 접근방식의 경영학원론, 한빛아카데미.

Organ, D. W. (1988), *Organizational Citizenship Behavior: The Good Soldier Syndrome,* Lexington, MA: Lexington Books.

Schuler, H. Farr, J. L. & Smith, M. (1993), *Personnel Selection and Assessment: Individual and Organizational Perspectives*, eds., Hillside, N.J: Lawrence Erlbaum Associates.

Tan, H. H. & Tan, C. P. (2002), "Temporary Employees in Singapore: What Drives Them?" *The Journal of Psychology,* 136(1), 83~102.

Tullar, W. L. (1989), "The Interview as a Cognitive Performing Script", in R. W. Eder & G. R. Ferris, eds., *The Employment Interview*, Newbury Park , CA: Sage Publication, 233~246.

제**3**편

# 인적자원의 개발

# 제6장
# 평가관리

## 제1절 인적자원 평가관리의 개념

기업은 종업원들의 그 목표 달성도를 평가하여 인사관리의 기초 자료로 삼는다.

인적자원의 평가(evaluation)는 종업원의 역량과 업적의 가치를 판단하는 것을 의미한다. 인적자원의 평가관리(evaluate management)는 종업원과 그가 속한 집단의 자질, 역량, 기술, 업적 등의 가치를 판단하여 각종 인사관리나 역량향상에 활용하는 업무를 합리적으로 처리하는 것을 의미한다.[1]

기업의 인적자원 평가는 한 종업원을 평가하기도 하고, 그가 소속된 집단을 평가하기도 한다. 인적자원의 평가는 한 개인을 평가할 때 '인사고과'라 하고, 집단을 평가할 때 '집단평가'라고 한다. 인적자원의 평가는 주로 개인평가로 이루어지지만, 최근에는 개인이 팀이나 부서에 참여하여 네트워크나 팀워크를 이루어 직무를 수행하지 않으면 안 되므로 집단평가도 중요시되고 있다. 왜냐하면 최근의 직무들은 어렵고 복잡할 뿐만 아니라 타부서와 얽혀있어 혼자의 힘만으로 수행할 수 없는 것들이 많기 때문이다.

따라서 기업은 한 개인을 평가하고자 할 때, 먼저 인사고과를 통해 개인의 역량, 업적,

---

1) 최종태, 2000, 419.

성과 및 행동을 고과한다. 그 다음 그가 속한 집단의 집단평가를 실시하여, 그 집단이 받은 평가치를 각 구성원들에게 동일하게 반영시킨다. 인사고과와 집단평가의 반영비율은 기업의 특성이나, 업무의 성격 등에 따라 다르다. 그러나 일반적으로 개인평가가 집단평가보다 많이 반영(예를 들어 70%: 30%, 60%: 40%)되고 있다.

---

### 제2절 ┃ 인사고과관리

### 1. 인사고과의 의의

현대는 인적자원의 역량이 기업의 성과를 판가름하는 시대라고 할 수 있다. 경영자는 종업원들이 보유한 역량이나 발휘된 업적을 정확하고 객관적으로 평가하여 인적자원관리의 기초로 삼고 있다. 따라서 기업은 조직구성원의 역량과 성과를 고과할 기준을 마련하고, 이를 바탕으로 측정하여 인적자원의 관리에 사용하여야 한다.[2]

인사고과(personal rating)는 고과자가 종업원 개인을 평가하는 방식으로서, 인사평가(human assessment)라고도 불리어지고 있다. 인사고과는 영국 스코틀랜드의 한 방적회사에서 오웬(Robert Owen)이 처음 실시함으로써 일반화되고 있다. '무언의 충고(silent monitor)'로 알려진 작은 육각형 모형의 기둥 표식은 각 면에 다른 색이 칠해져 있어 감독자가 종업원의 작업을 방해하지 않고 현재 작업 상태를 알려주기 위해 고안되었다.

인사고과는 종업원이 어떤 지식·(가시적·잠재적) 능력 그리고 직무태도를 보유하고 있거나, 이를 수단으로 성과를 향상시켰던 업적의 가치를 객관적으로 평가하는 것을 의미한다. 인사고과는 기업에서 종업원이 현재 담당하고 있는 직무에 대하여 어떤 성과를 내고 있는지 또는 어떤 직무로 승진할 수 있는 지식과 능력을 가지고 있는지를 정기적으로 실시하고 가능한 한 객관적으로 평가하는 것이다.[3]

인사고과는 전통적 고과에서 현대적 고과로 발전하고 있다.

전통적 인사고과는 종업원의 과거 실적을 고과하여 상여금·승급·이동·해고 등 차별적인 대우나 상벌의 기초 자료로 활용되고 있다. 따라서 전통적 인사고과는 과거 중심의 사정형 고과이다.

---

2) S.J. Carroll & C.E. Schneider, 1982, 3.
3) E.B. Filippo, 1976, 97.

현대적 인사고과는 종업원의 보유역량과 발휘역량을 평가하여 종업원들의 역량향상과 동기유발, 그리고 조직의 개발을 위한 기초 자료로 활용된다. 따라서 현대적 인사고과는 미래 중심의 역량개발형 고과이다.

이와 같이 전통적 인사고과는 성격중심 고과로서 종업원의 서열이나 우열을 정하기 위한 '판정고과'를 중시하였으나, 현대적 인사고과는 종업원의 가치고과로서 '역량고과'를 중시하고 있다.

## 2. 인사고과의 특성 및 관리과정

### 1) 인사고과의 특성

인사고과는 다음과 같은 특성이 있다.

첫째, 인사고과는 기업내부의 종업원을 대상으로 '개인고과'를 하지만, 종업원을 채용할 경우 미래의 조직구성원이라고 할 수 있는 기업 외부인을 대상으로 한 '채용고과'도 한다.

둘째, 인사고과는 기업의 종업원이 직무를 수행함으로써 나타나는 업적을 중점적으로 파악하는 '업적고과'를 한다.

셋째, 인사고과는 기업 내 종업원을 절대적 평가가 아닌 '상대적 고과'를 한다. 따라서 인사고과의 결과를 절대적인 인사관리의 길잡이로 삼아서는 안 된다.

넷째, 인사고과는 고과방법이나 고과요소를 특정목적(임금, 승진 등)에 적합하도록 '특정목적 고과'를 한다. 기업이 인사고과를 임금에 적용하기 위해 업적고과를 실시하여야 하고, 승진이나 교육훈련에 적용하기 위해 역량고과를 실시하여야 한다.

### 2) 인사고과의 관리과정

기업은 종업원들의 인사고과관리를 합리적으로 계획하고 실시하여 평가하여야 한다. 기업의 인사고과관리는 계획단계에서 인사고과의 '목표'를 수립하고, 실시단계에서 인사고과 구조로서 '고과요소'를 설정하며, 인사고과 기능으로서 '고과자와 고과기법'을 결정한다. 그리고 평가단계에서 '고과결과 평가'를 실시한다. 그럼으로써 종업원의 지식과 능력 및 성취동기를 높여 개인의 업무향상은 물론, 기업의 성과를 향상시킬 수 있는 것이다. 이를 [그림 6-1]과 같이 나타낼 수 있다.

더욱이 기업은 종업원들의 인사고과 결과를 당사자들에게 피드백시킬 경우 그들의 역량과 업적 및 태도를 성찰하도록 하고, 부족한 사항을 스스로 개선하도록 함으로써 성과를

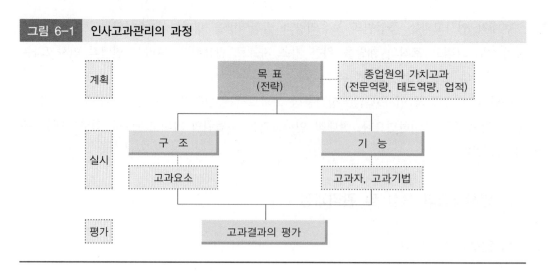

그림 6-1 인사고과관리의 과정

더욱 향상시킬 수 있을 것이다.

## 3. 인사고과의 계획

### 1) 인사고과의 목표수립

인사고과관리의 계획은 인사고과의 목표수립에서부터 시작된다.

인사고과의 목표는 종업원의 가치, 즉 종업원의 전문역량·태도역량이나 업적을 고과하는 것이다.

인사고과의 구체적인 목표는 다음과 같다.

인사고과는 종업원의 가치를 정확하고 객관적으로 고과하는 '가치고과' 한다. 기업은 제품·시설·원료 등 물적자산에 대한 비용과 가치를 평가해 왔지만, 인적자원의 비용과 가치(기능, 역량, 기술 등)도 평가해야 한다. 종전의 기업회계에서는 기업의 재무적 자원(자본, 부채 등)과 물적 자원(공장 기계, 원료, 부동산 등)만 고과하여 그 가치를 손익계산서나 대차대조표를 통해 투자자들에게 알려주었다. 그러나 오늘날에는 회계담당자들이 앞의 내용은 물론이고, 인적자원 회계를 통하여 인적자원의 현재·미래 가치도 계산하여 올바른 회계정보를 투자자들에게 제공하고 있다.

인사고과는 종업원의 가치고과, 즉 역량(지식, 기능, 기술 포함)을 정확하고 객관적으로 고과하여 이를 향상시키는 '역량고과'를 한다. 기업은 종업원들의 가치고과를 통해 그들의 지식과 능력을 평가하여, 요소별로 역량(지식과 능력 포함)을 향상시키도록 자세하게 충고하기도 하고, 약점을 보완하도록 교육훈련을 실시하기도 한다.

인사고과는 종업원들의 가치고과, 즉 경제적 성과를 정확하고 객관적으로 고과하는 '비용과 편익고과'를 한다. 인사고과는 기업이 종업원에 대해 비용보다 편익이 더 큰지 작은지를 파악하여 그를 계속 고용해야 할지 해고해야 할지의 여부를 판단의 근거로 활용할 수 있다. 또한 인사고과는 배치와 승진, 그리고 공정한 보상 및 퇴직 등 효율적인 인력계획수립에 활용할 수 있다.

### 2) 인사고과의 전략수립

기업은 인사고과관리의 목표를 달성하기 위해 다음과 같은 순서에 따라 인사고과전략을 수립하여 추진하여야 한다.

첫째, 인사고과는 '6하 원칙'에 따라 추진하여야 한다. 6하 원칙은 〈표 6-1〉과 같이 나타낼 수 있다.[4]

| 표 6-1 | 인사고과의 6하 원칙 | |
|---|---|---|
| 고과 항목 | | 고과 내용 |
| Why | 목 적 | 승급, 상여, 승격, 승진, 배치·전환, 능력개발·육성 |
| Who | 고 과 자 | 1차고과자, 2차고과자 등 고과단계별 |
| | 대 상 자 | 신입사원, 중견사원 등 계층별<br>영업, 기능, 사무 등 직종별·담당 직무별, 및 직능자격 등급별 |
| When | 관찰기간 | 6개월간, 1년간 등 |
| What | 고과구분 | 지식, 능력, 업적, 의욕·태도고과 등 |
| | 고과요소 | 기능·지식, 매출액 등 구체적 성과, 기획력·판단력·규율성·<br>협조성 등의 고과요소 |
| How | 고과단계 | 7단계, 5단계, 3단계 등 |
| | 고과방법 | 절대고과, 상대고과, 자기고과 등 |
| Where | 행동의 장 | 직무수행상의 직장에 한함 |

둘째, 인사고과는 조직이 현재 추구하고자 하는 인사목표와 전략에 따라 그 가치요소를 추출하여 '가치고과'를 실시하여야 한다. 예를 들어 기업이 인사고과 전략을 종업원들의 창

---

4) 松田憲二, 1990, 29.

의적 업무나 생산 증진으로 정하였다면, 인사고과의 요소도 이에 부합되는 요소를 추출하여야 한다. 따라서 종업원들은 이런 인사고과에서 높은 고과 점수를 받았다면, 당연히 높은 보상을 제공해야 한다. 즉 기업에서 종업원들은 '고과요소→인사고과→보상'의 과정을 학습함으로써 행동의 수정도 이루어질 수 있다.

셋째, 인사고과는 피고과자가 보유한 지식과 잠재능력 등의 역량과 태도 및 행동을 고과하는 역량중심고과를 실시하여야 한다. 따라서 인사고과는 개인의 업적을 중시하는 개인중심이 아니라, 종업원들의 역량을 중시하는 조직중심으로 추진되어야 한다.

넷째, 인사고과는 '다면고과'를 채택함으로써 고과결과에 대한 종업원의 신뢰와 수용 정도를 높여야 한다. 다면고과[5]는 한 사람의 피고과자를 여러 사람의 고과자가 평가하는 방식이다. 따라서 다면고과는 인사고과의 투명성과 객관성을 유지할 수 있는 것이다.

이와 같이 기업은 이런 전략을 수립하여 추진함으로써 지식축적과 능력향상을 통한 인재개발을 이룰 수 있을 것이다.[6]

## 4. 인사고과의 실시

인사고과관리의 실시는 다음과 같다. 먼저 고과목적에 따른 고과요소를 선정한다. 그 다음 구조차원에서 고과문항과 고과척도를 결정한다. 마지막으로 기능차원에서 고과자와 고과실시 방법 및 시기를 결정하고, 고과기법을 선정하여 고과를 실시한다.

### 1) 인사고과 목적에 따른 고과요소

인사담당자는 고과목적에 따라 고과요소를 다르게 선정하여야 한다.

인력수급계획을 목적으로 하는 고과는 역량(발휘역량, 잠재역량)·적성·업적·약점 등을 모두 고과하여야 한다.

승진이나 이동을 목적으로 하는 고과는 역량과 적성을 중심으로 고과하여야 한다.

교육과 개발을 목적으로 하는 고과는 잠재력·적성 그리고 약점을 중심으로 고과하여야 한다.

보상이나 동기부여를 목적으로 하는 고과는 업적을 중심으로 고과하여야 한다. 이를 [그림 6-2]와 같이 나타낼 수 있다.

---

5) 다면고과는 다음 4) 인사고과자에 설명되어 있다.
6) 津田眞澂, 1995, 160.

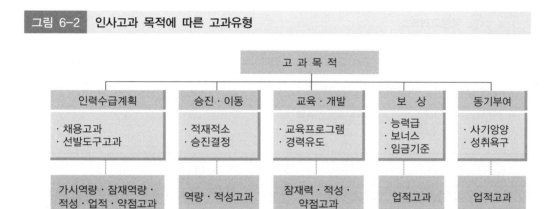

그림 6-2  인사고과 목적에 따른 고과유형

이와 같이 인사고과의 포괄적 관점에서 보면, 신분관리는 구성원에 대한 미래지향적인 고과인 역량고과, 보수관리는 구성원에 대한 과거 및 현재지향적인 고과인 업적고과가 활용되고 있다.

## 2) 인사고과요소의 선정

### (1) 인사고과요소 선정의 의의

인사담당자는 종업원의 '역량고과요소'를 선정하여야 한다. 인사담당자는 인사고과요소를 고과의 목적에 따라 기업의 미래 성과향상과 종업원의 역량향상과 개발의욕을 촉진시킬 수 있는 요소로 선정하여야 한다.

역량고과요소 선정에는 포괄적 요소로서 보유역량요소과 발휘역량요소가 있다. 보유역량요소는 종업원이 지식과 능력의 보유를 의미한다. 발휘역량요소는 종업원이 이미 능력을 발휘한 결과를 의미한다. 보유역량은 '전문역량'과 '태도능력'으로 나눌 수 있고, 발휘역량은 '업적'을 말한다. 인사고과의 역량고과 요소를 [그림 6-3]과 같이 나타낼 수 있다.

역량고과요소는 매출액이나 불량률과 같이 가능한 '객관적이고 검증 가능한 역량'에 근거하여 선정되어야 한다. 또한 역량고과요소는 기업의 업무특성에 따라 조직의 목표달성을 위한 핵심역량요소로 선정되어야 한다. 따라서 인사담당자는 인사고과요소를 조직전략과 일치되는 요소로 선정하여야 한다.

역량세부고과 요소는 계층과 직종에 따라 다르게 선정되어야 한다. 계층별 요소의 경우 관리층은 총괄적·최종적 판단 및 통솔력 중심의 관리역량이 중시되고, 작업층은 기능중심

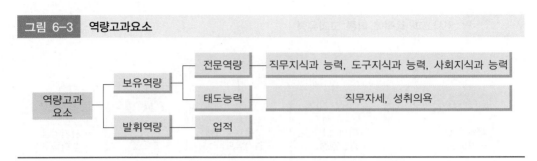

그림 6-3 역량고과요소

의 작업역량이 중시된다. 그리고 직종별로 살펴보면 연구·기획스태프 직종에서는 질적 역량이 중시되고, 생산·판매 직종에서는 양적 역량이 중시된다.

### (2) 인사고과의 내용

#### (ㄱ) 전문역량고과

전문역량고과는 피고과자가 직무수행에 따른 전문적인 역량을 어느 정도 보유하고 있는가에 대해 고과하는 것을 의미한다. 전문역량고과는 조직구성원들의 보유에 따라 '현재 역량', '잠재 역량', '습득역량' 및 '숙련역량' 고과가 있다. 습득역량은 지식, 기술 등이 있고, 숙련역량은 이해 및 판단력, 결단력, 응용력, 기획력, 개발력, 표현력, 절충 및 섭외력, 지도 및 감독력 등이 있다.[7]

전문역량고과는 조직구성원들의 전문역량 보유가 아닌 조직의 전문역량 활용에 따라 직무역량, 도구역량, 사회역량 등 3유형으로 나눌 수 있다.

직무역량(job competence)은 직종별로 '직무'를 수행하는 데 사용되는 역량이다. 관리직종인 인사관리의 경우 채용·임금·승진·교육 및 경력관리 등에 대한 지식과 능력 및 숙련 등이 있다. 작업직종인 부품조립의 경우 작업방법·절차 등에 대한 지식, 능력, 그리고 부품에 대한 이해 등이 있다.[8] 직무역량은 직무와 직접 관련이 없는 기본지식 및 능력, 직무와 직접 관련이 있는 특수지식 및 능력으로 나누어 고과할 수 있다. 즉 어떤 직무는 특수기능 없이 기본지식과 능력만 갖추어도 되지만, 어떤 업무는 특수지식과 능력이 필요하기도 하고, 기본지식과 능력, 특수지식과 능력 모두가 필요하기도 한다.

도구역량(tool competence)은 기초공통역량으로서 직종·직렬 또는 직능 단위별로 직무수행에 사용되는 여러 가지 '연장'이나 '수단'이다. 관리직종의 경우 어학지식과 능력(외국

---

7) 津田眞澂, 1995, 166.
8) 최종태, 2000, 431~432.

어)·수리 정보지식과 능력(원가계산, PC의 기능과 지식 등) 등이 필요하고, 작업직종인 조립직의 경우 용접과 배관실시의 기능, 지식 및 능력 등이 필요하다.

사회역량(social competence)은 대인역량이라고도 하며, 조직원들이 상하·동료간에 서로 협력을 통해 효율적인 공동체 형성에 소요되는 '인간관계', '팀워크', '리더쉽' 등의 역량이다. 전문역량고과를 〈표 6-2〉와 같이 나타낼 수 있다.

| 표 6-2 | 전문역량고과 | |
|---|---|---|
| 구 분 | | 전문역량고과 요소 |
| 직무역량 | 대내 업무 | 기획력, 실천력, 원가의식, 정보이용능력, 대안설정능력, 상황인식능력, 경쟁 원리이해력, 개선·혁신능력, 업무인수인계, 기업내부기능 이해력, 과업조정력 |
| | 대외 업무 | 기업 외부영향집단의 이해력, 기업 정치·경제 환경의 이해력, 고객지향성 |
| 도구역량 | | 경리능력(기초회계, 원가회계), 어학력, PC능력(이해, 조작력), 커뮤니케이션능력(문장정리, 작성능력, 문장 및 구두표현능력), 시간관리력 |
| 사회역량 | | 다른 문화(異文化) 적응력, 섭외력, 인적자원활용능력, 솔선수범력, 경청력, 동기부여력, 포용력, 리더쉽, 팀워크능력, 부하지도육성력 |

자료: 최종태, 2000, 433을 다소 수정하였음.

(ㄴ) **태도능력고과**

태도능력고과는 종업원이 직무수행에 대해 미리 반응하려는 상대적으로 안정된 경향이나 그에 따른 인간관계를 고과하는 것을 의미한다. 태도능력고과는 조직구성원들이 업무수행과 관련된 태도능력과 직장 및 대인 관계에서 나타나는 태도능력을 고과하기 위한 것이다. 이에는 규율성·협조성·책임성·적극성 등이 있다.[9]

태도능력고과의 요소에는 직무수행 자세요소, 직무수행 의욕요소, 기본적 행동요소, 대인적 행동요소 등이 있다.

직무수행 자세요소는 책임성·성실성 등이 있다. 이는 종업원이 직무수행을 얼마나 책임감과 성실성을 갖고 수행하는가 하는 것이다. 이보다 더욱 바람직한 직무수행 자세로는 조직시민행동(organization citizenship behavior)이 있다. 조직시민행동은 조직에 의해 명확히 요구되지도 않고 또 계약에 따른 보상도 없는 상황에서, 개인이 조직에 효과적으로 공

---

9) 津田眞澂, 1995, 166.

헌하는 자율적인 행위이다.10) 조직시민행동의 구성요인에는 이타심, 양심, 예의, 시민정신, 스포츠맨십이 있다. 이타심(altruism)은 타인의 조직관련 업무나 문제를 자발적으로 도와주는 행위이고, 성실(conscientiousness)은 조직에서 공식적으로 최소한 요구되는 수준 이상으로 역할을 수행하는 행위이며, 예의(courtesy)는 타인의 관련 직무에 발생할 문제를 사전에 예방하는 행위이다. 시민정신(civic virtue)은 조직의 활동에 책임감을 갖고 참여하는 행위이고, 스포츠맨십(sportsmanship)은 불평・불만을 참고 인내하는 행위이다.

직무수행 의욕요소는 적극성・성취성 등이 있다. 기업에서 종업원의 직무수행에 대한 적극성 내지 성취성 정도는 관심단계, 호감단계, 애정단계, 열정단계로 구분할 수 있다.

기본적인 행동요소는 정직과 윤리적 행동이 있다. 기업이 지속가능 경영을 통해 존속・발전하기 위해서라도 정직과 윤리경영은 필수적이다. 예를 들면 누구누구가 공장에서 위험한 행동과 비윤리적 행동을 한다는 등의 사실을 윗사람에게 보고하는 것은 기업의 분위기를 정직한 분위기로 바꾸어서 성과를 향상시킬 수 있다.

대인적인 행동요소는 팀워크와 리더십 등과 관련되어 있다.

### (ㄷ) 업적고과

업적고과는 종업원의 역량을 투입하여 나타나는 산출, 즉 조직구성원들의 직무수행으로 발휘된 결과를 고과하는 것을 의미한다. 즉 업적고과는 조직구성원들이 '직무성과'를 얼마나 발휘했는가를 고과하는 것이다. 종업원의 성과와 업적은 인사고과에 가장 중시되는 요소가 되고 있다.

종업원의 업적은 양적으로 계량화하여 측정할 수 있는 것도 있고, 할 수 없는 것도 있다. 특히 종업원의 질적 업적은 계량화하여 측정하기는 더욱 어렵다. 예를 들면 어떤 종업원이 좋은 아이디어를 제안했다면 양으로 제안 횟수로 측정이 가능하지만, 그 내용에 얼마나 좋은 아이디어가 숨어 있는지 질로 측정하기 어렵다.

또한 종업원의 업적이 누구의 노력과 역량 때문이었는지 알기 어렵다. 종업원의 업적이 기업과 상급자의 지원 때문이었는지, 아니면 우연 때문이었는지 분간하기 어려울 때가 많다. 그러므로 기업은 개인의 업적을 보상이나 승진에 적용할 때 주의를 기울일 필요가 있다.

---

10) D.W. Organ, 1988.

### 3) 고과문항과 고과척도 결정

기업의 인사고과는 고과문항의 구성, 측정수단의 개발, 고과척도의 결정이 이루어져야 가능하다.

고과문항은 조직의 직급에 따라 '직무수행에 필요한 요소'로 구성된다. 고과문항은 일반적으로 역량(지식과 능력, 리더십), 업적과 성과, 태도 등으로 구성된다. 그러므로 이 고과문항들은 더욱 다양하게 작성되고, 중요한 고과문항들(항목)을 더욱 세분화하여 문항 수를 늘려야 한다. 그리고 고과문항은 고과문항별 중요도를 감안하여 '가중치'를 부여하여야 한다.

예를 들어 미국기업들[11]은 '사무직 종업원'들의 고과요소를 업무의 양(90%)과 업무의 질(93%), 그리고 솔선수범(87%), 협조성(87%), 신뢰성(89%), 출석률(79%) 등을 사용하고 있다. 이 외에 태도, 인품, 성실한 행동 등도 사용하고 있다.

한편 어떤 기업들은 종업원의 실수, 조직절도, 상해폭력 행위, 흡연, 마약 등이 직무성과와 직결되는 요소들이므로 고과에 포함시키고 있다. 그렇지만 종업원의 실수는 좋은 학습의 기회라고 생각하여 점수를 가산해 주기도 한다.

우리나라 기업들은 가시적 역량, 잠재적 역량, 성과, 적성, 그리고 작업 활동을 모두 측정하여 종합점수를 가지고 승진이나 인센티브의 결정 등에 사용하고 있다. 〈표 6-3〉의 고과표는 필자가 대학의 사무직 과장과 직원들을 대상으로 고과하기 위해 작성하였다.

일본의 후지(富士) 제록스사는 본래의 업적평정과 별도로 다음 항목을 고과대상으로 하고 있다. 특히 이 기업은 인사고과에 특별가점제를 도입하고 있다.[12] ① 타 부문에의 활동(자사 내 연수강사로 파견, 프로젝트에 참가), ② 자기의 현재 업무와 직접관련이 없지만, 미래직무의 폭을 광범위하게 하기 위한 자격취득. ③ 사회공헌, ④ 업무개선 서클활동(기업전체 대회에서의 발표 등 노력), ⑤ 회사 이미지를 높이는 행위 등이다. 또한 가점 고과된 사람에게는 본봉의 10%를 일률적으로 가산하여 보너스가 지급된다.

인사고과의 요소고과표가 작성되면, 다음과 같은 과정을 거쳐 '측정수단'을 개발하여야 한다.

첫째, 직무분석을 통하여 얻은 자료를 바탕으로 피고과자가 조직의 직무를 성공적으로 수행할 수 있는 '성과차원(performance dimension)'을 식별하여야 한다.

둘째, 각 직무별·직종별·수준별로 종업원의 상대적 기여도에 대한 '성과기준(performance standards)'을 개발하여야 한다. 종업원의 기여도 평가는 앞으로 일을 얼마나 잘

---

11) 괄호 안은 해당요소가 채택된 회사의 비율이다.
12) 津田眞澂, 1995, 176.

| 표 6-3 | 일반직 고과표 | | | | | |

| 평직원 | | | 과장 | | |
|---|---|---|---|---|---|
| 고과요소 | 고과 세부요소 | 가중치 | 고과요소 | 고과 세부요소 | 가중치 |
| 역량<br>요소<br>(60) | 1. 직무지식 | 15 | 역량<br>요소<br>(70) | 1. 직무지식 | 8 |
| | 2. 이해력 | 10 | | 2. 추진능력 | 13 |
| | 3. 응용/개선능력 | 5 | | 3. 커뮤니케이션능력 | 10 |
| | 4. 수행력 | 10 | | 4. 부하육성능력 | 10 |
| | 5. 판단력 | 5 | | 5. 문제해결능력 | 6 |
| | 6. 표현력 | 10 | | 6. 담당부서 운영능력 | 13 |
| | 7. 정보수집/분석력 | 5 | | 7. 기획력 | 10 |
| 태도<br>요소<br>(40) | 일 | 8. 책임감 | 6 | 태도<br>요소<br>(30) | 일 | 8. 책임감 | 5 |
| | | 9. 성취지향성 | 9 | | | 9. 성취지향성 | 4 |
| | 사람 | 10. 협조성 | 8 | | 사람 | 10. 공정성 | 4 |
| | | 11. 사랑과 공의 | 7 | | | 11. 신뢰성 | 4 |
| | 조직 | 12. 충성심 | 5 | | | 12. 희생정신 | 4 |
| | | 13. 미래지향성 | 5 | | 조직 | 13. 충성심 | 4 |
| | | | | | | 14. 미래지향성 | 5 |
| 합계 | | 100 | 합계 | | 100 |

할 수 있는가 하는 '역량평가'와 종업원이 일을 얼마나 잘 해냈는가 하는 '성과평가'가 동시에 이루어져야 한다.[13]

고과요소에는 고과대상에 대한 특성(trait)을 재는 척도와 행동(behavior)을 재는 척도로 구분된다. 일반적으로 고과주체는 달라도 행동에 대한 고과치는 차이가 적지만, 고과대상 특성에 대한 고과치는 차이가 크게 나타나고 있다.[14] 고과척도는 보통 3-10점 척도로 하는 것이 유리하다. 왜냐하면 척도구간이 적을수록 최우수 쪽으로 몰리기 때문에 변별력이 없다. 그러므로 각 문항당 척도를 폭넓게 설정하는 것이 합리적이다.

## 4) 인사고과요소의 구성요건

인사고과는 그 목적을 달성하기 위해 다음과 같은 네 가지 요건을 갖추어야 한다.

---

13) 황규대, 2013, 367.
14) 박원우, 2000, 64.

## (1) 타당성

### (ㄱ) **타당성의 의의**

타당성(validity)은 고과내용(요소)이 고과목적을 얼마나 잘 반영하고 있느냐에 관한 성질이다. 따라서 인사고과는 고과요소 선정이 고과목적과 일치하여야 한다. 바꿔 말하면 인사고과에 있어서 타당성이란 고과대상이 되고 있는 모든 특성의 보유도(잠재력)나 발휘도(성과)를 정확하게 반영하고 있는가 하는 것을 의미한다.

인사고과의 목적이 보상을 위한 것인지 교육개발을 위한 것인지 배치전환을 위한 것인지를 분명히 하고, 이에 부합된 고과요소를 선정하여 고과하여야 할 것이다. 예를 들면 어느 항공사에서 '기내 고객의 만족도 지표'를 승무원에 대해 고과할 때 사용하는 것은 타당하지만, 그 항공사의 정비공에 대해 고과할 때 사용해서는 안 될 것이다.

측정방법에는 객관적인 기준에 의한 직접적 측정방법과 근사적인 기준에 의한 간접적 측정방법이 있다. 일반적으로 인사고과는 근사적 기준에 의한 간접적 방법을 주로 사용하는데, 이에는 심리학적 검증방법, 작업표본과의 비교방법, 고과분포에 의한 분석방법, 고과 후 종업원 업무진행 상태와의 비교방법 등이 있다.

### (ㄴ) **타당성 증대 방안**

인사고과의 타당성을 증대시키는 방안은 다음과 같다.

첫째, 인사고과는 그 목적에 따라 고과요소를 다르게 선정한다. 고과의 목적은 임금책정, 교육·훈련, 승진·이동, 동기유발 등 여러 가지가 있다. 따라서 기업은 고과의 목적에 따라 알맞은 요소를 찾아내어 이를 기준으로 고과하여야 한다.

둘째, 인사고과는 기업의 전체 종업원을 대상으로 고과하기 위해 공통 항목도 필요하지만, 때로는 직종별·직급별로 세분화하여 각 집단에 적절하고 차별화된 고과요소를 개발하여 적용한다.

## (2) 신뢰성

### (ㄱ) **신뢰성의 의의**

신뢰성(reliability)은 고과내용(요소)이 얼마나 정확하게 측정되어 일관된 결과를 나타내는가와 관련된 성질이다. 일단 인사고과의 요소가 정해지면, 그 요소들을 얼마나 정확하게 측정하였는가가 매우 중요하다. 다시 말하면 인사고과의 결과가 피고과자의 지식·능력·근무태도에 변화가 없는 한, 몇 번을 고과하여도 같은 결과가 도출되는 것을 말한다.

고과의 신뢰성 유지는 고과자들이 동일한 피고과자를 대상으로 인사고과하게 한 다음,

그 결과가 일치하는 정도로 파악할 수 있을 것이다. 뿐만 아니라 인사고과 방식이나 고과표가 어떻게 짜여졌는가에 따라 고과의 정확성에 많은 영향을 미친다. 예를 들면 수, 우, 미, 양, 가 5등급으로 평가하면 거의 수, 우에 치중되지만, 1점부터 10점까지 등급을 정하면 중간 점수, 혹은 그 이하도 많이 나온다. 이러한 신뢰성의 측정방법으로는 재조사법, 복수구성법, 반분법이 있다.

고과의 신뢰성 저해요인은 주관적 고과과정에서 나타나는 편견에서 비롯된다. 그리고 고과자도 모르는 오류, 피고과자에 대한 정보 부족에서 나타나는 오류도 있다.

### (ㄴ) 신뢰성 증대 방안

인사고과의 신뢰성을 증대시키는 방안은 다음과 같다.

첫째, 주관적 고과일 경우 오류가 많이 나타날 수 있으므로 고과내용을 보다 정교하게 설계하여야 한다. 다시 말하면 주관적 고과의 경우 고과자 자신도 모르는 오류가 발생할 수 있으므로 제도의 개선과 고과자 교육이 필요하다.

둘째, 정보부족으로 인한 오류가 발생할 경우 기업은 고과자에게 피고과자에 관한 정보를 제공하고, 고과내용의 범위를 축소하여야 한다.

셋째, 고과목적에 따라 상대고과와 절대고과를 알맞게 선택하거나 적절히 혼합하여 사용하여야 한다. 예를 들면 교육훈련의 필요성(needs) 파악은 절대고과를, 승진대상자 선발은 상대고과를 사용하면 고과오류를 줄일 수 있다.

넷째, 고과결과를 피고과자에게 피드백시키면 그 고과가 정실이나 연고에 따라 편파적으로 행해지지 않았음을 어느 정도 입증할 수 있다.

다섯째, 다면고과를 실시한다. 여러 고과자가 피고과자를 고과하여 최고점과 최하점을 빼고 나머지 점수만 합산하여 사용한다.

### (3) 수용성

### (ㄱ) 수용성의 의의

수용성(acceptability)은 인사고과제도가 적법하고, 그의 운영이 공정하게 이루어져서 종업원들이 그 결과를 인사적용에 받아들이는 성질이다. 종업원들은 인사고과와 그 절차가 합리적이라고 느끼면, 그 결과에 쉽게 승복하고 자기 행동을 반성함으로써 개선에 힘쓸 것이다. 그러나 종업원들이 인사고과의 제도·절차·결과에 대해 인정하지 않는다면, 무용지물이 될 뿐만 아니라 불만만 높아지게 된다.

기업의 인사고과요소들은 종업원들이 통제 가능한 요소인지 아닌지에 대해 고과자와 피고과자의 인식이 매우 다를 수 있다. 고과자와 피고과자들 간의 인식에서 괴리가 크면 클수록 기업의 성과향상이나 개인의 역량향상은 기대하기 어렵기 때문에 양자 간의 사전합의가 필수적이다.

종업원들은 새로운 인사고과제도를 도입할 때 저항한다. 종업원들이 저항하는 이유는 고과제도의 목적에 대한 신뢰감 문제, 고과제도에 대한 정보 부족, 새 고과제도의 도입으로 관리자에 대한 종업원들의 종속적 관계가 더욱 심화되는 것을 우려하고 있기 때문이다. 이에 대한 개선과 대책이 필요하다.

### (ㄴ) 수용성 증대 방안

인사고과의 수용성을 증대시키는 방안은 다음과 같다.

첫째, 기업이 인사고과요소를 선정할 때나 인사고과방식을 개발할 때 종업원 대표를 참여시키고, 이를 확정한 후 공개하여 공론화 한다.

둘째, 고과자와 피고과자를 대상으로 인사고과에 대한 교육훈련을 실시하여 여러 가지 고과오류가 발생하지 않도록 한다. 또한 피고과자들에게 새로운 인사고과제도에 대해 설명함으로써 정확한 인사고과를 받을 수 있도록 한다.

셋째, 새 인사고과제도의 목적과 필요성을 종업원들에게 투명하게 홍보한다.

### (4) 실용성

### (ㄱ) 실용성의 의의

실용성(practicability)은 어떤 고과제도의 개발이 비용보다 효과가 더 커서 기업이 이를 도입하는 것이 의미가 있는 성질이다. 인사고과는 새로운 제도의 비용(개발비, 운영비: cost)보다 편익(효과: benefit)이 높아야 한다.

인사고과제도의 비용은 개발비·고과에 대한 훈련비·고과시간에 대한 비용·고과요소의 측정과 분석에 들어가는 비용뿐만 아니라, 고과로 인한 종업원들의 긴장과 스트레스·잘못된 고과로 인한 상·하급자간의 갈등과 종업원 상호간의 경쟁 등 보이지 않는 비용도 있다. 인사고과제도의 편익은 개발 후 임금산정·지식축적·능력향상·배치·전환·승진 등에 활용함으로써 나타나는 효과에 대한 금액이다.

바람직한 인사고과제도는 고과자가 새로운 인사고과제도를 쉽게 이해할 수 있고, 고과소요의 시간도 적절하여야 한다. 인사고과는 특정 직무에서 종업원들의 지식이나 능력, 성과 등의 차이가 의미 있게 나타나도록 하여야 한다.

(ㄴ) **실용성 증대 방안**

인사고과의 실용성을 증대시키는 방안은 다음과 같다.

인사고과의 설계와 실시에 많은 인력과 시간을 투자하면 정확한 고과는 가능하나 많은 비용이 들게 된다. 따라서 인사고과의 정확성에 따른 편익과 비용 간에 적절한 수준을 정하여 투자하여야 한다.

인사고과의 결과로 지식 보유자와 지식 비보유자, 능력자와 무능력자, 우수자와 비우수자를 변별할 수 있도록 하여야 한다.

인사고과자가 인사고과의 방법이나 절차를 모른다면, 고과자들의 고과행동이 지연되고 정확한 측정도 어렵다. 따라서 고과절차나 고과표를 누구나 쉽게 이해할 수 있도록 만들어서 빨리 고과할 수 있도록 단순화하여야 한다.15)

## 5) 인사고과자

### (1) 인사고과자의 의의

인사고과자는 조직의 목표와 전략의 수행에 따라 피고과자의 가치를 고과하는 사람이다. 인사고과자는 피고과자의 가치인 그의 자질, 특성이나 역량을 고과한다.

인사고과자는 다음과 같은 조건을 갖춘 사람이 선정되어야 한다.16) 첫째, 인사고과자는 피고과자를 가장 가까이에서 업무를 수행하면서 관찰할 수 있는 사람이다. 둘째, 인사고과자는 경험과 자격 및 역량을 갖추어 객관적으로 고과할 수 있는 사람이다.

사람이 사람을 고과하는 일은 매우 복잡하고 미묘하다. 성실하기는 한데 실력이 부족해서 마음에 안 드는 경우도 있고, 실력은 부족하지만 성실해서 마음에 들 때도 있다. 또한 어떻게 보면 성실한 것 같기도 하고 그렇지 않은 것 같은 경우도 있다. 그러므로 고과자의 자격과 역량은 매우 높은 수준을 요구한다. 인사고과자는 주관을 가능한 배제하면서 객관적인 정보만 가지고 판단하기 위한 훈련과 기술이 필요하다.

### (2) 전통적 고과: 상사고과

기업의 인사고과는 전통적으로 상급자 혼자 고과하였다. 따라서 상사고과를 '전통적 고과'라고 한다.

상사고과는 피고과자의 직속상사 혼자서 하거나 혹은 그와 직속상사의 상사 두 사람으

---

15) 임창희, 2005, 195~199.
16) 임창희, 2005, 202~203.

로 한정하여 고과하는 방식이다. 즉 한 사람의 상관이 3~4명 정도의 부하들을 대상으로 고과하는 방식이다. 이 고과에서의 종업원들은 해바라기형 아첨꾼이 판을 치게 만들 수 있다. 그러므로 상사고과는 종업원들이 직무를 고객중심이 아니라 상사중심으로 수행하게 만든다. 상사고과에서도 각 대표직무마다 다수의 고과요소를 추출하여 이에 따라 실적을 고과할 수 있는 등급을 마련하여야 한다.

상사고과는 직무가 단순하고 환경이 안정적이며 위계적 질서가 강한 기능조직 형태에서 많이 사용되고 있다. 따라서 사장 한 사람이 전종업원의 업무수행 상태를 파악하기 쉬운 소기업에 적합하다. 그렇지만 상사고과는 중·대기업의 생산직종에서도 부서장인 상관이 부하들의 업적과 성과의 크기를 쉽게 파악할 수 있을 경우 실시되고 있다.

상사고과는 최근 기업의 업무가 어렵고 복잡한 상황에서도 간편하고 경비가 적게 들며 상대적으로 비교가 용이하기 때문에, 아직도 많은 기업에서 시행되고 있다.

그러나 상사고과는 직속상사만 고과하기 때문에 고과결과를 공개하거나, 피고과자에게 그의 단점을 전달하기 어렵다. 또한 상사고과는 관대화 경향이 있고, 고과기준이 객관적으로 검증하기 어렵다. 따라서 고과자의 주관이 의도적이든 비의도적이든 간에 개입될 여지가 많다.

### (3) 현대적 고과: 다면고과

#### (ㄱ) 다면고과의 의의

오늘날 인사고과는 종전의 상사고과에서 다면고과로 바뀌가고 있다. 따라서 다면고과를 '현대적 고과'라고 한다.

다면고과(multi-source assessment)는 피고과자의 상사는 물론이고, 피고과자 본인과 피고과자를 관찰할 수 있는 팀원, 부하, 전문가 등 피고과자 주변의 많은 사람들이 함께 고과하는 방식이다. 다면고과는 종업원들의 작업방식이 기능식에서 팀제 등 여러 사람이 함께 협력하여 일하는 유연식으로 변화함에 따라 나타나게 되었다. 따라서 피고과자의 상급자 혼자가 부하들의 직무행동이나 공헌도를 정확하게 관찰하기 어렵게 되었다. 어떤 기업은 팀 동료들이 다른 동료의 업적고과와 승진을 결정하기도 하고, 팀장의 관리능력을 부하들이 고과하기도 한다. 또한 어떤 백화점은 고객들이 점원을 고과하기도 한다.

다면고과는 고과자들이 피고과자의 여러 면을 정확하게 고과할 수 있다. 따라서 이를 '360도 고과'라고도 부른다.

다면고과의 출현 이유는 다음과 같다.

다면고과는 현대의 조직구조가 기능식에서 유연식으로 변화함에 따라 상사중심의 업무수행에서 여러 구성원들이 공동으로 업무를 수행하는 방식으로 변화함에 따라 나타났다.

다면고과는 현대의 직무가 과거의 단순한 직무와 안정적인 환경과는 달리 고도의 지식과 능력 그리고 기술을 필요로 하고, 복잡하고 불안정한 환경으로 변화함에 따라 나타났다.

다면고과의 효과는 다음과 같다.

첫째, 다면고과는 여러 고과자들의 고과가 신분과 처지에 따라 보는 눈이 다르기 때문에 정확하게 평가할 수 있다. 예를 들어 팀장은 윗사람에게 잘 보이려는 김씨의 노력을 충성스런 것으로 여기겠지만, 동료가 볼 때는 아첨으로 볼 수도 있다. 따라서 다면고과는 상사중심고과의 오류 발생 여지를 줄일 수 있다.

둘째, 다면고과는 종업원들이 상사에게 잘 보이기 위한 업무수행과는 달리, 기업의 목표를 달성하기 위해 고객중심으로 업무를 수행할 수 있도록 유도할 수 있다.

셋째, 다면고과는 상사고과보다 고과결과가 정확하기 때문에 종업원의 수용성을 높일수 있다.

따라서 다면고과는 고과자의 개인적 편견과 정치적 영향을 해소하고, 종업원 개인의 이익과 권리를 보장함은 물론 문제해결 지식과 능력을 축적시키는 등 기업의 인적자원관리를 합리적으로 수행할 수 있다.

### (ㄴ) 다면고과자의 관찰가능 정보

고과자가 고과해야 할 요소에는 역량, 개인특성, 작업행동 그리고 성과 등이 있다. 그러나 각 고과자들은 피고과자들의 정보를 획득할 수 있는 역량이 서로 다르고, 관찰가능한요소도 다르다. 따라서 여러 고과자의 관찰가능한 요소를 나타내면 다음과 같다.[17]

직속상사 고과는 직속상사가 피고과자들(부하)을 상대로 관찰하고 업무지시를 통해 피고과자의 가시적 역량, 작업행동 및 성과 등에 상당히 많은 양의 정보를 가지고 있어서 쉽게판단할 수 있다. 그러나 잠재역량 및 적성은 해당직무와 관련된 것을 제외하고 알기가 쉽지 않다.

직속상사의 상사고과는 시간적·공간적 측면에서 피고과자의 가시적 역량, 작업행동 및성과에 대해 어느 정도 판단할 수 있다. 그렇지만 잠재 역량, 적성, 태도 등은 관찰이 어렵다. 직속상사의 상사는 직속상사가 고과한 것을 승인해 주거나 한 번 더 고과하는 것인데, 특정 종업원에 대한 직속상사의 편견이나 오류를 감소시킬 수 있다.

---

17) 박경규, 2006, 276~278.

피고과자 본인 고과는 본인이 기술하여 제출한 자신의 특성, 역량, 업적 및 희망사항 등을 근거로 판단할 수 있다. 본인 고과는 자신의 고과내용 대부분에 대해 충분한 정보를 갖고 있지만, 자신을 남보다 과장되게 고과하는 관대화 효과(leniency effect)와 반대로 자신을 남보다 겸손하게 고과하는 겸양 효과(modesty effect)가 나타날 수 있다. 그러므로 이 고과는 오류에 의한 정확성과 일관성이 부족하여 객관성이 적다고 할 수 있다. 따라서 이 고과는 피고과자 본인의 개발에 활용할 목적으로 실시하는 것이 바람직하다고 할 수 있다. 존슨과 퍼스탈(J.W. Johnson & K.L. Ferstl, 1999)이 관리자를 대상으로 한 연구에 의하면, 본인 고과가 타인고과보다 높게 고과할 경우 그 관리자의 1년 후 성과는 향상되었고, 그 반대의 경우 저하된 것으로 나타났다고 한다.[18]

동료 고과는 동료가 피고과자의 직무태도에 대한 비교적 충분한 정보를 가지고 있어서 쉽게 판단할 수 있다. 피고과자는 대개 상사 앞에서 보여주는 태도보다 동료 앞에서 보여주는 태도가 보다 진실일 가능성이 높다. 그러나 동료는 피고과자의 가시적 역량 및 성과에 대해 판단하기 어렵다. 왜냐하면 동료고과자가 피고과자(다른 동료)에게 직접 업무지시를 하지 않았기 때문이다. 그러나 동료는 피고과자의 잠재역량, 적성 그리고 작업행동에 대해 과거의 대화 및 관찰로 어느 정도 판단할 수 있다. 그렇지만 동료고과는 피고과자인 동료와의 사이에 임금 등에서 경쟁관계에 있지 않을 때 유효하다. 또한, 동료고과는 조직이 전문가들로 구성되어 있고 동료들과 공동으로 작업을 하며, 집단평가로 보상의 일부 반영될 때 효과가 있다.

부하 고과는 부하가 상사의 인품, 역량, 리더십 등에 대한 정보를 가지고 있어서 쉽게 판단할 수 있다. 부하는 상사의 업무지시 및 업무결과 등의 활동을 통해 상사의 가시적 역량 및 잠재적 역량, 그리고 리더십 등에 대한 어느 정도의 정보를 획득할 수 있어서 쉽게 판단할 수 있다.

외부전문가 고과는 외부전문가가 피고과자와 관련되는 서류나 몇 가지 테스트 및 인터뷰를 통해 가시적 역량, 잠재적 역량 그리고 적성에 대해 많은 정보를 획득할 수 있어서 쉽게 판단할 수 있다. 그러나 피고과자의 직무태도, 작업행동, 성과에 대해 관찰할 기회가 없어서 판단할 수 없다.

고객 고과는 고객이 피고과자의 고객에 대한 태도와 작업행동(서비스, 친절성) 등에 대해 어느 정도 정보를 획득할 수 있어서 쉽게 판단할 수 있다. 그러나 획득할 수 있는 정보는

---

18) 박원우, 2000, 65.

표 6-4  인사고과자의 요소별 관찰가능 정도

| 고과자 \ 고과요소 | 발휘능력 | 잠재능력 | 적 성 | 태 도 | 작업행동 | 성 과 |
|---|---|---|---|---|---|---|
| 직속상사 | + | △ | △ | − | + | + |
| 직속상사의 상사 | △ | − | − | − | △ | △ |
| 피고과자본인 | + | △ | + | + | + | + |
| 동 료 | − | △ | △ | + | △ | − |
| 외부 전문가 | + | + | + | − | − | − |
| 고 객 | − | − | − | △ | △ | − |

〈보기〉 +: 많음,  △: 중간정도,  −: 적음

극히 제한적이라는 단점이 있다.

이상과 같이 각 고과자의 요소별 고과가능여부를 정리하면 〈표 6-4〉와 같다.

(ㄷ) 다면고과의 절차

다면고과의 절차는 다음과 같다.

첫째, 인사고과자를 결정한다. 다면고과의 여러 고과자는 피고과자의 직속상사(1차 평정자), 직속상사의 상사(2차 평정자), 타부분의 고과자·피고과자 본인, 공동작업자, 외부전문가, 고객 등이 있다.[19] 이 때 고과자의 수는 5명에서 8명 정도 내외가 적당하다.

다면고과자에는 직속상급자를 반드시 포함시킨다. 기업이 다면고과를 처음 실시하려고 할 경우 시행초기에 직속상급자와 직속상급자의 상급자 고과에서 출발하여 차츰 고과자 동료, 직속 하급자, 직속 하급자의 하급자 등으로 확대해 나가야 할 것이다. 동료 및 부하를 고과자로 선정할 경우 소속팀원이나, 업무와 관련이 있는 사람, 또는 피고과자 본인, 그리고 무작위 추출에 의해 임의로 선정된 사람으로 한다.

둘째, 여러 고과자의 가중치를 결정한다.

① 직속상급자를 다른 고과자들보다 가중치를 높게 부여한다. 고과자의 가중치는 시행초기에 상사를 중심으로 고과를 실시하다가 상당한 햇수가 지난 후 상사의 가중치를 차츰 낮추고 동료와 부하들의 가중치를 점차적으로 확대시킨다. 고객을 고과자로 선정할 경우 대 고객 서비스의 성격이 강한 업무에 가점 형식으로 운영하는 것이 바람직하다.

② 조직의 문화와 상황을 고려하고, 고과목적에 따라 가중치를 다르게 부여한다.

---

19) 津田眞澂, 1995, 161.

③ 각 고과자의 관찰가능성에 따라 가중치를 부여한다. 다면고과는 고과자에 따라 어떤 고과요소는 잘 고과할 수 있으나, 어떤 고과요소는 그렇지 않은 경우가 있으므로 고과자별 고과요소의 가중치를 다르게 정해야 한다.

셋째, 앞에서 결정된 고과자에 의해 고과를 실시하고, 점수를 산정한다. 다면고과는 각 고과 문항별로 매겨진 점수에서 피고과자가 받은 평균기준치보다 지나치게 높거나 지나치게 낮은 점수를 배제시킬 수 있으므로, 오류의 가능성이 비교적 적고 공정하다고 할 수 있다.

넷째, 고과결과를 피고과자에게 피드백시킨다. 다면고과는 상사고과와 달리 여러 고과자들이 고과하는 제도이므로 피고과자의 근무업적이나 역량수준을 정확히 고과할 수 있다. 따라서 피고과자는 고과결과나 지적사항에 대해 큰 저항 없이 받아들일 수 있게 된다.

## 6) 인사고과의 실시방법과 시기

### (1) 인사고과의 실시방법

인사고과의 실시에는 형태적 방법과 구체적 방법이 있다.

인사고과의 형태적 방법에는 실명과 익명에 의한 방법이 있다.

실명에 의한 방법은 고과자에 대해 책임감을 갖게 함으로써 고과를 보다 객관적으로 실시할 수 있다. 그러나 고과자가 눈치만 보게 되어 고과를 왜곡시킬 수도 있다.

익명에 의한 방법은 첫째와 반대의 현상이 나타난다고 할 수 있다.

기업은 이 두 방안 중 적합한 방법을 선택하여 실시하여야 한다.

인사고과의 구체적인 방법은 기업특성에 의한 선택과 과거성과·과업수준의 결합에 의한 선택이 있다.

과업특성에 의한 선택은 고도로 일상적이고 기계적인 직무의 경우 구체적으로 '바라는 행동'을 나타내 주는 고과방법을, 약간 비일상적인 직무의 경우 목표달성을 위한 구체적이고 단일한 행동경로를 찾기 어렵기 때문에 '최종목표의 달성 정도'에 의한 고과방법을, 고도로 불확실한 직무의 경우 기대목표의 설정이 어렵기 때문에 고과자의 '주관적 판단'에 의한 고과방법이 주로 사용된다.[20]

과거성과와 과업수준의 결합선택은 종업원의 과거 성과와 과업수준을 결합시켜서 적절한 고과 방법이 결정되어야 한다.

첫째, 개인에게 부여할 과업의 유형은 과거성과의 함수이다. 즉 과거 성과가 좋았던 종

---

20) 최종태, 2002, 455~457; Keeley, M., 1978, 428~438.

업원들은 목표가 불확실한 과업을 맡기면서, 비교적 불확실한 행동을 인정한다. 그러나 평균이하의 종업원은 목표가 확실하고 구체적인 과업을 맡기면서 구체적인 행동을 요구한다.

둘째, 종업원들의 할당과업이 확실하냐 불확실하냐에 따라 구체적 고과방법 또는 포괄적인 고과방법이 결정된다.21)

인사고과 실시상의 유의사항은 다음과 같다.

첫째, 인사담당자는 고과자와 피고과자의 담합가능성, 고과성향의 편차발생 가능성, 특이 응답가능성에 대해 검토하여야 한다. 예를 들면 응답형태를 조사하여 효율적인 척도를 이용하였는지, 고과자들의 고과내용이 일치하는지, 예외적인 응답이 있는지를 검토하여야 한다.

둘째, 인사담당자는 고과자 교육을 실시하여 편견과 오류를 줄여야 한다. 인사고과는 고과자의 경험과 상식을 필요로 한다. 회사의 부장, 중역 등 고참사원은 고과경험이 많으므로 잘할 수 있지만, 직급이 낮은 종업원들은 동료나 상사를 고과할 때 특별한 교육이 필요하다. 따라서 기업은 고과자들에게 고과요소의 의미, 고과척도의 적용 등에 대해 충분히 설명함으로써 담합을 방지하고 고과의 편차를 줄여야 할 것이다. 특히 고과자가 피고과자를 고과할 때 편견과 온정, 그리고 고의적이고 악의적인 고과를 하지 않도록 철저한 교육이 필요하다. 그러나 인사고과를 고객이나 협력업체 사원들에 의해 고과를 받을 때, 그들에게까지 고과교육을 할 수 없다는 한계가 있다.

셋째, 인사담당자는 고과자가 피고과자들을 정확히 고과하여 그들에게 피드백 함으로써 피고과자들로부터 신뢰를 얻어야 한다. 만약 고과자들이 인사고과에 대해 신뢰를 얻지 못한 상태에서 고과결과를 피드백할 경우 피고과자를 동기부여시키기보다 오히려 사기를 저하시킬 수 있다.22)

### (2) 인사고과의 시기

기업의 인사고과는 비용보다 편익을 높일 수 있도록 인사고과 시기와 횟수를 결정하여야 한다.

전통적 고과와 현대적 고과의 시기는 다음과 같이 실시하고 있다.

전통적 고과는 연말에 단 한번 정기적으로 고과한다. 이 고과는 고과시간과 잡무를 줄일 수 있지만, 부정확한 고과가 되기 쉽다. 예를 들어 지난 해 초의 잘한 일은 모두 잊어

---

21) 최종태, 2002, 457; Cumming & Schwab, 1971.
22) C.O. Longenecker & S.J. Goff, 1992, 17~23.

버리고, 가을과 연말경에 잘못한 일만 기억될 수 있을 것이다.

현대적 고과는 고과대상자가 중요한 행동을 할 때마다 수시로 고과하거나, 분기별로 고과하는 등 여러 번 고과한다. 현대적 고과는 시간적 오류를 줄일 수 있고 신뢰성을 높일 수 있는 장점이 있으나, 비용이 많이 들어 실용성을 저하시킬 수 있는 단점이 있다.

기업의 인사고과 시기는 다음과 같이 실시하여야 할 것이다.

기업의 인사고과는 일반적으로 정기로 연 1~2회 실시하는 것이 바람직하다.

기업은 인사고과를 그 목적에 따라 고과시기를 다르게 하는 것이 가장 이상적이다.

① 배치·전환·승진·인센티브 등의 기준으로 사용할 경우 그 실시시기에 부합될 수 있도록 고과하여야 한다.

② 프로젝트를 고과할 경우 프로젝트가 진행되는 기간과 프로젝트가 막 끝나는 시기가 가장 바람직하다. 프로젝트고과는 프로젝트 수행자에게 자극을 주어 그 목표달성의 효율성을 높일 수 있다.[23]

③ 종업원의 수습기간이 끝나거나 상사가 이동해 올 경우 이에 맞추어 고과를 실시하여야 한다.

### 7) 인사고과의 기법

인사고과 기법은 회사의 규모, 고과의 목적, 종업원의 특성, 그리고 고과자의 고과역량 등에 따라 알맞은 기법을 선택하여야 할 것이다.

#### (1) 전통적 기법

#### (ㄱ) 관찰법

관찰법은 상급자가 부하의 일하는 모습을 관찰하여 고과하는 기법이다. 이 기법은 다른 어느 최신 기법보다 정확하다고 할 수 있다. 예를 들어 컴퓨터 작업실이라면 불필요한 사이트를 몇 번이나 방문하는가, 누구와 무슨 메시지를 주고받는지를 관찰할 수 있다. 열심히 맡은 일을 수행하는지, 부지런히 손놀림을 하는지, 아니면 담배나 피고 있는지, 신문이나 보고 있는지, 책상에서 졸고 있는지, 지각이나 결근하는 날이 많은지, 자리를 얼마나 비우는지 등을 관찰하여 고과척도로 사용할 수 있을 것이다.

#### (ㄴ) 서열법

서열법은 각 요소들, 즉 지식, 능력, 업적 등을 정하고 이들 간의 가중치를 배분하여 평

---

23) L.L. Cummings & D.S. Schwab, 1971.

가척도를 정하며, 이를 기준으로 각 요소별로 서열을 매기고 종합하여 피고과자들 간에 서열을 매기는 기법이다. 이 서열법은 고과가 용이하기 때문에 비용과 시간이 덜 들고 고과오류도 적다.

서열법은 직접서열법, 상호서열법, 강제할당법 등이 있다.

직접서열법은 피고과자 전체를 수준별로 몇 개의 그룹으로 나누고, 각 그룹 내에서 순위를 매겨 종합한다. 이 방법은 비교적 간편하다는 장점이 있다. 그러나 고과 대상자가 20~30명이 넘을 경우 고과가 어렵다는 단점이 있다.

상호서열법은 피고과자 중에서 최고자와 최저자를 찾고, 이를 기준으로 연속적으로 찾아가면 마지막 중간자를 찾게 된다. 그렇게 함으로써 전체 서열이 나온다.

강제할당법은 통상 3에서 7개를 범주로 하여 피고과자를 배분한다. 정규분포에 따라 5개로 나눌 경우 최저에서 최고까지 10%, 20%, 40%, 20%, 10%로 배정하여 서열을 정한다.

### (ㄷ) 평정척도법

평정척도법은 사전에 마련된 각 고과요소들의 척도(단계별 차등)를 근거로 하여 피고과자의 자질과 지식 및 능력을 직무수행의 달성가능 정도에 따라 고과하는 기법이다. 이 기법은 일반적으로 ① 어떤 차원의 직무인가. ② 얼마나 잘 수행하였는가 하는 것이다. 전자는 직무분석 결과를 이용하여 직무의 차원을 정확히 정의하여야 한다. 후자는 어느 한 직무차원에 대하여 얼마나 실제의 성과수준을 측정해 줄 수 있는가 하는 것이다.

평정척도는 얼마나 많은 수의 척도수준(scale level)을 사용할 것인가와 어떤 평정내용을 포함시켜 각 수준을 이해하도록 할 것인가 하는 것이다. 평정척도의 수준은 일반적으로 정확할 때 보통, 성실할 때 우수, 창의를 발휘할 때 최우수로 고과한다. 평정척도의 수준은 홀수 개로 하는 것이 바람직하다. 보통 5개로 하는 것이 적당하다.

평정척도법은 직무요소와 직무수준의 결정과 그 비중(weight)의 결정이 매우 어렵다. 또한 고과자의 관대화, 가혹화 등의 오류는 피하기 어렵다.

### (ㄹ) 체크리스트법

체크리스트법은 종업원의 성과를 가장 잘 반영하는 고과요소표로 고과세부일람표를 만들고, 이를 직무와 관련하여 구체적인 여러 개의 사례들을 제시하여 피고과자의 행동이라고 여겨지는 것을 있는 대로 체크하는 기법이다. 체크된 개수와 그들의 가중치를 반영하여 점수화할 수 있다.

## (2) 현대적 기법

### (ㄱ) 행위기준고과법

행위기준고과법(behaviorally anchored rating scales: BARS)은 직무와 관련된 피고과자의 구체적인 행위를 기준으로 하여 고과하는 기법이다. 행위기준고과법은 피고과자의 직무와 관련되는 중요한 행동이나 사건들을 기준으로 하여, 이를 체계적으로 제시해 주고 각각 의 행동들에 대하여 '자주' 하는지 '전혀' 안하는지를 측정하게 하여 총점을 계산하는 기법 이다.

행위기준고과법의 주요 특징은 다음과 같다. ① 다양하고 구체적인 직무의 적용이 가능 하다. ② 직능별·직급별 특성에 맞추어 설계되므로 종업원들에게 바람직한 행위를 제시 해 준다.

행위기준고과법의 개발단계는 다음과 같다. ① 중요행위의 열거, ② 중요행위의 범주화, ③ 중요행위의 재분류, ④ 중요행위의 등급화 및 점수화로 이루어진다.

이 기법은 피고과자가 좋은 점수를 받기 위해 구체적으로 어떤 행동을 해야 하는지를 제시해 줄 수 있다. 따라서 종업원의 미래행위를 바람직한 방향으로 유도하게 하는 장점이 있다. 그러나 이 기법은 종업원의 개발에 많은 시간과 노력이 소요된다는 단점이 있다.

### (ㄴ) 목표관리법

목표관리법(Management by Objectives: MBO)은 종업원이 미리 상급자와 상의하여 달성 할 목표를 정해 놓고 일정기간이 지난 후, 계획했던 목표와 이룩한 성과를 서로 비교하면 서 초과 달성했는지 미완성으로 부족한지를 두 사람이 함께 고과하는 기법이다. 목표관리 법은 종업원에게 작업의 계획과 고과에 참여할 기회를 갖게 하고, 상사로부터 지원을 받을 기회를 갖게 한다. 이 기법의 필수조건은 목표가 구체적이어야 하고, 이를 성과로 측정할 수 있도록 요소의 식별이 가능해야 한다.

고과자가 수시로 목표와 비교하면서 나쁜 결과가 나오기 이전에 미리 피고과자의 행동 을 올바른 방향으로 유도할 수 있는 장점이 있다. 그러나 모든 직무성과를 계량화할 수 없 고, 검증이 불가능한 요소들도 있다는 단점이 있다.

### (ㄷ) 평가센터법

평가센터법(assessment center)은 평가전문기관을 만들어 다수의 지원자를 특정장소에서 짧게는 하루, 길게는 3~4일 합숙하면서 여러 종류의 선발도구를 동시에 적용하여 피고과 자들을 고과하는 기법이다. 평가센터법은 관리직 인력을 선발할 때 평가로 사용된다.

평가센터법의 목적은 선발, 개발, 진단 목적 등이 있다.

선발목적은 감독자, 관리자 또는 경영자를 선발하기 위한 고과이다. 또한 조기발탁 승진자의 선발을 위해 고과하기도 한다.

개발목적은 관리자의 역량을 개발 및 향상시키기 위한 고과이다.

진단목적은 기업이 현재와 미래 종업원의 필요역량수준에 비해 종업원이 보유한 역량수준을 진단하기 위한 고과이다.[24]

평가센터법은 고과자인 전문가들이 피고과자와 토론하면서 그들의 역량을 밝혀내는 방법이다. 평가센터법은 기업에서 과거에 실제로 곤란했던 문제를 제시해 주고, 어떻게 해결하는지를 관찰하고, 고과한다. 또한 평가센터법은 많은 인력·시간·비용이 들지만, 여러 명의 고과자가 참여하여 측정하고자 하는 고과요소를 다방면에 걸쳐서 고과하기 때문에 측정의 정확도가 매우 높다. 평가센터법은 고과자가 피고과자의 의사소통 방식, 부하의 업무배분, 부하의 활용역량, 주도권과 판단역량, 적응력과 인내력, 스트레스관리 역량, 갈등의 해결방식 등을 주로 고과한다.

평가센터법에서 고과자가 고과를 위해 준비해야 할 사항은 다음과 같다. ① 인사고과 대상 직종의 필요역량리스트를 작성한다. ② 실제 직무내용이나 기능에 가까운 연습과제를 선정하여 연습한다. ③ 연습과제를 중심으로 피고과자의 자질, 역량, 행동 등을 객관적으로 관찰·기록하면서 고과한다. ④ 고과요소 항목마다 강약을 분류·정리하여 고과보고서를 작성한다.

평가센터법은 피고과자가 소유하고 있는 지식·능력·특기 등을 밝히는 데 유용하지만, 그 동안의 업무실적을 알아내기 어렵다는 한계가 있다.

### (ㄹ) 주요사건기록법

주요사건기록법(critical incidents method)은 기업목표달성에 미치는 영향이 큰 성공요인의 고과항목을 추출하여 중점적으로 기록·검토함으로써 피고과자의 업무수행역량과 직무태도역량을 개선하도록 유도하는 고과기법이다.

주요사건기록법의 고과요인은 해당부서의 성패에 핵심적으로 작용하는 요인이어야 한다.

따라서 산업 경쟁전략·일반 환경요인·경영자의 가치관과 태도 등에 따라 다르나, 각 부서 또는 직능별 특성을 고려하여 주요 성공요인을 선택하는 것이 바람직하다.

또한 모든 고과요인들은 단순하게 작성하여야 한다. 그럼으로써 고과의 정확성을 높일

---

24) 최종태, 2000, 453.

수 있을 뿐 아니라 구성원들이 쉽게 인식할 수 있다.

## 5. 인사고과 결과의 평가

기업은 종업원의 인사고과관리가 합리적으로 잘 수행되었는지를 다음과 같이 평가해야 한다.

첫째, 인사고과의 합리적인 고과시스템이 구축되었는가에 대해 평가해야 한다. 인사고과 시스템은 구조차원에서 고과내용과 고과구성, 기능차원에서 고과자와 고과기법으로 이루어져 있다. 따라서 이에 대한 설계가 잘 이루어졌는지에 대해 평가해야 한다. 또한 인사고과는 고과기준과 내용이 개별 종업원들의 성과책임을 기초로 하고 있고, 이에 근거한 합리적인 목표 설정과 그 달성 정도를 평가해야 한다. 그리고 고과자와 기법의 선택이 올바르게 이루어졌는지에 대해 평가해야 한다.

둘째, 피고과자들이 인사고과의 절차와 결과를 공정하다고 느끼는가에 대해 평가해야 한다. 고과자는 고과의 오류를 최소화하여 정확하게 평가해야 한다. 이를 위해 고과자 간에 배점 등의 차이를 줄이거나 피고과자가 담당하고 있는 부서간의 중요도나 특징을 파악하여 가감점을 부여하는 등 세심한 노력이 필요하다. 또한 종업원들이 기업의 고과과정이나 고과결과에 대해 이의(異意)를 제기하였을 경우, 이를 받아들일 수 있는 채널을 개설할 필요가 있다. 따라서 기업은 고과상의 오류가 발견되면 비공식적이라도 수정해야 한다.

셋째, 인사고과가 고객만족의 가치를 중심으로 삼고 있는가에 대해 평가해야 한다. 인사고과는 기업이 일방적으로 설정한 목표 달성이 아니라, 수요자인 고객을 만족시키는 가치 창출 목표가 매우 중요하다. 왜냐하면 이것이 기업의 존립근거이기 때문이다.

넷째, 피고과자가 인사고과의 목적과 과정을 이해하고 자발적으로 참여하고 있는가에 대해 평가해야 한다. 인사고과는 종업원들의 임금, 승진, 이동, 교육훈련 등에 공정하고 유용하게 활용함으로써 피고과자들이 이에 대해 긍정적이고 적극적인 태도를 갖도록 노력해야 할 것이다.

다섯째, 인사고과가 피고과자의 역량을 향상시켜 줄 수 있는가에 대해 평가해야 한다. 인사고과는 과거처럼 고과 결과에 따라 피고과자들을 상벌로 통제하기 위한 고과가 아니라 지식을 향상시키고 능력을 개발시켜 줄 수 있는 평가가 되어야 한다. 따라서 인사고과는 승진이나 이동배치 중심에서 종업원들의 역량중심으로 운영되어야 할 것이다.

여섯째, 인사고과제도의 형성과정에서 노동조합과 충분한 협의를 하였는가에 대해 평가해야 한다. 인사고과는 기업의 모든 인적자원관리의 기초가 되므로 노사가 가장 관심을 갖는 것들 중의 하나이다. 따라서 기업은 인사고과제도를 마련하는 과정에서 노동조합과 충분히 협의하여 결정할 필요가 있다.

## 제3절 집단평가관리

### 1. 집단평가의 의의

오늘날 기업의 업무는 더욱 어렵고 복잡하여 개인보다 부서나 팀이 공동으로 수행하는 업무가 늘어나고 있다. 기업의 종업원 평가는 기본적으로 각 개인단위로 이루어지지만, 기업은 협동적 조직체이므로 개인이 속한 과·부, 나아가 조직 전체의 수준에서도 하나의 평가단위 실체로 보고 평가가 실시되고 있다.

집단평가는 기업의 역량과 성과를 집단 내지 부문별로 분석하고 측정하여 경영상의 기준에 따라 객관적으로 가치를 판단하는 방식이다.

기업의 집단평가 효과는 다음과 같다.

첫째, 집단평가는 각 단위별로 개인과 집단의 자주책임의식, 목표수행의식의 촉진을 통하여 기업 전체의 역량과 업적을 향상시킨다.

둘째, 집단평가는 각 분야의 관리 표준화를 이루고, 나아가 운영방법을 개선함으로써 관리제도의 수준을 향상시킨다.

셋째, 집단평가는 집단단위별로 책임경영체제를 확립하고, 기업이 필요로 하는 유능한 경영자를 양성한다.

### 2. 집단평가의 계획

기업은 집단평가 계획을 수립하여야 한다.

#### 1) 평가단위 설정

기업은 집단평가를 위해 평가단위를 설정하여야 한다.

기업은 평가단위를 현행 조직구조 및 담당업무를 고려하여 책임센터별로 설정한다. 책임센터는 한 사람의 관리자에 의해 통솔되고 규정된 책임을 갖는 조직단위를 말한다. 기업의 각종 책임센터는 조직에서 직무관련 범위를 기준으로 성과가 도출되는 단위이다.

책임센터의 분류는 다음과 같다.

- 비용센터(cost center)는 한 단위당 필요한 투입소요량과 명확하고 측정가능한 산출량이 분명하게 알려져 있을 때 설정될 수 있는 책임부문이다. 이에는 가공, 조립, 금형 등의 생산조업부서가 있다.

- 이익센터(profit center)는 수익과 비용에 대한 책임이 모두 부여된 조직단위 또는 부문으로서 마케팅활동을 조직화하기 위한 책임부문이다. 이에는 판매부서와 수출부서가 있다.

- 투자센터(investment center)는 관리자가 제품배합, 가격결정 및 생산방법에 관한 단기적인 일상 업무의 결정뿐만 아니라, 모든 투자의 수준과 유형의 결정에 대해서도 상당한 정도의 재량권을 가지는 분권화된 조직단위의 책임부문이다. 이에는 기술개발부서, 신사업개발부서, 투자관리부서, 경영정책부서 등이 있다.

- 관리센터(management center)는 수익창출단위를 지원하는 일을 담당하므로 수익을 창출하지 않고 비용만 발생하며, 업무활동의 분할에 있어서 최소단위로 원가가 집계되는 책임부문이다. 이에는 비서실, 홍보부서, 자금부서, 관리부서, 업무부서 등이 있다.

- 서비스센터(service center)는 고객만족을 위해 서비스를 제공하는 조직단위 또는 부문으로서 고객만족의 정도나 고객서비스의 질과 양으로 평가받는 책임부문이다. 이에는 서비스 창구, A/S부서, 고객 불만처리부서가 있다.

기업은 평가단위를 라인과 스태프별로 설정한다.

라인 부문은 주로 목적별로 운영되고, 이익책임센터로서의 기능이 주된 목표가 되며, 보조적으로 비용책임센터 및 서비스센터로서의 기능이 수행되어야 한다.

스태프 부문은 주로 기능별로 운영되고, 관리책임센터로서의 기능이 주된 목표가 되며, 보조적으로 투자센터로서의 기능이 수행되어야 한다.

## 2) 책임센터 결정

기업은 집단평가를 위해 책임센터를 결정하여야 한다. 기업의 책임센터는 책임센터별로 원가, 수익 또는 이익 등 책임회계제도를 정립하여 독립적으로 운영하도록 해야 한다. 그럼으로써 각 센터들은 지식을 축적하고 능력을 향상시키며 성과에 대한 공과(功過)를 분명히 할 수 있다. 따라서 기업은 각 책임센터별 경영활동에서 발생하는 원가·수익·역량개발 등을 명확히 할 수 있고, 평가 후 피드백(feedback)함으로써 개선활동도 기대할 수 있다.

## 3. 집단평가의 실시

기업이 평가단위를 설정하면 각 단위별로 평가대상이 자동적으로 결정된다. 그러면 기업은 각 단위별 평가대상에 대해 무엇을 기준으로 각 집단을 평가할 것인지를 결정하여야 한다. 이에는 개인평가와 마찬가지로 집단의 업적평가와 역량평가를 실시한다.

### 1) 집단의 업적평가

#### (1) 집단의 업적평가 기준

집단업적평가는 평가대상 집단의 과거 업적에 대해 현재 성과를 평가하는 과거 지향적인 평가이다. 집단의 업적평가는 집단이 도출해 낸 업적의 양(quantity)과 질(quality)에 대한 평가이다. 이는 동일하거나 유사한 타 집단과의 비교평가나 해당기업의 목표에 대한 결과(성과) 평가 등으로 구성된다.

기업에서 집단의 업적과 성과 기준은 다음과 같은 순서로 설정된다.

기업의 중장기 경영목표와 당기에 중점적으로 수행해야 할 운영목표를 확인한다.

기업의 사업목적을 효과적으로 달성하기 위해 부문별 운영목표 및 중점 추진전략을 파악함으로써, 우선적으로 그리고 중점적으로 노력을 투입해야 할 분야를 파악한다.

조직목표 달성을 위한 중점 추진전략에서 부문별로 핵심실천 사업 내지 업무를 추출한다. 그럼으로써 부문별로 추출된 핵심요인이 부문과 전체조직에 대해 효율적으로 '힘'을 집결시킬 수 있는 구심적 역할을 하도록 한다.

기업의 부문별 평가기준을 관리업적과 조직업적으로 구분하고 각각의 적합성을 검토한다. 이 때 이들 기준은 각 부문의 특성, 즉 전략적 평가단위의 특성을 적절히 반영하여야 한다.

#### (2) 집단업적의 측정 및 평가

##### (ㄱ) 집단업적 측정 및 평가방법

기업에서 집단업적은 과정업적으로서의 '관리업적'과 결과업적으로서의 '조직업적'을 기준으로 하고 있다. 전자는 각 부문의 유지와 발전 및 개선 혹은 구성원의 지식축적 및 능력향상의 정도를, 후자는 조직의 하위 부문으로 요구되거나 기대되는 기능의 달성도를 평

| 표 6-5 | 과정업적 기준지표의 예 | |
|---|---|---|
| 중심단위 | 지 표 | 구체적인 예 |
| 인재육성 | 부하의 육성 | 지식, 기능, 태도, 행동, 의식, 사고방식 |
| 조직활성화 | 업무의 원활,<br>부문의 분위기 향상 | 일의 흐름·절차, 정보관리, 목표설정구조, 규<br>정준수, 인간관계, 팀워크 |

| 표 6-6 | 결과업적 기준지표의 예 | |
|---|---|---|
| 중심단위 | 지 표 | 구체적인 예 |
| 이익센터 중심 | 예산목표달성도 | 매출액, 생산량, 이익 |
| | 실적신장률 | 매출액, 생산량, 점유율, 수주액 |
| 비용센터 중심 | 절약률 | 인건비, 재료비, 광고비, 판매비 |
| | 향상률 | 품질, 서비스, 납기 |
| 관리센터 중심 | 노동능률 | 출근율, 잔업 |
| | 개선성적 | 설비, 공정, 기술, 관리 |
| 투자센터 중심 | 개발성적 | 신제품개발, 신관리방식도입, 신전략 |

가하는 것이다. 따라서 전자는 과정 내지 투입 중심의 지표로, 후자는 결과 내지 산출 중심의 지표로 나타난다. 이에 대한 구체적인 지표를 기술하면 위의 〈표 6-5〉 및 〈표 6-6〉과 같다.

(ㄴ) 평가지표

평가지표에는 집단성과의 양을 측정하는 도구로서 계량지표와 비계량지표가 있다.

계량지표는 객관적으로 성과를 측정하거나 구체적인 수치로 성과를 산출할 수 있는 지표이다. 정확한 개량지표를 도출하기 위해서는 평가 산식을 구체적이고 객관적으로 구성하여야 한다. 예컨대 영업수익확대지표는 수익목표 달성률로 하고, 안전관리지표는 사고발생률로 하며, 관리비절감지표는 관리비절감액으로 할 수 있다. 계량지표 평가 산식의 예는 〈표 6-7〉과 같다.

비계량지표는 객관적인 결과측정이 어려워서 구체적인 수치를 산출할 수 없는 경우 평가자가 주관적으로 판단하여 평가하는 지표이다. 비계량지표는 계량적인 목표를 설정할 수 없는 업무활동을 계량화하기 위한 것이므로 활동지표·학습지표 및 반응지표 등을 사용한다. 이 지표는 가능한 한 정확한 지표의 도출을 위해 계획기간과 같은 지표를 사용하여 진

| 표 6-7 | 계량지표의 평가 산식 |
|---|---|
| 평가지표 | 평가 산식 |
| 수익목표 달성률 | (실제수익 / 목표수익)×100 |
| 생산목표 달성률 | (실제생산량 / 목표생산량)×100 |
| 매출목표 달성률 | (실제매출액 / 매출목표액)×100 |
| 매출액 신장률 | (당해년도매출액 / 전년도 매출액)×100 |
| 자재적기 공급률 | (자재 공급지연 건수 / 자재 공급건수)×100 |

행도나 적시성을 평가하기도 하고, 적합도·협력도·만족도 등을 평가하기도 한다.

진행도 평가는 업무계획 수립시 확정된 진행단계별 계획기간을 기준으로 하여 평가한다.

적시성 평가는 목표 완료일로부터 지연되는 기간에 따라 평가한다. 이 경우 실적점수는 진행도 평가와 적시성 평가를 곱하여 산출한다.

예를 들어 마케팅팀의 경우, 연초 목표에서 6월에 시장조사 결과를 반영하는 것으로 설정하였으나, 실제로는 결과반영을 10월에 하였고, 적기에 시장조사를 하지 못하여 신제품 개발에 고객의 선호도 반영이 지연되었을 때 〈표 6-8〉과 같이 진행도와 적시성을 평가할 수 있다.

적합도·협력도·만족도 평가는 설정 문항을 적합도·협력도·만족도로 설계하여 목표에 따라 5점 척도에 의거하여 등급을 산출하고, 이를 통계처리 함으로써 계량적인 수치로 계량목표를 설정할 수 있다. 예를 들어 '만족도 수준을 전년도 평균 2.5에서 금년도 목표 2.7로 향상시킨다.'라고 설정할 수 있다.

| 표 6-8 | 진행도 및 적시성 평가 | | | | |
|---|---|---|---|---|---|
| 주요 활동 | 평가 산식 | 전년 실적 | 금년 목표 | 도전 목표 | 금년 실적 |
| 시장조사 | 진행도×적시성 평가 | 결과반영 6월 | 결과반영 6월 | – | 결과반영 10월 |

### 2) 집단의 역량평가

#### (1) 집단의 역량평가 요소

집단역량평가는 평가대상 집단의 잠재성과를 평가하는 미래 지향적인 평가이다. 기업의 집단역량은 집단의 다기능화와 응집력을 융합하여 집단의 시너지효과를 발휘하기 위한 '네트워크 내지 팀워크 역량'을 말한다. 집단의 역량평가는 개별역량이 어떻게 집단역량으로 발휘되는가에 대한 평가이다.

집단의 역량평가는 다음 두 가지 요소로 구성되어 있다.

집단역량평가는 구조적 차원에서 네트워크 직무와 관련된 집단 구성원의 역량으로서 다기능화(multi-skilling) 정도이다.

집단역량평가는 기능적 차원에서 직무수행에 대한 팀워크와 관련된 집단 구성원의 태도로서 응집력(cohesiveness) 정도이다.

따라서 집단은 구조적 차원에서 팀구성원들이 팀 작업을 실시하여 역량을 형성하도록 하는 다기능화가 필요하고, 기능적 차원에서 팀 작업을 통한 구성원간의 공감대를 형성하는 응집력이 필요하다.

### (2) 집단다기능화의 측정 및 평가

기업은 조직구조화 측면에서 집단다기능화를 측정하여야 한다.

기업은 집단다기능화의 측정과 평가를 위해 개인역량수준인 개인다기능화를 먼저 측정하여 평가하고, 이를 집단역량수준인 집단다기능화와 연계해서 측정하여 평가하여야 한다. 집단역량의 평가는 개별역량이 집단차원에서 얼마나 다기능화로 발휘되는지를 측정하는 것이다.

집단의 다기능화는 다음과 같이 설정하고 현재 다기능화와 미래 목표다기능화를 비교하여야 한다.

첫째, 개인의 역량, 즉 다기능화를 설정하여야 한다.

둘째, 각 종업원에 대한 현재 다기능화와 그 자격상태를 파악하고, 미래 목표다기능화와 그 요구자격목록을 작성하여 양자를 비교하여야 한다.

셋째, 조직 및 집단수준에서도 앞의 첫째, 둘째와 똑같이 다기능화 분석이 이루어져야 한다. 즉, 소집단부문, 과부문, 사업부문, 기업전체로서 현재 다기능화와 목표 다기능화를 비교할 수 있어야 한다.

기업은 종업원의 다기능화를 체계적으로 발전시키기 위해 현재수준을 파악하고, 목표수준을 설정하여 이를 달성할 수 있는 다기능화 수준을 단계별로 측정하고 관리하여야 한다. 예를 들어 독일의 지멘스(Siemens)사에서는 구성원의 다기능화수준을 다기능화의 각 분야마다 0, 1, 2, 3의 4단계로 구분하여 관리하고 있다.

0 : 기초지식의 보유수준(알다)
1 : 구체적인 과업을 해결할 수 있는 정도의 지식수준(이해하다)

2 : 해당분야에 대한 충분한 다기능화를 가지고, 이를 실행에 옮길 수 있는 수준(할 수 있다)
3 : 전문가 수준(마스터하다)

### (3) 집단응집력의 측정 및 평가

기업은 조직활성화 측면에서 집단응집력을 측정하여야 한다.

집단의 응집력은 구성원들이 집단에 이끌리는 매력의 정도이다. 즉, 서로의 공동체 의식
이라고 할 수 있다. 집단응집력을 측정하는 방법으로는 일반적으로 널리 사용되고 있는 소
시오메트리, 즉 사회성측정법이 있다.

사회성측정법(sociometry)은 소집단 구성원들 사이에서 일어나는 호감·무관심 또는 거
부의 유형을 알아내는 데 쓰는 객관적인 기법의 하나이다. 이는 소집단에 속하는 사람들
사이의 교우관계, 집단의 영향력 및 권력관계, 나아가 집단의 응집력 측정에 사용된다. 조
직은 사회성 측정지표를 가지고 집단구성원들 상호간에 갖는 느낌이 그 집단의 사회조직
유형을 어떻게 형성하는지 알아낼 수 있다.25)

## 4. 집단평가 결과의 평가

기업은 성과 향상을 위해 개인의 업무수행도 필요하지만, 그가 소속되어 있는 팀이나
집단의 팀워크 업무수행이 필수적이다. 따라서 기업은 합리적으로 집단평가관리가 잘 이루
어졌는지를 파악하기 위해 다음과 같은 평가가 필요하다.

기업에 맞게 집단평가 단위가 잘 설정되었는가에 대하여 평가한다.

집단의 업적평가는 기업의 집단업적이 잘 이루어졌는가에 대하여 평가한다.

집단의 역량평가는 기업의 집단역량이 정확히 잘 이루어졌는가에 대하여 평가한다.

다기능화와 응집력평가는 구조적 차원에서 다기능화와 기능적 차원에서 응집력이 잘 형
성되었는지에 대하여 평가한다.

---

25) 최종태, 2000, 468~482.

## 참고문헌

박경규 (2006), 신인사관리론, 홍문사.

박원우 (2000), "관리자능력에 대한 본인, 상사, 부하평가의 특성과 그들 간의 관계: 다면평가의 효과적 실시를 위한 기초적 실증연구", 인사조직연구, 제8권 제1호.

임창희 (2005), 신인적자원관리, 명경사.

최진남·성선영 (2023), 스마트경영학, 생능.

최종태 (2000), 현대인사관리론, 박영사.

황규대 (2013), 인적자원관리, 박영사.

松田憲二 (1990), 繪解き版·考課者訓練のすすめ方, 産業勞働出版會.

津田眞澂 (1995), 人事勞務管理, ミネルヴァ書房.

Carroll, S. J. & Schneider, C. E. (1982), *Performance Appraisal and Review System: The Identification, Measurement, and Development of Performance in organizations*, Glenview, Ill.: Scott, Foresman.

Cumming, Larry L., & Schwab, D.S. and Rosen, M. (1971), "Performance and Knowledge of Results as Determinants of Goal Setting" *Journal of Applied Psychology*, December, 526~530.

Filippo, E. B. (1976), *Principal of Personal Management*, 4th ed. New York: McGrow Hill Inc.

Johnson, J. W. & Ferstl, K. L. (1999), "The Effects of Interacter and Self-other Agreement on Performance Improvement Following Upward Feedback", *Personnel Psychology*, 52, 271~303.

Jones, G. R. & George, J. M. (2019), Essentials of Contemporary Management, 윤현중·이준우 등 역(2021), 경영학에센스, 지필미디어.

Keeley, M. (1978), "A Contingency Framework for Performance Evaluation", *Academy of Management Review*, 3(3), 428~438.

Kinicki, A. & Soignet, D. B. (2022), Managemet: A Practical Introduction, 김안드레아 역(2022), 실용적 접근방식의 경영학원론, 한빛아카데미.

Longenecker C .O. & Goff S. J. (1992), "Performance Appraisal Effectiveness: A matter of perspective", *SAM Advanced Management Journal*, Spring, Vol. 57, No. 2.

Organ, D. W. (1988), "Organizational Citizenship Behavior", *The Good Soldier Syndrome*, Lexington, MA: Lexington Books.

# 제7장

# 경력관리

제1절 경력관리의 개념

## 1. 경력관리의 의의

경력(career)은 종업원이 사회 조직과 관계를 맺으며 참여하는 과정이다.[1] 그러므로 경력은 개인이 일생동안에 걸쳐 종사한 직위(position)인 객관적 경력과 한 사람이 성숙해 가면서 나타나는 가치·태도·동기에 있어서의 변화 등 주관적 경력으로 구성되어 있다.[2] 개인이 전 생애에 걸쳐서 직장생활을 하는 동안 여러 가지 일을 경험하거나 여러 종류의 직무활동을 수행한 역사라 할 수 있다.

기업의 경력은 개별적이면서도 상호관련이 있는 부분적인 직무활동의 연속으로서 계속성·순차성을 통한 개인의 직무나 직업활동에 있어서 의미 있는 근로활동이며, 사회적으로 수렴되고 확인될 수 있는 활동이다.[3]

이상을 종합하여 보면 경력은 개별적이면서 상호관련성이 있는 부분적인 직무수행의 연

---

1) J. Thompson & D.V. Houten, 1974, 262.
2) W.F. Cascio, 1995, 309.
3) E.B. Flippo, 1980, 248.

속과정과 개인의 가치·지식·능력·태도 등과 같은 역량형성의 연속과정이라고 정의할 수 있다.

경력관리(career management)는 경영자가 개인의 목표(희망)를 우선하고, 조직의 협조 하에 그의 경력을 계획하고, 장기적 관점에서 개인목표와 조직목표를 달성해 가며, 그 결과를 평가하는 업무를 합리적으로 처리하는 것을 의미한다.4) 따라서 경영자는 기업의 미래 인적자원 소요를 충족시키기 위해 종업원들의 경력경로를 설정하고, 현재와 미래에 필요한 직무역량을 개발하며, 그 결과를 평가하여야 한다.

경력관리에는 전통적 경력관리와 현대적 경력관리가 있다. 전통적 경력관리는 경력계획·경력개발(실천)·경력통제가 모두 경영자 중심이었다. 그러나 현대적 경력관리는 종업원 자신이 주도하고, 기업은 이를 지원한다. 따라서 작업자가 주체가 되어 그의 능력을 계획하고 개발하며 평가할 수 있도록 기업이 이에 대한 기회를 제공하고 지원하는 개방적 환경을 제공해 주어야 한다.5)

## 2. 경력관리의 필요성

오늘날 기업들은 인재에 대한 관심이 매우 높아지고 있다. 왜냐하면 지구촌이 한 지붕이 되는 정보화·지식화·세계화 시대를 맞이하여 유능한 인적자원으로 구성된 기업만이 살아남을 수 있는 시대이기 때문이다. 예를 들어 빌 게이츠 한 명의 전문가가 10만 명을 먹여 살리는 시대인 것이다.

경력관리의 추진방향은 기업들은 인적자원의 경쟁력을 확보하기 위해 다음과 같은 방향으로 경력관리를 추진해야 할 것이다.

기업은 종업원들의 시장가치를 제고시켜야 한다. 현재 우리나라는 고도성장시대를 마감하고 저성장시대에 있다. 따라서 기업은 경기가 침체될 때 인력의 효율적 활용이 더욱 중요하므로 경력관리를 통해 그의 시장가치를 향상시켜야 한다.

기업은 종업원들의 정보, 지식 그리고 기술을 공유하도록 함으로써 조직역량을 향상시켜야 한다. 최근 기업의 직무는 더욱 어렵고 복잡해지므로 종업원들은 경력관리를 통한 고난도의 직무를 수행할 수 있는 역량개발이 필요하다.

기업은 종업원들의 최고 욕구인 자아실현의 욕구를 충족시킬 수 있는 전문역량을 향상

4) 김흥국, 2005, 99.
5) R.H. Waterman et al., 1994; J.A. Alplin & D.K. Gester, 1978, 23~29.

시켜야 한다. 요즈음 젊은 세대 종업원들은 개인의 개성과 욕구를 매우 중시하고 있다. 따라서 기업은 종업원 한 사람 한 사람의 개성과 욕구를 수렴하지 않을 수 없는 것이다.

## 제2절 경력관리의 목표와 과정

### 1. 경력관리의 목표

경영자는 그의 철학을 바탕으로 기업목적을 달성하기 위해 종업원들의 경력 발전을 통한 조직의 경력목표가 달성될 수 있도록 추진하여야 할 것이다.

경력관리의 목표는 개인의 입장에서 생애계획(life plan)의 일부로서 개인의 욕구를 충족시키고, 기업의 입장에서 종업원(개인)에게 비전과 희망을 주면서 조직역량을 개발하도록 함으로써 전문가가 되도록 하는 것이다.6) 기업의 경력관리의 목표는 개인의 경력개발을 통한 개인역량 향상과 조직의 경력개발을 통한 조직역량 향상을 동시에 이루어, 한 조직의 실질적인 경쟁우위를 확보할 수 있는 독특한 자원으로 양성하는 것이다.

기업 경력관리의 핵심목표는 종업원들이 직무를 효율적으로 수행하여 고부가가치를 창출할 수 있는 '고도의 두뇌와 창조력 및 역량을 가진 전문가'로 양성함으로써 21세기의 초일류기업으로 변화시키는 것이다. 따라서 인사담당자의 경력목표는 기업의 목표를 바탕으로 구체적인 부서의 경력목표를 수립하여야 하고, 종업원의 경력목표는 개인의 목표를 우선하면서 기업의 목표와 통합하여 전문가로 성장하는 것이다. 그럼으로써 종업원들은 그의 경력목표와 기업이 바라는 경력목표를 통합하여 전문가로 성장하게 되는 것이다.

### 2. 경력관리의 과정

기업의 경력관리는 계획, 실시, 평가의 과정을 통해 이루어진다.

경력관리의 계획은 개인의 경력목표에 따른 경력경로의 구상과 기업의 경력목표에 따른 경력경로의 구상을 통합하여 통합경력경로를 설정한다. 즉 이것은 개인의 비전과 조직의 비전을 결합시키는 활동이라 할 수 있다.

---

6) B.C. Winterscheid, 1980, 28~32.

경력관리의 실시, 즉 경력개발은 제도적 차원에서 배치전환과 승진이 있고, 활성적 차원에서 교육훈련이 있다. 경력개발은 경력관리의 핵심이다. 왜냐하면 경력관리의 목적은 경력개발에 있기 때문이다.

기업은 체계적인 경력관리를 수행하기 위해 경력관리시스템을 구축하여야 한다. 경력관리시스템은 조직구성원을 분야별로 어떤 인재로 육성할 것인지를 결정한 다음, 그 육성방법을 찾는 것이다. 이를 위해 ① 분야별 인재상을 정의하고, 그 역할과 수준을 구체화한다. ② 인재상에서 정의된 역량을 어떤 순서로 어느 정도의 기간에 육성하고, 이를 얼마동안 활용할 것인지를 결정하여야 한다.[7]

경력관리의 평가는 통제의 일환으로 실시된다. 경력관리의 평가는 종업원과 기업의 경력욕구, 경력개발이나 활동 등의 성공여부를 종합적으로 평가한다. 그리고 그 결과를 피드백 한다.

이와 같은 3과정을 정리하면 [그림 7-1]과 같다.

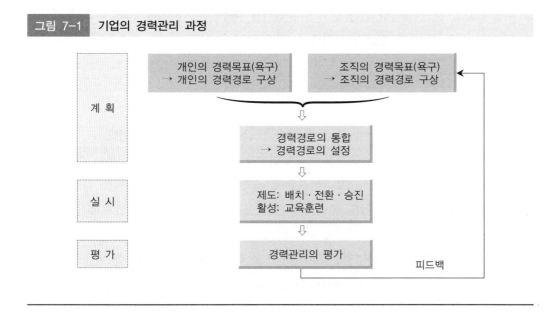

그림 7-1 **기업의 경력관리 과정**

---

7) 김흥국, 2005, 102.

## 3. 경력관리의 효과

### 1) 경력관리의 개인적 효과

개인은 경력관리를 통해 다음과 같은 효과를 이룰 수 있다.

새로운 역량소유자로 발전한다. 경력관리는 종업원으로 하여금 경력의 향상, 즉 수평적 이동(배치전환), 수직적 이동(승진), 그리고 교육훈련을 통해 새로운 지식을 습득하고 능력을 향상시킬 수 있다.

전문관리자와 유연전문가로 성장한다. 기업은 종업원의 경력관리를 통해 기능 중심인 단기능, 즉 세분적 전문가가 아니라, 역량 중심인 중범위 전문가로 양성시킬 수 있다. 그럼으로써 기업은 종업원을 유휴인력 없이 유용하게 활용시킬 수 있는 사무직 종업원을 전문관리자로, 생산직 종업원을 유연전문가로 양성시킬 수 있는 것이다.

기업의 핵심종업원으로 성장한다. 기업은 일반 직무는 물론 고난도의 직무를 역동적으로 추진해야 할 뿐만 아니라 환경 변화에 유연하게 대응할 수 있어야 한다. 따라서 기업의 경력관리는 종업원들에게 전문적 지식과 능력 및 기술을 보유하도록 체계적으로 관리하여야 할 것이다.

### 2) 경력관리의 조직적 효과

기업은 경력관리(주로 경력개발)를 통해 다음과 같은 효과를 이룰 수 있다.

첫째, 종업원의 기업에 대한 충성심은 근무연수가 많을수록 높아지는 경향이 있다. 왜냐하면 기업의 경력관리는 일반적으로 각 직위에 공석이 있을 경우 내부충원을 원칙으로 하고 있기 때문이다. 따라서 기업은 종업원의 장기 근무를 통해 경력을 개발시켜 줌으로 충성심을 높일 수 있다.

둘째, 기업의 경력관리는 종업원을 내부충원으로 장기근속시키고, 다양한 방법으로 학습기회를 제공하는 방식을 채택하고 있다. 그럼으로써 기업은 경력관리를 통해 종업원의 기능, 지식, 그리고 능력을 향상시키고, 나아가 조직의 기술을 축적시킬 수 있는 것이다.

셋째 종업원들은 경력개발을 통해 개인역량을 향상시키고, 기업에 창의적인 아이디어를 제공(역량발휘)하는 등 직무성과를 향상시킬 수 있다.

제3절 **경력관리의 계획**

## 1. 경력관리 계획의 의의

경력관리의 계획은 개인은 자신의 경력목표를 먼저 결정하고 기업의 경력목표를 고려하여 통합목표를 수립하고, 이에 따라 개인의 최적 경로를 선택하는 것을 의미한다. 개인의 경력목표는 성공과 실패의 연속이 수반될 수밖에 없으므로, 각 개인의 자아개념, 정체성, 그리고 만족성을 중시하여 결정해야 한다.[8] 따라서 기업은 종업원이 자율적으로 경력을 설계할 수 있도록 지원하여야 한다.

기업의 경력관리는 다음과 같이 경력계획을 신입사원에서부터 고령인력에 이르기까지 설계하여야 한다.

신입사원은 역량·적성검사를 통해 그의 역량, 적성 및 희망을 고려하여 배치되도록 설계하여야 한다. 이 때에는 조직사회화 프로그램, 멘토링 프로그램 등이 필요하다(제 9장 참조 바람). 따라서 신입사원의 경력개발은 조직 전체의 직무 소개를 주안점으로 하여 경력계획을 설계할 수 있는 교육프로그램으로서 '경력설계 워크숍'이 필요하다.

중견사원 및 초급관리자는 그 동안의 직무경험을 바탕으로 기본역량을 갖출 수 있도록 경력경로를 설계하여야 한다. 이때, 본인이 설계한 경력계획에 따라 희망하는 직무로 이동될 수 있도록 길을 열어 주는 것이 바람직하다.

중간관리자는 경력변화에 대응할 수 있고, 그가 지닌 전문역량을 부하에게 전수하거나 상사로부터 전수받을 수 있도록 '멘토링 제도'를 활성화해야 한다. 이 시기는 전문역량이 무르익는 시기이지만, 승진이 정체되고 40대 중년의 위기(mid-life crisis)로 무력감이 찾아오는 시기이기도 하다. 따라서 기업은 종업원들이 정체성을 확립할 수 있도록 멘토링해야 한다.

퇴직에 가까운 자는 고령인력에 알맞은 경력개발이 이루어질 수 있도록 설계해야 한다. 종업원이 평생을 바쳐 갈고 닦은 경험과 능력을 방치할 것이 아니라 조직에 활용하여야 한다. 기업은 부득이한 경우 '조기 퇴직제도'를 시행하여야 하나, 재교육을 통해 계열사나 협력회사에 재취업시킬 수 있는 '재취업지원프로그램' 운영이 필요하다.[9]

---

8) W.F. Cascio, 1995, 309.

## 2. 개인의 경력목표

기업에서 종업원들은 그들의 경력욕구 충족과 미래 업무를 준비하기 위해 개인의 경력목표를 설정하고, 이를 달성하기 위해 노력한다.[10]

종업원들은 다음과 같은 관점에 초점을 두고 경력을 선택하고 있다.[11]

첫째, 종업원은 직무의 중요성과 만족성을 중시하면서 경력을 선택한다.

둘째, 종업원은 직종과 관계없이 그가 담당했던 직무 연속성을 중시하면서 경력을 선택한다.

셋째, 종업원은 조직보다 신분, 즉 지위나 자격을 중시하면서 경력을 선택한다. 왜냐하면 종업원들은 역량과 기술이 부족하면 직장을 떠나야 한다고 생각하기 때문이다.

넷째, 종업원은 직무수행에 따른 보상보다 직무와 관련된 경험을 더 중시하면서 경력을 선택한다.

홀과 모르간에 의하면 개인의 경력목표는 일생을 통해 탐색단계·확립단계·유지단계·소멸단계 등 4단계로 발전된다고 하였다.

경력 탐색단계(exploration stage)는 자아개념이 정립되고 일과 직업에 대한 정체성이 형성되며 경력의 방향이 결정된다. 이는 25세 이하에서 나타난다.

경력 확립단계(establishment stage)는 특정한 직무에 정착되어 성과가 향상되고, 조직에 대해 친밀감과 귀속감을 갖고 다른 동료들과 경쟁하기도 한다.

경력 유지단계(maintenance stage)는 일에만 매달려 일관성을 갖고, 의미를 느끼며 노력한다. 이 시기에는 개인의 노력 여하에 따라 성장할 수도 있고, 쇠퇴할 수도 있다.

경력 쇠퇴단계(decline stage)는 육체적으로나 정신적으로 능력이 쇠퇴하고 의욕이 줄어든다.[12]

개인의 경력목표는 개인의 가치 또는 욕구가 특정 직무성격과 적절히 융합되어 나타나고 있다. 따라서 개인의 가치와 욕구는 오랜 조직생활을 통해 변화되거나 직무성격이 기술발전과 작업방식의 변화로 바꾸어진다면 경력목표도 변경될 수 있다고 볼 수 있다.

경력관리의 대가(大家)인 MIT대학의 샤인(Schein)에 의하면 개인이 원하는 경력목표를

---

 9) 김흥국, 2005, 107~108.
10) W.F. Cascio, 1995, 308.
11) H.J. Arnold & D.C. Feldman, 1986.
12) D.T. Hall & M.A. Morgan, 1977, 207~210.

'경력 닻'(career anchors)이라고 하고, 이를 다음과 같이 여덟 가지로 분류하고 있다.

· 관리자 경력목표: 전문경영자를 선호한다.

· 기술·기능 경력목표: 전문기술역량의 보유를 원한다.

· 안전 경력목표: 직업의 안전과 고용의 안전을 중시한다.

· 창의 경력목표: 자신의 창의성으로 새로운 것들의 창출과 결과물에 애착을 둔다.

· 자율 경력목표: 자율적인 활동을 바란다.

· 봉사 경력목표: 특정봉사에 가치를 둔다.

· 도전 경력목표: 문제해결 중심의 도전적인 직무를 선호한다.

· 생활 경력목표: 자신의 전체적인 생활스타일(자신·가족·그리고 조직)의 조화를 강조한다.

샤인은 구성원들이 조직의 입장에서 관리지향목표를 설정하고 매진하는 것이 필요하다고 하였다.[13] 그렇지만, 기업조직에서는 기술-기능지향 경력목표·창의 경력목표·도전의 경력목표가 더 중요하다고 볼 수 있다.

## 3. 조직의 경력목표

조직의 경력목표는 미래 조직이 요구하는 인재를 양성하기 위해 종업원의 지식 및 능력 향상을 통한 성과향상, 미래의 비전구현 등에 있다. 조직은 이러한 목표를 달성하기 위해 다음과 같은 세부적인 경력목표를 수립하여야 한다.

첫째, 기업은 미래 각 계층별·직종별 업무를 원활하게 수행할 수 있는 종업원의 수를 확보하여야 한다. 먼저 기업이 나아갈 방향과 이에 필요한 각 계층별·직종별 종업원 수를 파악하고, 그 다음 경력개발을 통해 부족한 수를 양성하여야 한다.

둘째, 기업은 미래 각 부서에서 필요로 하는 각 계층별·직종별 종업원의 전문적 지식과 능력을 향상시켜야 한다.

먼저 기업은 종업원의 전문적 지식과 능력을 향상시키기 위해 각 계층별·직종별로 종업원이 보유하고 있는 자격수준과 미래 그 직무가 요구할 자격수준 간의 차이를 확인하여야 한다.

그 다음 기업은 미래에 필요한 종업원의 자격수준을 확보하기 위해 그 차이를 극복할 수 있도록 개발하여야 한다.

---

13) E.H. Schein, 1980, 83~85.

셋째, 기업은 종업원들에게 미래에 대한 비전을 제시함으로써 심리적 안정을 갖도록 하여야 한다. 기업은 종업원들에게 조직 경력목표를 제시함으로써 현재는 물론이고 미래에도 희망을 갖고 스스로 전문지식과 능력을 향상시킬 수 있도록 해야 한다.

## 4. 경력목표의 통합

개인과 조직의 경력목표 통합은 다음과 같은 순서로 이루어진다.

첫째, 개인은 자기가 성장할 목표를 정한다.

둘째, 개인은 개인목표와 조직이 제시한 인재상에 따른 목표를 비교한다.

셋째, 각 부서담당자와 인사부서담당자는 두 목표를 조정하여 통합한다.

개인과 조직의 두 경력목표가 통합과정에서 일치된다면 자연스럽게 통합이 이루어지겠지만, 그렇지 않으면 인사담당자가 각 부서담당자와 의논하여 개인과 조직의 경력목표를 조정하여 결정하여야 한다.

인사부서와 개인의 역할은 다음과 같다.

인사부서는 개인에게 각종 경력에 관한 정보를 제공하여야 한다.

개인은 인사부서에서 제공하는 각종 경력관련정보, 즉 기업의 직종과 직무, 직급별 인력구조, 직급별 승진율, 직급별 임금수준, 해당직무에 체류하는 평균기간 등을 토대로 상사와의 경력상담을 통해 경력목표를 설정하여야 한다.

기업의 경력관리는 인적자원계획과 서로 연계시킴으로써 일관성을 유지하여야 한다. 따라서 기업의 경력관리는 인적자원계획 수립과정에서 인력의 수급계획을 마련하여야 한다.

## 5. 경력경로의 설정

### 1) 경력경로의 의의

경력경로(career path)는 개인이 조직에서 차례로 업무를 담당할 수 있는 여러 종류로 구성된 직무들의 배열을 말한다. 경력경로의 설정은 기업의 경력계획을 확정하는 것을 의미한다. 기업은 일반적으로 종업원을 관리부문(인사·재무·총무), 생산부문, 판매부문으로 나누어 채용하고, 일정기간 동안 일반직종에서 기초를 닦은 후 관리직종과 전문직종의 승진경로를 확립한다.

종업원의 경력경로는 다음과 같은 단계를 거쳐 수립된다.

첫째, 종업원은 개인의 경력욕구를 바탕으로 기업의 경력목표를 반영하여 경력경로를 구상하여야 한다. 또한 경영자는 종업원들이 자신의 가치·관심·지식 및 능력에 대한 규칙적인 자기평가(self-assessment)를 통해 가장 적합한 직무타입을 파악할 수 있도록 지원하여야 한다.14) 경영자는 다른 기업의 경력경로를 벤치마킹(benchmarking)15)하여 훌륭한 제도를 만들고, 기업이 종업원들의 경력욕구와 지식 및 능력에 관한 정보를 파악하여 종업원들에게 제공하여야 한다.

둘째, 종업원들은 경력상담자와 경력상담을 통해 경력경로를 탐색하여야 한다. 경력상담자는 종업원의 관심을 파악하고 구체적인 직무관련정보를 제공하는 단순한 역할에서부터 그의 기능·지식·능력 그리고 기술을 바탕으로 전문가 양성과 직무성과 향상 등에 이르기까지 상담하고 토론한다.

셋째, 경영자는 종업원의 경력경로 결정을 지원하여야 한다. 개인은 심리적으로나 경제적으로 만족스러운 경력경로를 설정하기 위해 많은 노력을 한다. 따라서 개인은 사용 가능한 여러 자료들을 이용하여 자신의 관심과 지식 및 능력에 대한 정확한 분석과 평가를 통해 장기적인 안목에서 경력경로를 결정하여야 한다.16) 종업원의 경력경로 결정에는 흥미검사나 적성검사가 매우 유용한 참고자료로 활용될 수 있다.

### 2) 경력경로의 프로그램

기업은 다음과 같이 경력경로 기반을 구축하여야 한다.

첫째, 기업은 각 직군별로 직무성격과 역량에 차이가 있으므로 '인재상'을 차별화하여 정립하여야 한다.

둘째, 기업은 직무조사를 토대로 각 직무가 요구하는 '직무역량요건서'를 작성한다.

셋째, 기업은 각 직무 간의 상호관련성을 표시하는 '직무관계 매트릭스'(job relation matrix)와 개별직무가 요구하는 역량·직무경험·교육 등의 자격요건을 총체적으로 보여주는 '직군별 경력노선도'(career roadmap)를 작성한다. 따라서 기업은 분야별로 직무 간의 수직이동보다는 수평이동을 중심으로 설계된 '수평형 경력경로시스템'(career lattice system)을 운영할 필요가 있다.17)

---

14) J.W. Walker, 1980.
15) 벤치마킹이란 우수한 선두 기업을 찾아, 그 기업을 따라가기 위해 그 기업이 어떻게 하는지를 알아서 배우는 것이다. 이 때 비교 대상기업을 산업 내에서 선정하면 이미 이루어지고 있는 틀 속으로 사고를 제한시킨다. 그러므로 해당업계의 선두 기업이 아닌 세계 초일류기업과 비교하여야 한다(Hammer et al., 1993).
16) 박내회, 1998, 239.
17) 김흥국, 2005, 102~103.

| 표 7-1 | 경력개발경로(엔진연구 직종) |

| | 경험과업 | 경험 년수 | 경력경로의 선택 | | | |
|---|---|---|---|---|---|---|
| 엔진<br>연구직종<br>外 | 차량시험 | | ○ | ○ | ○ | ○ |
| | PACKAGE L/OUT | | ○ | | | ○ |
| | 전자설계 | | ○ | ○ | ○ | |
| | TM시작 | | | | | ○ |
| | TM설계 | | ○ | | | |
| | 엔진생기 | | ○ | ○ | ○ | ○ |
| | 구매 | | | | | ○ |
| | 설계원가 | | ○ | ○ | ○ | ○ |
| | 생산기술 | | ○ | ○ | ○ | ○ |
| | 공작개발 | | ○ | ○ | ○ | ○ |
| 엔진<br>시작 | 엔진 MOV'G PART 시작 | 4-8 | ○ | ○ | ○ | ● |
| | 엔진 UNMOV'G PART 시작 | 4-8 | ○ | ○ | ○ | ● |
| | 시작전문업체 외주 | 4-8 | ○ | ○ | ○ | ● |
| | 양산업체 부품개발 | 4-8 | ○ | ○ | ○ | ● |
| 엔진<br>시험 | 엔진 성능평가 | 4-8 | ○ | ○ | ● | ○ |
| | 엔진 내구평가 | 4-8 | ○ | ○ | ● | |
| | 차량 EMISSION 및<br>DRIVEABILITY개발 | 4-8 | ○ | ○ | ● | ○ |
| 엔진<br>선행연구 | 엔진시스템 개발 | 5-10 | ○ | ● | ○ | ○ |
| | 배기저감시스템 개발 | 5-10 | ○ | ● | ○ | ○ |
| | 전산해석 개발(CAE) | 5-10 | | ● | ○ | |
| | 연소개선 신기술 개발 | 5-10 | ○ | ● | ○ | |
| 엔진<br>설계 | C/HEAD 및 C/BLOC SYS 설계 | 5-10 | ● | | ○ | |
| | C/SHAFT 및 V/TRAIN SYS 설계 | 5-10 | ● | | | |
| | 흡. 배기계 설계 | 5-10 | ● | | ○ | |
| | EMS 설계 | 5-10 | ● | | ○ | |
| 전문가 육성목표 | | 최대-<br>최소 | 엔진<br>설계 | 엔진<br>연구 | 엔진<br>시험 | 엔진<br>시작 |
| 전문가<br>육성<br>필요조건 | 필수이수 과업<br>(이수과업 내용) | | ●: 3개<br><br>본체: 2<br>EMS: 1 | ●: 3개<br><br>엔진시스템: 1<br>CAE: 1<br>연소개선: 1 | ●: 3개 | ●: 2개<br><br>ENG MIP: 1<br>외주시작: 1 |

| 범례 | ● : 전문가육성단위(직무)내 경험해야 할 단위과업(경력관리단위) |
|---|---|
| | ○ : 다른 전문가육성단위내 이동 가능한 단위과업 |

기업은 다음과 같이 경력경로프로그램을 설정하여야 한다.

먼저, 기업은 개인들의 지식과 능력을 개발시킬 수 있도록 각 직종별 경력경로프로그램을 작성하여야 한다.

그 다음, 개인은 이를 바탕으로 희망 직종을 정하고, 경력경로프로그램의 필수경로 혹은 선택경로를 연차적으로 선택하여 근무하도록 해야 한다.

모 자동차사의 경우 신차개발을 전담하는 기술연구소 연구원들을 대상으로 경력경로를 차체연구직종, 의장연구직종, 샤시연구직종, 전기전자연구직종, 엔진연구직종, TM연구직종, 재료연구직종, 디자인연구직종, 기술관리연구직종으로 나누고 각 직종별 필수경로 혹은 선택경로를 정하여 경력경로를 실시하고 있다. 엔진연구직종의 경력경로를 나타내면 〈표 7-1〉과 같다.

마지막으로, 기업에서 미리 지정한 경력경로프로그램이 없을 경우 개인은 그의 경력욕구를 바탕으로 인사과와 상의를 거쳐 그의 경력경로를 설정해야 한다.

### 3) 경력경로의 종류

경력경로에는 전통적 경력경로로서 기능적 경력경로, 현대적 경력경로로서 네트워크 경력경로·이중경력경로, 그리고 삼중경력경로 등이 있다. 이를 [그림 7-2]와 같이 나타낼 수 있다.

기능적 경력경로(functional career path)는 개인이 특정조직의 하위 직위에서부터 상위 직위에 이르기까지 한 전문직무만을 계속 수행하도록 수직적으로 이동시키는 형태이다. 기능적 경력경로는 전통적 경력경로로서, 종업원이 해당 직급 내의 특정 직무만 몇 년간 수행한 후 상위직위에서도 동일한 직무만 수행하도록 한다. 이 형태는 미국과 같이 좁은 범위의 기능, 즉 직무중심 전문가 양성을 목적으로 한다. 기능적 경력경로는 경력경로가 명확하여, 한 분야에 오래 근무함으로써 전문가의 양성을 가능하게 한다는 장점이 있지만, 중간 관리층의 취약과 인력배치의 경직성 등이 단점으로 나타나고 있다.

네트워크 경력경로(network career path)는 개인이 조직의 모든 수준에서 직무를 수행할 수 있도록 주로 수직으로 이동시키지만, 변화가능성에 대비하여 다양한 경험을 쌓을 수 있도록 수평으로도 이동시키는 형태이다. 즉 개인은 해당직급 내에 여러 직무를 수행한 후, 승진하여 상위직급에서도 여러 직무를 수행한다. 네트워크 경력경로는 기능적 경력경로의 장단점이 반대로 나타나고 있다.

이중경력제도(dual-career path)는 기술분야의 종업원이 주로 대상이 되는데, 창조적인 업무를 수행할 수 있는 '전문직' 종업원들 중에서 해당분야의 역량과 성과가 높으면서 관리 및 경영에 관심이 있는 사람을 '관리직'에 근무하도록 하여 관리역량도 육성하는 형태이다. 이중경력제도는 기업이 일반적으로 기술직 종업원을 상위직급으로 승진시킬 경우 기술전문직만으로 승진시켜 기술전문가로 양성시켜 왔지만, 관리업무를 담당하게 하여 기술관리자로도 발전하도록 경력관리를 하는 제도이다. 즉, 기업은 기술직종업원을 '기술전문가'로 충분한 자질과 기술을 축적하도록 지원하다가, 그가 관리직을 선호할 경우 상위직급에서 기술관리직을 맡겨 특수상황에 맞는 관리역량을 배양하여 '기술관리자'로 양성하는 것이다. 그러나 기업은 기술관리자에게 인사평가권·예산편성권 등 핵심권한을 부여하지 않아 순수관리자와의 갈등의 소지는 남아있다. 이 때, 기술전문가나 기술관리자 모두 동일한 직급과 대우를 하여야 한다.

삼중경력제도(triple career path)는 이중경력제도에 프로젝트관리(project management)를 더하여 초기술관리 전문가를 양성하고자 하는 형태로서 '다중경력제도'라고도 한다. 이 형태는 연구소와 같은 조직에 유용하다고 할 수 있다. 삼중경력제도는 전문직종에 근무하는 종업원들에게 어느 일정수준 이상의 직급에 도달하면 프로젝트와 관련된 인사평가권·예산편성과 집행권·프로젝트팀 구성권과 관리권·부하직원에 대한 교육권 등을 부여함으로써 관리직과의 갈등을 해소할 수 있고, 전문직 종업원들을 동기부여시킬 수 있는 제도이다.18)

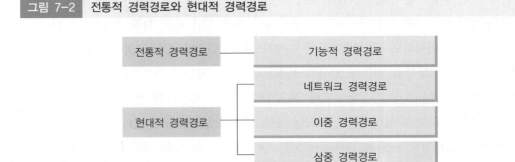

그림 7-2  전통적 경력경로와 현대적 경력경로

---

18) 최종태, 1998, 294~295.

## 4) 다중경력제도

### (1) 다중경력개발의 특성

다중경력(multiple-career)은 동일한 사람이 하나의 경력만을 갖는 것이 아니라, 유사하거나 혹은 상이한 경력을 여러 개 가질 수 있는 제도를 의미한다. 다중경력은 직무에 경계가 없는 급변하는 환경에서 조직이 개인의 경력을 책임질 수 없기 때문에 개인이 스스로 주체가 되어 경력을 개발하고 관리하여야 한다.

다중경력개발의 특성은 다음과 같다.

- 시간차원: 한 개인은 하나의 경력주기가 아니라 여러 개의 경력관련 수명주기가 나타난다. 따라서 여러 개의 경력을 습득하고 숙달하는 데 오랜 시간이 필요하다.
- 공간차원: 한 개인은 하나의 경력을 한 조직만이 아니라 동종의 조직으로 옮겨 다니면서 축적하고 개발할 수 있다.
- 학습차원: 한 개인은 자신의 경력을 해당 조직이나 다른 조직에서 인정받기 위해 시대적 변화에 맞추어 학습해야 한다. 즉 다중경력을 가지기 위해 자신의 경력에 대한 지속적인 학습이 필요하다.

### (2) 다중경력개발 계획수립의 유의사항

종업원들은 다중경력개발계획을 수립할 때 다음 사항을 유의하여야 한다.

첫째, 자신의 현 위치를 정확히 파악하라. 종업원은 자신의 역량과 기술 등을 객관적으로 파악하여 자신이 바라는 경력의 요구조건을 준비해야 한다.

둘째, 자신의 경쟁력을 강화하라. 종업원은 경력시장에서 자신의 경력을 인정받기 위해 자신의 경쟁력이 무엇인지를 파악하고 이를 적극적으로 강화해야 한다.

셋째, 자신의 책임감을 증대하라. 종업원은 자신의 경력에 대한 약속과 계약사항에 대해 책임을 가지고 추진한다.

넷째, 경력탄력성을 연마하라. 종업원은 끊임없는 학습을 통해 언제라도 환경적·기술적 변화에 부응할 수 있도록 경력변화에 대비해야 한다.[19]

---

19) 이진규, 2012, 350.

---

제4절  **경력관리의 실시**

---

## 1. 경력관리 실시의 의의

경력관리의 실시는 조직이 형평성과 수월성의 조화를 통해 종업원들의 경력을 개발시키는 것을 의미한다. 조직 경력관리의 실시는 경력개발을 의미한다. 경력개발(carer development)은 개인목표와 조직목표의 통합에 따라 체계적으로 경력업무를 수행함으로서 한 직종에서의 전문가로 양성하는 과정이다. 경력관리의 실시는 기업이 사전에 우수한 인재를 채용한 후, 그 인재(개인)의 개인목표를 바탕으로 기업의 협조를 얻어 경력경로를 설정하고, 이동(배치 · 전환, 승진)과 교육훈련을 통해 경력을 개발함으로써 한 직종에서의 전문가로 양성하는 것이다. 이를 [그림 7-3]과 같이 나타낼 수 있다.

경력관리 실시의 구체적인 방법은 종업원의 이동(배치 · 전환, 승진)과 교육훈련을 통해 다음과 같이 경력개발함으로써 그들의 역량을 체계적으로 향상시키는 것이다.

첫째, 기업의 경력개발은 개인의 역량과 욕구를 반영하고 보유한 역량의 강점과 약점을 평가하여 '개인역량을 향상'시킬 수 있도록 체계적으로 이루어져야 한다. 예컨대 경영자는 개인의 역량을 적극적으로 활용할 수 있는 직무를 찾아 맡기거나, 개인의 부족한 역량을 개발함으로써 더욱 발전시킬 수 있을 것이다.

둘째, 기업의 경력개발은 '조직역량을 향상'시킬 수 있도록 이루어져야 한다. 기업의 경력개발은 종업원들의 역량을 향상시켜 조직역량을 개발하여야 한다. 조직역량은 개인역량의 단순한 합 이상으로 투입물을 산출물로 효율적으로 변환시키는 조직구조, 운영프로세스, 종업원들 간의 네트워크, 그리고 문화 등으로 이루어져 있다. 따라서 경영자는 경력개발을 통해 직무 내지 직종단위별로 기업특유의 자산, 즉 조직역량이 형성되도록 관리하여야 한다.

셋째, 기업의 경력개발은 종업원들의 경력개발을 위해 직무를 수평적이나 수직적으로 분류하고 '조직의 역량형성 단위별로 역량을 향상'시킬 수 있도록 이루어져야 한다.

먼저, 수평적으로는 직무별 단위의 '폭'을 정한다. 경영자는 직무를 기능별 · 목적별 · 모델별로 구분하고 개인이 수행하여야 할 직무의 한 요소(예; 목적별 분류)를 선정하여 이를 기준으로 삼아, 다른 두 요소를 이에 포함시키는 것이 인적자원관리나 개인들의 역량개발

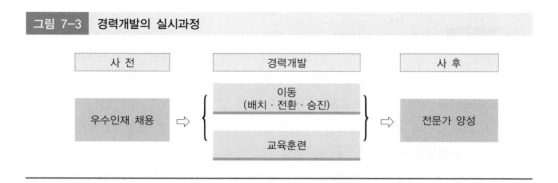

에도 효율적이다.

그 다음 수직적으로는 전공별 단계의 '깊이'를 정한다. 따라서 경영자는 계층에 따라 담당직무의 수행지식과 능력을 다르게 분류하여, 이에 따라 경력개발을 실시하여야 할 것이다.

## 2. 인재의 채용

인재채용은 경력개발의 사전단계이다. 기업에서는 먼저 유능한 종업원의 채용이 이루어져야 그 종업원의 경력개발을 통해 기업이 바라는 전문가로 양성시킬 수 있다. 이는 좋은 제품을 생산하기 위해 좋은 재료가 있어야 한다는 이치와 같다고 할 수 있다.

선발 및 채용전략은 다음과 같이 수립하여 실시하여야 한다.

첫째, 기업은 선발과정에서 인사부서가 주도하던 기존의 집권적 채용방식을 지양하고, 현장부서의 참여와 결정을 존중하는 '분권적 채용방식'을 채택한다.

둘째, 기업은 직군별로 요구되는 '인재상'에 부합되는 인물을 선발하여 채용할 수 있도록 운영한다. 기업은 선발관리를 효율적으로 운영하기 위해 '직군별 인재상'을 설정하고, 이에 걸맞은 '채용기준'을 마련하여야 한다.

셋째, 기업은 직군별 전문가를 양성하기 위한 '직군별 채용제도'를 제도화한다. 기업은 종업원 채용 후 어느 직군이든지 전문가 양성을 위해 그의 적성과 역량을 검증하는 '적성·역량 진단검사'와 희망하는 직무의 직무역량요건에 합당한 인재인지를 판단하는 '직무적합도 기준'을 마련하여 적재적소에 배치할 수 있도록 하여야 한다.[20]

---

20) 김흥국, 2005, 103.

## 3. 경력개발

경력개발은 인재의 채용 후, 그 인재와 기업이 공동으로 만들어 진다. 경력개발(career development)이란 개인이 경력목표를 설정하고, 이를 달성하기 위한 경력계획을 수립하여 조직의 요구와 개인의 요구가 합치될 수 있도록 각 개인의 경력을 개발하고 지원해 주는 활동이다. 경력개발은 종업원의 이동을 통해 이루어지는 전환·배치·전환과 교육훈련이 있다. 종업원의 이동(shifting)은 형평성과 수월성의 조화를 통해 '전문역량 개발'에 초점을 두고 실시된다. 한편 종업원의 교육훈련은 종업원의 현재 부족한 직무수행을 향상시키기 위해 자기 개발과 기업의 전문가 양성을 목적으로 실시된다.

## 4. 경력관리지원시스템

기업의 경영자는 종업원의 경력개발을 위해 경력관리지원체계를 구축해야 한다. 경력관리지원체계는 시설체계로서 데이터베이스, 운영체계로서 이동과 승진경로 및 자격체계, 평가체계로서 업적평가와 잠재력평가가 반드시 이루어져야 한다.[21] 따라서 이를 위해 다음과 같은 시스템의 구축이 필요하다.

### 1) 인사정보시스템

인사부서는 기업의 경력관리와 관련하여 종업원이 필요로 하는 인사정보시스템이 필요하다. 인사정보시스템(personnel information system)은 인사부서가 인사정보를 종업원들에게 제공하기 위한 체계이다.

기업은 다음과 같이 인사정보시스템을 구축하여야 할 것이다.

첫째, 기업은 조직차원에서 개인별 역량평가의 결과를 '인적자원 역량재고표'로 작성하여 인적자원의 현황을 파악해야 한다.

둘째, 기업은 종업원들에게 '자기경력고지제도'(self career trading)에 따라 경력을 제출하도록 해야 한다. 자기경력고지제란 종업원이 자신의 직무경력과 강점·자기계발 노력·희망 직무 등에 관한 정보를 인사부서에 수시로 알릴 수 있도록 하여 경력 확대를 희망하는 종업원들에게 전환 및 승진기회를 제공하는 프로그램이다. 기업은 이를 통해 해당 종업원

---

21) R.H. Waterman et al., 1994.

들이 배치전환에서 희망직무에 대한 내용을 파악할 수 있도록 연계시켜 관리한다.

셋째, 기업은 기본적으로 개인의 비밀이 보장될 수 있도록 설계하여야 한다. 따라서 기업은 정보관리교육을 통해 인사담당자가 독자적으로 관리할 수 있도록 해야 한다.[22]

## 2) 경력정보시스템

인사부서는 경력정보를 전담하여 제공할 경력정보시스템이 필요하다. 경력정보시스템 (career information system)은 인적자원부서가 분야별로 경력내용을 종업원들에게 제공하기 위한 체계이다.

기업은 다음과 같이 경력정보시스템을 구축하여야 할 것이다.

첫째, 기업은 종업원의 경력관련 자료를 체계적으로 정리하여 '전산화'시켜야 한다. 기업은 종업원의 경력관련 자료인 경험직무, 교육훈련 이수자료, 취득자격증, 논문·특허·강의 및 외부 학술활동자료 등을 '경력기술서'(career description)로 정리하여야 한다. 경력기술서는 전문역량의 축적 가능성을 일목요연하게 나타내 주고, 개인의 시장가치를 판단할 수 있도록 하는 역할을 한다.

둘째, 기업은 각 직종별로 전문역량단위를 설정하고, 이에 맞는 '핵심근무부서'와 '선택근무부서'를 정리하여야 한다. 종업원들은 이를 바탕으로 각 직종별로 전문역량단위를 근거로 하여 핵심근무부서와 선택근무부서에 근무할 순위를 정하고 경력경로를 구상하여야 할 것이다.

셋째, 기업은 경력정보의 제공을 전담하는 기관으로서 '경력센터'(career center)를 설치하여야 한다. 경력센터는 기업이 종업원들의 경력개발을 지원하고, 종업원들이 기업의 경력정보를 파악하고 공유하는 역할을 한다. 모든 종업원들은 이 센터로부터 항상 자기의 미래를 설계할 수 있도록 조직의 경영계획 변화, 조직구조 변화, 그리고 대내·외적 환경변화 등과 관련된 정보를 얻을 수 있을 것이다.

넷째, 기업은 종업원들이 직종별 전문가로서 지식과 능력 및 기술을 향상시킬 수 있도록 '직무역량요건서'를 작성하여야 한다. 경영자는 직무조사를 통해 경력내용의 체계화로 직무 상호간의 관련성을 경력기본체계로 정리할 필요가 있다.

다섯째, 기업은 종업원들에게 경력개발과 관련된 '정보제공프로그램'을 구축하여야 한다. 기업은 종업원들이 경력에 대한 관심을 높이고 이에 대해 준비하도록 '사내공모제도'(job posting)나 '프로젝트공모제도'(project assignment posting system)를 운영해 볼 가치가 있다.

---

22) 김흥국, 2005.

프로젝트공모제도란 부서에서 수행하는 프로젝트가 있을 때, 그 팀원을 기업 전체에서 공모하여 선발하는 제도이다.

### 3) 경력상담시스템

인적자원 부서는 경력상담자로 하여금 기업의 경력목적과 종업원의 경력욕구에 대하여 상담하고 지원할 경력상담시스템이 필요하다. 경력상담시스템(career counseling system)은 인적자원부서가 조직구성원의 경력목표 수립과 적절한 경력선택을 지원하기 위한 체계이다.

인적자원 부서는 경력상담을 통해 상담 대상자의 경력목표를 명확히 하고, 설정된 목표를 실행하기 위한 방안을 제시하는 데 역점을 둔다. 따라서 경력상담자는 경력대상자의 관심사를 듣고 구체적인 직무관련정보를 제공하는 단순한 역할을 수행할 수도 있고, 지식·능력·기술에 대한 평가를 주관하고 해석하며 구성원들이 직무목표를 달성할 수 있도록 도와주는 역할을 수행할 수도 있다.

기업은 종업원들의 경력을 상담할 필요가 있을 경우 사내에 경력센터를 설치하는 것이 효과적일 것이다. 그럼으로써 종업원들은 이를 통해 경쟁적 경력경로의 선택능력을 높이고, 기업정책을 자유계약자로서 인식할 수도 있을 것이다.[23]

### 4) 평생학습시스템

기업은 종업원들의 경력관련 욕구를 충족시켜 줄 수 있는 평생학습시스템이 필요하다. 평생학습시스템(whole life learning system)은 종업원들이 개인학습과 조직학습으로 학습조직(변화에 능숙하게 대응할 수 있는 조직)을 이루기 위해 조직 내·외의 데이터베이스와 연결된 네트워크를 구축함으로써 평생학습을 지원하는 체계이다.

조직학습은 조직이 환경변화를 탐지하여, 기업경영에 유용한 새로운 정보와 지식, 능력을 지속적으로 창출하고 조직전체에 공유하며 전략과 관리에 활용하는 과정이다.[24] 따라서 조직학습은 조직원들이 환경의 변화를 인식하고 조직의 성과 향상을 위해 노력하거나 그들 간의 상호작용을 통해 스스로 불확실한 환경을 적극적으로 대처하고 변화시킬 수 있다.

---

23) R.H. Waterman et al., 1994.
24) 신유근, 2008, 505.

**경력관리의 평가**

경력관리의 평가는 경력계획, 경력개발에 이어 마지막 단계에 속한다. 경력관리의 평가는 개인과 조직의 경력관리를 합리적으로 운영하는지를 평가하는 것을 의미한다.

## 1. 경력관리평가

경력관리의 평가에는 형태적 평가와 내용적 평가가 있다.

### 1) 경력관리의 형태적 평가

경영자는 합리적인 경력관리를 수행하기 위해 경력관리의 형태적 평가를 실시하여야 한다. 경력관리의 형태적 평가내용은 다음과 같다.

경력관리가 개인의 목표와 조직의 목표를 통합하여 경력경로설계에 기여한 정도를 평가한다.

경력관리가 배치전환, 승진, 교육훈련 등을 통한 경력제도 개발에 기여한 정도를 평가한다.

경력관리가 종업원의 경력개발 의욕에 기여한 정도를 평가한다.

경력관리가 종업원의 경력개발을 성취한 정도를 평가한다. 기업이 경력관리시스템과 경력관리과정에 따라 경력개발을 수행한 후, 종업원의 기능, 능력 및 보상의 증가 정도를 평가한다.[25]

### 2) 경력관리의 내용적 평가

경영자는 합리적인 경력관리를 수행하기 위해 경력관리의 내용적 평가를 실시하여야 한다. 경력관리의 내용적 평가는 다음과 같다.

경력관리가 개인욕구에 대한 꿈을 실현한 정도를 평가한다. 이 평가는 개인의 욕구가 경력개발프로그램에서 지식과 능력 향상에 기여한 정도의 평가이다.

경력관리가 조직의 협동시스템 구축에 기여한 정도를 평가한다. 이 평가는 기업의 경력

---

25) 박경규, 2013, 375.

개발프로그램에서 개인 및 조직의 목표와 일치시켜 조직의 협동시스템 구축에 기여한 정도의 평가이다.

경력관리가 조직의 역량개발에 기여한 정도를 평가한다. 이 평가는 직무역량요건서가 요구하는 역량을 개발한 정도의 평가이다.

경력관리가 조직의 성과에 기여했거나 기여할 정도를 평가한다. 이 평가는 기업의 경력개발프로그램을 이용하여 종업원의 성과향상과 직장안정에 기여한 정도의 평가이다. 또한 이 평가는 기업의 경력개발프로그램이 미래에 요구되는 인력확보와 배치에 기여하게 될 정도의 평가를 의미하기도 한다.

## 2. 경력관리평가의 피드백과 유의사항

### 1) 경력평가의 피드백

기업의 인사부는 종업원 개개인에게 경력평가의 결과를 피드백할 필요가 있다. 기업이 경력평가 결과를 개인들에게 피드백 할 때 개인은 이를 바탕으로 더 나은 경력계획(목표)의 수립과 경력개발을 위해 노력할 것이다. 기업의 경력평가 피드백은 다음과 같이 실시해야 할 것이다.

첫째 인사담당자는 배치전환이나 승진의 결과에 대한 확실한 정보를 파악하여 피드백해야 한다. 예를 들어 어떤 개인이 승진에 탈락하였을 때 인사내용에 대한 확실한 근거를 제시해야 한다. 그럼으로써 종업원들은 그의 경력개발 활동에 대해 적절하게 대처할 수 있는 방향을 찾을 수 있을 것이다.

둘째 인사담당자는 개인의 평가결과를 역량개발계획서와 연계하여 직접 면담으로 피드백해야 한다. 그럼으로써 인사담당자는 단순한 평가면담을 넘어서 대상자 개인의 경력을 고려한 상담이 될 수 있도록 하여야 할 것이다.

셋째, 인사상담자는 개인의 경력활동에 대한 정확한 성과를 파악하여 피드백해야 한다. 인사상담자는 먼저, 배치전환이나 승진 등의 직무성과와 관련하여 객관성과 공정성을 갖춘 성과평가체계를 확립하여야 한다. 그 다음, 종업원의 경력개발에 대한 평가와 직무성과에 대한 평가를 한 후, 피드백해야 한다.[26]

---

26) W.F. Cascio, 1995, 308.

## 2) 경력평가의 유의사항

기업의 경력평가는 다음과 같은 사항에 대해 유의해야 할 것이다.

첫째, 기업의 경력평가 항목들은 단순히 개인이나 기업의 경력만으로 나타난 결과라기보다 경영자의 리더십이나 기업의 새로운 기술 또는 장비의 도입 등 복합적인 결과에 의해 나타났을 가능성이 더 많다고 할 수 있다. 따라서 기업은 가능한 한 많은 정보를 수집하여 경력관리의 효과를 측정하는 데 노력해야 할 것이다.

둘째, 기업은 경력평가의 결과를 데이터베이스화 함으로써 여러 종업원들이 그 자료나 정보를 이용할 수 있도록 해야 한다.

셋째, 기업은 경력평가에 따라 승진경로나 자격체계 등의 운영체계, 업적평가나 잠재력평가 등의 평가체계 등에 문제점이 나타날 때 지체없이 개선해야 할 것이다.

참고문헌

김흥국 (2005), "경력개발시스템의 프로그램과 운영", 한국기업의 인적자원관리, 박영사.

박경규 (2013), 신인사관리론, 홍문사.

박내회 (1998), 인사관리, 박영사.

신유근 (2008), 인간존중경영, 다산출판사.

이진규 (2012), 전략적·윤리적 인사관리, 박영사.

최진남·성선영 (2023), 스마트경영학, 생능.

최종태 (1998), 현대자동차 연구개발부문의 인사제도 개선에 관한 연구, 서울대학교 경영대학 경영연구소.


Alplin, J. A., Gester, D. K. (1978), "Career Development: An Integration of Individual and Organizational Needs", *Personnel*, March-April.

Arnold, H. J. & Feldman, D. C. (1986), *Organizational Behavior*, NY: McGraw-Hill.

Cascio, W. F. (1995), *Managing Human Resources; Productivity*, *Quality of Work Life*, *Profits*, North America: McGraw-Hill.

Flippo, E. B. (1980), *Personnel Management*, 6th ed., Tokto: McGraw-Hill.

Hall, D. T. & Morgan, M. A. (1977), "Career Development and Planning", in Hammer, W. C. and Schmidt, F. L. ed, *Contemporary Problem in Personnel*, Chicago: St. Clari, Press.

Jones, G. R. & George, J. M. (2019), Essentials of Contemporary Management, 윤현중·이준우 등 역(2021), 경영학에센스, 지필미디어.

Kinicki, A. & Soignet, D. B. (2022), Managemet: A Practical Introduction, 김안드레아 역 (2022), 실용적 접근방식의 경영학원론, 한빛아카데미.

Schein, E. H. (1980), *Organizational Psychology*, 3rd., Englewood Cliffs, Prentice-Hall.

Schein, E. H. (1990), *Career Anchors: Discovering Your Real Values*, San Diego: University Associate, Inc.

Thompson, J. & Houton, D. V. (1974), "The Behavioral Science: An Interpretation", quoted in W. F. Glueck, *Personnel: A Diagnostic Approach*, Reading, Mass.: Business Publication Inc.

Walker, J. W. (1980), *Human Resource Planning*, New York: McGraw-Hill Co.

Waterman, R. H., Waterman, J. A. & Collard, B. A. (1994), "Toward a Career-Resilient Workforce", *Havard Business Review*, July-August, Boston.

Winterscheid, B. C. (1980), "A Career Development System Coordinates Training Efforts", *Personnel Administration*.

# 제8장

# 배치와 전환 및 승진관리

제1절 배치와 전환 및 승진의 개념

## 1. 배치 · 전환 · 승진의 의의

종업원들은 근무를 통해 업무에 대한 경험을 쌓음으로써 자질과 지식 및 능력을 향상시키고, 더 높은 수준의 일을 수행할 수 있는 자격을 갖출 필요가 있다. 배치와 전환 및 승진은 급격한 환경변화에 대처하기 위해 조직의 변경, 노동의 유연성 확보, 근무성적이 우수하거나 나쁠 경우 이에 상응하는 처우가 필요할 때 이루어진다.

배치와 전환 및 승진관리는 종업원들에게 새로운 직무를 부여하여 이를 수행하도록 함으로써, 기능, 지식, 능력 및 의욕을 점차 향상시키고, 나아가 유능한 인재를 양성할 수 있도록 배치와 전환 및 승진을 합리적으로 처리하는 것을 의미한다. 따라서 기업은 종업원들의 배치와 전환 및 승진에서 형평성과 수월성의 조화를 통해 인간으로서 가치와 존엄을 인정하고, 직장생활을 통해 인간으로서 꽃을 피우고 열매를 맺을 수 있도록 배려하여야 한다.

기업에서 인적자원의 배치와 전환 및 승진을 이동제도라고 한다.

인적자원의 이동은 일반적으로 인적자원의 배치와 전환만을 의미하고, 승진은 다른 의미로 정의되고 있다. 그러나 넓은 의미의 이동은 배치와 전환, 승진, 강등을 의미하기도 한다. 승진(promotion)은 수직적 이동이지만, 강등(demotion)은 그 직위나 직무가 하향 이동하는 제도로서 승진과 반대되는 개념이다.

한편, 이동에는 이동(異動: shifting)과 이동(移動: migration)이 있다. 이동(異動)은 같은 기업이나 조직 안에서 다른 팀이나 부서로 근무처를 옮기는 제도, 즉 전환을 말한다. 그러나 이동(移動)은 같은 기업 안의 팀이나 부서뿐 아니라 다른 기업이나 조직으로 옮기는 것까지 포함하고 있다. 따라서 기업의 이동은 전자를 의미한다.

## 2. 종업원의 배치 · 전환(이동) 형태

종업원의 배치 · 전환형태에는 종업원들의 승진과 직무순환의 차별화로 '직군별 이동제'인 ↑, ┬, ┴, Ⅰ형이 있다. ↑형은 동일 직무를 계속 수행하도록 하는 이동경로로서 연구전문직에 적합하다. ┬형은 중하위 직급에서 일정 분야의 전문능력을 쌓게 한 다음, 상위 직급에서 이동의 폭을 넓히는 것을 말하며, ┴형은 그 반대로 하위 직급에서 다양한 직무를 경험한 후 중상위 직급에서 한 분야의 전문성을 쌓도록 하는 이동 유형이다. 또한 Ⅰ형은 하위 직급에서 다양한 직무를 경험한 다음, 중간 직급에서 전문화시키고 상위 직급에서 다시 다양한 직무경험을 통해 폭넓은 시야를 갖도록 하는 데 주안점을 둔다.[1]

기업은 대리 이하의 종업원에 대해 적성을 관찰하고 전문분야를 판단하여 일정기간 동안 여러 직무에 대해 경험을 쌓도록 하는 '적성탐색 직무순환제'(entry cruising) 설계가 필요하다. 직무순환관리의 경우 직무특성의 차이, 개인역량의 차이, 직무별 체류연한 등을 고려하여 설계하여야 한다.

기업은 이동대상자가 어느 직무에 적합한지를 판단하는 '직무적합제'(radar chart)로 설계하여야 한다.

---

1) 김흥국, 2005, 105.

## 제2절 인적자원의 배치와 전환관리

### 1. 배치와 전환관리의 의의

배치·전환제도는 종업원이 특정 부서에 직접 근무를 통해 직무를 경험하면서 경력을 개발할 수 있다. 배치전환제도는 종업원의 경력발전 목적과 기업의 유능한 인재양성 목적을 함께 이룰 수 있을 제도이다.

#### 1) 배  치

배치(placement)는 신규 채용에 의해 확보된 종업원을 대상으로 조직의 직위에 처음 배속시켜 업무를 수행하도록 하는 제도이다. 신규 채용된 종업원은 큰 꿈을 안고 조직에 들어온다. 이때 자기가 맡은 일이 적성에 맞지 않으면 적응하지 못하고 곧 이직할 수도 있으므로 이를 고려하여 배속해야 할 것이다.

종업원의 배치는 다음과 같이 실시하여야 한다.

종업원의 흥미나 적성이 담당업무 및 성장하고자 하는 분야와 부합되어야 한다.

종업원이 새로운 직무를 맡을 수 있도록 직무수행에 필요한 자격요건, 즉 지식이나 능력에 적합하여야 한다.

#### 2) 전  환

전환은 새로 맡을 직위나 직무가 기존의 직위나 직무와 비교해 볼 때, 권한·책임 그리고 보상 측면에서 별다른 변화가 없는 이동이다. 전환은 수평적인 이동으로서, 직무이동, 직무순환, 순환보직 등으로 부르기도 한다.

전환(transfer)은 배치된 종업원을 어떤 사정으로 인하여 현재의 직무에서 다른 직무로 바꾸어 재배치시키는 제도이다. 기업은 엄격한 선발과정을 거쳐 신규종업원을 채용하여 특정 직무에 배치하였다 할지라도, 일정한 기간이 지나면 그들의 성격, 지식, 능력 및 업적에 변화가 일어나므로 일정기간 마다 이를 평가하여 전환시킬 필요가 있다.

그럼으로써 기업의 능률을 향상시키고 종업원들의 사기를 높일 수 있다. 따라서 기업은 다음과 같은 전환관리가 필요하다.

첫째, 전체적이고 장기적이며, 체계적인 전환계획이 필요하다.

둘째, 전사적인 광범위한 순환, 즉 부문 내 인력의 전환보다 타 부문으로 전환이 필요하다.

셋째, 기술시장 등 환경변화에 유연한 전환이 필요하다.

전환의 기능은 다음과 같다.

전환은 종업원들이 다양한 경험을 쌓을 수 있어서 조직 전체를 이해하고 관리할 수 있는 역량을 배양시킬 수 있다. 따라서 전환은 다음 세대에 조직을 이끌어 갈 '후계자'를 양성할 수 있다.

전환은 종업원들이 여러 부서에 근무하도록 하는 제도이므로 그들의 '역량'을 효과적으로 활용할 수 있다.

전환은 종업원들이 같은 직무를 계속 수행함으로써 나타나는 태만과 타성을 방지하고, 근로의욕을 높여 '자아발전의 기회'를 증대시킬 수 있다.

전환은 조직의 경직성을 해소하여 '조직 활성화'시킬 수 있다.

## 2. 배치와 전환관리의 효과

종업원의 배치와 전환관리는 다음과 같은 효과가 있다.

첫째, 배치와 전환은 유연조직을 만들 수 있다. 기업은 종업원들을 여러 부문의 다양한 직무를 수행하도록 함으로써 다기능숙련자로 양성시킬 수 있다. 따라서 조직이 유연조직화될 수 있다. 유연한 조직은 한 부문의 이익보다는 기업전체의 이익이 향상될 수 있다.

둘째, 배치와 전환은 부문 간의 협력을 증진시켜 '조직의 효율성'을 향상시킬 수 있다. 종업원들은 배치전환을 통해 여러 부서의 다양한 직무를 경험하므로 서로의 사정을 잘 이해할 수 있다. 따라서 여러 직무 상호간에 유기적 관계시스템을 구축하여 조직의 효율성을 높일 수 있다.

셋째, 종업원들의 '성취동기'를 유발시킬 수 있다. 종업원들이 단일 작업만 수행할 경우 지루하고, 흥미 없고, 보람을 느끼지 못하는 것과 같은 정신적 문제, 단기능화에 따른 지식과 능력의 정체 또는 감소 등의 역량발휘 문제, 직무 세부전문화로 직무담당자들 사이에 조정증대에 따른 비용증가 문제가 나타난다. 따라서 기업은 배치전환을 통해 새로운 업무를 수행하도록 함으로써 더욱 의욕을 높일 수 있다.

이와 같이 기업은 종업원들의 배치와 전환관리의 효과를 극대화시키기 위해, 이 제도를 올바르게 평가하고 꾸준히 개선하여 발전시켜야 할 것이다.

## 3. 배치와 전환관리의 원칙

### 1) 직무적합의 원칙

직무적합원칙은 직무를 중심으로 하여 종업원의 역량(적성)과 시간 등 세 가지 측면 간의 적합성을 극대화시킬 수 있는 배치와 전환이 이루어져야 한다는 원칙이다. 다시 말하면 이 원칙은 종업원의 배치와 전환이 적소(직무)·적재(역량)·적시(시간)(right place, right man, right timing)가 이루어져야 하나 특히 인재의 역량 – 직무 간의 적합성이 이루어져야 한다는 원칙이다. 이를 적재적소의 원칙이라고도 한다.

기업은 배치전환관리에서 직무가 요구하는 자격요건과 개인이 보유하고 있는 역량이 서로 적합하도록 하여야 한다. 이때 직무가 요구하는 자격요건과 개인이 갖추고 있는 역량이나 적성 간에 불균형, 즉 자격과잉(overqualified) 혹은 자격미달(underqualified) 현상이 나타날 수 있다. 자격과잉의 경우 해당 종업원은 그가 수행하는 직무에 만족하기가 어려우며, 자격미달인 경우 해당 종업원은 그가 수행하는 직무에 대한 두려움과 성과 미달로 인한 보상의 감소 등에 대한 불안감을 갖게 된다.

기업은 배치전환관리에서 해당 종업원을 특정 직무에 얼마동안 근무하게 하느냐 하는 '기간'을 고려하여야 한다. 즉 배치와 전환의 직무적합원칙은 '직무 – 역량' 간의 적합성이 존재할지라도, 해당 종업원을 특정 직무에 다년간 수행하도록 하면 매너리즘(mannerism)에 빠지게 되므로, 개인의 지식과 능력을 감안하여 '근무기간'을 고려하여야 한다.

### 2) 인재육성의 원칙

인재육성원칙은 종업원의 역량을 향상시킬 수 있도록 배치와 전환이 이루어져야 한다는 원칙이다. 인재육성주의는 바로 '인재성장계획 – 직무' 간의 적합성을 극대화시키는 원칙이다.

기업은 종업원을 인재로 육성하기 위해 배치와 전환에 따라 새로운 직무를 수행하도록 함으로써 자연스럽게 지식과 능력을 향상시킬 수 있도록 한다. 따라서 배치전환관리의 인재육성원칙은 종업원을 전문가로 육성하기 위한 경력관리 방법이라 할 수 있다.[2]

기업은 종업원을 인재로 육성하기 위해 개인에게 보다 도전적인 직무를 부여함으로써

---

2) 김흥국, 2005.

지식과 능력을 신장시키고, 나아가 개인의 성장욕구 및 자아 실현욕구가 충족될 수 있도록 한다.

### 3) 인재와 직무 균형의 원칙

인재와 직무 균형원칙은 앞에서 언급한 인재육성과 직무적합의 두 가지 원칙을 실행에 옮기는 데 있어서 전체종업원의 상황을 고려하여 배치와 전환이 이루어져야 한다는 원칙이다.

기업의 종업원들은 그가 수행하고 있는 직무에서 보유역량을 발휘하지 못할 때 성과를 향상시킬 수 없다는 것이다. 따라서 기업은 '인재의 역량 – 직무' 간의 적합정도를 극대화시켜야 할 것이다.

개인별로 '개인성장 – 직무' 간의 연결 극대화, 즉 개인의 성장욕구 충족이 조직전체로 볼 때 조직력 강화, 협동시스템 구축, 나아가 종업원 전체의 직무성과를 증진시킨다는 것이다.

## 4. 배치와 전환관리의 유형

### 1) 순환근무

순환근무는 종업원들이 직무순환(job rotation)하면서 근무하는 형태이다. 기업의 직무순환은 종업원들에게 다양한 직무경험을 축적하게 하여 지식과 능력을 향상시키는 방식이다. 순환근무는 구체적으로 직무순응근무과 직무순환근무가 있다. 직무순응근무는 직무순응전환(생산이나 판매시장의 변화로 인력의 수요와 공급을 조절하는 전환)에 따라 근무하는 형태이고, 직무순환근무는 직무순환전환(종업원이 특정 직무에 오래 근무했을 때 침체되는 것을 방지하고 기능이나 지식의 다양성이나 전문성을 향상시키며 경력욕구를 충족시키기 위한 전환)에 따라 근무하는 형태이다.

순환근무는 각 부서의 중요한 업무를 파악할 수 있고, 다른 기술을 습득할 수 있는 기회를 얻을 수 있어서 수준 높은 직무의 수행으로 지식 및 능력을 신장시킬 수 있다. 그럼으로써 순환근무는 관리 및 업무수행 과정에서 전체적 관점을 이해할 수 있고, 상위직급을 담당할 때 '일반전문가'(generalist)로서 역할을 원활하게 수행할 수 있다.

기업은 직무특성을 고려하여 순환근무기간, 즉 최소근무기간과 최대근무기간을 정해 전환시킬 필요가 있다. 순환근무기간은 각 직무에 전문지식 및 능력을 체계적으로 습득할 기간을 고려할 필요가 있다.

순환근무의 장점이다. 순환근무는 각 작업자가 직무를 서로 바꾸어 수행하는 작업형태로서, 한 작업자가 같은 업무를 오래 맡음으로써 나타나는 직무의 스트레스를 감소시킬 수 있고 직무의 단조로움을 줄여 매너리즘에 빠지는 것을 막을 수 있다.

순환근무의 단점이다. 첫째, 기업은 종업원들의 교육훈련에 많은 교육비용이 든다. 둘째, 종업원은 직무의 의미감은 다소 향상되지만 새로운 업무로 이동한 후 전문성 부족으로 상당기간 작업수행이 곤란하여 일상적인 직무만 처리할 수밖에 없다.[3]

### 2) 전문역량배양근무

전문역량배양근무는 전문가 양성을 위한 근무형태이다. 전문역량배양근무는 종업원의 전문역량을 배양시키기 위해 다음과 같은 절차를 거쳐야 한다.

첫째, 기업은 종업원의 전문역량 범위를 설정하여야 한다. 전문역량 범위란 지식, 능력 및 기술의 형성 단위설정을 의미한다.

둘째, 기업은 종업원의 전문역량을 향상시키기 위해 수평적이나 수직적으로 이동가능 경로를 설정하여야 한다. 인사담당자는 직위 계층별로 수평적 다양성, 수직적 전문성 수준을 고려하여 계(係) 단위, 과(課) 단위, 부(部) 단위의 이동경로를 설정하여, 이에 따라 배치와 이동 그리고 승진을 정해 근무하도록 해야 한다.

셋째, 종업원이 전문역량을 향상시킬 수 있도록 직위 계층에 따라 수평적(직무별 단위: 다양성), 수직적(전공별 단계: 전문성) 수준을 설정하여야 한다. 기업은 종업원들이 전문역량 배양근무를 통해 '한 직무단위의 전문가'(specialist)로 성장하도록 수준을 정하고, 나아가 '한 직종단위의 전문가'(professionalist)로 확장하여 성장할 수도 있도록 수준을 정해야 할 것이다. 이 때 종업원이 한 직종단위의 전문가가 되기 위해서는 한 직무단위의 핵심업무는 물론, 주변관련 부서에도 근무하여 학습해야 할 필요가 있다.

### 3) 교대근무

교대근무(shift transfer)는 업무의 내용을 변화시키지 않고, 근무시간만 변경하는 형태이다. 따라서 사실상 이동과는 상관이 없다. 예를 들어 기계 설비를 24시간 계속 가동해야 하는 경우 3교대 내지 2교대 근무인력 편성이 불가피하며, 지하철과 같이 운행시간이 하루에 8시간을 초과할 때 교대근무제도의 도입이 반드시 필요하다.

3) A.G. Jr. Szilargyi & M.J. Wallace, 1990, 153~155.

교대근무시간 및 배치일정 계획시 고려사항은 종업원의 바이오리듬이다. 따라서 기업은 종업원의 바이오리듬을 고려하여 주일마다 근무교대조를 변경시키는 방법이 좋을 것이다.

### 4) 교정이동근무

교정이동근무(remedial transfer)는 종업원이 처음 배치된 직무에 대해 적성이 맞지 않을 때, 또는 작업집단 내에 인간관계가 원만치 않을 때 이동시키는 형태이다. 특히 교정이동근무는 특정 종업원이 상사와 부하 간이나 동료 간의 인간관계에 문제가 생겨 협동분위기가 훼손될 때 더 많이 실시된다. 이런 경우 기업은 해당 종업원을 다른 작업집단 혹은 다른 직무로 이동시킬 때, '개인－직무－작업집단' 간의 적합성을 극대화시켜야 할 것이다.

## 제3절 인적자원의 승진관리

### 1. 승진관리의 의의

승진(promotion)은 기업이 종업원들을 현 직무보다 더 나은 직무를 맡기거나, 현 지위보다 더 높은 지위를 맡기는 제도이다.[4] 승진은 형식뿐만 아니라 실질에서 권한과 보수 등의 상승을 수반한다. 따라서 승진은 종업원이 현 직무에서보다 상승된 새로운 직무에 직접 근무를 통해 경험하면서 경력을 개발하는 제도이다. 승진은 기업에서 수직적 이동, 즉 종업원의 직무서열 또는 자격서열의 수직적 상승을 의미한다. 다시 말하면 승진은 새로 맡을 직무나 직위가 기존의 직무나 직위와 비교해 볼 때 권한·책임 그리고 보상 등이 상승하는 이동이다.

승진관리는 기업이 종업원들의 승진을 통해 자아발전의 욕구를 충족시켜 주고, 인재의 효율적인 배치로 조직의 효율성이 증대할 수 있도록 승진업무를 합리적으로 처리하는 것을 의미한다. 따라서 기업의 승진관리는 종업원들의 승진이 형평성을 바탕으로 수월성이 이루어질 수 있도록 해야 한다.

승진관리는 합리적인 인사평가시스템의 구축이 관건이다. 인사평가시스템은 경영자의 승진정책이나 전략 및 기업문화에 부합된 최선의 방안을 직급에 따라 마련해야 한다. 그리

---

4) 임창희, 2005, 224.

고 종업원들의 승진을 공정하게 수행하기 위해 인사 DB시스템 구축을 통해 '모든 정보'를 공개해야 한다. 인사 DB시스템이란 수백 개로 분산된 부서와 직위에 대한 인사제도와 실태, 종업원들의 인사자료를 설명한 중앙집중적 정보 풀(pool)이 탑재되어 있는 체계이다. 즉 종업원들의 역량과 직무특성에 관한 포괄적인 자료, 선발절차의 모든 과정, 이미 시행했던 자료, 회사의 보수구조 정보와 종업원들의 각종 인사정보가 입력되어 있어야 한다. 종업원들은 이 자료를 토대로 승진경로를 계획하고, 앞으로 승진 가능한 직위를 예측할 수 있으며, 그의 목표달성을 위해 해야 할 일에 대해 문의할 수 있도록 하여야 한다.

## 2. 승진관리의 중요성

기업에서 종업원은 승진을 임금과 더불어 2대 관심사로 중요하게 여기고 있다.[5] 승진은 실질적으로 직무내용이 변화하고 신분과 직위의 상승, 보수·권한·책임 등이 높아진다.

종업원이 승진을 중시하는 구체적 이유는 다음과 같다.

첫째, 승진은 모든 사람들로부터 인정을 받게 된다. 개인의 승진은 기업이나 가족 및 주위 사람들로부터 인정을 받고 직장생활에 안정감을 느낀다.

둘째, 승진은 본질적으로 보상이 증가하게 된다. 개인의 승진은 임금 상승으로 인해 자신의 생활의 질을 높일 수 있다.

셋째, 승진은 개인에게 권한(power)의 증가를 가져다준다. 개인의 승진은 보다 많은 부하를 갖게 되고, 자신의 지배욕구를 충족시켜 준다.

넷째, 승진은 개인에게 성장욕구를 충족시켜 준다. 개인의 승진은 지금 수행하고 있는 직무보다 도전적이고 수준 높은 직무를 부여받기 때문에 자신의 역량을 발휘할 수 있는 기회가 된다.

경력개발제도의 하나로서 승진은 인재확보의 수단이 되고 있다. 기업은 종업원들의 승진이 공정성을 확보하지 못하면 그들의 경력개발에 대한 의욕이 상실되어 기업의 조직역량 내지 핵심역량의 형성이 어렵게 된다. 다시 말하면 종업원들의 승진이 정실인사(情實人事) 등 공정하지 못하다는 평가를 받을 때 다수의 종업원들에게 좌절감을 가져다주게 되어 인사관리 전반에 매우 부정적인 영향을 미치게 된다.

---

5) 최종태, 2000.

## 3. 승진관리의 원칙

### 1) 적정성

적정성은 기업이 모든 종업원들에게 승진기회를 적절하게 부여하여야 한다는 원칙이다. 종업원들 중 상당수가 승진에 부합되는 역량을 갖추었고 기업발전에도 공헌하였으나, 'T/O' 혹은 '승진정체현상' 때문에 승진기회를 부여받지 못한다면, 조직 내 정당성 측면에서 문제가 된다.

기업은 다음과 같은 분석을 통해 승진의 적정성 기준을 정하여 승진하여야 할 것이다.

첫째, 기업이 과거 실시했던 승진기회와 현재 실시하고 있는 승진기회를 비교한다.

둘째, 기업이 실시하고 있는 승진기회와 동종 또는 유사한 국내 기업에서 실시했던 승진기회를 비교한다.

셋째, 한국 기업과 동종 또는 유사한 노동시장 형태를 가지고 있는 외국 기업에서의 승진기회도 비교한다.

### 2) 공정성

공정성은 기업이 종업원들을 공정하게 평가하여 그 결과에 따라 승진기회가 주어져야 한다는 원칙이다. 공정성 원칙은 기업이 승진기회를 '올바른 사람'에게 제공하였느냐와 관련되는 것이다. 이 원칙은 절대적인 것이 아니라 상대적인 것이다.

기업이 승진의 공정성을 지켜지지 않을 경우, 기업 내 종업원들 간에 갈등의 원인이 된다. 따라서 기업은 비록 승진기회가 충분하지 않을지라도 그 승진이 공정하게 제공되어야 할 것이다.

### 3) 합리성

합리성은 기업의 목표달성에 대한 종업원들의 '공헌'이나 '역량' 등을 과학적으로 분석하여 그 결과에 따라 승진기회가 주어져야 한다는 원칙이다. 기업이 정실이나 연고승진을 하고 있다면 비합리적이라 할 수 있다.

합리성은 개인의 적성·업적·역량 등과 같이 기업의 직무수행이나 목표달성과 관련이 있는 요소를 승진기준으로 삼을 때 확보될 수 있다. 승진의 합리성 원칙은 승진제도의 공정성, 승진자 평가의 공정성, 승진자 선정의 공정성이 이루어질 때 가능한 것이다.

## 4. 승진의 전략

승진전략은 내부승진과 외부승진 및 혼합승진 전략이 있다.

내부승진 전략은 종업원의 역량과 기술이 해당기업에만 독특할 경우 반드시 내부승진을 통해 인력을 채용한다. 이를 인재양성전략이라고 한다. 다시 말하면 기업의 독특한 기술이 직무수행과정을 통해 얻어지고, 계층이 높아짐에 따라 기술수준이 높아진다면 내부승진에 따른 인재양성전략이 바람직할 것이다. 내부승진은 오랫동안 높은 성과를 달성하고 있는 초우수기업의 공통된 특징이다.[6)

외부승진 전략은 내부승진을 하지 않고, 주로 외부의 유능한 인력만을 채용한다. 이를 인재구매전략이라고 한다.

혼합승진 전략은 종업원의 기술이 여러 기업에서 공통적으로 사용될 경우 내부승진과 외부채용을 적절히 혼합하는 혼합전략이 필요하다. 유능한 종업원이 있을 경우 내부승진시키고, 유능한 종업원이 없을 경우 외부에서 채용한다. 따라서 대다수 기업들은 혼합승진의 채택이 가장 바람직할 것이다.

## 5. 승진관리의 기본모형

기업의 이론적 승진관리 기본모형에는 연공승진, 능력승진, 절충승진 등이 있다.

### 1) 연공승진

연공승진(seniority orientation promotion)은 연공이 높은 종업원을 우선적으로 승진시키는 방식이다. 연공요소, 즉 학력·경력·근무연수가 높은 종업원을 우선적으로 승진시키는 방식이다. 연공이란 한 조직 내지 해당 직급에서 개인의 근속기간을 말하는데, 대개 우리나라 기업은 학력별 근속기간을 중요시 하고 있다. 연공주의의 근본사상은 오래 동안 특정 직무를 수행한 사람이 그 직무에 더 심오한 지식과 능력 및 기술을 보유할 수 있다는 '연공과 숙련'의 정비례에 대한 확신에 따른 이론이다.

연공주의 승진정책은 다음 몇 가지 근거에 따라 형성되고 있다.

연공승진은 유교의 가치관인 연공이 기업의 질서유지에 효율적인 제도로 인식되고 있

---

6) J.C. Collins and J.I. Porras, 1994.

다. 연공은 유교문화의 장유유서(長幼有序), 즉 연령적 질서를 바탕으로 하고 있다.

연공승진은 기업의 개인역량 향상을 연공에 정비례하는 제도로 인식되고 있다. 연공승진은 기업에서 종업원의 성과가 사무직처럼 그의 근무연수(경험), 즉 연령에 비례하여 상승할 때 주로 사용된다.

연공승진은 부서 내 그리고 부서 간 협동시스템을 구축하는 데 보다 효율적인 제도로 인식되고 있다.

연공승진은 그 적용이 간편하고, 평가자의 주관성을 배재할 수 있어서 객관성과 신뢰성이 있는 제도로 인식되고 있다. 기업은 종업원들의 능력평가시스템 구축이 어렵기 때문에 연공승진제도를 많이 이용하고 있다.

### 2) 능력승진

능력승진(ability orientation promotion)은 능력이 높은 종업원을 우선적으로 승진시키는 방식이다. 능력승진은 종업원과 기업의 역량을 향상시킬 수 있는 방식이다. 능력중심은 서양의 문화와 같이 평등주의와 개인주의가 확산되고, 첨단기술직종 등에서 장기고용이 아닌 단기고용이 늘어나면서 점점 당위성이 높아지고 있다. 능력승진은 기업이 고도의 기술을 필요로 하거나, 해당기술의 변화가 심하거나, 수행하는 업무가 혁신적일 때 많이 채택되고 있다. 즉, 능력승진은 첨단 산업인 하이테크나 창의성이 요구되는 연구개발 등의 직무수행에서 많이 이용되고 있다.

능력승진은 다음의 세 가지 측면에서 문제를 갖고 있다.

기업이 종업원들의 능력이나 역량에 대한 객관적인 평가시스템의 구축 없이는 채택될 수도 없고, 성공할 수도 없다. 기업이 객관적인 평가시스템이 구축되어 있지 못한 상태에서 능력승진을 실시할 경우, 상사의 주관적인 평가에 의존할 수밖에 없다. 따라서 승진의 결정은 정실인사라는 혹평을 받을 수 있다.

기업의 직무 간에 경계가 불명확할 경우, 일과 사람이 성과에 대한 적합관계를 과학적으로 밝혀내기 어렵다.

기업의 종업원들이 감성에 바탕을 둔 협동적 직무를 수행할 경우, 작업자의 성과에 대한 조바심이나 작업자들 간의 경쟁심·견제심 때문에 협동의식이 낮아 품질의 우수성이나 작업의 효율성이 떨어질 수 있다.

이와 같이 해당기업이 이와 같은 문제를 내포하고 있을 경우 능력승진제도보다 도리어 연공중심승진이 더 효율적이라고 할 수 있다.

### 3) 절충승진

절충승진(eclectic promotion)은 연공승진의 장점과 능력승진의 장점을 모두 절충시킨 방식이다. 연공승진과 능력승진은 우리나라 기업이 안고 있는 사회문화적·경제환경적 특성을 고려하여 어느 하나를 선택하기보다 양자를 절충하여 사용하여야 할 것이다.

오늘날 기업은 연공승진보다 능력승진으로 나아가는 것이 합리적이라고 보고 있다. 그러나 여전히 연공승진은 우리나라 국민들 정서에 뿌리 깊게 자리 잡고 있다. 그러므로 기업들은 단기적으로 연공승진과 능력승진을 혼용하면서 장기적으로 능력요소에 가중치를 높여 능력승진이 채택될 수 있도록 해야 할 것이다.

## 6. 승진관리의 제도

기업의 승진관리제도는 다음과 같이 여러 가지 형태가 있다.

### 1) 연공승진제도

연공승진제도는 '사람중심'의 승진으로서 종업원의 학력, 경력, 근무년수 등 연공이 높은 사람을 승진시키는 제도이다.

연공승진제도는 다음과 같은 경우 효율적이라 할 수 있다. 첫째, 연공이 많은 사람이 그 조직 내의 사정과 구성원의 역량을 잘 파악하여 직무를 더 잘 수행할 수 있다. 둘째, 연공이 많은 사람은 일반적으로 리더십을 잘 발휘할 수 있고, 부문 간의 조정활동을 원활하게 수행할 수 있다.

### 2) 직계승진제도

직계승진제도는 '직무중심'의 승진으로서 직계, 즉 직무를 평가하여 등급으로 직위관리 체제를 설정하고, 이에 따른 자격요건에 부합되는 사람을 승진시키는 제도이다.

기업은 직계승진제도를 합리적으로 운영하기 위해 종업원의 직계 구성과 역량 구성이 일치되어야 한다. 그러나 양자 간의 구성이 만족할 수 없을 경우 신분제를 가미하지 않을 수 없다. 따라서 직계승진제도는 그 범위가 한정되어 있기 때문에 다른 제도와 절충하여 융통성 있게 운영하여야 한다. 이 제도는 업무내용이 안정되어 조직기구, 생산방식, 그리고 기업규모 등에 뚜렷한 변동이 없을 때 효과적이다.

### 3) 자격승진제도

자격승진제도는 연공과 능력, 즉 사람주의와 직무주의를 '절충'한 자격기준에 따라 평가하고 이에 의해 승진시키는 제도이다. 이 제도는 사람주의의 장점을 살리면서 직무주의의 합리성을 보완한 것으로서, 승진에 일정한 자격을 설정해 놓고 그 자격을 취득한 사람을 승진시키는 제도이다.

자격승진제도의 자격기준은 다음과 같이 두 가지가 있다.

신분자격승진 혹은 신상자격승진은 단지 학력, 경력, 성별, 근속연수, 근무상황 등 개인에 속하는 형식적인 요소에 기준을 두고 평가하는 방법이다.

능력자격승진 혹은 직능자격승진은 현재의 담당직무가 요구하는 자격요건과 직결되지 않지만 각 개인이 보유하는 기능(skill), 지식(knowledge), 태도(attitude) 등의 역량에 기준을 두고 평가하여 그 자체의 유용도나 신장도에 따라 승진을 결정하는 방법이다.

일반적으로 자격승진제도라 하면 후자를 의미한다. 직능자격승진제도는 승진의 숙련자격등급을 합리적으로 설정해 놓고, 종업원이 해당 등급의 취득에 따라 이에 부합되는 직위로 승진시키는 제도이다. 이 제도는 '승진 등급 수'와 '등급별 숙련(자격)요건'의 결정, 즉 숙련자격등급의 설계가 핵심이다. 직능자격승진제도는 종업원이 미래에 비전을 가지고 역량을 신장시키고, 경력을 개발할 수 있는 제도로서 직위승진을 하지 못한 종업원들에게 직무수행의 지식과 능력 향상에 따라, 승진의 기회를 부여하여 처우를 개선시키는 제도이다. 즉, 이 제도는 연령·경험·근속·능력·업적 등을 연계한 승진이므로 연공급을 약간 변경시킨 제도라 할 수 있다.

### 4) 대용승진제도

대용승진제도(surrogate promotion system)는 사람주의와 직무주의를 절충시킨 제도이다. 대용승진제도는 승진은 시켜야 하나 인사체증으로 마땅한 직책이 없을 경우 사기저하를 방지하기 위해서 직무내용 상의 실질적인 승진은 아니지만 상징적이고 형식적으로 승진시키는 제도이다. 이 제도는 자격승진제도와 비슷하다.

대용승진제도는 직무중심의 경영으로서 조직의 경직성을 방지하고 융통성 있는 인사를 확립하기 위한 제도이다. 그러므로 대용승진제도는 실질적으로 직책과 권한은 동일하지만, 상위 명칭(title)을 부여받게 되는 형식적 승진으로서 임금, 복지후생, 사회적 신분 등에서 혜택을 받게 된다.

### 5) 조직변경승진제도

　조직변경승진제도(organization change: O.C.)는 사람주의와 직무주의를 절충한 제도이다.
이 제도는 승진대상자는 많으나 승진이 되지 않아 사기저하, 이직 등으로 인하여 유능한
인재를 놓칠 가능성이 있을 경우 조직을 변경하여 승진의 기회를 마련해 주는 제도이다.
　전통적 조직변경승진제도는 조직의 계층을 확대시켜 승진기회를 마련해 주는 형태였으
나, 최근의 조직변경승진제도는 그와 반대로 조직의 계층을 단축시키는 대신에 구성원의
지위를 높혀주는 형태를 채택하고 있다. 즉 최근의 조직형태는 과학적관리이론을 기반으로
한 직능식에서 상황이론이나 역량이론을 기반으로 한 프로젝트(project) 또는 매트릭스
(matrix)조직 형태로 변경됨에 따라 계층이 대폭 축소되지만, 구성원들의 직위는 도리어 늘
어나게 된다. 따라서 조직변경승진제도는 전통적 방식과 같이 지배구조로서의 승진체계가
아니라 활동영역을 확대하는 승진체계로 변경시키는 제도이다.

### 6) 특수승진제도

　특수승진제도는 기업이 특별한 인재의 우대나 열등한 사람의 퇴직과 같은 특별한 상황
에 적용될 수 있는 제도이다.
　특수승진제도의 유형에는 고속승진제도와 하향이동제도가 있다.
　고속승진제도(fast track program)는 기업이 분야별로 특출한 역량이 검증된 핵심 인재들
을 고속으로 승진시킴으로써 동기를 부여하는 제도이다. 예를 들어 어떤 기업이 빌 게이트
와 같은 특출한 역량을 가진 인재가 있을 경우, 그 사람을 고속승진을 통해 동기부여시켜
그의 역량을 발휘하게 함으로써 기업을 획기적으로 발전시킬 수 있을 것이다. 따라서 특수
승진제도는 기업에서 아주 유능한 사람이 다른 기업에 스카웃되지 않고 그 기업에 열정을
쏟을 수 있도록 고속승진제도를 마련해 주는 것이 매우 필요하다고 할 수 있다.
　하향이동제도(downward movement program)는 기업이 고령인력의 축적된 경험을 활용할
수 있도록 그의 직급이나 임금을 삭감하면서 고용기간을 늘려 근무하게 하는 제도이다. 이
제도는 임금피크제(제10장 참조)와 함께 운영하는 것이 합리적이다.

### 7) 승진제도의 채택

　전통적으로 우리나라 기업은 종업원의 승진유형으로 연공승진이 중시되어 왔다. 그러나
오늘날에는 연공이 성과와의 상관관계가 낮고, 지식과 능력이 성과에 더 많은 영향요인이
되고 있다. 따라서 오늘날 기업은 능력승진이나 절충승진을 많이 사용하고 있다. 이런 맥

락에서 기업의 승진제도 역시 연공승진제도보다 직계승진제도나 자격승진제도의 채택이 합리적일 것이다. 또한 대용승진제도, 조직변경승진제도, 특수승진제도도 적절히 활용하여야 할 것이다. 이런 제도들은 종업원의 역량과 의욕을 향상시킬 수 있는 제도라 할 수 있다.

  기업은 하위 직급의 종업원을 중간관리자로 승진시킬 때 승진자의 현재 역량도 필요하지만, 미래 경영자의 역량에 적합하고 잠재력이 있는 사람을 더욱 중시하여야 한다. 기업이 중간관리자의 승진에서 현재 업무성과가 좋은 사람이나 중간관리자로서 잘할 사람만을 선발할 경우 조직의 미래가 불확실해진다. 종업원의 유형에 따른 성과와 직위 승진과의 관계는 [그림 8-1]과 같다. 기업은 성장잠재력이 있는 사람을 발굴하여 승진(직원A)시켜야 최고경영자로서 기업의 성과를 향상시킬 수 있을 것이다.[7]

그림 8-1  **직원 유형에 따른 성과와 직위승진의 관계**

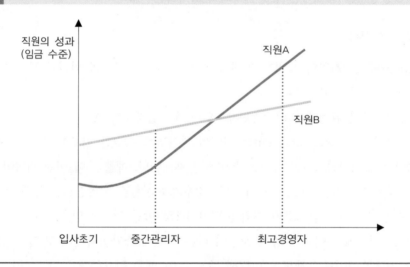

자료: Baker et al., 1988, 603.

## 7. 승진의 단계

  승진의 단계는 직위승진과 직책승진이 있다.

  직위승진은 각 직급에 대응하는 호칭승진으로서, 사원-대리-과장-차장-부장, 사원-주임-선임-책임-수석, 사원-주임-반장-직장-소장 등으로 승진을 의미한다. 우리나라 기업은

---

7) 배종석, 2012, 172~173; Baker et al., 1988.

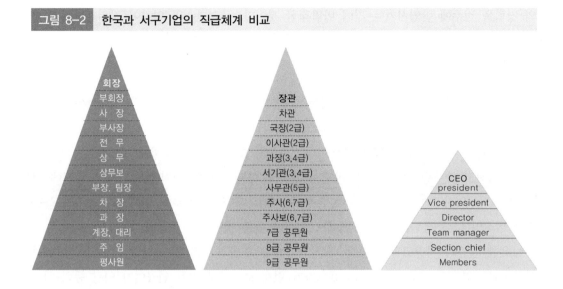

그림 8-2  한국과 서구기업의 직급체계 비교

※ 우리나라의 경우 이 외에도 부(副)팀장, 부부장, 부이사관, 이사대우, 부장대우의 중간 직급이 추가되는 경우가 많음.

종업원들의 승진욕구를 충족시켜 주기 위해, 다른 나라에 없는 많은 계층을 두고 있다. [그림 8-2]에서 나타난 바와 같이 우리나라에서는 조직계층이 10개가 넘는데 반해, 서양 기업은 5~6개에 불과하다. 직위승진은 주로 중소기업의 승진제도에서 사용되고 있다.

직책승진은 조직기구 장 개념의 승진으로서, 과장-부장-담당(임원)·본부장, (파트장)-팀 장-실장-사업부장, (파트장)-그룹장-팀장-사업부장-본부장으로 승진을 의미한다. 직책승진 은 주로 대기업의 승진제도에서 사용되고 있다.

## 8. 승진평가제도와 그 활용

### 1) 승진평가제도

#### (1) 경력평정

경력평정은 승진대상자의 해당직급에서 '근속년수'를 기준으로 평가한다. 기업은 종업원 의 근속년수(경력)가 많아짐에 따라 지식과 능력수준이 높아지고, 그 결과 업적도 높아질 것이라고 믿고 있다.

연공과 역량수준 혹은 업적 간의 관계는 직무에 따라 다소 차이가 있다. 따라서 기업은 경력을 평정할 때, 또는 해당직무의 근속년수와 역량향상의 관계가 정비례할 때, 그 동안의 경력을 점수에 반영시키는 것이 바람직할 것이다. 근속년수와 역량이 정비례되는 시기를 표준연수라고 한다.

### (2) 인사고과

인사고과는 종업원이 어떤 역량·업적 그리고 직무태도를 보유하고 있거나, 이를 수단으로 성과를 향상시켰던 가치를 객관적으로 평가하는 것을 의미한다.

인사고과는 다음과 같이 '직무업적'이나 '연공과 역량' 등을 다양하게 평가한다.

직무업적고과는 승진 대상자의 현재 수행하고 있는 직무의 업적을 고과하여 승진에 반영한다. 직무업적고과는 승진 후보자가 현재 수행하고 있는 직무의 인사고과 점수가 높을 경우 미래의 다른 직무를 수행할 때에도 업적이 높을 것이라고 예상될 때 실시한다.

보유한 연공과 역량고과는 승진 대상자의 보유 연공과 역량을 고과하여 승진에 반영한다. 보유한 연공과 역량고과는 승진후보자가 현재 보유하고 있는 연공이나 역량 등의 인사고과 점수가 높을 경우 미래의 직무수행의 성과가 높을 것이라고 예상될 때 실시한다. 예를 들어 역량고과의 경우 승진인사고과요소에는 개인적 특성, 직무행동, 그리고 역량(가시역량과 잠재역량) 등이 사용된다.

### (3) 연수평정

연수평정은 승진대상자가 연수를 통하여 역량이 얼마나 향상되었는지를 평가한다. 이 때 기업은 승진대상자의 가시적 및 잠재적 역량 모두 포함하여 평가한다.

승진시 연수평정 반영은 다음과 같은 한계가 있다.

첫째, 기업에서 제공하는 종업원 연수프로그램이 미래의 직무수행에 필요한 기능과 지식 및 능력을 얼마나 향상시킬 수 있을지 의문이다. 즉 연수평정과 승진 후보자의 지식과 능력 간의 인과관계가 어느 정도 존재할지는 미지수라는 것이다.

둘째, 기업에서 실시하는 매우 짧은 기간의 연수프로그램에 종업원이 참가하여 연수성적이 우수하다고 하더라도, 그 후 어느 정도 새로운 기능과 지식에 대해 우수하게 학습할 수 있을 것인지 의문이다.

## 2) 승진평가제도의 활용

기업의 승진평가요소에는 기업의 연공요소에 경력점수가, 능력요소에 인사고과점수와 연수점수가 많이 반영되고 있다.[8]

---

8) 김영재 외, 2013, 412.

직급에 따라 연공요소와 능력요소의 적용비율 다르다. 기업에서는 직급에 따라 두 요소를 절충하여 그 비율을 다르게 적용하고 있다. 기업의 승진요소는 하위직에 경력점수가 더 많이 반영되고, 상위직으로 갈수록 인사고과와 연수능력의 비중을 높게 반영된다.

역량은 하위직이 상위직보다 성과에 적은 영향을 미친다. 기업의 하위직일수록 그의 업무수행이 직속상사의 업무지시·지도 및 감독에 많은 영향을 받고 있으므로 그의 역량이 성과에 적게 영향을 미치지만, 상위직일수록 그의 업무수행이 자율적으로 이루어지므로 그의 역량이 성과에 많은 영향을 미친다.

역량이나 업적은 하위직이 상위직보다 측정이 곤란하다. 하위직일수록 업무를 다른 종업원들과 공동으로 수행하므로 그의 역량이나 업적을 측정하기 어렵지만, 상위직일수록 그의 업무수행 기여도가 분명하므로 역량이나 업적에 대해 측정하기가 쉽다.

업종에 따라 업적고과의 실시가 다르다. 업적고과는 제조업보다 첨단 산업인 하이테크나 창의성이 요구되는 연구개발 직무 등 개인의 역량을 중시하는 업종에서 많이 채택되고 있다.

A사의 계층별 승진관리 평가요소 반영기준은 〈표 8-1〉과 같다.

**표 8-1  A사의 승진기준**

| 구분 | 대리 | 과장 | 차장·부장 |
|---|---|---|---|
| 경력평정 | 50 | 30 | 20 |
| 인사고과 | 40 | 55 | 60 |
| 연수평정 | 10 | 15 | 20 |
| 계 | 100 | 100 | 100 |

## 제4절  배치와 전환 및 승진관리의 평가

### 1. 배치와 전환 및 승진 결정 후 조치

기업은 종업원의 배치와 전환(이하 이동이라 함) 및 승진 대상자를 결정한 후에, 그들에 대해 사후관리를 해야 한다. 왜냐하면 기업이 종업원 중에서 이동과 승진의 최적격자를 선정하였다 하더라도, 그 당사자가 책임 과중 등 심리적으로 업무를 수행하기가 어려울 수도 있고 근무하여야 할 장소가 다른 지역일 경우 가정문제 등 때문에 수락하지 않을 수도 있으므로 그 당사자에 대한 최종의사를 확인하는 것이 좋다.

경영자는 이동과 승진이 확정된 종업원을 가급적 현재의 직무에서 신속하게 해방되도록 조치하여야 한다. 이동 및 승진자의 상사는 부하 종업원이 사내·외에서 보다 좋은 경력기회가 있으면, 이를 긍정적으로 생각하고 기꺼이 보낼 수 있는 자세를 가질 필요가 있다. 또한 이동과 승진에 탈락한 종업원들이 좌절과 불만 그리고 실의에 빠지지 않도록 대비책을 강구하여야 한다.

## 2. 배치와 전환 및 승진관리의 평가

종업원들의 이동과 승진은 그들의 지위나 신분에 대한 욕구충족의 수단이기 때문에 모든 종업원들의 공통 관심사이다. 따라서 기업은 다음과 같이 이동과 승진관리에 대하여 평가하여야 한다.

공정성 평가이다. 기업의 이동과 승진의 기회가 종업원들에게 항상 공정한지를 평가하여야 한다. 이는 이동과 승진의 공정성과 관련된 평가이다.

타당성 평가이다. 기업의 이동과 승진의 기준이 명확하고 논리적으로 설정되었는지를 평가하여야 한다. 이는 종업원들이 이동과 승진기준의 타당성과 관련된 평가이다.

경력경로 평가이다. 기업의 이동과 승진정책이 개별 종업원들의 입장을 고려한 경력경로를 설정하였는지에 대하여 평가하여야 한다. 기업의 이동과 승진관리가 단지 개인 간에 공정성과 관련된 평가만이 아니라, 개인목표와 조직목표의 통합적 승진과 관련된 평가이다.

효과성평가이다. 기업은 이동과 승진이 전문지식과 능력의 성취정도, 직무성과의 정도 등을 적절하게 반영하였는가에 대하여 평가하여야 한다. 이는 이동과 승진의 효과와 관련된 평가이다.

미래정책의 고려여부 평가이다. 기업의 이동과 승진에 정체현상이 있다면, 이를 타개하기 위한 근본적인 대책을 고려하였는가에 대하여 평가하여야 한다. 이는 미래 정책과 관련된 평가이다.

종업원의 불만에 대한 평가이다. 기업의 이동과 승진제도 등에 대한 종업원의 불만에 대하여 평가하여야 한다. 예를 들면 이동과 승진기회의 상대적 불공평, 이동과 승진제도의 부적절성, 그리고 특정 인맥이나 파벌의 중용여부 등을 평가하여야 한다.

참고문헌

김영재·김성국·김강식 (2013), 신인적자원관리, 탑북스.
김홍국 (2005), "경력개발 시스템의 프로그램과 운영", 한국기업의 인적자원관리, 박영사.
배종석 (2012), 인적자원론, 홍문사.
임창희 (2005), 신인적자원관리, 명경사
최진남·성선영 (2023), 스마트경영학, 생능.
최종태 (2000), 현대인사관리론, 박영사.


Baker, G. P., Jensen, M. C., & Murphy, K. J. (1988), Compensation and incentives: Practice vs. theory, *Journal of Finance*, 43, 3: 593~616.

Collins, James C. & Porras, Jerry I. (1994), *Built to Last: Successful Habits of Visionary Companies*, NY: Harper Business.

Jones, G. R. & George, J. M. (2019), Essentials of Contemporary Management, 윤현중·이준우 등 역(2021), 경영학에센스, 지필미디어.

Kinicki, A. & Soignet, D. B. (2022), Managemet: A Practical Introduction, 김안드레아 역(2022), 실용적 접근방식의 경영학원론, 한빛아카데미.

Szilargyi, Andrew G. Jr. & Wallace, Marc J. (1990), *Organizational Behavior and Performance*, 5th ed., NY: Haper Collins.

# 제9장

# 교육훈련관리

**교육훈련의 개념**

## 1. 교육훈련의 의의

교육훈련(training & education)은 종업원이 조직의 목적을 달성할 수 있도록 직무수행에 필요한 전문역량과 태도능력(근로의욕)을 향상시키는 경력관리제도를 의미한다. 교육훈련관리는 교육, 훈련, 그리고 개발을 통해 종업원의 전문역량 및 태도능력(근로의욕)을 직접적으로 향상시키는 업무를 합리적으로 처리하는 것이다.[1]

교육과 훈련은 종업원들의 현재 부족한 직무에 초점을 두고 있으므로 매우 단기적이고 직접적인 효과가 있다. 그러나 개발은 개인, 집단, 조직전체의 미래지향적인 노력에 초점을 두고 있으므로 장기적이고 간접적인 효과로 나타난다. 그러나 여기서는 이를 분리하지 않고 통합적으로 '교육훈련'이라고 부르기로 한다. 이를 정리하면 〈표 9-1〉과 같다.

교육훈련은 엘리트교육도 필요하지만 수월성교육이 더욱 중요하다. 교육훈련에서 수월성교육훈련이 더욱 중요한 이유는 수월성 교육훈련이 모든 종업원을 대상으로 자신의 잠

---

1) 이진규, 2012, 260~261.

| 방 법 | 교 육 | 훈 련 | 개 발 |
|---|---|---|---|
| 초점 | 기초적인 직무지식과 태도의 육성(knowledge) | 현재 직무의 업무기능과 기술(skill) | 현재와 미래의 직무수행 능력(ability) |
| 대상 | 개별종업원(개인목표 강조) | 개별종업원, 집단(조직목표 강조) | 개인, 집단, 조직전체 |
| 내용 | 개념·이론 | 실무·기능 | 이론·실무 |
| 시간 | 직접·장기간 | 직접·단기간 | 간접·장기간 |
| 특징 | 기초적인 직무지식배양 (전체적·객관적·체계적 과정) | 현재업무기술의 결점보완 및 향상(개별적·실제적· 구체적인 관점) | 미래의 직무수행 능력 배양 |

**표 9-1  교육·훈련·개발의 기능**

재력을 최대로 계발하기 위해 그 능력과 적성을 고려해 맞춤형 교육으로 최대 성과를 얻을 수 있기 때문이다. 즉 각기 다른 수준의 종업원들을 그의 능력에 맞춰 더 진전된 학습을 함으로써 전 종업원의 지식과 능력을 강화시키는 교육훈련모델이다. 수월성 교육훈련은 소수의 우수한 대상자를 집중적으로 교육훈련하는 엘리트 교육훈련과 구별된다. 또한 수월성 교육훈련은 균등한 기회를 강조하는 형평성과 차이가 있지만, 해당 종업원의 수준에 맞는 교육훈련으로 진정한 형평성을 이룰 수 있는 제도이다. 기업의 교육훈련은 배치전환이나 승진과 같이 직접근무를 통해 장기적이고 소극적으로 역량과 능력을 향상시키는 제도가 아니라, 종업원들의 수월성 교육훈련을 통해 개인과 조직의 경쟁력을 단기적·적극적(집중적)으로 향상시킬 수 있다.

또한 기업의 교육훈련은 인재양성전략의 일환으로 실시되고, 종업원의 역량을 향상시키기 위해 사전적으로 '인재확보전략', 사후적으로 '인사보상전략'이 필요하다. 또한 기업은 인적자원의 교육훈련 내지 학습의 성과를 인사보상전략, 즉 승진·임금·복지후생 등과 연관지어 운영하는 것이 더욱 효과를 높일 수 있다.

## 2. 교육훈련의 목적

기업의 교육훈련관리는 구체적으로 교육·훈련·개발을 목적으로 한다. 교육은 직무의 일반적이고 개념적인 지식(knowledge)을 향상시키는 것이다. 훈련은 기초지식을 포함하여 현재 수행하는 직무와 관련된 특별한 업무기술(skill)을 주로 반복적인 연습을 통해 향상시키는 것이다. 개발은 종업원이 현재 직무에 필요한 능력(ability)뿐만 아니라, 미래에 필요한 직무능력을 배양하기 위한 것이다.

  교육훈련은 조직개발로 발전되고, 나아가 경력개발로 이어진다. 조직개발(organizational development: OD)은 계획적인 변화관리 기법의 집합체로서 조직의 효율성과 종업원의 복지를 향상시키는 노력이다.[2] 이는 인적자원과 조직의 성장, 협동적이고 참여적인 과정, 그리고 질문을 통한 문제해결을 중요시한다.[3] 조직개발은 거시적으로 조직의 효과성을 궁극적으로 향상시키는 것이고, 미시적으로 개인과 팀, 부서의 인식을 변화시키는 것을 목적으로 한다.[4] 한편 경력개발(career development: CD)은 개인측면에서 한 개인이 일생에 걸쳐 일과 관련하여 얻게 되는 경험을 통해 자신의 직무관련태도, 능력 및 성과를 향상시켜 나가는 과정이고, 조직측면에서 한 개인의 입사에서부터 퇴직에 이르기까지 경력경로를 조직과 함께 계획하여 달성해 나가는 총체적 과정이다.[5]

  또한 교육훈련은 기업과 종업원의 입장에 따라 그 목적이 서로 다르다. 기업은 전문가 양성을 통한 기업의 발전이 우선되고, 종업원은 그의 역량, 즉 기능·지식·능력 및 기술의 향상으로 개인의 발전이 우선된다. 교육훈련은 개인의 욕구와 조직의 목표달성 방향이 일치하는 것이 가장 이상적이다. 그러나 실제로 그렇지 못할 경우가 더 많다고 할 수 있다. 이 때 경영자는 그의 권한을 행사하려고 시도하겠지만 이것만으로는 어려울 것이다. 왜냐하면 종업원은 그들 나름대로 욕구를 바탕으로 의도와 동기를 가지고 행동하기 때문이다. 따라서 경영자는 종업원이 그의 욕구를 바탕으로 동기부여시켜 스스로 발전할 수 있도록 지원하여야 한다.

**그림 9-1　교육훈련관리의 목표**

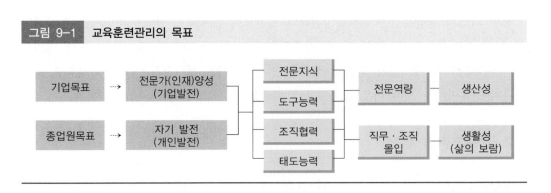

---

2) Sinangil, H.K., and Avallone, F., 2001,　332~335.
3) Lines, R., 2004, 193~215.
4) 김영재 외, 2013, 354.
5) 김영재 외, 2013, 371; 김흥국, 2000.

기업의 교육훈련 목표는 개인의 전문지식·도구능력·조직협력, 그리고 태도능력의 향상에 있다. 따라서 기업의 교육훈련관리는 수월성 차원에서 개인의 목표를 바탕으로 조직의 경쟁력 확보를 위한 미래지향적 인재양성에 두고 있다. 교육훈련관리의 목표를 요약하면 [그림 9-1]로 나타낼 수 있다.

## 3. 교육훈련의 내용과 절차

### 1) 종업원의 기술력 형성

종업원의 기술력은 다음과 같은 요소들의 총화를 통해 형성된다.

첫째, 사람(인재)이 가져야 할 기술력의 요소는 정신적 요소로서 가치와 의욕이다.

둘째, 사람(인재)이 가져야 할 기술력의 요소는 기능과 지식(정보)이다.

셋째, 사람(인재)의 기술력을 발휘에 영향을 미치는 요소로서 작업방식이 있다. 이에는 작업설비나 작업형태이다.

넷째, 사람(인재)의 기술력을 향상시키는 요소로서 관리체계가 있다.

이상의 요소들을 [그림 9-2]와 같이 나타낼 수 있다.

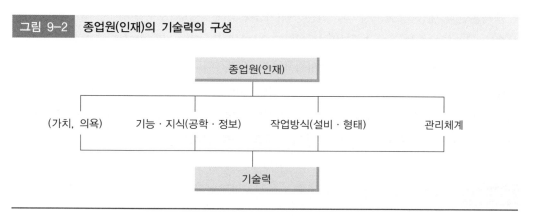

그림 9-2  **종업원(인재)의 기술력의 구성**

자료: 小川英次, 1967; Barton, Bowen, Clark, Holloway & Wheelwright, 1994; 박성환, 1998, 828.

종업원들의 교육훈련은 기업이 종업원의 기술력을 향상시키기 위해 다음과 같이 수행해야 한다.

먼저, 기업은 종업원들에게 다양한 정보를 제공하여야 한다. 기업이 제공하는 정보는 현재뿐만 아니라 미래의 기업성과 향상과 종업원의 잠재력 개발에도 많은 영향을 준다.

그 다음, 기업은 미래의 직무 담당자가 수행하여야 할 사업과 조직의 주요과제에 대한 정보를 제공하여야 한다.

기업은 종업원들의 기술력을 향상시키기 위한 '교육 및 육성체계'를 다음과 같이 설계하여야 한다.

첫째, 기업은 종업원들이 경력단계별로 직무를 잘 수행할 수 있도록 설계하여야 한다. 따라서 기업은 분야별로 직무교육체계를 마련하고, 이를 통합한 조직전체의 '학습체계'(learning roadmap)를 설계하여야 한다.

둘째, 기업은 현장직무교육(OJT) 중심으로 설계하여야 한다.

셋째, 기업은 상시학습을 통해 조직의 기술을 축적시킬 수 있도록 설계하여야 한다. 기업은 이를 위해 인트라넷을 통한 전자학습제도(e-learning system)를 직무교육훈련에 도입하여 종업원들의 분야별 역량이 축적될 수 있도록 지원하여야 한다.

넷째, 기업은 종업원들이 자기계발(自己啓發)을 통해 역량을 향상시킬 수 있도록 설계하여야 한다. 기업은 종업원 스스로가 설계한 경력계획에 따라 역량을 계발하도록 자율학습체계를 갖추어야 한다.

### 2) 교육훈련의 내용

교육훈련의 내용은 전문지식과 전문능력(기술축적, 조직협력, 도구능력) 및 태도능력을 향상으로 구성되어 있다. 이를 [그림 9-3]으로 나타낼 수 있다. 즉 기업은 종업원의 전문지식과 능력, 그리고 태도능력을 향상시킴으로써 창의적이고, 적극적이며 유연한 사고의 역량을 갖춘 전문가로 성장할 수 있을 것이다.6) 네하피트와 고셀(Nahapiet & Ghoshal, 1998)에 의하면 교육훈련은 경영자와 종업원, 강사와 학습자 간에 정보의 교환이 잘 일어나기 위해서 첫째 가치와 목표, 해석체계 등의 공유와 둘째 문제해결과 상호지원을 촉진하는 체

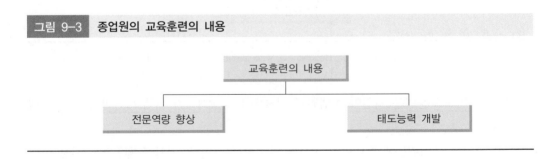

그림 9-3  종업원의 교육훈련의 내용

---

6) 박성환, 이준우, 2014, 289.

계의 구축이 이루어져야 한다고 주장하였다.

### 3) 교육훈련의 절차[7]

교육훈련의 절차는 다음과 같은 정차에 따라 이루어진다.

#### (1) 기술목록(skill inventory)정리

기업의 사업과 부문(현장부서)별 고참이 직무에서 기술을 찾아 기술목록을 정리한다(종전에는 엔지니어가 작성). 이를 위해 여러 번의 워크숍을 개최한다. 이를 조단위로 필요한 스킬을 정리하고, 조장들이 모여 수정·보완한다. 정리 단계에서 교육훈련팀도 참석한다. 전 공장에서 정리된 기술목록을 대분류, 소분류로 정리한다. 소분류를 소항목별로 정리하고, 소항목은 다시 직무수행요건 리스트로 정리한다.

#### (2) 능력평가

개인별로 능력수준을 평가한다. 먼저 개인은 항목별로 다섯 단계의 평가척도로 자기 진단을 한다. 그리고 이를 조장이 확인한다.

기술목록의 작성과 평가로 인해 종업원들에게 구체적인 이론과 더 잘 알아야 할 내용을 확인하게 해 주는 효과가 있다.

고용 후 3년이 되면 현장업무능력(field job capability), 5년이 되면 부서업무능력(board job capability: 통제실에서 전체흐름의 파악 능력)을 수행할 수 있어야 한다.

#### (3) 교육프로그램 개발

① 기능목록 중 교육훈련이 가능한 항목을 분류하여 교육훈련과목으로 정리한다. 이 때 기업은 기능목록 중 우선순위를 확인한다.
② 각 단계별로 교육훈련프로그램을 개발한다.
③ 기술목록 중 필요에 따라 과정을 개설한다.

#### (4) 대상자 선발

① 각 단위나 부서의 인재상을 정립하고 대상자를 선발하여야 한다.
② 교육훈련 대상자의 요구에 따라 과정을 개설할 수 있다.

---

7) LG화학, 2015.

### (5) 사내강사 배정

강사는 가능한 사내인사로 하고 교육훈련팀과 생산부서의 간부, 지원부서 간부, 생산현장출신 고참 등 현장(생산) 부서의 능력 있는 사람에게 맡긴다. 이 경우 사원은 항상 현장에서 살아있는 실행방법(경험)을 전수받을 수 있고, 강사는 가르치면서 자신의 경험과 지식을 재정비하면서 자신들의 능력도 향상된다. 매뉴얼에 없는 사항은 직접 가르친다.

## 4. 교육훈련과 학습

교육훈련에는 종업원의 경쟁력을 확보하기 위해 피교육자들에게 일방적인 절차와 방법으로 역량을 향상시키는 정형화된 방식과 작업장에서 작업을 수행하면서 스스로 문제해결 역량을 향상시키는 비정형화된 방식이 있다. 특히 후자를 '학습'이라고 부른다. 교육훈련이란 훈련전문가에 의해 사전적으로 정형화된(설계된) 형태인데 비해, 학습이란 근로자들이 노동과정에서 나타나는 문제를 스스로 발견하고 시행착오를 겪으면서 비정형적이고 혁신적인 문제해결을 통해 고숙련·다기능을 향상시키는 방식이다. 교육훈련의 방식은 [그림 9-4]로 나타낼 수 있다.

---

**그림 9-4**   **교육훈련의 방식**

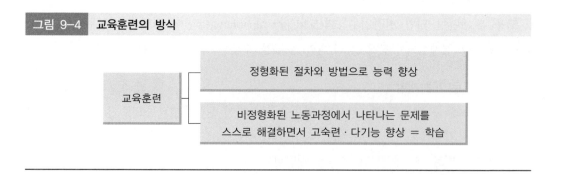

---

오늘날 기업은 미리 규정된 절차나 방법, 즉 사전적 예측이나 프로그램화에 따른 일반 교육훈련이 아니라, 제품시장의 변화나 기술의 변화로 인해 새롭고 비정형적인 문제해결전략과 혁신적인 문제해결전략을 위한 교육훈련인 '학습'이 필요하다. 학습은 근로자들이 작업장의 문제해결과정에서 지속적으로 새로운 기능과 지식을 창출하고, 공유하며 활용할 수 있도록 한다.[8]

---

8) 이호성, 2003, 182.

## 5. 교육훈련의 관리과정

현대기업은 급속히 변화하는 환경 속에서 교육훈련과 인력개발을 통하여 구성원들의 숙련과 기술, 그리고 태도 개발에 많은 노력을 기울이고 있다. 왜냐하면 종업원의 전문지식·능력·기술 및 태도능력(의욕) 향상은 기업의 경쟁력 향상에 매우 중요한 요인이기 때문이다. 그러므로 현대 기업들은 지식인력(knowledge power)을 보유하기 위해 교육훈련을 통한 인력개발을 더욱 중시하고 있다.9)

인력개발 전략수립 과정은 우수한 인력개발프로그램, 적절한 내용, 적절한 인력개발 홍보, 편리한 장소선정이 잘 결합되어야 한다.

기업의 교육훈련관리는 조직의 목표를 바탕으로 다음과 같은 과정을 거쳐 추진된다.

첫째, 교육훈련의 계획을 수립한다. 기업은 교육훈련의 필요성을 분석하고 이에 따라 교육훈련의 대상자를 선정하며, 교육훈련의 내용을 확정한다. 그리고 교육훈련 실시자를 결정하고 교육훈련의 기법을 선정한다.

둘째, 교육훈련을 실시한다. 기업은 종업원들의 교육훈련과 학습을 실시하고, 학습의 전

**그림 9-5  교육훈련의 과정**

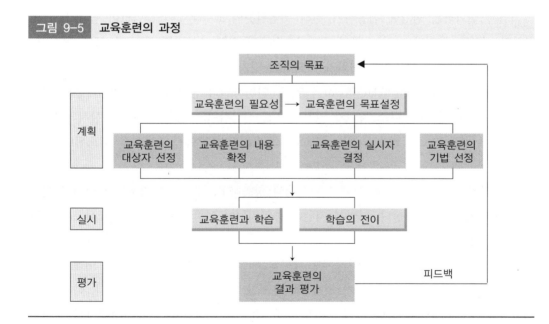

---

9) Von Glinow et al., 1989.

이를 이룬다.

셋째, 교육훈련의 결과를 평가한다. 기업은 교육훈련의 전 과정을 평가한다. 이에는 반응효과, 학습효과, 행동효과, 결과효과가 있다.

기업의 교육훈련은 왜 필요하고 누가 어떤 내용과 어떤 절차를 거칠 것인가를 계획하고 이를 어떤 방법으로 실시하며, 그 효과성을 어떻게 평가할 것인가에 대한 일련의 과정이다. 이와 같이 교육훈련의 과정을 정리하면 [그림 9-5]와 같이 나타낼 수 있다.

## 제2절  교육훈련의 계획

교육훈련의 계획은 교육훈련의 필요성을 분석하고, 이에 따라 교육훈련의 목표를 설정하며, 교육훈련의 세부사항을 설계하고 확정한다.

### 1. 교육훈련의 필요성분석

기업은 변화하는 환경에 적응하기 위해 종업원들의 교육훈련이 끊임없이 필요하다. 왜냐하면 기업을 둘러싸고 있는 환경, 즉 기술수준의 변화, 노동시장의 구조변화, 종업원의 욕구변화, 지식의 유용도 등의 변화가 나타나고 있기 때문이다.

인적자원의 반감기설(half-life-cycle)이 있다. 인적자원의 반감기설이란 인적자원의 지식과 기술은 업종에 따라 다소 차이가 있지만, 대졸신입사원의 경우 대체로 입사시의 100%가 3년 후에는 50%로, 6년 후에는 25%로, 그리고 9년 후에는 12.5%로 감소된다고 한다.[10]

현대 기업은 새로운 지식과 능력을 향상시켜 창조하고, 새로운 투지로 무장하여 도전할 수 있는 인재를 필요로 한다. 따라서 기업은 종업원들이 이런 인재로 성장하도록 교육훈련시킬 필요가 있다.

기업의 교육훈련은 각 직위담당자에게 요구되는 현재의 직무수행 수준보다 미래 일정시점의 직무수준이 높아서 그 차이가 있을 때, 부족한 정도를 메워주는 활동이다. 따라서 기업의 교육훈련은 본질적으로 그의 목표달성에 기여할 수 있도록 현재시점에서 종업원의

---

10) 이학종 외, 2013, 409.

| 그림 9-6 | 직무수준의 교육훈련 필요성 |

현재시점에서 요구되는
직무의 자격요건

교육훈련을 통해 충족
되어야 할 자격요건

미래 일정시점에서 요구
되는 직무의 자격요건

역량 및 기술에 대한 질적 수준을 정확히 파악하여야 한다. 그리고 미래시점에서 종업원의 역량 및 기술에 대한 질적 목표치를 설정하고, 그 부족한 정도를 메워주어야 한다. 이를 정리하여 나타내면 [그림 9-6]과 같다. 그러나 양적인 문제는 이미 제4장에서 설명되었으므로 제외하기로 한다.

기업은 이를 위해 다음과 같은 교육훈련 필요성분석을 하여야 한다.

조직 필요성분석(organization needs analysis)은 기업은 조직체의 비전, 목표, 전략을 달성하는데 요구되는 교육훈련의 필요성을 전체 수준에서 분석한다. 조직수준의 교육훈련은 조직의 경제적 지표인 매출액·시장점유율·수익성 등에서 저조한 성과를 나타내거나, 조직문화와 종업원들의 의식 변화 등 조직전체와 관련된 모든 사항에서 문제가 있을 때 필요하다.

직무 필요성분석(job needs analysis)은 기업은 최적의 성과를 달성하기 위해 종업원이 알아야 할 직무내용에 대한 교육훈련의 필요성을 분석한다. 직무수준에서의 교육훈련은 기술변화로 인해 직무내용이 변화하거나 새로운 직무가 생겼을 때 이를 담당할 작업자의 자격요건이 변화할 때 교육훈련이 필요하다.

개인 필요성분석(personnel needs analysis)은 기업은 현재 직무를 수행하고 있는 각 구성원의 성과수준에 요구되는 역량 및 의욕에 대하여 교육훈련의 필요성을 분석한다. 개인수준에서의 교육훈련은 개인별 자격요건이 변화할 때, 이에 부합될 수 있는 기능·지식·기술 등에 대한 교육이 필요하다. 또한 개인수준에서의 교육훈련은 개인별 성과를 측정한 결과, 실적이 낮고 불량률이 높거나 지각 또는 결근율이 높을 때 필요하다.

| 표 9-2 | 필요성분석의 수준 |
|---|---|
| 수 준 | 측 정 내 용 |
| 조 직 | 조직의 비전, 목표, 전략 → 훈련 필요분야의 식별 |
| 직 무 | 과업수행에 필요한 기술, 지식, 태도 → 훈련내용의 식별 |
| 개 인 | 현재 직무를 수행하고 있는 구성원 → 훈련대상자 및 훈련유형의 식별 |

자료: 황규대, 2013, 261를 다소 보완하였음.

이와 같이 기업의 교육훈련 필요성분석은 세 가지 수준에서 정리하면 〈표 9-2〉와 같다.

## 2. 교육훈련의 목표설정

기업의 교육훈련목표는 다음과 같다.

첫째, 조직차원에서 사업전략에 따라 미래에 착수할 사업과 제품을 발굴할 수 있는 미래지향적 인재를 양성한다. 미래지향적 인재는 다양성을 수용할 수 있어야 하고, 끝없는 도전에 감응(感應)할 수 있도록 폭 넓은 지식과 능력을 갖춘 사람을 말한다. 교육훈련의 궁극적 목표는 조직의 경쟁력 확보를 위한 미래지향적 인재양성에 있다.

둘째, 직무차원에서 조직의 사업과 부문별 직무 수행에서 핵심역량을 발굴하여 강화하고, 고객에게 큰 가치를 제공하여 효율극대화를 가져온다.

셋째, 개인차원에서 개인들이 인재상을 정립하고, 이에 맞는 우수인재를 선발하여 창의와 유연한 사고를 갖춘 최적·최상의 핵심역량과 의욕(열정)을 보유한 전문가를 양성한다.

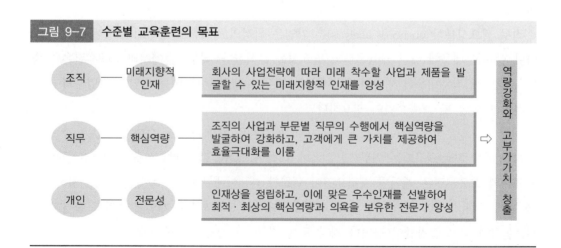

그림 9-7  수준별 교육훈련의 목표

그럼으로써 기업은 역량의 강화와 고부가가치를 창출할 수 있을 것이다. 이를 다음 [그림 9-7]과 같이 나타낼 수 있다.

기업의 인사부서는 교육훈련의 필요성분석에 따라 교육훈련에 대한 구체적인 목표를 설정하여야 한다.

교육훈련의 목표는 피교육자가 훈련을 마쳤을 때, 알아야 할 사항 또는 수행할 수 있는 사항을 구체적으로 기술해 놓은 것이다. 기업의 인사부서는 이에 따라 '프로그램의 내용'과 '그 달성방법'을 정해야 하고, 훈련이 종료되었을 때 '평가하는 기준'을 마련해야 한다.

## 3. 교육훈련의 대상자선정

기업은 종업원의 교육훈련을 위해 교육훈련대상자를 선정하여야 한다. 교육대상자는 다음 두 가지 차원에서 선정할 수 있다.

기업은 전문역량에 필요한 내용을 계층이나 대상자별로 선정한다. 필요성분석을 바탕으로 먼저 인적자원의 전문역량에서 교육훈련이 가장 필요한 내용을 확정하고, 그 다음 어느 계층에 교육훈련이 필요한지를 결정하며, 마지막으로 개인·집단·조직전체에서 필요한 교육훈련 대상자를 선정한다.

기업은 개인의 중요성과 적용가능성에 따라 인적자원개발 포트폴리오분석을 통해 각 상한의 특성에 부합되고, 꼭 필요한 교육훈련 대상자를 선정하고 개발한다. 인적자원개발 포트폴리오분석에서는 인적자원을 별(star)로 보고, 중요성과 적용가능성을 기준으로 하여 4국면으로 나누고 있다. 이를 [그림 9-8]로 나타낼 수 있다.[11]

방황하는 별은 인적자원개발의 중요성은 높으나 적용 가능성은 낮은 사람으로서, 실패할 위험성은 있으나 조직을 위해 반드시 필요하다. 기업은 이를 '슈퍼스타'로 성장할 수 있도록 지원할 필요가 있다. 이 때에는 인적자원 구축전략(HRM build strategy)이 바람직하다.

슈퍼스타는 인적자원개발의 중요성과 적용가능성이 매우 높은 사람으로서, 조직의 생존에 매우 중요한 활동을 한다. 지속적인 관심과 재무자원(예산 등)의 집중지원이 필요하다. 이 때에는 인적자원 유지전략(HRM hold strategy)이 바람직하다.

붙박이 별은 인적자원개발의 중요성은 낮으나 적용 가능성이 높은 사람으로서, 성장가능성은 적지만 당장 중요하고 적용 가능하므로 단기적인 성과를 올릴 수 있다. 이 때에는

---

11) 김영재 외, 2013, 360~362.

그림 9-8 인적자원개발 프로그램의 포트폴리오 분석 및 대응전략

장기적인 많은 투자보다 뿌린 만큼 거두는 인적자원 추수전략(HRM harvest strategy)이 바람직하다.

별똥별은 인적자원으로서 그 수명이 거의 다하여 투자를 즉시 중단하고 이미 투자한 재원도 다른 프로그램으로 옮길 필요가 있다. 이 때에는 인적자원 투자회수전략(HRM divest strategy)이 바람직하다.

기업은 교육훈련의 필요성분석을 바탕으로 조직차원에서 분석하고, 이에 알맞은 교육훈련 대상자의 선정과 개발을 위해 효율적으로 투자하여야 한다. 다시 말하면 기업은 해당종업원의 인적자원 평가 등을 통해 교육훈련의 필요성을 도출하고, 그의 연령이나 건강 그리고 역량과 의욕 등을 감안하여 이에 알맞은 교육훈련을 선정하여 인적자원으로 개발하여야 한다.

## 4. 교육훈련의 내용결정

### 1) 교육훈련 내용의 의의

기업은 교육훈련의 내용을 결정하기 위해 필요성분석을 해야 한다. 필요성분석은 식별된 구체적인 작업결함, 고객의 선호와 관심 등에 근거하여 수립된다. 즉 기대되는 성과에 대한 기술(記述), 기대되는 성과가 발생하는 조건, 수용 가능한 성과수준에 대한 기준[12] 등이 포함되어야 한다.

기업의 교육훈련 내용은 역량 및 기술 등 '전문역량의 향상', 직업의식이나 책임의식 등 '태도능력(근로의욕)의 개발'로 구성되어 있다.

기업의 교육훈련 방법은 앞에서 언급한 교육훈련 내용의 두 요인이 현재시점에서 부족

---

12) R.F. Mager, 1984.

하다고 인정되면 단기적 대응을 위해 '단기적응교육훈련'(예; 의욕개발일 경우 동기부여)을 실시하여야 하고, 미래일정시점에서 부족하다고 생각하면 장기적 대응을 위한 '장기발전교육훈련'(예: 의욕개발일 경우 태도변화교육)을 실시하여야 한다.

교육훈련프로그램은 다음 사항을 고려하여 결정하여야 한다.

첫째, 교육훈련프로그램은 훈련목표와 해당 주제의 '정보베이스'에 의한 내용으로 결정하여야 한다. 교육훈련의 내용이 특정 직무에 한정되어 있을 경우 직무기술서나 직무명세서가 기준이 될 것이고, 광범위하게 실시할 경우 보편적 원리에 근거하여 결정하여야 한다.

둘째, 교육훈련프로그램은 실무에 있어서 타당성이 높은 내용과 법적 요건에 부합된 내용으로 결정되어야 한다. 교육훈련 내용은 실무에서 내용타당성이 높을수록 효과적이라고 할 수 있다. 왜냐하면 내용 타당성이 높은 교육훈련은 중요한 사항이 누락되거나, 불필요한 사항이 포함될 개연성이 적기 때문에 '훈련의 전이(transfer of training)'가 높아진다.

셋째, 교육훈련프로그램은 훈련대상자의 수준에 적합한 내용으로 결정하여야 한다. 교육훈련은 피교육자의 이해력과 학습능력 수준에 맞도록 내용이 조정되어야 한다.

넷째, 교육훈련프로그램은 전반학습이나 부분학습 중에서 훈련대상자에 유리한 학습으로 결정되어야 한다. 전반학습(total learning)은 모든 학습내용이 전반적으로 동시에 전달되며 반복된다. 그러나 부분학습(part learning)은 학습내용이 소규모 단위로 분할되어 각 부분을 하나씩 학습한 후에 다음 단계로 넘어가게 된다. 일반적으로 부분학습이 선호되며, 특히 훈련내용이 복잡할 경우에는 더욱 필요하다.

다섯째, 교육훈련프로그램은 교육훈련을 실행한 후, 그 효과 여부에 대한 평가기준을 고려한 내용으로 결정되어야 한다. 교육훈련프로그램의 효과성 평가는 해당 프로그램이 달성하고자 하는 목적에 따라 이루어져야 하기 때문에 계획단계에서 미리 평가기준을 구체화시켜 놓을 필요가 있다.

## 2) 전문역량개발

### (1) 전문역량의 의의

종업원의 전문역량은 담당직무의 지식과 기술이 필요하다. 이 중에서 고차기능과 현장기술이 필요하다. 이를 [그림 9-9]와 같이 나타낼 수 있다.

그림 9-9 ┃ 지식·기능·기술의 구조

| | | | | |
|---|---|---|---|---|
| | 공학기술(이론) 및 실용기술 | | | 기술 |
| 지적숙련 | 형식지식 | 암묵지식의 체계화 | 현장기술 (모델화) | |
| | 암묵지식 | 기술적 기능 | 고차기능 | 기능 |
| | | 인지적 기능 | | |
| | 저차기능 | | | |

　종업원의 전문역량은 수평적 차원에서 과업의 다양화(과업의 범위), 수직적 차원에서 직무의 전문화(직무의 강도)를 의미한다고 할 수 있다. 즉 이를 수평적으로는 직무다양화의 확대정도, 수직적으로는 직무의 심화 정도로 하여 [그림 9-10]과 같이 나타낼 수 있다.

　다양전문화는 다기능 숙련화 혹은 기술적 숙련화라 할 수 있다. 종업원의 전문역량은 다양전문가로서 다기능 숙련화나 기술적 숙련화가 필요하다고 할 수 있다.

그림 9-10 ┃ 다기능숙련화의 직무특성적 모형

| 직무의 전문화 | 높음 | 과업의 수는 적고 전문성은 높음 (단순전문화) | 과업의 수는 많고 전문성은 높음 (다양전문화) |
|---|---|---|---|
| | 낮음 | 과업의 수는 적고 전문성은 낮음 (단순보편화) | 과업의 수는 많고 전문성은 낮음 (다양보편화) |

자료: 박성환, 1998, 824.

　종업원의 기술수준은 다음과 같이 정리할 수 있다.

　단기능은 1~2종의 기계를 사용하여 주어진 작업을 수행하는 직무이다. 이는 기계의 기본적인 원리나 사용방법에 대한 지식을 갖고 있다.

　단기능숙련은 1~2종의 기계를 사용하지만 경험이 많아 작업속도가 빠르고 높은 정밀도를 나타내며 준비나 정비까지 가능한 직무이다.

　다기능은 단기능보다 사용할 수 있는 기종이 많은 직무이다. 즉 고도의 정밀도는 요구되지 않지만 선반, CNC공작기계 등 각종기계를 사용함으로 그런 기계의 원리를 지식으로 습득해야 하는 것이다.

다기능숙련화는 통합적·포괄적인 작업에 대해 지적·기능적인 직무를 수행할 수 있는 체화된 능력이다. 다기능공이 경험을 축적함에 따라 정밀도가 높은 작업이나 작업준비가 가능한 직무이다.

기술적 숙련은 완성공으로서 충분한 경험과 기능을 갖고 기계의 조립, 각 부분의 작동구조 이해. 그 조정·제어 방법, 구성부품 등의 개요를 이해할 수 있는 기능의 보유, 자신의 전문 이외의 분야에 대해서도 광범위한 지식을 갖고 종합적인 능력을 필요로 하는 직무이다.

관리적 숙련은 기술적 숙련을 보유하고 모든 작업을 총괄할 수 있는 직무이다.

종업원의 직능계층별 숙련수준은 다음 〈표 9-3〉과 같이 정리할 수 있다.

**표 9-3  직능계층과 숙련수준**

| 계층 | 기능 | 직능 | 기술수준명 | 학력 |
|---|---|---|---|---|
| 작업총괄층<br>(manager) | 관리적 숙련 | 총괄 | 고급기술자<br>(senior engineer) | |
| 작업감독층<br>(supervisor) | 기술적 숙련 | 검사 | 기술자<br>(engineer) | 공대·대학원 |
| | 다기능 숙련 | 지도 | 중간기술자<br>(technician) | 전문대 |
| 작업층<br>(worker) | 다기능 | 개선 | 숙련공<br>(skilled worker) | 공고·직업훈련소 |
| | 단기능 숙련 | 정비 | 반숙련공<br>(semi-skilled worker) | 공고·직업훈련소 |
| | 단기능 | 조작 | 미숙련공<br>(unskilled worker) | 견습공 |

자료: 박성환, 1996, 37.

## (2) 전문역량개발의 내용

기업은 다음과 같이 그의 업무수행에 필요한 구성원의 전문역량을 개발하여야 한다.

계층별 교육훈련은 계층별로 실무층·감독층·중간관리층·경영층 교육훈련 내용을 개

**그림 9-11  기업의 계층별 교육훈련 내용**

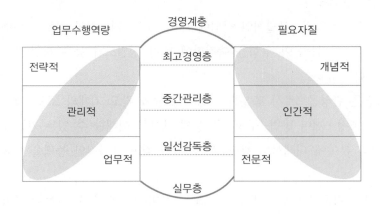

발하여야 한다.

직능별 교육훈련은 직능별로 생산·판매·인사·재무 교육훈련 내용을 개발하여야 한다.

계층·직능 유기적 교육훈련은 이 두 교육훈련을 상호 유기적으로 조화를 이룬 직무관련 교육체계를 개발하여야 한다. 이를 [그림 9-11]과 같이 나타낼 수 있다.

### (3) 전문역량개발을 위한 계층별 교육훈련

#### (ㄱ) 실무층 교육훈련

실무층은 기업의 최일선에서 일반 업무나 생산 업무 등을 처리하는 사무직·생산직 종업원을 말한다. 실무층은 한 구성원으로서 가져야 할 기본교양과 직무수행에 필요한 기술을 갖추어야 한다.

또한 실무층은 미래 기업의 주인공들이므로 각자의 분야에 알맞은 '전문지식과 전문능력' 개발을 위한 교육과 훈련이 각 분야에서 체계적이고 통합적으로 이루어져야 한다. 실무층의 교육훈련은 조직의 구성원으로서 기초적인 마음가짐과 장래의 관리자로서의 자질 그리고 적극적이고 협력적인 사회인을 육성하는 것이다. 실무층의 교육훈련은 업무를 원만히 처리할 수 있는 기능을 중심으로 한다.

#### (ㄴ) 감독층 교육훈련

감독층은 생산현장 또는 업무의 최일선에서 근무하는 생산직·사무직 직원과 일대일 접촉을 통해서 이들을 지휘하고 감독하는 계층이다. 즉 감독층은 중간관리자의 업무수행직능과 작업자의 실천직능을 연결시켜 주는 역할을 한다.

감독층의 교육훈련은 제조 및 생산과정에서 야기되는 문제를 포착하고 해결할 수 있는 실무가로서, 목표와 계획을 실천에 옮길 수 있는 응용가로서, 그리고 부하를 교육훈련시킬 수 있는 교육지도자로서 기술 분야에서 중요한 직책을 수행한다.

또한 감독층은 역량 및 기술을 보유하는 '전문가'로서의 역할뿐만 아니라 작업층의 지도와 관리 능력을 보유하고 있는 '일반관리자'로서의 역할이 요구된다. 감독층 교육훈련은 부하의 지도와 통솔, 그리고 관리역량이 확립되도록 교육 중심으로 실시하여야 한다.

### (ㄷ) 중간관리층 교육훈련

중간관리층 주로 인간관계적 능력을 통한 관리적 업무수행능력을 필요로 하는 계층이다. 중간관리층은 최고경영층의 업무수행 직능과 일선감독층의 실천직능을 연결해 주는 연결핀(linking pin)의 역할을 수행한다. 중간관리층은 최고 경영층에서 제시된 전반적인 목표와 방침을 구체화하여 부서차원의 목표를 만들고 이를 효과적으로 구현시키기 위해 현장관리층을 대상으로 부서의 업무를 지휘·감독하는 역할을 수행한다.

중간관리층 교육훈련은 구매·생산·마케팅·인사·재무 활동 등을 '지휘·감독'할 수 있도록 교육과 훈련 중심으로 실시하여야 한다.

### (ㄹ) 최고경영층 교육훈련

최고경영층은 기업의 업무수행에 핵심적 역할을 수행하고 전반적인 경영활동에 대한 지휘·감독을 총괄하는 계층이다. 최고경영층은 환경변화에 따른 기회와 위협요인을 파악하고 그것들과 내부자원들을 연결시키는 고도의 전략업무를 수행한다.

최고경영층 교육훈련은 주로 개념적 능력을 통한 '정책 및 전략적 의사결정'의 교육 중심으로 실시하여야 한다.

### (4) 전문역량개발을 위한 직능별 교육훈련

직능별 교육훈련은 수평적으로 분화된 형태이다. 기업의 직능별 교육훈련은 생산시스템·마케팅시스템·인사시스템·재무시스템 등을 주요 활동영역으로 하고 있다.

직능별 기술축적은 기술축적을 목적으로 한다. 지금까지 기업의 기술축적이라고 하면 대부분 생산부서에서만 강조되어 왔다. 그러나 기업의 기술시스템 발전에는 마케팅·인사·재무부서 등에서도 기술축적이 필요하다. 이들 부서는 조직의 경영성과제도에 필요한 관리시스템이므로 이들 시스템이 발전되어야 기업이 계속 성장할 수 있다.

### 3) 태도능력(근로의욕) 개발

#### (1) 태도능력의 의의

태도는 어떤 사람이나 사물, 사건에 대하여 긍정적이거나 부정적인 방식으로 반응하려는 개인의 선유경향(先有傾向, predisposition)[13]이다. 즉 특정대상에 대하여 호의적이거나 비호의적이거나 하는 평가적으로 반응하려는 마음의 준비상태이다.

태도는 가치관에 많은 영향을 받는다. 태도는 특정 대상에 반응하는 구체적 개념이고 가치관은 보다 포괄적이고 광범위한 개념이다. 따라서 가치관을 변화시키는 것은 매우 어렵다. 따라서 태도능력 교육훈련은 종업원의 가치관을 변화시키는 것이 더 중요하다.

가치(value)는 어떤 특정한 행동양식이나 존재 목적이 다른 행동양식이나 존재 목적 보다 개인적으로 또는 사회적으로 더 바람직하다고 생각하는 지속적인 믿음 혹은 신념을 말한다.[14][15] 가치는 개인의 선호에 바탕을 둔 선택된 규범을 의미하고, 무엇이 옳고 그르며, 또한 무엇이 바람직한지에 대한 개인의 판단적 요인도 포함된다. 좁은 의미에서 가치는 어떤 상품의 값어치를 지칭하기도 하지만, 어떤 사물에 대한 의미(의의)나 중요도 또는 선호도를 의미하기도 하지만, 넓은 의미에서 사물·행동·사건 등에 갖추어졌거나 주어진다고 생각되는 값어치를 의미한다. 즉 어떤 개인이나 단체가 어떤 것에 대해 아주 가치가 있다고 하는 것은 그것에 대해 그나 그들의 '혼'이 담겨 있는 것을 의미한다.[16]

가치관은 가치를 보는 관점이라 할 수 있다. 가치관, 즉 생각은 사람의 본질이다. 사람은 자신의 가치관, 즉 생각에 따라 움직이는 존재다.[17] 사람의 가치관의 핵심은 사람의 존재이유, 살아가는 데 중요한 것, 그리고 앞으로 되고자 하는 모습이고, 그것은 바로 사람의 혼이다. 이것은 선비정신[18] 같은 것이다. 가치관이 뚜렷한 사람은 혼이 살아 있게 된다. 기업이나 그의 모든 직원들도 가치관을 공유하면, 그들 모두에게 혼을 불어 넣을 수 있다.[19] 가치관이 정립된 기업은 임직원들의 의식구조부터 다르다. 그들은 모두 기업의 존재

---

13) Schermerhorn et al., 2000, 75.

14) Rokeach, 1979.

15) 문화적 가치는 동전의 양면(+, −)과도 같은 특징이 있는데, 예를 들면 악과 선, 더러움과 깨끗함, 흉한 것과 아름다운 것, 불합리와 합리 등으로 표현되는 것을 뜻한다(한창혁, 2011, 7)

16) 박성환, 2013, 101.

17) 전성철, 2012, 25~26.

18) 선비정신은 맑음의 정신이다. 즉 자기 수양 위에서 공동체에 헌신하는 수기치인(修己治人)의 자세로 자신에게는 엄격하고 남에게는 관대한(자기는 낮추고 남은 높이고 공손하게 대우하며, 자기 안위보다 남의 안위와 공동체의 안위를 생각하는) 박기후인(薄己厚人)의 태도, 인정과 의리, 이성과 감성의 조화를 이루는 품격이다(정옥자, 조선일보, 2012.9.21, A 27).

19) 전성철, 2012, 47.

이유(사명), 판단과 실행의 중요 기준(핵심가치), 그리고 꿈(비전)에 대해 공통된 생각을 하게 된다.20)

### (2) 태도능력 개발의 내용

종업원의 근로의욕은 기업은 모든 종업원들의 전문 지식과 능력도 중요하지만, 근로의욕도 개발하여야 한다. 종업원의 근로의욕 교육훈련은 계층별(실무층·감독층·중간관리층·경영층)과 직능별(생산·판매·인사·재무) 등 두 차원에서 실시해야 하지만, 이것은 사실 어려우므로 통합하여 실시해야 한다.

근무의욕의 유형은 직무만족, 직무몰입, 조직몰입 등이 있다.

직무만족(job satisfaction)은 개인의 직무 또는 직무경험으로부터 얻어지는 만족 또는 긍정적인 감정상태의 정도를 의미한다.21) 직무만족에 대한 초기연구에서는 직무만족이 사기 앙양에는 정(+)의 영향을 주지만, 직무만족과 성과와의 상관관계에는 정(+)의 영향이 있다는 연구도 있고 부(-)의 영향이 있다는 연구도 있었다. 그러나 최근까지의 연구 결과들을 종합해 보면 직무만족은 기업의 성과에 정(+)의 영향을 준다는 것이 실증적으로 증명되고 있다.22)

직무관여(job involvement)23)는 구성원이 자기가 맡은 직무에 대하여 열중하는, 즉 몰입하는 정도를 의미한다. 직무몰입은 노동성과에 대해 실질적으로 많은 영향을 주고 있다.24)

조직몰입(organizational commitment)은 조직의 목표와 가치관의 수용, 조직을 떠나지 않으려는 애착, 조직에 충성하고 공헌하려는 의지 등의 감정상태를 의미한다. 조직몰입은 직무수행에 영향을 주는 요인이다.

조직몰입의 유형은 직업의식과 조직의식이 있다. 직업의식은 종업원이 같은 종류의 직업에 대하여 가지는 자각적(自覺的) 의식이고, 조직(기업)의식은 고유한 조직(기업)의 존재 의미·전통 및 실태를 이해함으로써 그 조직에서 주어지는 자기의 역할이나 대우에 대해서 만족하고, 자발적·적극적으로 전체의 목표달성에 노력하는 의식이다.

---

20) 전성철, 2012, 53.
21) Locke, 1979.
22) Harter J.K. et al., 2002, 268-279; Koys, D.J., 2001, 101~114; Batt, R., 2002, 587~597.
23) 직무몰입은 개인특성, 과업특성, 조직특성에 영향을 받아 형성되며, 직무만족·결근율·이직률·성과에 영향을 미치고 있다.
24) Siegel, P.A. et al., 2005, 13~25.

조직몰입의 단계적 개발은 관심단계(concern), 호감단계(a good impression), 애정단계 (affection), 열정단계(passion)로 나타낼 수 있다. 따라서 기업은 종업원들을 직무나 조직에 몰입시킬 수 있도록 어떻게 계발(啓發)시켜 나아가느냐 하는 것이 교육훈련의 주요과제이다.

### 4) 기업의 통합교육훈련과정

기업은 종업원의 '전문지식 및 전문능력향상'과 '태도능력(근로의욕) 개발'의 통합적 교육 훈련을 위해 필수인력교육훈련과정, 핵심인력교육훈련과정, 선택인력교육훈련과정으로 나 누어 실시하고 있다.

#### (1) 필수인력교육훈련과정

기업의 필수인력교육훈련과정은 신입사원부터 임원진에 이르기까지 모든 사원들이 필수 적으로 이수해야만 하는 교육훈련과정이다. 이에는 기본리더, 중견리더(대리급), 핵심리더 (과장급), 미래임원(부장급), 신임우수임원(임원) 육성의 과정으로 이어진다. 기업의 필수교 육에 따른 각 단계별 전문가 양성과정을 설명하면 [그림 9-12]와 같다.

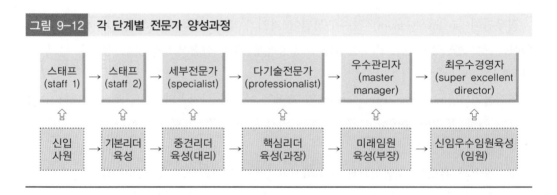

그림 9-12  각 단계별 전문가 양성과정

#### (2) 핵심인력교육훈련과정

기업의 핵심인력양성과정은 대리급부터 임원진에 이르기 까지 교육훈련으로 핵심인력을 양성하기 위한 교육훈련과정이다. 따라서 기업은 부문별로 대리급의 세부전문가(specialist) 에서 신임우수임원의 최우수경영자(super excellent director)에 이르기까지의 교육훈련과정 이다. 예를 들어 마케팅 부서의 핵심인력 양성과정을 설명하면 [그림 9-13]과 같다.

| 그림 9-13 | 핵심인력의 양성과정 |

주: 마케팅 코스: 사전학습, 기간확대, 수료자 사후관리 등의 보완점 강구
    브랜드 코스: 마케팅 코스 수강자 중 발탁, 격년제 개설

### (3) 선택인력교육훈련과정

기업의 선택인력교육훈련과정은 신임사원에서 임원진에 이르기 까지 모든 사원들이 선택적으로 이수할 수 있는 교육훈련과정이다. 예를 들어 태평양(주)의 선택인력교육훈련과정은 고객 지향, 팀웍·협력, 혁신, 계획·조직화, 성과지향, 학습, 정보수집과 분석, 전략적 사고, 신뢰성, 설득력, 비전공유, 팀웍개발, 성장지원, 인재관리 등 14개의 역량개발로 이루어져 있다. 사원들은 이 과정들 중 자신의 필요에 따라 선택하여 교육을 받을 수 있다.

## 5. 교육훈련의 실시자 결정

### 1) 교육훈련실시자의 의의

교육훈련에는 교육훈련담당자(인사부)와 교육훈련실시자(강사)가 있다.

교육훈련담당자(인사부)는 먼저 교육훈련대상자(피교육자)가 직무를 수행하면서 실시하도록 할 것인가(OJT), 혹은 직무를 그만두고 실시하도록 할 것인가(Off-JT)를 결정한 후 교육훈련실시자(강사)를 선정하고, 그에게 교육훈련 내용을 통보하여야 한다.[25]

교육훈련자는 근본적 요건과 전문적 요건을 갖추어야 한다.

교육훈련실시자가 갖추어야 할 근본적 요건'은 다음과 같다. ① 교육훈련실시자는 가르치는 일에 흥미와 열의를 가져야 한다. 즉, 부하성장을 자기의 보람으로 생각하는 사람이 이상적이다. ② 훈련과정에 있어서 피교육자의 학습속도가 지연되는 일을 이해해 주고 인내심을 가지고 가르칠 뿐만 아니라, 힘차게 격려할 수 있어야 한다. ③ 훈련의 내용을 이해하기 쉽게 전달할 수 있는 역량이 있어야 한다.

---

25) 兼子宙, 1985, 23~31.

교육훈련실시자가 갖추어야 할 '전문적 요건'은 다음과 같다. ① 전문적인 지식과 기능을 보유하여야 한다. ② 교육훈련의 기법을 터득하고 있어야 한다. ③ 교육훈련에 대한 사명감을 갖고 일반지도력·생활지도력 등을 보유하여야 한다. ④ 교육훈련의 '기술'보다 '소양'을 더 중시하는 추세이므로 이를 보유하여야 한다.

교육훈련실시자의 교육훈련 실시는 다음과 같다.

첫째, 교육훈련실시자는 교육훈련담당자와 서로 논의하여 교육훈련 기법을 결정하고, 도구 즉 훈련교재를 마련한다.

둘째, 교육훈련실시자는 기업의 의도와 종업원의 실태와 욕구를 감안하여 교육훈련내용을 정하고, 이에 맞는 교육훈련기법을 사용하여 피교육자를 교육시킨다.

이와 같이 기업은 교육훈련의 성공을 위해 교육훈련담당자(인사부)와 교육훈련실시자(강사) 그리고 피교육자가 삼위일체되도록 노력해야 한다.

## 2) 교육훈련 실시방식

기업의 교육훈련 실시방식은 다음 세 가지로 구분할 수 있다.

### (1) 직속상관교육훈련

직속상관교육훈련은 피교육자의 직속상관이 직접 실시하는 방식으로 직무현장 교육훈련(OJT: On the Job Training)이라고도 한다. 직속상관교육훈련은 피교육자가 현재 부여받은 직무를 그대로 수행하면서 직장의 상사 내지 선배동료로부터 제반 교육내용을 지도받는 방법이다. 직속상관교육훈련은 물론 스탭의 지원을 받는다.

OJT의 바람직한 전개방향은 다음과 같다. ① 상사의 지도, ② 보조자(후임자, 대행자)의 투입, ③ 특별과업의 지도, ④ 직무순환(job rotation), ⑤ 복식경영(multiple management) 등의 기법 등이 사용된다.

### (2) 외부전문가교육훈련

외부전문가교육훈련은 교육훈련담당 전문스탭의 책임하에 실시하는 방식으로 직무현장외 교육훈련(Off-JT: Off the Job Training)이라고도 한다. 외부전문가교육훈련은 피교육자가 하던 일을 멈추고 기업 내·외에서 실시하는 교육훈련에 참가하는 방법이다. 이 외부전문가교육훈련은 기업 내에 있는 양성소나 연수원 등과 같은 교육훈련시설을 통하여 '외부전문가'가 실시하는 경우가 가장 많고, 기업외의 전문 훈련기관에 위탁하여 실시하는 경우도 있다. 또한 외부전문가교육훈련에는 종업원 개인의 세미나 참석과 정기적 내지 비정기적 강습회나 강연회의 참석 등도 포함된다. 따라서 이는 외형적으로 볼 때, '집합교육'의 성격을 갖는다.

Off-JT의 특성은 현장의 작업과 직접적인 관련은 적지만, 일반적인 직무에 대한 사고방식이나 작업의 개선방식 및 인간관계의 중요성 등을 교육시킬 수 있다. Off-JT는 일방적 교육훈련보다 상호작용적 교육훈련기법이 학습효과도 높고, 기업의 성과를 향상시킬 수 있다.

Off-JT는 일선 종업원들에게 실시하는 도입교육과 기초교육훈련, 감독자에게 실시하는 TWI 교육, 중간관리자에게 실시하는 MTP 교육, 최고경영자에게 실시하는 AMP 교육,26) 전체 종업원에게 실시하는 조직개발(organizational development) · 샌드위치 코스시스템 · 자기개발 등이 있다.

Off-JT는 현장작업과 관계없이 예정된 계획에 따라 훈련할 수 있다는 장점이 있으나, 교육훈련 내용을 바로 현장에서 활용하기 어렵다는 단점도 있다.

### (3) 자기개발

오늘날과 같이 기업의 환경이 급변하는 상황에서 종업원들은 종신고용보다 종신직업을 더 필요로 하고 있다. 따라서 개인의 자기개발은 생애교육(life time education) 차원에서 그 중요성이 더해가고 있다. 기업은 개인의 역량을 개발할 수 있는 분위기 형성과 체계적인 지원을 강구하여야 한다.

자기개발(SD: Self-Development)은 자신의 책임 하에 자기의 이해와 평가로 자기 성장을 위하여 자주적으로 노력하는 방식이다.27) 자기개발은 기업으로부터 경비 등의 도움을 받든지, 순전히 자기의 경비로 하든지 간에 본인의 지식과 능력수준의 향상 및 그의 목표달성을 위해 연습과 학습을 하는 과정을 의미한다.

기업은 개인이나 조직이 경쟁력을 확보하기 위해 일방적인 회사 주도형 교육보다 학습자가 선택과 집중으로 자기 주도형의 교육체계 구축이 필요하다. 학습자 주도형 교육이 효율적으로 추진되기 위해서는 ① 연차별 사전 교육과정의 개설 및 안내 ② 학습지원 시스

---

26) TWI(Training Within Industry)는 직장을 조직적 · 합리적으로 훈련시키기 위해 작업지도, 작업개선, 작업관계 등을 지도한다. MTP(Management Training Program)는 경영원리와 관리기술을 훈련시키기 위해 토의가 중심이 되고, 강의 · 실습 등을 함께 실시한다. AMT(Advanced Management Program)는 경영에서 나타나는 결함을 시정하기 위해 토의를 중심으로 교육을 실시한다.

27) 자기계발(自己啓發)은 기업에서 추천도서 · 강좌의 소개 · 알선과 경비지원 등의 도움을 받아 슬기와 재능을 스스로 깨우쳐 나가는 방법이고, 자기개발(自己開發)은 자발적으로 이해하고 창의를 북돋아 자조심(自助心)을 불러일으키며 순전히 자기 경비로 실시하는 교육방법이다. 기업은 전자를 1단계, 후자를 2단계로 교육훈련을 실시하는 것이 바람직하다.

템의 구축 ③ 인사담당자와의 연계가 선행되어야 한다.

### 3) 교육훈련의 수행방식

교육훈련의 수행방식은 앞에서 설명한 바와 같이 직속상관교육훈련(OJT), 외부전문가교육훈련(Off-JT), 자기개발(SD) 등이 있다. 이 방식들은 각각 특성을 지니고 있을 뿐만 아니라, 상호유기적인 관계를 가지고 있기 때문에 서로 조화를 잘 이루도록 해야 한다. OJT는 제 1차적인 책임자는 직속상관인 라인이지만, 스탭의 적극적인 지원을 받아야 한다. Off-JT는 제 1차적인 책임자는 외부전문가인 스탭이지만, 라인의 적극적인 지원을 받아야 하고, SD도 제 1차적인 책임자는 본인이지만, 스탭과 라인의 적극적인 지원을 받는다.

## 6. 교육훈련의 기법선정

교육훈련은 교육훈련실시자가 교육훈련기법들을 적절히 활용하였을 때, 그 효과를 높일 수 있다. 따라서 교육훈련실시자는 교육훈련의 내용을 명확히 한 후, 이에 가장 잘 부합하는 적절한 교육훈련기법을 선택하여야 한다. 교육훈련기법의 선정은 피교육자의 수, 예산·시설 및 기자재의 가용성(예를 들면, 컴퓨터, 오디오 시스템 등), 그리고 교육훈련자의 경험 등에 의해 제약을 받는다.

기업의 계층별 교육훈련기법은 다음과 같다. 이 교육훈련기법의 구분은 반드시 해당 계층에만 사용되는 것이 아니라, 주로 해당 계층에 많이 사용되고 있다는 의미이다.

### 1) 신입사원 교육훈련기법

신입사원 교육훈련은 신입사원에게 조직을 이해시키고 조직의 새로운 경험에 대한 충격을 완화시킴으로써 빠르게 적응할 수 있도록 도와주는 기법이다.

#### (1) 조직사회화프로그램

조직사회화프로그램은 '신입사원'을 대상으로 한 교육훈련형태이다. 이 프로그램은 입사 초기에 조직을 이해하고 배우게 하여 조직에 대해 잘 적응하도록 하는 형태이다. 조직사회화프로그램은 기본적으로 종업원을 조직에 잘 적응할 수 있도록 돕고, 해당 직무분야에서 열심히 일할 수 있는 여건 조성에 교육훈련의 초점을 둔다.

### (2) 멘토시스템

멘토(mentor)는 경험이 많은 연장자이다. 멘토는 이미 조직에서 터득하였던 지혜와 경험을 후배, 동료나 신입사원에게 전해주는 사람이다.

멘토시스템(mentor system)은 멘토가 신입사원, 후배, 동료에게 그의 지혜와 경험을 지도하는 교육훈련형태이다. 멘토시스템은 신입사원이 조직이나 직무의 수동적인 적응단계를 넘어 경력개발이라는 적극적인 자세로 전환하도록 지도하여 성장을 유도하는 교육훈련체계이다. 멘토시스템은 신입사원에게 조직과 직무에 관한 정보를 제공하면서 심리적 상담 및 지원활동을 하기도 하고, 조직에서 신입사원의 존재를 과감히 인식시키며 조직적으로 개입하는 기능도 한다.

### (3) 강의법

강의법(lecture method)은 교육훈련의 여러 기법 중 가장 오랜 전통을 가지고 있다. 강의법은 강사가 구두로 설명하면서 참가자들에게 요점을 이해 및 학습시키는 교육훈련형태이다. 강의법은 지식이나 어떤 문제를 해결하는 과정 및 방법 등을 설명하면서 기업의 목표, 목표달성에 대한 조직의 역할과 수단, 조직의 협동심, 종업원의 태도와 의욕 등을 가르친다.

강의법의 장단점은 다음과 같다.

강의법의 장점은 ① 많은 정보의 제공, ② 폭넓은 지식의 제공, ③ 경제적인 훈련 가능, ④ 학식에 대한 영감적인 모델제공 등이 있다.

강의법의 단점은 ① 아주 훌륭한 강사 선택의 어려움, ② 피교육자의 자질 등 능력 차이에 따른 지도의 어려움, ③ 적극적인 학습의욕 유발의 어려움, ④ 피교육자들의 행동에 대해 피드백하기 어려움, ⑤ 교육훈련의 관리에 피교육자 참여의 어려움 등이 있다.

### (4) 시청각법

시청각법은 시청각 교구(敎具)를 사용하여 교육훈련을 실시하는 형태이다. 이 기법은 감각에 호소하는 방식이므로 교육내용이 오래 기억될 수 있고, 현상을 생생하게 지도할 수 있다. 시청각법은 훈련방법이라기보다는 훈련내용을 제시하는 학습형태이다.

시청각법은 전문적인 지식을 일방적으로 전달하려고 할 때, 입직훈련에서 회사의 제품이나 공정을 가르칠 때, 먼 곳에 있는 판매원에게 정보를 알릴 때, 복잡한 기계의 조작 등을 지도할 때 효과적이라는 장점이 있다. 그러나 시청각법은 경비가 많이 들고, 내용이 고정화되는 단점이 있다.

## 2) 실무층 교육훈련기법

실무층 교육훈련은 중견사원 및 초급관리자를 대상으로 하는 기법이다. 이 기법은 실무층의 기본 역량을 육성하기 위해 '직무현장교육'(OJT)과 '분야별 교육훈련'으로 실무기초능력을 배양하는 방식이다. 실무층에는 사무직과 작업직이 있다. 특히 작업직은 작업자의 지식이나 능력의 수준에 따라 미숙련 작업자(unskilled worker), 준숙련 작업자(semi-skilled worker), 숙련 작업자(skilled worker)로 구분되고 있다.

### (1) 실습장훈련

실습장훈련은 실습장을 갖추고 훈련대상자에게 주로 기능(skill)을 전수시키는 형태이다. 실습장훈련은 일의 순서나 조직을 이해시키기 위하여, 현장에서 실제로 사용되고 있는 재료나 기계로 실습한다.

실습장훈련은 훈련생들이 일에 흥미를 가지고 기능을 완전 마스터할 수 있고, 일의 내용을 쉽고 빠르게 습득할 수 있는 등의 장점이 있다. 그 반면 훈련생의 관리에 어려움이 있고, 훈련생이 다수일 때 적합하지 못하며, 비용이 많이 들고 잔일이 많다는 단점이 있다.

### (2) 도제제도

도제제도는 중세의 길드(guild)에서부터 내려온 제도이다. 도제제도는 스승이 한 제자에게 오랫동안 그의 재능을 전수(傳授)시켜 후계자로 양성하는 체험학습의 교육훈련형태이다. 이 제도는 일정기간 동안 작업장에서 상사 내지 선배동료로부터 기능과 기술을 배우고, 직장 외의 일정한 장소에서 강의로 배우기도 한다. 이 제도는 전통적으로 공예, 용접, 배관, 목공 등에서 주로 사용되어 왔다. 교육기간은 일반적으로 3-4년 소요된다.

독일은 국가나 사회차원에서 설립된 직업학교가 회사와 계약에 따라 취업 전 약 3년 반동안 이론교육을 받고, 회사에 들어 와서 실무교육을 받는 이중 도제제도(dual-apprenticeship system)를 실시하여 기업의 생산성 향상에 기여하고 있다. 또한 취업 후 성인 근로자들의 재훈련을 지원하기 위해 기업차원에서 체계적으로 교육훈련을 실시하는 제도인 바우처(Voucher) 시스템도 있다.

### (3) 직업학교훈련

직업학교훈련은 훈련대상자를 직업학교에 파견하여 기능과 기술을 배우게 하는 교육훈련형태이다. 이 훈련은 우수한 교육훈련실시자(강사)에 의해 교육을 받으므로 학습효과가 높아지는 장점이 있다. 그러나 교육훈련의 내용이 기업의 실무와 연결되지 못할 수도 있다는 단점이 있다.

### (4) 프로그램학습법

프로그램학습법은 특정 주제에 대한 질문과 정답이 제시된 자료를 제공하고, 이를 바탕으로 스스로 학습을 진행하고 처리하는 교육훈련형태이다. 프로그램학습법은 주로 컴퓨터나 학습기자재를 사용하여 구체적인 지식이나 기술을 학습하는 방식이다.

프로그램학습법은 피교육자가 주어진 프로그램에 따라 학습을 진행해 나가면서 주기적으로 교육실시자와 토의하는 특성이 있다.

프로그램학습법은 개인의 능력수준에 따라 교육을 진행시킬 수 있어서 지식교육에 특히 효과적이다. 그러나 최근에는 정보기술의 발전으로 점차 웹중심의 교육훈련으로 대체되고 있다.

### (5) 웹중심 교육훈련

웹중심 교육훈련(web-based training)은 인터넷에 의한 공개 컴퓨터네트워크나 인트라넷에 의한 사적 컴퓨터 네트워크를 통해 제공되는 교육훈련프로그램 형태이다.[28]

웹중심 교육훈련은 교육훈련프로그램들 간의 상호연결을 통하여 교육훈련 자원의 범위를 대폭 확대시켜 교육훈련의 효과를 높일 수 있고, 피교육자들의 학습경험을 상호 교환할 수 있도록 데이터베이스(database)화함으로써 조직의 지적자원(intellectual capital)을 구축할 수 있는 특성이 있다.

웹중심 교육훈련은 원격 교육훈련과 같이 분산된 피교육자들의 학습시간, 학습진행속도, 교육프로그램의 선정 등을 그들 자신이 할 수 있게 함으로써 경제적이고 유익한 교육훈련을 받을 수 있는 기회를 제공하고 있다. 또한 교육실시자와 피교육자, 그리고 피교육자들 간의 정보와 경험의 교환은 물론, 학습결과의 피드백을 통하여 학습효과를 증진시킬 수 있다.

웹중심 교육훈련은 교육실시자와 피교육자, 그리고 피교육자들 간에 주로 인트라넷을 통한 단순한 커뮤니케이션 수준에서부터 특정 교육훈련프로그램을 중심으로 한 높은 수준의 커뮤니케이션과 학습 상호작용에 이르기까지 다양한 형태가 있다.

### (6) 역할연기법

역할연기법(role playing)은 모레노(Moreno)가 고안한 심리적 교육훈련형태이다. 역할이

---

28) D. Glener, 1996.

란 '기대되는 행동패턴'이다. 역할연기법은 현실에 가까운 모의장면을 설정하여 교육 참가자에게 특정의 역할을 연기하도록 함으로써 역할을 습득시키거나, 현실에 당면한 주체성이나 문제해결능력을 체험하도록 하는 학습형태이다. 다시 말하면, 이 기법은 인간관계에 대한 태도의 개선과 기술의 향상을 위한 방안으로 활용된다. 즉 예절, 대인관계의 통찰력, 작업의 기본동작, 기능의 체화, 문제해결력 등이 있다.

역할연기법 교육훈련은 다음 세 단계로 진행된다.

· 준비단계: 전체적 토의를 거쳐 목적, 장면, 역할 등을 이해한다.
· 연기단계: 리더의 지시에 따라 주역과 상대역을 선정하고 연기한다. ㉠ 서로 주의를 끌게 한다. ㉡ 상대방과 의사소통을 한다(상대방 입장인식). ㉢ 내가 상대방을 이해하고 승인하며, 상대방도 나를 이해하고 기대하는 것을 안다(자기의 역할범위 내의 행동기능을 인식하고 자유롭게 행동함).
· 반성단계: 자신을 통찰하고 연기를 통해 자기 태도를 반성하며 따뜻한 마음으로 비판한다.

종업원은 역할연기를 통해 상대방의 입장과 행동배경을 이해하고, 자신이 맡은 역할에 어울리는 행동을 할 수 있게 된다. 그리고 자기에게 기대하고 있는 일을 충실히 할 수 있게 된다.

### (7) 행동모델법

행동모델링(behavior modeling)은 교육실시자가 어떤 상황에 대해 가장 이상적인 행동을 피교육자에게 제시하고, 피교육자는 이 행동을 이해하고 그대로 모방하도록 함으로써 '행동변화'를 유도하는 교육훈련형태이다. 행동모델법은 대인간의 바람직한 행동이 체화될 수 있는 가장 효과적인 방법으로 중간관리자의 교육훈련에 많이 사용된다. 행동모델링은 상대 직위와의 역할을 바꾸어 가면서 실시하므로 해당 직위에 대해 간접 체험할 수 있다.

행동모델법의 교육훈련 순서는 다음과 같다.

먼저, 비디오를 통해 대인관계의 기본 에티켓과 매너를 피교육자들에게 보여 준다. 이때 실습할 수 있는 장소와 행동모델에 필요한 비디오테이프 등이 필요하다.

그 다음, 피교육자가 행동모델대로 상대와 함께 실습을 하고 동료들과 토론하면서 행동변화를 유도한다. 상사와 부하 간의 예절에 관한 행동모델링의 경우 이와 관련된 비디오를 보고 상사와 부하의 역할을 바꾸어 가면서 그대로 실습하고 토론으로 문제점을 찾아내어 행동변화를 유도한다.

### (8) 중견이사회법

중견이사회법(junior board of directors)은 관리자 내지 관리자의 길을 걸을 예정인 종업원을 대상으로 모의 이사회를 구성하여 조직전반에 대한 지식을 향상시키기 위한 교육훈련형태이다. 기업내 하위관리자 및 평사원 중 12~16명을 선발하여 모의 이사회를 구성한다. 여기에 참가하는 구성원들은 여러 부서에서 오게 된다.

중견이사회는 중견이사들이 조직구조와 전략, 그리고 부서 간 갈등문제와 같이 최고경영층 수준에서 결정되고 있는 사안들을 검토하고 바람직한 해결방안을 권고하는 기능을 한다. 중견이사회는 정기적(예: 월 1회)인 부서장들과의 만남을 통해 인간적 유대감을 비롯해 실제 부서 간 조정문제를 해결하는 데 중점을 둔다.

중견이사회법은 조직전반에 대한 지식을 획득하는 데 효과적이지만, 여기에서 제시된 문제점 때문에 실제 해당부서가 곤경에 빠질 수도 있다.

### 3) 관리층 교육훈련기법

관리층 교육훈련은 중간관리층과 최고경영층을 대상으로 한 기법이다. 중간관리층 교육훈련은 인간관계적 자질과 관리적 의사결정, 최고경영층 교육훈련은 개념적 자질과 정책 및 전략적 의사결정에 대한 교육훈련이 중시되고 있다.

### (1) 인 바스켓훈련

인 바스켓은 '미결재 서류를 넣는 상자'를 의미한다.

인 바스켓훈련(in-basket exercise)은 훈련참가자들이 관리자가 되었다는 가정 하에 미결재 서류함에 들어있는 편지·메모·보고서·신청서 등의 서류를 해결하도록 함으로써 문제해결에 대한 지식 및 능력을 개발하는 교육훈련형태이다. 다시 말하면 인 바스켓 훈련은 훈련참가자들에게 제시된 여러 사안들을 일정 시간 내에 처리하게 하여, 그가 이를 어떤 순서에 따라 어떻게 판단하고 결정하며 실행할 것인지를 평가하는 방식이다.

인 바스켓훈련은 문제파악력·의사결정력·상황판단력을 개발하는데 있다. 특히 인 바스켓훈련은 관리직의 등용과 승진을 위한 테스트에 사용되거나, 관리자의 통찰력·사고력·분석력·창조력 등과 인간관계의 기술을 향상시키는 데 사용되는 특성이 있다.[29]

인 바스켓훈련은 다음과 같은 순서로 실시한다.

---

29) J.P. Campbell, 1983, 190~191.

첫째, 훈련실시자는 피교육자들에게 미결재 서류함에 여러 사안이나 업무를 제시하고, 이를 주요 업무라고 생각하는 서열에 따라 신속하게 처리하도록 한다.

둘째, 훈련실시자는 피교육자들에게 관리자의 의사결정력을 높이기 위해 가상기업에 대한 정보를 제공하고, 문제를 해결하도록 한다. 가상기업의 경영상황, 즉 생산제품, 조직구조, 종업원 등에 대한 정보를 제공한 후, 문제를 해결하도록 한다.

셋째, 피교육자들은 주어진 과제에 대한 보고서를 작성한 후, 참가자들과 함께 결정과정에 대해 토론한다. 그리고 훈련실시자들로부터 평가와 피드백을 받는다.

### (2) 비즈니스게임

비즈니스게임은 실제상황을 가정하여 일어날 일을 모의적인 게임으로 체험하거나 이해함으로써 대응방법을 배우게 하는 교육훈련형태이다.[30]

비즈니스게임은 기업이 경쟁상황에서 피교육자의 올바른 의사결정 지식과 능력을 제고시키기 위해 개발된 형태이다. 따라서 비즈니스게임은 경영자의 교육훈련방식으로서 전략적 사고·과학적 분석·판단능력을 향상시키고, 한정된 범위에서 생산관리 방법·마케팅 전략·재무분석과 같이 조직에서 독특한 기능분야의 지식과 능력을 향상시키는 특성이 있다. 비즈니스게임은 일반적인 의사결정 기술을 가르치고(경영자 게임), 특별한 기업이나 산업에서 실제로 어떻게 운영되는가(기능자 게임)에 관한 정보를 제공하여 준다.

비즈니스게임의 순서는 다음과 같다. ① 5~6명을 소그룹으로 구성하여 회사 명칭을 붙인다. ② 각 그룹의 역할을 분담한다(예: 사장, 생산책임자, 재무책임자. 마케팅책임자, 재무책임자 등). ③ 리더는 다음 항목을 설명하고, 진행방법을 이해시킨다. 회사설립 자본금, 게임 1기(보통 3개월)의 월수입, 게임기의 길이(보통 40기), 공장의 생산능력, 판매지역, 제품의 종류와 코스트, 판매방법, 시장조사방법, 판매원 고용 등을 실시한다. ④ 보통 1기를 30분으로 하고 시간 내 심사원에게 제출한다. ⑤ 중간이나 마지막에 그룹별로 성적을 발표하고 강평을 한다.

피교육자들이 교육훈련을 통해 배운 사례를 실제로 적용할 수 있는 새로운 모델을 찾을 수 있다는 장점이 있다. 그러나 피교육자들이 게임을 통해 개발한 아이디어가 현실에 그대로 적용하기 어렵다는 단점이 있다.[31]

---

30) 田中久夫·田島伸浩, 1985, 65.
31) J.P. Campbell, 1983, 190~191.

### (3) 사례연구

사례연구는 기업 내에 일어났거나 일어나고 있는 현상적인 문제를 개인적 연구 및 집단적 토론을 통해 그 본질을 규명하고, 나아가 내재하는 원칙이나 이론을 이해함으로써 구체적인 해결법을 찾는 교육훈련형태이다. 사례연구는 참가자에게 기업 내의 관심사항을 비교적 간단한 사례 형식으로 제시하고, 그룹별 토론을 통하여 문제의 본질을 규명함으로써 문제해결능력을 향상시키는 형태이다.[32]

사례연구는 사례법과 사건과정법이 있다.

사례법(case method)은 경영전반에 걸쳐서 발생하는 문제의 해결과 의사결정의 방법을 배우고, 경험과 기술이 서로 다른 종업원들의 의견을 들음으로써 역량의 차원을 높이는 형태이다. ① 문제점은 무엇인가. ② 그 사실과 원인은 어디에 있는가. ③ 그 대책은 무엇인가의 순서로 사례를 분석·토의하면서 문제해결능력이나 상황 판단력을 높인다.

사건과정법(incident process)은 실제로 일어났던 사건을 사례로 제시하고, 그 배후의 어떤 사실에 대해 질문을 통해 수집하면서 문제를 해결하는 형태이다. 따라서 사건과정법은 피교육자들의 현황 파악력보다 문제해결의 능력향상에 목표를 두고, 다음과 같은 과정을 통해 문제해결 프로세스를 경험하도록 한다. ① 참가자 전원이 사건을 읽고 특정인의 입장에서 문제를 생각한다. ② 참가자들은 사례전체를 파악하면서, 핵심과 관련된 질문을 리더에게만 한다. 리더는 중요한 사항을 종합하여 참가자들에게 제공한다. ③ 해결할 문제가 어떤 것이며 당면문제가 무엇인지 참가자 전원이 당사자 입장에서 토의하여 결정한다. ④ 참가자 혼자서 문제를 해결할 수 있을 경우 문서로 작성하여 리더에게 제출한다. ⑤ 참가자 전원이 자신의 의견과 해결방법을 발표하고, 그 이유 등을 검토하는 반성회를 개최한다.

### (4) 행동을 통한 학습

행동을 통한 학습(action learning)은 버크(Burke)에 의해 창안된 교육훈련 형태이다. 행동을 통한 학습이란 1990년대에 발전되었고, 개인학습의 원리를 통해 문제를 해결하는 것보다 구성원들의 협동작업을 통해 문제를 해결함으로써 조직의 학습능력을 획기적으로 개선시킬 수 있는 행동위주의 교육훈련 형태이다. 즉 교육참가자들이 소규모 집단을 구성하여 팀워크를 바탕으로 실제문제(real problems)를 정해진 시간 내에 성찰(reflection)을 통해 해결하도록 하는 교육형태이다.

---

32) 田仲久夫·田島伸浩, 1985, 55.

행동을 통한 학습의 특성은 다음과 같다.

· 학습한 것을 실제로 활용하는 데 걸리는 시간을 획기적으로 단축시킨다.

· 개인과 집단의 실제 경험을 통해 역량을 향상시킨다.

· 교육훈련의 과정과 결과 모두를 강조한다.

· 과거에 해결할 수 없었던 문제에 대해 혁신적인 해법을 제시한다.

· 조직학습을 향상시킨다.

관리자의 수준 높은 역량은 주로 실제경험을 통해 이루어진다. 미국의 세계적인 관리자 교육훈련기관인 CCL사는 미국내 6개 대기업에서 성공한 관리자들에게 관리능력을 향상시킨 계기가 된 핵심사건(key events)을 진술해 달라는 설문을 하였다. 그 결과 관리자들은 '핵심사건의 현장경험(on the job experience)을 통해 배운다.'고 응답하였다. 관리자가 자신의 역량을 키울 수 있는 것은 업무와 관련된 중요한 사건을 경험하고, 이를 극복하는 과정을 통해 보다 성숙한 관리자로 발전해 나간다는 것이다.

행동을 통한 학습은 개인과 집단의 현장경험, 즉 일을 통한 학습(learning by working)이다. 행동을 통한 학습은 종업원들 자신과 자신이 맡은 직무에 대해 분석하고 점검하여, 자신의 가치·기본전제·신념과 태도를 인식하도록 하는 교육훈련형태이다. 관리자들은 매일매일 부딪치는 업무와 관련된 문제에 대해 실시간(real time)으로 해답을 요구하고 있다. 따라서 이들은 남이 손에 쥐어주는 해법보다 철저히 자신이 부딪쳐보고 거기에서 무엇인가 얻기를 기대하고 있다. 행동을 통한 학습이 현장 경험을 강조하는 이유는 이것이 '살아 있는 사례(living case)'로서 관리자의 리더십, 부하육성 능력, 문제해결 능력, 기회포착 능력 등을 스스로 알 수 있기 때문이다.

종업원들은 직접적인 현장경험만으로 실질적인 능력을 향상시킬 수 있는 것은 아니다. 종업원들은 유사한 상황에 처한 사람이나 동일 직종의 다른 조직관리자들로부터 경험을 전해 들음으로써 대리 경험을 쌓을 수도 있고, 그들과의 토론을 통해 보다 바람직한 문제 해결 방법을 배울 수도 있다. 행동을 통한 학습에는 통상적으로 PQR을 강조하는데, 기존에 당연시 여기던 지식(Programmed knowledge)에, 의문을 가하여(Questioning), 스스로 성찰(Refection)하게 한다는 점에서 문제해결에 효과적일 수 있다. 다만 행동을 통한 학습은 직접실천을 통한 학습이기 때문에 교육훈련시간이 많이 소요된다는 단점이 있다.[33]

---

33) 김영재 외, 2013, 346~351.

## 4) 조직의 교육훈련기법

조직의 교육훈련관리는 조직의 유효성을 향상시키기 위해 다음과 같이 종업원들을 교육훈련시키는 조직개발(OD: Organizational Development) 기법이 있다.

### (1) 감수성훈련

감수성훈련은 1946년 레빈이 개발한 이론이다. 감수성훈련은 자기 자신이나 상대방에 대한 정확한 이해의 결여로 인해 나타나는 개인 간의 갈등이나 마찰력을 해소함으로써 조직유효성을 향상시키는 형태이다. 감수성훈련은 보통 1그룹(T그룹)을 10명 정도로 구성하고, 이에 1명의 전문가를 배정하여 4~6일 정도의 합숙훈련을 실시한다.

감수성훈련의 전문가 역할은 다음과 같다. ① 훈련 집단을 리드하지는 않고 개방분위기를 확립하여 감정이나 표현을 정직하고 직접적으로 발표하도록 고무한다. ② 자신을 너무 노출시켜 어려운 입장이 된 참가자를 후원한다. ③ 참가자의 불공정한 비판이나 부당한 대우로부터 보호한다.

감수성훈련의 순서는 다음과 같다. ① 전문가는 참가자들에게 원하는 것을 말하도록 권장한다. ② 참가자들은 그룹의 대표를 선출하고, 각자의 본심을 이야기하며 상대방을 알려고 노력한다. ③ 참가자들은 자신의 말과 행동이 타인에게 어떤 영향을 미치는가에 대해 알고, 타인의 말과 행동의 배경도 이해한다.

감수성훈련의 특징은 다음과 같다. ① 개방을 강조한다. 참석자 자신의 감정을 직접적·공개적으로 표현하도록 권장한다. ② 즉각적인 피드백이 제공된다. 한 참가자가 감정을 표현하면, 다른 참가자는 즉시 자신의 의견이나 해석으로 응답한다.

감수성훈련은 자신의 감정에 대한 깊은 이해와 타인의 마음을 읽는 법을 배우는 효과가 있다. 그러나 이 훈련은 심리학적 전문지식을 갖추고 인간에 대한 이해능력이 뛰어난 강사를 구하기 어렵고, 비용이 많이 든다는 한계가 있다.

### (2) 그리드훈련

그리드훈련(grid training)은 관리격자이론(managerial grid)에 바탕을 두고 리더십 개발을 통해 조직유효성을 향상시키려는 조직개발기법이다. 이 훈련의 궁극적인 목적은 관리격자이론에서 이상적 리더로 평가받고 있는 '9.9형의 리더', 즉 과업과 인간관계 두 측면 모두에 높은 관심을 보이는 관리자가 되도록 고무하는 형태이다.

그리드훈련의 방법은 참가자들을 5~9명으로 하고, 각각 자기가 적용하고 있는 리더십

도구들을 적용한 후, 그 반응을 분석하여 피드백시킨다. 훈련실시자는 이를 바탕으로 기업의 발전과 구성원들의 욕구를 함께 이룰 수 있는 가장 효율적인 학습메커니즘을 마련한다.

그리드훈련의 순서는 다음과 같다.

① 그리드상에서 기업과 개인들의 현재 위치를 토론하고 평가한다. ② 앞 단계에서 얻은 정보를 활용하여, 9.9형에 도달하기 위한 구체적 계획을 수립한다. ③ 여러 집단 간의 갈등원인을 분석하고, 협력을 촉진시키는 방안을 강구한다. ④ 최고경영자는 토론을 통해 조직의 이상적 모델을 도출하고, 중간관리자들은 이 모델을 구체화하여 실현시키려고 노력한다. ⑤ 이 프로그램의 성공여부를 평가한다.

### (3) 근로생활의 질 향상 훈련

근로생활의 질 향상 훈련은 경영자는 전통적으로 기업의 성과(예: 이윤, 생산성, 능률)를 종업원의 만족(예: 기본욕구의 충족, 일의 즐거움)보다 중요하게 여겼다. 그러나 1960년 이후에는 생산성 및 능률과 일의 인간화 등 두 목표가 동시에 높아야 한다고 믿었다. 근로생활의 질 향상 훈련(QWL: Quality of Working Life)은 1960년에서 1970년 사이에 걸쳐 발전되었다. 이 시기의 경영자는 종업원들이 보다 많은 자유와 선택을 할 수 있도록 하였다. '일이 생활에서 우선되어야 한다.' '기업발전이 인생의 최고 목표다.' 등과 같은 기존의 사고방식이 변화하게 된 것이다.

QWL의 내용은 ① 보다 흥미 있고, 다양하며, 자율성이 있는 직무재설계 방법, ② 상·하급자간에 개방적이고 민주적인 방식으로 운영하는 방법, ③ 적정하고 공정한 보상관계의 설계와 운영방법, ④ 종업원이 기업의 주요 의사결정에 참여하고, 경영층의 정보를 그때그때 접하며 조직이 성취한 경제적 이득을 나눌 수 있는 산업민주주의(industrial democracy) 체제의 구축 등이다.

QWL교육훈련은 종업원들이 일을 유쾌하고 즐겁게 하도록 만들고, 동기부여를 통해 직무만족과 직무몰입으로 조직의 유효성 향상에 기여할 수 있을 것이다.

## 제3절 ▶ 교육훈련의 실시

### 1. 교육훈련의 의의 및 실행목표설정

#### 1) 교육훈련 실시의 의의

기업의 교육훈련은 미래 운영할 사업, 사업전략, 그리고 제품까지도 발굴할 수 있는 종업원의 '미래지향적인 역량'을 향상시킬 수 있어야 한다. 기업은 종업원의 미래지향적 역량을 향상시킬 수 있도록 다음과 같이 교육훈련을 실시하여야 한다.

첫째, 기업은 각 단위나 부서의 인재상을 정립하고 대상자를 선발하여야 한다.

둘째, 기업은 그 기업의 사업과 부문별 직무에서 핵심요인을 발굴하여 실시하여야 한다. 그럼으로써 기업은 고객에게 큰 가치를 제공할 수 있고, 나아가 기업의 성과극대화를 이룰 수 있을 것이다.

셋째, 기업은 전문지식과 전문능력(기술축적, 조직협력, 도구능력) 및 태도능력을 향상시켜야 한다. 그럼으로써 창의적이고, 적극적이며, 유연적인 사고의 역량을 갖춘 전문가를 양성할 수 있다.

기업의 교육훈련은 교육훈련실시자가 교육훈련기법을 사용하여 교육훈련 대상자에게 필요한 내용을 교육훈련 한다.

교육훈련은 앞에서 설명한 바와 같이 직무가 진행되는 작업현장에서 직속상관에 의해 실시되는 OJT 교육훈련, 작업현장 밖에서 외부전문가에 의해 실시되는 Off-JT 교육훈련, 그리고 본인 스스로 실시하는 SD 등이 있다. 또한 교육훈련은 계층별, 전문기능별로 개인, 집단, 조직전체 등 여러 형태로 실시된다. 그리고 교육훈련실시방식도 강의, 토의, 사례연구, 사이버 교육 등 여러 가지가 있다.

#### 2) 교육훈련의 실행목표설정

기업은 교육훈련의 구체적인 실행목표를 설정하여야 한다. 교육훈련의 실행목표는 교육훈련담당자가 정한다. 교육훈련의 실행목표 설정(goal setting)은 교육훈련대상자의 교육훈련에 대한 의욕을 높일 수 있다. 교육훈련대상자의 의욕이란 자기 혼자 해결해 보려고 한다든지, 위험을 무릅쓰고라도 목표를 달성해서 남보다 앞서려는 욕구이다.

만일 교육훈련대상자가 교육훈련담당자의 교육훈련목표를 수용한다면, 이는 그의 목표가 된다. 기업의 실행목표는 종업원의 다양한 상황 하에서 훈련 이외에 직무의욕도 강화시키는 역할을 한다.[34]

교육훈련담당자의 실행목표는 다음과 같이 설정한다.

첫째, 교육훈련담당자는 시간단위로 교육훈련목표를 설정하여야 한다. 예를 들면 '훈련 시작 후, 1주일 이내에 오차 없이 1분에 100자를 타이핑할 수 있다.'로 나타낸다.

둘째, 교육훈련담당자는 교육훈련대상자의 능력에 따라 교육훈련목표를 설정하여야 한다. 예를 들면 구체적 목표는 '훈련을 마치면 대차대조표를 정확히 작성할 수 있다.'로 나타낸다.

셋째, 교육훈련담당자는 도전적인 교육훈련목표를 설정하여야 한다. 단지 교육훈련대상자에게 최선을 다하라고 하는 것은 효과를 낼 수 없다. 특히 도전적 목표는 교육훈련대상자의 능력도 향상시킬 수 있다. 어떤 경우 경영자가 교육훈련대상자에게 충분한 잠재력을 가지고 있다고 말하는 것 자체가 교육훈련의 성과에 긍정적인 효과를 얻을 수 있다. 이런 효과는 일반적으로 여성보다는 남성에게 강하게 나타난다.

## 2. 교육훈련의 세부설계와 내용

### 1) 교육훈련의 세부설계

조직은 여러 계층과 기능분야로 구성되어 있고, 조직구성원들도 경험과 경력, 지식과 기술수준 그리고 능력과 행동에 있어서 모두 다른 배경을 가지고 있다. 따라서 조직의 각 계층과 기능분야는 물론, 구성원들마다 교육훈련의 필요성도 사뭇 다르다. 따라서 조직구성원의 교육훈련 내용도 서로 달라야 한다.

일반적으로 목적과 대상자 그리고 장소에 따라 세부적으로 유형화하여 실시할 수 있다. 그러나 이를 모두 설명하기에는 너무 복잡하다. 따라서 교육훈련은 장소를 기준으로 분류하면 사내교육훈련과 사외교육훈련이 있다. 이를 〈표 9-4〉와 같이 나타낼 수 있다.[35]

34) E.N. Lock et al., 1981.
35) 이학종 외, 2013, 420~421.

| 표 9-4 | 교육훈련의 분류 | | | |
|---|---|---|---|---|
| 사내교육훈련 | · 입직훈련 | · 계층별 훈련 | · 전문분야별 훈련 | · 경영자 교육 |
| | · 기능공훈련 | · 작무현장훈련 | · 특수훈련 | · 위탁훈련 |
| 사외교육훈련 | · 교육기관 | · 연구·연수기관 | · 용역기관 | |
| | · 산업·경제단체 | · 해외연수 | | |

기업의 교육훈련 실시 방향은 다음과 같다.

첫째, 기업은 종업원들이 자신의 이익증진을 위해 교육훈련을 실시한다고 느끼도록 해야 한다. 따라서 기업의 교육훈련은 직무별 자격요건과 보수, 현재 시행하고 있는 승진절차, 현재와 미래에 적용될 승진기준의 정보공개 등을 체계적이고 과학적으로 실시해야 한다.[36]

둘째, 기업은 종업원들이 교육훈련에 다양한 경험을 쌓도록 많은 투자를 해야 한다.

셋째, 기업은 어느 한 부분의 핵심활동만을 특별히 교육훈련하는 것이 아니라 각 종업원, 특정 집단, 그리고 조직 등 다양하고 광범위한 교육훈련을 해야 한다.

### 2) 교육훈련의 방법

교육훈련의 방법은 크게 분류하면 연습과 사고가 있다.

연습(practice)훈련은 교육훈련의 적극적인 실천(active practice: 실기중심)을 의미한다. 연습은 학습의 핵심이다. 연습은 훈련내용의 적극적 활용을 의미한다.[37] 피교육자는 연습을 통하여 실수에 의한 비용을 줄이고, 적절한 행동이나 반응을 할 수 있다. 즉 피교육자는 그가 수행하여야 할 작업을 강사로부터 말로 설명을 듣거나 읽는 것만으로 충분하지 않다. 예를 들면, 기계조작을 배울 때에는 기능 연습(skill practice)이 필요하다. 피교육자는 연습을 하고 교육실시자(강사)로부터 적절한 피드백을 받으므로, 그의 불필요한 동작을 제거하고 정확하게 수행하여 성과를 향상시킬 수 있다. 피교육자의 연습은 전문 운동선수를 관찰하면 알 수 있다. 즉 피교육자는 교육실시자에게 배우고 연습함으로써 완숙하게 기능을 연마할 수 있는 것이다.

---

36) L.L. Ferguson, 1992.
37) 황규대, 2013, 283.

사고(think)훈련은 교육훈련 내용의 적극적 두뇌활동(active mental practice: 이론중심)을 의미한다. 사고는 학습활동이라 할 수 있다. 학습자는 과업을 수행할 때 신체적 동작은 하지 않고, 사고(思考)활동만으로 예행연습과 같은 성과를 올릴 수 있다. 따라서 학습자는 실제로 작업하기 전에 정신적으로 예행연습을 하는 것이 바람직하다.

## 3. 종업원의 학습

### 1) 학습의 설계와 내용

#### (1) 학습의 설계

학습담당자는 학습자가 무엇을 학습하든지 간에 그 기본원리를 잘 이해하고, 새로 습득한 것들이 직무수행 현장에 잘 활용할 수 있도록 사고중심의 학습내용으로 설계해야 한다.

학습담당자는 학습목표를 설정하여야 한다. 기업의 학습목표는 목표설정이론(goal setting theory)에 기초하고 있다. 이 이론에 따르면 구체적이고 도전적인 목표를 설정하고 그 목표를 달성하기 위하여 자신들의 행동을 스스로 규율함으로써 높은 성취도를 이루게 된다는 것이다.

학습담당자는 의미 있는 학습자료를 제공하고, 행동모델을 제시하여야 한다. 학습담당자는 학습자들에게 유용하고 의미 있는 학습자료를 제공할 때 학습에 흥미를 갖고 그 과정에 몰입할 수 있다. 또한, 기업은 기술이나 행동양식에서 행동모델(behavior modeling)을 제시함으로써 학습의 효과를 높일 수 있다. 행동모델의 제시는 사회적 학습이론(social leaning theory)에 근거하고 있다. 이 이론에 따르면, 사람들은 학습에서 기술이나 행동양식 등에 대해 깊이 알고 있거나, 직접 시현해 보여줄 때 학습효과를 높일 수 있다는 것이다.

학습담당자는 학습내용을 실무에 적용하거나 연습해 볼 수 있도록 하여야 한다. 학습담당자는 학습내용이 기술이나 행동양식일 때 학습자들이 행동모델에서 관찰한 내용을 직접 실습할 수 있도록 한다. 그리고 학습담당자는 학습자에게 실습한 바를 피드백 해 줌으로써 부족한 부분을 바로잡도록 하여야 한다.

기업은 피교육자의 교육성과를 피드백하고, 우수한 성과를 낸 사람에게 인센티브를 제공하여야 한다. 기업은 학습자에게 학습결과를 수시로 알려줌으로써 학습의 효과 증대에 도움을 줄 수 있다. 또한 기업은 학습자가 새로운 기술이나 행동양식 등을 습득할 경우 인사고과를 통해 승급이나 승진시켜 줌으로써 학습을 더욱 강화시켜야 할 것이다.38)

## (2) 학습의 내용

### (ㄱ) 전문역량의 향상

학습담당자는 학습자의 전문역량을 향상시킬 수 있도록 다음과 같이 실시하여야 한다.

학습담당자는 학습자들의 학습능력에 적합한 수준을 정해야 한다. 기업의 학습 목적과 프로그램이 아무리 훌륭하여도 학습자의 학습능력이 떨어지면 학습전이가 이루어지기 어렵다. 따라서 학습실시자는 학습자의 흡수능력을 고려하여 그의 수준에 맞게 설계하여야 한다.

학습자의 학습흡수능력이란 학습을 충분히 소화해 낼 수 있는 기초지식이나 능력 및 기술을 의미한다. 예를 들어, 자동차 운전면허가 없거나 자동차에 대한 기초지식이 없는 사람에게 자동차 판매교육을 실시해 봤자 학습의 성과를 올리기 어려울 것이다.

학습담당자는 학습내용을 실무지향적으로 설계하여야 한다. 기업의 학습은 성인들을 대상으로 한다. 따라서 이들은 추상적이고 이론적인 내용보다 스스로 학습 자체를 리드하고 싶어 하고, 자신이 하는 업무와 직접적으로 관련이 있는 실무지향적인 학습을 잘 받아들이는 특성이 있다. 따라서 기업의 학습은 학습자의 업무와 관련성이 높은 직무내용을 스스로 해결할 수 있도록 설계하여야 한다.

학습담당자는 학습자들의 학습이 잘 이루어질 수 있는 학습매체를 사용하여야 한다. 예를 들면, 오디오형 학습자(auditory learner)는 학습내용을 들음으로써 학습이 가장 잘 이루어지며, 촉각형 학습자(tactile learner)는 직접 물건을 손으로 만져보아야 학습이 가장 잘 이루어지는 유형이다. 그리고 비디오형 학습자(visual learner)는 그림이나 동영상 등 자료를 보여주어야 학습이 가장 잘 이루어지는 유형이다. 특히, 신세대들은 영상세대라 불리고 있는데, 이들은 영상매체를 사용함으로써 학습이 가장 잘 일어난다고 한다.

### (ㄴ) 태도능력의 향상

학습담당자는 학습자의 태도능력을 향상시켜야 한다. 학습자의 태도능력은 동기유발을 의미한다. 학습자의 동기유발은 학습행위를 활성화하고 방향지우며 유지하는 힘이다. 다시 말하면 학습의 동기유발은 학습에 대한 열성에 영향을 미치고(활성화), 학습 자체에 주의를 집중하게 하며(방향지시성), 그리고 업무복귀시 학습내용을 폐기하라는 압력에 대해서도 도리어 강화되는 역할(유지기능)을 한다.

브룸(V.H. Vroom, 1964)은 그의 '기대이론'에서 노력하면 성과를 올릴 수 있다는 기대(기

---

38) 이학종 외, 2013, 417~419.

그림 9-14 브룸의 기대이론

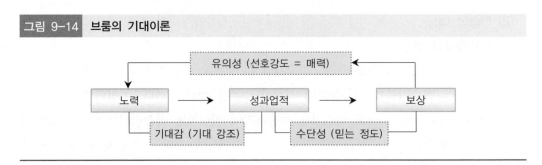

대감), 성과를 올리면 보상을 받을 수 있다는 믿음(수단성), 그리고 보상 그 자체의 매력(유의성)에 의해 결정된다고 하였다. 이를 [그림 9-14]와 같이 나타낼 수 있다.

학습자의 학습에 대한 동기유발은 다음과 같은 요인들에 의해 영향을 받는다.

첫째, 학습자가 학습에만 열중할 수 있는 환경을 마련해 주어야 한다. 학습자가 학습에 참가함으로써 불이익을 받는 일이 없어야 한다. 예를 들면, 학습자에게 학습참가 외에 일상적 업무도 처리하도록 부담을 줘서는 안 된다.

둘째, 학습자는 그의 강점을 더욱 강화하고 약점을 개선하겠다는 의지가 있어야 한다. 학습자는 그런 의지가 있을 때 학습을 통해 그의 역량을 향상시킬 수 있을 것이다.

셋째, 학습자는 학습내용을 이수할 수 있는 자신이 있어야 한다. 이것은 자기 효능감을 의미한다. 자기효능감(high self-efficacy)은 어떤 개인이 특정 업무를 성공적으로 수행할 수 있다는 자신의 능력에 대한 믿음이다.[39]

넷째, 학습자는 학습을 마치면 개인적으로 가치 있는 결과(예를 들면, 개인적 개발, 승진, 봉급인상)를 얻을 수 있다는 믿음이 있어야 한다.

## 2) 학습의 전이

### (1) 학습전이의 의의

학습의 전이(transfer of learning)는 학습자가 학습실시자로부터 학습을 통해 획득한 지식·기술 및 의욕을 자신의 업무수행에 지속적으로 효과를 나타낼 수 있는 상태를 말한다. 학습자의 학습전이가 일어나면 학습실시자가 지도한 내용을 자신의 담당업무에 적용함으로써 성과를 향상시킬 수 있다. 학습의 전이(轉移)는 자발적인 학습을 통한 '자발적인 전이'와 전이관리에 영향을 받은 '자극받은 전이'로 구분된다. 학습전이는 전자가 바람직하겠으

---

39) A. Bandura, 1982.

나, 잘 이루어지기 어려우므로 여기서는 후자를 통한 학습에 대하여 설명하기로 한다.

기업은 학습자의 학습전이가 잘 일어나도록 관리하여야 한다. 이에는 환경적 여건과 본질적 여건이 있다.

환경적 여건은 다음과 같다.

첫째, 학습전이가 일어날 수 있도록 직무환경을 만들어 주어야 한다. 학습자가 새로 학습한 지식과 행위를 실제 직무에 적용할 수 있도록 여건을 만들어 주는 것이다.

둘째, 학습전이가 일어날 수 있도록 주변의 지지와 지원이 있어야 한다. 학습전이에 대해 주위로부터 지지 내지 지원을 받았을 때, 학습의 전이는 높아질 것이다. 이에는 학습참가의 권유, 강화 및 코칭 등 다양한 형태가 있다.

본질적 여건은 다음과 같다.

첫째, 동일요소 학습원리(principle of identical elements)이다. 이는 학습내용과 작업상황이 동일할수록 학습의 전이가 증대된다는 원리이다.

둘째, 일반 학습원리(general principles)이다. 이는 과업의 기본적 요소를 학습시키는 것이 학습의 전이가 증대된다는 원리이다.

셋째, 자극 다양성 학습원리(principle of stimulus variability)이다. 이는 학습이 다양한 자극을 주거나 서로 다른 상황에서 이루어지는 것이 학습의 전이가 증대된다는 원리이다.40)

## (2) 학습전이의 관리

기업의 학습전이관리는 다음과 같다.

기업은 학습자들의 학습이 학습전이가 유발되도록 하여야 한다. 교육훈련담당자는 학습전이관리를 통해 학습자의 학습전이가 순탄하게 이루어지기를 바라고 있지만, 실제로 학습전이가 이루어지는 것은 쉬운 일이 아니다. 왜냐하면 기업에는 학습전이를 가로막는 여러 가지 장애요인들이 존재하기 때문이다. 기업이 학습자들에게 학습을 실시하였으나, 장애요인으로 인해 학습전이가 거의 일어나지 않을 수도 있다. 이런 현상을 '캡슐화된 교육(capsulated training)'이라고 한다. 학습전이에는 〈표 9-5〉와 같이 증대요인과 장애요인이 있다. 따라서 기업은 학습전이 증대요인을 확대시키고, 장애요인을 제거할 수 있도록 잘 관리하여야 할 것이다.

40) 황규대, 2013, 287~288.

| 표 9-5 | 학습전이의 증대요인과 장애요인 | |
|---|---|---|
| 구분 | 학습전이 증대요인 | 학습전이 장애요인 |
| 1 | 학습상황과 실제 직무상황 사이의 유사성을 극대화 한다. | 직무에 있어서 강화가 결핍된다. |
| 2 | 학습기간 중 충분한 연습기회를 제공한다. | 직접적인 직무환경으로의 접근을 방해한다. |
| 3 | 다양한 상황과 예를 활용한다. | 비협조적인 조직문화이다. |
| 4 | 과업의 주요 특징을 식별하여 분류한다. | 학습프로그램이 실제적이지 못하다. |
| 5 | 학습자가 일반원리를 이해할 수 있도록 한다. | 학습내용이 직무와 무관하다. |
| 6 | 실제 작업에 있어서 지원적 분위기를 제공한다. | 변화와 이에 수반되는 노력을 불편하게 느낀다. |
| 7 | 학습내용을 직무에서 활용할 수 있도록 충분한 기회를 제공한다. | 학습자의 의도와 괴리가 나타난다. |
| 8 | | 학습설계가 미흡하다. |
| 9 | | 변화에 저항하는 동료들의 압력이 있다. |

기업은 학습을 통한 학습전이가 계속 보존 내지 활용되도록 하여야 한다. 기업은 학습을 받고 직장에 복귀한 학습자가 학습내용을 잊거나 과거 상태로 되돌아가지 않도록 관리하여야 할 것이다. 따라서 기업은 학습자가 학습 후에 학습내용을 잊거나 과거 상태로 돌아가지 않도록 '복귀방지 모듈(relapse prevention module)'을 시행하기도 한다.[41]

## 제4절 교육훈련의 평가

기업은 교육훈련을 실시한 후 그 결과에 대하여 평가하여야 한다. 즉 기업은 교육훈련을 실시하여 성과가 나타나도록 노력하고, 그 정도를 평가하여야 한다. 따라서 교육훈련의 평가는 기업의 교육훈련에 대한 성과 정도를 파악하기 위해 효과성평가와 타당성평가를 하여야 한다.

---

41) 김영재 외, 2013, 332~333.

## 1. 효과성평가

교육훈련의 효과성평가는 기업의 교육훈련 목적과 관련하여 다음 네 가지 요건이 얼마나 충족되었는가에 대해 평가하여야 한다. 이를 [그림 9-15]와 같이 나타낼 수 있다.

### 1) 반응효과평가

반응효과평가는 피교육자가 교육훈련을 통해 받은 인상을 기준으로 평가하는 것을 말한다. 주로 교육훈련이 끝난 직후 피교육자들을 대상으로 설문조사를 실시하여 교육훈련이 유익하였는지, 배운 내용이 양적으로나 질적으로 적절했는지, 흥미가 있었는지 등 계획단계를 평가한다.

| 그림 9-15 | 교육훈련 평가의 4단계 |

| 관리<br>평가 | 수준 | 평가 목적 | 측정치 |
|---|---|---|---|
| 통제<br>단계 | 결과 | 훈련으로<br>인하여<br>조직의 성과가<br>증진되었는가? | · 사고<br>· 품질<br>· 생산성<br>· 사기<br>· 내용<br>· 이윤 |
| 실시<br>단계 | 행위 | 훈련 뒤 피훈련자의<br>직무상 행위가 바뀌었는가?<br>그들은 훈련 중에 배운 지식과<br>소질을 활용하는가? | · 인사고과 |
| | 학습 | 훈련프로그램을 마치면서 피훈련자는<br>어느 정도 지식이나 소질을 습득하였는가? | · 필기시험단<br>계별 모이실험<br>성과 테스트 |
| 계획<br>단계 | 반응 | 피훈련자는 프로그램, 훈련자, 그리고 시설을<br>좋아하는가?<br>그들은 프로그램이 유용했는가? 어떤 점을 개선하여야<br>하는가? | · 설문지 |

자료: Kirkpafrick, D.(1983), "Four steps to measuring training effectiveness," The Personnel Administrator, Volume 28. #11, November, 10; 황규대, 2013, 291 재인용.

## 2) 학습효과평가

학습효과평가는 교육훈련 도중이나 직후에 배운 내용을 테스트해서 과연 학습이 일어났는지를 평가하는 것을 말한다. 이는 학교에서 실시하는 중간시험이나 기말시험, 연수원에서 실시하는 평가시험과 같이 주로 학습기준에 의해 교육훈련 내용의 실시단계를 평가한다.

## 3) 행위효과평가

행위효과평가는 피교육자가 교육훈련을 한 결과 실제 직무에 돌아와 행위의 변화를 보여 성과에 영향을 미치는지를 평가하는 것을 말한다. 교육훈련의 전이(transfer of training)는 주로 행위기준으로 교육훈련의 실시단계를 평가한다.

## 4) 결과효과평가

결과효과평가는 교육훈련이 조직의 목표와 관련된 결과의 달성에 어떤 효과가 있는지를 평가하는 것을 말한다. 결과효과는 교육훈련 전과 후의 일정시점을 비교하기 위해 통제단계의 지표로서 평가한다. 통제의 지표에는 불량률, 매출액, 업무수행 시간, 비용, 종업원 이직률 등이 있다.

## 5) 소  결

효과성 평가는 조직가치의 기여도와 난이도에서 보면, 반응 → 학습 → 행동 → 결과 순으로 서열화 할 수 있다.

따라서 피교육자의 교육훈련 효과는 '행동효과'나 '결과효과' 평가가 가장 필요하다고 할 수 있다. 그러나 인사담당자는 실제로 참가자들에게 교육훈련프로그램에 대한 '반응효과'나 '학습효과'를 평가하고 있다. 행동효과를 평가하려면 피교육자의 상사로부터 도움을 받아야 한다. 또한 결과효과를 평가하려면 교육훈련프로그램과 관련이 없는 개인 혹은 조직체 효과는 제외하고, 해당 교육훈련의 학습효과만으로 향상된 결과만을 평가해야 한다. 이는 현실적으로 어려움이 있다. 따라서 학습효과는 행동효과와 결과효과와 상관관계가 높다는 것을 전제로 하여, 반응효과나 학습효과를 중심으로 평가하고 있다.

그렇지만 교육훈련의 효과는 결국 실제 직무수행 성과로 연결되어야 하므로 '행동효과'나 '결과효과'를 평가하는 것이 교육훈련 담당자(전문스탭)의 중요한 과제이다.

## 2. 타당성평가

교육훈련의 평가와 관련된 개념으로서 타당성평가가 있다.

### 1) 타당성평가의 5차원

교육훈련의 타당성은 커크패트릭(D.L. Kirkpatrick, 1989)의 4차원 평가가 있다. 필립스는 커크패트릭의 4차원 평가에다 ROI를 포함하여 5차원 평가를 제시하고 있다.

훈련 타당성(training validity)은 피교육자가 그의 훈련 목적에 따라 필요한 기능(skill), 지식(knowledge), 능력(ability) 등 역량(SKA)을 얼마나 학습하였는가?

전이학습 타당성(transfer validity)은 피교육자가 훈련을 통해 습득한 기능, 지식, 능력을 실제 직무에 활용하여 성과를 향상시켰는가? 그리고 피교육자가 배운 기능, 지식, 능력을 다른 동료들과 공유하여 활용하였는가?

조직내 타당성(intraorganizational validity)은 조직의 훈련프로그램은 교육자, 교재, 그리고 실시시간 등이 훈련 목적에 얼마나 효과적이었는가? 그리고 새로운 훈련 방법들이 기존에 실시했던 훈련에 비해 피교육자의 직무성과를 향상시켰는가?

조직간 타당성(interorganizational validity)은 우리 조직에서 사용한 훈련이 다른 조직에서 사용된 훈련에 비해 피교육자의 업무성과는 물론, 조직의 재무성과를 향상시켰는가?

ROI(Return on Investment)는 ROI평가는 교육훈련의 타당성 평가에서 매우 효율적인 기법이다. 교육훈련(나아가 인사성과)에 대한 투자이익률(ROI)분석은 교육훈련(인사관리 부서)의 전략적인 가치를 경제적인 기준으로 평가한 것이다. 이 분석은 교육훈련에서 효익으로 얻은 화폐적 가치를 비용으로 소요된 화폐적 가치로 나눈 것이다. ROI는 교육훈련뿐만 아니라 인사전반에 사용될 수 있다.

### 2) 타당성평가에서 ROI의 유용성

투자이익률(ROI)은 인사교육프로그램의 실행을 통해 효익으로 얻은 화폐적 가치(monetary values)를 비용으로 소요된 화폐적 가치로 나눈 것이다. ROI평가는 인사프로그램의 효율성, 즉 종합적이고 화폐적인 부가가치를 평가하는 계량적 지표이다.

인사프로그램의 ROI평가는 다음과 같다.

· R(returns, 효익 또는 부가가치) 분석: 인적자원의 효익(R)을 높이기 위해 효익을 감소시키는 요인들을 찾는다. 효익을 감소시키는 요인을 낮춤으로써 조직이 얻게 되는 효익(절약

액)을 증가시킬 수 있다. 다시 말하면 효익을 감소시키거나 조직을 위협하는 비용(I)들을 찾아 절약(save)하게 되면 효익은 증가하게 된다.

· I(investment, 투자 또는 비용) 분석: 인적자원을 위해 얼마나 많은 비용(예산)을 투자할 것인가 하는 것이다. 인적자원의 투자액은 급여총액, 복리후생 비용, 교육훈련 비용, 사용자가 부담하는 고용보험 납부액과 인사관리 관련비용 등이 있다.

· ROI 산출: ROI는 회계학적으로 정의한다면, ROI＝세후영업이익÷자산이다. 즉 ROI는 기업이 자산(투자액)을 얼마나 수익성 있게 운영하였는지를 평가하는 지표이다. 그러나 이 공식은 회계학적으로는 의미가 있으나, 인사관리의 성과를 평가하기에는 미흡하다. 일반적으로 가장 많이 사용되고 단순한 ROI 산출공식은 다음과 같다.

$$ROI(\%) = \frac{순효익(효익 - 비용)}{비용} \times 100$$

ROI는 퍼센트(%)로 표시되는 것이 대부분이며, ROI 값이 크면 클수록 그 만큼 프로그램의 성과가 매우 높고 효율적이라는 의미이다.

ROI의 두 요소는 〈표 9-6〉과 같이 비용요소과 효익요소로 나타낼 수 있다.

ROI의 효율성은 기업이 인사성과를 ROI로 분석할 경우 그 효율성은 다음과 같다.

첫째, 인사부서를 활동중심에서 부가가치중심으로 전환시킨다.

둘째, 인사부서의 활동을 구체적인 수치로 평가할 수 있으므로 부가가치를 높일 수 있다.

**표 9-6   ROI의 비용과 효익 요소**

| 구분 | 효익요소(returns) | 비용요소(investment) |
|---|---|---|
| 1 | 수익창출액 | 급여총액 |
| 2 | 각종 원가 절감액 | 복리후생 비용 |
| 3 | 이직비용의 절감액 | 교육훈련비용 |
| 4 | 결근, 지각, 조퇴(근태) 비용의 절감액 | 사용자가 부담하는 고용보험 납부액 |
| 5 | 종업원 보상비용 | 인사관리 관련 행정비용 등 |
| 6 | 교육훈련을 통한 개선효과(화폐적) | |
| 7 | 사기저하의 방지비용 등 | |

### 3) 교육훈련의 최근동향

최근의 교육훈련의 방향은 다음과 같은 방향으로 나아가고 있다.

첫째 교육훈련보다 학습을 중시하고 있다. 기업의 교육훈련은 미리 규정된 절차나 방법에 의한 일반교육훈련보다 새롭고 비정형적인 문제해결전략과 혁신적인 문제해결전략을 위한 학습을 중시하고 있다.

둘째, 자기개발의 기회를 확대하고 있다. 교육훈련에는 여러 가지가 있으나 직무와 이에 따른 기술의 다양화·융합화 등으로 인해 획일적인 교육훈련을 어렵게 한다. 따라서 교육훈련은 본인의 책임 하에 자주적으로 자기성장을 위하여 노력하는 자기개발이 늘어나고 있다. 따라서 기업은 개인이 정보화·지식화 사회에 부응하여 자기개발을 할 수 있도록 기회를 확대시키고 있다.

셋째, OJT기법이 강조되고 있다. 과거에 중시되던 도제교육이 오늘날에는 상사중심의 현장중심의 교육훈련인 OJT기법이 더욱 중시되고 있다. 즉 조직 내 시시각각 발생하는 실제적인 문제(real problems)를 실시간(real time)에 해결할 필요성이 부각되고 있다. 또한 OJT기법의 개념을 더욱 발전시킨 '행동을 통한 학습'기법이 중시되고 있다.

넷째, 인적자원개발이 중시되고 있다. 교육훈련은 종업원의 역량을 향상시켜 한 번의 효과를 올리기 위한 것이 아니라 기업의 장기적인 발전을 위해 필요하다. 따라서 조직의 현재 및 미래의 직무요구를 충족시킬 수 있도록 구성원의 능력과 기술을 체계적이고 계획적으로 향상시키는 인적자원개발이 더욱 중시되고 있다.

다섯째, 후계자 교육이 중시되고 있다. 기업환경이 더욱 복잡하고 고도화 된 사회에서 경영자의 위치는 더욱 중요하다. 이에 따라 기업의 후계자 교육이 더욱 중시되고 있다.

김영재・김성국・김강식 (2013), 신인적자원관리, 탑북스.

박성환 (1996), 다가능숙련화의 영향요인과 성과에 관한 연구, 동국대학교 대학원.

박성환 (1998), 다기능숙련화의 영향요인과 성과에 관한 실증적 연구, 경영학연구 제27권 제3호
        815~853.

박성환 (2013), 노사 간의 가치공유와 그 유효성에 관한 탐색적 연구, 질서경제저널, 제16권 4
        호, 99-125, 한국질서경제학회.

박성환・이준우 (2014), 인적자원관리, 법문사.

LG화학 (2015), 현장 인재 양성의 토양, 10년된 LG화학이야기, http://blog, naver.com/daon33/
        220407958826

이진규 (2012), 전략적・윤리적 인사관리, 박영사.

이학종・양혁승 (2013), 전략적 인적자원관리, 박영사.

이호성(2003), "숙련개발, 직업능력개발체계와 근로자 학습재원", 고성과 작업조직을 위한 사회
        적 대화, 한국노동개발원・국제노동기구.

전성철・한철환・조미나 (2012), 「가치관 경영」, 서울: 쌤 앤 파커스.

최진남・성선영 (2023), 스마트경영학, 생능.

한창혁 (2011), 조직 구성원의 공유가치 실천 행동에 미치는 영향요인 연구, 단국대학교 대학원,
        박사학위논문.

황규대 (2002), 인적자원관리, 박영사.

兼子宙 (1985), 企業內敎育訓練, 東京, 日本勞働力協會.

田中久夫・田島伸浩 (1985), 企業內敎育 ガイドブック, 日經連弘報部.


Bandura, A. (1982), "*Self-Efficacy Mechanism in Human Agency*", *American Psychologist*,
        37, 122~147.

Batt R. (2002), "Managing Customer Services: Human Resource Practices, Quit Rate, and
        Sales Growth," *Academy of Management Journal*, 45, 587~597.

Campbell, John P. (1983), *Training and Development Methods and Technique, Con-
        temporary Problems in Personnel*, N.Y.: John Wiley & Son, 190~191.

Ferguson, L. L. (1992), "Better Management of Managers Careers", *Havard Business
        Review*, March-April, Boston.

Glener, D. (1996), "The Promise of Internet-Based Training", *Training and Development,*
        September.

Harter, J. K., Schmidt, F.L. and Hayes, T. L. (2002), "Business-Unit-Level Relationship between Employee Satisfaction, Employee Engagement, and Business Outcomes: A Meta-Analysis", *Journal of Applied Psychology*, 87, 268~279.

Jones, G. R. & George, J. M. (2019), Essentials of Contemporary Management, 윤현중·이준우 등 역(2021), 경영학에센스, 지필미디어.

Kinicki, A. & Soignet, D. B. (2022), Managemet: A Practical Introduction, 김안드레아 역(2022), 실용적 접근방식의 경영학원론, 한빛아카데미.

Kirkpatrick, D.L. (1989), "Techniques for Evaluating Training-Problems", *ASTD Journal*, Vol. 10, Nov., 3~9.

Koys, D. J. (2001), "The Effects of Employee Satisfaction, Organizational Citizenship Behavior, and Turnover on Organization Effectiveness: A Unit-Level, Longitudinal Study," *Personnel Psychology*, 54, 101~114.

Lines, R. (2004), "Influence of Participation in Strategic Change: Resistance, Organizational Commitment and Change Goal Achievement", *Journal of Change Management*, September, 193~215.

Locke, E. A. (1979), "How to Motivate Employees", Paper presented at NATO Conference on Changes in Nature and Quality of Working Life, Greece.

Lock, E., Shaw, N., Saari L. M., and Latham, G. P. (1981), "Goal Setting and Task Performance, 1969-1980", *Psychological Bulletin*, 90, 125~152.

Mager, R. F. (1984), *Preparing Instructional Objective*, Belmont, Calif: Pitman Learning, 19~88.

Nahapiet, J. & Ghoshal, S. (1998), Social capital, intellectual capital, and the organizational advantage, *Academy of Management Review*, 23, 242~266.

Rokeach, M.(1979), *Understanding Human Values: Individual and Social*, NY: The Free Press.

Schermerhorn, Jr., J. R., Hunt, J. G. & Osborn, R. N.(2000), *Organizational Behavior*, NY: John Wiley & Sons, 75.

Siegel, P. A. Post, C., Brockner, J., Fishman, A. Y., and Garden, C. (2005), "The Moderating Influence of Procedural Fairness on the Relationship between Work-life Conflict and Organization Commitment," *Journal of Applied Psychology*, 90, 13~25.

Sinangil, H. K., & Avallone, F. (2001), "Organizational Development and Change", in N. Anderson, D. S. Ones, H. K. Sinangil, and C. Viswesvaran (eds.), *Handbook of Industrial, Work and Organizational Psychology*, Vol. 2 (Thousand Oaks, CA:

Sage), 332~335.

Von, Glinow & Mary, Ann (1989), *The New Professionals: Managing Today's High-Tech Employees*, MA: Ballinger Publishing.

Vroom, V. H. (1964), *Work and Motivation*, John Wiley & Sons, 172~190.

제**4**편

# 인적자원의 보상

# 제10장
# 임금관리

## 제1절 | 임금의 개념

### 1. 임금의 의의

임금(wage)은 근로자가 조직에 대해 제공한 노동에 상응하는 대가로 기업으로부터 받은 금품 일체를 의미한다. 현행 우리나라 근로기준법에 의하면, 임금이라 함은 사용자가 근로에 대한 대가로서 근로자에게 봉급 등 기타 어떠한 명칭으로든지 지급하는 일체의 금품으로 정의하고 있다(근로기준법 제18조).

임금관리는 기업이 근로자의 맡은 직무나 보유능력 혹은 업적(성과)에 따라 근로의 대가로 금품을 지불하는 업무를 합리적으로 처리하는 것을 의미한다. 그러므로 기업의 임금은 기업의 성과와 연계된 '합리적 보상'과 종업원의 생활수준 향상 및 직장생활의 보람과 연계된 '정당한 보상'이 되어야 할 것이다.[1]

록크(Locke)는 임금은 기업의 생산성 향상에 30% 정도의 영향을 미친다고 하였다. 그러나 기업의 임금은 반드시 억제되어야 좋은 것만은 아니라 '적정수준'에서 이루어져야 기업

---

1) E.A. Locke, 1979.

의 생산성과 더불어 종업원의 생활성도 달성될 수 있다.

## 2. 임금의 결정

기업의 임금은 거시적으로 다음 세 가지 요인에 의해 결정되고 있다.

노동시장의 임금메커니즘이다. 임금은 근로자의 노동대가로서 노동상품의 가격이다. 이 가격에 대한 노사의 인식은 서로 다르다. 근로자는 노동의 대가, 즉 보수(報酬)로 이해하지만, 사용자는 생산요소의 비용(費用)으로 이해한다. 따라서 근로자는 보다 높은 임금수준에서 일하기를 희망하지만, 경영자는 가능한 적은 비용으로 필요한 인력을 확보할 수 있기를 기대한다. 이런 노동시장의 메커니즘이 임금결정에 영향을 미친다.

노사의 교섭이다. 근로자는 임금을 생계수단으로 보고 자기가 제공한 노동에 대한 적정 대가를 요구하지만, 경영자는 기업의 매출 또는 수익상황 등 전반적인 지불능력과 기업의 발전을 고려한 임금지불을 생각하게 된다. 그러므로 노사상호간에 대부분 이해(利害)가 크게 상충되고 있다. 따라서 노사의 교섭력이 임금결정에 영향을 미친다.

국민경제에 미치는 영향이 고려이다. 기업의 임금은 국민경제에 영향을 미친다. 기업의 임금상승은 물가상승(인플레)을 자극하고, 물가상승은 (명목)임금의 상승을 무의미하게 하며 다시 생활보장을 위한 명목임금 인상을 요구하는 악순환이 나타나기도 한다. 또한 임금의 상승은 제품가격의 상승으로 이어지므로 물가상승을 유발시켜 국민(근로자 포함)의 생활을 어렵게 할 뿐만 아니라 국가의 대외경쟁력을 떨어뜨린다. 그러므로 국가도 될 수 있는 한, 근로자의 과도한 임금인상을 경계하게 된다.

임금은 미시적으로 다음 두 가지에 의해 결정되고 있다.

첫째, 임금은 기업이 지불하고자 하는 임금과 종업원이 받고자 하는 임금의 교환비율(exchange rate)에 의해 결정되어야 한다. 다시 말하면 기업의 임금은 노동시장의 수요와 공급에 의한 교환비율, 즉 직무의 시장가치로 결정되는 것이다.

둘째, 임금은 기업의 임금결정 기준을 합리적 보상, 특히 공정한 보상으로 결정되어야 한다. 임금의 공정성은 근로자들이 임금을 공평하게 대우받고 있다는 느낌을 의미한다.

## 3. 임금의 관리

임금관리는 크게 임금구조관리와 임금과정관리로 구분할 수 있다. 임금구조관리는 외부

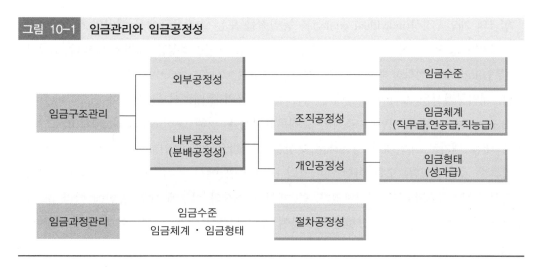

그림 10-1  임금관리와 임금공정성

공정성과 내부공정성의 유지에 관한 관리이고, 임금과정관리는 임금의 수준·체계·형태
의 절차공정성 유지에 관한 관리이다. 임금의 공정성 관리를 정리하면 [그림 10-1]과 같다.

　기업의 임금구조관리는 외부공정성이 필요하다. 임금의 외부공정성(external equity)은 해
당기업의 임금수준이 다른 외부조직의 임금수준과 비교해 보았을 때 공정한지 여부에 관
한 개념이다. 외부공정성은 해당기업의 임금이 경쟁기업이나 동일 직종과 비교하여, 이와
비슷한 '임금수준'을 의미한다. 따라서 임금의 수준은 조직전체의 평균 보상수준으로서 대
외적으로 '적정성'이 필요하다. 여기서 임금수준은 인건비 총액을 종업원 수로 나눈 금액으
로, 외부의 다른 기업들과 수준 비교가 가능하다는 장점이 있다.

　기업의 임금구조관리는 내부공정성이 필요하다. 임금의 내부공정성(internal equity)은 분
배공정성(distributive justice)이라고도 하는데, 기업의 허용 임금총액을 개인들에게 어떤 임
금격차(賃金隔差)로 나누어 주어야 공정한가에 관한 개념이다. 내부공정성은 단일 조직 내
에서 직무 또는 스킬의 상대적 가치에 따라 임금이 비례하는 정도를 의미한다. 임금의 내
부공정성은 조직공정성(조직차원)과 개인공정성(개인차원)이 있다.

　임금의 조직공정성(organizational equity)은 개인들이 조직에서 공정하게 지급받고 있다
고 인식할 수 있도록 개인의 수행직무, 연공, 직능 중에서 가장 적합한 요인을 채택하는
'임금체계'를 의미한다. 조직공정성은 기업의 문화와 전략, 담당업무의 특성을 고려하여 수
행직무, 연공, 직능 등의 가치에 따라 결정되는 것이다. 따라서 조직공정성은 개인들이 조
직에서 공정하게 임금이 지급되고 있다고 인식할 수 있도록 특정기준을 설정하는 임금체
계로서 개인들과 특정기준 간에 '적합성'이 필요하다.

임금의 개인공정성(individual equity)은 동일직급 또는 스킬등급에서 개인의 성과에 대한 임금격차가 공정한가에 관한 '임금형태'를 의미한다. 개인공정성은 개인의 성과나 노력 등의 투입(input)을 정확하게 평가하여 개별임금이라는 산출(output)에 반영시키는 임금형태이다. 개인공정성은 조직이 개인에게 지급되는 임금의 형태로서 '정확성'이 필요하다. 버나드(Barnard)에 의하면 개인은 조직의 조직목표달성을 위해 공헌(contribution)하고, 조직은 이에 대한 대가로 개인에게 상응하는 보상을 지급함으로써 유인(inducement)한다는 '조직균형론'을 주장하였다. 또한 아담스는 그의 공정성이론에서 조직 간과 조직 내의 개인 간 공정성에 대한 '교환론'을 제시하였다. 즉 개인은 조직의 직무에 대한 공헌에 따라 조직으로부터 받는 보상을 동료의 그것과 비교하여 공평한 보상(대가)을 받아야 한다고 생각한다는 것이다.[2]

기업의 임금과정 관리는 절차공정성이 필요하다. 임금의 절차공정성(procedural justice)은 기업이 임금의 의사결정과정에서 노사관계자의 의견을 공정하게 반영하였는가를 의미한다. 즉 이는 임금의 의사결정이나 이와 관련이 있는 성과측정 등에 종업원들이나 노동조합 대표의 의견을 반영하는 절차를 거쳤는가 하는 것이다. 따라서 절차공정성은 기업의 임금결정에 대한 종업원들의 신뢰를 높이고, 임금수준이나 임금제도 등에 대한 수용성을 높이게 된다. 레빈탈(Leventhal)은 절차공정성이 존재하지 않는다면 분배공정성은 사라질 것이라고 주장하였다. 그는 절차공정성이 확보되기 위해서 '노사가 모든 정보의 공유를 통한

**그림 10-2  임금관리의 체계**

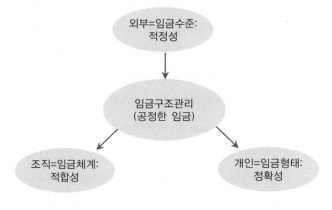

---

2) J.S. Adams, 1965: 267~299.

공동의사결정을 제도화 하는 것'이라고 하였다.[3)]

　기업의 임금관리는 대외적으로 임금수준에서 '적정성', 대내적으로 공정한 분배가 이루어질 수 있도록 임금체계에서 '적합성', 임금형태에서 '정확성'이 이루어져야 한다. 이를 [그림 10-2]로 나타낼 수 있다.

## 제2절 ▶ 임금의 수준관리

### 1. 임금수준의 결정전략

　기업의 임금수준은 노동시장에서 노동의 수요와 공급 원칙에 따른 시장메커니즘에 의하여 형성되고 있다. 즉 노동시장의 수요는 기업이 이용하고자 하는 근로자이고, 노동시장의 공급은 기업에 노동을 제공하고자 하는 근로자이다.

　임금수준은 사용자가 근로자에게 지급되는 평균임금률을 말한다. 임금수준은 기업의 인건비로서 제품원가와 관련하여 경쟁력과 밀접하고, 종업원의 생계비로서 생활과 관련이 있다.

임금수준 = 인건비 총액 / 종업원 수

　임금수준은 임금의 외부공정성을 의미한다. 외부공정성은 신규종업원의 유인과 기존종업원의 유지에 직접적인 영향을 미친다. 즉, 임금수준은 인건비 총액을 종업원 수로 나눈 금액으로, 종업원들은 외부 다른 기업들의 임금수준을 비교할 수 있어 다른 조건이 동일하다면, 임금수준이 높은 기업으로 이직할 가능성이 클 것이다. 반면, 노동시장에 처음 진입하는 신규 종업원들은 다른 조건이 동일한 경우 임금수준이 높은 기업을 선호할 가능성이 클 것이다.

　임금의 외부공정성은 자사의 임금수준이 외부의 동일 직종이나 직무와 비교하여 '적정' 하여야 한다. 일반적으로 기업의 임금수준은 ① 지불능력, ② 노조의 압력(또는 비노조화를 유지하려는 전략), ③ 노동시장에서의 모집전략(예를 들면 특정 노동시장에서 가장 우수한 인력만 모집하여 선발하는 전략), ④ 회사의 명성유지 목표 등에 따라 결정된다.

---

3) 박경규, 2013, 399.

**그림 10-3  임금수준전략**

| 전략 | 그 림 | | | 시행방법 |
|---|---|---|---|---|
| | 시작 | 계획년도 | 끝 | |
| 선도전략 | 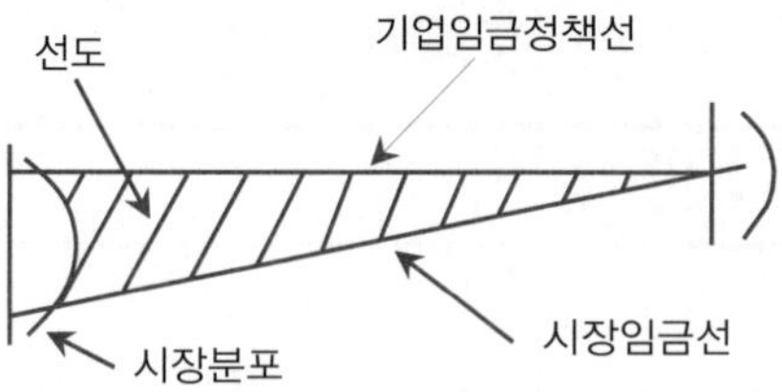 | | | 계획연도 말에 같은 수준의 경쟁이 될 수 있도록 계획연도 초에 자사 임금선의 중앙값을 높게 설정한다. 경쟁기업의 임금보다 60% 혹은 75% 정도가 높도록 임금의 중앙값을 높게 설정한다. 혹은 소수의 최고임금을 지불하는 경쟁기업에 일치하는 임금의 중앙값을 설정한다. |
| 동행전략 | 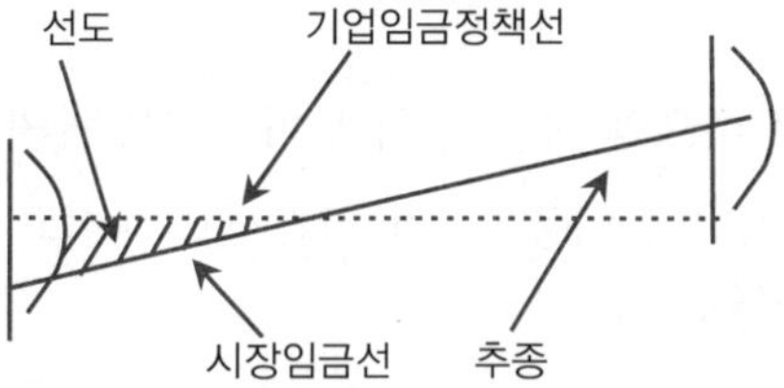 | | | 계획연도 중간에 경쟁기업의 임금선에 일치하도록 임금선 중앙값을 설정한다. |
| 추종전략 | 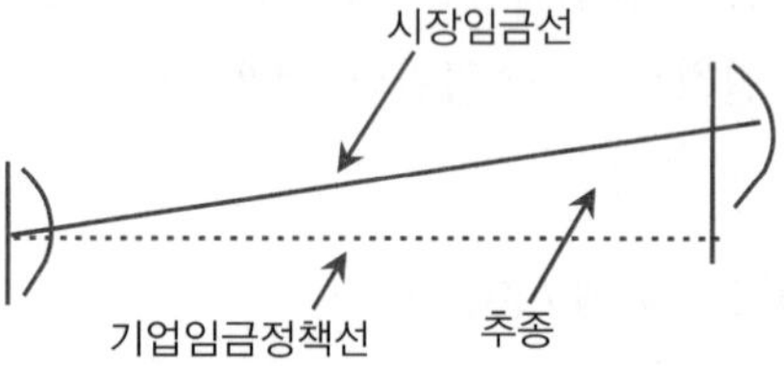 | | | 계획연도 초에 경쟁기업과 일치하거나 이보다 적도록 임금선의 중앙값을 설정한다. |

자료: 최종태, 2000, 253.

　기업의 임금수준은 주로 해당 기업의 임금수준이 그와 경쟁관계에 있는 다른 기업과 비교하여 경쟁력을 가질 수 있도록 결정되어야 한다. 따라서 기업의 임금수준은 [그림 10-3]과 같이 노동시장의 임금수준에 따라 적절한 전략을 수립하여야 한다.

　임금수준결정은 다음 세 가지 유형이 있다.

　고임금전략(선도전략: leading policy)은 경쟁기업의 일반적인 임금수준보다 높게 정하여 선도적인 위치를 차지하려는 전략으로서 높은 수익률을 가진 제품을 생산하는 자본집약적 산업에서 채택되고 있다. 고임금전략은 유능한 종업원, 특히 전문기술인력을 유인하고 동시에 종업원의 임금에 대한 불만족을 최소화시켜 이직률을 줄일 수 있는 전략이다. 그러므로 고임금전략은 노동시장에서 가장 유능한 종업원을 고용하여 높은 생산성을 달성하기 위한 전략으로서 궁극적으로 '우수한 제품'과 총운용비용(total operating expense)에서 '낮은 단위당 노무비'를 달성할 수 있다.

시장임금전략(동행전략: match policy)은 경쟁기업과 비슷한 임금수준을 지불하는 전략이다. 시장임금전략은 낮은 수익률을 가지고 경쟁시장에서 분화되지 않는 제품을 생산하는 기업에 사용되는 전략이다. 시장임금전략은 기업들 중 가장 많이 쓰이는데, 주로 노동집약적 산업에 사용되고 있다. 경영자들은 다음과 같은 이유에서 동행전략을 정당화하고 있다. ① 임금이 경쟁기업의 수준에 못 미치면 종업원들은 만족을 느끼지 못한다. ② 임금수준이 낮을 경우 신규종업원을 모집할 때 유능한 종업원의 채용이 어렵다. ③ 노동조합이 없는 기업의 종업원들이 노동조합을 결성하지 못하도록 하기 위해 필요하다.

저임금전략(추종전략: lag policy)은 임금수준을 경쟁기업보다 낮게 지불하는 전략이다. 저임금전략은 인건비를 줄이기 위해 사용되고 있다. 그러나 저임금전략은 생산량이나 매출액의 감소, 종업원의 이직증가, 신규 종업원 채용에서 유능한 종업원을 유인 곤란 등이 나타날 수 있다. 그러나 미래의 높은 보상(예를 들면, 주식옵션 등)을 전제로 낮은 임금을 지불한다면, 조직에 대한 몰입과 팀웍을 강화시켜 생산성을 증대시킬 수 있을 것이다.

경영자는 위의 세 전략 중에서 기업의 실정에 부합되는 전략을 선택하여 사용하여야 한다. 또한 기업에 따라 한 전략만 채택하여 사용할 수도 있고, 2~3개의 전략을 동시에 사용할 수 있다. 예를 들어 특수 기술분야는 선도전략을 사용하고, 단순노무직은 추종전략을 사용하기도 한다. 이 때 경영자는 기업전체에서 직종간 차별적 공정성을 이루어야 할 것이다.

## 2. 임금수준의 조사

기업은 노동시장에서 적용되고 있는 임금수준을 알기 위해서 정기적으로 임금조사(wage survey)를 실시하여야 한다. 기업은 임금조사를 통해 특정 직무나 경쟁기업들의 임금수준, 즉 상한·평균 그리고 하한에 대한 정보를 얻을 수 있다.

임금수준은 동일(혹은 유사)한 직무나 종업원의 스킬일지라도 사용자에 따라 크게 다르고, 지역(서울근무인가 지방근무인가), 산업 또는 규모(대기업인가, 중소기업인가) 등에 따라 다르다.

임금조사는 다음과 같은 순서로 실시하는 것이 바람직하다.

첫째, 인사담당자는 적정 노동시장을 규정하여야 한다. 적정 노동시장은 통상 다음 세 가지 요소에 의해서 결정된다.

① 스킬이나 자격요건은 교육이나 훈련뿐만 아니라 동일한 면허나 자격증을 포함하여 결정한다.

② 모집이나 근무가능지역은 기술자·숙련공의 경우 같은 지역에서, 그리고 사무직의 경우 같은 지역과 인근지역에서, 학위가 필요한 전문가(치과의사, 회계사, 엔지니어)의 경우 전국적 규모로 결정한다.

③ 산업수준은 동일 산업에 속한 기업들을 대상으로 결정한다.

둘째, 인사담당자는 해당기업과 유사한 직무를 발견하여야 한다. 한 기업의 직무는 다른 기업과 동일한 명칭을 가진 직무일지라도 내용 측면에서 사뭇 다를 수 있다. 왜냐하면 기업마다 작업을 조직화하고 직무를 설계하는 방식이 매우 다양하기 때문에 직무명칭만 가지고 직무의 유사성을 파악할 수가 없기 때문이다. 따라서 임금조사는 인사담당자에 의해 잘 정의된 직무기술서에 근거하여 실시하여야 한다.

셋째, 인사담당자는 임금조사가 시간이 오래 걸리고 복잡하므로 비교적 안정적이고, 여러 조직에 존재하는 핵심적인 직무만 조사하여야 한다.

## 3. 임금수준의 결정

### 1) 기업수준의 결정방법

기업의 임금수준은 기업의 지불능력과 근로자의 생계비 수준에 따라 결정된다.

### (1) 임금의 상한선: 기업의 지불능력

기업은 임금을 지급할 능력 범위 내에서 결정되어야 한다. 따라서 임금수준의 상한선은 기업의 지불능력이 주요기준이 되고 있다. 이에는 생산성과 수익성이 있다.

### (ㄱ) 생산성분석

생산성분석은 투입량(input)에 대한 산출량(output)의 분석(산출량/투입량)을 의미한다.

생산량의 투입요소가 자본일 경우 자본생산성, 노동일 경우 노동생산성이라고 한다. 기업의 임금결정은 '노동생산성'이 많이 사용된다. 노동생산성은 다음 세 가지로 구분되고 있다.

㉠ 물적 노동생산성

물적 노동생산성은 단위노동생산요소의 투입량 변화에 대한 생산량 변화의 비율을 의미한다.

이는 $\dfrac{\text{작년의 생산량}}{\text{종업원수}}$ 과 $\dfrac{\text{금년의 생산량}}{\text{종업원수}}$ 을 계산하고, 그 증가비율에 따라 임금이 인상되어야 공정하다고 보는 것이다.

물적 노동생산성은 다음과 같은 문제를 해결하여야 한다.

첫째, 물적 노동생산성은 기업의 생산품 가치가 시장가치와 동일하게 반영하고 있어야 한다. 왜냐하면 생산된 제품이 다 팔리지 않을 수도 있고, 제품의 가격이 하락할 수도 있기 때문이다.

둘째, 물적 노동생산성의 향상은 노동에 의해 기여한 부분을 밝혀야 한다. 왜냐하면 기업의 물적 노동생산성 향상이 새로운 경영기법의 도입, 작업공정의 개선, 신기계의 도입 등으로 나타날 수도 있기 때문이다.

㉡ 매출액 노동생산성

매출액 노동생산성은 매출액에서 임금총액이 차지하는 비율을 의미한다. 매출액에 대한 임금총액과 매출액 노동생산성에 대한 임금수준(평균임금)은 동일한 가치로서 설명될 수 있다. 이들 사이에는 다음과 같은 관계가 있다.

$$\frac{\text{임금총액}}{\text{매출액}} = \frac{\text{임금총액 / 종업원수}}{\text{매출액 / 종업원수}} = \frac{\text{임금수준}}{\text{매출액노동생산성}}$$

이와 같이 매출액에 대한 임금총액, 즉 매출액에서 차지하는 인건비 비율이 안정적이라면, 적절한 수준의 임금인상은 매출액노동생산성의 증대범위 내에서 이루어져야 한다.

㉢ 부가가치 노동생산성

부가가치 노동생산성은 부가가치에 노동분배율을 곱하여 얻은 금액을 의미한다. 기업의 총매출액은 제조원가(원재료비, 동력·연료비, 부품비, 소모품비, 감가상각비, 모든 경비)와 부가가치(인건비, 세금, 이자, 배당, 사내유보)로 구성되어 있다. 따라서 부가가치는 총매출액에서 제조원가를 뺀 값을 의미한다. 또한 노동분배율이란 기업의 부가가치에 자본(배당, 사내유보 등)과 노동(임금, 복지후생 등)간에 분배율을 말한다. 즉 부가가치에 대한 인건비의 비율(인건비/부가가치)을 말한다. 부가가치 노동생산성은 생산된 상품의 시장가치가 반영된 것이므로 임금수준 결정에 매우 합리적이라 할 수 있다. 하지만 같은 부가가치 노동생산성이라고 하더라도 노사의 입장에 따라 다른 해석도 가능하다. 임금협상이 진행되는 경우, 노측은 일반적으로 노동분배율 증가를 요구하지만, 사측은 임금인상을 위해서는 부가가치 증가가 필요하다고 노측에 요구하는 경향이 있다.

### (ㄴ) 수익성분석

수익성분석은 지출에 대한 수익 비율을 의미한다. 즉 수익성분석은 매출액 이익률과 투자자산이익률을 기준으로 하고 있다.

#### ㉠ 매출액이익률

매출액이익률(return on sales)은 매출액에 대한 수익성을 판단하는 지표이다. 매출액이익률은 전반적인 영업활동의 효율성을 평가하는데 유용한 지표로서 세전 순이익을 순매출액으로 나눈 비율이다. 즉 매출이익률＝이익/매출액×100이다.

매출액이익률은 어떤 이익수치를 사용하느냐에 따라 매출액총이익률, 매출액영업이익률, 매출액순이익률로 나누어진다. 이 중 대표적인 지표가 매출액영업이익률이다.

매출액영업이익률(operating profit ratio)은 기업이 달성한 매출액 대비 영업이익의 비율을 나타낸 수치이다. 영업이익률이라고도 한다. 매출액영업이익률은 기업의 매출액에서 매출원가와 판매관리비를 뺀 영업이익을 말한다. 판매관리비에는 고정비적 성격을 가진 요소도 있고, 현금지출이 없는 요소를 비용으로 산정하기도 한다. 즉 현금지출이 없음에도 불구하고 비용으로 계상하는 것은 회계 기준에 따라 추정으로 계산하는 감각상각비, 대손상각비, 연구개발비 등이 있다. 매출액영업이익률은 산업별, 업종별로 다를 수가 있다. 원재료비나 감가상각비 등의 비중이 큰 산업은 영업이익률이 낮고, 서비스나 기술력 등 무형적 자산의 비중이 큰 산업은 영업이익률이 높다. 그러므로 매출액영업이익률을 다른 산업에 속해 있는 기업 간의 직접 비교지표로 사용하기에 어려움이 있다.

#### ㉡ 투자자산이익률

투자자산이익률(ROI, return on investment)은 투자(사업)에 사용된 자산[4]에 대해 수익성을 판단하는 지표이다. ROI는 기업의 수익성을 판단하기 위해 기업자산이 얼마나 효율적으로 운용되었는가를 나타내는 경영지표이다. ROI는 보통 자기자본이익률과 총자산이익률로 나눌 수 있다.

자기자본이익률(ROE, return on equity)은 경영자가 기업에 투자된 자본을 사용하여 이익

---

4) 자본은 주주들이 투자한 돈, 즉 자기자본이고, 자산은 자기자본(자본)＋타인자본(부채), 즉 총자본, 또는 총자산이다.

을 어느 정도 올리고 있는가를 나타내는 기업의 이익창출능력이다. 자기자본이익률은 주주의 몫인 자기자본을 활용(채권자의 몫인 이자비용, 각종 비용 및 세금 제외)하여 얼마나 많은 당기순이익을 창출하는가를 판단하는 지표이다. 자기자본이익률은 당기순이익[5] ÷ 자기자본 × 100으로 산출된다. 자기자본이익률을 개선하는 방법은 순이익을 늘리거나, 아니면 자기자본을 줄이는 방법이 있다. 자기자본이익률을 구하는 식은 다음과 같다.

$$\text{ROE} = \text{기말 당기순이익} / \text{기초 자기자본}$$
$$= \text{기말 당기순이익} / [(\text{기초 자기자본} + \text{기말 자기자본}) / 2]$$

총자산이익률(ROA, return of total assets)은 총자본이익률이라고도 한다. 총자산이익률은 당기이익을 기업의 총자산(총자본)으로 나눈 비율이며, 기업에 투입된 총자본이 영업활동에서 얼마나 많은 이익을 획득하였는지를 분석하는 것이다. 총자산이익률은 영업활동에서 획득된 순이익/총자산(자기자본+타인자본)이다. 총자산이익률을 구하는 식은 다음과 같다.

$$\text{ROA} = \text{순이익률(순영업이익} / \text{매출액)} \times \text{자산회전율(매출액} / \text{자산)}$$
$$= \text{당기순이익} / (\text{기초자산} + \text{기말자산})/2 \times 100\%$$
$$= \text{당기순이익} / \text{총자산} \times 100$$

총자산이익률은 분자를 일반적으로 순이익보다는 영업이익을 많이 이용하기도 한다. 이 경우 재무효율성을 나타내는 이자수익이나 이자비용 등과 같은 재무비용은 제외된다. 이때 분자는 한 기간의 흐름(flow)을 나타내고 있으나, 그 분모는 특정시점에 있어서의 자산의 스톡(stock)을 나타내므로 분모인 총자산도 검증하고자 하는 기간의 측정 평균치를 사용하는 것이 적절하다.

### (ㄷ) 기업의 지불능력 결정

기업의 임금지불능력은 노동분배율에 의해 결정된다. 노동분배율은 기업이 종업원에게 지불할 임금수준이다. 노동분배율에는 매출액, 부가가치, 손익분기점, 그리고 원가구성비율 등이 이용된다. 이 중에서 부가가치노동생산성이 일반적으로 임금수준 결정에 가장 합리적이라고 볼 수 있으며, 매출액노동생산성도 많이 이용되고 있다. 그러나 기업의 임금지불능력은 어느 분석을 사용하는 것이 가장 이상적인지에 대해서는 일률적으로 단정할 수 없다.

---

5) 순이익은 경영활동에서 자본을 사용한 결과로서 획득한 것이고 당기순이익은 한 기간 동안 기업의 경영성과를 나타내는 측정치이다.

384 | 제 4 편  인적자원의 보상

따라서 기업들은 그의 경영전략·업종·규모 등에 따라 알맞은 방법을 선택하여야 한다.

### (2) 임금의 하한선: 근로자의 생계비

임금은 종업원의 소득원천이 되므로 그들의 생계를 보장해 줄 수 있어야 한다. 만약 임금이 종업원과 그의 가족의 생계비에 미달할 경우 근로자는 노동력을 계속 제공하기 어렵다. 따라서 임금수준의 하한선은 근로자의 생계비가 주요기준이 되고 있다. 생계비 분석법에는 근로자 생계비산정방식과 근로자 수명주기산정방식이 있다.

#### ㈀ 근로자의 생계비산정방식

##### ㉠ 근로자의 생계비산정이론

실제생계비는 실제 생활에서 식료품비, 피복비, 주거비, 광열비, 의료비, 문화비 및 잡비 등이 어느 정도 지출되었는지 가계조사를 통해 파악하는 방법이다. 실제생계비는 근로자(노동조합)들이 선호하는 방식이다. 이 방법은 근로자의 지출에 대한 현실을 반영할 수 있다는 장점이 있다. 그러나 근로자들의 지출은 수입액에 따라 유동적이므로 바람직한 소비수준을 파악하기 어렵다는 단점이 있다.

이론생계비는 모든 과학적인 이론, 예컨대 식품영양학·의상학 등을 도입하여 특정한 생활을 표시하는 소비유형을 이론적으로 설정하고, 거기에 필요한 양과 가격을 곱하여 산출한 금액을 기준으로 삼는 방법이다. 이를 표준생계비라고 한다. 표준생계비는 경영자가 선호하는 방식이다. 음식물비의 경우, 성인 1인이 하루에 섭취하여야 할 칼로리(2500 calorie)에 필요한 식품의 종류와 양을 산정하고 여기에 가격을 곱하여 경비를 산출한다. 이는 객관성이 있고 합리적이며 이상적이라고 할 수 있으나, 현실성이 결여된다는 단점이 있다.

##### ㉡ 근로자 생계비 산출방식

전물량방식(market basket)은 생계비에서 음식물비와 주거비는 영양학적·위생학적 입장에서, 기타의 품목은 생활과학적 입장에서 기준을 정하여 소비내용을 이론생계비로 표시하는 방식이다. 이 방식은 영국의 경제학자 론드리가 궁핍한 도시생활의 연구에서 궁핍선을 설정한 것에서부터 유래되었다.

반물량방식(Engel 방식)은 음식비만 이론생계비를 사용하고, 기타 품목은 실태생계비를 그대로 준용하는 방식이다.

이론과 실제 혼합방식은 생계비 일부는 이론생계비에서, 다른 일부는 실제생계비에서 자료를 수집하는 방식이다.

### (ㄴ) 근로자의 수명주기산정방식

근로자의 생계비 산정에는 근로자의 수명주기(life cycle)산정방식이 있다. 기업은 근로자들이 개인이 아니라 가족의 일원이거나 가족을 부양하면서 생산 활동을 계속해야 하기 때문에 그들의 연령별·세대별 수명주기(family cycle)를 고려하여야 한다.

근로자는 수명주기(연령)에 따라 부양가족의 수가 증가하고, 이에 따라 생계비가 달라진다. 따라서 임금의 하한선을 결정할 때, 이를 정확히 파악하여 반영하여야 한다. 일반적으로 근로자의 수명주기를 보면, 40세에서 55세 사이가 생계비 지출이 제일 많은 것으로 나타났다. 또한 종업원의 직종별 계층 등에 따라 차이가 있다.

## 2) 사회제도 수준의 결정방법

기업의 임금수준을 사회제도로 보고 이에 따라 결정하는 방법이 있다.

### (1) 임금의 상한선: 생산성임금제도

생산성임금제는 실질임금 상승률을 노동생산성 증가율과 같도록 하거나, 명목임금 상승률을 노동생산성 증가율 및 물가상승률의 합과 같도록 유도하는 제도이다. 명목임금상승률은 지난해의 노동생산성 상승률과 물가 상승률의 합계만큼 인상하는 것이다. 이는 우리나라에서 매년 적용되고 있는 제도이다.

생산성임금제는 기본적으로 기업의 지불능력이나 근로자의 생계비를 위협하지 않는 제도이다. 다시 말하면 생산성임금제는 노사 간에 어느 일방의 이익에만 치우치지 않으므로 국민경제적 관점에서도 합리적이라 할 수 있다.

생산성임금제는 물가 상승률과 생계비 상승률 사이에 격차가 있을 수 있고, 물가 상승률과 기업의 제품가격 상승률과의 사이에도 차이가 있을 수 있다. 또한 산업 혹은 기업에서 볼 때, 내수시장가격과 수출가격 간에 격차가 있을 수 있고, 산업이나 기업마다 수출비율에도 차이가 있다. 나아가 국민경제를 구성하는 각 산업 간의 생산성 상승률도 상당한 차이가 있을 수 있다.

### (2) 임금의 하한선: 최저임금제도

### (ㄱ) 최저임금제의 의의

최저임금제는 저임금근로자의 임금개선을 목적으로 국가가 임금의 최저한도 정하고, 사용자에게 이 금액 이상을 지불하도록 법률로 강제하는 제도이다. 최저임금제는 헌법 제32조에 의거하여 1986년 12월 31일 제정 공포된 후, 하위법령을 제정하고, 노·사·공익위원으로 구성된 최저임금위원회를 발족하여 1988년부터 시행되었다. 근로자의 최저임금은 국가에서 해마다 공시하는 노동부 최저임금위원회에 의해 결정된다. 따라서 기업은 이에 따라 근로자의 임금하한선인 최저임금액을 준수하여 임금을 결정하여야 한다. 최저임금위원회는 근로자·사용자·정부가 임명하는 공익위원 9명씩 총27명으로 구성된다.

최저임금은 법률적으로 임금의 하한선을 의미한다. 최저임금제도는 1인 이상 근로자를 사용하는 모든 사업 또는 사업장에 적용된다. 단 동거 친족만을 사용하는 사업과 가사사용인(가구에서 고용된 요리사, 가정부, 개인비서, 운전사 등)은 제외된다. 또한 정신 또는 신체의 장애로 근로능력이 현저히 낮은 자, 수습 중인 자, 양성훈련 중인 자 등과 선원법에 적용받는 선원 및 선박소유자는 적용대상에서 제외된다.

최저임금에 산입되는 임금은 원칙적으로 근로기준법 제2조제1항에 따른 임금으로서 매월 1회 이상 정기적으로 지급되는 금액이다. 따라서 임금이 아니거나, 매월 지급되지 않는 임금은 최저임금에 산입되지 않는다. 다만, 예외 사항이 있는데 매월 1회 이상 지급되는 임금이라도 연장·휴일 근로에 대한 임금 및 연장·야간·휴일 가산수당, 연차 유급휴가 미사용 수당, 법정 주휴일을 제외한 유급휴일(약정유급휴일 등)에 대한 임금은 최저임금에 산입하지 않는다. 또한 통화 이외의 것으로 지급되는 복리후생비와 상여금은 원칙적으로 최저임금에 포함하지 않는다.

월 최저임금의 결정에 또 다른 중요한 요인은 근로시간이다. 2023년 현재 주당 근무시간은 40시간(월 209시간)이 시행되고 있다. 따라서 월 최저임금은 시간급 × 월 근무시간 209시간(주당 유급주휴 8시간 포함)으로 계산한다.

### (ㄴ) 최저임금제의 기능

최저임금제는 많은 순기능을 하고 있다.

첫째, 최저임금제는 저소득층 근로자들에게 사람다운 생활을 할 수 있는 임금수준을 보장할 수 있다. 어떤 기업이 경기후퇴기에 임금삭감으로 제품가격을 하락시키는 정책을 사용할 경우, 다른 기업도 같은 정책을 답습함으로써 저소득층 근로자의 생계가 위협받을 수 있다. 따라서 기업의 이런 정책을 막아 저소득층을 보호할 수 있다.

둘째, 최저임금제는 임금을 삭감하기보다 기업을 합리적인 운영으로 유도하는 역할을 한다. 기업이 근로자의 임금을 삭감하기보다 오히려 근로자의 능력개발이나 노동력의 효과적인 활용 등을 통해 품질관리에 더욱 힘쓰고, 기업의 낭비와 결함 요소를 없애도록 한다.

셋째, 최저임금제는 상대적으로 저소득층 근로자의 높은 상품 구매력에 힘입어 경기회복에 도움을 줄 수 있다. 저소득층 근로자는 물품의 구매 욕구가 상대적으로 높아 임금의 인상이 상품의 구매력을 높여주게 되어 경기회복에 도움을 준다.

최저임금제는 여러 가지 역기능도 있다.

첫째, 최저임금제는 고용을 억제하여 실업을 유발시킨다. 기업의 임금제도는 규제가 없는 완전경쟁하에서 효율성이 가장 높아진다. 따라서 완전경쟁 하에서 기업은 종업원들에게 지불하는 임금과 그가 생산하는 한계생산물의 가치가 동일한 수준까지 고용할 수 있다. 그러나 최저임금제도는 최저임금 만큼 기업에 기여하지 못하는 근로자들에게도 최저임금을 보장하므로 노무비를 상승시키게 된다. 따라서 기업은 그런 근로자를 해고하거나 기계화·자동화 등으로 대체하게 되어 고용인원을 줄이게 될 것이다.

둘째, 최저임금제는 제품가격을 상승시킨다. 최저임금제는 최저임금 미만의 근로자 임금을 최저임금수준 이상으로 인상하는 것이므로 기업의 노무비가 인상될 수밖에 없다. 따라서 기업은 노무비의 인상으로 인해 상승된 비용을 생산품의 가격에 전가시키게 되고, 그 부담은 결국 제품을 소비하는 소비자에게 돌아가게 된다.

셋째, 최저임금제는 노무비가 싼 지역(미산업화 지역)에서 기업을 유치하고 싶어도 유치할 수 없도록 만들고, 국가의 노동비용 상승으로 이어져 경쟁력을 하락시키며 기업을 다른 나라로 이전하도록 만든다. 즉 기업공동화(空洞化) 현상이 나타날 수 있다.

### (ㄷ) 최저임금의 적용

최저임금은 최저임금위원회의 심의를 거쳐 고용노동부장관이 매년 8월 5일까지 결정하여 고시하고 그 다음 해 1년간(1월 1일~12월 31일) 효력이 발생한다.

최저임금은 모든 기업에 동일하게 적용되도록 규정되고 있다. 따라서 사업자가 종업원에게 최저임금에 미달된 임금을 지급할 때 처벌을 받게 된다. 도급사업의 경우 수급인이 도급인의 책임이 있는 사유(도급인이 도급계약 체결 당시나 도급계약기간 중에 최저임금액에 미치지 못한 금액을 결정하는 행위)로 근로자에게 최저임금에 미달되는 임금을 지급할 때, 도급인은 해당수급인과 연대하여 책임을 져야 한다.

최저임금의 적용에는 예외 사항이 있다. 정신장애, 신체장애로 근로능력이 현저히 낮은 자는 고용노동부 장관의 인가를 받아 적용하지 아니한다.

각 연도별로 고시된 연도별 최저임금은 〈표 10-1〉과 같다.

표 10-1  연도별 최저임금액

(단위: 원, %)

| 적용년도 \ 기간별 | 시간급 | 일급 (8시간기준) | 인상률 (시간기준) |
|---|---|---|---|
| 1988 | 1그룹  462.50<br>2그룹  487.50 | 3,700<br>3,900 | |
| 1989 | 600 | 4,800 | 1그룹  29.7<br>2그룹  23.7 |
| 1990 | 690 | 5,520 | 15.0 |
| 1991 | 820 | 6,560 | 18.8 |
| 1992 | 925 | 7,400 | 12.8 |
| 1993 | 1,005 | 8,040 | 8.6 |
| ⋮ | ⋮ | ⋮ | ⋮ |
| 2008 | 3,770 | 30,160 | 8.3 |
| 2009 | 4,000 | 32,000 | 6.1 |
| 2010 | 4,110 | 32,880 | 2.75 |
| 2011 | 4,320 | 34,560 | 5.1 |
| 2012 | 4,580 | 36,640 | 6.0 |
| 2013 | 4,860 | 38,880 | 6.0 |
| 2014 | 5,210 | 41,680 | 7.2 |
| 2015 | 5,580 | 44,640 | 7.1 |
| 2016 | 6,030 | 48,240 | 8.1 |
| 2017 | 6,470 | 51,760 | 7.3 |
| 2018 | 7,530 | 60,240 | 16.4 |
| 2019 | 8,350 | 66,800 | 10.9 |
| 2020 | 8,590 | 68,720 | 2.9 |
| 2021 | 8,720 | 69,760 | 1.5 |
| 2022 | 9,160 | 73,280 | 5.05 |
| 2023 | 9,620 | 76,960 | 5.0 |
| 2024 | 9,860 | 78,880 | 2.5 |

자료: 고용노동부.


(ㄹ) **최저임금제의 개선**

　최저임금제는 순기능과 역기능이 공존하고 있으므로 적정수준에서 최저임금을 설정하여야 할 것이다. 최저임금에 적용받는 근로자는 주로 중소기업 근로자에 해당된다. 따라서 최저임금이 너무 낮게 설정되면 그 수혜자들을 홀대한다는 비난에 부딪쳐 인도적인 문제가 발생할 것이고, 너무 높게 설정되면 국민경제는 물론이고 근로자 자신들에게도 악영향(자영업자는 근로자를 해고)을 끼치게 될 것이다.

해마다 최저임금위원회는 최저임금의 결정을 두고 근로자대표와 사용자대표가 격돌한다. 합리적이고 공정한 산출기준이 없다보니 당연한 결과이다. 따라서 최저임금 산출 기준은 근로자 생계비, 유사근로자 임금, 노동생산성, 소득분배율 등의 요소를 고려하여 법제화 할 필요가 있다. 노사관계 선진국들은 경제 전반에 대한 다양하고 정확한 통계와 공신력 있는 전문가들의 분석을 기반으로 최저임금을 결정하고 있다.

또한 최저임금제는 산업별(업종별)로 최저임금을 다르게 결정하면 좋을 것이다. 그리고 지역별로 최저임금을 달리할 경우 지역의 균형발전과 지역의 실정에 맞는 산업의 배치, 그리고 낙후산업의 발전을 유도할 수 있을 것이다.

### 3) 임금수준의 결정: 기업수준과 사회제도수준의 통합

기업수준의 임금은 임금수준의 상한선으로 기업의 지불능력과 하한선으로 근로자의 생계비를 들고 있다. 따라서 기업수준의 임금은 이를 기준으로 삼고 적절한 수준에서 '지배임금률'을 결정하여야 한다.

사회적 수준의 임금은 임금수준의 상한선으로 생산성임금제와 하한선으로 최저임금제를 들고 있다. 따라서 사회적 수준의 임금은 이를 기준으로 삼고 적절한 수준에서 '사회적 균형'을 결정하여야 한다.

임금수준의 결정은 기업수준과 사회제도수준이 있는데, 이 두 요인이 함께 부합되는 수준에서 결정되어야 한다. 따라서 기업의 임금수준은 상한선으로 기업의 지불능력과 생산성임금제로 하고 하한선으로 근로자의 생계비와 최저임금제로 하여 그 사이에 적정선을 찾아야 할 것이다. 이 적정선이 전자는 지배임금률이고, 후자는 사회적 균형이다.

지배임금률은 같은 지역에 있어서 같은 직무의 평균임금률이기 때문에 임금의 사회적 균형으로도 이해할 수 있다. 임금수준의 결정모형은 [그림 10-4]와 같다.

기업의 임금수준은 노동시장의 지배임금률(사회적 균형)과 자기 기업의 임금률을 비교함으로써 외부 임금률에 대응하는 수준에서 결정하여야 한다. 따라서 기업의 지배임금률(임금수준)은 경쟁기업과 비교하여 비슷한 수준이거나 그 이상이어야만 바람직한 인력을 충분히 확보 또는 유지할 수 있을 것이다.

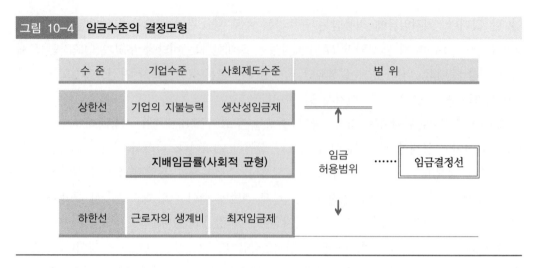

그림 10-4 임금수준의 결정모형

기업이 임금수준을 결정할 때 콤파율(compa-ratios)을 적용해 볼 필요가 있을 것이다. 콤파율은 임금범위의 중앙값(midpoint)에 대비한 개인 직원의 상대적 임금수준을 의미한다.[6]

$$콤파율 = 개인\ 직원의\ 임금수준(pay\ rate) / 임금\ 범위의\ 중간점$$

콤파율이 1이면 개인직원의 임금수준이 중간값과 동일한 수준을 의미하고, 1보다 작으면 그 이하, 1보다 크면 그 이상의 수준임을 의미한다. 인사부서는 콤파율을 특정 직무의 경쟁적 위치를 관리하는데 사용할 수가 있다. 콤파율은 특정 그룹의 임금수준 전략이 시장선도전략, 시장수준전략 및 시장추종전략 중 어느 것을 선택하느냐에 따라서 달라진다. 이 점수는 나중에 개인성과급의 인상률을 정할 때 하후상박(下厚上薄)을 적용할 때도 사용된다.[7]

또한 바이아웃(buyout)이 있다. 바이아웃제도는 기업이 특정인(개인)과 고용계약을 할 때, 특정금액을 정하고 근무하는데, 계약 후 다른 기업이 이 금액 이상으로 고용을 희망할 경우 계약을 한 기업의 허락이 없어도 이적을 허용하는 계약이다. 일반적으로 바이아웃제도는 고용기간 1년에 대해 약2주간의 급여와 18개월 동안의 의료보험 혜택보장, 또한 앞으로 계속 일하고자 하는 근로자를 위한 전직지원금을 제공한다. 이 제도는 주로 운동선수에 많이 적용된다.[8]

---

6) Martocchio, J. J., 2004.
7) 배종석, 2023, 239.

제3절 | **임금의 체계관리**

## 1. 임금체계의 의의

### 1) 임금체계의 구성요소

임금체계(pay system)는 조직차원에서 개인의 임금을 결정하는 기준을 의미한다. 임금체계는 조직차원에서 임금 총액을 종업원 개인에게 얼마나 '고정급' 성격으로 배분할 것인지를 결정하는 방식을 의미한다. 이는 내부공정성, 즉 조직적 공정성을 의미한다. 임금의 조직공정성은 개인들이 조직에 제공한 노동에 대응하여 이들 간에 공정한 임금이 지급하도록 임금제도를 설정하는 것이다.

임금체계는 고정급 성격의 기본급과 변동급 성격이 가미된 수당 및 상여금으로 구성된다.

기본급은 고정급 형태로서 임금체계의 가장 핵심이다. 기본급은 현재 근로자가 종사하고 있는 직무의 노동량과 노동질의 가치요소(직무급)를 기준(job rewards)으로 설정하거나, 혹은 근로자(노동력)에 체화된 조직 근무경력의 가치요소(연공급), 직무수행 능력의 가치요소(직능급)를 기준(membership rewards)으로 설정한다. 그러나 업적성과의 가치를 기준으로 하는 성과급은 임금체계가 아니라 임금형태에 속한다(다음 절에 설명).

수당은 기본급의 보조 기능을 하는 것으로서 기준내 수당과 기준외 수당이 있다. 전자는 비법정 수당이 중심이 되는데, 이는 기본급의 성격을 가진다. 후자는 법정 수당이 중심이 된다.

상여금은 근로계약에 의해 사전적으로 결정된 것이 아니라 근로의욕을 고취시키기 위해 기업경영성과에 따라 지급하는 변동급 성격의 임금으로, 기본급의 보조 기능을 한다.

임금체계의 구성요소는 [그림 10-5]와 같이 나타낼 수 있다.

### 2) 통상임금

임금은 통상임금과 평균임금으로 구분해 볼 수 있다. 여기서 통상임금은 근로자에게 근로의 대가로 '정기적'이고, '일률적'이며 '고정적'으로 지급하기로 정한 금액이다(근로기준법

---

8) Raymond A. Noe, John R. Hollenbeck, Barry Gerhart, Patrick M. Wright: 윤동열 · 김우철 · 김태형 · 나동만 · 류성민 · 류준열 · 박종규 · 방오진 · 조윤형 · 최우재 · 한승현 · 홍운기 공역, 2024, 186.

그림 10-5  임금체계의 구성요소

시행령, 제6조 제1항). 여기서 정기성은 어떤 임금이 한 달을 초과하는 기간(두 달마다 혹은 분기마다 또는 매년 한 번씩) 정기적으로 지급하느냐 하는 것이고, 일률성은 일정한 조건이나 기준에 드는 '모든 근로자'에게 적용되느냐 하는 것이며, 고정성은 초과근로를 할 때 임금지급 여부가 업적이나 성과 또는 추가적인 조건과 관계없이 사전(事前)에 미리 확정된 금액이냐 하는 것이다.

반면 평균임금은 사유 발생일 이전 3개월 동안 받음 임금총액을 그 기간 총 일수로 나눈 금액으로(근로기준법 제2조 제1항 6호), 임금에서 통상임금은 평균임금의 최저한도 보장, 해고예고 수당, 연장·야간·휴일 근로수당, 연차유급 휴가수당 등을 산정하는 기준이 된다. 따라서 임금의 체계 구성에 대단히 중요한 요소이다.

임금체계가 아니라 임금형태(다음 절에 설명)인 성과급의 경우 근로자 모두에게 최소한의 성과급이 지급되고 있다고 할 때, 그 금액이 일률성이 있다고 판단해 통상임금으로 보고 있다. 예를 들어 근무성적에 따라 A, B, C 세 등급으로 근로자를 평가하고, A급은 300만원, B급은 200만원, C급은 성과급을 지급하지 않는다면 이 경우 통상임금은 없다. 하지만 C급의 실적을 올린 근로자도 최소한 100만원을 받는다면, 100만원이 통상임금에 포함된다는 의미이다. 통상임금은 전통적으로 기본급만 의미하였으나 직책, 직무수당, 근속수당, 기술수당 등도 포함된다.9) 통상임금은 휴일·야근수당이나 퇴직금 등을 계산하는 기준이기 때문에 통상임금이 인상되면 함께 인상된다.

---

9) 대법원 판례, 2013, 12, 18

## 3) 임금체계에서 개인 성과요소의 반영

기업에서 종업원 개인의 성과(업적)를 임금에 반영하는 방법은 두 가지가 있다.

첫째 기업은 개인의 성과(업적)만을 중심으로 임금을 지급할 수 있다. 이것은 임금의 형태가 된다. 따라서 임금체계에는 존재할 수 없다(다음 절에 설명될 것임). 개인의 성과는 곧 업적을 의미한다.

둘째, 기업은 직무급, 연공급, 직능급 등 임금체계의 하나 또는 둘 정도를 기준으로 하고, 개인의 성과를 한 구성요소로 추가하여 사용할 수 있다. 즉 조직의 임금체계인 직무급, 연공급, 직능급을 하나 또는 둘 정도 통합하여 기준을 설정하고, 개인의 성과는 임률의 격차를 결정하는 추가기준으로 사용하도록 한다.

개인의 성과와 업적을 모든 임금체계에 반영시킬 수 있는가 하는 것이다. 직무급이나 직능급은 개인의 성과와 업적을 임금 산정에 반영시킬 수 있다. 그러나 연공급에서는 일정한 범위 내에서 별도로 반영시켜야 할 것이다.

## 4) 임금제도의 발전

우리나라는 전통적으로 연공급에서 출발하였다. 1987년 이후에는 노동자대투쟁의 여파로 연공급이 강화되었지만 능력급도 도입된다. 그리고 1997년 외환위기 이후 연봉제가 도입된다.

우리나라 기업이 가장 많이 채택하고 있는 임금제도는 연공급이다. 연공급은 근속년수를 중심으로 임금이 자동적으로 결정되므로 조직의 기여도(직무가치, 보유가치, 성과 등)가 임금에 반영되지 못하고 있다. 따라서 오늘과 같이 급변하는 직무환경과 구성원의 지식을 기반으로 하는 조직에서는 직무급,10) 직능급 나아가 성과급(임금형태임)으로 차츰 다변화되고 있다. 이들 제도들은 모두 근로자의 능력이나 성과(업적)를 기반으로 한 임금제도이다.

우리나라의 바람직한 임금제도는 혁신적 임금제도이다. 혁신적 임금제도는 성과급, 직무급, 임금피크제, 성과배분제 등이라 할 수 있다. 우리나라 임금제도는 [그림 10-6]과 같이 발전되고 있다.

---

10) 직무급은 직무의 가치(중요도, 난이도, 위험도)를 중심으로 임금을 지급하지만, 직무의 가치가 높은 직무를 담당할 수 있는 근로자는 능력이 높다는 의미이므로 능력급이라 해도 무방할 것이다.

그림 10-6  우리나라 임금제도의 발전

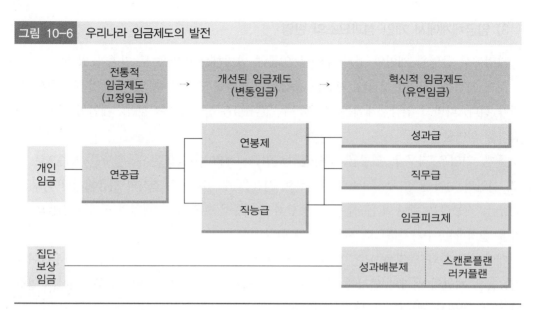

고용노동부가 상용근로자 100인 이상 사업체의 임금제도를 조사한 결과는 다음과 같다. 호봉제(연공제)는 2010년 76.2%, 2015년 65.1%, 2022년 55.2%로서 차츰 줄어들고 있다. 연봉제는 2010년 62.7%, 2015년 74.5%, 2022년 79.8%로서 소폭 증가하고 있다. 그러나

그림 10-7  우리나라의 임금제도 도입추이

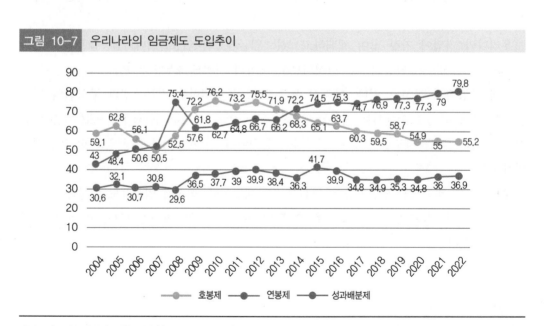

자료: 임금정보직무시스템(https://www.wage.go.kr).

임금제도는 여전히 호봉제 중심의 연공급이 지배적이다. 한편 성과배분제는 2010년 37.7%, 2015년 41.7%, 2022년 36.9%이다. 2015년에 가장 높았으나 그 후 변화가 거의 없다. 우리나라의 임금제도 도입 추이는 [그림 10-7]과 같다.

### 5) 임금제도의 선정

우리나라는 일반적으로 기업에 노동조합이 있는 경우 연공제(호봉제)가 많고, 노동조합이 없는 경우 연봉제가 많이 도입되고 있다.

임금은 다음 사항을 고려하여 결정되어야 한다. 먼저, 임금체계는 임금만이 아닌 작업체계나 조직구조와 연관지어 추진되어야 한다. 그 다음, 임금체계는 새로운 인사관리제도의 보완과 함께 추진되어야 한다. 즉 스킬블록과 같은 체계적인 경력관리, 직무전환과 내부공모제도, MBO와 같은 쌍방향적 평가관리를 체계적으로 실시하여야 한다.[11]

기업의 임금제도는 다음과 같이 각종 여건에 부합되도록 선정하여야 한다.

첫째, 생산이나 산업형태에 따른 선정이다. 성장 중심의 소품종대량생산기업에서는 능률급이 합리적인 반면에, 안정 중심의 고도기술을 필요로 하는 장비산업에서는 정액급이 보다 합리적이다.

둘째, 조직형태에 따른 선정이다. 직무가 명확하지 않은 동태적 단일조직에서는 직능급 중심제도가, 직무가 명확한 기능조직에서는 직무급 중심제도가 바람직하다.

셋째, 기업의 규모에 따른 선정이다. 직종이 명확하지 않는 중소기업에는 연공급이나 직능급이 효율적이고, 직종이 명확한 대기업은 직무급이 효율적이다.

넷째, 업종에 따른 선정이다. 중·고 연령층이 많은 기능업종(대형프랜트, 정밀기계)은 연공급 + 직능급이 바람직하다. 기술혁신이 격심한 업종(화학업계)은 자격급 + 직능급, 직무급이 합리적이고, 직무가 표준화된 업종(철강업, 제지펄프업)은 연공급 + 직무급, 직무급이 효율적이다. 기계화된 단순업종(전기기구업, 섬유업)은 직무급이 적합하고, 화이트칼라가 많은 업종(금융업, 전력업, 제조업 등의 직원)은 연공급 + 자격급, 자격급, 직능급이 효율적이며, 서비스업(도매업, 소매업, 호텔업)은 자격급, 직능급이 적합하다고 할 수 있다.

다섯째, 동일기업 내 직무가 서로 다를 때의 선정이다. 동일기업에서도 고난도 직무를 담당하는 상위복합직종은 연공이 가미된 직능급제도가 바람직하고, 쉬운 직무를 담당하는 하위단순직종은 직무급이 바람직하므로 이중 구조를 이루게 된다. 이를 [그림 10-8]과 같이 나타낼 수 있다.

---

11) 이영면, 2012, 460.

그림 10-8    이중구조형 임금체계

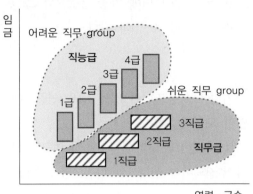

자료: 최종태, 2000, 254.

## 2. 직무급

### 1) 직무급의 의의

직무급(job-based pay)은 해당기업의 모든 직무들을 대상으로 기업의 성과에 미치는 상대적 가치를 평가하고 그 결과에 따라 개인임금이 결정되는 제도이다. 직무급은 업무의 난이도와 특성에 따른 임금결정방식이다. 다시 말하면 직무급은 같은 직무를 수행하는 사람에게는 같은 임금, 즉 '동일노동에 대하여 동일임금'이 지급된다. 직무급은 가장 합리적인 임금체계로 여겨지고 있다. 직무급은 미국을 중심으로 선진국들이 중시하고 있는 합리적 사고를 바탕으로 하면서 산업화의 진전에 따라 생성·발전된 제도이다.

임금은 일반적으로 노동대가의 원칙과 생활보장의 원칙 등 2대 원칙을 들고 있다. 직무급은 임금이 노동 대가의 원칙에서 노동의 질과 양에 따라 결정됨으로 가장 타당하고 공정한 제도라고 할 수 있다.

직무급은 개별직무들에 대하여 기업목표달성의 중요도, 수행상의 난이도, 작업환경의 위험도 등 자격수준의 상대적인 가치를 측정하여 임금에 반영시키는 제도이다. 직무급은 연공급과는 달리, 공헌과 보상(임금) 사이에 단기적인 균형이 가능하다. 따라서 직무급은 해당직무가 요구하는 자격수준보다 직무수행자가 가지고 있는 자격수준이 더 높다 하더라도 그가 수행하는 직무가치에 따라 결정되며 초과된 능력은 임금에 반영되지 않는다. 따라서 직무급제도는 직무수행에 필요한 능력과 근로자가 현재 갖고 있는 능력이 일치하는 적정 배치가 그 전제가 된다.

직무급은 종업원이 제공한 노동의 가치에 합당한 보상을 하므로 불만을 해소시킬 수 있는 제도이다. 직무급에서 종업원은 능력이 있어서 일을 잘 수행하면 그보다 더 어렵고 가치 있는 일을 맡게 되므로 임금은 상승하게 되지만, 맡은 일을 제대로 수행할 능력이 없으면 그보다 더 낮은 가치의 일을 맡게 되므로 당연히 임금은 낮아지게 된다. 따라서 직무급은 경영자가 자의(恣意)에 의해 임금을 결정하지 못한다. 그러므로 직무급체계는 능력주의적 보상체계의 전형적인 형태라고 할 수 있다.

## 2) 직무급 실시를 위한 예비절차

### (1) 직무급 실시의 전제조건

직무급은 직무뿐만 아니라, 개개인의 능력도 중요한 기준으로 삼고 있으므로 합리적인 임금결정을 가능하게 한다. 그러나 직무급이 아무리 합리적이고 이상적인 제도라 하더라도, 실제로 기업에서 적용되기 위해서는 다음과 같은 조건이 이루어져야 한다.

직무급은 직무의 상대적 가치를 평가할 수 있는 직무평가시스템이 구축되어야 한다. 기업은 직무를 확정하여 직무표준을 설정하고, 이를 바탕으로 직무가치를 객관적으로 평가하여야 한다.

직무급은 종업원의 능력을 정확히 평가할 수 있는 인사고과시스템이 구축되어야 한다. 기업은 종업원의 인사고과를 통하여 직무에 맞는 종업원을 채용하고, 적정하게 배치하여야 한다. 또한 직무가치가 높은 직무에 능력이 높은 종업원을 배치하고, 낮은 직무에 능력이 부족한 종업원을 배치하여야 한다.

직무급은 노사가 동일노동에 대한 동일임금의 지급이 합리적이라는 생각을 갖고 있어야 한다. 직무급은 노동시장이 횡단적으로 형성되어 어느 정도 자유로운 노동이동이 가능하여야 한다.

### (2) 직무분석과 보상요인결정

직무급을 실시하기 위해 먼저 직무분석이 이루어지고 보상요인이 결정되며, 그 다음 직무가치평가가 이루어져야 한다(직무분석 → 보상요인 결정 → 직무가치 평가).

### (ㄱ) 직무분석

직무분석은 종업원이 수행하는 직무의 특성을 명확하게 분석하고, 어떤 종류의 근로자

수준(질)이 어느 정도 필요한지를 밝히는 것이라 할 수 있다. 직무분석은 이미 제 3장에서 언급한 바와 같이 모든 개별직무를 대상으로 조사하는 것이 아니라, 직무를 직군으로 분류하고 대표직무를 선정하여 이를 중심으로 분석한다. 그리고 기업은 직무분석에 따라 직무에 관한 정보가 얻어지면, 직무계층 속에서 직무의 위치를 결정할 수 있는 보상요인을 찾아내어야 한다.

### (ㄴ) 보상요인의 결정

직무급의 보상요인은 기업의 직무와 관련하여 작업자의 공헌에 따라 보상으로 지급할 요인을 결정하는 것이다. 이 보상요인은 직무분석에서 크게 직무특징·직무특성·작업특징·인적 특성으로 나누고 있다. 직무특징은 직무의 목적 및 내용과 관련된 '책임', 직무특성은 작업의 정신적·육체적 강도와 관련된 '노력', 작업특징은 작업환경과 관련된 '작업조건', 인적 특성은 자격 및 숙련과 관련된 '기능' 등 크게 네 가지로 나눌 수 있다. 이를 정리하면 다음 〈표 10-2〉와 같다.

**표 10-2  보상요인의 체계**

| 직무내용 | 보상요인 | 보상요인의 내용 |
|---|---|---|
| 직무특징 | 책임 | 직무의 목적 및 내용 |
| 직무특성 | 노력 | 작업의 정신적 강도 |
| | | 작업의 육체적 강도 |
| 작업특징 | 작업조건 | 작업환경 |
| 인적특성 | 기능 | 자격요건 |
| | | 숙련과정 |

## 3) 직무가치평가

### (1) 직무가치평가의 의의

직무가치평가는 직무분석의 결과로 밝혀진 직무내용과 이를 수행하는 작업자의 자격요건에 따라 직무의 상대적 가치를 결정하는 것을 의미한다. 직무가치의 평가는 어떤 직무가치를 다른 직무가치와 비교하여 그 상대적인 가치를 결정한다. 따라서 직무의 가치는 직무평가의 결과에 따라 양과 질에서 나타나는 차이를 보상에 반영시킨다. 직무의 상대적 가치는 전체조직에서 그 직무수행에 의해 나타나는 공헌도에 의해 결정된다.

### (2) 직무가치와 임금률의 결부

기업은 직무급을 적용하기 위하여 직무가치를 임금률과 결부시켜야 한다. 직무가치와 임금률과의 결부방법에는 다음과 같이 두 가지가 있다.

첫째, 임금총액을 평가기준단위로 나누어서 단위당 평가임금률을 결정하고, 이에 따라 평가가치를 결부시키는 방법이다.

둘째, 시장 임금률을 결정하고, 이에 따라 평가가치를 결부시키는 방법이다.

## 4) 직무급의 설계

### (1) 직무등급의 설정

직무등급(job class)은 직무평가점수에 의해 직무를 분류해 놓은 체제이다. 직무등급, 즉 직무들을 직급으로 묶는 순서는 다음과 같다.

동일임금에 적용할 직급을 설정한다. 동일임금 직급은 종업원을 직급(職級) 내에서 임금을 변동하지 않고, 배치·전환시킬 수 있는 구간을 의미한다. 기업의 직무직급은 조직의 규모에 따라 다르게 설계하여야 한다. 만약 조직의 규모가 작아서 직무의 수가 적고 직무 간 차이가 명확하다면, 개별직무에 대해서 임금을 각각 다르게 적용해도 무방하다. 그러나 직무의 수가 많고 직무간의 차이가 적을 경우 관리적 편리성과 오류방지를 위하여 유사한 직무들은 하나의 직급으로 처리하는 것이 바람직하다.

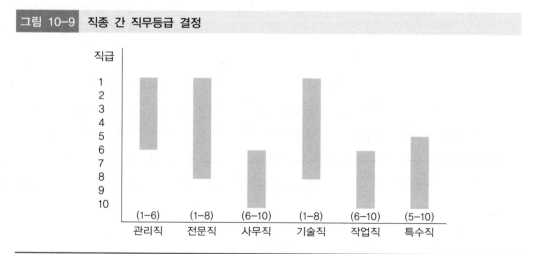

**그림 10-9  직종 간 직무등급 결정**

자료: 김식현, 1999, 349.

임률의 범위를 설정한다. 개인적 직무공헌 또는 성과 차이를 반영하기 위해, 직무와 직급에 대해서 임률범위(rate range)를 설정하여야 한다. 최근에는 직급을 세분화하기보다는 4~5개로 넓게 다루는 광역대화(broadbanding) 추세에 있다. 광역대화는 직무책임을 보다 광범위하면서 융통성 있게 정하고, 계층적 직무구조를 제거함으로써 수평화 되고 경계 없는(boundaryless) 조직을 만든다. 따라서 종업원들은 경험을 더 많이 쌓기 위하여 광역대화 안의 여러 기능으로 횡적 이동할 수 있는 조직구조이므로 승진기회가 적은 수평화된 조직이 된다. 범위의 설정은 직급별 임금의 상한, 중간, 그리고 하한의 결정을 의미한다. 각 범위의 중간점은 이미 조사된 시장임금수준의 중간점인 통제점(control point)을 정한다.

임금 직종간 직무등급을 결정한다. 이를 정리하면 [그림 10-9]와 같다. 예를 들어 작업직은 6급(최고 소요등급)에서 10급(최하)이므로 이를 계층화하여 임금의 격차를 나타낸다. 이를 기준으로 전 기업에서 직종간의 직급관계가 설정되면, 직종간의 이동 등 인적자원관리에도 유효하게 이용될 수 있다.

### (2) 직무임금구조의 설계

직무임금구조(pay structure of job)는 한 조직에서 종업원의 작업 또는 스킬에 따른 임금률의 배열을 의미한다. 다시 말하면 직무임금구조란 직무등급 또는 자격등급간 임금의 차이로서 직무구조를 가격화 한 것이다. 신규채용직무, 즉 진입직무(entry job)의 임금은 자격 있는 지원자를 유인하여 선발할 수 있을 정도로 높아야 한다. 그러나 이동에 의한 직무, 즉 비진입직무(nonentry job)의 임금은 주로 승진이나 배치전환에 의해서 결정되므로 이는 문화, 규범 그리고 조직에의 기여도 등에 따라 결정되어야 한다. 직무급 임금체계의 설계는 다음과 같은 절차에 따른다.

임금의 최고와 최저수준을 결정한다. 기준직무에 대한 시장임금률과 임금수준 등을 감안하고, 직무평가로 나타난 각 직무의 평점에 따라 임금의 최고와 최저 수준을 결정한다.

임금의 폭과 단위별 임금등급을 결정한다. 임금을 직무와 연결시켜 임금의 폭(wage range)을 만들고, 유사 직무로 묶여진 단위별 임금등급을 결정한다.

임금체계를 설계한다. 각 개인의 직무평점과 기술경험 등을 고려하여 최종적으로 임금체계를 설계한다.

한 개인이 현재 임금체제에서의 임금과 새로 설정된 임금체제에서의 임금이 서로 일치되지 않을 경우 다음과 같이 처리한다.

첫째로, 현재 임금체계에서 받는 임금이 새로 설정된 임금체계의 최고임금수준보다 높은 임금을 받고 있는 사람(red cycle rate)이 있을 경우이다. 현재 받고 있는 임금이 새로 설정된 임금 폭의 범위 내에 들어올 때까지 현재 임금액을 계속 유지하고, 승진 또는 전직 시기가 되었을 때 그들을 새로운 직무로 전환시켜 임금과 균형을 맞출 수 있다. 또한 현재 의 임금액을 계속 유지하면서 추가로 새로운 직무를 더 수행하게 함으로써 균형을 유지할 수 있다.

둘째로, 새로운 임금이 과거임금보다 높아지는 경우(sweetener)이다. 이때에는 그대로 상 향조정하면 된다.

셋째로, 예외적인 문제들이 나타났을 경우 개별적으로 적절히 처리하여야 하며 하향조 정은 하지 않는 것이 원칙이다.

### 5) 직무급의 종류

#### (1) 평점별 단순직무급

평점별 단순직무급은 개별직무급이라고도 한다. 평점별 단순직무급은 직무평가의 결과 로 산출된 평점에 1점당의 단가를 곱하여 임금액을 산출하는 형태이다. 따라서 직급에 구 분 없이 한 직무에 한 급여액이 적용되므로 임금계산이 간단하며 근로자들도 이해하기가 쉽다. 그러나 직무급이 평점의 점수만큼 존재하고, 근소한 평점 차에 대해서도 임금차가 생기므로 공정하지 못한 결과를 초래할 위험이 높다. 이 제도를 실시하기 위해서는 직급내 용의 표준화가 먼저 이루어져야 한다.

#### (2) 직급별 단일직무급

직급별 단일직무급(single rate)은 기업 내의 각 직무가 지닌 상대적 가치를 비교 평가하 여 도출한 평점을 일정한 간격으로 기준화해서 여러 직급으로 분류하고, 각 직급마다 동일 한 임금액을 부여하는 형태이다. 이를 [그림 10-10]과 같이 나타낼 수 있다. 직급별 단일 직무급은 직무가 자동화되어 있고 정형적으로 적용되기 때문에 작업성과가 개개인의 숙련 도에 좌우되지 않을 때 적합하다.

일반적으로 직급별 단일직무급의 직급 수는 승격을 계속적으로 실시하여 강한 자극을 주고자 할 경우 늘리는 것이 좋다. 그러나 직급 수가 너무 많을 경우 근소한 평점차를 필 요 이상으로 중시하는 결과가 되기 때문에 의미가 적어진다. 그러므로 보통 직급의 수는 10~15개 정도가 적당할 것이다.

직급별 단일직무급의 단점이다. ① 개인의 근속, 능력, 및 숙련도 등의 요소를 임금결정

그림 10-10  단일직무급

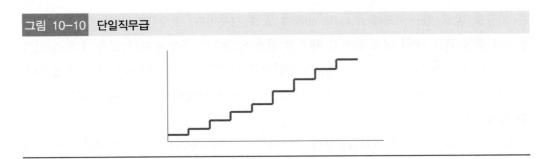

에 반영할 수 없고, ② 직무간의 임금격차가 커지며, ③ 경계직무(borderline job)는 직급의 규정이 애매하다.

### (3) 직급별 범위직무급

직급별 범위직무급(rate range)은 같은 직무에 대해서도 각 개인의 호봉에 따라 임금에 차이를 두는 형태이다. 직급별 범위직무급은 직무의 가치가 같은 업무에 종사하는 종업원이라 할지라도 경험·근속연수·연령 등에 따라 임금에 차이가 있다. 직급별 범위직무급은 직무내용이 정형화되어 있지 않은 일반직, 기술직, 관리직이나 각 개인의 숙련도 차이가 생산량에 큰 영향을 미치는 직종에 적합하다.

직급별 범위직무급의 유형은 [그림 10-11]과 같이 세 가지 유형이 있다.

접합형(butt-to-butt rate range)은 한 직급구간의 최고임금액과 그보다 상위 직급구간의 최저임금액이 서로 접합되는 형태이다. 접합형은 직무급에 적합한 형태이다.

그림 10-11  범위직무급

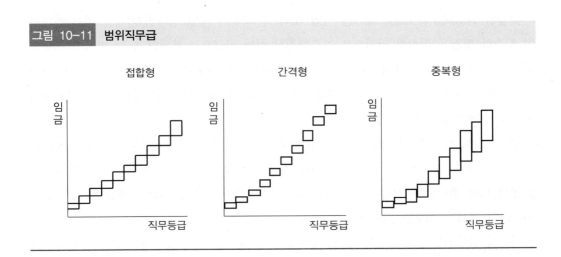

간격형(gap rate range)은 한 직급구간의 최고임금액과 그보다 상위직급구간의 최저임금액 사이에 간격이 있는 형태이다. 간격형은 접합형보다 자극이 훨씬 커서 승진과 승급의 경우 임금의 폭이 너무 크게 벌어지게 된다.

중복형(overlapping rate range)은 한 직급구간의 임금액과 그보다 상위직급구간의 임금액이 일부 중복되는 형태이다. 중복형은 근속연수와 같은 연공적 요소를 가미할 때 나타나는 형태로서, 상위직급의 임금이 하위직급의 임금보다 낮은 경우가 발생한다. 따라서 직급 상호간의 임금격차를 억제하기 위한 방안으로 도입되며, 중복의 정도가 심할수록 임금에 대한 자극이 감소된다.

중복형의 통상 임금범위는 10%에서 25%(즉 중간점으로부터 위로 5%에서 12.5%의 범위) 내에서 설정한다. 그러나 상위직급일수록 임금범위가 커지는 경향이 있다. 그 이유는 관리직의 경우 상위직급의 업무를 수행하는 데 있어서 자유재량이 많고, 이에 따른 성과의 차이가 크다는 것이다.

일단 중간점(시장임금과 임금정책에 따라 결정)과 임금범위(판단)가 결정되면, [그림 10-12]와 같이 상한선과 하한선을 계산할 수 있다.[12]

하한선 = 중간점 ÷ [100% + (1/2범위)]
상한선 = 하한선 + (범위 × 하한선)

그림 10-12  임금범위와 중복

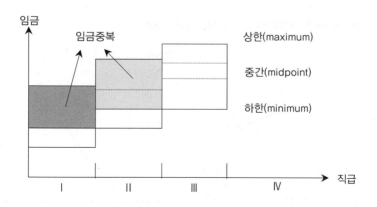

_____

12) 황규대, 2013, 422~425.

### 6) 직무급의 장단점

직무급은 직무에 상응하는 임금지급이므로 인적자원관리의 합리화에 기여할 수 있다. 또한 직무급은 인건비의 효율성을 증대시킬 수 있고, 능력위주의 인사풍토를 조성할 수 있다.

한편, 직무급은 직무가 표준화되어 있지 않을 경우 직무가치에 대한 객관적인 평가기준의 설정이 어렵다. 또한 직무급은 직무중심의 승진제도로 이어지므로 종신고용을 어렵게 하고, 인사관리의 융통성을 발휘할 수 없게 만든다. 그 이유는 제5장 3절을 참고하기 바란다.

## 3. 연공급

### 1) 연공급의 의의

연공(seniority)은 종업원이 기업 또는 직무에 종사한 기간을 말한다. 일반적으로 구미(歐美)에서는 직무를 기준으로 임금이 결정되는 데 비해, 동양에서는 전형적으로 사람을 기준으로 임금이 결정되고 있다.

연공급(seniority-based pay)은 개개인의 학력·경력·자격·기능 등을 고려한 근속연수에 따라 개인임금이 결정되는 제도이다. 그러므로 연공급은 일반적으로 인적기준, 즉 종업원의 근속연수가 많아짐에 따라 기준급 또는 단위임금률이 높아진다.

**그림 10-13** 연령에 따른 능력변화 및 가계비 지출 추세

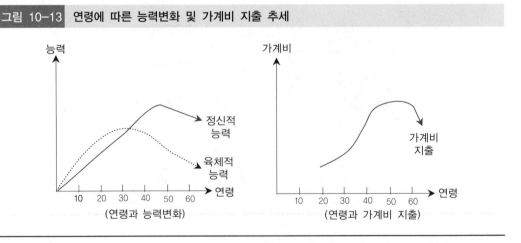

자료: 최종태, 1998.

연공급은 기본급에 경력·경험 혹은 근속연수의 일부 혹은 전부를 반영시키고 있다. 연공급의 기본급은 퇴직금·상여금·수당 등의 산정기준이 되고 있다. 연공급은 종신고용을 전제로 종업원의 생활을 유지·보존할 목적으로 정기승급제도가 채택되고 있다. 따라서 연공급은 근속연수가 많아짐에 따라 학습이나 경험에 의해 숙련이나 기능, 지식 및 능력의 수준이 높아지고, 가계비 지출도 많아진다는 전제에 기초하고 있다. 이를 [그림 10-13]으로 나타낼 수 있다.

## 2) 연공급의 특성

연공급은 다음과 같은 특성이 있다.

연공급은 사람과 임금을 연결시킴으로써 인재의 중요성을 강조하는 제도이다. 연공급을 채택하고 있는 기업은 직무순환 내지 경력관리 등을 통해 종업원을 인재로 양성시키도록 노력하고 있다.

연공급은 객관적 기준을 사용하는 제도이다. 연공급은 개개인의 학력·경력·자격·기능 등을 기준으로 임금이 결정된다. 따라서 연공급은 경영자가 객관적인 기준으로 평가하기 때문에 종업원의 성과를 주관적이고 자의적으로 평가할 위험이 없는 것이다. 따라서 노동조합은 연공급을 공정하고 객관적 기준이라고 믿고 선호하고 있다.

연공급은 종업원의 생계비를 보장해 줄 수 있는 제도이다. 연공급은 근속연수가 많아짐에 따라 임금이 상승하는 제도이다. 따라서 종업원은 연령이 많을수록 차츰 가계비 지출이 많아지므로 연공급은 종업원의 수명주기에 맞게 생계비를 보장해 줄 수 있는 제도이다.

## 3) 연공급의 장단점

연공급은 연공서열형 임금체계이므로 동양적 정서에 알맞고, 종업원들의 수명주기에 부합된 제도이므로 애사의식(愛社意識)이 높다. 따라서 연공급은 근로자의 근로생활을 안정시킬 수 있다. 또한 연공급은 인력관리가 쉬우며, 적용이 간편하다.

연공급은 안이한 근무자세(복지부동 내지 무사안일)로 조직의 비능률을 초래할 수도 있다. 또한 연공급은 종업원의 능력에 의한 임금의 지급과 거리가 있으므로 조직구성원들이 불공정하다고 인식할 수 있다. 따라서 연공급은 기업의 전문기술 인력의 확보가 어려울 수도 있다. 그리고 연공급은 기업의 인건비 부담을 가중시키게 된다.

## 4) 연공급의 개선방안

기업은 임금을 연공과 성과를 조화시키기 위해 임금범위의 중간점까지는 연공에 근거하여 임금을 인상하고, 중간점 이후는 성과에 근거하여 임금을 인상하는 방안이다. 이 방안은 직무를 원만하게 수행하는 종업원에게 평균임금을 받도록 하면서, 오직 우수한 성과자만이 상한선에 가까운 임금을 받을 수 있도록 설계하는 방안이다.

## 4. 직능급

### 1) 직능급의 의의

오늘날 기업은 경영의 성과와 종업원의 발전이라는 두 목표를 충족시킬 수 있는 공동체적 성과주의 임금체계가 요청되고 있다.

직능급(ability-based pay)은 종업원의 직무수행능력에 따라 직능등급의 자격취득 기준을 정해놓고 그 자격취득에 따라 임금의 차이를 두는 제도이다. 직능급은 숙련도와 역량에 따른 임금결정방식이다. 다시 말하면 직능급은 해당직종(예: 관리직종)내에 자격수준을 여러 등급으로 나누고, 종업원들이 능력을 갖출 경우 현재의 등급보다 높은 등급으로 승급시키면서 이에 따라 임금을 인상시켜 주는 제도이다.

직능급, 즉 직능자격급은 연공급과 직무급의 장점을 절충한 공동체적 성과주의 임금체계이다. 즉 직능급은 '일'(직무급)을 전제로 한 '사람'(연공급)에 대한 임금으로 볼 수 있다. 직능급은 종업원이 보유하고 있는 '직무수행능력'의 가치를 기준으로 개인임금이 결정되는 제도이다. 따라서 직능급은 각 직종을 종업원의 직무수행 능력 단계별 및 등급별로 구분하여 직능별로 자격을 설정하고 이에 대응하는 기준임금률에 따라 임금이 결정되는 제도이다. 그러므로 직능급을 '직능자격급'이라고도 한다.

따라서 직능급체계에서의 종업원들은 그들의 장래 임금을 확인하고, 이를 실현시키기 위해 노력하게 된다. 또한 종업원들은 직무수행능력에 따른 상대적인 임금의 차이를 인식함으로써, 자격취득과 근로의욕을 높일 수 있다.

### 2) 직능급의 특성

직능급은 다음과 같은 특성이 있다.

직능급은 적정배치나 직무평가가 잘 이루어지지 않더라도 근로자의 직무수행 능력만 평가할 수 있다면 실시될 수 있는 제도이다. 직능급은 직무급과 같이 직무에 기초를 둔 임금체계가 아니므로 직무의 확정, 직무의 표준화 그리고 직무에 따른 적정배치를 필요조건으로 하지 않는다. 또한 직능급은 직무내용이 중심이 아니고 '직무능력'이 중심이기 때문에, 직무평가도 엄격하게 요구되지 않는다.

직능급은 현재 개인의 직무수행능력을 직능자격 기준에 따라 이루어지는 제도이다. 직능급은 주로 특정한 직무에 대한 직무조사를 통해 설정된 직능자격기준에 따라 개개 종업원의 직능을 평가하여 이에 대응한 임금을 지급한다.

직능급은 연공급의 보조수단으로 사용되는 제도이다. 직능급은 개개인의 능력에 따라 임금을 지급한다는 것이 대원칙이지만, 실제로 능력만으로 임금이 결정되는 경우는 거의 없으며 모든 경우에 연공급의 보조수단으로 사용되고 있다.

### 3) 직능급의 결정과정과 시행 전제조건

직능급은 다음과 같은 결정과정이 필요하다.

첫째, 직능의 전문화를 먼저 설정한다.

둘째, 직능의 합리적인 자격등급 기준을 설정한다.

셋째, 직능의 평가가 반드시 필요하다. 직능급은 등급 구분에 따라 종업원의 공정한 능력을 평가해야 한다.

넷째, 직능급을 결정한다.

일본의 기업은 종업원의 보유직능을 평가하는 과정에서 종업원들의 현재 등급에서 체류기간을 고려하고 있다. 그러나 서양의 기업은 체류기간과 관계없이 보유직능을 기준으로 임금을 책정하고 있다. 개인의 보유능력은 현재 수행하고 있는 직무가 요구하는 능력보다 더 많을 때 초과능력까지 포함시켜 개인 임금액을 결정하게 된다.

직능급은 다음과 같은 시행 전제조건이 갖추어져야 한다. ① 생활급에 대한 충분한 배려가 있을 것, ② 승급곡선은 가능하면 능력곡선에 접근시킬 것, ③ 고용제도의 개선이 이루어질 것, ④ 노무관리 수단으로서의 임금결정을 회피할 것, ⑤ 임금결정기준을 명확히 할 것 등이다.

### 4) 직능급의 유형

직능급은 직능의 임금항목 구성형태에 따라 순수형과 병존형 등 두 가지 유형이 있다.

순수형 직능급은 기본임금 전부를 직능(자격) 항목에 의해 결정되는 형태로 단일형 직능급이라고도 한다.

병존형 직능급은 기본임금결정의 항목 중 일부만을 직능(자격)급으로 결정되는 형태이다. 병존형 직능급은 연공급(또는 연령급)에 직능급을 일부 가미하거나, 직무급에 직능급을 일부 가미하는 형태 등이 있다.

### 5) 직능급의 장단점

직능급의 장점은 다음과 같다.

첫째, 직능급은 종업원들에게 지속적인 자기개발(自己開發) 의지를 가지고 업무를 수행하도록 만듦으로써, 전문역량의 향상을 통한 경영성과의 증진에 이바지할 수 있다.

둘째, 직능급은 직능자격에 따른 임금액이 명시되어 있으므로 장래의 임금액을 예상할 수 있게 되어 근로의욕을 향상시킬 수 있다.

셋째, 직능급은 능력을 향상시키고, 승진의 정체를 해소시킬 수 있는 제도이므로 유능한 인재의 이직을 방지할 수 있다.

직능급의 단점은 다음과 같다.

첫째, 종업원들이 너무 형식적인 자격기준에 치우쳐 조직의 분위기를 해칠 수도 있고, 실질적으로 실무에 필요한 능력을 소홀히 할 가능성도 있다.

둘째, 직무성격이나 사회적 제약 등으로 직능급이 적절하지 않은 직종이 있다. 예를 들어 의사, 간호사, 조리사, 운전기사, 특별기술자, 디자이너 등은 직능급이 아닌 직종급이 적합하다고 볼 수 있다. 이 경우 다른 임금체계와의 조화도 고려하여야 한다. 그러므로 직능급체제라 하더라도 보조적으로 직종급이나 직무급을 사용하는 것이 바람직하다.

셋째, 종업원들의 능력개발은 50세 전후이므로, 그 이후는 적절하지 않다. 직능급은 50세 이후의 종업원에 대해 그 적용이 한계가 있으므로 정액급의 도입이 타당하다고 할 수 있다.

## 5. 역량급

### 1) 역량급의 의의

역량(competence)은 제2장에서 밝힌 바와 같이 고성과자의 일반적인 특성을 말한다. 역량은 종업원이 보유하고 있는 지식과 능력들이 기반이 되어 개인이나 조직의 생산성 향상에 기여할 수 있는 행동으로 나타나는 것을 의미한다.

역량급(competency-based pay)은 종업원들이 직무를 수행할 수 있게 하는 기능(skill), 지식(knowledge), 그리고 능력(ability) 등의 보유와 관련하여 임금이 결정되는 제도이다.13) 역량급은 개인이 직무와 관련하여 습득한 기능·지식·능력의 폭(breadth)과 깊이(depth)에 따라 임금이 결정되는 제도라고 정의할 수 있다.14)

역량급은 직능급의 한 형태이다. 역량급제도는 임금을 전적으로 역량(기능, 지식이나 능력)향상과 동기유발 정도에 따라 결정되는 제도라고 할 수 있다.15)

역량급은 다음과 같은 특성이 있다.

첫째, 역량급은 역량에 따라 임금이 결정되는 형태이다. 오늘날의 직무는 복잡하고 어렵기 때문에 분업보다 통합적으로 수행할 수 있도록 종업원들의 기능이나 지식·능력·기술 등을 기준으로 한 임금의 결정이 필요하다고 할 수 있다.

둘째, 역량급은 핵심역량16)에 초점을 두고 임금이 결정되는 형태이다. 기업에 적용될 수 있는 역량은 수십 개가 있는데 이를 모두 '핵심(core)'이라고 할 수 없다. 따라서 한 기업이 경쟁우위를 제공하고 있는 핵심역량들은 아마 2~3개에 불과할 것이므로, 이를 역량급의 결정요소로 사용하여야 한다.17)

셋째, 역량급은 종업원들의 역량이 조직전략이나 업무성격, 계층적 지위에 따라 다양하게 반영되어 임금이 결정되는 형태이다. 예를 들어 대학교수의 역량은 연구실적의 양과 질 등 연구역량, 강의에서 지식을 조리 있게 전달하는 언어구사능력과 열정 등 강의역량이라 할 수 있다.

역량급에는 기능의 보유정도에 따라 임금이 결정되는 '숙련급', 지식의 보유정도에 따라 임금이 결정되는 '지식급', 능력에 따라 임금이 결정되는 '능력급' 등이 있지만, 숙련급과 지식급이 더욱 중시되고 있다.18)

역량급제도는 임금인상을 전적으로 역량향상에 연계시킴으로써 기술 축적을 위한 동기유발 효과가 강하고, 기술의 평가과정에 있어서도 노조 대표를 참여시킴으로써 평가의 객관성과 노사협조 및 종업원 자율경영을 보다 강조하는 급여제도이다.19)

---

13) G.E. Ledford, 1995, 56.
14) G.T. Milkovich & J.M. Newman, 2005, 156.
15) 김동원, 1999, 16~19.
16) 핵심역량은 주로 기업목적을 효율적으로 달성하기 위해 조직역량 중에서 기업이 전략적 역할을 탁월하게 수행할 수 있는 조직특유의 강점을 의미하고 있다.
17) G.E. Ledford, 1995, 57.
18) G.E. Ledford, 1995, 57.
19) 김동원, 1999, 16~19.

## 2) 역량급에서 바람직한 역량

역량급은 다음과 같은 역량을 중시하고 있다.[20]

역량급은 숙련과 같이 좁은 영역이 아니라 '포괄적인 영역의 역량'을 중시한다. 숙련급은 기업전체·부서수준·작업장소의 '특별직무'와 결부시킨 임금이지만, 역량급은 포괄적인 영역에서 한 조직의 모든 종업원들에게 적용되는 것들을 중시한다. 따라서 역량급은 제품과 서비스, 시장, 경쟁자들, 주요성과, 지표 등 조직의 업무를 이해할 수 있는 문화적, 조직적, 혹은 관리적 기능을 강조하고 있다.

역량급은 현재의 역량보다 '새로운 역량'을 중시한다. 역량은 그 조직이 보유하고 있는 정통한 기능과 지식을 의미한다. 그러나 새로운 역량은 기업들이 그것을 이전에 갖지 못했거나, 가치가 없었거나 혹은 별난 것으로 인식된 것을 아주 유용한 것들로 개발하는 것을 의미한다.

역량급은 '하의상달(bottom-up approach)'보다 조직적 필요에 의한 '상의하달(top-down approach)의 직무수행 역량'을 중시한다. 하의상달방식은 종업원들이 작업에서 사용된 모든 역량을 조사하여 상부에 보고하였던 전통적 방식이다. 그러나 상의하달방식은 기업의 모든 역량을 현재의 작업 패턴에 의하기보다는 조직적 필요에 의한 바람직한 조직문화·사업전략·조직의 구조 등을 중시한다.

역량급은 복잡하고 정밀한 것들보다 '세련되고 민첩한 역량'을 중시한다. 전통적 임금제도는 대다수가 양적이면서 정확성이 중시되었다. 그러나 역량급은 조직이 계속 변화하는 상황에 세련되고 민첩하게 적용될 수 있는 역량을 중시하고 있다.

역량급은 일시적 가치보다 '영구적 가치의 직무수행 역량'을 중시한다. 역량은 영구적 가치를 지닌 비교적 안정적인 요소이다. 따라서 역량급은 기업발전에 장기간 영향을 미치는 역량의 기본요소로 사용된다. 그러나 기술적 지식은 짧은 수명을 가지고 있으므로 보너스와 같이 비교적 단기에 영향을 미치는 요소로 사용된다.

역량급은 시장적 가치보다 '전략적 가치의 직무수행 역량'을 중시한다. 기업들은 그의 시장가치를 높이기 위해 다른 기업의 임금제도에서 사용되고 있는 역량요소를 찾아 비교하여 적용하려고 시도한다. 그러나 역량급은 기업의 업무에 어떤 역량가치가 있는지에 대해 평가하고, 전략적으로 활용할 가치가 있는지에 초점을 두고 있다.

---

20) G.E. Ledford, 1995, 58~61.

## 3) 역량급의 설계

기업은 직무기술서와 직무명세서를 바탕으로 역량보상요인을 평가하여 역량급을 설계하여야 한다. 역량급의 설계는 구조적 차원에서 기업의 발전방향이나 종업원들의 개발기회 등을 고려하여 전략을 수립하고, 실무적 차원에서 기업에 알맞은 수준의 임금제도의 설계와 종업원 개개인의 속성인 기능, 지식 그리고 능력에 따른 요인 찾기 등 실무적 조치가 뒤따라야 한다.21)

역량급의 구조적 차원 설계는 역량중심설계, 자격연계설계, 다자격화설계로 이루어져야 한다.22)

역량중심설계는 종업원들의 역량을 역량향상곡선에 따라 등급화하고, 그들의 기능·특질·행동을 공식적으로 평가하여 설계한다.

자격연계설계는 종업원들의 자격 획득과 더욱 가깝게 연결시킬 수 있도록 설계한다.

다자격화설계는 종업원들의 기능수준에 따라 임금구조를 등급화하기보다 다자격화된 스탭(multiqualified staff)의 역할에 따라 임금을 추가하는 형태로 설계한다.

역량급의 실무적 차원 설계는 다음과 같이 이루어져야 한다.

첫째, 먼저 우수성과자의 특성을 식별하고, 해당기업의 구체적인 역량을 식별한다. 먼저, 우수성과자의 특성(특질·행동·태도)을 식별한다. ① 우수성과자의 직무수행 특질을 식별해 낸다. ② 우수성과자의 행동적 특성을 식별해 낸다. ③ 우수성과자의 태도특성을 식별해 낸다.

그 다음, 조직의 전략수행에 필요하고, 경제적 부가가치 창출에 기여하는 '구체적인 역량을 식별'하여야 한다. 이에는 팀 속에서 일을 능률적으로 수행할 수 있는 능력, 고객의 욕구를 파악하여 신속하게 해결할 수 있는 능력, 구체적 목표를 달성하고자 하는 열정 등이 있다.

둘째, 역량의 상대적 가치의 결정, 즉 역량레벨 척도를 개발하여야 한다.

역량레벨척도는 식별된 역량이 성과기여 정도에 따라 요인별 등급가중치를 부여하여 개발된다. 역량급에서는 우수한 성과자와 보통 성과자가 식별되는 역량만을 임금기준으로 사용하여야 한다. 따라서 근속연수, 직무 등은 제외시켜야 한다.

셋째, 역량을 시장가격으로 환산하여 임금구조를 만든다.

시장가격은 역량보상요인을 레벨척도에 따라 시장가격으로 환산하여 평가된다. 따라서

---

21) B. Murray & B. Gerhart, 1998, 68.
22) IRS, 1996.

| 임금구조전환 | 역량보상요인평가 | 역량급 |
|---|---|---|
| 가치결정 기준 | 분류요인·보상가능요인 | 역량 |
| 상대적 가치 계량화 | 요인별 등급 가중치 | 역량 레벨 척도 |
| 임금구조로의 전환 | 역량보상요인평가 | 역량확인·시장가격화 |

표 10-3  역량급 구조의 설계

역량임금은 역량의 양적 수준과 질적 수준에 따라 결정된다.

역량급의 설계절차를 정리하면 〈표 10-3〉으로 나타낼 수 있다.

### 4) 역량급의 장단점

역량급의 장점은 다음과 같다.

첫째, 역량급은 종업원들이 다양한 역량을 습득하여 여러 직무를 수행하도록 함으로써 노동력의 유연성을 증대시킨다.

둘째, 역량급은 종업원들이 습득하고 개발된 역량에 상응한 임금을 지급함으로써 임금의 공정성뿐만 아니라, 역량 향상으로 조직의 성과를 증대시킬 수 있다.

셋째, 역량급은 종업원의 핵심역량에 더 많이 보상하는 제도이므로 지속적인 학습으로 역량개발을 유도할 수 있다.

넷째, 역량급은 조직의 가치를 향상시켜 종업원들의 공통체적 기반을 확고히 하고, 조직행동을 위한 지침을 제공할 수 있다.

역량급의 단점은 다음과 같다.

첫째, 역량의 정의가 어렵기 때문에 그의 지표가 자칫 모호해질 우려가 있다.

둘째, 역량의 측정과 그의 타당성·신뢰성 검증이 어렵기 때문에 자칫 진부화된 역량이 사용될 수 있다.[23]

## 6. 수  당

수당은 기본급의 기능을 보완하기 위하여 기본급에 부가하여 근로조건이나 생활조건의 차이에 대응하여 지급되는 임금이다. 수당은 정상적인 노동(노동계약에 명시된 정규노동)과 여러 가지 근로조건 이외에 특수한 근로조건과 생활보장에 대해 지불된다.

23) 박성환, 2005.

수당은 기본급과 비교해 볼 때 임시적이고 조정적인 성격을 지닌다. 또한 특정한 대상자와 지급조건에 해당하는 경우에만 한정하여 지급되고, 대부분 상여금이나 퇴직금 등의 산정기초에 포함되지 않는다. 수당은 기본급과 더불어 조직구성원의 급여를 구성하는 중요한 임금항목이 된다.

수당의 유형은 수당은 기준내 수당과 기준외 수당이 있다.

기준내 수당은 소정의 근로시간 내 근무에 관한 수당이다. 일반적으로 기준내 수당은 직무수당·장려수당·생활보조수당 등이 있고, 기업자율에 의한 임의 수당이 중심이 되고 있다. 기준내 수당은 기본급의 성격을 가진다.

기준외 수당은 소정의 근무시간 외나 특별근무에 관한 수당이다. 기준외 수당은 초과근무수당·특별근무수당·불취업수당 등이 있고, 법률에 근거하여 강제성을 가진 수당이 중심이 되고 있다.

수당의 체계는 [그림 10-14]와 같다.

---

**그림 10-14** **수당의 체계**

| | | |
|---|---|---|
| | 기준내 수당 | 직무수당 – 직책수당, 자격수당, 기능수당, 특수작업수당 등<br>장려수당 – 정·개근수당, 생산수당, 모범근속수당 등<br>생활보조수당 – 가족수당, 물가수당, 주택수당, 지역수당, 통근수당,<br>　　　　　　　의복수당, 의료수당 등 |
| 수당 | | |
| | 기준외 수당 | 초과근무수당 – 시간외 근무수당, 휴일근무수당, 심야근무수당 등<br>특별근무수당 – 숙·일직수당, 변칙근무수당 등<br>불취업수당 – 유급휴가수당, 유급휴일수당, 휴업수당 등<br>생산업적수당 – 초과업적수당 |

자료: 최종태, 2000, 248.

---

## 7. 상여금

### 1) 상여금의 의의

상여금은 조직구성원들의 성과와 근로의욕을 자극하기 위해 기본급의 보충적인 성격의 임금이다.

상여금은 근로계약에 의해 사전적으로 정해지는 기본급과는 달리 기업경영에 대한 참여의식을 높이기 위하여 기업의 경영성과에 따라 사후적으로 근로자들에게 분배하는 참여임금으로서 의미를 지니고 있다. 그러나 상여금은 기본급의 일부라는 성격이 지배적이지만 부가급의 성격도 포함하고 있다.

상여금의 성격 = 기본급 성격 + 부가급 성격

상여금제도는 우리나라와 일본 등에서 시행되는 독특한 급여제도이다. 우리나라에서는 상여금이 일반적으로 연간 봉급액의 약 4~6개월분 정도에 이르고 있고, 근로자의 연소득 중 25~33%의 비중을 차지하고 있다.24) 상여금은 현금 이외에 현물로 지급될 수도 있고, 지불능력이 없으면 지불이 일시 유보될 수도 있다. 우리나라 기업의 상여금은 생활지원금, 연말일시금, 생활일시금의 '일시금 형태'로 지급된다. 따라서 기본급의 성격이 강하다고 할 수 있다. 즉 우리나라 공무원의 경우 상여금을 본봉의 몇 %로 정하고 분기별로 지급하는 것이 이런 예라고 할 수 있다.

상여금은 업적상여금과 참여상여금 등 두 유형이 있다.

업적상여금은 종업원의 업적을 반영하여 지급되는 상여금이다.

참여상여금은 노사공동체 형성의 기여정도를 반영하여 지급되는 상여금이다.

따라서 부가급은 이 두 역할을 수행하여야 할 것이다.25)

## 2) 상여금의 산정방법

상여금의 산정은 조직체에 따라 다양하나 일반적으로 다음 두 가지 방법이 있다.

### (1) 조직전체의 상여총액 산정방법

경쟁기업수준 산정법은 경쟁기업, 동종업체의 상여금 수준, 상여금 통계자료 등을 활용하여 1인당 몇 개월분 또는 몇 만원 등의 방식으로 산정하는 방법이다.

생계비기준 산정법은 생계비나 물가 또는 그와 관련된 지표의 추세를 검토하고, 1인당 생계비 적자액 또는 생계비 부담 증가액 등을 계산하여 산정하는 방법이다.

경영실적기준 산정법은 생산가액(판매가액), 부가가치액, 이익액 등 조직의 경영실적을 반영하는 지표를 기준으로 산정하는 방법이다.

### (2) 개별구성원의 상여금 지급방법

개별구성원의 상여금 지급방법에는 다음과 같은 방법이 있다.

---

24) 최종태, 1992, 455.
25) 최종태, 2000, 248~250.

기본급 순응지급법은 조직구성원 각자의 기본급에 비례하여 지급하는 방법이다.

일정액지급법은 조직구성원들의 개별성과나 기본급과는 관계없이 모든 구성원들에게 일률적으로 일정액을 지급하는 방법이다.

직계별지급법은 개별구성원들이 담당하고 있는 직계수준의 차이를 감안하여 차등을 두어 지급하는 방법이다.

업적별지급법은 개별구성원들의 업적 또는 집단별 업적에 따라 차등을 두어 지급하는 방법이다.

---

## 제4절 | 임금의 형태관리

### 1. 임금형태의 의의

임금형태(method of wage payment)는 개인이 조직에 기여한 성과 또는 능력을 기준으로 차등을 두어 결정하는 방식이다. 앞에서 설명한 임금의 체계관리는 주로 고정급의 성격이 지만, 임금형태는 개인의 '성과'를 기준으로 임금을 지급하는 '변동급'의 성격을 가진다. 변동급은 일반적으로 개인, 팀, 그리고 조직의 성과 또는 개인의 능력과 연계된 보상항목을 말한다. 이러한 변동급 채택의 기본전제는 같은 직무를 수행한다하더라도 개인 간의 성과와 능력의 차이가 고려되어야 하며, 또한 성과가 높은 사람은 낮은 사람보다 그리고 능력을 개발한 사람은 그렇지 않은 사람보다 더 많은 보상을 받아야 한다는 것이다. 이러한 변동급은 급여항목 중에서 능력과 업적을 반영한 변동요소의 비중이 고정요소보다 확대되고 있다. 이와 함께 직급 및 부문 간의 차이, 또한 확대되는 추세이다. 그리고 시간급 근로자, 월급근로자, 그리고 임원급 직원 등에서 널리 확산되어 사용되고 있다. 이 중에서 변동급 비중은 상위직급으로 갈수록 변동요소의 비중이 확대되고, 부문별로 스탭(인사, 재무 등) 부문보다 라인(판매, 생산 등) 부문에 근무하는 종업원들이 확대되고 있다. 변동급의 확대를 [그림 10-15]와 같이 나타낼 수 있다.

임금형태는 성과 또는 능력을 기준으로 차등을 두어 성과급, 능력급이라고 부르지만 통합하여 성과급이라 부르고 있다.

성과급(performance based-pay)은 종업원이나 집단이 수행한 작업성과나 능률에 따라 결

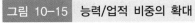

그림 10-15  능력/업적 비중의 확대

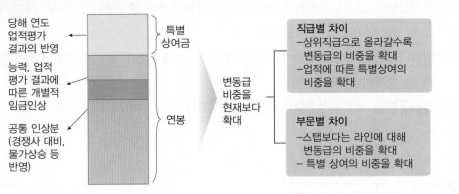

자료: 권석균·이병철·양재완, 2022, 371.

정되는 임금형태이다. 성과급제도의 근본사상에 따르면 임금은 기업이 창출한 부가가치에서 나오는 것이고, 부가가치는 곧 제품 판매의 결과로 나타난다고 보고 있다.

성과급제도는 개인 노동의 성과 또는 업적 향상을 임금과 연관시키는 제도이므로 자극임금제도(incentive system)라고 한다. 따라서 이 제도는 능률급 또는 업적급이라고도 한다.

성과급은 직무와는 상관없이 종업원이 달성한 성과의 크기를 기준으로 임금이 결정되는 제도이다. 성과급은 개인공정성과 직접 관련이 있다. 개인공정성은 개개인이 달성한 성과의 크기가 임금에 '정확'하게 반영되었느냐 하는 성질이다. 성과급제도는 제조원가에서 인건비 비율이 높은 기업, 제품시장에서 원가경쟁이 치열한 기업 등에서 실시되고 있다.

## 2. 성과급 채택을 위한 성과관리시스템

성과급은 성과관리에서부터 시작된다. 성과관리(performance management)는 일정기간 동안 종업원들이 수행한 일의 성취도를 평가하고, 이에 관한 정보를 제공함으로써 더 높은 성과를 달성하도록 관리하는 것을 의미한다. 따라서 기업은 성과관리의 일환으로 성과 향상에 필요한 요소를 보상요소로 설정함으로써 종업원들에게 성과의 중요성을 인식시킬 수 있다.

성과관리는 성과관리시스템(혹은 인사평가시스템)의 효과성과 종업원들의 공정성 인식이 있어야 한다.

첫째, 성과관리시스템(혹은 인사평가시스템)의 효과성이다. 성과관리시스템은 궁극적으로 조직 전체의 성과를 향상시키고, 시장에서의 경쟁력을 제고시켜야 한다. 그러나 성과관리 시스템이 결정적 성공요인이나 핵심 성과지표를 제대로 측정하고 있지 않거나, 개인과 조직의 각 수준별 성과지표의 연계성이 낮을 경우, 정상적으로 작동하지 않게 된다. 따라서 성과관리시스템의 효과성 향상을 위해서는 개인 및 각 부서별 업무의 본질이 무엇인가에 대한 정확히 이해한 후에 해당 업무를 성공적으로 수행하기 위한 결정적 성공 요인과 핵심 성과지표 선정으로 올바른 시스템이 설계되어야 한다. 그리고 이렇게 마련된 성과관리 시스템(혹은 인사평가시스템)을 이용하여 성과평가를 실시한 후 그 결과를 유용하게 활용하여야 한다. 즉, 높은 성과자에게는 적극적 보상과 인정, 낮은 성과자에게는 자세한 피드백을 제공하고 업무향상을 위한 교육·훈련 프로그램을 제공해야 한다.

둘째, 종업원들의 공정성 인식이다. 종업원들은 성과관리시스템(혹은 인사평가시스템)의 설계와 성과평가 결과의 활용이 공정하다고 인식하여야 한다. 종업원들의 공정성 인식은 크게 과정적 공정성·분배적 공정성·상호작용 공정성이 있는데, 과정적 공정성이 가장 중요하게 여긴다. 많은 연구결과에 따르면 과정적 공정성이 확립되어 있으면 다른 공정성이 상대적으로 낮은 경우라 할지라도 종업원들의 성과평가 및 보상분배에 대한 수용성이 비교적 높게 유지될 수 있다.[26] 과정적 공정성을 높이기 위해서는 성과관리시스템의 설계에 종업원을 참여시키는 것이 종업원의 이에 대한 수용성을 높이고, 업무의 본질에 대한 이해를 증진시켜 성과향상에 도움이 되기도 한다.[27]

## 3. 성과평가 기준과 성과급 구성요소

### 1) 성과결정 요인

성과급은 생산기술의 유형에 따라 종업원의 성과창출에 차이가 있다. 기업의 생산기술이 표준화 내지 정형화되어 있을수록 능력요인이 성과도출의 중심 역할을 한다. 그리고 생산기술이 비표준화 내지 비정형화되어 있을수록 동기유발 요인이 성과도출의 중심변수 역할을 하게 된다. 따라서 기업은 이 두 요소를 통합적으로 충족시킬 수 있는 보상제도가 설계되어야 한다.

성과결정의 요인은 두 가지가 있다.

전문능력(ability)은 개인이 직무수행에 부합되는 기능의 보유와 조직의 생산성을 향상시

---

26) Cohen-Charash, Y., & Spector, P. E., 2001, 278~321.
27) 권석균·이병철·양재완, 2022, 285~287.

킬 수 있는 정도를 기준으로 한다.

근로의욕(Volition)은 개인이 조직에 대해 갖는 충성심과 직무를 성실히 수행하고자 하는 의욕을 보유한 정도를 기준으로 한다.

### 2) 성과평가 기준과 성과급 구성요소

성과급은 개인성과의 공정한 평가가 가장 중요하다. 성과의 평가는 표준성과를 설정하고, 이에 따라 개인성과를 평가한다.

#### (1) 성과의 평가기준

성과급은 공정성차원에서 개인의 추가적인 공헌에 대해 추가적인 보상을 하는 제도이다. 이것이 임금의 차별적 공정성이다. 차별적 공정성은 능률차별 평가기준과 업적차별 평가기준이 있다.

능률차별 평가기준은 능률을 기준으로 차별화하여 지급하는 능률급으로서 시간단위와 양단위로 구분된다. 전자는 표준시간보다 초과달성한 시간에 대하여 지급하는 능률급으로서 시간성과급이라고 한다. 후자는 표준량보다 초과달성한 수량에 대하여 지급하는 능률급으로서 수량성과급이라고 한다.

업적차별 평가기준은 업적을 기준으로 차별화하여 지급하는 능률급으로서 업적성과급이라고 한다.

#### (2) 성과급의 구성요소

성과급의 구성요소는 기본급과 수당으로 구성되어 있다.

기본급은 성과요소로 구성되어 있다. 즉 기본급은 '능률차별 평가기준'과 '업적차별 평가기준' 등에 따라 정한다.

**그림 10-16 성과급의 구성요소**

- 성과급
  - 기본급
    - 능률차별기준
      - 시간기준능률 — 시간성과급
      - 양기준 능률 — 수량성과급
    - 업적차별기준 — 업적성과급
  - 수당
    - 기준 내 수당: 비법정수당이 중심
    - 기준 외 수당: 법정수당이 중심

수당은 기본급의 보조기능을 하는 것으로서 기준 내 수당과 기준 외 수당이 있다. 전자는 앞에서 설명한 임금체계에서의 수당보다 축소되어 적용하고 있다. 순수성과급이 아닌 혼합성과급의 경우 고정급형태의 기준요소와 직책요소 등의 항목을 두고 축소된 수당을 지급하고 있다. 후자는 앞에서 설명한 임금체계에서의 수당과 동일하다고 할 수 있다.

이를 [그림 10-16]으로 나타낼 수 있다.

## 4. 성과급의 주요제도

성과급에는 객관적 평가방식이냐 주관적 평가방식이냐에 따라 인센티브제도와 메리트제도가 있다.

인센티브제도는 개인의 임금이 객관적 성과지표인 생산량 혹은 작업성과와 직접적인 관계를 갖도록 보상이 설정된 제도이다. 인센티브제도는 오직 산출물을 명확히 평가(계량이나 계측)할 수 있을 때만 적용가능하다. 따라서 '객관적인 평가'가 가능한 생산직에 적용할 수 있다.

메리트제도는 개인의 임금이 개인과 집단의 주관적인 성과지표에 의한 평가와 연계하여 보상이 설정된 제도이다. 메리트제도는 산출물의 객관적인 평가가 어려워 '주관적인 평가'를 사용해야 하는 사무·관리직에 적용하는 방식이다. 이를 〈표 10-4〉로 나타낼 수 있다.

인센티브제도는 성과와 임금이 직접 연계되어 있으므로, 메리트임금보다 동기유발효과가 크게 나타난다.

| 표 10-4 성과급의 주요제도 | | | |
|---|---|---|---|
| 임금형태 | 평가방식 | 평가기준 | 대표 직무분야 |
| 인센티브제도 | 객관적 평가 | 계량 또는 계측가능(양, 질, 시간코스트, 이익, 등) | 생산직 |
| 메리트제도 | 주관적 평가 | 계량 또는 계측불가능(다양한 행동, 창의력, 판단력, 사고력 등) | 사무·관리직 |

## 5. 성과급의 장단점

### 1) 성과급의 장점

성과급의 장점은 다음과 같다.

첫째, 성과급은 종업원의 노력이나 업적에 상응하여 임금이 지급되므로 공평성을 높여준다.

둘째, 성과급은 기업의 생산성을 향상시키고 생산원가를 절감시키며, 근로자의 수입을 증가시킬 수 있다. 근로자는 자신의 성과에 따라 보상이 결정된다고 믿고 있기 때문에 높은 보상을 획득하기 위해 생산성을 향상시키고, 생산비용을 절감시키려고 노력한다.

셋째, 성과급은 기업의 자율적 관리를 가능하게 한다. 성과급은 근로자의 성과와 보상이 연계되어 있으므로, 관리자가 근로자의 성과에 대해 통제하거나 감독할 필요가 줄어들게 된다.

넷째, 성과급은 근로자로 하여금 유휴시간을 절약하게 만들고, 그 결과 장비의 효율적인 활용을 가능하게 한다.

다섯째, 성과급은 노동원가를 정확하게 측정할 수 있으므로, 이를 바탕으로 표준원가시스템이나 예산통제시스템을 구축할 수 있다.

### 2) 성과급의 단점

성과급의 단점은 다음과 같다.

첫째, 성과급은 대체로 양중심의 평가가 이루어지므로 제품의 질이 저하될 수 있다. 그러므로 생산제품의 질 저하 가능성에 대비하여 품질관리를 철저하게 해야 한다.

둘째, 성과급은 일반적으로 과업목표가 높게 책정되어 있고, 과업량에 비해 급여수준이 낮게 설정되어 있어서 근로의욕이 떨어질 수 있다. 종업원은 많은 임금을 받기 위해 무리하게 일을 하게 되어 심신의 피로를 가져오기 쉽다. 또한 종업원들이 성과목표를 달성하였으나, 기업이 지불능력이 없어 보상을 하지 못하였을 경우 종업원으로부터 더 큰 저항을 받을 수 있다.

셋째, 성과급은 임금의 변동이 심해 생활이 불안정하고, 근로자들 간의 능력차이 등으로 소득격차를 심화시키므로 인화(人和)와 멤버십에 부정적 영향을 미칠 수 있다. 성과급은 모든 종업원들의 임금이 유동적이므로 생활이 불안정하고, 미숙련근로자나 부녀근로자에게 불리하여 조직의 위화감에 문제가 발생할 수 있다.

넷째, 성과급은 정확한 작업량의 측정과 표준단가의 결정이 어렵다. 성과급은 종업원의 정확한 성과측정이 생명이므로 부정확한 평가가 이루어졌을 경우 혼란이 야기될 수 있다.

다섯째, 성과급은 성과평가시스템의 정비와 운용에 따른 많은 비용이 소요되므로 관리비용이 증대된다.

## 제5절 특수임금제

### 1. 연봉제

#### 1) 연봉제의 의의

연봉제는 기업이 종업원의 임금을 '독특한 산정방식'에 따라 '1년 단위'로 사전에 정하여 지급하는 특수임금제도이다. 이 제도는 단순히 '임금체계'(예: 직능급제)나 '임금형태'(예: 성과급제)에 의해 '1년분'으로 정하여 지급하는 수준이상의 특수임금산정방식이다.

연봉제 임금지불방식은 시간에 근거한 임금지급, 곧 시간급제이다. 시간급제(time payment, time-rate plan)[28]는 작업자가 수행한 작업의 양 및 질과 관계없이 단순히 근로시간을 기준으로 하여 임금을 산정·지불하는 방식이다.

시간급제는 일급, 주급, 월급, 연봉 등이 있다.

> 일급(日給)은 하루단위로 계산하여 일당(日當)을 지급하는 방식이다.
> 주급(週給)은 매주단위로 계산하여 지급하는 방식이다.
> 월급(月給)은 한 달 단위로 임금을 계산하여 한 달 중 어느 하루를 정해 지급하는 방식이다.
> 연봉(年俸)은 일 년 단위로 계산하여 지급하는 방식이다.

한국의 연봉제는 연공제(年功制)의 불합리성에서 출발하였기 때문에, 당연히 종업원이

---

28) 여기에서 설명한 시간급제는 임금의 결정이 단순히 시간을 기준으로 지급하는 방식이고, 앞에서 설명한 임금형태로서 '시간급제'는 시간을 성과의 결정요인으로 본 것이므로 서로 다르다.

수행하는 직무가치를 역량이나 직능과 성과(업적) 등을 기준으로 하고 있다. 그러나 한국의 정서에서 보면 연공은 전연 무시할 수 없는 요인이라 할 수 있다. 따라서 한국 기업에서는 연공의 인사 관행 존중에다 기업특성과 여건에 따른 역량(능력)과 성과를 가미한 '한국형 연봉제'가 더 많다고 할 수 있다.

연봉제를 도입하게 된 까닭은 임금관리의 본원적 기능이라 할 수 있는 생산성향상과 동기유발기능에 두고 있다. 그러나 연봉제 도입의 전제조건은 무엇보다 공정한 역량 및 성과 평가와 그에 따른 처우라고 할 수 있다. 그러나 직무특성상 정확한 직능이나 성과의 평가가 어려울 경우 종업원의 반발이 예상되고 있다. 따라서 기업이 연봉제를 실시할 경우 목표관리(MBO)를 도입할 필요가 있다.

### 2) 연봉제의 특성

연봉제는 다음 두 가지 특성으로 이루어져 있다. 이를 [그림 10-17]과 같이 나타낼 수 있다.

연봉제는 개인별로 임금을 역량(지식 및 능력)과 업무성과 등 '성과주의'를 기준으로 차별화하여 지급하는 임금제도이다. 연봉제는 배분의 균등성(equality)과 공헌에 비례하는 임금지급의 공정성(equity)에 바탕을 둔 임금체계로서 기업의 경영효율성을 증대시키는 방향으로 나아가고 있다.

연봉제는 연봉(1년분의 임금), 즉 '총액주의'에 의해 임금을 지급하는 임금제도이다. 연봉제란 총액주의에 의해 임금을 산정하여 지급하고, 임금구성요소도 통합하여 단순화시킨다. 총액주의는 근로자에게 1년의 임금총액을 정하고, 이를 적절히 월별로 분배하여 지급하는 것이다. 전통적으로 우리나라의 임금구성요소는 본봉, 각종 수당, 상여금 등 복잡한 구성체계이므로 이를 단순 임금결정체계로 개편하는 방향으로 나아가고 있다. 이를 [그림 10-17]로 나타낼 수 있다.

---

그림 10-17 **연봉제의 특성**

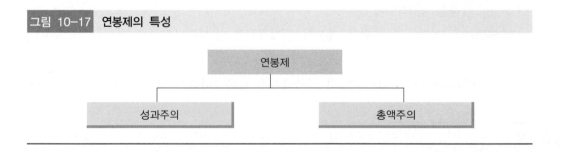

또한 연봉제는 목표관리에 의해 종업원을 평가하여 연봉을 결정하는 특성이 있다. 목표관리는 해당종업원이 상사와 함께 일정기간 작업의 양과 질에 대한 목표를 정하고, 이를 두 사람이 함께 업적이나 성과를 평가하는 제도이다. 따라서 목표관리는 종업원의 평가에 대한 투명성과 객관성은 물론이고, 종업원의 수용성을 높일 수 있는 바람직한 제도라 할 수 있다.

### 3) 연봉제의 장·단점

연봉제의 장점은 다음과 같다.

첫째, 연봉제는 기업의 생산성향상과 동기유발에 적극 기여할 수 있다. 연봉제는 연봉결정기준을 능력과 성과에 두고 있다. 따라서 자신의 역량과 업적이, 곧 임금으로 나타난다는 생각 때문에 조직의 활성화와 사기를 높일 수 있다.

둘째, 연봉제는 목표관리와 공동체형성에 적극 기여할 수 있다. 연봉제는 종업원들을 기업의 업적 내지 성과에 대해 민감하도록 만들고, 종업원들이 경영감각을 익힐 수 있게 하는 제도이다. 따라서 연봉제는 이런 특성 때문에 목표관리에 적합하고, 공동체형성을 가능하게 만든다.

셋째, 연봉제는 인건비의 투명성과 유능한 인재확보에 매우 효율적이라고 할 수 있다.

연봉제의 단점은 다음과 같다.

연봉제는 종업원의 단기 업적중심경향, 연봉감소에 따른 사기저하, 구성원들 간에 위화감이 조성될 수 있다.

### 4) 연봉제의 형태

한국 연봉제의 형태는 다음과 같다.

한국의 연봉제는 연공급, 직무급, 능력급, 업적급 중 하나를 기준으로 하는 순수연봉제와, 몇 가지를 혼합한 혼합연봉제가 있다.

순수연봉제는 월정급여를 단일연봉만으로 구성되는 연봉제이다.

혼합연봉제는 월정급여를 기본연봉으로 하고, 상여금 등을 업적연봉으로 하는 연봉제이다.

한국의 연봉제는 기업의 실정에 맞게 연공, 직무, 능력 연봉제 중 하나를 기준으로 하고 차츰 다른 요소를 보완하는 형태로 실시되고 있다.

연공 연봉제는 연공급을 중심으로 설계된 연봉제이다. 연공 연봉제는 근무년수에 따른 능력의 변화와 담당직책의 변화도 고려하지만, 연공의 차이에 따라 개인별 연봉이 결정된다. 다시 말하면 연봉 연봉제는 연공이 한국의 정서상 무시할 수 없으므로, 연공을 기본으로 하고, 성과·직능·업적 등을 가미하는 형태가 되고 있다. 그렇지만 전자보다 후자가 차츰 중시되고 있는 추세이므로 도입 첫해에는 연공 : 성과를 70 : 30으로 적용하다가 몇년 후 60 : 40, 그리고 50 : 50 등으로 연공의 비율을 차츰 줄인다.

직무 연봉제는 직무별 상대적 가치에 따라 설계된 연봉제이다. 미국의 경우 직무의 내용이 복잡하고 형태가 어려워서 능력과 업적을 시간·주·월단위로 평가하기가 곤란한 전문직과 관리직에 대해 직무에 대한 근무평정에 따라 기본급을 차등으로 조정하여 운영되고 있다.

능력 연봉제는 능력 판정에 의한 개인별 해당능력 등급별로 설계된 연봉제이다. 능력연봉제는 개인별 또는 부서별 실제 성과수준을 측정할 기준을 정하여 성과차이에 따라 연봉을 결정하여 지급되고 있다.

### 5) 연봉의 결정

우리나라 기업들은 연봉제를 1989년 이후 전문직종에서 부분적으로 도입하였으나 1996년부터 대기업의 과장급 이상에 많이 도입하고 있다. 한국의 연봉제는 기존의 임금요소를 다소 조정하여 적용하고 있다. 그 내용은 [그림 10-18]과 같다. 즉 기본급에 해당되는 호봉급과 기본급의 20%정도로 지급되고 있는 초과근무수당, 정기상여금, 제수당(변동성이 강한 일부수당은 제외)은 연봉임금으로 통합하여 결정한다.

그림 10-18  **연봉제의 구성요소**

| 기존 임금 | | 연봉제 임금 | |
|---|---|---|---|
| 기본급 | 호봉급 | 기본급 | 연봉 |
| 수당(기준 내) | 직무(책)수당 · 직급수당 · 팀장수당 · 자격수당 · 근속수당 | | |
| 상여금 | 정기상여금 | | |
| | 특별상여금 | 상여금 | |
| 수당(기준 외) | 시간외 수당 · 직무관련수당 · 생활관련수당 · 법정수당 · 연월차수당 · 가족수당 | 연봉 외 급여 | |
| 기타 | 하계휴가비 · 중식대 · 차량유지 · 교통비보조 | | |

연봉급의 결정은 목표관리에 의한 개인의 근무평정(공헌 내지 업적)을 명확하게 평가하여 이에 따라 매년 인상률의 차등 폭을 정하고, 이를 매년 일정비율씩 상향 조정한다. 특별상여금은 상여금(인센티브)으로 변경하고 이를 팀별업적 평가에 따라 300%~100%로 하여 연 2회 지급한다. 연월차 수당, 중식대, 교통비보조 등은 그대로 존속시킨다.

## 2. 임금피크제

### 1) 임금피크제의 의의

임금피크제(wage peak system)는 기업이 인건비의 과다한 부담을 해소하기 위해 정년을 조정(보장 또는 연장)하면서 일정시점을 정하여 일생의 최고임금(피크임금)으로 삼고 그 이후부터 임금액을 감소시키는 제도이다. 임금피크제는 기업이 연공형 임금제도하에서 인건비의 과다한 부담을 해소하기 위해 정년29)을 몇 년 앞둔 일정시점부터 정년을 조정하고 임금액을 감소시키는 특수임금결정방식이다. 임금피크제는 기업이 주로 종업원의 생산기여에 비해 과다한 인건비의 지출을 완화시키기 위한 제도이다.

임금피크제의 채택 이유는 다음과 같다.

첫째, 임금피크제는 주로 연공급제도를 채택한 기업에서 임금정책 실패로 어려움이 야기되었을 때에 실시되지만, 직무급이나 직능급제도를 채택한 기업에서도 같은 어려움이 있을 때에 채택된다. 다시 말하면 임금피크제는 기업이 생산성향상과 무관하게 운영되는 연공제에서 주로 채택되지만, 직무급이나 직능급을 채택한 기업에서도 그 제도를 잘못 운영하여 어려움이 야기되었을 때에도 채택된다.

둘째, 임금피크제는 주로 연공 임금제에서 종업원들이 정년에 가까워지는 시기에 종업원의 임금 수준이 그의 생산기여도보다 높은 현상을 해결하기 위해 채택된다. 연공임금제는 종업원들의 역량이나 생산기여도와 무관하게 주로 근속연수에 따라 임금이 상승되므로 고령인력이 많은 기업은 인건비의 부담이 높아져서 임금피크제를 도입하고 있다.

셋째, 임금피크제는 종업원들의 임금수준이 그의 생산기여도와 비교해 볼 때 적정하다 하더라도 다른 요인들로 인하여 기업의 재정상태가 어려울 때에도 채택된다. 임금피크제는 종업원들의 생산기여도와 임금수준이 적정하다하더라도 IMF와 같이 기업의 외적 환경이

---

29) 2013년 4월 현재 한국기업들의 평균 정년은 58.4세이다. 2016년 1월 1일부터 근로자 정년을 60세로 연장하는 동시에 임금피크제를 연계해 실시하기로 했다. 근로자 300인 미만 중소기업과 정부·지자체는 2007년 1월 1일부터 시행한다(고용상 연령차별금지 및 고령자 고용촉진에 관한 법률).

| 표 10-5 | 국내 사업체 규모별 임금피크제 도입 현황 | | |
|---|---|---|---|
| 사업체 규모 | 100인 미만 | 100~299인 | 300인 이상 |
| 정년제 운영 수 | 332,133 | 9,704 | 2,820 |
| 비율 | 20.8% (69,084) | 35.5% (3,448) | 51% (1,438) |

자료: 고용노동부.

어려울 경우, 그의 생존을 위해 도입되고 있다.

우리나라 기업들은 이와 같은 현상에 비교적 많이 직면하고 있는 실정에 있으므로 임금피크제에 대한 관심이 높을 수밖에 없다. 국내 사업체 규모별 임금피크제 도입현황(2022년 6월기준)은 〈표 10-5〉와 같다.

### 2) 임금피크제 이론

임금피크제는 연공임금제도에서 나타나는 종업원의 생산성에 비해 과도한 인건비 지출을 개선하기 위해 주로 채택되고 있다. 임금피크제는 연공형임금에서 일정시점까지 조직체에 대해 자신의 기여도에 못 미치는 수준의 임금을 받지만 그 시점이 지난 후부터 자신의 생산성보다 높은 수준의 임금을 받게 되어 임금수준이 과도하여 기업이 어려울 경우 도입된다.[30]

[그림 10-19]는 임금피크제 도입에 따른 임금곡선이다. 이 그림의 Y축에는 생산성과 임금이, X축에는 연령이 나타나 있다. 포물선은 생산성을 나타내고, 대각선은 임금선(1)이고, 임금선(1)의 피크임금에서 아래로 임금선(2)가 그려져 있다. 면적 A의 현재가치[31]가 면적 B + D + D'의 현재가치와 같다면 생애임금과 생애생산성 간의 상호교환 관계를 받아들임으로써, 장기고용관계로부터 얻을 수 있는 부가적 혜택을 누릴 수 있다. 그러나 A의 면적보다 B에서부터 오른쪽으로 갈수록 넓어질 경우 임금피크제를 도입하려고 할 것이다.

---

30) 이학종, 2005, 450.
31) 현재가치는 미래시점에 얻게 되는 현금액에서 이자율을 반영한 현재시점의 화폐가치로 환산한 값을 말한다.

그림 10-19 임금피크제 도입에 따른 임금곡선

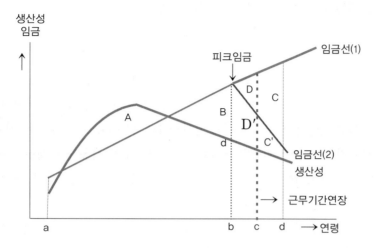

〈보기〉 a: 입사시점, b: 피크임금시작, c: 정년, d: 근무연장

자료: 대한상공회의소, 2003.

### 3) 임금피크제의 유형

임금피크제는 기업 내에서 실시되고 있는 임금제도로서 정년보장 및 연장형, 재고용형, 근무연장형, 정년폐지형 등이 있다.[32]

### (1) 정년보장 및 정년연장형

임금피크제에는 정년보장형과 정년연장형이 핵심이다.

정년보장형은 정년을 몇 년 앞둔 특정시점을 임금피크로 하여 차츰 임금을 삭감하는 대신 이전의 퇴직을 방지하고 정년을 지켜주려는 방안으로 실시되는 형태이다. 이 형태는 종업원의 정년을 보장할 경우 그 사람의 생산성(기여도)이 인건비보다 낮아 기업의 재무상태가 어려울 때 실시하는 것이다. [그림 10-19]에 나타난 바와 같이 강제퇴직이 불가피한 시점(b), 즉 임금선(1)의 피크임금에서 임금선(2)를 따라 임금을 계속 삭감하는 대신 정년(c)을 보장하도록 하는 것이다. 이 경우 A의 면적이 정년이전의 B+D'의 면적과 같게 조정함으로써 조직이나 종업원 어느 쪽도 불이익이 없을 것이다.

이 형태는 우리나라에서 전통적인 연공형임금제도 하에서 조직원의 생산성보다 임금이 높

---

32) 김정한, 2004.

아 조기퇴직을 강요하는 과정에서 정년까지의 고용보장을 전제로 정년 전 일정기간 동안 임금을 삭감하는 방법으로 실시되었다.

정년연장형은 정년을 몇 년 앞둔 특정시점을 임금피크로 하여 차츰 임금을 삭감하는 대신, 정년을 넘겨 더 근무하게 하는 방안으로 실시되는 형태이다. 이 형태는 [그림 10-19]에 나타난 바와 같이 종업원의 정년을 연장할 경우 정년 c에서 d로 연장된다. 정년 전 일정시점(b)을 피크임금 연령으로 설정하여 임금선(2)과 같이 임금을 차츰 줄인다. 이 때 면적 A의 현재가치와 면적 B+D+D'의 현재가치가 같으냐, 다르냐와는 상관없이 면적 C+C' 만큼 추가적인 비용이 발생한다. 따라서 피크임금의 적용으로 정년 전에는 면적 D만큼, 그 후에는 면적 C만큼 삭감된다. 즉 C'와 D의 현재가치가 같다면 조직이나 종업원 중 어느 한쪽에 일방적 불이익은 없을 것이다.

정년연장형은 조직의 입장에서 숙련된 종업원을 일정시점까지 조직에 더 머물게 함으로써 종업원의 이직으로 인한 생산성의 손실을 예방할 수 있고, 종업원의 입장에서 소득수요가 적은 일정시점까지 면적 A에 해당하는 금액을 강제저축의 형태로 조직에 남겨두었다가 소득수요가 높은 고연령기에 면적 B+D'+C'에 해당하는 금액을 되돌려 받음으로써 정년연장과 함께 안정적 소득을 확보하는 혜택을 누릴 수 있게 된다.

### (2) 기타 임금피크제

재고용형은 정년연령인 60세에 일단 퇴직한 후 재고용계약을 체결하는 형태이다. 기업의 고용관계는 정년퇴직시에 퇴직금이 지급됨으로써 일단 종료된다. 재고용형은 고용연장방안 중에서도 가장 많이 활용되는 방안으로서, 희망자 전원을 재고용하는 형태와 기업이 필요하다고 인정한 자만 재고용하는 형태로 구분된다.

근무연장형은 정년연령이 결정되어 있지만, 정년연령에 도달한 자를 퇴직시키지 않고 계속해서 고용하는 형태이다. 근무연장형은 재고용형에 비해 고용의 안정성이 높은 편이다. 이 형태는 주로 중소기업에서 활용되고 있다.

정년폐지형은 모든 사원들을 인위적으로 정년에 따라 퇴직시키는 것이 아니라, 본인이 계속해서 취업을 희망하고 업무수행능력이 있는 경우 고용을 유지시키는 형태이다. 이 형태는 고용에 있어서의 연령차별금지와 유사한 개념으로서, 계속 고용결정은 연령을 기초로 하는 것이 아니라 작업능력에 따라 이루어진다.

## 4) 임금피크제의 적용

### (1) 합리적 임금피크제의 기준

임금피크제는 정년을 연장하거나 보장하는 대신 일정연령 이상인 근로자의 임금을 삭감하는 제도이다. 임금피크제는 2016년 '60세 정년'이 법제화 될 때 많은 기업들이 이로 인해 늘어나는 인건비 부담을 줄이기 위해 도입했다. 2022년 5월 대법원은 합법적인 임금피크제로 인정받기 위해 다음과 같은 4가지 요건을 제시했다. ① 임금피크제 도입 목적의 정당성과 필요성, ② 임금 삭감의 폭이나 기간의 적정성, ③ 정년연장, 업무강도 완화 등 임금 감소에 따른 보완 조치의 적절성, ④ 감액 재원이 제도 도입의 목적을 위해 사용되었는지 여부 등이다.

### (2) 임금피크제의 합리적 적용

임금피크제는 근로자가 더 오래 일할 수 있기 때문에 늘어난 정년이 임금 감소에 따른 보완조치로 대법원은 인정하고 있다. 그러나 해당기업이 임금피크제 도입 시 근로자의 동의 절차가 적절해야 한다. 즉 임금피크제가 기업의 필요에 따른 일방적 도입은 허용되지 않는다. 따라서 근로자들이 모여 토론이나 의견교환을 가질 수 있는 시간과 공론화 과정을 반드시 거쳐야 한다.

또는 임금피크제가 정년이 늘어도 그에 비해 임금 감소 폭이 지나치게 크다면 이 제도의 정당성을 인정받을 수 없다. 따라서 해당기업이 합리적인 임금피크제로 인정받기 위해서는 삭감된 임금 폭이 적정해야 하므로 사안마다 다르게 적용될 수밖에 없다. 즉 삭감된 임금과 이에 대한 업무 강도 완화 등을 종합적으로 고려되어 해당기업의 근로자들이 이 제도의 도입으로 인해 불이익이 없어야 한다는 것이다.

사실 임금피크제는 2016년 60세로 정년을 법제화할 때 고령 근로자일수록 높은 임금을 받는 연공형 임금체계를 개선하기 위해 도입되었다. 그러나 이제 60세 정년은 보편화되어 있고 근로자의 고령화가 갈수록 심해지고 있다. 이런 추세에 비추어 보면, 임금피크제의 효용성은 떨어지고 있다. 따라서 임금의 연공성을 줄이고 직무나 성과에 따라 임금을 결정하여야 할 것이다.[33]

---

33) 동아일보, 2023.6.13., A.23.

참고문헌

권석균·이병철·양재완 (2022), 지속가능 성장을 위한 인적자원관리(제2판), 시대가치.

김동원 (1999), 기술급제도, 한국노동연구원.

김식현 (1999), 인사관리론, 무역경영사.

김정한 (2004), "임금피크제 도입방안", 노사포럼, 경영자총연합회.

대한상공회의소 (2003), 일본과 한국의 임금피크제 사례분석 보고서.

박경규 (2013), 신인사관리, 홍문사.

박성환 (2005), "역량급의 이론적 접근", 한국기업의 인적자원관리, 박영사.

배종석 (2023), 인적자원론(제3판), 홍문사.

이학종 (2005), 전략적 인적자원관리, 박영사.

최진남·성선영 (2023), 스마트경영학, 생능.

최종태 (1992), 현대임금관리론, 박영사.

최종태 (1998), 현대인사관리론, 박영사.

최종태 (2000), 현대인사관리론, 박영사.

Adams, J. S. (1965), "Injustices in Social Exchange", Berkowitz, L. ed., in *Advances in Experimental Social Psychology*, Vol. 2, New York: Academic Press, 267~299.

Cohen-Charash, Y., & Spector. P. E.(2001), "The Role of Justice in Organizations: A Meta-Analysis," *Organizational Behavior and Human Decision Processes.* 86(2).

Industrial Relations Services(IRS) (1996), "Skills-based Pay: Survey, Paying for Performance", *IRS Employment Review*, No. 599.

Jones, G. R. & George, J. M. (2019), Essentials of Contemporary Management, 윤현중·이준우 등 역(2021), 경영학에센스, 지필미디어.

Kinicki, A. & Soignet, D. B. (2022), Managemet: A Practical Introduction, 김안드레아 역(2022), 실용적 접근방식의 경영학원론, 한빛아카데미.

Ledford, G. E. (1995), "Paying for the Skills, Knowledge, and Competencies of Knowledge Workers", *Compensation & Benefits Review*, July-August.

Locke, E. A. (1979), "How to Motivate Employees", Paper presented at NATO Conference on Changes in Nature and Quality of Working Life, Greece.

Martocchio, J. J.(2004), Strategic compensation(3th ed) Englewood Cliffs, NJ: Prentlce Hall.

Milkovich, George T. & Newman. Jerry M. (2005), *Compensation.* 8th ed., McGrawHill.

Murray, B., & Gerhart, B. (1998), "An Empirical Analysis of a Skill-Based Pay Program and Plant Performance Outcomes", *Academy of Management Journal*.

Raymond A. Noe, John R. Hollenbeck, Barry Gerhart, Patrick M. Wright: 윤동열·김우철· 김태형·나동만·류성민·류준열·박종규·방오진·조윤형·최우재·한승현·홍운기 공역(2024), 인적자원관리(제3판), 시대가치.

# 제11장

# 복지후생관리

## 1. 복지후생의 의의

오늘날 각 국가들은 복지사회를 지향하고 있다. 따라서 각 조직이나 기업에서도 복지후생을 매우 중요하게 여기고 있다.

복지후생(employee benefit)은 기업이 종업원의 생활수준을 향상시키기 위해 임금 이외의 간접적인 모든 급부를 말한다. 복지후생이란 기업이 종업원들의 근로생활의 질을 높이고, 인간의 삶을 풍요롭게 함으로써 근로의욕과 공동체 의식 향상으로 성과를 높이는 데 있다. 복지후생관리는 기업이 종업원의 근로의욕과 공동체의식을 향상시키기 위해 각종 복지후생 사업에 관한 업무를 합리적으로 처리하는 것을 의미한다. 복지후생은 기업이 주체가 되어 담당하는 것이 보통이다. 하지만 기업은 그 관리와 운영을 종업원과 공동으로 운영할 수 있고, 종업원이 자치적으로 운영할 수도 있으며, 다른 기관에 의뢰할 수도 있다.

기업에서 종업원의 성과는 상당부분 복지후생관리와 연관되어 있다. 따라서 기업은 '생산성 우위'에서부터 복지후생 향상을 통한 '생활성 우위(인간성)'로 전환하지 않으면 안 된다. 여기에서 의미하는 생활성이란 물질적인 측면만을 의미하는 것이 아니라, 인간의 삶

전체를 나타내는 개념이다.[1]

기업의 복지후생제도는 직장생활에서 종업원들의 조직만족을 통해 동기부여를 향상시키고, 우수한 노동력 확보와 유지를 통해 성과향상에 도움이 될 것을 기대하고 있다. 기업의 복지후생제도는 종업원들의 욕구를 반영하여 균형적으로 혜택을 누릴 수 있도록 합리적으로 운영되어야 한다. 그럼으로써, 기업은 복지후생을 통하여 종업원들이 공동체 의식을 갖게 하고, 나아가 기업의 성과를 향상시킬 수 있을 것이다(복지후생제도＝합리적 운영 → 공동체의식 → 성과향상).

기업의 복지후생정책은 경영정책과 사회정책의 유기적인 관련 속에서 종업원들의 성취동기를 유발시킬 수 있도록 설계되어야 한다. 이를테면 경영정책의 일환으로서 사회정책과 사회정책의 일환으로서 복지후생정책을 결부시켜야 한다.[2]

## 2. 복지후생의 성격

기업의 복지후생은 임금과 더불어 '기업의 보수'를 구성하고 있다. 다시 말하면 임금은 기업이 종업원의 노동에 대해 제공하는 직접적 보상을 말하고, 복리후생은 기업이 종업원에게 제공되는 임금을 제외한 모든 보상으로서 '간접보상'을 말한다. 직접복지후생에는 현금급여가 중심이 되고, 간접복지후생에는 현물급여가 중심이 된다.

기업에서 임금은 성과 목표를 지향하지만, 복지후생은 공동체 목표를 지향한다.

복지후생은 각종 보험료, 퇴직금과 같은 금전적인 보상과 오락시설, 휴양시설 제공 등 비금전적인 보상이 있다.

기업의 복지후생은 국가 사회보장의 한 보조수단으로 인식할 경우 사회적 지출 혹은 사회적 임금이라고 하며, 복지후생의 실시 주체자인 기업에 초점을 맞출 경우 기업복지임금이라고 부르기도 한다.

전통적으로 기업의 복지후생제도는 종업원들의 노동력을 증진시키기 위한 보조적 수단이라고 보았다. 그러나 오늘날에는 기업의 복지후생제도가 종업원 모두에게 노동력의 증진으로 더 많은 임금을 받는 직접적인 혜택을 줄 뿐만 아니라, 생활안정과 건강증진, 문화향상 등 간접적인 혜택도 받을 수 있다. 이를 살펴보면 〈표 11-1〉과 같다.

---

1) 津田眞澂, 1995, 273.
2) 최종태, 2000, 295~296.

| 표 11-1 | 복지후생의 증진에 의한 노사의 혜택 | |
|---|---|---|
| | 종 업 원 | 기 업 |
| 복지후생의 혜택 | ① 사기가 높아진다. | ① 생산성이 향상되고 원가가 절감된다. |
| | ② 복지에 대한 인식이 깊어진다. | ② 팀웍정신이 강해진다. |
| | ③ 불만이 감소된다. | ③ 결근, 지각, 사고, 불만, 및 노동이동률이 감소된다. |
| | ④ 경영자와의 관계가 개선된다. | ④ 인간관계가 개선된다. |
| | ⑤ 고용이 안정되고 생활수준이 향상된다. | ⑤ 채용 및 훈련비용이 절감된다. |
| | ⑥ 건설적으로 참여하는 기회가 늘어난다. | ⑥ 종업원과 건설적으로 일할 기회가 늘어난다. |
| | ⑦ 기업의 방침 및 목적에 대한 이해가 커진다. | ⑦ 기업의 방침과 목적을 알릴 기회가 많아진다. |
| | ⑧ 지역사회의 시설 및 기관에 대한 종업원 개인으로서의 관심과 이해가 촉진된다. | ⑧ 회사를 PR할 기회가 다음에 의하여 늘어난다.<br>· 지역사회의 지도자와의 협력<br>· 지방봉사단체의 적극적인 활동 강화<br>· 회사의 목적, 활동에 대한 홍보 |

자료: 김식현, 1999, 382.

## 제2절 복지후생의 계획

기업의 복지후생관리의 계획은 해당기업의 목표와 전략, 그리고 규모·입지·노조 세력·수익성·업종 등 여러 가지 요인들을 고려하여 적합한 복지후생을 설계하여야 한다.

### 1. 복지후생의 목표와 전략

복지후생관리의 목표는 기업이 종업원들에게 간접적 보상을 통해 동기부여시킴으로써 조직의 유효성을 증진시키고, 조직에 계속 근무하고 싶도록 만드는 것이라 할 수 있다.

기업의 복지후생은 반드시 이행해야 하는 법정복지후생과 필요에 따라 선택적으로 이행하는 비법정복지후생이 있다. 이 중에서 후자는 복지후생프로그램을 전략적으로 선택해야 한다.

기업의 복지후생전략은 경영자가 복지후생 목표를 바탕으로 기업의 가치관, 재정적 환경, 종업원의 선호 등 다수의 요소를 고려하여 설정되어야 한다. 또한 기업의 복지후생전략은 인적자원의 직무만족·근속·성과와 기업의 지불능력 등이 중요한 고려요소가 되고 있다.

기업의 복지후생 전략은 다음 세 가지 전략이 있다.

복지후생 선행전략(pacesetter benefits strategy)은 선도적으로 종업원이 원하는 새로운 복지후생 프로그램의 수준을 제공하는 전략이다.

복지후생 동행전략(comparable benefits strategy)은 해당기업과 유사한 업종의 경쟁기업에서 실시하는 복지후생프로그램의 수준을 제공하는 전략이다.

복지후생 최소전략(minimum benefit strategy)은 법정 복지후생을 먼저 실시하고, 재정이 허용될 경우 종업원이 가장 선호하거나 비용이 적게 드는 복지후생프로그램의 수준을 제공하는 전략이다.

이상의 전략 중에서 기업의 전략적 선택은 해당기업이 지향하는 목표, 재무상태, 종업원들의 욕구 등을 토대로 해야 한다. 기업이 새로운 복지후생 품목을 채택하기에 자금이 부족하거나 또는 종업원들이 새로운 복지후생 품목의 도입보다 임금을 더 선호한다고 믿을 때, 세 번째 전략을 채택하여야 할 것이다.

## 2. 복지후생의 전담기구 설치

기업의 법정 복지후생은 반드시 실시해야 하나, 비법정 복지후생은 기업의 실정에 따라 실시하고 있다. 경영자는 종업원의 대표와 함께 비법정 복지후생을 의논하기 위해 복지후생전담기구를 설치하여야 한다. 경영자는 복지후생의 구체적인 사업결정이나 운영방법 모색 등을 효율적으로 수행하기 위해 경영자와 종업원 대표가 함께 참여하는 종업원 복지후생자문위원회(employee benefits advisory committee)를 구성하여 운영하여야 한다. 기업은 노동조합이 있는 경우 노조 간부도 이 위원회에 참여시킬 필요가 있다. 이 위원회는 복지후생프로그램의 설계뿐만 아니라 실행 및 평가를 담당하도록 해야 한다.

종업원 복지후생자문위원회는 전 종업원을 대상으로 욕구조사와 수준분석을 통해 복지후생의 전략, 운영, 품목 등에 대해 협의하고, 복지후생프로그램을 설계하며, 적절한 수준 결정과 우수한 복지후생프로그램 개발의 실무를 담당하는 역할을 한다. 종업원 복지후생자문위원회는 복지후생프로그램 운영에 대해 경영자와 종업원이 공동협의 함으로써 경영자와 전문가도 생각하지도 못했던 사항을 제안할 수 있고, 종업원들의 욕구를 파악하여 반영시킬 수 있어서 효율성(efficiency)과 수용성(acceptance)을 극대화시킬 수 있다. 복지후생운영팀의 팀원 수는 10~15명이 적당할 것이다.

## 3. 법적 요구조건의 충족

기업은 법정 복지후생품목을 먼저 실시하여야 한다. 즉 연금보험·건강보험·고용보험·산업재해보험 등의 법정 복지후생품목을 의무적으로 실시하여야 하고 그 외에도 세금과 관련된 법적인 요구조건 등을 충족시켜야 한다.

## 4. 기업의 복지후생 세부계획

기업은 경쟁기업이 종업원들에게 제공되고 있는 복지후생 패키지의 실태를 파악하고 분석한 후, 다음과 같이 복지후생의 추진계획을 수립하여야 한다.

### 1) 종업원의 복지후생 욕구조사

종전의 대부분 조직들은 경영자가 종업원들에게 어떤 복지후생을 제공할 것인지를 독자적으로 판단하여 결정하였다. 그러나 오늘날에는 종업원들의 욕구조사를 바탕으로 경영자와 종업원이 공동으로 결정하고 있다. 기업의 복지후생은 종업원의 욕구조사를 바탕으로 복지후생프로그램을 결정하여야 한다.

복지후생프로그램은 종업원뿐만 아니라 노조 간부를 참여시켜 종업원이 원하는 복지후생프로그램을 선택하는 것이 효과적이다. 왜냐하면 종업원들이 원하지 않는 복지후생프로그램의 도입은 비용의 낭비를 초래하기 때문이다. 기업의 복지후생프로그램은 경영자와 종업원이 공동으로 현행 복지후생프로그램의 평가를 통해 새로운 복지후생프로그램을 결정하여야 한다.

### 2) 기업의 복지후생 수준 결정

기업의 복지후생은 목표와 전략 및 종업원의 욕구조사을 바탕으로 복지후생 수준이 결정된다.

해당 기업이 속한 노동시장은 하위보상수준이냐 상위보상수준이냐, 또는 그 기업의 노동특성이 단순노동이냐 전문노동이냐를 감안하여 결정하여야 한다. 따라서 기업이 전자 보다 후자에 가깝다면, 종업원들이 원하는 복지후생을 더 많이 제공해야 할 것이다.

해당기업은 유사한 기업과 비교를 통해 복지후생 수준을 설정하여야 한다. 기업은 유사한 기업의 양적·질적인 복지후생 수준을 분석하여 적용할 필요가 있다. 그럼으로써 기업은 복지후생의 '외적 공정성'을 이룰 수 있을 것이다.

기업은 종업원들 간에 복지후생의 혜택을 공평하게 제공할 필요가 있다. 그럼으로써 기업은 복지후생의 '내적 공정성'을 이룰 수 있을 것이다. 내적 공정성은 종업원들 간의 복지후생비를 공정하게 정하고, 그 범위 내에서 개별적 욕구를 반영하는 것이다.

이와 같은 활동을 통해 복지후생의 효율성과 만족성을 증대시킬 수 있을 것이다.

### 3) 기업의 복지후생비 결정

기업의 복지후생비는 복지후생을 위한 예산(budget), 혹은 복지후생프로그램을 위한 기금(funding)을 의미할 수도 있다. 따라서 각 복지후생비가 기업에 얼마나 기여할 수 있을 것인지, 종업원들에게 얼마나 필요한 것인지에 대해 분석하여야 할 것이다. 기업은 종업원의 직무안전과 장기고용을 우선시한다면 복지후생에 많은 비용을 지출해야 한다.

기업의 복지후생비는 현재와 미래에서 적정한 수준에 지출되어야 한다. 기업은 복지후생비를 지불할 수 있는 능력을 벗어나 과도하게 부담하는 것이야말로 기업과 종업원 모두에게 바람직한 일이 아니다.

기업은 적정수준의 복지후생비를 산출하기 위해 다음과 같이 비용분석을 해야 한다.

첫째, 복지후생제도의 연간 총비용을 파악하는 분석을 해야 한다. 기업은 이 비용을 계산하는 회계절차를 개발할 필요가 있다. 총비용의 산정은 기업복지후생에 대한 예산책정에 유용하다.

둘째, 복지후생제도의 종업원 1인당 연간비용을 파악하는 분석을 해야 한다. 기업은 종업원 1인당 연간 비용이나 시간당 비용을 홍보함으로써 복지후생비용을 인식시키는 데에도 도움을 줄 수 있을 것이다.

셋째, 해당기업과 유사한 기업의 임금에 대한 복지후생비의 비교를 통해 그 수준을 파악하는 분석을 해야 한다. 복지후생비의 비교는 해당기업이 다른 기업의 임금 및 복지후생비의 분류가 같아야 비교 가능할 것이다.

넷째, 복지후생제도의 종업원 1인당 시간비용분석(총비용/연간 작업시간)을 토대로 파악하는 분석을 해야 한다. 이 분석은 복지후생 비용에 대한 설명 자료로 사용될 수 있으며, 임금·노동시간·복지후생 등의 단체교섭 시에도 유용한 자료로 사용될 수 있다.

이와 같이 기업은 위의 네 가지 복지후생비 분석 중에서 두 가지 이상을 함께 실시하는 것이 바람직하다.

### 4) 기업의 복지후생패키지 결정

종업원들의 개인적 욕구를 어느 정도 반영시켜 줄 것인가에 대해 결정해야 한다. 복지후생의 유연성은 복지후생패키지 결정의 집중 대(對) 분산과 연관이 있다.

집중적 복지후생패키지는 종업원의 선택이 거의 허용되지 않는 표준적인 형태이다. 이 형태는 동종의 종업원이 근무하여 종업원의 욕구가 같을 경우 효율적이라고 할 수 있다.

분산적 복지후생패키지는 종업원의 선택을 강조하는 유연적인 형태이다. 이 형태는 노동력의 인구통계학적 차이 때문에 종업원의 욕구에 큰 차이를 보일 경우 더 효율적이라고 할 수 있다.[3]

### 5) 기업의 복지후생 홍보

기업은 복지후생의 내용을 종업원들에게 적극 홍보하여야 한다. 종업원들은 기업의 복지후생 내용을 잘 알아야 동기유발이 되고, 나아가 기업의 성과를 향상시킬 수 있을 것이다. 그렇지 않으면 종업원들은 기업의 복지후생에 대한 노력과 비용 지출을 낮게 평가할 것이다. 따라서 복지후생은 기업이 종업원을 대상으로 복지후생제도와 개인별 복지후생비 등을 이해하도록 홍보하고 가능하다면 전문가의 설명도 필요하다.

## 제3절  복지후생의 실시

## 1. 법정복지후생의 실시

### 1) 법정복지후생의 의의

사회보험은 국가 또는 지방자치단체가 국민생활 여건의 악화요인을 사전에 예방하고 제거함으로써 사회적 또는 경제적 불평등을 최소화하고 안정과 형평, 그리고 능률을 증대시키는 데 그 목적이 있다. 사회보험제도는 국가 및 사회가 책임을 지고 국민생활을 위협하

---

3) W.F. Cascio, 1995, 432~433.

는 여러 가지 요인과 경제적 불안정으로부터 국민 개개인을 제도적으로 보호하는 것이다.

법정복지후생제도는 국가가 사회복지의 한 보조수단으로 법률을 제정하여 기업으로 하여금 그 종업원을 보호하도록 규정하는 제도이다. 다시 말하면 국가가 기업으로 하여금 법률에 의해 사회보험의 기업 분담금 지불을 의무화한 것이다. 보험요율체계는 전반적으로 업종별 동일요율 체계로 짜여져 있으나, 부분적으로 개별 실적요율을 반영하고 있다. 보험요율이라 함은 보험사업에 소요되는 비용을 충당하기 위하여 보험가입자에게 할당되는 분담금을 말한다.

오늘날 국민들은 국가나 각종 사회단체를 통해 식생활을 비롯한 기본적인 욕구가 충족될 수 있도록 보장받고 있다. 국민들이 바라는 기본적 사회보장은 노령·질병·실업·재해의 불안과 위험으로부터 보호라고 할 수 있다. 우리나라의 법정복지후생제도는 연금보험(1988년), 건강보험(1977년), 고용보험(1995년), 산재보험(1964년)의 실시로 4대 사회보험체제가 구축되었다. 우리나라 근로자의 법정 복지후생은 [그림 11-1]과 같다.

**그림 11-1  한국 근로자의 법정 복지후생**

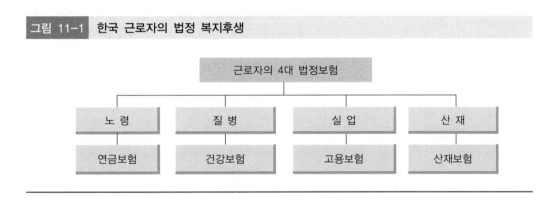

### 2) 법정복지후생의 내용

#### (1) 국민연금의 지원

국민연금은 국민연금법에 근거하여 국가가 운영하는 사회보험제도이다. 국민연금의 가입대상은 국내에 거주하는 국민으로서 18세 이상 60세 미만인 자 이다. 국민연금의 주된 재원은 연금보험료로 충당된다. 연금보험료는 연금급여를 지급하기 위한 재정 마련을 목적으로 법률에 근거하여 납부하여야 하는 금액이다. 연금가입자는 가입자 자격취득시의 신고 또는 정기결정에 의하여 결정되는 기준소득월액에 보험료율을 곱하여 산정한다. 즉, 연금보험료 = 가입자의 기준소득월액 × 연금보험료율이다.

기준소득월액이란 국민연금의 보험료 및 급여 산정을 위하여 가입자가 신고한 소득월액에서 천원 미만을 절사한 금액을 말한다. 2023년 기준 최저 37만원에서 최고금액은 590만원까지의 범위로 결정하게 된다. 따라서 신고한 소득월액이 37만원보다 적으면 37만원을 기준소득월액으로 하고, 590만원보다 많으면 590만원을 기준소득월액으로 한다.

**표 11-2  노령연금 유형별 수급조건 및 급여수준**

| 연금의 종류 | | 수급권자 | 수급요건 | 급여수준 |
|---|---|---|---|---|
| 노령연금 | 완전 노령연금 | 본인 | · 10년 이상 가입하고 60세에 달한 자로 소득이 있는 업무에 종사하지 않는 자. 특수직종은 55세에 달할 때.<br>· 노령연금 개시 연령은 출생연도가 1953~56는 61세, 1957~60는 62세, 1961~64는 63세, 1965~68는 64세, 1969이후는 65세 적용 | · 기본연금액의 100%＋부양가족 연금액 |
| | 감액 노령연금 | 본인 | · 10년 이상 20년 미만에 가입하고 60세에 달할 때<br>· 특수직종은 55세에 달할 때 | · 기본연금액의 50%＋부양가족 연금액을 지급. 다만 가입기간이 10년을 초과하는 경우 1년마다 기본연금액의 5%를 가산 |
| | 재직자 노령연금 | 본인 | · 10년 이상 가입하고 60~65세(특수직종 근로자는 55세이상 60세미만) 미만의 완전 또는 감액 노령연금 수급권자가 소득이 있는 업무에 종사하는 경우 연령에 따라 지급<br>· 재직자노령연금 수급권자가 원할 경우 1회에 한하여 연금의 수급을 연기할 수 있음. 그 경우 연기되는 매1월마다 0.5%씩 가산 지급함(1년에 6%씩 연금액 증액) | · 완전 또는 감액노령연금은 가입기간별 기본연금액을 기준으로 한다.<br>60세(특수직 55세)＝50%, 61세(특수직 56세)＝60%, 62세(특수직 57세)＝70%, 63세(특수직 58세)＝80%, 64세(특수직 59세)＝90% |
| | 조기 노령연금 | 본인 | · 10년 이상인 가입자 또는 가입자였던 자로서 60세 이전인 55세 이상인 자가 소득이 있는 업무에 종사하지 않을 때 조기에 지급<br>· 조기노령연금을 받고 있는 60세 미만인 자가 소득이 있는 업무에 종사하는 경우 그 기간에 연금지급이 정지됨. 즉, 전년도 연말기준으로 임대소득·사업소득·근로소득을 합산하여 월 평균소득이 일정액을 초과하지 않을 때 지급.<br>· 조기노령연금 개시 연령은 출생연도가 1953~56는 56세, 1957~60는 57세, 1961~64는 58세, 1965~68는 59세, 1969이후는 60세 적용 | · 노령연금액 중 부양가족 연금액을 제외한 금액에 수급연령별로 다음 각 호의 구분에 따른 비율을 곱한 금액에 부양가족연금액을 가산함.<br>55세〈70%〉, 56세〈76%〉, 57세〈82%〉, 58세〈88%〉, 59세〈94%〉) |

국민연금제도에 소요되는 비용은 원칙적으로 가입자 · 사용자 · 정부가 분담하도록 되어 있다. 현재 사업장 가입자의 연금보험료는 전년도 총소득금액 평균임금의 9%(기준 소득원액×9%)를 산출하여 근로자와 사용자가 각각 4.5%를 부담한다. 그러나 지역가입자의 경우 사용자가 없으므로 가입자가 사용자 몫을 부담해야 함으로 9%를 납부해야 한다.

국민연금은 크게 노령연금 · 장애연금 · 유족연금 · 반환일시금으로 나눌 수 있다.

노령연금은 가입자가 노령으로 인하여 소득이 없을 경우 생계를 지원해 주는 연금이다. 노령연금 유형별 수급요건 및 급여수준은 〈표 11-2〉와 같다.

장애연금은 만 18세 이상 장애인연금수급자(중증장애인) 중에서 본인과 배우자의 소득과 재산을 합산한 금액(소득인정액)이 선정기준액 이하인 사람에게 지급하는 사회보장제도이다. 장애연금의 수급요건 및 급여수준은 〈표 11-3〉과 같다.

**표 11-3  장애연금의 수급조건 및 급여수준**

| 연금의 종류 | 수급권자 | 수급요건 | 급여수준 |
|---|---|---|---|
| 장애연금 | 본인과 배우자 | · 지급대상자:<br>　신청 월 현재 만 18세 이상 중증장애인(종전 1급, 2급, 3급, 중복)에 해당하는 자<br>· 지급요건:<br>　① 직역연금요건: 직역연금 수급권자 및 그 배우자는 장애인연금 수급대상에서 제외되나 다음과 같은 예외가 있음. 직역연금재직기간이 10년 미만인 연계퇴직연금 또는 연계퇴직유족연금 수급의 경우 장애보상금, 유족연금일시금유족일시금을 받은 후 5년이 경과된 경우<br>　② 소득인정액요건: 본인과 배우자의 소득평가액과 재산의 소득환산액을 합산한 금액(소득인정액)이 선정기준액 이하. 소득인정액 = 월 소득평가액 + 재산의 소득환산액<br>　③ 차상위초과자: 소득인정액이 산정기준액 이하이면서 국민기초생활수급자의 차상위계층이 아닌 사람. | · 장애인 연금 지급<br>　① 기초급여(18~64세): 만 18세에서 만 65세가 되는 전달까지 지급<br>　② 부가급여(18세 이상): 만 18세 이상 장애인 연금수급자 중 국민기초생활보장수급자와 차상위계층, 차상위초과자로 구분하여 지급 |

| 표 11-4 | 유족연금의 수급조건 및 급여수준 | | |
|---|---|---|---|
| 연금의 종류 | 수급권자 | 수급요건 | 급여수준 |
| 유족연금 | 유족 | · 노령연금수급권자가 사망. 단 가입기간이 1년 미만인 가입자가 질병·부상으로 인하여 사망한 경우<br>· 장해등급 2급 이상에 해당하는 장해연금수급권자 사망<br>· 10년 이상 가입자였던 자가 사망<br>· 연금보험료를 낸 기간이 가입대상 기간의 1/3이상인 가입자의 사망<br>· 사망일 5년 전부터 사망일까지의 기간 중 3년 이상 연금보험료를 낸 가입자의 사망<br>단, 전체 가입대상기간 중 체납기간이 3년 이상인 경우는 지급하지 않음. 또한 2016·11·30 이후 사망일이 타공적연금 가입기간이나 내국인의 국외이주 또는 국적상실 기간 및 외국인의 국외 거주기간 중에 있는 경우 지급하지 않음. | · 가입기간 10년 미만= 기본연금액 40%+부양가족연금액<br>· 가입기간 10년이상~20년 미만=기본연금액 50%+ 부양가족연금액<br>· 가입기간 20년이상= 기본연금액 60%+부양가족연금액<br>· 단 노령연금수급권자 사망의 경우 그가 지급받던 노령연금액을 초과할 수 없음 |

유족연금은 국민연금가입자나 노령연금수급권자가 사망하였을 때 그의 유족이 받는 연금이다. 유족연금의 수급요건 및 급여수준은 〈표 11-4〉와 같다.

반환일시금은 가입기간이 연금수급 자격에 미치지 못할 경우에 일정액의 이자를 가산하여 지급하는 금액이다. 반환일시금의 수급요건 및 급여수준은 〈표 11-5〉와 같다.

| 표 11-5 | 반환일시금의 수급요건 및 급여수준 | | |
|---|---|---|---|
| 연금의 종류 | 수급권자 | 수급요건 | 급여수준 |
| 반환 일시금 | 본인 또는 유족 | · 가입기간이 10년 미만인 자가 60세가 될 때<br>· 가입자 또는 가입자였던 자가 사망할 때. 다만 가입자 또는 가입기간이 10년 이상 또는 미만인 가입자였던 자가 사망하였으나 특별한 사유로 유족연금이 지급되지 아니하는 경우만 해당<br>· 가입자가 국적을 상실하거나 국외에 이주한 때 | · 가입자 또는 가입자였던 자가 납부한 보험료(사업자 또는 사업자였던 자의 경우에는 사용자의 부담금을 포함)에 3년만기 정기예금이자율평균을 더한 금액임 |

## (2) 건강보험의 지원

건강보험은 1963년 의료보험법이 처음 제정되어 1977년 500인 이상 사업장에 직장의료보험제도가 의료보험으로 처음 실시되었다. 그 후 2000년 7월부터 의료보험은 건강보험으로 명칭이 변경되었다. 건강보험은 보험운영자, 서비스 제공자, 수급자의 삼각관계로 구성되어 있다. 보험운영자는 국민의료단체(보험관리공단 및 직장조합)와 급여심사기능을 가진 중앙조직(건강보험심사평가원)을 말한다. 서비스 제공자는 병원, 그리고 수급자는 의료서비스를 받기 위해 보험에 가입한 사람을 의미한다. 수급자는 서비스 제공자에게 의료서비스를 받는데 자격 여부만 요구되며, 보험료 수준과 관계없이 질병발생에 따라 수혜가 균등하게 이루어진다. 2022년말 우리나라 총인구는 5,163만명이다. 동년 의료보장 인구는 5,293만명, 그중 건강보험이 적용된 인구는 5,141만명으로 전체인구의 99.57%에 달한다. 건강보험 적용대상은 직장가입자(3,663만명)와 지역가입자(1,478만명)로 구분된다.

직장건강보험은 기업과 관련이 있는 보험이다. 직장건강보험은 직장가입자(임금소득자)가 가입하는 건강보험이다. 직장건강보험은 사업자·근로자·공무원·교직원·피부양자가 가입대상이 된다. 직장건강보험은 상시근로자가 1인 이상인 사업장에 종사하는 피보험자(근로자) 및 그의 피부양자로 구성되며, 사용자 본인이 원하는 경우에 구성된다. 다만 1개월 미만의 일용근로자나 3개월 이내의 기간근로자 등 비정규직 근로자 대부분은 직장건강보험 의무적용대상자에서 제외된다.

지역건강보험은 직장가입자와 피부양자를 제외한 자(비임금금로자)가 가입하는 건강보험이다. 지역건강보험은 근로자 1인 이상 모든 사업장의 사용자 및 근로자와 한 달에 60시간 이상 일하는 시간제근로자도 가입대상이 된다.

**그림 11-2**  **건강보험의 관리운영체제**

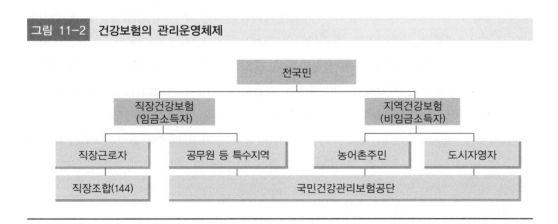

우리나라의 건강보험의 관리운영체제는 [그림 11-2]와 같다.

건강보험료는 가입자의 월보수액에 보험료율을 곱해 산정한다. 즉 보험료 = 보수월액(월 평균 보수) × 보험료율(6.86%)이다. 모든 직장근로자는 사립학교교직원을 제외하고 본인과 사용자가 50%씩 부담한다.

직장근로자의 보수월액은 가입자의 소득(봉급, 급료, 보수, 세비, 상여수당)과 이와 유사한 성질의 금품(이자, 배당, 사업, 연금, 기타소득)의 연간 총액(퇴직금, 원고료 등 일시소득, 비과세 근로소득은 제외)에서 2,000만원 공제한 금액을 근무월수로 나누어 계산한다. 보수월액의 하한은 279,266원(보험료 하한액 19,780원 역산)이고 상한은 110,332,300원(보험료 상한액, 7,822,500원 역산)이다.

건강보험의 보험료율은 다음 〈표 11-6〉과 같다.

**표 11-6  건강보험의 보험료**

(2023. 1. 1 현재)

| 구 분 | 전체요율 | 가입자 부담 | 사용자 부담 | 국가 부담 |
|---|---|---|---|---|
| 근로자 | 7.09% | 3.545(50%) | 3.545(50%) | |
| 공무원(군인포함) | 7.09% | 3.545(50%) | | 3.545(50%) |
| 사립학교교원 | 7.09% | 3.545(50%) | 2,127(30%) | 1.418(20%) |

### (3) 고용보험의 지원

고용보험은 실직근로자에게 실업급여를 지급하는 전통적 의미의 실업보험사업 외에 적극적인 취업알선을 통한 재취업의 촉진과 근로자의 고용안정사업, 직업능력개발 사업 등을 상호연계하여 실시하는 사회보험제도이다. 우리나라는 1993년에 고용보험법을 제정하여, 1995년 7월 1일부터 시행하였다. 우리나라의 고용보험은 1980년 후반부터 발생하기 시작한 인력수급 불균형과 산업 구조조정에 따른 고용조정을 지원하고, 향후 선진국 진입에 대비하며, 근로자에 대한 지속적인 역량개발을 지원하기 위하여 논의되기 시작하였다. 따라서 우리나라의 고용보험은 실업자에 대해 생계를 지원하는 사후적·소극적(구제적) 실업보험(passive unemployment insurance)이 아니라, 사전 예방적 차원에서 실업의 예방, 재취업의 촉진, 잠재인력의 고용촉진, 직업 지식의 향상 및 능력의 개발, 인력수급의 원활화 등 다양한 목적을 가진 적극적 인력정책(active manpower policy)이 핵심이다.

고용보험은 1인 이상의 근로자를 고용하는 모든 사업 또는 사업장을 대상으로 한다(최초

고용일로부터 14일 이내 의무적 가입). 단 6대 건설면허업자가 아닌 건설사업자의 경우 총공사금액 2천만원 이상 기업에 적용된다. 고용보험은 고용안정 사업, 직업능력개발 사업, 실업급여 사업 등이 있다.

고용안정 사업은 실업예방, 실직자 재취업 촉진, 취업취약계층 등을 지원하기 위한 고용정보수집과 제공, 직업상담, 취업알선, 직업훈련안내 등 종합고용서비스의 기능을 수행한다. 보험료는 근로자의 임금총액을 기준으로 사용자만 납부한다. 150인 미만 기업은 0.25%, 150인 이상 우선지원 대상기업은 0.45%, 150인 이상~1,000인 미만 기업(우선대상기업 제외)은 0.65%, 1,000명이상 기업 및 국가·지방자치단체가 직접 운영하는 사업은 0.85%이다.

직업능력개발 사업은 근로자의 생애 직업지식축적 및 능력개발을 지원한다. 보험료는 근로자의 임금총액을 기준으로 사용자만 납부한다. 150인 미만 기업은 0.25%, 150인 이상 우선지원 대상기업은 0.45%, 150인 이상~1,000인 미만 기업(우선대상기업 제외)은 0.65%, 1,000명이상 기업 및 국가·지방자치단체가 직접 운영하는 사업은 0.85%이다.

실업급여 사업은 실직자의 생계안정지원 및 재취업을 촉진한다. 보험료는 근로자와 사용자가 근로자 임금총액의 0.65%씩 납부한다. 따라서 실직자는 2주간 1회씩 노동부 고용안정센터에 출석함으로써 실업으로 인정받게 되면 실직된 급여기준 임금액의 50%를 지급받는다. 이러한 실업보험(구체적으로 실업급여라고 함)은 피보험기관 및 이직시의 연령에 따라 다음과 같이 지급한다. 이를 정리하면 〈표 11-7〉과 같다.

**표 11-7  실업급여 지급기간 (이직일 2019.10.1. 이후)**

(단위: 일)

| 피보험기간 연령 | | 피 보 험 기 간 | | | | |
|---|---|---|---|---|---|---|
| | | 1년미만 | 1년 이상 3년 미만 | 3년 이상 5년 미만 | 5년 미만 10년 미만 | 10년 이상 |
| 이직일 현재연령 | 50세 미만 | 120 | 150 | 180 | 210 | 240 |
| | 50세 이상 및 장애인 | 120 | 180 | 210 | 240 | 270 |

### (4) 산업재해보상보험의 지원

산업재해보상보험은 근로자의 업무상 재해 및 질병에 대해서 치료 및 보상급여를 제공하는 제도이다. 산업재해보상제도는 산업화가 진전되면서 급격히 증가하는 산업재해나 직업병으로 인하여 야기될 수 있는 근로자의 경제적 곤란과 작업능력의 영구적인 저하를 보상하는 데에 그 목적이 있다. 산재보험의 보상인정 재해범위는 선진국일수록 포괄적으로 인정하는 경향이 있다.

산업재해보상보험은 우리나라의 여러 사회보장제도 중 가장 오래된 역사를 가지고 있다. 우리나라는 1963년 산업재해보상법이 제정되어 1964년에 산업재해보상보험이 시행되어 근로기준법의 적용을 받는 사업 또는 사업장의 근로자에 대해 업무상의 재해를 신속·공정하게 보상하였다. 1989년에는 산재보험의 적용 대상을 모든 사업장으로 확대하였다.

우리나라 산재보험료율은 보험료의 경우 사용자가 전액 부담한다. 보험요율은 매년 9월 30일 현재로 과거 3년간의 재해율을 기초로 하고, 이 법에 의한 연금 등 보험급여에 소요되는 금액, 재해 예방 및 재해근로자의 복지증진 등에 소요되는 비용, 기타 사정을 고려하여 노동부령이 정하는 바에 의하여 사업종류별로 구분 결정한다. 보험요율은 재해발생의 위험률과 그에 따른 책임정도에 따라 여러 등급으로 구분하여 결정하는 등급별 요율제를 채택하고 있다. 2023년의 산재보험료율은 1.53%이다.

일반적으로 산재보험료 계산에 기준이 되는 3요소는 ① 업종이 무엇이냐. ② 근로자 수가 몇 명이냐. ③ 산재가 발생했느냐, 안했느냐 이다. 2023년도 산재보험료는 최저 0.6%~최고 18.5%이다. 최저는 금융보험업 등이 0.6%, 최고는 석탄광업 및 채석업이 18.5%이다.

산재보험료는 일반실적요율과 개별실적요율이 있다. 일반실적요율(업종별 일반요율) = 보수총액×보험료로 산정한다. 개별실적요율 = 업종별 일반요율 ± (해당사업종류의 일반요율×수지율)로 산정한다. 수지율은 3년간 보험급여 총액 ÷ 3년간의 보험총액×100이다.

한편 산재보험료 산정의 '산재보험 특례'가 있다. 산재보험 특례는 개별실적요율에 따라 상시근로자 30명 이상의 일반사업체(건설업 제외)와 총공사금액 60억 이상의 건설업은 산업재해 발생정도에 따라 산재보험료를 특별히 높이거나 깎아주는 제도이다. 증감비율은 ±20%를 할증하거나 할인받게 된다.

산재보험 보상급여의 종류에는 요양급여·휴업급여·장해급여·유족급여 등이 있으며, 급여 방식에는 장해등급 1급~14급에 따라 다르다. 장해등급 1급~3급은 연금으로 지급하고, 장해등급 4~7급과 유족급여수급권자는 연금과 일시금 중 선택할 수 있으며, 장해등급 8~14급은 일시금으로 지급하고 있다.

우리나라의 산재보험률의 급여수준 및 급여방식은 〈표 11-8〉과 같다.

| 표 11-8 | 산업재해별 보험급여수준 및 급여방식 | | |
|---|---|---|---|
| **종류** | **급여내용** | **주요내용** | **급여방식** |
| 요양<br>급여 | 근로자가 업무상 부상 또는 질병 시 치유될 때까지 산재보험 의료기관에서 요양하도록 하는 산업재해보상 보험급여 | · 요양비 전액<br>· 요양기간이 4일 이상일 때 적용<br>· 요양기간이 3일 이내일 경우도 직접 요양보상을 함으로써 산재근로자로 하여금 신속한 보상을 받도록 함 | 현물급여 방식임(보험공단이 설치한 보험시설이나 산재지정 의료기관에 산재근로자를 요양하게 하고 그 비용을 지급). 단 부득이한 경우 요양에 갈음하여 현금(요양비)지급 |
| 휴업<br>급여 | 근로자가 업무상 부상 또는 질병으로 취업하지 못한 기간에 대해 지급하는 보험급여 | · 1일당 평균임금의 70%(65세 이상은 65%). 단, ① 평균임금의 70%가 최저보상기준금액의 80%보다 적을 경우 평균임금의 90%, ② 평균임금의 90%가 최저보상기준금액의 80%를 초과하면 최저보상기준금액의 80%. ③ 평균임금의 90%가 최저임금액에 미달하면 최저임금액이 됨.<br>· 4일 이상 요양이 해당됨(3일이내 치료 가능할 때 불가함) | 일시금 |
| 장해<br>급여 | 업무상 재해로 인한 부상이나 질병 치유 후에도 장해가 남아 있는 경우에 지급하는 보험급여 | · 일시금: 평균임금의 1,474일분(1급)~55일분(14등급)<br>· 연금: 평균임금의 329일분(1급)~138일분(7급)<br>· 만 64세까지는 장애인연금, 65세 이상은 기초연금으로 전환 | · 장해등급 1~3급: 연금<br>· 장해등급 4~7급: 연금 및 일시금 중 선택<br>· 장해등급 8~14급: 일시금 |
| 유족<br>급여 | 재해근로자의 사망시 그 유가족이 받게 되는 보험급여 | · 기본액과 가산금액을 합산한 금액임<br>· 기본금액＝급여기초연액(평균임금에 365를 곱하여 얻은 금액)의 100분의 47<br>· 가산금액＝유족보상연금수급권자 및 그에 의하여 부양되고 있는 유족보상연금수급자격자가 1인당 급여기초연액의 100분의 5에 상당하는 금액의 합산액<br>단 그 합산금액이 급여기초연액의 100분의 20을 넘을 경우 급여기초연액＝기본액(급여기초연액의 47%)＋가산액(5%×유족의 수). 즉, 1인＝52%, 2인＝57%, 3인＝62%, 4인＝67%. | · 연금 또는 근로자 평균임금 1,300일분의 일시금을 선택적으로 지급<br>· 수급권자가 원하는 경우 유족보상일시금 50%, 유족보상 연금 50%로 지급 |

| 장의비 | 업무상 재해로 사망시 지급 | 평균임금의 120일분을 그 장제(葬祭)를 행하는 자에게 지급 | 일시금 |
|---|---|---|---|
| 상병 (常病) 보상 연금 | 근로자의 폐질상태가 중증에 이르러 회복이 어렵고, 2년 이상 장기 요양을 하고 있는 산 재근로자의 생활보호를 위하여 휴업급여 대신 지급하는 보험급여 | ·장해등급 1~3급과 동일<br>1급: 평균임금의 90.1%(329일)<br>2급: 평균임금의 79.75%(291일)<br>3급: 평균임금의 70.4%(257일) | 연금 |

### 3) 법정복지후생제도의 운영

기업은 법정복지후생제도를 다음과 같이 운영해야 한다.

첫째, 기업은 법정복지후생프로그램을 법의 규정대로 실시해야 한다. 만약, 기업의 복지후생이 법규를 위반할 경우 처벌을 받게 될 뿐만 아니라 노사관계에도 아주 나쁜 영향을 미친다.

둘째, 기업은 법정 복지후생프로그램의 목적을 달성하기 위해 보다 합리적인 운영을 모색해야 한다.

셋째, 기업은 법정복지후생프로그램의 시행이나 시행범위에 재량이 있을 경우 비법정복지후생의 품목과 비교하여 종업원들이 선호하는 품목을 선정하여 실시해야 한다.

넷째, 기업은 법정복지후생프로그램의 내용을 종업원들에게 자세히 알려주어야 한다. 기업은 복리후생에 대해 종업원들과 효과적으로 커뮤니케이션함으로써 그들에게 만족을 주는 매우 중요한 도구이다.[4]

## 2. 비법정복지후생의 실시

### 1) 비법정복지후생의 의의

비법정복지후생은 기업이 자발적으로 종업원에게 온정과 은혜를 베풀어 경제적으로 혜택을 제공하는 제도이다. 따라서 비법정복지후생제도는 사용자에 의한 임의적 제도로서의 성격을 가지고 있다. 즉, 비법정복지후생은 기업이 스스로 판단에 따라 종업원에게 제공되는 경제적 급부이다. 이에는 사택, 급식, 의료보건, 공제, 오락시설 등이 있다.

---

4) H.G. Heneman et al., 1994.

비법정복지후생제도는 두 가지로 분류할 수 있다.[5]

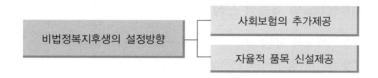

기업이 국가차원에서 설정된 사회보험(연금보험·건강보험·고용보험·산재보험)에다 추가적인 혜택을 주는 방식이다. 예컨대, 질병의 경우 의료보험에 해당되지 않는 특수부문(예: 고급약재 및 입원실 이용 등)에 대한 보조와 질병수당 내지 회복기 원조 등이다. 연금보험의 경우 공적 보험과 별도로 추가적인 사적 보험을 지급하도록 사용자가 별도로 보험료를 부담하는 것이다. 그 이외에도 산재보험의 경우 기업 내에 재해조치의 일환으로 병원을 설치하기도 하고, 고용보험의 경우 전환교육훈련을 지원하기도 한다.

전자와 별도로, 기업이 자율적으로 복지후생품목을 신설하여 제공하는 방식이다. 이에는 주택·급식을 비롯한 생활시설, 구매·금융을 비롯한 경제시설, 진료·보양을 비롯한 보건위생시설, 학교·도서관·체육관·오락실을 비롯한 문화 교육시설 등을 들 수 있다. 이에

| 표 11-9 | 비법정복지후생의 일반적 사업 |
|---|---|
| 생활시설 | ① 주택시설 – 사택, 기숙사, 전셋집 또는 전셋방의 알선 등<br>② 급식시설 – 식당, 식료품의 배급 등<br>③ 기　타 – 생활상담소, 피복대여, 침구대여 등 |
| 경제시설 | ① 구매시설 – 매점, 배급소, 소비조합, 쿠폰제도, 각종 수리시설 등<br>② 금융시설 – 주택대금, 경조관계대금, 자녀육영대금, 불행구제대금 등의 대금제도 및 예·저금제도 등<br>③ 공제제도 – 경조관계급부금, 재해위무금 등<br>④ 기　타 – 결혼식장 등의 설비, 내직알선 등 |
| 보건위생<br>시설 | ① 진료시설 – 의무실, 진료소, 병원, 요양소 등<br>② 보양시설 – 보양소, 해변휴양소, 산간휴양소 등<br>③ 보건시설 – 목욕탕, 이발소, 미용실, 방연, 냉난방, 환기, 환경위생 등 |
| 문화·체육<br>오락시설 | ① 문화시설 – 학교, 도서관, 강연회, 강습회 등<br>② 체육시설 – 체육관, 운동장, 풀장 등<br>③ 위안오락실 – 오락실, 클럽·하우스, 영화·연극, 야유회 등 |

자료: 최종태, 2000, 293.

5) 최종태, 2000, 292~293.

대해 좀 더 자세한 사업은 〈표 11-9〉와 같다.

## 2) 비법정복지후생제도의 효율적 선정

### (1) 비법정복지후생제도의 유형
기업의 복지후생제도의 유형에는 다음과 같이 세 제도가 있다.

#### (ㄱ) 경제적 설계: 표준형 복지후생제도
표준형 복지후생제도(standard benefits package plans)는 복지후생의 경제성을 강조하는 제도이다. 표준형 복지후생제도는 종업원들에게 선택권을 부여하지 않고, 기업이 주도적으로 표준화된 복지후생 품목을 일률적으로 제공하는 형태를 말한다.

표준형 복지후생제도는 기업정책의 일환으로서 경영공동체 형성을 구심점으로 하여, 모든 종업원들에게 생활필수품과 같이 일련의 핵심복지후생품목(core benefit)만을 제공함으로써 기업의 경제적 성과가 이루어지도록 설계된 제도이다. 바꿔 말하면 표준형 복지후생은 오로지 종업원들에게 간접보상을 통한 소득이전 효과에만 그치지 않고, 경영성과를 증대시킬 수 있도록 설계된 제도이다.

바꿔 말하면 표준형 복지후생제도는 기업의 생산가치 창출을 우선하는 제도라고 할 수 있다. 일반적으로 비슷한 수준에 있는 종업원들에게 같은 혜택을 부여하는 것이 보통이다. 다만, 사무직, 생산직, 판매직 등에 대하여 별도의 복지후생 품목을 제공하는 경우도 있지만, 같은 직종이나 계층 내의 차이는 고려하지 않는다. 그러므로 표준형 복지후생제도는 평균적인 종업원들을 염두에 두고 수립되므로, 그 평균보다 소수에 속하는 종업원들의 요구는 불만족 상태로 남게 되는 단점이 있다.

#### (ㄴ) 유연적 설계: 카페테리아형 복지후생제도
카페테리아형 복지후생제도(cafeteria-style benefits plans)는 복지후생의 유연성을 강조하는 제도이다. 카페테리아형 복지후생제도는 기업이 제공하는 복지후생 품목이나 시설을 종업원들이 원하는 품목으로 설계하는 제도이다. 이 제도는 기업의 유연 복지후생품목에 따라 핵심복지후생품목에다 특정한 복지후생품목을 추가로 선택할 수 있도록 하는 제도이다. 기업이 종업원들의 다양한 요구를 충족시킴으로써 정성이 담긴 질 높은 서비스를 제공할 수 있는 제도이다. 카페테리아형 복지후생제도는 한 사람에게 가치 있는 품목이 다른 사람에게도 똑같이 가치 있다고 할 수는 없으며, 나이·결혼여부·자녀의 수·소득수준·생활태도 등이 영향을 미친다고 보고 개인들의 욕구를 반영하는 제도이다. 예를 들면, 젊은 종업원들은 직접임금, 교육보조 등을 선호하는 반면, 나이든 종업원들은 연금이나 건강보험 등을 선호한다. 따라서 카페테리아형 복지후생제도는 종업원 개인의 다양한 가치와 욕구를 충족시킬 수 있어서 보상의 가치와 만족감을 높일 수 있다. 이 제도는 종업원들의 만족극 대화를 충족시키는 제도이다.

카페테리아형 복지후생제도는 종업원 개인에게 부여되는 선택의 폭과 관련하여 아래의 세 가지 유형으로 구분된다.[6]

핵심품목제공 후 선택품목추가형(core-plus option plans)은 기업이 종업원 전체에게 꼭 필요하다고 판단되는 복지후생품목을 선택하여 제공하고, 추가로 복지후생의 목록을 만들어 종업원들에게 제시하면 종업원들은 이들 품목 중 자기가 원하는 품목을 선택하게 하는 형태이다. 물론 종업원들에게 부여되는 선택권은 추가로 제시된 복지후생품목 중 몇 개에 국한하게 된다. 그러나 이들 품목들은 가격의 차이 때문에 종업원들은 가격이 높은 품목을 선택하게 되므로 복지후생비가 증가하게 될 것이다.

모듈형(modular plans)은 몇 개의 복지후생 품목들을 집단화시켜서 종업원에게 제시하는 형태이다. 종업원들은 여러 개의 집단화된 복지후생품목 중 어느 한 집단만 선택할 수 없다. 따라서 모듈형은 앞의 핵심품목제공 후 선택품목 추가형과 같이 종업원들이 받고자 하는 복지후생 품목을 모두 선택할 수 없는 것이다.

선택적 지출계좌형(flexible spending accounts)은 기업이 복지후생품목을 미리 정해주고, 종업원은 주어진 복지후생 예산범위 내에서 자유로이 복지후생 품목을 선택할 수 있도록 하는 형태이다. 선택적 지출계좌형은 종업원들이 기업에서 제공한 복지후생계정보다 더 많은 것과 더 좋은 것을 원한다면, 그들의 급여에서 추가로 세금 공제전 금액을 보충함으로써 조정할 수 있다.[7] 즉 개인에게 주어진 복지후생 예산은 기업이 모두 부담하거나 기업과 종업원이 함께 분담할 수도 있다.

카페테리아형 복지후생제도는 다음과 같이 몇 가지 한계가 있다.

첫째, 종업원들의 복지후생 품목에 추가선택이 많고 다양할수록 관리비용이 증가하게 된다.

둘째, 조직 및 종업원들 간에 오해와 갈등이 야기될 수 있다. 기업이 종업원들에게 다양한 추가선택이 주어질 경우 인플레나 세제개편 등으로 어떤 품목은 이익을, 어떤 품목은 손해를 볼 수 있으므로 종업원들은 조직에 대해 오해를, 종업원들 간에는 갈등을 유발할

---

6) 최종태, 2000, 307~307.
7) William B. Werther & Keith Davis, 1996, 456.

수 있을 것이다.

셋째, 종업원들이 복지후생의 품목선정을 잘못하였을 경우, 적절한 혜택을 받을 수 없게
된다.

**(ㄷ) 효율적 설계: 적정선택형 복지후생제도**

적정선택형 복지후생제도(reasonable selections benefits package plans)는 복지후생의 효
율성을 강조하는 제도이다. 적정선택형 복지후생제도는 표준형 복지후생제도와 카페테리아
형 복지후생제도의 장점을 적절하게 결합시킨 제도이다.

적정선택형 복지후생제도는 표준형 복지후생제도의 기업 비용지출을 최소화시키기 위해
품목선택을 단순화 할 수 있는 장점, 카페테리아형 복지후생제도의 종업원 욕구를 극대화
시키기 위해 다양화 할 수 있는 장점 등 두 제도를 절충하여 수혜자의 수, 기업의 비용 등
그 적정한 수준에서 결정하는 제도이다. 이 제도는 '준 유연적 복지후생제도'라고도 한다.

적정선택형 복지후생제도는 양적으로 적절한 가지 수로서 정성이 담긴 질 높은 서비스
를 제공함으로써 기업의 경제성에 중심을 두면서 질적으로도 역시 적정한 가지 수뿐 아니
라 정성이 담긴 질 높은 서비스의 제공으로 종업원의 만족성까지 높일 수 있는 제도이다.
다시 말하면 적정선택형 복지후생제도는 기업의 비용을 크게 증가시키지 않으면서 종업원
들의 욕구에 가장 알맞은 복지후생패키지를 선택하도록 그 관리요건을 강화시키는 제도라
고 할 수 있다.

적정선택형 복지후생제도는 카페테리아형 복지후생제도의 핵심품목 제공 후 선택품목
추가형과 유사하다. 그렇지만, 적정선택형 복지후생제도는 기업의 경제성을 더욱 강조하고
있고, 핵심품목 제공 후 선택품목 추가형은 종업원의 만족성을 더 강조하고 있다.

적정선택형 복지후생제도는 종업원들의 욕구를 바탕으로 핵심품목을 먼저 제공하고, 그

**그림 11-3   적정선택형 복지후생제도**

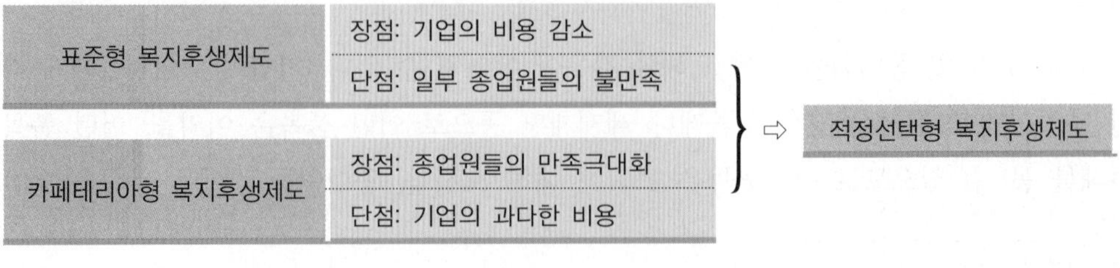

외 품목에도 기업의 생산성과 효율성을 향상시킬 수 있는 적정수준의 복지후생품목을 선정할 수 있도록 한다. 이를 [그림 11-3]과 같이 나타낼 수 있다.

### (2) 비법정복지후생제도의 선정

기업의 복지후생제도는 간접적 보상을 통한 종업원의 만족성을 향상시키는 것을 목표로 한다. 그러나 기업의 복지후생제도는 효율성을 고려하지 않을 수 없다. 따라서 기업의 복지후생제도는 기업의 효율성과 종업원의 만족성이 잘 조화를 이루어야 한다.

기업의 복지후생은 근본목적에 비추어 종업원의 만족성 없는 기업의 효율성은 있을 수 없고, 기업의 효율성 없는 종업원의 만족성 역시 계속될 수 없다. 왜냐하면 종업원의 만족성만 바라다가 기업의 효율성이 떨어진다면 결국 기업은 생존이 위태롭게 되고, 이미 얻어진 만족성도 훼손될 수 있기 때문이다. 따라서 기업의 복지후생은 소극적인 소득의 이전보다 적극적인 생산의 생성이나 창출을 먼저 생각해야 한다.

기업의 복지후생제도는 적정선택형 복지후생제도가 가장 효율적이라고 할 수 있다. 적정선택형 복지후생제도는 기업의 효율과 종업원의 만족을 서로 균형있게 충족시킬 수 있는 제도이다.

기업은 전략적으로 표준형 복지후생제도에서 시작하여 차츰 적정선택형 복지후생제도를 실시하고, 기업의 재정사정이 좋아질 경우 카페테리아형 복지후생제도를 실시하면 좋을 것이다.

### (3) 비법정복지후생제도의 복지후생프로그램 운영

첫째, 기업은 종업원이 공감할 수 있는 복지후생제도이어야 한다. 기업의 복지후생 효과는 얼른 눈으로 보아 나타나지 않는 경우가 많고, 또 경영자의 운영상 재선 여지가 많다고 할 수 있다. 따라서 기업의 복지후생은 종업원 각자의 생활과 밀접한 관계를 맺고 있으므로 언제나 종업원 전체에게 공감할 수 있어야 한다.

둘째, 기업은 그의 목적을 달성하기 위해, 다음과 같이 보다 합리적인 복지후생프로그램 운영방안이 모색되어야 한다.

먼저, 기업과 종업원들 간의 효과적인 커뮤니케이션이 필요하다. 기업은 종업원들에게 복지후생에 대해 신뢰할 수 있는 정보를 제공하고, 복지후생의 내용을 인식시키며, 나아가 복지후생패키지에 대한 현재와 미래의 값어치를 납득시킴으로써 음성적 급여(hidden paycheck)임을 홍보해야 한다.

그 다음, 복지후생에 대한 핸드북을 제작하여 종업원들에게 제공해야 한다. 핸드북에는 다음의 내용이 담겨야 한다. ① 복지후생비의 변화추세 ② 해당연도의 총 복지후생비, ③ 임금총액 중 복지후생비가 차지하는 비율, ④ 개별 복지후생프로그램별 재원조달 방식(기업과 종업원의 비용 분담률 등)이다. 이상의 내용 외에도 기업은 개별 복지후생프로그램의 목적 및 내용을 구체적으로 기술해야 한다.

셋째, 기업은 공정한 복지후생품목을 모든 종업원들에게 제공해야 한다. 기업은 종업원들에게 복지후생프로그램 이용방법과 그 처리과정을 다음과 같이 명확히 제시해야 한다. ① 복지후생 혜택을 받을 수 있는 대상자와 그 내용에 관한 사항, ② 각종 프로그램 신청절차에 관한 사항, ③ 복지후생비의 산출근거 등이다.

넷째, 기업은 모든 종업원에게 복지후생프로그램을 공정하게 제공해야 한다. 만일 기업이 규정을 어기면서 종업원들을 차별할 경우 이미 부여받은 혜택에 대해서도 고마워하지 않고 불만만 고조될 것이다. 예를 들면 기업이 전체 종업원을 위해 해변가에 여름 휴가시설을 마련해 놓고, 이를 특정 종업원 집단(예: 간부사원)에게만 이용기회를 줄 경우 많은 종업원들이 반발할 것이다.

다섯째, 기업은 복지후생 비용을 철저하게 관리해야 한다. 기업은 복지후생비 지출에 대해 상한선을 설정하는 것이 바람직하다. 기업은 보다 효율적인 복지후생비의 관리를 위해 연간 복지후생비의 지출상한액 책정, 현금지급 상한액 책정, 특정 복지후생프로그램에 대한 지출상한액 책정 등에서 복지후생 예산이 적절하게 집행되고 있는가에 대한 통제활동이 필요하다.

여섯째, 기업은 종업원의 복지후생품목 선택에 대해 유연성을 보장하여야 한다. 기업은 모든 종업원들에게 동일한 복지후생품목을 강요하지 말고, 각 종업원들이 자율적으로 어느하나의 선택권(alternative options)이라도 가질 수 있도록 운영하여야 한다.[8]

## 제4절  복지후생의 평가

기업은 복지후생의 평가를 반드시 실시해야 한다. 복지후생평가는 종업원 태도조사, 종업원 불만호소절차, 종업원 협조프로그램 등을 통해 이루어진다.[9] 복지후생의 평가는 다음

---

8) 박경규, 2013, 463~464; L.R. Gomez-Mejia et al., 1995, 404~407; W.F. Cascio, 1995, 453~456.
9) W.F. Cascio, 1995, 479~485.

과 같다.

## 1. 공정성평가

기업은 복지후생제도의 공정성평가와 관련하여 소속 기업과 다른 기업과의 외적 공정성, 개인 상호간의 내적 공정성 차원에서 객관적이고 공정하게 평가하여야 한다. 기업은 복지후생의 공정성을 객관적인 사실 여부보다는 그들의 주관적인 판단에 따라 결정하므로 어려움이 있는 것이다. 따라서 복지후생의 공정성평가는 일반적 관점에서 종업원이 복지후생프로그램에 대해 얼마나 공정하다고 인식하고 있으며, 만족하고 있는지를 분석해야 할 것이다.

공정성평가는 다음과 같은 방법으로 실시한다.

첫째, 기업은 정기적으로 복지후생의 혜택을 받는 종업원들에게 해당 복지후생프로그램에 대한 공정도와 만족도를 설문조사 및 인터뷰로 평가한다.

둘째, 기업은 경쟁기업의 복지후생 수준과 실태를 비교하여 평가한다.

셋째, 기업은 경쟁기업의 복지후생 수준을 고려하여 종업원들이 공정하다고 느끼도록 실시하였는지를 평가한다.

## 2. 경제성평가

기업은 복지후생제도를 효율적으로 관리하기 위해 경제성, 즉 비용-수익(cost-benefit analysis) 차원에서 평가하여야 한다. 따라서 기업은 새로 도입을 계획하고 있는 개선안에 대해 미래비용을 정확히 추정한 후, 경영자와 종업원 모두가 수긍할 수 있는 복지후생수준에서 결정해야 할 것이다.

기업은 복지후생프로그램별 비용의 변화추세를 분석하여 복지후생비가 합리적으로 배분되었는지를 판단하는 구조적 분석을 하여야 한다. 복지후생비 지출패턴은 종업원의 욕구변화, 관련기관(예: 보험회사)의 정책변화 등으로 인해 그 구조가 항상 변화하는 것이 일반적 추세이다. 이러한 복지후생비의 구조를 연도별, 프로그램별, 종업원 집단별 그리고 개인별로 분석해야 한다. 예를 들면 종업원 1인당 연도별 복지후생비의 변화 추세, 법정과 비법정복리후생비의 구조변화 추세, 기업과 종업원이 공동으로 분담하는 복지후생프로그램의 배분액 및 배분율 변화 추세 등을 분석한다.

## 3. 균형성평가

기업의 복지후생은 기업 복지후생제도의 목표와 종업원 복지후생의 목표와의 균형성 차원에서 평가하여야 한다. 이에는 다음과 같은 방법이 있다.

기업의 효율성과 종업원의 만족성이 균형을 이루고 있는지에 대하여 평가해야 한다. 기업의 복지후생 목표는 효율성에 있고 이를 위해서는 적정성이 필요한 반면, 종업원의 복지후생의 목표는 만족성에 있고 이를 위해서는 유연성이 필요하다. 따라서 이에 대한 균형이 요구된다.

기본필수 복지후생프로그램과 추가선택 복지후생프로그램이 균형을 이루고 있는지에 대하여 평가해야 한다. 기본필수 복지후생프로그램은 누구든지 기본적으로 요청되는 프로그램(예: 건강보험, 퇴직보험 등)과 기업이념 및 목표를 실현시키기 위한 프로그램이 있고, 추가선택 복지후생프로그램은 연령·성별·계층·직종 등에 따라 우선적으로 선호하는 프로그램과 개인별 욕구에 따라 이를 충족시켜 주는 프로그램이 있다. 따라서 이 두 복지후생프로그램에 대한 균형이 요청된다.

추가선택 복지후생프로그램은 여러 종업원들 간의 품목선택에서 균형이 이루어져야 하고, 그 비용부담도 기업부담과 개인부담에서 균형을 이루고 있는지에 대하여 평가해야 한다. 또한 기업의 추가선택 복지후생프로그램은 전 종업원의 광범위한 선택욕구를 반영하였는지, 공평한 기회를 부여하였는지를 평가해야 한다.

## 4. 행동성평가

기업은 복지후생관리에 의해 종업원의 행동을 얼마나 변화시켰는가 하는 행동성 차원에서 평가하여야 한다.

종업원의 행동변화 평가는 복지후생에 의한 종업원의 직무수행노력, 결근율, 이직률 그리고 생산성의 변화 등을 평가한다.

종업원의 행동변화가 복지후생프로그램의 영향뿐만 아니라 다른 보상관련 요인에 의해서도 영향을 받기 때문에, 복지후생프로그램이 기여한 부분을 밝히기가 매우 어렵다. 또한 복지후생프로그램은 그 도입 즉시 효과가 발생하는 것이 아니라, 일정한 기간이 지난 후에야 나타나는 특성이 있다. GM사가 의료보험 및 연금보험과 결근율과의 관계를 규명한 바

있는데, 보다 유리한 보험혜택을 받은 종업원은 과거 약 20%의 높은 결근율이 9%까지 감소되는 결과를 보여주었다.[10]

## 5. 효율성평가

기업은 성과를 향상시키기 위해 복지후생관리의 효율성 차원에서 평가하여야 한다.

복지후생관리시스템의 하드웨어적 평가는 정확한 회계제도, 욕구조사, 전산시스템 등이 복지후생관리시스템에 효율적으로 뒷받침되고 있는지에 대한 평가이다. 특히 추가선택이 많고 복잡할수록 프로그램의 정보이용과 그 가격계산에 컴퓨터가 적극적으로 활용되어야 하고, 이와 관련된 서비스 업무도 많아지므로 효율성 평가가 요구되고 있다.

복지후생관리시스템의 소프트웨어적 평가는 복지후생관리시스템이 종업원들과의 적극적인 의사소통관리체제 확립에 기여하였는지에 대한 평가이다. 기업이 실시한 복지후생 품목이나 프로그램의 선택 결과가 좋지 않았을 경우 법적·관리적 책임이 필요하고, 카운슬링 제도를 두었을 경우 종업원들의 불만족을 감소시키면서 현명한 선택을 할 수 있도록 의사소통을 잘 하였는지에 대한 효율성평가도 요구되고 있다.

복지후생관리의 평가는 기업의 효율성과 종업원의 만족성을 높이는데 기여할 수 있다. 그리고 복지후생의 평가결과는 종업원들에게 반드시 피드백되어 새로운 복지후생설계에 반영되어야 한다.

---

10) G. Ruben, 1983, 36~37.

참고문헌

김식현 (1999), 인사관리론, 무역경영사.
박경규 (2013), 신인사관리, 홍문사.
최진남·성선영 (2023), 스마트경영학, 생능.
최종태 (2000), 현대인사관리론, 박영사.
津田眞澂 (1995), 人事勞務管理, ミネルヴァ書房.


Cascio, Wayne F. (1995), *Managing Human Resources*, Fourth Edition, Englewood Cliffs, NJ: Prentice Hall.

Gomez-Mejia, Luis. R. David B. Balkin, Robert L. Cardy (1995), *Managing Human Resources*. Englewood Cliffs, NJ: Prentice Hall.

Heneman, H. G. Ⅲ, D. P. Schwab, J. A. Fossum, and L. D, Dyer (1994), *Personnel/Human Resource Management*, 4th ed., Homewood, IL: Irwin.

Jones, G. R. & George, J. M. (2019), Essentials of Contemporary Management, 윤현중·이준우 등 역(2021), 경영학에센스, 지필미디어.

Kinicki, A. & Soignet, D. B. (2022), Managemet: A Practical Introduction, 김안드레아 역(2022), 실용적 접근방식의 경영학원론, 한빛아카데미.

Ruben, G. (1983), "GM's Plan to Combat Absenteeism Successfully", *Labor Review*, September, 36~37.

Werther, William B., Davis, Keith (1996), *Human Resources and Personnel Management*, McGraw-Hill, Inc.

# 제12장
# 이직관리

## 제1절 ▸ 이직관리의 개념

### 1. 이직관리의 의의

이직(separation)은 개인이 조직과의 고용관계를 끝내고 조직을 떠나는 결정을 말한다.

이직관리는 기업이 유능한 인재를 보유하기 위해 자발적 이직을 방지하고 불필요한 인력을 퇴출시킬 수 있도록 각종 이직제도를 공정하게 운영하며, 여러 유형의 이직자를 지원하는 등 업무를 합리적으로 처리하는 것을 의미한다.

기업에서 인적자원의 이직은 구조조정의 결과로 많이 나타난다. 그러나 이직은 조직의 구조변경이 없더라도, 여러 가지 이유에 의해서 필연적으로 나타날 수밖에 없다.

이직에는 다음 두 유형이 있다.

자발적 이직(voluntary separation)은 종업원들의 자발적 의사에 의한 이직이다. 이에는 전직(turnover)과 사직(quit, resignation)이 있다. 전직은 조직에 불만이 있거나 보다 나은 기회를 찾기 위해 다른 직장으로 옮기는 이직이고, 사직은 결혼·임신·출산·질병·가족의 이주 등으로 회사를 그만두는 이직을 말한다.

비자발적 이직(involuntary separation)은 조직, 즉 타의에 의한 강제적인 이직을 말한다.

이에는 해고와 퇴직이 있다. 해고는 구조조정이나 징계 등의 이유로 인해 강제로 직장을 그만두는 이직이다. 해고는 종업원에게 큰 타격이 되고 있으므로, 종업원은 이를 착취 내지 피살로 여기기도 한다. 그리고 정년퇴직(retirement)은 정년·사망·불구 등으로 인한 이직이다.

이직에는 '전직'과 같이 피할 수 있는 이직(avoidable separation)이 있는가 하면, '사직'과 같이 피할 수 없는 이직(unavoidable separation)이 있다. 전자는 종업원이 임금·승진·복지·업무시간·작업조건 등의 불만족 요인 등으로 다른 직장으로 옮기는 이직이므로 경영자가 관리해야 할 대상이다. 후자는 정년퇴직·사망·임신 등에 의한 이직이므로 경영자가 관리할 수 없다. 이직을 분류하면 〈표 12-1〉과 같다.

**표 12-1  이직의 분류**

| 자발적 이직 | 전직 | 임금, 승진, 직무 등 고용조건상의 사유로 다른 회사로 옮기기 위한 이직 |
|---|---|---|
| | 사직 | 결혼 출산, 질병 등 종업원 일신상의 사유로 인한 이직 |
| 비자발적 이직 | 해고 | 구조조정, 징계 등에 의한 이직(경영상 이유에 의한 해고, 징계해고) |
| | 퇴직 | 정년에 의한 고용관계 종료 |

## 2. 이직관리의 효과

기업은 종업원에 대한 합리적인 이직관리를 통해 다음 두 가지의 효과를 가져 올 수 있다.

첫째, 조직외부적인 측면에서 직장을 홍보할 수 있다. 조직을 이직한 종업원들은 대체로 자기가 몸담았던 조직에 대해 좋은 이미지를 간직하게 된다. 따라서 이직은 조직의 홍보활동에도 크게 기여하게 될 것이다.

둘째, 조직내부적인 측면에서 직장을 안정화시킬 수 있다. 기업의 이직관련제도가 만족할 만한 수준이거나 이직관리가 만족할 만한 상태로 이루어졌을 때 종업원들은 직장에 안정감을 가지고 맡은 직무에 충실히 수행할 수 있을 것이다.

이직의 원인과 관리

## 1. 이직의 원인

기업에서 종업원들의 이직 원인은 기업요인, 작업환경요인, 개인요인 등으로 이루어져 있다.

### 1) 기업요인

#### (1) 이직의 형태적 요인: 구조조정

종업원의 형태적 이직요인은 조직의 구조조정으로 많이 나타난다. 따라서 조직의 구조조정은 이직관리와 직결되어 있다.

##### (ㄱ) 조직 구조조정의 개념

우리나라 기업들은 그 동안 고도성장기를 거치면서 조직의 양적 확대 중심으로 운영되어 왔으나, 최근 저성장기를 맞으면서 질적 효율성 중심으로 축소 개편되고 있다. 따라서 기업들은 끊임없이 구조조정을 실시하고 있다.

구조조정(restructuring)은 기업가치의 극대화라는 궁극적 목표를 가장 효율적으로 달성하기 위하여 경영의 각 부문에 혁신을 이룰 수 있는 방법들의 총합이다. 따라서 구조조정은 핵심적인 경쟁역량을 축적하고 이를 적극 활용할 수 있도록 해야 한다. 구조조정에는 사업구조 및 재무구조, 소유구조 및 지배구조, 조직구조 및 인력구조, 이익구조 및 관리구조 등 4형태가 있는데 이들 간에는 상호불가분의 관계가 있으므로 시스템적·통합적 사고를 가지고 수행해야 할 것이다.[1]

기업의 구조조정을 인적자원의 이직에 한정해서 보면, 조직구조조정 및 인력구조조정과 밀접하다. 이직에 따른 구조조정은 기업에서 그 내용이 매우 포괄적으로 사용되고 있으나, 여기에서는 조직과 인력에 초점을 두고 집권적 구조에서 분권적 구조로 개편하는 것, 기존 사업을 철수하고 새로운 사업에 진출하는 것 등에 초점을 두고 있다.

구조조정이란 단순히 인력 감축만을 의미하는 것이 아니라, 조직 재활성화(revitalization)를 통해 새로운 업무를 창출하고, 핵심인력 중심으로 운영하여 생산의 효율성을 향상시키

---

1) 강효석 외, 1998.

는 기법이다. 다시 말하면 구조조정은 경쟁력이 높은 사업인 핵심사업을 중심으로 조직을 개편하여, 핵심인력 중심으로 운영하는 것을 말한다. 그러므로 구조조정은 조직이 그 가치를 극대화시키는 데 필요한 과업흐름의 과정들을 재배치하거나, 새롭게 만드는 일련의 과정이라고 할 수 있다. 구조조정에는 리엔지니어링, 다운사이징, 린 등이 포함된다.

기업의 구조조정 목적은 다음과 같다.

조직의 구조조정은 분권화된 조직과 다각화된 조직으로 변화시켜 환경변화에 대한 적응력을 높일 수 있도록 한다. 따라서 기업의 조직구조는 신속하고 효율적인 의사결정으로 환경변화에 잘 부응하고, 적응력을 높일 수 있다.

조직의 구조조정은 인력의 축소, 새로운 인력의 채용, 혁신적인 관리기법의 도입 등으로 생산성을 향상시킬 수 있도록 한다. 따라서 기업의 조직은 투하된 자본에 비해 산출량을 증대시키거나 투하된 노동력에 비해 생산성을 향상시킬 수 있다.

기업은 이직자를 최대한 줄이고, 잔류자의 성장기회를 보장할 수 있어야 한다. 조직의 구조조정은 조직의 이직자를 최소한 줄이기 위해 새로운 사업에 진출하는 등 새로운 일자리를 창출하고, 조직의 잔류자를 위해 보다 중요한 직무를 많이 부여하여 개인의 성장기회를 보장해야 할 것이다.

### (ㄴ) 조직 구조조정의 방법
조직의 구조조정은 다음 세 가지 방법으로 실행된다.

#### ㉠ 인건비 감소 구조조정
구조조정은 가장 고전적인 방법으로서 단순히 생산의 한 요소인 인건비 감소만을 목적으로 하는 방법이다. 이는 핵심인력의 여부, 그리고 근로자의 지식이나 능력의 보유여부를 고려하여 인력을 감축시키는 것이 아닌 기업의 재무구조가 위기상황일 때, 인건비를 감축하여 기업을 생존하도록 하기 위해 고령자를 중심으로 인력을 감축하는 방법이다.

구조조정의 인건비 감소 구조조정은 단기적으로 비용의 절감효과가 있다는 장점은 있으나, 기업의 핵심역량기반의 붕괴·고용불안전·노사갈등 등이 나타나는 단점이 있다.

#### ㉡ 경영프로세스 중심 구조조정
경영프로세스 중심 구조조정은 기업이 리엔지니어링 방법으로 구조조정을 실시한다. 리엔지니어링(reengineering)은 기업이 기본적으로 고객의 요구에 맞추어 비용·품질·서비스·속도 등을 다시 생각하고, 일의 방법을 근본적으로 고쳐 업무프로세스 중심으로 업무를 수행하며, 이를 혁신적으로 재구축하여 성과를 개선하는 기법이다.[2] 다시 말하면 리엔지니어링이란 조직이 나아갈 방향이 무엇인지를 다시 고려하여 기존의 모든 구조와 절차 및 관행을 버리고 새로운 업무처리 방법을 도입함으로써 획기적으로 성과를 향상시키는 기법을 의미한다.

리엔지니어링은 정보시스템의 도움을 받아 오랜 시간에 걸쳐 확립되어 온 업무의 구조와 절차를 단념하고, 새로운 시각에서 '고객의 요구'에 부응할 수 있도록 '프로세스' 중심으로 직무를 수행함으로써 기업의 가치를 획기적으로 향상시킬 수 있는 혁신적인 설계기법이다. 리엔지니어링은 종전의 기능을 중심으로 한 '세분화된 전문과업수행조직'에서 과업통합과 부서간의 교류를 가능하게 하는 '단위부서 중심의 과업수행조직'으로의 전환이 요구되고 있다. 다시 말하면 기업의 조직설계는 종전에 세분화된 전문정보시스템을 이용하였으나, 리엔지니어링에서는 개인이나 팀 또는 부서간의 통합적 업무교류를 위한 정보시스템을 바탕으로 '경영프로세스'를 조직위주로 설계함으로써 직무를 할당·배치·실행하는 기법이다. 정보시스템은 조직의 과업흐름인 투입 → 생산과정 → 산출에서 실시간(real time)의 자료 전송과 분석을 통해 고객의 요구를 실현시키는 데 필요한 시간과 비용을 절감하고 품질을 향상시킬 수 있음은 물론, 부서 간 통합적 업무교류를 가능하게 한다. 따라서 리엔지니어링은 생산이나 서비스 업무에서 종전보다 적은 인력으로 업무를 수행할 수 있는 경영프로세스 중심의 구조조정이다.

리엔지니어링의 조직구조조정 단계는 다음과 같다.

첫째, 리엔지니어링의 준비단계이다. 조직의 전략적 상황(외부경쟁자, 시장, 조직전략)을 평가하여 리엔지니어링이 필요한지를 규명한다.

둘째, 과업프로세스에 대한 근본적인 재사고단계이다. ① 조직의 핵심 프로세스가 무엇인지를 분석하고 규명한다. ② 성과목표를 정립하여 조직의 성과목표가 무엇인지를 규명한다. ③ 새로운 프로세스를 설계한다.

셋째, 새로운 사업에 대한 재구조화단계이다. 조직의 핵심프로세스와 핵심성과를 규명하여 이에 맞는 조직구조로 개편한다.3)

오늘날 기업들의 조직구조와 운영은 전통방식에서 리엔지니어링방식으로 변화하고 있다. 그 변화 방향은 〈표 12-2〉와 같다.

---

2) M. Hammer & J. Champy, 1994, 32.
 3) 이진규, 2012, 577~582.

| 표 12-2 | 조직구조와 운영의 전통적 방식과 리엔지니어링 방식 |

| 변화요소 | 전통 방식 | 리엔지니어링 방식 |
|---|---|---|
| 조직구조 | 위계적 조직 | 수평적 조직 |
| 단위부서 | 기능부서 | 프로세스 팀 |
| 직무요소 | 단순한 직무 | 다차원의 직무 |
| 성과측정과 보상 | 활동 | 결과 |
| 종업원의 역할 | 통제받는 사람 | 임파워먼트된 사람 |
| 관리자의 역할 | 감독자 | 코치, 멘토 |
| 경영자의 역할 | 회계기록원 | 리더 |

자료: T.G. Cumming & C.G. Worley, 1997, 294~295.

ⓒ 핵심역량 중심의 구조조정

핵심역량 중심 구조조정은 인력축소나 인력재배치, 새로운 인력충원 등의 인력조정을 통해 조직에서 부가가치가 높지 않는 사업영역을 철수시키는 등의 조직변화와 더불어 양적·질적으로 인력구조를 조정하는 방법이다. 따라서 구조조정은 조직의 비효율적인 구식 시스템을 버리고, 분권화·자율화 등을 통한 신속한 의사소통시스템으로 경쟁력을 강화시킬 수 있다.

구조조정이론의 한 방안으로 다운사이징이 있다. 다운사이징(downsizing)은 과업 수행에 대한 근본적인 변화 없이 이루어질 수가 없다. 다운사이징은 인력축소와 핵심사업에 대한 '선택과 집중'(choice & concentration)을 의미한다. 즉, 다운사이징은 조직의 생산성과 경쟁력을 제고시키기 위해 조직규모의 축소에 초점을 두고 인력의 규모, 비용구조, 업무흐름 등에 대해 취해지는 일련의 의도적인 조직변화의 시도라고 할 수 있다.[4]

다운사이징에 의한 구조조정은 다음과 같은 단계를 거쳐 실시된다.

첫째, 새로운 조직의 전략을 수립하여 핵심사업 영역의 진출방향을 구체화한다.

둘째, 조직의 구조적 변화이다. ① 사업의 선택과 집중에 따라 핵심사업은 남기고 다른 사업은 철수하거나, 가능성이 있는 새로운 사업에 진출을 결정한다. ② 조직 재설계를 통한 조직구조를 변화시킨다. 이는 기업의 사업축소에 따라 전체 조직구조를 개편할 수도 있고, 사업은 그대로 두고 조직을 부분적으로 개편할 수도 있다. ③ 조직시스템의 변화로 기존 조직문화를 변화시켜 새로운 조직문화로 바꾼다.

---

4) 박상언·이영면, 2004, 503; S.J. Freeman & K.S. Cameron, 1993, 12~13.

셋째, 조직의 전반적 변화이다. ① 조직의 변화는 최고경영층의 주도로 이루어져야 한다. ② 조직의 변화는 비효율적이고 높은 비용을 유발하는 영역을 규명하여야 한다. ③ 조직의 변화는 전략과 직접적인 관련이 있어야 한다. ④ 조직의 변화는 종업원들과의 지속적인 대화를 통하여 공감대를 형성하여야 한다.5)

린 방식6)은 다운사이징과 유사한 형태이다. 린 방식(lean production: 감량생산)은 소규모 생산으로서 규모의 경제를 가능하게 하는 방식이다. 즉 모델을 자주 바꾸고 단기간 동안 생산하는 것이 동일모델을 장기간 동안 생산하는 것보다 오히려 비용이 적게 들며 이익을 더 많이 낸다는 가정에 기초한 방식이다. 따라서 린 방식은 기업이 제품을 여러 모델로 자주 변경하면서 소량으로 생산하기 위해 사업단위의 축소, 조인트 벤처, 아웃소싱 그리고 네트워크 등으로 조직구조를 재설계하면서 핵심역량중심으로 운영하는 방식이다. 기업은 이 과정에서 발생하는 인력해고, 조기퇴직 등으로 인해 새로운 인력 채용이나, 인력 재배치 등 다양한 인력조정을 필요로 한다.

### (2) 이직의 내용적 요인

### (ㄱ) 제4차 산업혁명의 영향

기업에서 근로자의 이직은 일자리의 변화에 기인된 바 크다. 산업혁명이 진전됨에 따라 직종에 따라 일자리가 다르게 나타난다. 18세기 증기기관이 등장한 제1차 산업혁명, 19세기 대량생산이 가능해진 제2차 산업혁명, 20세기 정보화로 도래한 제3차 산업혁명에 이어 로봇과 인공지능, 사물인터넷이 가져오는 21세기의 제4차 산업혁명은 그 이전 시대 이상으로 세계 산업질서에 충격을 가할 것이라는 전망이다.

스위스 다보스에서 열린 세계경제포럼(WEF), 일명 '다보스 포럼'의 '일자리의 미래'의 보고서는 로봇이 일하고 인공지능이 머리를 굴리는 세상이 도래한 결과 오는 2020년까지 일자리 710만개가 사라지고, 이전에 없던 일자리 200만개가 생겨날 것으로 보았다. 총합으로 보면 5년간 510만개 일자리가 지구상에서 사라진다는 것이다. 이 사라지는 일자리 중에 제일 많은 비중을 차지하는 직종이 사무·관리직(67%)이다. 이어 금융·투자 분야도 큰 변화가 예상되는 업종에 꼽힌다. 이 대변혁 시대에도 생겨나는 일자리와 없어지는 일자리가 나라별로 균등하게 분배되는 것이 아니다. 제4차 산업혁명의 선두가 되는 국가나 기업은 새 일자리를 대거 챙겨가는 승자가 될 것이고, 그렇지 못한 국가나 기업은 세계평균보다

---

5) 이진규, 2012, 582~584.
6) 린 방식은 낭비가 없는 일본식 생산방식으로서 감량생산이라고 한다.

더 설렁한 한파를 느끼게 될 것이다. 그렇다면 지금 제일 급한 것은 이 가파른 변화 속도에 맞춰 교육도 혁신적으로 바꾸고, 일자리도 빠르고 유연하게 재교육을 일으키는 것이다.[7]

### (ㄴ) 기대에 비해 현실의 불만

기업에서 종업원의 내용적 이직요인은 종업원의 기대에 비해 현실의 불만이 이직에 많은 영향을 미치고 있다. 종업원들은 조직의 규모정도, 직무책임정도, 기업에 제공한 공헌에 비해 받을 것이라고 느끼는 기대와 현실의 차이정도, 임금과 승진의 공정성과 적절성에 대한 기대와 현실의 차이정도 등이 이직에 영향을 미친다.

종업원들은 임금이 낮은 기업일지라도 기업의 명성에 자부심을 가질 수 있는 기업, 훈련과 경력개발에 많은 기회를 주는 기업을 선호하는 경향이 있다.

### 2) 작업환경 요인

#### (1) 직속상사의 리더십

직속상사의 리더십은 종업원의 이직결정에 영향을 준다. 상사와 종업원간 신뢰의 정도, 의사소통의 정도, 피드백의 유무, 성격과 가치관의 부합정도 등이 이직 결정에 영향을 주고 있다. 대체로 종업원들은 상사의 민주적 리더십보다 독재적 리더십 아래에서 이직이 더욱 높게 나타난다.

#### (2) 동료집단과의 관계

종업원과 동료집단간의 관계는 이직결정에 영향을 준다. 종업원과 동료집단간의 좋은 인간관계는 낮은 이직률을 보이고, 나쁜 인간관계는 기업에 대해 회의감을 느껴 높은 이직률로 나타난다.

#### (3) 종업원의 직무내용

종업원이 담당하고 있는 직무의 내용은 이직에 중요한 영향을 미친다.

이직률이 높은 직무는 담당직무의 내용이 기업전체의 반응이 낮을 때, 과업 반복성이 높거나 직무자율성이 낮을 때, 권한은 작고 책임은 클 때, 그리고 역할 불명확성과 각 인사의 불합리성을 많이 느낄 때 등이다.

이직률이 낮은 직무는 부서의 자원을 할당하고 통제하는 직무를 수행하는 종업원이나 조직목표와 관련된 직무를 수행하는 종업원, 정신적인 직무를 수행하는 종업원 등이다.

---

7) 김경희, 1년에 100만객씩 사라지는 일자리, 조선일보, 2016.1.21. A30.

종업원은 새 직장에서 '보다 나은 직무'를 맡을 수 있는 새 직장이 나타날 때 이직을 결정한다.[8] 즉 종업원들은 이직해서 맡을 새로운 직무가 개인의 욕구충족 및 만족의 수단이 되거나 내부갈등과 불만족을 해소할 수 있을 때 이직을 하게 된다.

### 3) 개인 요인

개인 요인은 이직에 많은 영향을 미친다. 펠드만(D. Feldman, 1988)은 이직에 관한 일련의 연구들을 종합하여 이직 결정요소들을 제시하였다. 이를 [그림 12-1]과 같이 4요인으로 설명할 수 있다.

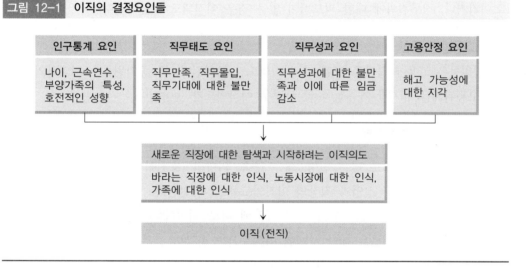

그림 12-1  **이직의 결정요인들**

### (1) 인구통계학적 요인

종업원들의 이직은 인구통계학적 요인으로 연령·적성 및 성격·근속기간 그리고 가정생활 등과 관련이 있다. 대개 종업원들은 나이가 많고, 장기 근속할수록 동료들과의 우정관계가 더욱 친밀하게 되고, 더 많은 부가적 혜택을 제공받게 되므로 이직 의도는 낮아지게 된다. 가족관계 역시 이직에 영향을 미치는데, 부양가족이 많은 종업원일수록 자발적 이직의도가 낮은 경향이 있다.

개인의 성격은 이직에 영향을 미친다. 종업원의 성격이 외향적이고 호전적인 사람일수

---

8) P. Pigors & C.A. Myers, 1981.

록 항상 새로운 일을 하고자 하는 욕망이 강하기 때문에 이직의도가 높게 나타나게 된다.9)

### (2) 직무태도 요인

종업원들은 담당직무가 자신의 적성과 흥미에 맞지 않을수록 기대가 현실에 부합되지 않기 때문에 이직의도가 높아진다. 또한 직무에 대한 보수가 낮거나 도전적인 직무가 아닐 경우 그리고 직무이동이 너무 빈번할 경우 이직의도가 높아진다.

### (3) 직무성과 요인

종업원들은 직무성과에 대해 불만족을 느낄 때 이직의도가 높아진다. 종업원들은 자신이 하고 있는 일이 중요한 직무가 아니라고 생각하거나, 수행한 직무에 대해 가치가 낮다고 여기거나, 직무결과에 대한 피드백이 없을 경우 이직의도가 높아진다.

### (4) 고용안정 요인

종업원들은 고용에 불안을 느낄 때 이직의도가 높아진다. 즉 종업원들은 기업과의 지속적인 고용관계를 유지할 가능성이 없는 경우 이직의도가 높아진다.

## 4) 이직의도와 이직결정

종업원들은 일반적으로 낮은 연령, 짧은 근속, 외향적·호전적인 성격, 담당직무 및 직장의 불만 등이 새로운 직업과 직장의 이직의도를 갖게 만든다.

이직하고자 하는 당사자는 단지 불만 때문에 바로 이직하는 것이 아니라, 이직하고자 하는 욕망과 탐색된 새로운 대안 사이에 이해득실을 심각히 고려하여 결정하게 된다.

이직결정에 대한 구체적 고려사항은 다음과 같다.

첫째, 새 직장의 탐색결과 대안들과 자신의 기대와의 차이가 영향을 미친다. 지금의 기업과 직무보다 더 나은 기업과 직무를 찾을 수 없는 경우에 이직하지 않을 것이다.

둘째, 가족관계, 가족의 의사, 근무상황 등이 영향을 미친다. 부양가족이 많거나, 새 직장이 가족과 떨어져 근무하여야 할 경우에 이직에 영향을 미친다.

셋째, 경제적 상황이 영향을 미친다. 경제가 호황이냐 불황이냐에 따라 새로운 일자리를 찾을 가능성 여부가 이직에 영향을 미친다.

넷째, 노동시장의 상태가 영향을 미친다. 노동시장이 매우 유연한 고용구조일 경우 새로운 기업으로의 이직 가능성이 높지만, 노동시장이 경직되거나 불경기가 지속되어 실직자가

---

9) M. Kilduff & D.V. Day, 1994.

많은 경우 실제 이직에 대한 결정을 내리기 어렵다.

그러나 종업원의 이직의도가 확고하거나, 현실적으로 어려움을 극복할 수 있거나, 자신의 역량이 탁월하다고 확신하거나, 도전의식이 강할 때 이직을 결정하게 된다.

## 2. 이직의 기준과 비용분석

### 1) 이직의 기준

기업에서 종업원의 이직은 필연적으로 있기 마련이다. 기업은 종업원의 이직결정에 명확한 기준을 제시하여야 한다.

종업원의 이직은 다음 두 가지 기준이 있다.

기업에서 종업원의 적정한 이직은 새로운 인재의 채용으로 종업원의 순환을 가능하게 하고, 기업에 새로운 활력을 불어 넣을 수 있다. 그러나 지나친 이직은 기업의 기술축적을 막고, 기업을 파괴시킬 뿐만 아니라 기업의 능률을 저하시킨다.

그러면 적정이직의 기준은 어떻게 정할 수 있는가. 적정이직의 기준은 동종산업이나 동종기업의 표준 종업원이동률과 비교하여 결정해야 한다. 표준 종업원이동률은 기업의 직종·지역·규모·생산조건 등에 따라 차이가 있으므로, 해당기업과 유사한 기업의 종업원 평균이동률을 의미한다.

기업은 유능한 인재를 계속 기업에 남게 하고, 보다 무능한 사람은 떠나게 해야 한다. 기업은 이런 기업이 되도록 하기 위해 유능한 종업원들에게 유리한 정책을 지속적으로 추진해야만 한다. 예를 들어 유능한 종업원들을 무능한 종업원들에 비해 승진·임금 등에서 우대함으로써 가능할 것이다.

이직률 계산법은 총이직(總離職) 계산법과 순이직(純離職) 계산법이 있다. 전자는 총이직자 수를 대상으로 하는데 반해, 후자는 총이직자 중에서 복귀불능 이직자를 제외시켜 통제가능한 이직을 대상으로 계산하는 방식이다.

$$\text{총이직률(gross separation rate)} = \frac{\text{총이직자 수}}{\text{종업원 수}} \times 100$$

$$\text{순이직률(net separation rate)} = \text{총이직자 수} - \frac{\text{복귀 불가능한 이직자 수}}{\text{종업원 수}} \times 100$$

## 2) 이직의 비용분석

### (1) 미시적 이직비용

미시적 이직비용은 직종별 혹은 계층별로 종업원 1인당 노동이동 비용을 구하는 방식이다.

미시적 이직비용의 유형은 이직자의 이직비용과 대체비용으로 구성된다.

이직비용은 기존 종업원이 이직하였을 경우, 이직이 결정된 후 이직할 때까지의 낮은 생산성에 의한 손실비용과 곧 후임자가 결정되지 않아 공백기간이 생겼을 때 발생하는 비용 등이다.

대체비용은 이직자 대신 후임자로 대체할 경우 발생하는 고용비용·훈련비용·적응비용 및 공식훈련비용을 말한다.

이직자의 상세한 이직비용은 좀 더 자세히 이직비용을 설명하기로 한다. 이직자가 이직하기까지 이직 전에 잠재이직기간이 발생한다. 여기에는 불만누적·전직처 물색·사표제출 준비 등에 따른 비용이 발생한다고 볼 수 있다. 즉 업무수행능력이 조금씩 떨어지다가 전직처가 확정된 이후부터 더 많은 손실이 발생한다고 볼 수 있다. 이직자가 사직을 공식적으로 발표할 때까지 전직하기 위한 준비와 사표제출 후부터 사직할 때까지 여러 가지 정리에 시간이 들게 되어 생산성이 떨어지므로 비용이 발생하게 된다.

이직비용과 대체비용의 구성을 [그림 12-2]와 같이 나타낼 수 있다.

**그림 12-2  이직비용과 대체비용의 구성**

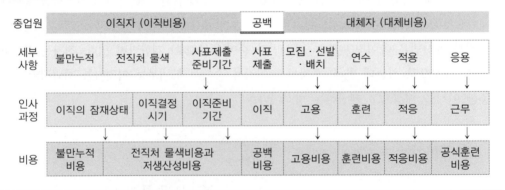

## (2) 거시적 이직비용

거시적 이직비용은 회사 혹은 공장 전체의 총노동이동에 따른 비용이다. 거시적 이직비용에는 다음 공식과 같이 작업자 가치단위에 의해 노동이동 비용을 산출한다.

$$작업자\ 가치단위 = \frac{간접비 + 이익}{종업원\ 수 \times 작업일\ 수}$$

이 공식은 시간적으로 이직 전과 이직 후로 구분하여 이직 전에 발생하는 저생산성, 이직으로 인한 공백기간에 발생하는 손실 그리고 신입종업원을 충원하였을 경우 적응기간 동안에 발생하는 손실을 계산하는 방식이다.

거시적 이직비용산출법은 비교적 단순하게 총노동비용을 산출할 수 있는 장점이 있다. 그러나 특정 형태의 종업원에 대한 노동이동비용을 제시하지 못하는 단점이 있다.[10]

## 3. 이직의 관리

### 1) 이직자의 의식조사

기업은 종업원이 이직할 때 그가 왜 이직하는지 그 원인을 충분히 연구·검토할 수 있는 기회를 가져야 한다. 기업이 종업원의 이직원인을 파악하는 방법에는 퇴직 면접조사와 퇴직 후 설문지 조사 등 두 가지 방법이 이 있다.

퇴직 면접조사법은 면접자가 설문지를 가지고 직접 상담하는 방법이다. 퇴직면접은 퇴직원인만을 알아내는 것이 아니라, 기업의 적절한 조치로 이직을 방지할 수 있는 방법도 찾을 수 있을 것이다. 면접자는 적절한 면접기술을 가지고 종업원들의 실제 퇴직이유를 알아낼 수 있는 전문역량보유자이어야 한다. 전문역량을 갖춘 면접자는 이직자의 이직원인을 파악하여 이직감소 방안을 제시하고 기업의 인사정책을 개선할 수도 있을 것이다.

퇴직 후 설문지조사법은 종업원이 퇴직하고 일정기간이 경과한 후 우편으로 설문지를 배포하고, 퇴직이유를 익명으로 설문하여 답변을 얻는 방법이다. 이 조사는 회답자의 이름을 알 수 없으므로 특정 응답자의 응답 내용과 그가 퇴직면접시에 진술하였던 내용을 서로 비교할 수는 없다. 그러나 퇴직 후 일정한 기간이 지난 종업원들을 대상으로 하기 때문에 이직의 원인과 기업에 대한 개인적 의견을 어느 정도 파악할 수 있을 것이다.

---

10) 최종태, 2000, 533~539.

기업은 퇴직 면접조사법과 퇴직 후 설문지조사법을 함께 실시함으로써 이직관리의 대책과 개선에 유용한 관리수단으로 활용할 수 있을 것이다.

### 2) 이직의 실태분석과 대책

기업의 입장에서 자발적 이직(전직·사직)은 대부분 피할 수 있는 이직이다. 따라서 기업은 자발적 이직을 최소화시켜야 한다. 왜냐하면 자발적 이직자 중에는 기업에 유능한 인재가 포함되어 있을 가능성이 높기 때문이다.

기업 이직의 실태분석은 다음과 같이 실시할 수 있다.

첫째, 기업은 이직자의 이직원인을 단순하게 개인요인, 동료요인, 상사요인, 직무요인, 기업요인, 환경요인 등으로 나누어 분석할 수 있다.

둘째, 기업은 이직자의 이직원인을 6하 원칙에 의해 분석할 수 있다. 기업의 이직실태분석표를 〈표 12-3〉과 같이 나타낼 수 있다.

| 표 12-3 | 이직실태분석계 |
|---|---|
| 구 분 | 내 용 |
| 누 가 (Who) | 누가 이직을 많이 하는지에 대해 분석한다. 학력별·출신지역별·연공급별·성별·경력별로 분석한다. |
| 왜 (Why) | 이직의 원인을 분석한다. 승진·임금·직무관계·조직분위기 등 이직하는 동기를 분석한다. |
| 어디서 (Where) | 어느 부서, 어떤 직책을 맡고 있는 자가 이직을 많이 하며, 또 이들은 어느 곳으로 전직하는지를 분석한다. |
| 언 제 (When) | 언제 이직을 많이 하는지를 분석한다. 예를 들면, 입사 후 몇 년째, 1년 중 어느 달, 혹은 보너스 지급 및 승진·승급 직후 등 이직의 시기를 체계적으로 분석한다. |
| 어떻게 (How) | 어떻게 이직하는지를 분석한다. 예를 들면, 자기 혼자만 이직하였는지, 혹은 동료들과 함께 이직하였는지 등을 검토한다. |

자료: 최종태, 2000, 540.

기업은 종업원의 이직실태분석에 따라 적응대책과 발전대책을 세워야 한다. 기업의 적응대책은 직무내용이나 조직분위기가 종업원에게 맞도록 직무내용을 재설계하거나 조직분위기를 쇄신하여야 한다. 기업의 발전대책은 종업원에게 자아발전의 욕구를 충족시켜 줌으로써 관리층에는 주로 신분을, 그리고 작업층에는 주로 보수를 자극하여야 한다. 기업의 이직대책을 [그림 12-3]과 같이 나타낼 수 있다.

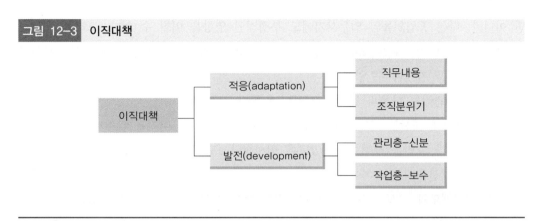

그림 12-3  이직대책

자료: 최종태, 2000, 544.

### 3) 이직관리의 방향

종업원들은 자발적 이직으로 새로운 직장을 찾아 옮기는 것이기 때문에, 그들의 경력개발에 좋은 영향을 미칠 수 있다. 따라서 종업원들의 입장에서는 자신이 하고 싶은 일을 찾아 새로운 기업에서 새로운 삶을 개척할 수 있는 것이다. 그러나 기업의 입장에서는 종업원의 이직으로 과업흐름에 막대한 지장을 초래할 수 있다.

기업은 종업원들의 이직을 방지하기 위해 다음과 같이 관리할 필요가 있다.

첫째, 직무기대를 현실에 맞게 조정한다. 종업원들은 최초로 기업에 들어와서 자신이 바라던 기업이 아니라고 생각할 경우 조기 이직을 하게 된다. 따라서 기업은 해당 종업원들의 채용과정이나 채용 후 직무에 대해 정확하고 객관적인 정보를 알려줄 필요가 있다. 예컨대 직속상사가 종업원들에게 경력정체가 발생되어 승진이 지체되고 있음을 알려주는 것이 이에 속한다.

둘째, 만족과 불만족에 대한 근원을 파악한다. 경영자는 전체 종업원들의 직무태도를 조사한다. 특히 무엇이 종업원들의 만족과 불만족을 야기시키는가에 대해 파악하여야 한다. 따라서 직속상사는 부하들의 사생활에 대한 문제도 알고 있어야 한다. 왜냐하면 이직은 반드시 직무관련 요소의 불만족에서만 비롯된 것이 아니라, 가정생활이나 개인적인 문제 등도 영향을 미치기 때문이다.

셋째, 필요한 종업원의 이직을 미리 방지한다. 기업은 핵심직무를 수행하는 종업원, 높은 업무성과를 내는 종업원, 또는 조직몰입과 충성심이 높은 종업원이 이직하는 경우 큰 문제라 할 수 있다. 이러한 종업원의 이직은 기업의 과업흐름에 부정적인 영향을 미칠 뿐만 아니라, 다른 종업원들의 업무사기에도 부정적인 영향을 미칠 수 있다. 그러나 기업의 이직률이 제로에 가까우면 오히려 새 인력의 유입으로 얻을 수 있는 새로운 업무지식의 획득과 역동성을 가져올 수 없게 된다.

기업의 이직관리는 다음과 같이 실시하여야 한다.

첫째, 인간관계 개선을 시도한다. 기업은 종업원의 자발적인 이직을 감소시키기 위해 개인적인 불만이나 고민을 해결할 수 있도록 인사상담제도·고충처리제도 도입 등 여러 가지 인간관계 개선을 시도하여야 한다.

둘째, 인사제도와 보상제도를 개발하여 운영한다. 기업은 종업원들의 욕구를 충족시킬 수 있는 승진, 재고용제, 근무연장제, 선택적 정년제 등의 인사제도와 임금 및 복지후생 등의 보상제도 등을 개발하여 운영하여야 한다. 기업은 각종 인사 및 보상제도를 개발하여 운영함으로써 자발적 이직을 촉진시키거나 지연시킬 수 있을 것이다.

## 제3절  해고의 관리

### 1. 해고의 개념

해고(discharge)는 기업이 종업원을 강제적으로 고용을 단절시키는 결정을 의미한다. 해고는 기업이 '구조조정'뿐만 아니라, 종업원들의 '성과'와 종업원들에게 취해진 '징계'와 관련하여 이루어지기도 한다. 즉 기업에서 종업원의 해고는 적정한 인력조정을 통한 효율성의 제고를 위해 실시되고 있다. 그러나 일방적인 종업원의 해고는 법률에 저촉될 수 있고, 노동조합과의 마찰을 야기할 수 있으므로 신중을 기해 관리해야 할 것이다.

### 2. 해고의 제도

해고의 제도에는 일시해고·영구해고·경영상 이유에 의한 해고제도가 있다.

#### 1) 일시해고와 영구해고

#### (1) 일시해고

일시해고(lay off)는 기업이 경제적으로 불황에 빠지거나 인력수가 과다할 때 단기간 동안 인력을 감축시키는 방법이다. 일시해고는 일종의 휴직이라 할 수 있다. 휴직은 기업의 상황에 따라 다시 고용됨을 전제로 하여 일시적인 고용단절을 의미한다. 다시 말하면 휴직은 기업의 생산량의 감소나 기업의 축소로 인해 잉여인력이 발생할 경우 종업원에게 그 신분을 유보시키면서 일정기간 직무를 쉬게 하는 것이다.

기업은 종업원들 중에서 몇 사람을 휴직시키고자 할 경우 이에 대한 명확한 기준을 설정해야 한다. 노조가 결성된 기업은 일반적으로 근속년수에 따른 연공(seniority)을 휴직결정의 중요한 기준으로 삼고 있다. 노조가 결성되지 않은 기업도 연공을 사용하기도 하지만, 연공(선임권)과 능력의 혼합된 형태를 더 많이 사용하고 있다.

종업원들의 휴직을 줄이기 위해 다음과 같은 방법을 먼저 사용하여야 한다.

근로시간 조정이다. 기업이 전종업원을 대상으로 근로시간을 단축하여 모두 근무하게 하는 방법이다. 이 방법은 기업의 업무량 감소로 인해 일부 종업원들을 휴직시키기보다 부서의 모든 종업원들이 공동으로 조금씩 희생한다는 정신으로 근로시간을 단축하고 작업을 분담(work sharing)하는 방법이다. 이 방법은 주로 시간급제와 성과급제를 채택하고 있는 생산직에 쉽게 적용될 수 있다.

일자리 나누기다. 기업이 업무량의 감소로 영향을 받게 되는 종업원들을 위해 근무시간을 줄여 고용자 수를 늘리는 방법이다. 이 방법은 한 직무를 두 종업원이 오전·오후로 나누어 일하거나 격일로 일하게 하여 일자리 나누기(job sharing)를 하는 방법이다.

보상의 하향조절이다. 종업원 모두가 경제 불황·도산 위험 등을 공동으로 타개하려는 목적으로 임금을 삭감하더라도 기업을 되살리려는 방법이다. 이 방법은 종업원들이 자발적으로 임금을 동결하거나 삭감함으로써 기업을 유지하려는 공동체 의식에서 나온 것이다.

일반적으로 기업이 종업원을 휴직시키려고 할 경우 정규 종업원들을 휴직시키기 전에 임시직 종업원과 가채용 종업원(employees on probation)을 먼저 휴직시킨다.

### (2) 영구해고

영구해고(discharge)는 기업이 종업원의 규칙위반이나 나태한 업무수행을 응징하기 위해 강제로 기업으로부터 단절시키는 방법이다. 영구해고는 인사관리에 있어 징계와 관련된 중요한 결정의 하나이므로 매우 신중하게 결정되어야 한다. 해고는 기업뿐만 아니라 종업원의 경력에 큰 타격을 주게 되므로 최후의 수단으로 사용되어야 한다. 따라서 기업은 가능한 한 영구해고보다 휴직이나 조기퇴직 또는 자발적인 사직의 형태를 선택하도록 하는 것이 바람직하다. 그러나 특정 종업원이 기업에 큰 해악을 끼쳤을 경우 빨리 해고를 결정하여야 한다. 그렇지 않고 해고를 미루었을 경우 기업이 많은 피해를 입을 수도 있다.

최근 기업의 종업원 해고율은 저하되고 있다. 그 이유는 경영자가 노조의 반발이나 인력난 등 때문에 극도로 심한 경우가 아니면 종업원의 해고를 자제하고 있고, 종업원들의 노조활동·성별·종교·국적 등을 이유로 해고시키는 것은 원칙적으로 불법(근로기준법 제5조)이 되고 있기 때문이다.

기업이 종업원을 해고시키고자 할 경우, 다음과 같은 사항들을 해고방침에 포함시켜야 한다.

첫째, 해고의 이유를 명확히 밝혀 둔다.

둘째, 해고 절차에 대한 엄격한 규정을 둔다. 라인 감독자는 자기 부서의 부하를 해고시킬 수 있는 일차적 권한을 갖고 있다. 그러나 부하의 해고는 감정에 치우칠 우려가 있다. 따라서 해당부서의 장이나 인사부서의 장은 해당자의 해고에 대해 심사하고, 인사위원회에서 최종결정을 하도록 한다.

셋째, 해고에 대하여 해당종업원이 재심을 청구하면 이를 재심사하는 절차를 둔다. 기업은 해당종업원의 해고에 대한 재심사를 통해 해고결정이 정당한지 그리고 종업원이 부당한 취급을 받지 않았는지를 밝혀 구제의 길을 열어 두어야 한다.

넷째, 해고통지를 받은 종업원은 즉시 회사를 떠나도록 한다. 그러나 해당종업원은 기업의 해고결정에 대해 제소할 권한이 있다.

## 2) 기업 경영상 이유에 의한 해고

경영상 이유에 의한 해고는 기업이 경제적·기술적 여건의 변화에 따라 경영여건을 개선하기 위해 종업원을 해고할 수 있는 방법이다. 경영상 이유에 의한 해고는 근로자를 집단적으로 해고하므로 '정리해고'라고도 불리어진다. 우리나라는 1980년대 후반 이후 인건비의 급상승으로 기업으로부터 인력감축의 필요성이 끊임없이 제기되어 왔다. 그러나 우리나라는 종신고용이 정착되어 있고 관련된 법이나 제도가 마련되어 있지 않았으므로, 경영상 이유에 의한 해고는 파산직전 기업이 아니고는 실시되기 어려웠다.

경영상 이유에 의한 해고는 기업들이 높은 인건비로 경영에 어려움이 있을 경우 생존방편으로 종업원의 해고를 조금이라도 쉽게 하기 위해 마련된 제도이다(근로기준법 제 24조). 따라서 기업은 정리해고 대상자를 선정할 때 합리적이고 공정한 기준에 따라 실시하여야 한다. 특히 남녀 성차별도 있어서는 안 된다. 사용자는 근로자를 해고하고자 할 경우 근로자 대표에게 50일전에 사전 통보하여야 하고 근로자 대표와 성실하게 협의하여야 한다. 또한 경영상 이유에 의한 해고 후 3년 이내 같은 업무에 종사할 근로자를 채용할 경우 퇴출된 근로자를 우선 재고용하도록 노력해야 한다(제25조 제2항 ①). 아울러 정부는 경영상 이유에 의한 해고 근로자들에게 생계안정, 재취업, 직업훈련 등 필요조치를 우선적으로 취해야 한다(제25조 제2항).

## 3. 해고의 절차

해고는 해고원인의 규명, 해고기준의 설정, 해고제도의 선정 등의 순서로 실시된다.

### 1) 해고원인의 규명

기업은 해고원인(사유)의 규명에 따라 해고자를 결정한다.

기업의 해고원인은 다음과 같이 구분할 수 있다.[11]

역량부족이나 질병의 사유이다. 종업원이 역량 부족으로 자신의 지위에 상응하는 업무를 충분히 감당하지 못하는 경우에 해고하는 것이다. 이에는 해당 종업원이 전문기술이나 자격 등 직무역량이 부족한 경우, 적성이 직무와 맞지 않는 경우, 질병으로 기업의 과업흐름에 지장을 초래하는 경우 등이 해당된다.

근무위반이나 태만의 사유이다. 종업원이 규정된 취업규칙에 벗어난 행동을 하거나, 고용관계 계약에 명시된 의무를 위반한 경우에 해고하는 것이다. 그 예로 종업원 개인적인 용무로 무단결근을 하거나 지각 및 조퇴를 반복하는 경우, 근로계약상의 근로제공의무를 거절하고 해당 업무를 수행하지 않는 경우, 종업원이 업무에 필요한 역량과 적격성을 갖추고 있음에도 불구하고 불완전한 업무를 수행하는 경우 등이 있다.

경영상 문제의 사유이다. 기업이 재정의 곤란으로 더 이상 활동을 계속할 수 없거나 일부 사업이 폐지되는 경우에 의한 해고를 말한다. 대법원 판례에 의하면 기업이 재정상 악화를 우려하여 예방해고를 하는 것까지 경영상의 사유로 인한 해고로 어느 정도 인정하고 있다. 근로기준법 제26조 의하면 해고대상 종업원에 대하여 적어도 해고 30일 전에 예고하여야 하고, 이를 이행하지 않을 경우 30일분 이상의 통상임금을 지급해야 한다고 규정하고 있다.

종업원의 해고는 기업과 종업원 모두의 책임이다. 역량이나 질병, 근무위반이나 태만의 사유는 개인의 책임이 더욱 크다고 볼 수 있지만, 경영상의 사유는 기업의 책임이 더욱 크

---

11) 김형배, 1998.

다고 볼 수 있다.

기업은 종업원을 해고하고자 할 때 그 당사자와 협의하여야 한다. 사전협의가 없는 해고는 무효가 된다. 그러나 천재·사변 기타 부득이한 사유로 사업의 계속이 불가능한 경우, 또는 근로자가 고의로 사업에 막대한 지장을 초래하거나 재산상 손해를 끼친 경우 즉시 해고할 수 있다.

미국은 1988년에 제정된 연방법안에 100명 이상의 종업원이 소속된 기업에서 50명 이상을 해고할 때, 해고일을 기준으로 60일 이전에 미리 해고 대상자를 공시하도록 규정하고 있다. 또한 스웨덴에서는 기업이 5명 이상을 해고할 경우 대상자들에게 반드시 60일 이전에 알리도록 되어 있고, 프랑스에서는 2명 이하의 해고 대상자라 하더라도 해고 대상자에게 적어도 45일 이전에 알리도록 되어 있다.[12)]

## 2) 해고기준의 설정

기업은 해고사유에 따라 구체적인 기준을 설정해야 한다. 이에는 일반적으로 종업원의 연공과 성과 등이 주로 사용된다.

### (1) 종업원의 연공기준

기업은 종업원의 연공을 기준으로 해고 대상자를 결정한다. 연공은 종업원이 기업에 근속한 연수나 종업원의 연령을 말한다. 기업들은 연공을 해고의 기준으로 가장 많이 사용하고 있다. 즉, 기업이 근무연수가 많은 종업원을 순서대로 몇 명을 해고시키거나, 연령을 기준으로 몇 세 이상을 해고시키는 방법이다.

연공을 해고기준으로 삼는 이유는 다음과 같다.

첫째, 연공이 종업원의 해고를 결정하기 위한 자료 가운데 가장 손쉽게 얻을 수 있고 적용하기도 쉽다.

둘째, 연공이 많은 인력을 해고하고, 젊은 인력을 고용하여 기업이 활기를 띨 수 있다.

셋째, 연공을 기준으로 한 해고가 종업원들을 설득하기 쉽고, 노동조합도 이를 선호하는 경향이 있다.

기업의 연공기준 해고는 효율적인 업무수행 측면에서 볼 때, 반드시 필요한 인력도 해고시킬 수 있다는 단점이 있다.

---

12) R.G. Ehrenberg & G.H. Jakubson, 1988.

### (2) 종업원의 성과기준

기업은 종업원의 성과를 기준으로 해고 대상자를 결정한다. 성과기준 해고는 업무성과가 낮은 종업원을 해고대상자로 선정하는 방법이다. 어떤 종업원이 연공을 기준으로 하면 해고 대상자에 해당되지만, 성과가 높은 종업원일 경우 해고가 되지 않을 수 있다.

기업이 성과를 객관적인 해고기준(척도)으로 설정하기가 쉬운 일이 아니어서 종업원이나 노동조합과의 논쟁이 끊이지 않는다. 따라서 기업은 성과를 기준으로 해고를 결정할 경우 외부 전문가를 통해 명확한 척도를 개발하든지 아니면 그에게 심사를 맡김으로써 객관성을 유지해야 한다.

## 3) 해고제도의 선정

기업이 종업원의 해고에 대해 ① 해고원인이 규명되고, ② 해고기준이 설정되었다면, ③ 이에 적합한 해고 제도를 선정하여야 한다. 해고제도의 선정은 앞에서 설명한 해고의 제도, 즉 일시해고·영구해고·경영상 이유에 의한 해고제도에서 선정하여야 한다.

## 4. 해고방지와 잔류인력의 사기진작

## 1) 해고 방지

종업원의 해고는 주로 '조직슬림화'와 '인건비 절감'에 목적을 두고 있다. 그러나 기업은 다음과 같이 다양한 인사정책을 사용함으로써 해고를 줄일 수 있다.

### (1) 고용정책의 변화

기업의 고용정책을 변화시킨다. 종업원의 자발적 이직에 따라 공백이 된 직위에 신규채용을 하지 않거나, 근무시간을 감축하는 등의 정책을 실시한다.

### (2) 직무의 재설계

기업의 효율적인 직무 재설계로 종업원들이 효율성을 최대한 높일 수 있도록 인력을 재배치한다.

### (3) 임금과 복지후생의 감축 또는 동결

기업이 종업원들을 해고하지 않고 전체 인건비를 동결 또는 감축하는 정책이다. 기업은 종업원의 임금을 전년 대비 임금수준으로 동결하거나, 시간외 수당을 지급하지 않거나, 원래 임금의 절반 혹은 그 이하를 지급하는 등의 필사적인 경비절감 노력으로 인력해고를 하지 않을 수 있다. 이는 종업원들이 고통을 서로 분담하는 방안이다.

### (4) 종업원의 역량 향상

기업은 종업원을 해고시키지 않기 위해 종업원들의 낙후된 업무수행 기술이나 역량을 높인다. 그럼으로써 기업은 종전보다 경쟁력이 향상되어 종업원을 해고시킬 필요가 없게 될 것이다. 만약 기업이 종업원을 해고시켰을 경우라도 남은 종업원들이 해고 종업원이 담당하던 업무를 원활히 수행해야 하므로 업무수행 기술이나 능력의 향상은 꼭 필요한 것이다.

## 2) 잔류인력의 사기 진작

종업원의 해고는 해고된 본인은 물론 잔류 종업원들에게 심리적 불안감을 가중시켜, 사기가 낮아지고 스트레스를 가중시키게 된다.

기업은 지속적으로 생산성을 유지하기 위해 잔류종업원들의 사기를 진작시킬 수 있는 잔류종업원관리, 즉 인플레이스먼트(inplacement)가 필요하다.

기업은 다음과 같이 잔류종업원관리프로그램을 운영하여야 한다.

첫째, 해고의 정당한 사유를 알린다. 기업에서 내린 해고결정은 해고 당사자에게만 국한된 것이 아니므로, 잔류 종업원들에게도 해고과정이 공정하고 타당한 절차에 의해 이루어졌음을 알려 주어야 한다.

둘째, 심리적 불안감을 최소화시킨다. 경영자는 잔류 종업원들과의 대화 혹은 부서내 친목 모임을 통해 불안감을 최소화시키고 사기를 진작시켜야 한다.

셋째, 잔류 종업원들에게 부과된 업무를 알린다. 잔류 종업원들은 기업의 슬림(slim)화를 위한 해고의 경우 해고 종업원이 담당했던 업무를 맡아야 한다. 경영자는 잔류 종업원들이 앞으로 해야 할 업무가 무엇인지를 구체적으로 통지하여 그들에게 필요한 업무수행 기술을 습득할 수 있도록 장려하여야 한다.

## 제4절  퇴직의 관리

### 1. 퇴직의 개념

퇴직(retirement)은 기업에 근무하는 사람이 일정한 연령에 도달했을 때, 기업과의 고용관계를 영구적으로 단절시키는 제도를 의미한다. 일반적으로 퇴직은 정년에 도달할 때 이루어진다. 그러나 정년 이외에 여러 퇴직제도도 있다.

정년퇴직은 일정한 연령에 도달하면 퇴직하도록 정해진 제도이다. 우리나라의 경우 정년은 취업규칙이나 단체협약에 의해 종업원이 소정의 연령에 도달했을 때, 근로계약이 자동적으로 종료하게 된다. 우리나라 기업들의 정년은 55세(평균 58.4세)이다. 그러나 2016년 1월 1일부터 60세로 정년연장과 동시에 임금피크제를 연계해 실시하도록 하고 있다. 단, 근로자 300인 미만 중소기업과 정부·지자체는 2017년 1월 1일부터 시행하도록 규정하고 있다(고용상 연령차별금지 및 고령자 고용촉진에 관한 법률).

정년제는 찬반이 대립되고 있다.

정년제의 찬성 입장은 고령자가 육체적·정신적으로 직무를 계속 수행하는데 부적합하므로 정년에 도달하면 퇴진하고, 신규 종업원들에게 취업기회를 주는 것이 바람직한 제도라고 주장한다.

정년제의 반대 입장은 고령자라 할지라도 노동역량과 계속 근무의사가 있는 사람을 연령이 많다는 이유만으로 강제로 퇴직시키는 것은 부당하고, 숙련과 역량이 높은 사람이나 그렇지 않는 사람들을 일률적으로 퇴직시키는 것은 개인이나 기업 모두에게 바람직하지 않는 제도라고 주장한다.

기업은 이 두 가지 견해의 장점과 조직 환경을 고려하여 알맞은 제도를 채택하여 실시하여야 할 것이다. 즉 기업은 종업원의 지식과 능력 및 의욕에 따라 정년퇴직의 기준을 보다 탄력적으로 적용하는 것이 바람직할 것이다.

### 2. 퇴직의 제도

퇴직의 유형에는 정상퇴직, 강제퇴직, 신축퇴직, 특별퇴직제도가 있다.

## 1) 정상퇴직제도

정상퇴직제도(normal retirement)는 기업이 정한 규정에 따라 종업원들이 정년에 도달할 경우 고용관계가 자동적으로 단절되는 제도이다. 정상퇴직은 정년퇴직이라고도 한다. 우리나라 기업체 종업원들의 정년은 앞에서 언급한 바와 같이 55세이지만, 퇴직연금 수령 시작일은 50세인 경우도 있다. 영국은 오히려 조기퇴직으로 인해 기업과 정부의 퇴직연금 부담금을 줄이기 위해서 최저연령을 50에서 55세로, 공무원은 60세에서 65세로 연장시키고 있다. 구미(歐美)의 경우 65세가 대부분이다. 그러나 강제적으로 퇴직시키는 일은 없고, 종업원 마음대로 퇴직여부를 결정한다.

## 2) 강제퇴직제도

강제퇴직제도(mandatory retirement)는 기업이 정한 규정에 따라 일정한 연령에 도달하거나 능력이 현격하게 부족한 경우 강제로 퇴직시키는 제도이다. 우리나라와 일본에서는 기업 및 직위에 따라 다소 차이가 있지만 일반적으로 종업원의 연령을 기준으로 55~65세에 도달하면 강제 퇴직시키고 있다. 따라서 강제퇴직제도의 유형에는 앞에서 설명한 일시해고, 영구해고, 기업경영상 이유에 의한 해고가 있다.

## 3) 신축퇴직제도

신축퇴직제도(flexible retirement)는 기업이 정한 규정에 따라 40세 이후 어느 정도의 근속년수를 쌓은 종업원들에게 정년 이전에 신축적으로 퇴직할 수 있는 기회를 제공하는 제도이다. 기업은 신축퇴직자에게 엄격한 선별을 거쳐 이루어지고 상당한 재무적 보상도 함께 제공하고 있다. 신축퇴직제도에는 조기퇴직제도 또는 명예퇴직제도가 있다.

### (1) 조기퇴직제도

### (ㄱ) 조기퇴직제도의 의의

조기퇴직제도(early retirement)는 기업이 그 규모를 축소하거나 인건비를 절감할 필요가 있을 때, 그리고 내부적으로 새로운 인력의 고용기회를 창출하고자 할 때 퇴직금과 연금 등 여러 가지 혜택을 제공하면서 정년이전에 퇴직시키는 제도이다. 조기퇴직제도는 명예퇴직자격(예: 20년 근속 이상)에 미달한 사람이 회사정책에 부응하여 자진하여 사직할 경우 일정액의 수당을 지급한다. 조기퇴직은 종업원의 입장에서도 정년까지 기다리지 않고 그 전에 퇴직을 선택하여, 또 다른 진로를 개척할 수 있으므로 선호하기도 한다. 조기퇴직은 희망퇴직·선택정년·특별퇴직·명예퇴직 등으로 불리기도 한다.

조기퇴직제도의 특징은 다음과 같다.

조기퇴직은 정년에 도달하지 않는 종업원을 대상으로 퇴직을 앞당겨 실시하는 만큼, 퇴직자에 대해 다양하고 상당한 금전적 보상이 수반된다. 금전적 보상이란 퇴직자가 정년까지 남은 임기에 대한 총 급여의 전부 혹은 일부(보통 50% 정도)와 퇴직수당을 포함하여 지불하는 것을 의미한다.

기업은 조기 퇴직자의 적격성에 대한 규정과 기간을 두고 적임자의 선별규정을 엄격하게 관리하고 있다. 예컨대 "회사는 ○월 ○일로부터 ○일까지 조기 퇴직을 신청 받습니다. 단, 대상은 경력 20년 이상의 직급을 가지며, 만 50세 이상을 조기퇴직의 대상자로 합니다."와 같이 명시하는 것이다.

### (ㄴ) 조기퇴직제도의 관리방안

조기퇴직제도는 대개 인사부서에서 총괄하게 된다. 인사부서는 조기퇴직자의 선별을 객관적이고 공정하게 수행하여야 한다. 조기퇴직제도의 체계적인 관리방안은 다음과 같다.

첫째, 조기퇴직 전담부서를 설치한다. 조기퇴직 전담부서는 조기퇴직 신청자의 상담과 심사를 통해 집행방법을 결정하는 기구이다. 이 부서는 외부 전문가와 인사 담당자가 협조하에 일시적으로 설치한다. 기업은 모든 조기퇴직 신청자를 승인하는 것이 아니라, 그들의 능력을 재확인하여 과업흐름상 반드시 필요한 종업원의 퇴직을 설득하여 유보시켜야 한다.

둘째, 조기퇴직의 합리적인 절차를 준수한다. 조기퇴직전담부서는 모든 종업원들의 인사기록을 토대로 조기퇴직자를 선별한다. 기업이 경영상의 긴박한 이유로 인해 조기퇴직제를 실시할 수밖에 없는 경우 종업원들에게 기업의 입장을 충분히 설명하여 설득시켜야 한다. 모든 조기퇴직 대상자들에게 퇴직을 강요하는 분위기를 만들어서는 안 된다. 조기퇴직전담부서는 조기 퇴직대상자가 모두 퇴직해야 한다는 강박관념을 가지지 않도록 하여야 한다. 따라서 기업은 종업원들에게 이들이 단지 퇴직대상일 뿐, 기업에서 퇴직하기를 기대하는 것이 아님을 분명히 밝혀야 한다.

셋째, 조기퇴직자의 심리적 안정을 도모한다. 인사담당자는 조기퇴직자의 경력 상담을 통해 새로운 경력에 대한 희망을 심어 줌으로써, 조기퇴직이 도리어 전화위복이 될 수 있다는 것을 인식시켜야 한다. 그리고 인사담당자는 퇴직자의 전직을 도와야 할 것이다.

### (2) 명예퇴직제도

명예퇴직제도(voluntary resignation)는 일정한 근속연수를 경과한 근로자들이 정년퇴직

연령 이전에 자발적으로 퇴직을 희망하면 퇴직시키는 제도이다. 여기서 정년퇴직 연령 이전이란 정년퇴직연령보다 보통 5~10년 전, 공무원의 경우 20년 이상 근속하고 정년퇴직일 전 1년 이상 10년 이내이다. 이 제도는 조기퇴직·희망퇴직·선택정년·특별퇴직 등으로 불리기도 한다. 기업은 일반적으로 명예퇴직자에게 명예퇴직금이나 명예퇴직위로금을 지불한다.

명예퇴직금은 정상적인 퇴직금에다 정년퇴직 때까지 남은 급여의 일정액을 명예퇴직 위로금(수당)이 가산된다.

명예퇴직위로금(수당)은 기업마다 다르지만, 보통 노사간 협의를 통해 적절한 수준에서 결정된다. 즉 명예퇴직자는 기존의 퇴직금 외에 정년까지 근무할 때 받을 급여의 상당부분에 해당하는 퇴직 위로금(수당)을 추가로 받게 된다.

명예퇴직은 기업의 경영상 이유에 의한 해고를 피하면서 생산성이 낮은 고임금 근로자들의 퇴직으로 인건비 부담을 경감시키고, 인사적체현상을 해소하며, 인력의 정예화를 도모할 수 있다.

우리나라의 명예퇴직자 선정기준은 근속년수가 68.4%로 가장 많고, 연령이 55.5%, 성별이 21.9%이다. 명예퇴직 연령은 50세 이상이 25%로 가장 많고, 그 다음으로 40세 이상이 12.6%, 55세 이상이 10.2% 순이다.

## 3. 퇴직금

### 1) 퇴직금의 의의

퇴직금은 기업에서 일정기간 고용관계에 있던 종업원이 퇴직할 때, 그들에게 일정액을 지급하는 금액을 말한다. 퇴직금에는 퇴직일시금 또는 퇴직연금이 있다.

퇴직일시금은 퇴직시 퇴직연금을 한꺼번에 지급하는 금액을 말한다. 퇴직일시금을 지급하는 것은 우리나라 고유의 관행으로 제도화된 것이다. 우리나라 근로기준법에 따르면 사용자는 계속 근속년수 1년에 대해 30일분 이상의 평균임금을 퇴직금으로 근로자에게 지급하도록 되어 있다. 단, 근로연수가 1년 미만인 경우에는 예외로 인정되고 있다. 퇴직일시금은 대개 기업이 종업원 급여의 일정액을 공제하여 적립하고, 이에 높은 이자율을 적용하여 결정되고 있다.

퇴직연금은 퇴직 후 일정기간 계속 연금식으로 지불하는 금액을 말한다. 퇴직연금은 보통 20년 이상 근무하고 퇴직하였을 때 그 달부터 사망할 때까지 연금을 지급한다. 이에는 다음 두 가지 제도가 있다.

보통퇴직 연금제도(normal retirement benefit plan)는 정상근속을 기준으로 근무하고 퇴직을 할 때 지급하는 연금제도이다.

노동불능자 퇴직연금제도(disability retirement benefit plan)는 보통 근속 15년 이상의 종업원이 작업수행과정에서 작업불능자가 되었을 때, 65세 미만까지 지급하는 연금제도이다. 그러나 작업불능사유가 해제될 경우 연금지급이 중단된다.

### 2) 퇴직금의 성격

퇴직금은 퇴직한 근로자에게 취업규칙과 단체협약 등의 규정에 입각하여 지급되는 금액이다. 퇴직금은 다음과 같이 세 가지 학설이 있다.

근로보상설은 종업원이 기업에 근무하는 동안 기여한 공헌에 대해 보상으로 지급받는 금액이다.

임금후불설은 종업원이 재직기간 중 지불되지 않았던 노동의 대가를 퇴직 시에 지급받는 금액이다.

생활보장설은 종업원이 퇴직 후, 그의 생활을 위해 사회보장 차원에서 지급받는 금액이다.

근로보상설과 임금후불설은 퇴직금 지급근거에 초점을 맞춘 것이며, 생활보장설은 퇴직금의 효과를 설명한 것이다. 따라서 퇴직금은 이 세 가지 중에서 임금후불설에 가깝다고 할 수 있다. 즉 급여공제를 통해 사후적으로 지급이 이루어지는 것이기 때문에, 퇴직금을 근로조건의 일환으로 파악하는 것이다.

## 제5절 이직지원관리

## 1. 이직지원의 의의

이직지원관리는 이동관리라고도 하고 아웃플레스먼트(outplacement)라고도 한다.

이직지원은 기업이 이직예정자의 직업상실에 대한 좌절감을 극복하도록 하고, 그들이 새로운 직업을 찾을 수 있도록 지원하는 프로그램이다.[13] 이직지원의 의미는 기업이 종업원과 고용계약을 종료시킨 상태에서 다른 기업과 고용관계가 성립되도록 도와주는 것이다.

이직지원관리의 기능은 기업이 경영상 불가피한 이유로 종업원을 해고시킬 경우, 해고 종업원의 재취업을 지원하는 업무를 의미한다. 그러나 종업원의 낮은 업무성과와 불성실한 업무태도로 인해 강제 해고시킬 경우 적용되지 않는다. 이직지원관리는 이직 예정 종업원과 잔류 종업원들의 심리적 불안감, 공공여론의 비난을 최소화시킬 수 있다.

이직지원관리는 이직자와 잔류자를 적절하게 관리하여야 한다. 이직자들에게 새로운 일자리를 후원하고(outplacement), 잔류자들에게 직무의 다양성과 승진의 단축과 같은 희망(inplacement)을 주어야 한다.14) 종업원의 이직은 잔류자들에게도 고용불안을 느끼게 하며 조직몰입과 신뢰에 부정적인 영향을 미칠 수 있다. 그러나 잔류자들의 고용불안은 오히려 직무성과에 긍정적인 영향을 나타낸다는 연구결과도 있다.15) 이는 조직에서 살아남기 위한 처절한 몸부림 때문에 나타나는 현상이라 할 수 있다.

## 2. 이직지원의 목적

### 1) 심리적 안정감 유도

경영자는 종업원이 이직에 따른 경제적·사회적 이익 상실의 불안감을 줄이고 새로운 일터를 찾을 수 있다는 희망을 갖을 수 있도록 하여야 한다. 이직할 종업원은 그가 부양할 부양가족이 많거나, 특별한 업무기술이 없는 종업원의 경우 더욱 심각하게 불안을 느낄 것이다. 경영자는 인사담당부서나 전문상담가를 통해 이직 대상자는 물론, 이직 예정자의 심리적 불안감을 감소시켜 주어야 할 것이다.

경영자는 이직 상담을 통해 이직자나 이직예정자들에게 해고를 결정할 수밖에 없는 경영상의 타당한 이유를 설명하여 기업에 대한 적대심을 감소시키도록 노력해야 한다.

### 2) 구직활동 지원

경영자는 이직자나 이직예정자들이 이직일이 지난 후 새로운 직장을 찾을 때까지 기업에 남아 업무활동을 계속할 수 있도록 지원하여야 한다. 기업이 이직자나 이직예정자들을 위해 적극적인 이직지원관리를 할 경우 그들은 기업에 대해 감동하여 과업흐름의 공백이 생기지 않게 할 뿐만 아니라, 태업과 같은 나태한 행동을 취하지 않고 적극적으로 업무를

---

13) D.H. Sweet, 1989.
14) 이진규, 2012, 584.
15) 박상언·이영면, 2004.

수행하려고 할 것이다.

경영자는 이직자나 이직예정자들에게 새로운 기업을 찾을 수 있도록 지원하고, 새로운 경력개발에 대한 희망을 가질 수 있도록 지원하여야 한다.

## 3. 이직지원의 방법

### 1) 직업탐색을 통한 이직지원

기업은 이직 종업원이 직업상실에 따른 허탈감을 극복하고 활력을 찾게 하며, 재기의 시간을 단축시킬 수 있도록 하기 위해 구직을 지원하여야 한다. 기업이 이직 종업원을 위해 새로운 직장과 직업을 발견하는 것은 이직자 스스로 탐색하는 것보다 쉽게 이루어질 수 있다. 경영자나 인사담당자는 동종 산업의 다른 기업과 많은 거래관계를 맺고 있기 때문에 이직 종업원에 대한 취업을 각별하게 부탁할 수 있다.

경영자(기업)는 이직예정자를 대상으로 이력서 작성요령이나 인터뷰와 면접의 대응방식, 협상기술, 새로운 경력개발계획 등 이직관련교육을 실시한다. 종업원이 기존 기업에서 했던 업무와 이동할 기업의 업무가 매우 상이할 경우 일정한 교육을 제공해 줄 수도 있다.

### 2) 기업의 분사를 통한 이직지원

기업은 과업흐름에서 핵심기능이 아닌 간접기능을 분사(分社: spin-off)시킴으로써 기업의 효율성을 높일 수 있고, 새로운 일자리를 창출할 수 있다. 따라서 기업은 이직 예정인 종업원을 분사된 기업에 근무하도록 함으로써 그의 업무를 지속적으로 수행하게 만들 수 있다. 즉 분사에 의한 이직지원은 종업원 자신이 근무했던 기업과 전혀 이질적인 직장으로 옮기는 것이 아니라, 모기업에서 떨어져 나가 새로운 독립적인 회사에 근무하면서 동일 업무를 수행하는 것이다.

### 3) 이직비용 제공을 통한 이직지원

기업은 이직자의 이직비용을 지원할 수 있다. 예를 들어 기업이 이직자에게 새로운 기술습득에 필요한 교육훈련비용을 지원하는 것이다. 그럼으로써 이직자의 심리적 불안감을 최대한 감소시킬 수 있을 뿐만 아니라, 기업이 이직자를 실제 돕고 있다는 의지를 표명하는 것이라 할 수 있다. 특히 이직비용의 지원은 부정적인 여론을 완화시킬 수 있고, 노동조합과의 갈등도 최소화시킬 수 있다.

## 제6절 이직관리의 평가

### 1. 윤리성평가

기업의 이직관리는 다음과 같이 윤리성평가를 해야 한다.

기업은 종업원을 해고할 수밖에 없는 이유에 대해 설명하고 이해를 구했는지를 평가하여야 한다. 기업은 해당종업원과 대화를 통해 그의 지식과 능력이 부족해서가 아니라, 기업이 지속적인 발전을 도모하기 위해 불가피한 방편으로 인력감축을 하였음을 인식시켜야 한다.

기업은 종업원들이 그 동안 기업에 대해 공헌한 대가를 마지막까지 배려해 주었는지를 평가하여야 한다. 기업은 종업원들에게 재활의 의지와 새로운 경력에 대한 도전감과 자신감을 심어 주어야 한다. 또한 기업은 해당종업원에게 성의 있는 이직지원과 퇴직금 등 각종 혜택을 제공하여야 한다.

### 2. 공정성평가

기업의 이직관리는 다음과 같이 공정성평가를 해야 한다.

종업원의 해고가 근로기준법에 저촉되지 않았는지를 평가하여야 한다. 근로기준법에는 성, 연령, 또는 장애에 근거하여, 이직정책과 잠재적인 차별대우를 할 수 없도록 규정하고 있다. 이에 저촉되어서는 안 된다.

종업원들이 기업의 해고기준을 타당하고 공정하다고 생각하고 있는지에 대하여 평가하여야 한다. 예를 들어 기업을 발전시킬 수 있는 요소, 즉 종업원의 역량과 성과를 해고기준으로 정하였을 경우, 종업원들이 그 기준을 공정하다고 동의하여야 한다.

종업원의 해고절차가 공정하게 이루어졌고, 자신의 해고에 대해 공정하게 받아들이고 있는지를 평가하여야 한다. 종업원들은 스스로 기업의 해고를 어떻게 인식하느냐에 따라 자신의 미래경력과 삶에 긍정적 혹은 부정적 영향을 미칠 수 있을 것이다. 따라서 남아있는 종업원들은 한 기업의 이직결정을 보고, 그 기업의 매력과 미래에 대해 판단하게 된다.

## 3. 효율성평가

기업의 이직관리는 효율성평가를 해야 한다.

효율성 평가는 종업원들의 이직이 인력비용을 절감하고, 이윤(가치)을 증대시킬 수 있도록 이루어졌는지를 평가하여야 한다. 기업들은 모든 종업원들을 유지(retention)시킬 필요는 없다. 때로는 종업원들의 노동력 절약으로 기업의 원가절감과 이윤증대를 통해 기업의 가치를 향상시킬 수도 있다. 즉, 유능한 종업원들은 남고, 무능한 종업원들은 떠나야 기업의 경쟁력이 향상될 수 있다.

## 4. 전문역량평가

기업의 이직관리는 종업원의 전문역량평가를 해야 한다.

종업원의 전문역량평가는 전문기술보유자가 이직하여 전문기술수준이 낮아졌다거나 과업흐름에 피해를 주지는 않았는지를 평가하여야 한다. 기업은 전문기술을 보유하거나 높은 성과를 도출한 종업원을 계속 근무하도록 해야 한다. 그렇지 않을 경우 기업의 미래는 암담하다고 할 수 있다. 예컨대 신상품개발에 대한 프로젝트에 가담했던 종업원이 다른 기업으로부터 스카웃되는 경우이다. 이 경우 기업은 많은 손해를 입게 된다.

## 5. 이직의식평가

기업의 이직관리는 종업원의 이직에 대한 의식평가를 해야 한다.

종업원의 이직의식평가는 이직률보다 종업원의 직무만족 정도·이직 의도(intentions to quit)를 평가해야 한다. 예를 들면 기업이 이직 감소를 목표로 임금을 대폭 인상하였을 때, 설문조사를 통해 종업원을 대상으로 그 효과에 대한 만족도 내지 이직 의도를 조사하여 과거의 그것과 비교하는 것이다.

**참고문헌**

강효석·권석균·이원흠·조장현 (1998), 기업구조조정론, 홍문사.

강효석·이원흠·조장연 (1997), 기업가치평가론, 홍문사.

김형배 (1998), 노동법, 박영사.

박상언·이영면 (2004), "고용조정을 경험한 조직에서 사원들이 느끼는 고용불안과 신뢰 그리고 직무성과의 관계에 관한 연구", 경영학연구, 제33권 제2호, 503~529.

이진규 (2012), 전략적·윤리적 인사관리, 박영사.

최진남·성선영 (2023), 스마트경영학, 생능.

최종태 (2000), 현대인사관리론, 박영사.

Cumming, T. G. & Worley, C. G. (1997), *Organization Development & Change*, 6th ed., Cincinnati, Ohio: South-Western College Publishing.

Ehrenberg, R. G. & Jakubson, G. H. (1988), "Advance Notification of Plant Closing: Does It Matter?", *Industrial Relations*, Vol.28, 60~71.

Freeman, S. J. & Cameron, K.S. (1993), "Organizational Downsizing: A Convergence and Reorientation Framework", *Organization Science*, 4(1), 10~29.

Feldman, D. (1988), *Managing Careers in Organizations*, Glenview, Illinois: Scott, Foresman and Co.

Hammer, Michael & Champy, James (1994), *Reengineering the Corporation*, Harper Collins Publishers Inc.

Jones, G. R. & George, J. M. (2019), Essentials of Contemporary Management, 윤현중·이준우 등 역(2021), 경영학에센스, 지필미디어.

Kilduff, M. & Day, D. V. (1994), "Do Chameleons Get Ahead? The Effects of Self-Monitoring on Managerial Careers", *Academy of Management Journal*, Vol. 37, 1047~1060.

Kinicki, A. & Soignet, D. B. (2022), Managemet: A Practical Introduction, 김안드레아 역(2022), 실용적 접근방식의 경영학원론, 한빛아카데미.

Pigors, Paul & Myers, Charles A. (1981), *Personnel Administration: A Point of View and a Method*, 9th ed., NY: McGraw-Hill.

Sweet, D. H. (1989), "Outplacement", in W. Cascio ed., *Human Resource Planning, Employment and Placement*, Washington, D.C.: Bureau of National Affairs.

제**5**편

# 노사관계

제13장  노사관계의 관리

# 제13장
# 노사관계의 관리

## 제1절 노사관계의 개념

### 1. 노사관계의 의의

기업의 사용자(경영자)는 업무수행을 위해 근로자들을 고용하게 되는데, 이때부터 고용관계, 즉 '노무관리'(labor management)가 시작된다. 그러나 근로자들은 사용자에 비해 약자의 위치에 있다. 따라서 근로자들은 그들의 권리와 이익을 지키고 신장시키기 위해 '노동조합'을 결성하면서부터 '노사관계'(industrial relations)가 형성된다.

노사관계는 노동조합과 사용자 간에 고용관계를 중심으로 인간행동을 규제하고 조정하는 공식적이고 집단적인 모든 관계로서 근로자와 기업, 그리고 양자의 관계를 감독하고 지원하는 전문화된 정부기관을 포함시킨 노·사·정의 상호관계로서 정의된다.

노사관계의 핵심당사자는 노동조합과 사용자이다.

노동조합과 사용자는 집단생활관계로서의 기능, 상호 대등한 입장에서 단체교섭을 통해 근로조건을 결정하고 규칙을 제정하는 기능, 노사문제를 관리하는 등 제도의 확립이 중요하다.[1]

---

1) Forgarly, 1956, 391.

노사관계는 하나의 기업 범위에서 출발하여, 기업 안과 밖에 아울러 존재하는 형태로서 산업수준, 국가수준, 국제적 수준의 노사관계 내지 노동문제로 확대되기도 한다.

## 2. 노사관계의 목표

기업의 노사관계 목표는 노사공존공영(勞使共存共榮), 즉 근로자의 인간다운 생활과 기업의 발전을 함께 이룸으로써 기업의 경쟁력을 향상시키는데 있다.[2]

### 1) 기업의 평화유지

노사관계의 첫 번째 목표는 근로조건을 둘러싼 노사갈등을 해소하여 기업의 평화를 유지하는 것이다. 이는 전통적 노사관계에서 중시되는 목표이다.

노사관계는 노와 사 양측이 힘(power)에 의한 대립이나 투쟁이 아니라, 다음과 같은 갈등의 해소로 쌍방의 이익을 가져다주는 협력적 관계를 유지해야 한다.

노사관계는 기업의 경제적 갈등을 해소할 수 있어야 한다. 근로자나 노동조합은 경영자를 상대로 그의 노력에 대해 공정한 임금을 받을 수 있는 임금구조를 구축하여 갈등을 해소하여야 한다.

노사관계는 기업의 사회적 갈등을 해소할 수 있어야 한다. 기업은 근로조건 및 이와 관련된 갈등을 해소하기 위한 합리적인 제도를 정립하여야 한다. 따라서 기업은 근로자들이 자율적인 노동조합 활동을 통해 다양한 욕구를 효율적으로 수렴할 수 있도록 협조하여야 한다. 또한 노동조합은 민주적인 절차로 의견수렴과 이해조정을 통해 대표적인 욕구와 요구사항을 정리하고 이를 사용자와의 교섭과 흥정을 통해 합리적으로 적용될 수 있도록 제도적 장치를 마련하여야 한다.

노사는 기업의 평화유지를 위해 다음 사항을 준수하여야 한다.

노사관계의 이념은 자본주의 사회의 기본 틀인 사유·자유·영리를 실현시킬 수 있는 시장체제, 즉 자본주의의 이데올리기(ideology)와 규칙(rule)을 준수하고 노동의 거래관계를 공정하고 효율적으로 정착시켜야 한다.

노사관계의 활동은 그 국가와 기업의 실정에 부합하여야 하고, 기업활동과 노동운동이 합리적이어야 한다. 특히 노동운동은 자본주의 사회와 경제의 발전에 필요하다. 그러나 노조는 임금 등에서 기업의 지불능력과 경쟁능력을 도외시하고 과다하게 요구함으로써 기업

---

2) 최종태, 2000, a 3~24.

을 도산시키거나, 자본주의 체제를 위협해서는 안 될 것이다.

## 2) 노사협력과 역량향상

노사관계의 두 번째 목표는 기업의 노사협력과 역량향상으로 기업 경쟁력을 강화하는 것이다. 이는 현대적 노사관계에서 중시되는 목표이다.

### (1) 노사협력

기업은 그의 경쟁력 강화를 위하여 노사협력관계를 구축하여야 한다. 왜냐하면 아무리 노동력이 우수하더라도 노사관계가 원만하지 못하면, 기업의 생산성을 향상시킬 수 없기 때문이다. 따라서 기업은 노사대립적 관계를 지양하고, 공정한 배분 등 노사 화합을 통한 협력적 관계의 유지로 생산성을 향상시켜야 할 것이다. 그럼으로써 기업은 근로자들을 '사회적 자본(social capital)'화 되도록 해야 할 것이다. 사회적 자본은 대인관계와 공유된 정체성, 규범, 이해, 가치와 더불어 신뢰, 협력, 상호작용을 통해 사회집단에 효과적인 기능을 하게 된다.

### (2) 역량향상

기업은 개인의 역량향상을 중시하고, 기업 경쟁력을 강화시키기 위해서는 소극적인 분쟁해소 측면에서 노사관계의 개선도 중요하지만 적극적인 역량향상(인적자원개발)을 기업 경쟁력의 원동력으로 삼아야 한다. 근로자의 기술에는 생산기술 이외에, 경영기술, 정보기술, 분석기술 등이 포함되는데, 근로자의 역량향상은 근로자의 기술 향상에서 비롯되기 때문에, 기업은 근로자의 기술을 향상시킴으로써 근로자들을 '인적자본(human capital)화' 하여야 할 것이다. 인적자본은 생산과정에서 유용하다고 간주되는 개인의 속성, 즉 교육·훈련 등을 통해 축적된 지식이나 기술 노하우, 건강 등과 같이 노동생산성을 향상시키는 노동의 질적인 측면을 포함하고 있다. 따라서 기업은 근로자들의 역량을 향상시킴으로써 인적자본을 형성할 수 있도록 근로자의 기술형성과 근로의욕을 향상시켜야 한다.

첫째, 기업은 경쟁력을 향상시키기 위해 근로자의 기술을 형성하여야 한다. 기능중심의 기술능력과 지식중심의 기술능력을 향상시켜야 한다. 부즈 앨런과 해밀턴(1997)은 세계질서를 뒤흔들고 있는 것은 중화기로 무장한 군대가 아니라 기술과 자본 및 판매의 노하우로 무장한 기업들이라고 하였다.

둘째, 기업은 경쟁력을 향상시키기 위해 근로자의 근로의욕을 향상시켜야 한다. 종업원들의 노동력이 기술력이 되고, 기업의 기술력이 경쟁력을 이루며, 기업의 경쟁력이 국가

경쟁력이 되도록 해야 한다.

## 3. 노사관계의 특성

기업의 노사관계는 다음과 같은 특성이 있다.

노사관계는 노와 사가 노동권과 경영권의 대등한 입장에서 집단적 상호작용하는 관계이다. 따라서 노사관계는 집단 대 집단의 조직적 관계인 것이다.

노사관계는 수평적이고 대등한 관계이므로 파워적 갈등관계이다. 노사관계는 노사문제의 대부분이 노사 간에 이해(利害)와 관련된 사항이므로 이를 논의하고 거래하는 과정에서 지속적인 갈등관계를 유발한다.

노사관계는 파워를 수반한 정치적 관계이다. 노사관계는 업무중심의 경제·기술·사회적 관계이기도 하지만, 업무이외에 정치적 관계가 더 강하다. 따라서 노사관계는 외부의 파워 속에서 이해관계를 달리하는 집단들의 정치적 관계이기도 하다.

노사관계는 이해대립적인 관계가 강하다. 근로자나 노동조합은 분배적 측면을 강조하는데 비해, 경영자는 생산적 측면을 강조하고 있다. 그러나 근로자나 노동조합도 경영자와 같이 더 많은 가치분배를 위해 가치형성, 즉 생산성의 향상을 바라고 있으므로 이해공통적인 측면도 있다. 따라서 경영자와 인사관리 담당자는 기업의 합리적인 인적자원관리를 위하여 '생산성'을 높일 수 있는 노사관계를 구축할 필요가 있다.

## 4. 노무관리와 노사관계

기업에서 근로자들은 경영자와의 관계에서 노동조합의 결성여부에 따라 다음과 같이 서로 다르다.

기업 내 노동조합이 없을 때에 사용자와 근로자와의 관계는 일 대 일의 관계로서 수직적 관계 또는 상하관계이며, 효율성을 위한 생산측면이 더 강조된다. 경영자는 기업 내에 노동조합이 없을 때는 말할 필요도 없고, 노동조합이 결성되어 있다 하더라도 기업의 발전에 더욱 관심을 갖고 관리한다. 이를 인사관리 또는 노무관리라고 한다.

기업 내 노동조합이 있을 때에 사용자와 노동조합 간에는 수직적 또는 상하관계가 아닌 수평적 또는 대등관계로 변화하게 된다. 이때 경영 노사관계를 좁은 범위의 노사관계라고 한다. 즉, 노사관계는 근로자 개인이 종전과 같이 고용관계로서의 역할도 하고, 노조원으로서의 역할도 하므로 이중의 역할을 하게 된다. 즉 노사관계는 근로자와 경영자의 개별적 관계이자 집단적 관계, 종속관계이자 대등관계, 협동의 관계이자 대립의 관계이다.[3] 이를 [그림 13-1]로 나타낼 수 있다.

기업의 인사관리 또는 노무관리는 생산증진을 목표로 하여 효율성·능률성과 더불어 경영권을 중시한다. 그러나 노사관계는 민주성·파워성과 더불어 노동권을 중시한다. 즉 기업의 인사관리 또는 노무관리는 경영자가 경영활동에 있어서 직무의 합목적적 수행을 위해 근로자를 대상으로 한 경영관리 과정의 상호작용이고, 노사관계는 노동조합과 사용자 사이의 다원적 갈등 속에서 대립과 협력을 통한 경영민주화와 산업민주주의 활동에 있어서 노사 쌍방의 파워관계·대등관계의 상호작용이다. 이를 〈표 13-1〉로 나타낼 수 있다.

**그림 13-1** 노무관리와 노사관계

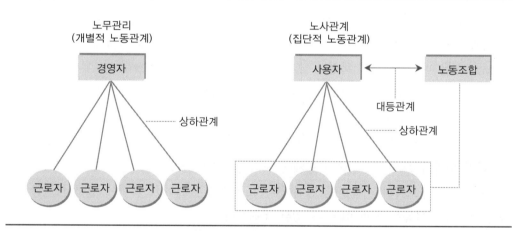

**표 13-1** 노무관리와 노사관계의 비교

| 유 형 | 노무관리＝개별노사관계(무노조기업) | 노사관계(유노조기업) |
|---|---|---|
| 영 역 | 생산활동에 대한 통제관계에 있어서의 상호작용 | 산업민주주의를 위한 경영민주화에 있어서 노사 대등관계의 상호작용 |
| 목 표 | 생산향상(생산 강조) | 산업평화(분배 강조) |
| 수 단 | 효율성(능률성), 상하관계(수직관계), 경영권 강조 | 민주성(파워성), 대등관계(수평관계), 노동권 강조 |
| | 경영자: 주체, 근로자: 객체 | 사용자·근로자 공동주체 |

---

3) 이준범, 1997, 107~108.

# 근로자 단체: 노동조합

## 1. 노동조합의 의의

노동조합은 자본주의 사회에서 근로자의 권익을 보호하기 위하여 임금 근로자들이 단결 (단체조직)하여 그들의 근로조건을 유지 및 개선하기 위해 결성된 자주적 단체라고 정의할 수 있다. 우리나라 노동조합법 제2조에서도 노동조합을 "근로자가 주체가 되어 자주적으로 단결하여 근로조건의 유지 및 개선과 근로자의 복지증진, 기타 경제적·사회적 지위의 향상을 목적으로 조직하는 단체 또는 그 연합단체를 말한다."라고 정의하고 있다. 노동조합은 한 국가가 산업화 단계로 접어들면서 필연적으로 나타나는 기구이다. 노동조합의 목적은 노동시장에 개별적으로 진입하는 근로자들의 최저임금 보장 등 근로조건 개선을 위하여 존재하는 것이다.[4]

노동조합은 다음 세 가지 특성이 있다.

노동조합은 근로자들의 근로조건을 유지하고 개선하며 나아가 근로자의 생활을 향상시키기 위한 단체이다.

노동조합은 근로자의 자주적 단체이다. 노동조합은 근로자 스스로 유리한 근로조건을 획득하기 위하여 스스로의 힘으로 단체를 조직하고 운영한다.

노동조합은 근로자의 지속적인 단체이다. 노동조합은 그 설립목적이 일시적인 활동이 아닌 지속적인 활동을 통해 이룰 수 있는 조직이다.

우리나라는 전통적으로 한 기업에 한 노조만 허용하고 있으나, 2011년 7월 1일 부터 복수노조를 허용하였다. 복수노조 허용이란 하나의 사업 또는 사업장에 두 개 이상의 노조를 설립할 수 있게 하는 것이다. 그러나 종전에도 상급노조와 가입대상자가 겹치지 않는 노조는 복수노조가 허용되었다.

노동조합은 하나의 기업 범위를 넘어, 산업단위의 노동조합, 한 국가단위의 전국노동조합, 국제적 수준의 국제노동조합연맹으로 노동운동 내지 노동문제로 확대되기도 한다.

---

4) Webb & Webb, 1897.

## 2. 노동조합의 필요성

노동조합은 다음과 같은 이유에서 필요하다고 할 수 있다.

노동조합은 근로자가 사용자와의 노동관계에서 경제적·사회적 지위에 있어서 약자의 위치에 있으므로 불공정거래·노동착취·부당 요구 등 손해를 입을 가능성이 있기 때문에 권익을 옹호하기 위해 필요하다.

노동조합은 근로자가 비표준화되고 인간의 생명이나 인격과 직결되어 있는 존엄성을 지닌 노동상품을 제공하는 사람이므로 이들을 보호하기 위해 필요하다.

노동조합은 경영자와 근로자간, 근로자들 간 및 여러 직종 간에 공정성을 유지하기 위해 필요하다.

노동조합은 경영자가 기업을 보다 투명하고 객관적으로 운영하도록 유도하고 나아가 산업민주주의 실현을 위해 필요하다. 노동조합은 근로자들이 노동 소외감을 느끼지 않도록 하고, 노사 간에 적대감과 갈등을 사전에 예방할 수 있다. 더욱이 노동조합은 조합원뿐만 아니라 사회의 최하위층(저소득자나 소외계층)의 이익을 대변함으로써 산업민주주의를 실현시킬 수 있다.

## 3. 근로자의 노동권 보장

기업은 전통적으로 기업가나 경영자에 의해 운영되어 왔다. 기업가나 경영자는 기업을 창설하고 이에 필요한 인력을 확보하여 근로자들을 경영계획이나 전략에 따라 지휘·명령·통제할 수 있는 권한을 보유하였다. 따라서 근로자들은 기업에 근무하면서 근로생활이 경영자의 의지에 따라 피동적으로 행동할 수밖에 없으므로 그들의 다양한 욕구가 효율적으로 수렴될 수 없었다.

기업에서 경영자는 사유재산권의 보장을 위해 경영권이 반드시 필요하지만, 근로자의 노동권도 보장해야 근로의욕을 증진시키고, 나아가 기업의 목적도 달성할 수 있는 것이다. 그러므로 국가와 사회는 법률에 의해 노동권을 보장하고 있다.

노동권은 근로자가 경영자로부터 그들의 생존을 확보하고, 권익을 보호하기 위해 보다 합리적이고 능률적인 근로조건을 만들고, 나아가 자신들이 제공한 근로의 대가를 정당하게 보상받을 수 있도록 주장하고 행동할 수 있는 권리이다.[5][6] 노동권은 근로자에게 생활수단이자 생존수단이다.

노동법은 근로자들에게 자주적으로 근로조건 등을 향상시킬 수 있도록 '노동3권'을 보장하고 있다.

단결권은 근로자들이 자신의 권리와 이익을 지키고 신장시키기 위해 노동조합을 만들 수 있는 권리를 말한다. 단결권은 '단체조직권'이라고도 한다. 단결권은 국제노동기구(ILO)가 베르사이유 조약에서 근로자 및 사용자의 합법적인 결사권(結社權)을 규정하면서 인정되었다. 그럼으로써 근로자 개인과 사용자의 노무관계에서 노동조합과 사용자라는 집단간의 노사관계로 바뀌게 되었고 법적으로도 인정받게 된 것이다.

단체교섭권은 노동조합이 사용자와 공동으로 근로조건의 유지, 개선 또는 노동협약의 체결에 관하여 집단적 타협을 모색하고 직접 교섭할 수 있는 권리를 말한다. 다시 말하면 단체교섭권은 기업에서 노사쌍방의 여러 문제와 이에 따른 분쟁을 해결하기 위해 근로자와 사용자가 자율적으로 대립과 갈등을 극복하고 대화와 타협으로 해결할 수 있는 권리이다. 기업의 단체교섭 대상은 근로조건을 비롯하여 기업의 관리 및 운영에 관한 사항, 기타 근로자의 대우에 관련되는 사항, 근로자의 연대적 성격에서 나오는 요구사항도 있다. 이에는 영미의 단체교섭제도와 독일의 경영참여제도가 있다.

영미의 단체교섭제도는 근로자들이 근로조건을 유지·개선하기 위하여 단결하고 그 단결력을 최대로 발휘하여 노사가 대등한 입장에서 교섭하는 제도이다.

독일의 경영참여제도는 근로자 및 노동조합의 대표자를 경영 및 의사결정에 반드시 참여시키도록 법제화함으로써 노와 사가 공동으로 경영의 권한과 책임을 분담하게 하는 제도이다. 즉 전통적으로 경영자들이 수행하는 전략적·관리적 의사결정[7]에 근로자나 노동조합도 참여시킴으로써 노사간의 교섭이 경영업무 수행을 위한 계획단계에서 이루어지는 제도이다.

결국, 영미제도가 사후적(결과적) 교섭이라고 본다면 독일제도는 사전적(계획적) 교섭이라고 할 수 있다.

단체행동권은 노동조합이 사용자에게 근로조건이나 임금 등에 관한 사항이나 단체협약

---

5) 이준범, 1997, 598; 최종태, 2000, 548~549.
6) 노동권의 일반적인 정의는 노동능력을 가진 사람이 일을 하려고 해도 직장을 구할 수 없는 경우, 국가에 대하여 노동의 기회를 제공해 주도록 요구할 수 있는 권리이다. 그러나 여기에서는 기업에 고용된 사람의 노동에 관한 권리를 정하고 있으므로 전혀 다르다고 할 수 있다.
7) 기업에서 주로 전략적 의사결정은 최고경영층이 실시하고, 관리적 의사결정은 중간경영층(관리층)이 실시한다.

의 이행 등을 요구하였으나, 사용자가 응하지 않거나 노사 간에 단체교섭 과정에서 이견
(異見)과 분쟁으로 문제(issue)가 해결되지 않을 때 자기주장을 관철시키기 위하여 일정한
과정을 거쳐 행동으로 항의할 수 있는 권리를 말한다. 노동조합의 단체행동이란 '태업이나
파업' 등 노동쟁의를 의미한다. 헌법 제33조는 노동 3권을 보장하고 근로자가 노동쟁의를
했다는 이유로 해고나 기타 불이익한 처우를 받는 것을 금지시키고 있다. 노동쟁의조정법
제8조도 '사용자는 이 법에 의한 쟁의행위로 인하여 손해를 받은 경우에 노동조합 또는 근
로자에 대하여 그 배상을 청구할 수 없다'라고 규정하고 있다.

기업을 포함한 모든 조직은 노동3권에서 단체교섭권(제도)을 중심으로 운영하고 있다.

## 4. 노동조합의 기능과 역할

### 1) 노동조합의 기능

노동조합의 기능에는 경제적 기능, 복지적 기능, 정치적 기능이 있다.

#### (1) 경제적 기능

노동조합의 경제적 기능은 고유기능으로서 단체교섭과 경영참여가 그 중심이 되고 있
다. 근로자들이 노동조합을 결성하는 이유는 개개인의 근로자가 그의 노동력을 불리한 조
건으로 기업, 즉 사용자에게 제공하지 않도록 하기 위한 것이었다.

노동조합의 경제적 기능은 같은 기능, 같은 직종, 같은 기업(산업)에 종사하는 근로자가
노동조합을 결성하여 열악한 근로조건, 분배나 복지 등에 대한 '단체교섭'을 통해 분쟁사항
을 조정하고 개선하거나 해결한다. 또한 기업의 중요한 사항에 대해 '경영참여'로 공동 협
의하거나 결정한다. 그러나 이를 통해서도 노동조합이 바라는 목적을 달성할 수 없다고 판
단될 때 '노동쟁의'를 통해 노동력의 제공을 거부하기도 한다.

#### (2) 복지적 기능

노동조합의 복지적 기능은 공제적(共濟的)기능이라고도 한다. 공제적 기능이란 노동조합
이 '부조'에서부터 시작되었기 때문에 붙여진 명칭이다. 부조는 조합원 상호간에 경조행사
때에 물건이나 돈으로 도와주는 것을 말한다.

그러나 노동조합은 최근에 이르러 복지적 기능을 차츰 확대하여 조합원의 질병, 재해,
고령, 사망, 실업 등으로 노동능력이 일시적 또는 영구적으로 상실되는 경우에 대비하고

있다.

노동조합은 병원이나 진료소를 비롯하여 주택공급사업, 요양소, 오락시설, 소비조합, 숙박 또는 급식시설, 장학제도, 퇴직 위로금이나 연금의 지급, 노동금고, 조합원의 실업사업, 기타 사고에 대한 위로금과 생활원조 등 복지품목을 넓혀 운영하고 있다. 그리고 소비조합, 생산조합, 우애조합, 노동은행 등을 설립하기도 한다.

오늘날 노동조합은 조합원들이 가장 필요로 하는 복지품목을 선정하고, 이에 대한 비용을 기업으로부터 단체협약을 통해 확보하기도 한다.

### (3) 정치적 기능

노동조합의 정치적 기능은 노동관계법을 비롯한 모든 법령의 제정 및 개정, 세제, 물가정책, 사회보험제도, 기타 사회복지정책 등 정부의 경제·사회정책 사항 등에 관해 의견을 제시하는 것을 말한다. 또한 노동조합 내에 이해집단들 간의 의견조정, 사용자·다른 노동조합·정부와의 협조 등에 관한 사항도 포함된다.

정치적 기능은 구체적으로 다음과 같다.

근로자를 위한 법률 활동으로 최저임금의 인상, 근로시간의 단축추진, 정부의 노동 3권 축소 혹은 금지, 노동조합법이나 근로기준법 개선, 사회보험이나 사회보장의 요구 등이다. 이와 같은 법률이나 제도는 정부나 사회단체가 주관하여 바로 변경할 수 있는 사항이므로 전국단위 노동조합이 앞장서서 근로자들에게 불리하게 처리되지 않도록 활동을 하여야 한다.

근로자를 위한 각종요구 활동으로서 근로자들을 위한 생활조건의 개선이나 사회·교육·문화시설 확충 등을 정부나 사회단체에 요구하는 활동을 한다.

근로자를 위한 정치참여활동으로서 선거를 통해 친노동자 정당을 지지하는 '간접 정치참여'와 조합원의 정당 결성이나 노조대표의 의회진출 등 '직접 정치참여'를 함으로써 노동조합(근로자)의 권익을 보호하고 있다.

## 2) 노동조합의 역할

### (1) 노동조합 역할의 의의

노동조합의 역할은 순기능과 역기능이 공존하고 있다.

노사관계전문가들은 노동조합이 참여를 통한 정치메커니즘(political mechanism)의 역할로 기업의 성과를 향상시킬 수 있다고 주장한다.

| 표 13-2 | 노동조합 역할의 장점과 단점 | |
|---|---|---|
| 구 분 | 장 점 | 단 점 |
| 권 익 | 만족성 증대로 의욕향상 | 정치적 행동 중시 |
| 공 정 | 형태적 공정성 향상 | 내용적 공정성 저하 |
| 의사결정 | 기업과 종업원을 바른 방향으로 유도 | 노조의 단결력으로 집단이익추구 |

그러나 전통적 자유주의 경제학자들은 노동조합이 근로자들의 임금이나 복지 등을 목표로 활동함으로써 시장메커니즘(market mechanism)을 힘없이 만들어 경쟁시장의 질서를 왜곡하고, 기업자원의 최적배분을 불가능하게 하여 비효율과 불공정을 가져와 기업의 성과를 저하시킬 수 있다고 주장한다.

노동조합은 일반적으로 권익, 평등, 합리를 중시한다. 이에 따라 나타나는 장단점을 정리하면 〈표 13-2〉와 같다.

### (2) 권익: 만족성 / 정치성

노동조합은 종업원의 만족성을 제고시킬 수 있다. 노동조합은 종업원 개개인이 경영자를 대상으로 교섭하는 것은 한계가 있지만, 많은 조합원의 결속단체이므로 교섭력이 강화되어 근로자들의 만족도를 높일 수 있다. 따라서 노동조합은 근로자들의 이직률을 떨어뜨리게 되고 나아가 기업의 고용 및 훈련비 등을 낮출 수 있다. 또한 근로자들이 장기근무하게 되어 인적자원의 숙련과 특유기술을 보유할 수 있으므로 기업의 대외경쟁력을 향상시킬 수 있다.

노동조합은 근로자로서 정당한 노동권의 확보를 위한 활동범위를 넘어 자기의 이익을 중시하는 정치적 행동을 하는 경향이 있다. 다시 말하면 노동조합은 경영자와 교섭을 할 때, 합리성 논리보다 노동권의 확보를 위한 정치성 논리를 앞세우는 경향이 있다. 또한 노동조합이 경영자와 교섭을 전담할 경우 지도부는 도리어 관료화·경직화될 가능성이 높고, 부패할 수도 있다.

### (3) 공정: 형태성 / 내용성

노동조합은 경영자와 근로자간, 근로자들 간 및 여러 직종 간에 형태적 공정성을 중시하고 있다. 노동조합은 임금이나 승진, 해고, 재고용 등에서 능력주의보다 연공주의를 선호하고 있다. 왜냐하면, 능력주의는 경영자가 종업원을 주관적(자의적) 평가로 종업원들 간에 불공정이 이루어질 수 있지만, 연공주의는 학력·경력 등 객관적으로 평가하므로 경영자의 자유재량이 허용되지 않아 공정하다고 보기 때문이다. 사실 연공주의는 사무직, 숙련과 성과가 비례하는 생산직의 공정한 인사에 크게 기여할 수 있는 제도이다. 예를 들어 노동조합의 표준임금정책 실시로 기업이나 산업 내에 있어서 노조원들 간의 불공정성을 감소시킬 수 있는 것이다.

그러나 연공주의 전제조건인 종신고용은 이미 퇴색되고 있고, 젊은 세대들은 이를 선호하지 않고 있다. 특히 오늘날과 같이 직무의 다양화·복잡화 시대에 맞는 임금은 능력주의(지식·능력 내지 역량중심 인사관리)가 적합하다고 할 수 있다. 따라서 연공주의는 능력주의가 중시하는 내용적 공정성을 확보하기가 어렵다고 할 수 있다.

### (4) 의사결정: 경영의 합리성기여/집단이익추구

노동조합은 경영자에게 기업을 투명하고, 합리적으로 경영하도록 압력을 가함으로써 기업의 합리화를 촉진시킬 수 있다. 또한 노동조합은 인사부에서 파악할 수 없는 근로자들의 소리를 모아 공식조직에 전달할 수 있다. 따라서 경영자는 근로자 개개인을 상대하지 않고 노동조합을 상대함으로써 경영의사결정을 쉽게 할 수 있고 일부 근로자의 이탈행위를 노동조합이 관리하여 줌으로써 기업에 도움이 될 수 있다.

노동조합은 노동임금을 수요와 공급에 의한 시장논리가 아닌 단결력을 통해 인상시킴으로써 집단이익을 추구하려는 경향이 있다.

따라서 노동조합의 집단이익 추구는 노사 간에 의사결정의 합리성을 저해하고, 노사 간에 갈등과 대립만 가중시켜 기업의 경쟁력을 저하시킬 수 있다. 특히 노동조합은 주로 대기업에 결성되어 있다. 따라서 대기업의 노동조합이 노동생산성과 무관하게 노사 단체협약으로 과도한 임금인상을 관철시킬 경우, 그 인상비용은 하청업체인 중소기업에 전가시킬 개연성이 높다. 따라서 중소기업은 재정압박이 더욱 심해지고 대기업과 중소기업 간 임금격차가 더욱 벌어질 수 있다.

## 5. 노동조합의 올바른 추진전략

한국의 노동조합은 주로 규모가 크고 근로환경이 좋은 대기업에 설치되어 있고,[8] 하청기업, 중소기업, 비정규직은 노동조합조직률이 매우 낮은 실정이다. 노동조합은 민간부문의 경우 2021년 현재 총근로자의 11.2% 가입하고 있다.[9] 그러나 현행법은 노동조합우선

---

8) 2021년 현재, 사업장규모별 노동조합조직률은 근로자 300명 이상 사업장 46.3%, 100~299명 10.4%, 30~99명 1.6%, 30명 미만 0.2%로 나타났다.

정책에 따라 해당기업의 전근로자를 대표하여 해당기업의 사용자와 협상하여 그 결과에 따라 모든 근로자에게 동일하게 적용된다. 또한 상위 노동조합도 같은 맥락에서 한국 전체 근로자를 대표하여 국가나 해당기업의 사용자와 협상을 하고 있으며 그 결과에 따라 국민 전체에 막강한 영향을 주고 있다.

국가가 노동조합에게 사용자에 대응할 협상권을 주고, 비노조원들도 그 결과에 따르도록 한 것은 노동조합원들이 전체 근로자에 대해 많은 관심과 지식을 가지고 있으므로 당연히 전체 근로자들을 위한 제안과 정책을 펼 것이라고 믿고 준 특권이라 할 수 있다. 따라서 노동조합은 노조 자신과 기업, 국가 등의 형평을 고려한 정책을 개발하여 추진하여야 한다. 특히 모든 노동조합(단위 노동조합이나 상위 노동조합)은 약자를 보호하고 국가의 미래를 생각하는 노동조합 활동을 추진하여야 할 것이다.

그러나 한국 노동조합의 활동은 주로 그들 기업이나 단체 중심의 임금인상, 근로조건의 향상, 최저임금 인상 등 권익에 집중하고 있다. 그러다 보니 노동조합조직률이 낮은 하청기업, 중소기업, 비정규직 근로자들의 임금이나 근로조건 등이 열악할 수밖에 없다. 한국의 대기업 정규직 노동조합은 하청기업, 중소기업, 비정규직 근로자들의 희생을 담보로 그들의 이익을 보장받는다는 비판도 있다. 따라서 한국 노동조합 근로자의 임금과 복지는 하청기업, 중소기업, 비정규직 근로자와 큰 차이가 있어서 2중 구조를 심화시키고 있다.

한국 노동운동에 큰 영향을 미쳤던 '전태일'은 강제 해고된 여공을 도왔다가 본인도 해고를 당하였고, 과다한 근로시간과 열악한 환경의 개선을 질타하면서 '약한 여공을 보호해 달라'고 대통령에게 탄원서를 내기도 했다. 이런 요구들이 전혀 반영되지 않자 평화시장 앞 도로에서 "근로기준법을 준수하라!"는 구호를 외치며 분신한다. 그러나 한국의 노동조합은 약자를 배려하는 전태일 정신을 이어받지 못하고 있다. 노동운동가인 장기표[10]는 한국노동조합이 도리어 한국의 노동시장 2중 구조를 조장하는 측면이 강하다고 질타한다. 그리고 이를 해결하기 위해서는 한국 노동조합 노조원 한 사람 한 사람이 근로자로서 생활하면서(사용자의 위치는 포기) 모든 근로자들이 행복해질 수 있도록 노력할 때 가능하다고 진단한다. 따라서 상위노총은 거대 기업층, 고소득자층 중심의 투쟁정책에서 중소기업층·저소득자층도 포괄하는 정책, 나아가 국가 전체가 발전할 수 있는 정책을 모두 포괄하는 방향으로 노력하여야 한다.

---

9) 2021년 현재, 부문별 노동조합조직률은 민간부문 11.2%, 공공부문 70.0%, 공무원 부문 75.3%, 교원부문 18.8%이었다.
10) 신문명정책연구원 대표.

노동조합은 경영층과 협상과 투쟁을 주된 임무로 하는 유일한 창구이다. 노동조합은 경영자와의 관계에서 투쟁중심이 아닌 협상중심, 즉 상호존중과 공동이익을 위해 노력하여야 미래로 나아갈 수 있다. 상호존중은 먼저 상대방을 인정하고, 설득하며 공감하는 행위이다. 또한 공동이익은 투쟁중심에서 자기의 이익을 넘어 대화와 타협으로 협조할 때 가능하다.

경총의 조사에 따르면 우리 국민들은 80%가 노동개혁이 경쟁력의 필수라고 보고 있다. 따라서 한국 노동조합은 국민들이 바라는 근로시간 유연성 확보(22.5%), 산업현장 법치주의 확립(19.4%), 고용 유연성 제고(13.8%)등에 관심을 가지고 노사가 함께 추진하여야 할 것이다.[11]

## 6. 노동조합의 조직강화 수단

노동조합은 기업에서 그 활동의 안정성(조합원의 수)과 파워성(조합의 자금)을 확보하기 위해 여러 가지 제도를 모색하고 있다. 이에 대한 제도에는 숍제도와 체크오프제도가 있다.

### 1) 숍제도

숍제도는 조합원 여부를 고용자격과 관련하여 규정한 제도이다. 즉 숍제도는 노동조합 입장에서 조합원의 확보에 따른 안정성과 관련이 있는 제도이다.

#### (1) 기본적인 세 가지 제도

숍제도에는 세 가지 기본적인 제도가 있다.

오픈숍(open shop)은 기업이 근로자를 고용할 때에 조합원, 비조합원을 구분하지 않고 고용하는 제도이다. 따라서 오픈숍은 종업원 중 노동조합원의 비율이 낮아 노동조합의 영향력이 낮아지게 된다. 따라서 경영자는 기업운영에 여유를 가지고 정책을 펼칠 수 있을 것이다. 그러나 오픈숍은 기업생활에서 조합원과 비조합원 간에 갈등이 많이 발생할 가능성이 있다고 할 수 있다. 따라서 오픈숍은 노조의 강화정도, 즉 안정성과 파워성이 가장 낮다고 할 수 있다.

유니언숍(union shop)은 기업이 근로자를 고용할 때에 조합가입 여부는 상관하지 않으나, 채용 후에는 반드시 조합에 가입하도록 하는 제도이다. 만약 고용된 근로자가 노동조합에 가입을 거부하거나 노동조합이 조합에 가입한 근로자를 조합원에서 제명하면 기업은

---

11) 동아경제, 2023.5.10., 1면.

그를 해고하여야 한다. 우리나라는 오픈숍을 채택하면서 유니언숍을 계속 금지해 왔으나, 1987년에 관련법의 개정으로 노조가 당해 사업장의 근로자 2/3이상을 대표하고 있을 때 일부 허용되고 있다(노동조합법 제16조 제2항).

미국의 경우 태프트 하틀리법은 근로자가 가입비를 납부하지 않아 가입이 인정되지 않았거나 조합비를 납부하지 않아 제명되었을 경우를 제외하고, 조합이 제명한 종업원을 해고하지 않아도 되도록 규정하고 있다.

클로즈드숍(closed shop)은 기업이 신규고용이나 결원보충을 할 때 노조 가입자만 고용을 허용하는 제도이다. 클로즈드숍은 조합가입이 고용의 전제조건이 되고 있다. 노동조합은 이 제도가 조합원을 가장 안전하게 확보할 수 있고, 조직을 강화시킬 수 있으므로 가장 선호하고 있다. 따라서 클로즈드숍은 노조의 안정성과 파워성이 가장 높다고 할 수 있다. 미국의 경우 1947년 태프트-하틀리법은 클로즈드숍을 불법으로 규정하였으며, 다만 1959년에 건축업에 한하여 다시 합법화되었다.

### (2) 노사의 대응전략

노동조합은 클로즈드숍이나 유니온숍의 채택을 선호하고 있다. 노동조합은 오픈숍의 경우 조합원 확보라는 안전조항이 없으므로 기업의 노동조합화를 어렵게 하고 가입된 조합원을 탈퇴하지 않도록 하는데 상당한 시간을 보내야 하지만, 클로즈드숍이나 유니온숍의 경우 안전조항이 있으므로 근로자와의 일상관계 및 고충처리와 같은 업무에 보다 더 책임을 가지고 노력할 수 있다.

사용자는 오픈숍제도를 선호하고 있다. 사용자는 오픈숍이 채택될 경우 적은 수의 근로자가 노동조합에 가입하게 되어, 그들의 영향력을 많이 행사할 수 있다. 그러나 클로즈드숍이나 유니온숍은 조합의 안정규정이 있으므로 노동조합이 기업을 공격하는데 더 강력해질 것이라고 보고 있다. 따라서 노사관계가 비합리적으로 전개될 위험이 있다고 보는 것이다.

우리나라에서는 유니언숍을 계속 금지해 왔으나, 1987년에 관련법의 개정으로 노조가 당해 사업장의 근로자 2/3이상을 대표하고 있을 때 일부 허용되고 있다(노동조합법 제16조 제2항).

### 2) 조합비 징수제도

조합비 징수제도는 노동조합이 자금의 확보에 따른 파워성과 관련이 있는 제도이다. 노동조합에서 조합비를 거두는 방법에는 다음 두 가지 방법이 있다.

개별징수법(individual assessment)은 노조가 조합원을 일일이 찾아다니면서 조합비를 징수하는 방법이다. 사용자는 노조가 회비를 적게 징수하거나 회비징수에 일손을 빼앗겨야 기업에 덜 신경을 쓴다고 생각한다. 따라서 개별징수법은 노조가 약화될 수 있으므로 사용자가 선호하고 있다.

일괄징수법(check off system)은 노조가 근로자의 임금지급 시 기업 경리과를 통해 조합비를 일괄하여 징수하는 방법이다. 일괄징수법은 노조측이 조합비를 완전히 징수할 수 있으므로 자금 확보를 통한 노동조합의 질적인 안정성과 파워성의 확보에 유리한 조건이 되며, 시간과 경비의 절약뿐만 아니라 노동조합의 제도적 신분을 강화시켜 준다.

## 7. 노동조합의 형태

노동조합의 형태는 노동조합에 가입하는 조합원의 자격에 따라 구분된다. 노동조합에 가입자격이 개인 근로자라면 단위 노동조합의 형태이고, 노동조합의 가입자격이 집단, 즉 단위 노동조합이라면 연합 노동조합의 형태가 된다.

### 1) 단위 노동조합의 형태

단위 노동조합의 형태란 노동조합의 기본적인 형태를 지칭한다. 단위 노동조합은 직업별 노동조합→ 일반 노동조합→ 산업별 노동조합→ 기업별 노동조합 순서로 발전하여 왔다. 그중 가장 기본적인 형태가 '산업별 노동조합'와 '기업별 노동조합'이다. 단위 노동조합은 큰 조직일 경우 중앙조직과 하부조직인 지역별로 지부 또는 분회를 두고 있다. 이 때에 각 지부나 분회는 의결권이나 집행권과 같이 자주적인 결정권이 없다.

#### (1) 직업별 노동조합

직업별 노동조합(craft union)은 산업이나 기업에 관계없이 동일한 직능(職能)에 속하는 근로자가 그의 경제적 이익을 확보하기 위하여 조직된 노동조합의 형태이다. 이를 직종별 노동조합, 또는 직능별 노동조합이라고도 한다. 따라서 직업별 노동조합은 산업화 이전에 숙련공들이 그들의 직업 독점과 특권적 지위를 미숙련공에게 빼앗기지 않으려고 노동력의 제공을 제한하기 위해 결성된 조합이다.

직업별 노동조합은 하나의 산업이나 기업 내에 여러 개의 직종이 있는 경우 여러 직업조합에 나누어 가입하게 되어 있다. 즉 이 노동조합은 인쇄공 노동조합, 선반공 노동조합과 같이 동일한 직종에 종사하는 임금근로자에 의해서 결성된 조합이다. 그러므로 직업별 노동조합은 동일직종 내의 횡적 단결은 강하나, 한 기업 내에 근로자 전체의 통일을 기하기 어렵다.

직업별 노동조합은 가장 먼저 영국에서 발달한 노동조합 형태로서 지금도 미국을 비롯하여 각국에서 시행되고 있다. 그러나 기계 산업이 급속히 진전됨에 따라 기술이 단순화되었고, 숙련도와 미숙련도의 차이가 적어지는 한편, 새로운 생산시설의 등장으로 인하여 직종의 구분도 재편성되었다. 따라서 직업별 노동조합은 직업 주도적 지위가 무너지면서 산업별 노동조합으로 발전하게 되었다.

직업별 노동조합은 단체교섭의 대상과 내용이 명확하고, 실업자라 하더라도 가입이 가능하므로 고용이 쉽게 이루어질 수 있다. 그러나 직업별 노동조합은 지나치게 배타적이고 독점적이어서 전체근로자들의 분열을 초래할 우려가 있다.

### (2) 일반 노동조합

일반 노동조합(general union)은 산업이나 직업 및 직능과 관계없이 한 개 또는 몇 개의 산업에서 근무하는 일반 근로자들을 중심으로 폭넓게 조직된 노동조합의 형태이다. 그러나 일반 노동조합도 모든 근로자들이 원칙 없이 조직된 것이 아니라, 직업별 노동조합에서 배제되었던 제조업 이외의 교통, 운수, 유통, 건설 등의 분야에 속한 미숙련근로자와 잡근로자들이 광범위하게 단일조직으로 결성된 것이다.

일반 노동조합은 1879년 대공황이 한창일 무렵, 영국에서 직업별 노동조합에서 산업별 노동조합으로 전환되던 과도기에 출현하였다. 일반 노동조합은 공업화의 진전에 따라 대량으로 밀려난 미숙련근로자와 직업별 노동조합에서 밀려난 미숙련근로자들의 노동능률과 최저한도의 권익을 확보하는데 있다. 다시 말하면 일반 노동조합은 근로자들의 노동생활을 영위하기 위해 안정된 고용의 확보, 노동시간의 최고한도 규제, 임금의 최저한도 규제 등 최저생활의 필요조건 확보에 중점을 두고 있다.

그러나 일반 노동조합은 여러 직종에서 모인 많은 미숙련근로자로 구성되어 있으므로 조직을 효율적으로 통제하기가 어렵고, 많은 직종의 이해가 얽혀 있어 단체교섭이 어려우며 조직의 요구조건을 해결하기도 어려웠다. 이러한 현실에서 일반 노동조합은 공평성을 위한 입법을 중심으로 활동할 수밖에 없었다.

일반 노동조합은 가능한 한 넓은 노동시장을 대상으로 하여, 많은 수의 조합원을 확보함으로써 조합원 수에 의해 노동시장을 장악하고자 하였다. 그리하여 제조공업 부문을 중심으로 한 직업별 노동조합이 산업별 노동조합으로 변화를 촉진시키는 계기가 되었다.

### (3) 산업별 노동조합

산업별 노동조합(industrial union)은 동일한 산업에 종사하는 모든 근로자가 하나의 노동조합으로 조직된 형태이다. 산업별 노동조합은 현대 노동조합의 대표적 조직형태이다. 예를 들면, 석탄산업의 경우 이 산업에 속하는 모든 기업 내에 근무하는 광부나 운전사는 물론, 사무직원 등 모든 근로자가 하나의 산업별 노동조합 조합원이 되는 것을 의미한다.

산업별 노동조합은 산업화에 따라 사회적 분업과 기계화의 진전으로 미숙련공도 직업을 얻어 직무수행이 가능해지자, 직업별 노동조합의 직업 독점과 노동력 공급제한으로 소외를 당해 온 근로자들이 중심이 되어 결정하게 되었다.

산업별 노동조합은 거대 산업지배권을 가진 독점자본가들이 노동시장 단일화에 의한 노동조건의 저위평준화정책과 기업별·공장별 차별 정책에 대항하여 산업별로 직접 단체교섭을 하는 특성이 있다.

산업별 노동조합은 소속된 기업들의 단결력이 강하여 경영자에 대한 강력한 교섭을 할 수 있다. 그러나 여러 직종을 포함하고 있으므로 근로자들 간의 이해관계를 조정하기 곤란하다.

### (4) 기업별 노동조합

기업별 노동조합(company union)은 한 기업에 종사하는 모든 근로자에 의하여 조직된 노동조합의 형태이다. 기업별 노동조합은 직업별 노동조합이나 산업별 노동조합과 같이 동일직종 또는 동종산업에서 함께 노조를 할 수 있다 하더라도 그 대상 간의 시설규모나 지불능력의 격차가 너무 커서 노동조합을 결성하기 어려울 때 많이 조직된다.

기업별 노동조합은 직업별 노동조합, 일반 노동조합, 산업별 노동조합과 같은 횡단적 노동조직이 자기 기업으로 확대되는 것을 방지하고, 이에 대항하기 위하여 사용자 측이 앞장서서 조직하는 속칭 어용노동조합(御用勞動組合)의 형태로 나타나기도 한다.12) 이런 경우 기업별 노동조합은 노동시장에 대한 지배력은 전혀 없고, 조직에 미치는 영향력도 극히 미약하다고 볼 수 있다.

기업별 노동조합은 그 조합원이 모두 같은 기업의 근로자이기 때문에 근로조건의 통일

---

12) 이준범, 1997, 254.

적·종합적인 결정과 공동의식을 통한 노사협조를 용이하게 할 수 있는 장점이 있다. 그러나 기업별 노동조합은 한 기업의 전 직종을 포괄한 조직이므로 각 직종간의 구체적인 요구조건을 공평하게 처리하기 어렵고, 그 조합원은 모두 사용자와 종속관계에 있기 때문에 노동조합이 어용화 될 가능성이 크다는 단점이 있다.

우리나라는 기업별 노동조합형태를 취하고 있고, 일본도 단위조합의 절대 다수가 기업별 조직형태를 취하고 있다. 그러나 미국이나 서구에서는 기업별 노동조합의 예가 약간 있지만, 사용자 측이 주도하여 조직되는 어용노동조합으로 취급받고 있는 실정이다.

## 2) 연합 노동조합의 형태

연합 노동조합(affiliated union)은 근로자 개인자격으로 가입하는 것이 아니라, 단위 노동조합이 단체자격으로 가입하여 그 조직력을 더욱 강화시키기 위하여 산업 내지 전국 조직으로 구성된 연합방식이다. 연합 노동조합은 독자적으로 자율성을 보유한 상태에서 결속력이 높아진 단위 노동조합이 아닌, 개별조직 간의 협력과 조정을 도모하기 위하여 결성된 하나의 느슨한 조직이다. 즉 연합(연맹)노동조합은 직업(직종)별 노동조합이나 기업별 노동조합이 집단자격으로 가입하여 전국적으로 결합하는 연합체 조직이다.

### (1) 산업별 노동조합연맹

산업별 노동조합연맹은 직업별 노동조합이나 기업별 노동조합이 특정산업 단위로 연합하여 산업에 영향을 미치는 문제들에 대해 공동으로 대처하기 위해 결성된 노동조합이다.

산업별 노동조합연맹은 다음과 같은 기능이 있다. 첫째로 하나의 산업 내에 여러 개의 노동조합이 존재할 경우 이들 노동조합들이 연합하여 협동하고 조정한다. 둘째로 대(對)사용자관계를 보다 효율적으로 대처하기 위하여 정부의 산업정책이나 사회정책 등에 다각적으로 참여하여 영향력을 발휘한다. 셋째로 외부적으로 노동외교와 정치활동 및 로비 등을, 내부적으로 단위 노동조합의 전략들을 조정하고 통합하는 기능 등을 수행할 뿐만 아니라 개별단위 노동조합들이 독자적으로 감당하기에 역부족인 교육훈련·연구조사 활동 등을 담당한다.

산업별 노동조합과 산업별 노동조합연맹은 명칭이 유사하여 혼돈이 있을 수 있다. 우리나라의 철도, 전력, 우정 및 담배·인삼 노동조합은 산업별 노동조합연맹이 아니라 산업별 노동조합으로서 단일 노동조합이다.

우리나라는 기업별 노동조합을 단위 노동조합으로 하고, 전국규모의 42개 산업별 노동조합연맹(한국노총 26개, 민주노총 16개)으로 구성되어 있다.

## (2) 전국적 연맹

노동조합의 전국조직 또는 총대표조직(national center)은 반드시 하나로 존재하는 것은 아니고, 국가에 따라 여러 개가 함께 존재하고 있다. 전국적 연맹은 단체교섭과 같은 활동을 하지는 않으며, 회원조직의 관할 문제들을 다루기는 하나 주로 정부나 국회 또는 정당을 대상으로 한, 정치적 또는 정책적 활동을 한다. 따라서 노동조합의 전국적 연맹은 주로 정치적 이념에 따라 복수로 존재한다. 전국조직이 분열되어 있는 경우 각 산업, 직종 또는 기업단위의 노동조합은 서로 경쟁 또는 대립적 관계에 놓인다.

우리나라의 전국적 노동조합연맹은 한국노동조합총연맹, 전국민주노동조합총연맹 등이 있다. 각 국의 전국적 노동조합연맹은 영국의 영국노동조합총연맹(TUC), 독일의 DGB, 미국의 미국노동조합연맹(AFL-CIO) 등이 있고, 프랑스의 경우는 GGT, CFDT, GGT-FO, CFFE 등으로 나누어져 있고, 일본도 소효, 도메이, 주리쓰노렌 등으로 나누어져 있다가 최근 신렌고(新連合)로 통합되었다.

## (3) 국제적 연맹

각국의 노동조합은 종교적·이념적 차이뿐만 아니라 경제발전의 국가 수준에 따라 차이가 있다. 그러나 각국의 노동조합은 국가 간의 거리가 좁아지면서 국경을 넘어 결합하고 힘을 합쳐야 할 필요성을 느끼게 되었다. 즉, 각국의 노동조합은 노동조건이 거의 동일하게 형성되어 감에 따라 정보교환과 상호협력이 다양하게 추구될 필요가 있게 된 것이다.

각국의 노동조합은 국제적으로 국제적 연맹을 결성하였다. 제2차 세계대전 후 미국, 소련 등 60여개국이 세계노동조합연맹(WFTU)을 결성하였으나, 소련 등 공산주의적 노동운동 세력이 이 조직을 주도하게 되자, 미국 등이 여기서 이탈하여 국제기독교노동조합연맹(ICFTU)을 새로 결성하여 대부분의 비공산주의적 노동조합조직이 가입하였다. 국제기독교노동조합연맹은 1968년에 세계노동조합연맹(World Confedederation of Labor: WCL)으로 명칭을 변경한다. 이후 WFTU와 WCL은 이합집산을 거듭하다가 현재 활동 중인 국제노동조합기구는 미국과 서방국가 중심의 자본주의적 노동조합에 의해 설립되어 세계최대 국제노동조합 기구로서 156개 국가, 306개 노동조합, 1억 7,500만 명이 가입하고 있는 국제노동조합연맹(International Trade Union Confederation : ITUC)과 러시아 중심의 공산주의와 친공산주의적 노동조합에 의해 설립되어 세계 두 번째 국제노동조합 기구로서 105개 국가, 210개 노동조합, 7,800만 명이 가입하고 있는 세계노동조합연맹(World Federation of Trade Union: WFTU)이 있다.[13]

## 제3절 ▶ 사용자 단체: 경영자

### 1. 사용자 단체의 의의

사용자는 노사관계의 직접당사자이다. 사용자는 기업을 경영하는 사람으로서 경영권을 행사하는 사람이다. 사용자인 경영자14)는 좁은 의미에서는 주주총회로부터 권한을 수탁받은 최고경영층만을 의미한다. 그러나 넓은 의미에서는 최고경영층뿐만 아니라, 이를 돕는 중간 및 하위관리층까지 포함시킨다. 따라서 노사관계에서 사용자는 근로자의 단체인 노동조합을 상대하여 상호 대화와 타협을 하는 넓은 의미의 사용자를 의미하고 있다. 이를 [그림 13-2]로 나타낼 수 있다.

기업은 단순한 자본의 집합체가 아닌 생명을 지닌 하나의 실체로서 가치를 창출하는 조직이다. 따라서 기업은 인류의 욕구를 충족시켜 주기 위한 가치창출의 근원이다. 사용자(경영자)는 기업의 이러한 사명을 앞장서서 수행하는 핵심주체이므로 그 역할은 막중하다고 할 수 있다.15) 사용자는 기업에서 그들 고유의 목표를 가지고 활동하며 기업이 수행하여야 할 행동에 대하여 리더 역할을 하고 있다.

기업은 가치창출을 위해 사용자(층)이 주체가 되고 노동조합, 정부 등의 협력을 통하여 이루어진다. 사용자는 노동조합과 더불어 두 당사자라고 불리고 있고, 정부를 포함하여 세 당사자로 불리기도 한다.

사용자는 여러 이해당사자들과의 상호협조를 통해 기업을 운영하고 있다. 사용자는 기업을 둘러싸고 있는 관계기관들, 즉 노동조합, 이해집단들, 그리고 정부를 주도하면서 가치를 창출하고 있는 것이다.

---

13) 박성환·송준호·김찬중, 2019, 163~166.
14) 사용자와 경영자는 엄밀한 의미에서 다르다. 사용자는 대체로 기업에 자본을 제공한 자본가, 즉 주주로서 소유와 경영이 분리되지 않는 기업은 사용자가 경영을 겸하므로 '사용자＝경영자'가 된다. 그러나 오늘날은 소유와 경영이 분리된 기업이 일반화 되어가고 있으므로 사용자는 자본만 투자하고 경영은 전문경영자에게 맡긴다. 그러므로 '사용자≠경영자' 이다. 그러나 사용자(주주총회)는 그의 경영권을 (전문)경영자에게 위임하므로 여기서는 '사용자＝경영자'로 보기로 한다.
15) M. Hammer & J. Champy, 1994.

그림 13-2 사용자의 분류

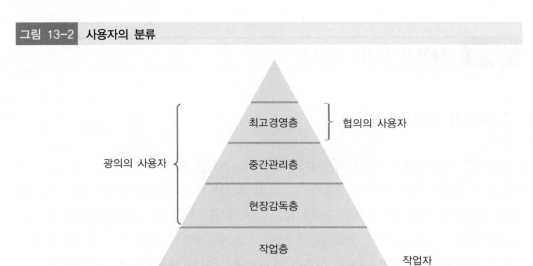

## 2. 사용자의 경영권 보장

### 1) 경영권의 의의

기업은 생존하고 발전하기 위해 경영권이 확립되어야 한다.

경영권(management right)은 기업의 가치창출을 위한 직능수행에 꼭 필요한 권리이다. 기업은 사용자, 즉 경영자의 경영권이 확립되어 있지 않으면 그 존립이 어렵게 된다.

번함은 저서 경영자혁명론(The Managerial Revolution)에서 이제까지는 자본가가 기업에 출자하여 소유자가 됨에 따라 기업을 지배하고 나아가 사회 전체를 지배하는 사람이 되었다. 그러나 앞으로는 경영전문가가 경영관리에 대한 전문적인 기술자로서 기업사회에서 가장 중요한 지위를 차지하면서 사회의 지배계급이 될 것이라고 예측하였다.16)

드럭커는 경영자가 기업에 동력과 생명력을 불어 넣어주는 중심 역할을 하므로, 경영자가 없으면 생산의 자원은 자원으로 머물게 되고 생산되지 않는다고 하였다.17)

따라서 경영자는 각종 자원을 합리적으로 결합하여 제품이나 서비스의 가치를 창출하고, 기업을 건전하게 유지·발전시킬 수 있는 역할과 책무를 다하기 위하여 경영권이 필요하다고 할 수 있다.

---

16) J. Burnham, 1941.
17) P. F. Drucker, 2000.

## 2) 경영권의 원천

경영권의 원천에는 근본적 권한설과 직능적 권한설, 두 가지가 있다.

근본적 권한설은 경영자가 자본의 제공에 따른 재산권, 즉 정적재산권보다 자본과 노동력의 결합으로 생산활동을 영위하는 '재산운영권', 즉 동적재산권인으로 나타난다는 견해이다. 이러한 관점에서 경영권은 노사관계를 주도하는 경영질서확립 및 유지권, 근로자에 대한 업무지휘권, 생산수단인 자본을 운영하는 시설관리권으로 나타난다.

직능적 권한설은 경영직무를 수행하기 위해 부여된 '직능권'으로 나타난다는 견해이다. 직능은 직무를 수행하는 지식 및 능력이나 작업에 따른 고유한 기능을 말한다. 따라서 경영자가 직능을 잘 수행하기 위해서는 의무와 책임이 있어야 하고, 이를 관리할 수 있도록 부여된 권리와 권한인 직능권이 뒷받침되어야 한다.

근본적 권한은 기업의 '소유권'에서 나온 것이고, 직능적 권한은 기업의 '관리권'에서 나온 것이다. 따라서 사용자의 경영권을 '재산운영권'으로 볼 경우 권한의 범위를 정하기 어려우므로, 경영자가 수행하고 있는 '직능권'으로 보아야 할 것이다. 그러나 직능권의 내용도 확정되어 있는 것이 아니다. 종전에는 경영 직능권에 속하였던 사항이 현대에는 단체교섭 사항으로 바꾸어지기도 하고, 노동조합의 경영참여에 의하여 공동결정 사항으로 변화될 수도 있는 것이다.

## 3) 경영권의 내용

경영권의 내용을 경직적으로 해석하느냐, 유연적으로 해석하느냐에 따라 귀속설과 수탁설로 구분된다.

귀속설은 사용자가 노동조합이 요구하는 지나친 노동권의 확대로부터 경영권을 적극적으로 수호해야 한다는 입장이다. 이를 경영대권(經營大權: management prerogative)이라고도 한다. 즉 귀속설에 따르면 경영권은 단체협약 사항이나 과거 노사관행으로 허용된 사항을 제외하고 기업의 모든 권한이 사용자에게 속한다고 본다.

귀속설은 경영권을 작업규칙과 작업에 관한 사항으로 규정하고, 노동조합과의 단체협약 사항에 포함시키는 것을 기본적으로 반대한다. 즉 경영자는 노동조합이 작업장에서의 기술 변화, 기업 운영에 대한 혁신, 한 직무수행에 요구되는 작업자의 수 결정 등에 대한 문제뿐만 아니라 공장의 이전과 가동, 여러 공장을 운영하는 경우 한 공장의 운행정지 결정, 작업 세부사항에 관한 계약, 근로자에게 잔업 수행의 결정 등에 대한 관여로부터 확고하게 지켜야 한다는 것이다.

수탁설은 사용자가 기업이라는 공기(公器: 사회공유물)의 운영을 일시적으로 수탁 받은 상태이므로 기업에 문제가 있으면 이를 경영권에 속하느냐 아니냐를 따지기보다 유연적으로 운영하여 효율성을 높여야 한다는 입장이다. 이를 경영유연권(經營柔軟權: management flexible right)이라고도 한다. 사용자는 경영권을 정해놓고 고수하려고 하지 않고, 경영권에 속하였던 사항이라도 노동조합이 논의를 요구한다면 이를 토의하고 교섭하며 최종적으로 협상(단체교섭)을 한다.

## 3. 사용자의 올바른 추진전략

사용자(자본가)는 노동조합을 동반자로 인식하고 다음과 같은 방향으로 기업을 운영하여야 할 것이다.

첫째, 사용자는 근로자나 노동조합에 대해 법규를 준수하여야 함은 물론 지나친 기업이윤 극대화 전략을 추진하기보다 근로자나 노동조합의 입장을 고려하여 그들의 인권과 행복권을 최대한 보장하여야 한다.

근로자들의 인권은 보장되어야 한다. 사용자들이 직장생활에서 근로자들에게 인권을 유린하는 '갑질'은 절대 있어서는 안 될 것이다.

근로자들의 행복권은 보장되어야 한다. 근로자의 행복권은 안전과 건강이 우선되고 있다. 따라서 사용자는 근로자들의 안전관리(사고 및 재해 관리), 건강관리(위생 · 보건관리)를 철저히 이행하여야 한다. 작업현장에서 근로자의 산업재해 발생을 줄이기 위해서는 사용자의 안전 배려의무(노동환경개선 의무)와 근로자의 산재예방 의무를 준수하여야 한다.

따라서 사용자는 산업현장에서 작은 재해에서부터 중대재해까지 모두 발생하지 않도록 최선을 다해야 한다.

둘째, 사용자는 기업의 경쟁력을 향상시키기 위해 근로자들의 개인역량을 향상시켜야 한다. 근로자의 역량 향상은 근로자의 임금을 증대시키고, 기업의 기술력과 경쟁력을 향상시킨다.

셋째, 사용자는 근로자의 임금을 합리적인 기준에 따라 공정하게 지불하여야 한다. 다시 말하면 사용자는 근로들 간의 임금공정성은 물론, 정규직과 비정규직, 혹은 해당기업과 하청기업간의 공평한 임금까지도 고려하여 결정하여야 한다. 즉 임금의 2중 구조를 해소할 수 있도록 노력하여야 한다. 이에는 반드시 노동조합과의 합의가 선결요건이다. 정규직과 비정규직의 차별은 조선시대의 반상제도와 흡사하다. 즉 정규직은 비정규직과의 차별은 당연하다고 본다. 정규직은 그들의 신분을 순수하게 자신들의 노력으로 쟁취했다고 본다. 이에 대해 마이클 샌델 하버드대 교수는 '공정이라는 착각'으로 표현한다. 그는 정규직 신분의 획득을 사회전체적으로 보면 부모의 경제력, 교육환경의 차이, 부의 불균형 등 배경과 행운이 작용한 것이라 본 것이다.

또한 사용자는 임금의 2중 구조를 해소하기 위해 임금제도의 변경이 필요하다. 즉, 우리나라 많은 기업이 실시하고 있는 경력·경험 혹은 근무연수 중심의 연공급을 직무의 난이도·특성 중심의 직무급이나 작업성과·능률 중심의 성과급으로 변경하는 것이 바람직하다. 비정규직은 정규직과 같은 일을 하고도 그들의 40%만 받는 현실을 고쳐야 한다. 그리고 노동조합이 있는 대기업, 정규직, 원청의 울타리로 보호받는 상위 18%의 1부 리그 보다는 80%가 넘는 2부 리그(중소기업, 비정규직, 하청)의 임금체계를 먼저 바꿔야 한다. 이로 더불어 정규직의 유연성(고용유연성)을 높여야 한다. 고용유연성이 높으면 정규직을 더 많이 뽑을 수 있고, 임금의 2중구조도 완화시킬 수 있다.

넷째, 사용자는 근로시간의 유연화를 통해 기업의 노동생산성[18]을 향상시켜야 한다. 한국의 근로시간은 낮은 강도로 천천히, 오래 일하는 시스템이다. 이는 임금을 연공급에서 직무급·성과급으로 변경시키는 문제와도 연관이 있다. 따라서 사용자는 근로자의 건강을 해치지 않는 범위 내에서 기업에 주어진 일을 제때 처리하는 시스템으로 바꿔야 한다. 이를 위해서는 현재의 주 40시간 근로제의 근로시간을 늘릴 필요가 있을 것이다. 그래야 기업의 생산성을 향상시킬 수 있다.[19]

## 4. 사용자 단체

기업과 관련된 사용자 집단들은 기업내부연합체와 기업외부연합체가 있다. 이에 대해 설명하기로 한다.

### 1) 기업내부연합체

기업내부연합체는 기업조직 내의 사용자를 중심으로 한 조직을 말한다. 기업의 노사·노무기능은 전 조직에 산재해 있어서 노사·노무담당자에게 모든 업무를 맡길 수도 없는 특성이 있다.

---

18) 2021년 기준, 시간당 노동생산성은 한국 42.7달러, 미국 74.1달러, 독일 68.3달러, 프랑스 66.7달러이다. (OECD와 정부 국가지표체계)
19) 이재열, 근로시간 개편 핵심은 생산성…정규-비정규직 임금차 줄여야, 동아일보 2023.3.28., A4

기업의 노사·노무담당은 최고경영층, 중간관리층, 현장감독층이 있다.

최고경영층은 사장이나 이사급으로서 노사관계정책을 수립하고 집행하는 중요한 계층이다.

중간관리층은 부장이나 지점장으로서 노사관계 운영의 중추적인 역할을 하는 계층이다. 이는 라인과 스태프로 구성된다. 라인관리자는 노사·노무 직능라인 관리자로서 일선에서 활동하고, 노사직능담당자는 노사·노무 전문스탭으로서 노사담당부장이 맡고 있는데 후선에서 활동한다.

현장감독층은 과장급이나 직장(職長)으로서 대다수 근로자들의 노사·노무업무를 현장에서 직접 담당하는 계층이다.

### 2) 기업외부연합체

기업외부연합체는 소유주와 소유주 연합체, 일반단체로서 공급자 조직단체, 고객단체, 경쟁관계의 타 기업, 특수이해관계자 정부 등이 있다.

기업은 기업내외의 다양한 이해관계자들 사이에 합리적인 이해조정을 반드시 이루어야 한다. 또한 기업은 대내외 집단의 이해조정뿐만 아니라, 경영성과를 통한 가치를 창출할 수 있도록 노력해야 한다.

한편 노동조합의 세력이 강성해져서 전국적 노동조합으로 발전하였을 경우, 사용자들도 노동조합에 대응하기 위해 사용자연합회를 구성한다. 사용자조직의 가장 대표적인 형태는 산업별 노동조합에 대응하는 산업별 사용자연합회이다. 또 각 산업별 사용자연합회를 지원해 주는 사용자총연합회를 구성하기도 한다. 사용자조직의 형태는 국가에 따라 차이가 있다. 이들 산업별 사용자연합회는 독일과 같이 산업별 노동조합에 대응한 단체교섭의 당사자로 등장하는 경우도 있고, 미국과 같이 단체교섭의 당사자는 아니지만 교섭에 커다란 관심을 가지고 사용자를 대표해서 여론을 환기시키고 각종 정보와 전문기술을 제공하기도 한다.

우리나라의 경우는 성격이 똑같지는 않지만, 사용자조직으로 한국경영자총협회(이하 경총)나 전국경제단체협의회(경단협) 등이 있다.

## 제4절 ▶ 노사관계의 조화와 정부

　노사관계에는 좁은 의미의 노사관계와 넓은 의미에서의 노사관계가 있다. 좁은 의미의 노사관계는 노사 핵심당사자의 노동권과 경영권에 따른 문제를 대화와 타협으로 해결하는 형태이고, 넓은 범위의 노사관계는 노동조합연합체와 사용자연합체 사이의 문제를 대화와 타협으로 해결하는 형태가 있다. 따라서 정부는 넓은 범위에서 노사 양단체의 대화와 타협이 이루어지도록 지원한다. 그 일환으로 나타난 것이 노사정위원회이다.

### 1. 노동권과 경영권의 조화

　기업은 항상 노사 간에 노동권과 경영권의 다툼으로 분쟁이 야기될 수 있다. 이 때에는 근로자의 노동권과 경영자의 경영권이 함께 존중되어야 한다.

　기업의 노사관계는 기업의 목적을 달성하기 위해 다음과 같이 그 권리가 정립되어야 한다.

　사용자의 경영권은 노조의 불합리한 간섭이나 침해로부터 반드시 보호되어야 한다. 사용자의 경영권은 기업이 이윤을 창출하기 위해 먼저 합리성이 확보되어야 하고, 또 직무수행뿐 아니라 비용이나 시간에서 효율성이 확보되어야 한다.

　근로자의 노동권은 사용자의 불합리한 간섭이나 침해로부터 반드시 보호되어야 한다. 근로자의 노동권은 노동조합의 설립목적에 따라 안정적이고 건전하게 운영되고, 노동조합원들이 기업의 직무수행자로서 그 기능과 역할을 다하여 기업의 생산성을 향상시킬 때 확보될 수 있다.

　노사권리의 적용은 사용자의 입장에서 귀속설이 경영권 확보를 위해 유리하고, 노동조합의 입장에서 수탁설이 노동권 확보와 상대방의 양보를 받기 위해 유리하다고 할 수 있다. 기업에서 노사관계의 노동권과 경영권은 다음과 같이 적용하여야 할 것이다.

　노사권은 노사가 기본적인 기준에서 서로 안정적으로 발전할 수 있도록 '귀속설'을 중시하여야 할 것이다. 왜냐하면 노사관계는 기업의 노사문화의 건전성 정도, 근로자의 역량 정도 등에 따라 다르겠으나, 귀속설과 수탁설 중에서 귀속설이 기업의 안정적 발전을 위해 더 기여할 수 있을 것이기 때문이다. 만약 기업에서 수탁설을 기본으로 선택하였을 경우 권력투쟁적인 끝없는 분쟁으로 이어질 수 있는 위험이 있다.

노사권은 노사가 행위적 기준에서 서로 역동적으로 발전할 수 있는 '수탁설'을 중시하여야 할 것이다. 경영자는 귀속설의 범위 내의 사안이라 할지라도 때로는 수탁설의 관점에서 노동조합의 이견과 주장이 합리적이라고 판단되는 사안을 이해하고 수용하는 자세를 가져야 할 것이다. 또한 근로자들도 그의 권익을 크게 훼손시키지 않는 일이라면 경영자의 경영권을 존중하여야 할 것이다.

노동조합과 사용자는 어느 설을 선택하는 것이 유리하냐, 불리하냐를 따지기 전에 노동조합과 사용자의 전략과 관리가 기업의 목적인 계속적인 이윤창출에 어떤 영향을 미치는가에 초점을 맞추어야 할 것이다. 이러한 관점을 갖는 이유는 기업의 생산성에만 관심에 두고 근로자의 생활성은 도외시하자는 의미가 아니라, 노사의 전략과 관리가 기업의 목적을 달성하는데 유익하다면 결국 기업의 생산성과 근로자의 생활성도 함께 이룰 수 있다고 믿기 때문이다.

기업은 노동권과 경영권을 함께 존중하여야 한다. 노동조합은 기업과의 협의사항에 관하여 사용자와 교섭을 하더라도 기준이나 원칙을 결정하는 '계획'의 참여에 국한하여야 하며, 결정된 사항의 실행까지 참여를 주장하여서는 안 될 것이다. 그럴 경우 기업의 운영은 대혼란을 가져올 것이다. 따라서 노사는 양자 모두에게 장기적인 이익이 보장되도록 제도와 관행을 형성해 나가야 할 것이다.

## 2. 노사관계와 정부

### 1) 노사관계에서 정부관여의 근본적 요인

오늘날 많은 국가들은 복지국가를 지향하고 있다. 그러나 복지국가의 실현은 기업의 발전 없이는 이루어질 수 없다.

사용자의 기업활동은 국가의 부(富) 축적과 관련되어 있고, 여기에서 일하는 근로자들의 소득 및 생활과 직결되어 있다.

한편, 근로자들의 근로활동은 인권 내지 복지와 관련이 있다.

정부가 노사관계 관여 이유는 양당사자의 이해(利害)문제가 사회 내지 국민 전체에 크게 영향을 미치고 있기 때문이다. 즉 이에는 고용, 최저임금결정, 노동쟁의 등이 있다. 따라서 정부는 노사관계 전반에 적용되는 제도적인 체제를 만들고 국민경제 질서와 사회 질서를 왜곡하거나 혼란을 방지하기 위하여 적극적으로 관여하지 않으면 안 된다고 할 수 있다.

## 2) 노사관계에서 정부관여의 실제적 요인

정부가 노사관계에 관여해야 하는 실제적 요인은 다음과 같다.

첫째, 정부는 국민을 대표하여 여러 구성원들의 이해와 욕구를 조정하여야 한다.

둘째, 정부는 노와 사가 직접 해결할 수 없는 것들에 대해 관여한다. 예를 들어 근로자의 주택, 보험, 교육, 세제, 재산형성 등이 있다.

셋째, 정부는 공기업에서 직접 사용자의 위치에 있다.

넷째, 정부는 노사 당사자 간의 타협에 의한 해결이 시각의 차이, 스타일의 차이, 목적의 차이, 인식의 차이 등의 한계가 있으므로 개입하지 않을 수 없다.

## 3) 노사관계에서 정부의 역할

정부는 노사관계에서 규제와 지원의 역할을 하고 있다. 이 때 정부의 조정 내지 중재자 역할은 공평하고 합리적이어야 한다.

정부는 근로자들의 인격보호와 인간존중을 위해 규제하고 있다. 이에는 행정권력 차원에서 각종 인허가, 면허, 최저임금제도, 남녀고용 평등제도 등이 있고, 행정지도 차원에서 도덕적 지도와 설득 등이 있다.

정부는 급속한 환경변화에 대처할 수 있는 사항에 대해 직접지원과 간접지원을 한다.

직접적 지원활동은 ① 복지활동 지원(근로자의 재산형성, 물가·금융·세제 등에 배려, 근로자의 주택문제), ② 고용창출과 인력개발 및 교육훈련제도 지원(정부의 전문기관설치), ③ 노동입법 활동 지원(노동법, 노사협의회법, 노사관련 법규)등이 있다. 이를 다음 〈표 13-3〉과 같이 나타낼 수 있다.

간접적 지원활동은 ① 세계경제의 개방화에 부응한 국제경쟁력의 유지와 발전 지원, ②

**표 13-3  정부의 규제와 지원정책의 비교**

| 구분 | 규 제 | 지 원 |
|---|---|---|
| 대 상 | 노사당사자의 행위와 역할 | 인프라스트럭처 분위기 형성<br>노·사·정 3자주의 |
| 목 적 | 산업질서 유지<br>(현 시스템 상태 유지) | 환경적응 및 창출을 위한 변신<br>(새로운 시스템 상태로 변화) |
| 수 단 | 노동입법 + (노동행정) | 노동행정 + (노동입법) |

자료: 최종태, 2007, 172.

기술의 급격한 변화에 부응한 경제구조 변동 지원, ③ 새로운 산업구조에 맞는 인력교육과 개발 지원 등이 있다.[20)

### 4) 경제사회노동위원회

#### (1) 경제사회노동위원회의 조직과 성과

경제사회노동위원회(경사노위)는 노동조합·사용자·정부 등 세 당사자가 기업 내지 산업의 평화와 생산성 향상을 통한 근로자(노조)·기업(산업)·국가의 발전을 위해 적극적인 협력(tripartism)으로 공동관심사를 논의하는 기구이다. 구체적으로 경사노위는 정부가 주도하여 산업과 노동 및 그 주변에서 발생하는 고용문제·임금결정·노동쟁의 등 입법이나 행정을 통하여 법률과 제도를 만들고, 국민경제의 운영이나 사회질서를 유지해 나가도록 정책적으로 유도하거나 지도한다.

경사노위의 조직은 본위원회(각종 의제 채택 및 최종 심의 의결을 맡음), 운영위원회(주요의제의 사전검토와 조정을 맡음), 의제별·업종별 위원회, 의제개발·조정위원회, 특별위원회, 관련위원회 등으로 구성된다.

경사노위의 구성은 근로자 위원이 5명(기존 양대노총의 대표 각각 1명, 청년, 여성, 비정규직 등 3명의 계층별 대표)이다. 다만 이들 계층별 대표를 '전국 규모 총연합단체인 노동단체가 추천하도록 법에 규정해 여전히 양대 노총의 영향력 아래에 두었다. 사용자 위원도 5명(경총, 대한상공회의소, 중소·중견기업, 소상공인)이다. 정부 장관급 대표 2명이고, 공익위원 4인이다.

경사노위는 모든 경제주체들의 참여와 협력을 통해 외환위기를 극복하자는 국민적 여망에 따라 김대중 정부 초기 1998년 1월 15일 발족하였다. 경사노위는 1997년 외환위기 때 국제통화기금(IMF)이 한국에 노동시장 유연화와 금융기관 구조조정 등을 요구하여 정부는 대통령직속으로 '노사정위원회'라는 명칭으로 출발하였다. 이 기구는 독일이나 스웨덴의 민주적 조합주의(democratic corporatism)를 근간으로 하여 사회적 합의를 바탕으로 고용문제를 풀어가려는 시도로 출발한 것이다.

노사정위원회는 한국노총과 전국민주노동조합총연맹(민노총)이 참여한 가운데 1998년 2월 '경제위기 극복을 위한 사회협약'을 체결하여 외환위기의 극복과 국가신인도 제고에 큰 기여를 하였다. 노동계가 정리해고, 파견근로 등 노동시장 유연화를 받아들이고, 경영계는 노동기본권 보장 등을 수용하며 서로 양보한 결과이다. 이 때 노사정 대타협의 주요 내용

---

20) 최종태, 2007, 165~181.

은 다음과 같다. ① 기업의 경영투명성 확보 및 구조조정 촉진을 통한 재무구조 개선, 책임경영제체 확립 및 기업 경쟁력 제고, ② 고용보험 등 사회보장제도 확충, ③ 기업의 경영상 이유에 의한 해고(정리해고) 법제화를 통한 노동시장의 유연성 제고 등을 들 수 있다.21)

그러나 협약직후 민노총은 내홍을 겪다가 탈퇴했고, 협약 관련 입법 지연 등으로 한국노총과 한국경영자총협회(경총)까지 탈퇴하면서 이행과정이 순탄치 않았다. 민노총은 이때부터 2023년 현재까지 약 25년간 대화를 거부하고 있다.

### (2) 경제사회노동위원회의 최근 동향과 개선 방향

한국노총과 경총이 경노사위에 탈퇴와 복귀를 반복하는 가운데 근로시간 단축합의(2000년), 노사관계 선진화 대타협(2006년) 등 나름의 결실을 냈다. 2007년 노사정위는 노무현 정부에서 경제사회발전노사정위원회로 개편된다. 이명박 정부 초기(2008 · 2)부터 이전에 중단됐던 사회적 대화는 다시 활성화됐다. 노사정에 시민사회까지 더해 2009년 2월 '경제위기극복을 위한 노사민정 합의'를 이뤘다. 노동계는 파업자제, 임금동결을 실천하고 경영계는 일자리를 유지하도록 노력한다는 내용이었다.

박근혜 정부는 2014년 말 노동시장 구조개편에 대한 노동시장 이중구조, 임금 · 근로시간 · 정년, 사회안전망 정비 등 3대 현안을 논의하기로 하는 기본 합의문을 채택하였다. 그리고 정규직-비정규직 차별 완화, 사회안전망 확충 등 일부 현안에서 합의안을 이끌어냈다. 그러나 노동계와 정부는 일반해고 지침과 취업규칙 변경요건 완화조항으로 극심하게 맞섰다. 결국 4월8일 한노총이 노사정 대화 결렬을 선언하였다.

그러나 박근혜 정부는 60세 정년 연장으로 청년 고용절벽이 우려되는 만큼 독자적인 노동개혁이 불가피하므로 임금피크제를 도입할 수 있도록 취업규칙 변경요건 완화를 계속 추진했다. 노동계는 강력하게 반발하였으나 우여곡절 끝에 2015년 8월말 한노총이 노사정위원회에 복귀하였다. 노사정 대표들은 9월 13일 중앙집행위원회의 승인을 받아 노사정위원회에서 '노동시장 구조 개선을 위한 노사정 합의문'(2015 · 9 · 15대타협)을 도출하는데 성공했다. 9 · 15대타협의 내용은 청년고용을 활성화하고 원 · 하청 및 대-중소기업 상생협력 확대, 비정규직 차별 개선 등의 폭넓은 노동개혁의 추진이다.

대타협 후 정부와 여당은 노동개혁 5대 입법, 즉 근로기준법 · 고용보험법 · 산재보험법 · 기간제근로자법 · 파견근로자법 개정안 등을 강하게 밀어 붙였다. 이에 대해 한국노총

---

21) 신수식 외, 2003, 108~109.

은 5대 입법안에 저성과자 해고와 취업규칙 불이익 변경을 쉽게 할 수 있는 이른 바 '양대 지침'을 일방적으로 추진하자 이는 노사정 합의문에 포함되지 않는 사항이므로 노사정 합의 파기라며 반발하였다. 그 후 정부는 12월 30일 양대 지침 초안을 전문가 토론회를 개최하면서 재추진할 조짐을 보이자, 한국노총은 2016.1.19에 노사정위원회 불참과 9·15 노사정 대타협 파기를 공식 선언하였다.

문재인 정부는 한국형 사회적 대화를 표방하며 2018년 11월 경사노위를 출범시켰다. 이때 경노사위는 참여주체를 대폭 늘렸다(위의 조직과 구성은 동일). 경노사위도 한국노총 만 참여하고 있고, 민노총은 경사노위 출범초기에 참여하다가 내부갈등으로 막판에 불참했다. 당정의 요청으로 진행된 탄력적 근로시간제 확대관련 합의 과정에서 여성, 청년, 비정규직 대표가 반발해 의결이 무산됐다. 결국 2019년7월 경노사위 위원들이 전원 사퇴하고 두 달 뒤 새로 위원을 위촉한 뒤에야 탄력근로제 합의안을 의결할 수 있었다. 그러나 곧 한국노총은 사회적 대화가 정부의 정책적 수단으로 전락해 신뢰를 잃었다고 비판하면서 대화 중단을 선언하였다.

한국노총은 다시 경사노위에 복귀하였으나, 금속노련이 2023년 윤석열 정부의 노조개혁에 반발하여 일으킨 집회를 정부가 강경 진압함으로써 이에 반발하여 2023.6.7. 다시 경사노위의 불참을 선언하게 된다.

이와 같이 경노사위는 참여주체들의 탈퇴와 복귀를 거듭하면서 개선의 필요성이 대두되고 있다. 경사노위의 개선 방향을 다음과 같이 제시할 수 있다.

첫째, 국내 노조 조직률은 14%이고, 양대노총 조직률은 12%(2021년 기준)에 불과하지만, 경노사위는 여전히 양대 노총의 지배하에 있다. 따라서 양대 노총의 대표성을 무시할 수 없으나, 대화방식의 다양화가 필요해 보인다.

둘째, 계층별 대표가 양대 노총의 영향으로부터 벗어나 자율적으로 선출되고 활동할 수 있는 제도 변화가 필요해 보인다. 또한 취약계층 근로자의 목소리를 더 반영할 수 있는 논의 구조를 만들어야 한다(박지순).

셋째, 경노사위는 노사가 서로의 대화 의지가 중요하므로 큰 업적 도출에 억매이지 말고 상호의 생각을 확인하고 실패 시 각자의 의견을 정리해 정부나 국회에 전달하는 역할만으로 만족해야 할 것이다(최영기).22)

---

22) 주예진, 노사정 대화 7년 만에 중단…"거대 노조의 경사노위 독점 깨야" 동아일보(2022년 6월 28알) A.31

### 5) 중대재해와 업무개시명령

#### (1) 중대재해

중대재해란 산업재해 중 사망 등 재해정도가 심하거나 다수의 재해자가 발생한 경우로서 고용노동부령으로 정하는 재해를 말한다. 중대재해는 중대산업재해와 중대시민재해가 있다(중대재해처벌법 제2조 제1호). 중대시민재해는 해당기업의 원료나 제품의 결함으로 그 이용자 등에게 입힌 손실에 해당되므로 논의에서 제외하고, 중대산업재해만 설명하기로 한다. 중대산업재해는 산업현장에서 ① 사망자가 1명 이상 발생한 재해, ② 3개월 이상의 요양을 요하는 부상자가 동시에 2인 이상 발생한 재해, ③ 부상자 또는 직업성 질환자가 동시에 10인 이상 발생한 재해를 말한다.

중대(산업)재해처벌법은 2022년 1월 27일부터 시행되었다. 중대재해처벌법은 사망사고와 같은 중대 산업재해가 일어나면 경영자를 1년 이상 징역에 처하거나 법인에 10억 원 이하 벌금을 부과한다. 이 법은 경영자를 무거운 형벌로 처벌해 산재를 막자는 의도이다. 현행법에서 50인 이상은 2022년부터 시행되고 있고, 49인~5인은 2024년부터 시행되도록 규정하고 있다.

현행 중대재해처벌법은 ① 징역형의 하한을 1년으로 정하는 바람에 중소기업의 경우 중대재해가 생기면 기업이 무너질 수밖에 없다. ② 입법취지가 같은 산업안전보건법 등과 이중, 삼중 규제가 발생한다. ③ 중대재해의 직업성 질병에 열사병이 포함되어 건설업 등에서 고혈압 환자와 고연령자의 채용을 회피하는 현상이 발생한다. 따라서 정부는 이러한 문제점을 보완하기 위해 위험성평가제(노사가 사업장의 위험요인을 찾아 개선하는 제도)를 도입한 기업은 중대재해가 발생했을 때 수사, 재판과정에서 처벌 수위 낮추는 방향으로 개정을 추진하고 있다.[23]

#### (2) 업무개시명령

업무개시명령은 특정 직업을 갖는 국민이 정당한 사유 없이 집단으로 그 업무를 거부하여 국가경제와 공적 이익에 매우 심각한 위기를 초래하거나 초래할 만한 이유가 있을 때 업무를 개시하도록 강제할 수 있는 명령이다. 파업주체가 이를 거부할 경우 형사처벌까지 가능하도록 규정함으로써 행동 및 직업의 자유 등을 강력하게 제한할 수 있는 공권력 행사이다. 이 제도는 먼저 의료법(제59조)과 약사법(제70조)이 1973년과 1994년에 각각 법제

---

23) 우경림, 광부는 살아 돌아왔지만, 동아일보, 2022.11.29. A 35면; 동아일보 2022.12.1. A35, 사설(1년 만에 수술대 오른 중대재해법, 모호한 규정 싹 손봐야).

화되었고, 2003년 화물연대파업에 따른 물류대란(5.5~5.11, 8.21~9.5)으로 화물자동차운송사업법(제14조)을 개정함으로써 2004년(2004.1.20)에 법제화 되었다.

의료법상 업무개시 명령은 의료인(의사·간호사 등)이 정당한 사유 없이 진료를 중단하거나 의료기관의 개설자가 집단으로 휴업 또는 폐업하여 환자진료에 막대한 지장을 초래하거나 초래할 우려가 있다고 인정할 만할 때 보건복지부장관(시도지사, 시장·군수 또는 구청장)이 그 업무활동을 개시하도록 하는 명령이다. 파업주체가 이를 어길 경우 행정형벌(3년 이하의 징역 또는 1천만 원 이하의 벌금)과 행정처분(의료기관의 허가취소 또는 의료업 정치처분, 의료인의 1년 이내 면허정지 또는 3회 이상 면허정지 시 면허취소)이 따른다.

약사법상 생산 또는 업무개시 명령은 의약품제조업자, 약국개설자 또는 의약품 판매자 등이 공동으로 의약품의 생산·판매를 중단하거나 집단휴업 또는 폐업을 하여 의약품 구매에 현저한 지장을 초래하거나 초래할 우려가 있다고 인정될 때 보건복지부장관(식품의약안전청, 시·도 지사, 시장·군수 또는 구청장)이 업무활동을 개시하도록 하는 명령이다. 파업주체가 이를 어길 경우 행정형벌(3년 이하의 징역 또는 1천만 원 이하의 벌금)과 행정처분(약국개설 허가 등 취소 또는 정지처분 면허취소 또는 정지처분)이 따른다.

화물자동차운수사업법은 운송사업자나 운수종사자가 정당한 사유 없이 집단으로 화물운송을 거부함으로 인하여 화물운송에 커다란 지장을 주어 국가경제에 매우 심각한 위기를 초래하거나 초래할 우려가 있다고 인정할 만한 상당한 이유가 있으면 국토교통부장관이 그 운송사업자 또는 운수종사자에게 업무개시를 명령할 수 있다. 국토교통부장관은 국무회의의 심의를 거쳐야 한다. 파업주체가 그 명령을 거부할 때에는 행정형벌(3년 이하의 징역 또는 3천만 원 이하의 벌금)과 화물 자동차 운수사업의 허가 또는 등록의 취소·정지 또는 는 화물 운송종사자격의 취소·정지 처분을 할 수 있다.24)

---

24) 아젠다넷(agendanet.co.kr), 시사법률 아젠다, 2024. 정부는 2022.12.에 발생한 화물자동차 운송사업자나 운송종사자들의 집단행동에 대해 화물자동차운수사업법에 의한 업무개시 명령은 운송사업자나 운송종사자가 특수형태 근로종사자(특고＝자영업자와 전형적인 근로자 사이의 중간영역에 속한 근로자)로서 노동조합을 만들 수 있는지 의심받는 상황에서 정당한 사유 없이 집단으로 화물운송을 거부하였다고 보았다.

## 제5절 단체교섭제도

### 1. 단체교섭제도의 의의

단체교섭제도(collective bargaining)는 일반적으로 근로자(노동조합)와 사용자(사용자단체)가 집단적 자치를 전제로 하여 근로자의 '임금'이나 근로시간 등 '근로조건'의 협약체결을 위해 두 대표자가 집단적 타협을 모색하고, 또 체결된 협약을 관리하는 절차와 행위이다. 그러나 넓은 의미로 근로자와 사용자 또는 그 단체 간에 근로조건 등 이해(利害)가 대립되는 사항에 대해 협약의 체결(탐색, 협상, 합의, 협약)을 위해 타협을 모색하고, 체결된 협약을 관리(고충처리, 조정 및 중재)하는 제도를 의미한다.

단체교섭제도는 대다수 선진국에서 채택하고 있다. 다만 독일의 경우 단체교섭제도 외에 경영참가제도(다음 절에서 설명)가 법제도적으로 확고하게 확립되어 있다.

단체교섭제도는 협약체결과 협약관리로 나누어진다.

단체교섭의 기능은 다음과 같다.

첫째, 근로조건을 통일적으로 결정하는 기능을 갖는다. 작업장의 많은 규칙을 제정하고 수정하며, 관리하는 절차로서의 기능을 갖는다.

둘째, 근로자의 욕구와 불만을 조정하는 기능을 갖는다.

셋째, 경영의 여러 분야를 압박, 자극 또는 억제하는 기능을 갖는다.

넷째, 노사의 협력을 조성하는 기능을 갖는다.[25]

단체교섭의 당사자는 노동조합 측과 사용자 측의 단체교섭권자이고, 단체교섭의 담당자는 현실적으로 대화를 하는 자를 지칭한다. 단체교섭의 범위는 여러 사정에 따라 유동적이며, 보편화된 고정적 기준을 설정하기 곤란하다. 단체교섭의 대상은 노동법을 근거로 하고, 미리 단체협약이나 관행에 따라 노동조합과 사용자 간에 자주적으로 결정한다.

---

25) 박경문 외, 2007, 157~158.

## 2. 주요 단체교섭의 내용

### 1) 임 금

노사는 기업의 성과에 따라 근로의 대가인 근로자의 임금을 결정하기 위해 단체교섭을 한다. 따라서 임금은 기업의 지불능력과 근로자의 생계비 등을 고려하여 적정한 수준에서 합리적으로 결정되어야 한다. 구체적으로 임금수준, 임금체계와 임금형태, 그리고 임금 결정과정에서 공정성이 필요하다. 이에 대한 상세한 내용은 제10장을 참고하기 바란다.

### 2) 근로시간

노사는 기업의 직무를 효율적으로 수행하기 위해 관련 법규의 범위 내에서 단체교섭을 한다. 근로시간은 1일 8시간(휴게시간 제외), 1주 40시간(휴게시간 제외, 월 209시간)이다. 그리고 연장근로시간은 노사가 합의 하더라도 1주에 12시간이 최대한이다(4시간 작업 후 30분 휴식, 8시간 작업 후 1시간 휴식). 따라서 1주 근로시간은 52시간이다. 다만 연장근로시간은 1일 단위로 정해져 있지 않고 있으므로 1주 내에 12시간을 유연적으로 사용할 수 있다(대법원 2023.12.7. 판결). 그러나 연장근로수당은 1일을 기준으로 8시간이 초과할 경우 연장근로시간으로 계산하여 지급해야 한다.

예를 들어 주 3일 동안 하루 15시간씩 일했을 때, 연장근로시간 계산과 연장근로수당시간 계산(50%가산)은 다음과 같다. 시간당 통상임금을 2만원으로 가정할 경우 연장근로수당은 21시간×2만원×1.5배=63만원이다.

| 연장근로시간 계산 | 연장근로수당시간 계산 |
|---|---|
| <u>45시간</u> − <u>40시간</u> = 5시간<br>총근무시간　주 법정 근로시간 | (<u>15시간</u> − <u>8시간</u> = <u>7시간</u>) × 3일 = 21시간<br>하루 근무시간　하루 법정근로시간　하루 연장근무시간 |

## 3. 단체교섭의 방식과 교섭력

### 1) 단체교섭의 방식

단체교섭은 노사의 힘(power)의 관계를 배경으로 하는 거래라고 할 수 있다. 따라서 단체교섭의 방식은 노동운동의 성격과 노동조합의 조직형태에 따라 상이한 양상을 띨 수 있다. 단체교섭의 방식은 다음과 같다.

기업별 교섭(company bargaining)이란 기업 또는 사업장 단위로 조직된 노동조합이 당해 기업의 사용자와 근로조건 기타의 사항에 관하여 행하는 단체교섭의 방식이다.[26] 어떤 기업들은 산별노조에 가입되어 있더라도 기업 간의 격차가 크고 사용자단체가 형성되지 못하였을 때, 주로 기업별 교섭을 하게 된다. 우리나라 및 일본에서는 대부분이 기업별 내지 사업장별로 교섭이 행해지고 있다.

통일적 교섭(multi-employer bargaining)이란 전국적 또는 지역적인 산업별 또는 직업별 노동조합과 이에 대응하는 전국적 또는 지역적인 산업별 또는 직업별 사용자단체 간에 이루어지는 교섭의 방식이다. 이를 산업별 교섭이라고도 한다. 이 교섭방식은 노동조합이 산업별 또는 직업별로 전국적 또는 지역적인 노동시장을 지배하고 있으나, 교섭기업의 규모가 크지 않고 재정도 약한 중소기업에 흔히 볼 수 있는 방식이다. 이 교섭방식은 복수사용자 교섭이라고도 하며, 미국·영국을 비롯하여 구주 각국에서 가장 많이 채용되고 있다. 우리나라의 경우 최근 산별노조가 대두되면서 산업별교섭이 금융, 보건, 금속 등 일부 산업에서 진행되고 있다.[27]

대각선 교섭(diagonal bargaining)이란 산업별 노동조합이나 지역별 노동조합이 개별기업과 개별적으로 교섭하는 방식을 말한다. 대각선 교섭은 산업별 노동조합에 대응할 만한 사용자단체가 없거나 이러한 사용자단체가 있더라도 각 기업에 특수한 사정이 있을 때 사용된다. 하나의 노동조합이 둘 이상의 사용자 내지 그 단체와 교섭하는 것과 하나의 사용자나 그 단체가 둘 이상의 노동조합과 교섭하는 형태로서 미국에서는 거대기업의 경우에 흔히 볼 수 있는 방식이다.[28] 우리나라의 경우 대각선교섭은 산별노조인 전국손해보험노동조합과 개별 손보회사 간의 교섭, 그리고 대학교직원의 산별노조인 전국대학노동조합이 개별 대학교의 사용자와 벌이는 교섭이 이에 해당된다.[29]

집단적 교섭(united bargaining)이란 여러 단위노동조합지부가 이에 대응하는 여러 기업집단과 연합전선을 형성하여 교섭하는 방식이다. 집단적 교섭은 연합교섭 혹은 집합교섭이라고도 한다.[30] 집단적 교섭은 노동조합 측이나 사용자 측이 산업별로 연합전선을 형성하

---

26) 박경문 외, 2007, 161.
27) 신수식 외, 2010, 103~104.
28) 박경문 외, 2007, 162.
29) 신수식 외, 2010, 105.
30) 신수식 외, 2010, 103~104; 박경문 외, 2007, 163.

여 교섭한다. 즉 노사쌍방이 모두 다수 당사자가 출석하여 행하는 단체교섭을 말한다. 이러한 집단교섭은 통일교섭이 곤란한 경우에  통일교섭에 가까운 성과를 얻기 위해 사용된다.31) 이 방식은 유럽 각국에서 많이 사용되고 있다.

공동적 교섭(joint bargaining)이란 기업별 노동조합이 산업별 및 직업별 노동조합에 가입되어 있는 경우 기업단위노동조합과 상부노동조합이 공동으로 사용자와 교섭하는 방식이다. 공동적 교섭은 지부가 당해 기업과 단체교섭을 하는 경우에 그 상부단체인 전국노동조합이 이에 참가하는 방식이다.32) 다시 말하면 지부와 상부조합이 공동으로 사용자와 교섭하는 방식이며, 이를 연맹교섭이라고도 한다.

### 2) 단체협상의 교섭력

노사의 교섭력은 노동조합이 자신들의 요구사항을 획득할 수 있는 능력(파업위협)과 사용자가 노동조합의 요구사항에 버틸 수 있는 능력(파업억제력)이다. 즉, 파업 시 상대방의 손실: 파업 시 나의 손실이다. 교섭력의 결정요인은 제품형태, 단일노동조합과 복수노동조합, 호황기와 불황기 등이 있다. 노사의 교섭비용은 노사 중 어느 일방의 주장하는 조건에 상대방의 부동의에 따른 비용과 동의에 따른 비용을 비교함으로써 정해진다.

노사쌍방은 '교섭태도의 유연화'와 '양보교섭으로 동의비용 저하'로 교섭비용을 줄이고 교섭을 원활하게 해야 할 것이다. 노사의 교섭전략은 내부조직적 교섭을 기본적으로 하고, 분배적 교섭보다 통합적 내지 태도변경적 교섭을 해야 한다.

## 4. 협약체결과 협약관리

단체교섭제도는 협약체결(노사협상)과 협약관리로 나누어진다. 이를 다음 [그림 13-3]으로 나타낼 수 있다.

---

31) 박경문 외, 2007, 163.
32) 신수식 외, 2010, 105.

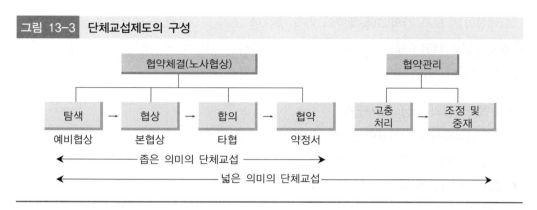

그림 13-3  단체교섭제도의 구성

## 1) 협약체결(노사협상)<sup>33)</sup>

### (1) 협약체결의 의의

협약체결(contract negotiation, labor-managenent contract)은 노사의 단체교섭을 통하여 합의가 성립된 내용을 문서화하는 과정이다. 협약체결은 단체협약이라고도 하며, 노동조합 또는 그 연합체와 사용자 또는 사용자단체 간에 체결되는 집단적 근로관계에 관해 합의로서 성립한 계약이다. 협약의 체결은 임금, 노동시간 및 작업조건 등 근로조건에 관해 근로자와 사용자 간에 협의하여 문서로 약속하는 것이다.

노사의 단체교섭의 합의체결은 노동자가 노동력의 실현조건에서 경제적·사회적으로 강제 당하는 것은 아니고, 스스로의 노동력을 상품으로서 처분할 수 있도록 합의(=계약)를 통해 개개의 노동자가 고용관계를 맺는 것보다 자유로운 행위인 것이다.

협약의 체결은 근로조건 등에서 근로자와 사용자 간의 '탐색'과 '협상(흥정)'을 거쳐 '합의'하고 '협약(약정서)'을 맺는 과정을 의미한다.<sup>34)</sup> 탐색은 노사가 상대방에 대한 정보를 얻기 위해 실상을 더듬어 찾는 과정이다. 협상은 탐색을 거쳐 흥정하는 과정으로서 노사 단체교섭의 핵심이다. 합의는 양당사자가 흥정을 통해 서로 양보와 타협의 산물로 나타나는 경우가 대부분이다. 그중에서 협상과 협약이 중심을 이루고 있다. 그러나 협약은 협상의 결과로 이루어지므로 사실상 협상이 핵심이다.

33) 본 절의 제목은 이 장 전체의 맥락에서 보면 협약체결이 적합할 것이다([그림 13-3] 참조). 그러나 협약체결은 노사협상의 4과정에서 마지막인 협약(계약이나 조약을 맺음)만 강조하고 있고 앞의 세 과정은 담지 못하고 있다. 또한 교섭은 '어떤 일을 이루기 위하여 상대편과 의논하는 일'이므로 의논에 초점을 두고 있고, 넓은 범위의 단체교섭과 구분이 쉽지 않다. 그러나 협상은 '여러 사람이 모여 어떤 일을 평화롭게 조정하고 우호관계를 이루기 위해(예, 평화협상) 약속하는 일'이다. 따라서 노사협상이 4과정 모두의 내용에 적합하다고 할 수 있다.
34) 최종태, 2007, 292~293.

단체협약은 노사 간의 고용계약의 가장 중요한 조건을 내용으로 하므로 노동조합 및 노동관계조정법 제31조에서는 그것을 서면으로 작성할 의무와 행정관청에 신고할 것 등을 규정하고 있다. 이와 같이 단체교섭은 법적 구속력을 가진다.

### (2) 협약체결의 핵심: 노사협상

협상(negotiation)은 결정대안들에 대해 서로 다른 선호체계를 가진 상호 의존적인 당사자들 간의 의사결정과정을 의미한다.35) 다시 말하면 협상은 둘 이상의 당사자들이 자신에게 중요한 이슈들에 대해 양보함으로써 서로 만족스러운 교환에 이르려는 시도라고 할 수 있다.36)

기업이 노사협상으로 합의 형성하는 데에는 (지배)구조보다는 (관계적)규범이 중요하다. 노사협상은 일방이익(win-lose)이 아닌, 상호이익(win-win bargain)이 되는 협상이 되어야 한다. 또한 노사협상은 분배적 교섭(제로섬 게임)보다 통합적 내지 태도변경적 교섭을 해야 한다. 또한 교섭비용도 최소화할 수 있도록 노력해야 할 것이다.

노동자 또는 노동조합의 노동운동과 사용자의 노동조합 정책은 기본적인 궤도에서 일탈하는 행위가 있어서는 안 된다. 따라서 노사의 협상프로그램은 입장에 의한 협상이 아니라 원칙에 의한 협상이 되어야 한다. 협상과정은 준비, 탐색, 제안 등의 활동으로 이루어진다.

협약은 일단 체결되고 나면 그것이 법률에 저촉되지 않는 한 취업규칙이나 개별근로계약에 우선하여 획일적으로 적용하게 된다.

노사협상의 4과정은 단체교섭의 4과정, 협약체결의 4과정, 단체협약의 4과정과 거의 동일하다. 즉, [그림 13-3]에 나타난 바와 같이 노사협상의 과정은 협상준비, 예비협상(탐색), 본 협상(협상) 등의 활동을 통해 노사가 타협(합의)하고, 동시에 협약(약정서)이 이루어진다.37)

예비협상은 협상준비(협상팀 구성, 협상구상, 양측의 준비) 후 실시한다. 예비협상은 노사 의견 개진, 기초합의, 협상탐색, 노사협상항목 교환, 안건처리 방식합의, 본 협상 관련 합의 등이 실시되어야 한다.

본 협상은 협상이다. 협상(negotiation)은 둘 이상의 당사자들이 자신에게 중요한 이슈들에 대해 양보함으로써 서로 만족스러운 교환에 이르려는 시도이다.38) 일방이익협상보다

---

35) Neale & Bazerman, 1992; Bazerman & Carroll, 1987.
36) 신유근, 2008, 378.
37) Shapiro, R. and Jankowski, M., 2001.
38) 신유근, 2008, 378.

상호이익협상을, 입장에 의한 협상에서 강경한 입장보다 유연한 입장을, 원칙에 의한 협상에서 사람과 문제의 분리를, 입장이 아니라 이해관심사항을, 상호이익이 되는 해결방안 등이 실시되어야 한다.

타협은 노사양측의 교섭대표가 양측의 교섭요구안을 최종적으로 타결하는 활동이다. 양 당사자가 흥정을 통해 서로 양보와 타협의 산물로 나타나는 경우가 대부분이다.

협약은 노사가 단체교섭을 통하여 합의가 성립된 내용을 문서(약정서)로 나타낸 계약이다. 협약의 효력에는 규범적 효력·채무적 효력·구속적 효력·지역적 효력이 있다. 규범적 효력은 단체협약이 판단·성과·행위 등의 기준, 즉 본보기가 되도록 하는 효력이 있다. 채무적 효력은 단체협약이 협약당사자간의 약속이므로 이를 위반하였을 경우 채무불이행 하는 것과 같은 효력이 있다. 구속적 효력은 단체협약이 한 공장이나 사업장을 단위로하여 동종 근로자의 반수 이상이 하나의 단체협약에 적용을 받게 될 경우 나머지 동종근로자에게도 자동적으로 적용되는 효력이다. 지역적 효력은 단체협약이 동일지역에 속하는 근로자에게 동일한 단체협약에 적용을 받게 되는 효력이다.

## 2) 협약의 관리

### (1) 협약관리의 의의

협약관리(contract administration)는 노사의 단체협약사항(협약체결에서 제시된 협약의 내용)을 해석하고 적용하는 과정에서 나타나는 이익분쟁과 권리분쟁을 합리적으로 처리하는 것이다. 즉, 체결된 협약을 관리하는 단계로서 주로 고충처리, 조정 및 중재하는 활동을 말한다. 노사가 비록 협약을 체결하였다 하더라도 협약을 준수하려는 노력이 없다면 단체교섭을 통한 효율적인 노사관계는 기대하기 어렵기 때문에 이에 대한 관리가 필요하다.

기업에서 단체협약을 위한 교섭은 1년, 2년, 또는 3~4년에 한 번씩 행하여지지만, 단체협약과 관련된 개개인의 불만은 끊임없이 상존하게 된다. 따라서 경영자나 인사부서는 수많은 단체협약(약정서) 사항을 구체적으로 해석하여 현실에 맞고 올바르게 적용하여야 한다. 뿐만 아니라 노사당사자는 협약대로 처리할 수 없는 상황이 나타나기도 하고, 일방 또는 쌍방이 협약내용의 변경을 원할 수도 있다. 이와 같은 노사 협약사항을 관리하기 위해 고충처리제도를 운영하고 있다. 또한 사용자가 근로자들의 고충을 제대로 해결하지 않아 다툼이 있을 경우에는 조정 또는 중재가 필요하게 된다.

### (2) 고충처리제도

고충처리제도(grievance procedure)는 단체교섭의 결과인 단체협약을 집행하는 과정에서 그 내용의 해석과 적용을 둘러싼 분쟁을 해결하기 위하여 운영되는 제도이다. 고충처리제도는 원래 기업 내 고충(근로조건 및 근로환경)에 대해 노사가 자주적 기구에 의해 해결하는 제도이지만, 30인 이상의 근로자를 사용하는 모든 사업 또는 사업장은 노사를 대표하는 3인 이내의 고충처리위원을 두어 양자 간에 표출된 공식적인 분쟁을 해결하도록 의무화하고 있다. 즉 고충처리는 임금과 부가급부, 근로시간, 승진과 이동, 휴직과 해고 등에 관한 해석과 적용을 둘러싼 분쟁을 해결하는 것이다.

분쟁에는 이익분쟁과 권리분쟁 두 가지로 구분할 수 있다.[39]

이익분쟁(interest dispute)은 노사가 임금 및 근로조건에 관한 새로운 계약체결 과정(단체교섭을 하는 과정)에서 이익을 쟁취하기 위해 발생되는 분쟁이다. 즉, 당사자 간에 새로운 노사합의를 통하여 이익이 될 것이 기대되는 사항에 관하여 일어나는 분쟁이다.

권리분쟁(right dispute)은 체결된 협약의 계약문구의 해석 및 집행이나 근로계약의 이행을 서로 유리하게 해석하면서 일어나는 분쟁이다. 즉, 법령이나 단체협약·취업규칙·근로계약 등에 의하여 이미 확정된 권리의 해석·적용·준수 등에 관한 분쟁이다.

고충처리의 절차는 일반적으로 다음과 같이 3단계로 이루어진다.

· 제1단계: 본인, 일선감독자, 노조현장대표 해결모색단계이다.
· 제2단계: 중간관리자와 노조현장대표 논의단계이다.
· 제3단계: 최고경영자와 최고노조간부 협상단계이다.[40]

노사문제가 고충처리제도에서 해결되지 않을 경우 노조는 쟁의행위를 결의하게 된다. 이때 노조의 노동쟁의를 피하기 위해 노사 일방 또는 쌍방이 제3의 기관에 의뢰하여 노동쟁의의 조정이나 중재의 과정을 거치게 된다.

### 3) 노동쟁의와 조정 및 중재제도

### (1) 노동쟁의

### (ㄱ) 노동쟁의의 의의

노사 간의 협상이 원활하게 이루어지지 못하는 경우 노동조합은 자신들의 주장을 관철

---

39) 최종태, 2007, 331~332.
40) 최종태, 2007, 337~340.

하기 위한 수단으로 쟁의행위에 돌입하게 되며 사용자 또한 노동조합에 맞서는 쟁의행위를 선택하게 된다. 노동쟁의(labor disputes)란 노사 간에 임금, 노동시간, 복지후생, 해고 등 근로조건에 관한 단체교섭이 원만하게 이루어지지 못하고 분쟁이 발생한 상태를 말한다. 이 때 노동조합은 자기주장을 관철할 목적으로 정상적인 업무를 저해하는 실력행사, 즉 쟁의행위에 돌입하게 된다. 노동쟁의의 목적은 실력행사를 통하여 상대방에 대해 양보를 얻어내고 타협을 이루는 것이다.

노동쟁의제도는 노사쌍방이 합법적인 실력행사를 통하여 상대방을 압박함으로써, 양보와 타협으로 유도하고 산업사회의 갈등을 해소시키는 제도이다. 그러나 쟁의행위는 합법적인 질서 속에서 수행되어야 하며 쟁의행위 과정에서 법과 규칙(rule)은 반드시 지켜져야 한다.

근로자측이 쟁의행위(파업과 태업)을 하면 무노동 무임금의 원칙에 따라 임금을 받지 못하게 되고, 사용자측도 생산의 중단과 감소로 시장점유 및 이익창출에 차질을 가져오게 된다.

### (ㄴ) 노동쟁의의 결의와 돌입

노사 간의 근로조건 등에 대해 협상(고충처리)이 이루어지지 않는 경우 사용자에 비해 약자인 노동조합이 먼저 쟁의행위를 하게 된다. 그러나 노동조합은 그의 주장을 관철하기 위해 쟁의행위를 감행하고자 하는 경우 사전 절차를 준수하여야 쟁의행위에 돌입할 수 있다.

노동조합이나 사용자의 쟁의행위 결의가 있어야 한다. 조합원의 직접·비밀·무기명 투표에 의한 조합원 과반수의 찬성으로 결정한다(노동조합 및 노동관계조정법 제41조), 사용자의 쟁의행위는 최고경영자가 결정한다.

노사는 어느 일방이 쟁의행위에 돌입할 경우 노사 중 어느 일방이 상대 측에 노동쟁의 사실을 서면(書面)으로 통보하여야 한다(노동조합 및 노동관계조정법 제45조 제2항). 그러나 노동쟁의 당사자 중 어느 일방이 조정이나 중재를 신청할 경우 그 절차가 종료 시까지 쟁의행위에 돌입할 수 없다(노동조합 및 노동관계조정법 제45조).

### (ㄷ) 노동쟁의 행위

#### ㉠ 노동조합의 쟁의행위

노동조합의 쟁의행위는 다음과 같다.

피케팅(picketing)은 동맹파업이나 보이콧 등 쟁의행위를 할 경우 그 쟁의행위의 부진이나 해산을 방지하고, 실효성을 높이기 위한 부수적인 쟁의행위이다. 이는 비조합원들이 생산을 계속되지 못하도록 홍보하여 파업을 보전하고, 파업 불참자들에게 파업에 협력할 것을 평화적으로 호소하기 위한 대책으로 사용된다.

사보타지(sabotage)는 사용자의 지휘나 명령을 그대로 따르지 않는 것으로서 '태업'과 '작업방해 및 설비파괴'가 있다. 태업은 근로자들이 단결하여 의식적으로 작업능률을 저하시키는 소극적 쟁의행위이고, 작업방해 및 설비파괴는 사업장에 대한 작업이나 업무의 방해, 기계류의 파괴 등으로 기업의 생산 또는 사무를 의도적으로 방해하는 적극적인 쟁의행위이다.

준법투쟁은 일반적으로 준수하게 되어 있는 보안규정이나 안전규정을 필요 이상으로 엄정하게 준수함으로써 작업능률을 의식적으로 저하시키는 쟁의행위이다. 또한 준법투쟁은 종전의 관행을 부정하고 노동조합이 잔업거부 또는 정시 출퇴근, 규칙이행, 일제 휴가신청 등의 행위를 함으로써 업무의 정상적인 운영을 저해하는 것을 말한다.

불매운동(boycott)은 노동조합이 피고용자 또는 일반소비자에게 불매운동을 하는 방법과 노동조합이 자기기업의 제품을 판매하거나 취급하고 있는 거래기업에게 불매운동을 하는 방법이 있다.

생산통제는 노동조합이 사용자의 의사를 따르지 않고 공장시설·원자재 등을 점유하거나, 사용자의 지휘나 명령을 따르지 않고 기업을 운영하는 쟁의행위이다. 오늘날 대부분의 국가에서는 이를 부당한 쟁의행위로 규정하고 금지하고 있다.

파업(strike)은 근로자가 단결하여 임금구조와 근로조건의 유지 또는 개선이라는 목적을 쟁취하기 위하여 집단적으로 노동의 제공을 거부하는 쟁의행위이다. 노동조합이 조합원을 공장이나 사업장 등의 시설물 밖으로 철수시켜 노동력의 제공을 정지시키는 것이다.

ⓒ 사용자의 쟁의행위

사용자의 쟁의행위는 노동조합의 쟁의행위에 대한 대응수단이므로 조정과 중재와 관계없이 직장폐쇄와 대체고용 등을 할 수 있다.

직장폐쇄(lock-out)는 사용자가 자기의 주장을 관철하기 위하여 근로자의 단체에 대하여 생산수단을 차단함으로써 노무의 수령을 집단적으로 거부하는 행위이다.[41] 사용자측의 사업장(직장) 폐쇄는 노동조합이 쟁의행위를 개시한 이후에 실시할 수 있는 쟁의행위이다(노동조합 및 노동관계 조정법 제46조 제1항). 경영자가 사업장을 폐쇄하고자 할 경우, 미리 행정관청 및 노동위원회에 신고하여야 한다(동법 제2항).

대체고용은 기업이 노동조합의 쟁의행위로 조업활동을 할 수 없을 때, 다른 근로자로

---

41) 이준범, 1997, 417~418.

대체하여 조업활동을 계속하는 행위이다. 사용자는 근로자의 쟁의행위기간 중 조업을 계속할 것을 결정한다면 내부인력을 사용할 것인지 외부인력을 새로 고용할 것인지를 결정하여야 할 것이다. 외부인력을 신규로 채용하는 경우, 영구적 대체고용과 일시적 대체고용이 있다. 우리나라는 쟁의행위 기간 중 쟁의행위로 인하여 중단된 업무를 계속하기 위하여 당해 기업과 관계없는 사람의 일시적 또는 영구적인 신규 채용을 통한 대체고용을 원칙적으로 금지하고 있다. 그러나 ① 필수공익사업의 '필수유지업무' ② 이미 근로계약관계에 있는 노동조합 근로자 중에서 작업을 원하는 사람의 대체고용을 예외로 인정하고 있다(제43조). 또한 쟁의행위 기간 중 쟁의행위로 인해서 중단된 업무를 도급 또는 하도급을 주는 것도 금지된다.

### (2) 조정 및 중재제도

노동쟁의 조정과 중재제도는 당사자 간에 노동쟁의를 원만히 해결할 수 있도록 돕는 제도이다. 조정은 조정전치주의에 따라 먼저 실시해야 하지만, 중재와 동시에 진행시킬 수 있다. 이 때, 중재가 먼저 이루어졌을 경우 조정을 거친 것으로 갈음하는 효과가 있다.

### (ㄱ) 조정(mediation)

조정에는 일반조정과 긴급조정이 있다.

일반조정(general mediation)은 노동위원회 내의 조정위원회가 노사 당사자의 주장을 검토하고 조정안을 작성하여 노사당사자에게 이를 받아들이도록 권고하는 방식이다.[42] 일반조정은 노사당사자 중 어느 일방이 노동위원회에 그 해석 또는 이행방법에 관한 견해의 제시를 요청(노동조합 및 노동관계조정법 제34조 제1항)할 경우노동위원회 내에 구성된 조정위원회가 담당한다(제55조 제1항).

공익사업과 필수공익사업[43]의 노동쟁의 조정은 노동위원회 내의 특별조정위원회에서 담당한다. 필수공익사업은 공익사업 중에서 그 업무가 특별하여 업무정지로 공중의 생명·건강 또는 신체의 안정이나 공중의 일상생활을 현저하게 위태롭게 하거나 국민경제를 현저히 저해할 수 있는 사업이다. 따라서 이런 업무를 담당하는 기업의 근로자는 정당한 유지나 운영을 정지하거나 폐지 또는 방해하는 쟁의행위는 할 수 없다(제42조 제2항).

노동위원회의 특별조정위원회는 사용자가 제출한 필수유지업무의 필요 최소한의 유지·

---

42) 김식현 외, 1999, 416.
43) 필수공익사업은 ① 철도사업, 도시철도사업 및 항공운수사업, ② 수도사업, 전기사업, 가스사업, 석유정제사업 및 석유공급사업, ③ 병원사업 및 혈액공급사업, ④ 한국은행사업, ⑤ 통신사업 등이다(노동조합 및 노동관계조정법 제71조).

운영 수준, 대상 직무 및 필요인원 등을 결정하고 쟁의행위 기간 중 파업참가자의 100분의 50을 초과하지 않는 범위 안에서 인력의 채용 또는 대체하거나, 도급 또는 하도급을 주는 것을 결정할 수 있다(제43조 제3, 4항).

긴급조정(emergency adjustment)은 쟁의행위가 공익사업에 관한 것이거나, 그 규모가 크거나 또는 그 성격이 특별한 것으로서 국민경제나 국민의 일상생활을 위태롭게 할 위험이 '현존'할 경우 노동부장관이 중앙노동위원회 위원장의 의견을 들어 결정하는 방식이다(노동조합 및 노동관계조정법 제76조). 중앙노동위원회는 노동부장관이 긴급조정을 결정하였을 경우 즉시 조정하거나, 조정이 성립될 가능성이 없다고 판단되는 경우 중재에 회부를 결정하여야 한다.

사적조정(private adjustment)은 노사 간의 분쟁을 자주적으로 해결하는 방식이다. 노사당사자는 조정 또는 중재에 관한 모든 사적조정 절차를 함께 규정할 수도 있고, 그중에서 하나의 절차만을 규정할 수도 있다. 따라서 노사당사자의 합의 또는 단체협약 등을 통한 조정 또는 중재의 '사적조정 절차'가 관련법의 절차보다 우선하고 있다(노동조합 및 노동관계조정법 제48조). 사적조정 절차에 의하여 조정 또는 중재가 이루어진 경우에 그 내용은 단체협약과 동일한 효력을 갖는다(제52조 제4항).

### (ㄴ) 중재(arbitration)

중재는 노사분쟁이 국민의 생활을 위협하는 요인으로 확산되는 것을 방지하고, 이를 종결시키는 가장 강력한 제도이다. 중재는 보통 노사협약의 해석과 적용을 둘러싼 분쟁에 한하여 법률상의 처분을 내리는 제도로서, 단체협약과 동일한 효력을 갖는다(제70조 제1항).

중재는 지방 및 중앙노동위원회 내에 구성된 중재위원회가 담당한다(노동조합 및 노동관계조정법 제64조 제1항). 중재위원회는 중재를 실시한다. 중재는 일반사업이나 공익사업 모두 관계당사자의 쌍방 혹은 일방이 단체협약에 의거 신청한 때 그 절차를 개시할 수 있다.

중재위원회의 중재가 결정된 후, 양당사자 중 쌍방 또는 일방이 중앙노동위원회 재심신청이나 행정소송을 제기하더라도 그 결정에 대한 효력은 정지되지 아니하므로(제70조 제2항) 가장 강력한 노동쟁의 조정방법이다.

노사가 지방노동위원회나 특별위원회44)에 중재를 신청하여 의결된 처분에 대해 불복할 경우(단일 시도 사업장의 노사분규 대상) 10일 이내에 중앙노동위원회에서 재심을 청구할 수

---

44) 특별조정위원회는 공익사업의 노동쟁의 조정을 위하여 노동위원회에 설치된다.

있다(제69조 제1항). 다시 이에 불복할 경우 중재재정서 또는 재심결정서의 송달을 받은 날부터 15일 이내에 행정소송을 제기할 수 있다. 그러나 중앙노동위원회에 중재를 신청하여 의결된 처분에 대해 불복할 경우(2개 시도 사업장의 노사분규 대상) 바로 행정소송으로 이어진다(제69조 제2항).

### 4) 부당노동행위와 그 구제

노사는 쟁의행위를 포함한 모든 기업 활동에서 상대방의 정당한 권리를 침해할 가능성이 있다. 부당노동행위는 근로자의 정당한 노동 기본권리 행위 또는 노동조합 활동에 대하여 사용자가 방해하는 것을 말한다.[45]

우리나라 노동법은 근로자 보호차원에서 사용자의 부당노동행위만 인정하고, 정부(노동부)가 판단하여 그 적절한 구제조치를 취하고 있다. 그러나 사용자는 근로자(노동조합)의 부당노동행위가 발생할 경우 부당행위로 인정하지 않고 사법기관의 판결에 따르도록 하고 있다.

사용자 부당노동행위의 근로자 구제대책은 처벌주의와 원상회복주의가 있다. 우리나라 노동법은 원상회복주의를 채택하고 있다. 사용자 부당노동행위의 유형은 불이익 대우, 황견(黃犬)계약(비열계약), 단체교섭 거부, 노조의 지배·개입 및 경비원조, 보복적인 불이익 처분 등이 있다. 부당노동행위와 그 구제는 [그림 13-4]와 같다.

**그림 13-4  노사의 노동쟁의와 부당노동쟁의의 구제**

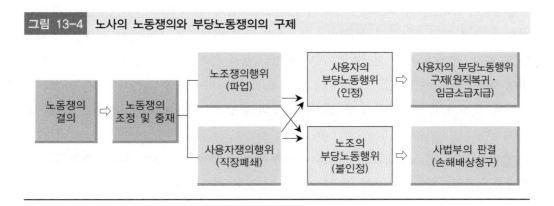

---

45) 최종태, 2007, 552.

## 제6절 | 경영참여제도

### 1. 경영참여제도의 개념

경영참여제도는 기업경영상의 모든 문제에 대한 결정과 운영에 근로자 및 노동조합이 참여하여 그들의 의견을 반영하는 제도이다. 즉 경영참여제도란  근로자 및 노동조합이 기업의 경영에 참가하여 경영자와 함께 경영상의 권한과 책임을 분담하는 제도이다.[46] 따라서 이 제도가 성공하기 위해서는 노사 간의 올바른 인식과 신뢰가 선행되어야 할 것이다.

경영참여제도는 기업에서 자본과 노동의 대립과 항쟁이 점점 늘어남에 따라 노사협력의 필요성이 증대하게 되었다. 따라서 경영참여제도는 경영의 민주화 확대와 근로자의 인간성 회복을 가능하게 하고, 경영의 효율성 향상과 근로자 성취동기를 유발시킨다.[47] 노동조합은 경영참여를 기업의 조직성과를 개선시키는 수단이라기보다 오히려 노사 간의 새로운 힘의 균형관계를 확립하는 수단이라는 사실에 보다 큰 가치를 부여하고 있다.[48]

경영참여제도의 목적은 근로자를 기업경영에 참여시켜 기업의 권력을 노사가 공유함으로써 산업화과정에서 야기된 노동의 비인간화 문제를 극복하고, 노사 간의 협조증대 및 생산성 향상, 나아가 사회정의를 구현하는데 있다.

경영참여제도는 다음과 같은 근로자 및 노동조합의 권리구조나 권리규범을 가진다. 첫째, 근로자 및 노동조합이 임금이나 근로조건 등의 핵심문제, 경영방침, 경영조직, 교육훈련, 투자·생산계획 및 생산방법, 기타 경영의 능률 증진 등의 기업경영상의 문제에 대하여 발언권을 갖는다.

둘째, 근로자 및 노동조합이 종업원지주제도와 같이 주식의 소유를 통한 자본참가를 갖는다.

셋째, 근로자 및 노동조합이 스캔론 플랜과 같이 기업 경영성과의 배분에 참가하는 이익참가를 가진다.[49] 이와 같이 경영참여는 노사 간의 권리공유와 협조적이고 화합적인 관계 증진을 중시하고 있다.

---

46) 早坂明彦 1982, 11; 최종태, 2007, 433.
47) 최종태, 2007, 441~443.
48) Jain, 1980, 14; 김영재 외, 2013, 620.
49) 김영재 외, 2013, 620.

## 2. 경영참여제도의 특성

경영참여제도는 다음 세 가지 특성이 있다.

첫째, 경영참여는 노사 간에 대립적 관계가 아니라 협조적 관계로서 전략적 사항(이해공통사항은 물론 이해대립 사항도 포함)을 상호협의하고 공동결정 함으로써 생산성 향상과 합리적 분배를 이루는 특성이 있다.

둘째, 경영참여는 경영이나 생산수단의 운영방법에 참가하여 의사결정을 하는 특성이 있다. 그러나 경영참여는 산업에 대한 자본가 지배 내지 경영자 지배에 대신하여 소위 근로자 지배(worker's control)를 확립하자는 의미가 아니고, 임금이나 근로조건의 결정의 참가나 생산된 경제가치의 배분에 관한 결정과는 다르다.

셋째, 경영참여는 거대기업이나 관료적 조직에서 근로자들의 의식을 높이고, 근로자들의 소외감을 완화시킴으로써 노동의 민주화, 노동의 인간화를 실현시키는 특성이 있다. 경영참여제도는 노동조합을 경영과 대립된 힘으로 보지 않고 노동조합이 경영에 참가하여 의사결정의 권리와 책임을 지는 형태이다.[50]

## 3. 경영참여제도의 문제점

### 1) 경영권의 침해 문제

경영참여는 사용자들의 입장에서 노동조합이 경영권을 침해하는 수단으로 인식될 수도 있다. 경영관리 직능은 원래 경영권에 속하였다. 그런데 노동조합이 경영관리 직능에 참여하여 목소리를 내는 것 자체가 일종의 월권이며 경영권에 대한 침해라고 여기고 있다.

### 2) 노동조합의 기능약화 문제

경영참여는 노동계 일부 지도자들의 입장에서 자신들이 경영층과 협상 및 투쟁을 주된 임무로 하는 유일한 창구로 여기고 있다. 그러므로 일부 노동계는 임금 및 기타 근로조건 이외의 경영상 여러 문제에 대하여 경영참여제도(예: 노사협의회)를 통해 사용자와 빈번하게 접촉하다가 제휴하거나 협조할 경우 노동조합의 단결력과 단체교섭력을 약화시키고 나아가 어용화될 가능성이 있다고 보고 있다. 더욱이 노동조합은 노동자들이 자신과 노사협

---

50) 김성수, 2007, 287.

의회에 충성심이 양분될 가능성이 있고, 주도권가지 빼앗길 가능성을 우려하고 있다.

### 3) 근로자의 경영참여능력 문제

경영참여는 사용자들의 일부에서 근로자들의 경영에 대한 지식이나 경험 및 관리능력이 부족하므로 그 효과에 의문과 불신을 갖고 있기도 하다. 심지어 근로자의 입장에서 경영에 대한 경험과 관리능력의 미흡으로 자칫 사용자의 주장이나 입장에 쉽게 동조하거나 경영자 측에 이용당하지나 않을까 우려하기도 한다. 그러나 최근 근로자들의 교육수준이나 의식수준이 일반적으로 높은 수준이므로 우려할 필요는 없다고 볼 수도 있다.[51]

## 4. 경영참여제도의 유형

오늘날 기업은 자본과 노동의 대립이 점점 늘어남에 따라 경영참여를 통한 해결이 더욱 필요하다. 따라서 경영참여는 경영민주주의 내지 산업민주주의의 실천적 본질이 되고 있는 것이다.

경영참여제도는 근로자 및 노동조합이 의사결정참여(발언권), 성과참여, 자본참여 등 세 가지 제도가 있다. 경영참여제도는 경영과정참여(비물질적 참여)로서 의사결정참여가 있고, 경영성과참여(물질적 참여)로서 성과참여와 자본참여가 있다. 전자를 좁은 의미의 경영참여, 전자와 후자를 합하여 넓은 의미의 경영참여라 한다. 이를 [그림 13-5]로 나타낼 수 있다.

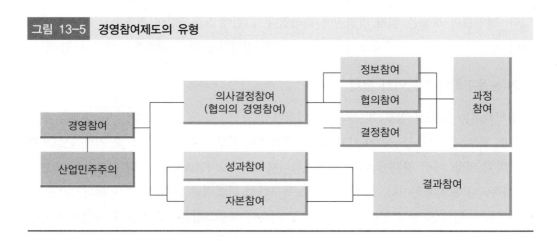

그림 13-5  경영참여제도의 유형

---

51) 김영재 외, 2013, 622~623.

## 5. 의사결정참여제도

### 1) 의사결정참여제도의 의의

의사결정참여제도는 근로자 또는 노동조합이 최고 경영층의 의사결정에 참여하여 영향력을 행사하는 과정을 말한다. 즉, 근로자 또는 노조대표가 기업내부에서 여러 경영상의 문제에 대하여 경영자와 함께 협의하고 결정하는 제도이다. 이에는 근로자 대표제·각종 위원회제·임원파견제 등이 있다. 의사결정참여는 근로자 및 노동조합이 임금이나 근로조건 등의 핵심문제, 경영방침, 경영조직, 교육훈련, 투자·생산계획 및 생산방법, 기타 경영의 능률 증진 등의 기업경영상의 문제에 대하여 참여한다. 참여수준에는 개인수준·집단수준·사업수준·기업수준이 있다.

경영과정참여의 단계는 다음과 같이 3단계로 구분되고 있다.

제1단계: 정보참여이다. 이는 경영의 모든 정보를 노사가 공유하는 활동이다.

제2단계: 협의참여이다. 이는 노사쌍방이 의견을 교환하고 토론하며 협의하는 활동이다. 이는 '자문', '협의', '합의'가 있다. 이 수준의 참여는 노사협의회라 할 수 있다.

제3단계: 결정참여이다. 이는 노사쌍방이 공동결정을 하고 그 결과에도 공동책임을 지는 활동이다. 이는 근로자 측으로 보면 경영의사결정의 참여가 되고, 경영자측으로 보면 근로자나 노조의 경영권 참여를 용인하는 것이다. 이 수준의 참여는 독일의 공동결정제도라 할 수 있다.

### 2) 의사결정제도의 유형

의사결정제도에는 독일의 공동결정제도가 있고, 우리나라에는 노사협의회제도가 있다.

### (1) 공동결정제도

공동결정제도(joint-decision making)는 경영자가 경영업무에서 어떤 중요사항을 전략적으로 추진하려고 할 때, 근로자 또는 노동조합을 기업의 의사결정 과정에 참여시켜 통상적인 직무의 범위를 넘어 공동경영·공동관리 결정에 참여하는 것을 의미한다.

공동결정제도는 독일에서 처음 창안되었다. 독일은 단체교섭제도의 적용을 기본으로 하면서 노사공동결정제도를 추가 법제도로서 확립하여 활용하고 있다. 노사공동결정제도는 근로자 또는 노동조합의 대표가 경영에 참가하여 의사교환 및 문제의 제기뿐만 아니라 경영전략 문제에 공동결정을 하는 산업민주제도이다.

공동결정제도는 경영의 주요사항을 노사가 공동 결정함으로써 노사관계의 화합으로 안정과 협조를 도모하고 생산성을 증진시킬 수 있는 제도이다.[52]

공동결정의 주요기관에는 감사역회와 근로자 평의회가 있다.

감사역회는 기업의 전략적 경영의사결정에 근로자 또는 노동조합대표가 참여하는 기구로서 공동의사결정의 가장 핵심적인 기능을 담당한다. 독일 기업은 우리나라의 이사회 기능을 둘로 나누어 핵심기능(예: 이사 선임권, 주요 경영전략 결정권 등)과 감사기능까지 담당하는 감사역회와 비핵심기능을 담당하는 이사회로 구성되어 있다.

그러나 감사역회는 모든 기업에서 구성해야 하는 것이 아니라, 대기업은 반드시 설치하도록 법제화(광산·철강기업 1,000명이상, 일반기업 2,000명이상)되어 있다. 감사역회는 대기업의 경우 노사가 동수로 구성되어 공동결정권을 갖는다.

근로자평의회는 모든 근로자들이 관리적·업무적 사안에 대해 그들의 의견을 집약하여 기업의 운영에 반영시킬 수 있도록 근로자들만으로 구성된 기구이다. 즉 근로자평의회는 '근로자측'으로만 구성되는 순수한 근로자(조합원과 비조합원을 모두 포함한 전근로자) 대표기관으로서 노사가 체결한 단체협약의 범위 내에서 공동이익을 도모하기 위한 기구이다. 근로자평의회는 단체행동권(쟁의권)이 없다.

### (2) 노사협의회제도

노사협의회제도(management-employee consultation system)는 노사쌍방의 대표자들이 단체교섭의 대상이 되는 근로조건 이외의 문제, 즉 작업능률·생산성 등에 대하여 논의하는 합동 협의기구이다. 이를 경영협의회, 노사위원회 등으로 불리기도 한다. 노사협의회는 근로자의 복지증진과 기업의 발전 등을 중심으로 상호이해와 협조를 모색하는 제도이다.

노사협의회는 전종업원(노합원과 비조합원 모두 포함)이 선출한 대표로 구성되고 단체교섭사항에 포함되지 않는 모든 경영사항을 협의·자문하고 일부 공동결정한다. 노사협의회는 근로자들이 노사협의 사항에 대하여 필요한 문제를 건의하고, 경영자가 최종결정권을 가지고 운영하는 자문기구로서 상시 종업원 30인 이상의 모든 사업장에 설치하여야 한다. 또한 노사협의회의 임무는 협의사항, 의결사항, 보고사항으로 구분하고 있다(근로자 참여 및 협력 증진에 관한 법률 제4장 19조~21조).

---

52) 김식현 외, 1999, 454~455.

## 6. 성과참여제도

### 1) 성과참여제도의 의의

성과참여제도(participation in profit)53)는 근로자 또는 노동조합이 경영성과 증진에 적극적으로 참여하고, 그 협력의 대가로 임금이외의 형태로 경영이익의 일정 배분에 참여하는 제도이다. 성과참여제도는 노사가 총이익 내지 수익 중 근로자 인건비의 분배를 사전에 약정함으로써 분쟁을 원천적으로 없애는 방식이다. 따라서 성과참여재도는 결과참여제도로서 근로자들의 경영적 지위를 실질적으로 향상시킬 수 있는 제도이

근로자 성과참여제도는 근로자가 기업의 경영이익배분에 참여하는 제도이다. 이 제도는 근로자 또는 노동조합이 경영의 성과증진에 적극적으로 기여하고 얻은 경영성과, 즉 업적, 수익 또는 이익 중에서 일부를 임금 이외의 형태로 근로자에게 분배하는 방식이다. 기업은 성과참여제도를 실시하기 위해 경영성과의 크기 측정과 평가기준 마련 등에서 이해당사자들의 공감대를 형성하여야 한다. 성과참여제도는 근로자들의 경영참여를 통해 직무만족과 같은 사회적 보상을 얻을 수 있고, 직무성과와 같은 경제적 보상도 제고시킬 수 있다.

### 2) 성과참여제도의 특성

근로자의 성과참여제도는 다음과 같은 특성이 있다.

성과참여제도는 기업이 이익분배결정 과정에 근로자들을 참여시켜 노사가 공동으로 결정함으로써 공동체의식을 함양시키는 특성이 있다. 따라서 성과참여제도는 근로자들을 경영성과(result)뿐만 아니라 경영과정(process)에도 참여시켜 주는 보다 완벽한 제도이다.

성과참여제도는 근로자들의 직무수행에 성취동기를 높여 조직을 활성화시키는 특성이 있다.

성과참여제도는 근로자의 업무성과를 향상시킬 수 있고, 이익의 사내유보를 통해 재투자할 수 있으므로 기업의 발전에 기여하는 특성이 있다.

### 3) 성과참여제도의 유형

성과참여제도에는 스캔론플랜 · 럭커플랜 등이 있다.

---

53) 성과참여(배분)제도와 별도로 이익참여(배분)제도가 있다. 이익참여제도(profit-sharing)는 기업의 매출액이나 이익증대를 기초로 모든 근로자에게 정기적인 임금에 덧붙여 그 이익의 일부분을 생산성격려금, 초과이익분배금 등의 명칭으로 배분하는 제도이다.

### (1) 스캔론플랜

스캔론플랜(Scanlon plan)은 기업의 생산성 향상을 도모하기 위해 '제안제도(suggestion system)'를 확립하고, 이 제도에 참여한 모든 근로자들에게 성과에 합당한 배분을 시행하는 정책으로서 '보너스플랜(bonus-plan system)'을 확립시켜 노사 협력체계를 구축하는 방식이다.

제안제도는 모든 근로자들이 '노사생산성 계획'에 참여하여 '제안'함으로써 지식을 총동원하고 활용하도록 하는 제도이다. 제안제도는 종래의 개인 중심이 아닌 집단을 중심으로 한 노사협력에 목표를 두고 있다. 이 제도는 노사 간의 집단중심의 제안으로 협력하도록 생산위원회, 적격심사위원회를 둔다. 적격심사위원회는 생산위원회의 상위기구이다.

보너스플랜제도는 종래의 이익배당과는 달리 노동성과를 '생산제품의 판매가치'로 보고, 이에 따른 '노무비 절약'을 기준으로 보너스를 산정한다.

보너스의 산정은 ① 근로자들이 성과측정기준을 설정하고, ② 근로자들의 성과와 집단의 팀웍·협동·과업성과를 평가하며, ③ 전 근로자들에게 기업에 영향을 미치는 변수들(예: 수익성 증대)의 흐름을 이해하도록 하고, 집단이나 부서가 중심이 되어 문제를 찾아 해결한 정도에 따라 보너스를 결정한다.

### (2) 럭커플랜

럭커플랜(Rucker plan)은 노사위원회를 통해 모든 문제를 엄정하게 처리하고, 생산부가가치(성과)를 '럭커표준'이라고 하는 일정한 임금분배율을 적용하여 분배함으로써 노사협력체제를 통한 집단 자극으로 생산성 향상을 이루고자 하는 제도이다. 임금분배율＝임금상수＝연간부가가치의 39.395%[54]이다. 럭커플랜은 생산부가가치 산출을 비롯한 모든 문제를 노사위원회를 통해 노사협력으로 생산성을 향상시키면, 항상 임금분배율 수준이 보장된 임금과 보너스를 지불한다는 것이다.

럭커플랜은 다음과 같은 특성이 있다.

럭커플랜은 노사협력관계의 확립을 위해 '노사위원회(labor management committee)'를 설치하여 모든 문제를 해결하는 특성이 있다. 근로자는 노사위원회를 통하여 정신적 참여를 확보할 수 있고, 경영목표달성을 위한 동기를 부여하며, 항상 새로운 아이디어를 창출할 수 있다. 따라서 노사협력관계확립 → 생산성 향상 → 공정분배로 이어진다.

럭커플랜은 생산부가가치와 임금상수(임금분배율)에 의해 임금과 보너스를 산정하는 특

---

54) 이 임금분배율은 럭커가 지난 30년간 미국 제조업의 노동분배율을 분석한 수치로서 매우 안정되어 있음을 알게 되었다. 이를 럭커생산분배 법칙(The Rucker share of production principle)이라고 이름 붙였다(日本生産性本部, 1990).

성이 있다. 생산부가가치는 근로자·관리자·기계·부품·기타 여러 요인에 의해서 창조된 가치이다. 임금은 근로자, 채권자, 국가기관 및 기업자체의 생산가치 공헌도에 따라 분배된다.

## 7. 자본참여제도

### 1) 자본참여제도의 의의

자본참여제도(participation in capital)는 경영성과참여제도로서 기업이 근로자들에게 자기기업의 자본에 출자하도록 권장하여 기업의 소유에 참여하도록 하는 제도이다. 자본참여제도는 근로자가 자본의 출자자로서 기업의 소유에 참여시키는 제도로서 재산참가라고도 한다. 자본참여제도는 ① 투자자가 자사의 종업원이고, ② 투자대상이 자사주식이며, ③ 회사가 이를 위하여 특별한 편의를 제공하는 제도적 지원책이 마련되어 있다.[55] 따라서 기업의 자본참여제도는 근로자들의 경영적 지위를 실질적으로 향상시킬 수 있는 제도이다.

근로자의 자본참여제도는 기업의 자본조달과 기업의 노사경영공동체 형성 등의 효과가 있다.

### 2) 자본참여제도의 유형

자본참여에는 근로자의 자기자본참여로서 종업원지주제도(우리나라의 우리사주제도)와 타인자본참여로서 종업원사채제도가 있다. 또한 기업이 유능한 경영자를 확보하기 위한 주식매입선택권제도도 있다.

#### (1) 종업원지주제도

종업원지주(持株)제도(stock ownership)는 회사의 경영방침에 의하여 종업원에게 특별한 조건이나 방법, 즉 저가격, 배당우선, 공로주, 의결 및 양도권의 제한, 성과배분제도에 의한 주식의 분배 등으로 자사의 주식을 종업원이 자발적으로 취득·보유하도록 권장하는 제도이다.[56]

종업원지주제도는 기업의 안정적인 주주를 확보할 목적으로 시작하였으나, 최근에는 근로자의 '애사심'을 고취하고 '재산형성'을 촉진시키기 위해 추진되고 있다. 따라서 이 제도

---

55) 김영재 외, 2013b, 261~262.
56) 김영재 외, 2013a, 625.

는 기업의 자기자본비율을 높이고 기업의 유능한 근로자를 확보하며, 성취동기를 유발시켜 이직을 방지하는 효과가 있다.

종업원의 자사주 구매방식에는 개별참여방식과 공동참여방식이 있다.

### (2) 우리사주제도

우리사주제도(employee stock ownership plan)는 우리나라의 종업원지주제도의 명칭이다. 우리사주제도는 장기 주식보유를 통한 안정된 주주확보, 근로자의 애사심 고취, 재산형성 촉진 등의 목적으로 조직된 일종의 투자회로서 근로자들의 자주적으로 운영되는 제도이다.

우리사주제도는 모든 근로자를 대상으로 결성하고 규약을 정해야 하며, 주식의 개인계정 입고일로부터 최소한 1년간은 한국증권금융주식회사에 예탁해야 한다. 그리고 우리사주조합원은 의무예탁기간 중에 주식을 인출하거나 양도할 수 없다. 다만 퇴직 시나 사망 시에는 예외이다.

### (3) 주식매입선택권제도

주식매입선택권제도(stock option plans)는 회사가 유능한 경영자 및 종업원들에게 장래의 일정한 기간 내(권리행사기간)에 사전 약정된 가격(권리행사가격)으로 일정 수량의 자사주를 매입할 수 있는 권리를 부여하는 제도이다. 주식매입선택권제도는 원래 기업의 경영자를 포함한 핵심인력의 확보 및 유지를 위해 실시하였으나, 최근에는 전 종업원을 대상으로 그 범위를 점차 확대하고 있는 실정이다.[57]

주식매입선택권제도는 기업의 유능한 인재 확보와 그의 동기부여로 장기적으로 경영성과를 증대시켜 주식가치를 높이는 것이다.

주식매입선택권제도는 해당직원이 일정시점에서 행사가격(낮은 가격)으로 일정한 주식 구입권을 부여 받아 소유권을 확보하고, 장래에 경영성과가 개선되어 주가가 행사가격을 상회할 경우(하회할 경우 포기할 수 있음) 매각함으로써 보상받을 수 있는 제도로서 주식기반보상제도이다. 일종의 성과보너스로 볼 수 있다.

---

57) 최종태, 2000, 285; Welbourne & Cry, 1999.

참고문헌

김성수 (2007), 노사관계론, 삼영사.

김식현 · 정재훈 (1999), 노사관계론, 학현사.

김영재 · 김성국 · 김강식 (2013), 신인적자원관리, 탑북스.

박경문 · 최승욱 · 정영만 (2007), 신노사관계론, 무역경영사.

박성환 · 송준호 · 김찬중 (2019), 노사관계론, 범한.

부즈 앨런 · 해밀턴 (1997), 한국보고서, 매일경제신문사.

신수식 · 김동원 · 이규용 (2003, 2010), 현대고용관계론, 박영사.

이영면 (2012), 고용관계론, 경문사.

이준범 (1997), 현대노사관계론, 박영사.

최진남 · 성선영 (2023), 스마트경영학, 생능.

최종태 (2000, 2007), 현대노사관계론, 경문사.


Burnham, J. (1941), *The Managerial Revolution: What is Happening in the World*?

Drucker, P. F. (2000), *The Essential Drucker on Management*, Vols. Ⅰ－Ⅲ, Copyright.

Hammer, M. & J. Champy (1994), *Reengineering the Corporation*, Harper Collins Publishers Inc.

Jain, H. C. (1980), Worker Participation: Success and Problems, New York: Praeger.

Jones, G. R. & George, J. M. (2019), Essentials of Contemporary Management, 윤현중 · 이준우 등 역(2021), 경영학에센스, 지필미디어.

Kinicki, A. & Soignet, D. B. (2022), Managemet: A Practical Introduction, 김안드레아 역 (2022), 실용적 접근방식의 경영학원론, 한빛아카데미.

Welbourne, T. M., & Cry, L. A. (1999), "Using Ownership as an Incentive", *Group & Organization Management*, 4, 438~460.

# 제6편

# 인적자원의 전반관리

제14장   인적자원의 전반관리

# 제14장
# 인적자원의 전반관리

## 제1절 | 인적자원 전반관리의 개념

　현대사회는 조직사회이다. 조직의 가장 중요한 구성요소는 바로 사람이다. 따라서 조직은 사람을 합리적으로 관리할 필요가 있다.

　조직의 관리는 경영자가 미리 목표를 설정하고, 조직구성원들이 이를 추진하여 성과를 도출하도록 환경을 설정하고 유지하는 것이다.[1] 즉 조직의 관리란 여러 사람들이 협동을 통해 일을 수행하도록 하는 기능 또는 활동이다. 다시 말하면 조직의 관리란 어떤 목적달성을 위하여 조직에서 여러 사람들의 행동을 조정하여 통합적인 방향으로 공감대를 형성하고 실천하도록 과정적 기능을 수행하는 활동이다.

　인적자원의 전반관리는 기업의 인적자원을 전반적 차원에서 활용할 수 있도록 고용관리, 교육훈련관리, 임금관리 등의 업무를 한 시스템으로 통합하여 합리적으로 처리함을 의미한다. 또한 인적자원관리에는 인적자원의 전반관리를 뒷받침하는 과정관리가 있다.

　인적자원의 과정관리는 인적자원관리의 목표달성을 위해 부문별로 조직적 노력이 이루어지도록 하는 총괄적 과정이다. 따라서 인적자원의 과정관리는 인적자원의 전반관리를 뒷

---

1) C. Koontz, 1980, 1.

받침하기 위해 부문별로 계획, 조직화 및 통제로 나누어 실시되고 있다.

전통적 인사관리에서는 총노동비용의 적절한 통제와 종업원들의 동기부여를 통한 생산성 향상이 그 중심이었으나, 오늘날의 인적자원관리는 인적자원이 기업경쟁력의 핵심으로 등장하면서 종업원의 핵심역량 강화를 통한 경쟁우위의 확보와 경쟁 환경의 유연한 대응이 추가로 강조되고 있다.

현대 인적자원관리는 한편으로는 시장 변화에 따라 인력의 '유연적 역량'을 활용하여 '총노동비용'을 적절하게 유지하면서, 다른 한편으로는 근로자들이 새로운 지식의 창출이나 기술의 습득으로 '역량향상'과 기업에 대한 '충성심'을 이끌어 낼 수 있어야 한다. 다시 말해 기업은 노동비용의 절감, 유연적 역량의 향상, 충성심의 제고 등 상호 배치되는 목적 가운데 하나를 선택해야 하는 것이 아니라, 그의 경쟁력 확보를 위해 모두 동시에 달성하여야 한다.

제1장의 목표에서 제시하였던 효율성(생산성), 사회성(공정성·공공성), 생활성(만족성)이 얼마나 성취되어 인적자본과 사회자본이 이루어 졌는지에 대해 평가하고, 그 시사점을 찾고자 한다.

## 제2절  인적자원관리의 계획

### 1. 인적자원관리 계획의 의의

인적자원관리는 경영자의 철학과 목표 및 방침을 바탕으로 인적자원의 계획이 수립된다. 기업은 경영자의 철학을 바탕으로 전반적인 인적자원관리의 목표를 설정한 후, 이에 따라 인적자원관리(인사관리) 각 기능의 세부목표가 수립된다. 또한 그 목표를 효율적으로 달성하기 위해 경영방침이 정해지고 이에 따라 인적자원관리 계획이 구체적으로 수립된다.

인사계획은 경영목적을 달성하도록 조직 인사직능의 제반활동을 합리적으로 수행하도록 하는 관리활동이다.[2] 따라서 인사계획은 기업의 종합적인 경영계획의 한 부문이다.

인사계획은 기업이 필요로 하는 기업 내외의 인력실태, 특히 인적자원의 수준과 인원수를 사전에 예측하는 것이다. 따라서 인사계획은 기업환경의 급속한 기술적·경제적 발전

---

2) 김식현, 1999, 53.

에 부응하여 구조적인 상황변화를 예측하고 이에 부합될 수 있도록 설정하여야 한다.

인사계획은 물질적인 성과의 달성뿐만 아니라, 종업원의 관심을 끌 수 있는 근로의욕도 필요하다.

인사계획은 인적자원관리에 영향을 미치는 여러 경영활동(원료, 재무, 연구개발, 고정자산, 제품과 시장, 생산 설비 등) 등 전략적 사업계획과 수직적으로 관련되어 있고, 모집과 선발 계획뿐만 아니라 훈련과 개발계획, 인사평가, 배치·전환·승진 계획, 임금과 복지후생, 안전보건, 노사관계 등 인사관리 영역과 수평적으로 관련되어 있다. 따라서 인사계획은 전략적 사업계획과 수직적 차원, 인사관리 영역과 수평적 차원, 나아가 통합적 차원에서 수립되어야 한다.3)

## 2. 인적자원관리 철학과 방침

### 1) 인사철학과 방침의 정의

인사철학(personnel philosophy)은 인간을 움직이는 기본적 사고방식으로서, 경영자가 종업원을 경영목표에 결합시키기 위한 관리행위로 나타나는 일관된 성향이다. 인사철학은 객관성과 타당성이 있어서 종업원이 수용할 수 있어야 하고, 사회 일반의 인간관에 대한 통념이나 사회윤리에 벗어나지 않는 것이어야 한다.

인사철학은 경영자 개인이 만드는 것이 아니라, 기업 목적을 달성하기 위하여 경영자와 종업원이 적극적으로 협력관계를 이룰 수 있는 공동 신념으로 이루어져야 한다. 결국 인사철학은 경영자의 인사에 대한 주관적 확신에서 출발하여 기본적 생각과 의견, 행위, 학습 그리고 보상 등이 조직구성원들과 공유되고, 나아가 기업문화의 핵심가치체계로 정립된 성향이라고 정의할 수 있다.4)

인사철학은 경영자가 종업원들에게 궁극적 가치에 따른 행위목표를 제공함으로써 조직에서 어떤 행위가 중요하고 보상받을 수 있는지를 제시하는 역할을 한다. 이러한 행위는 공유된 경영비전이나 경영목표로 나타난다. 따라서 경영자의 인사철학은 종업원들에게 경영비전과 경영목표를 달성하기 위한 궁극적인 가치를 제시함으로써 그들에게 요구되는 행위, 즉 보상받을 수 있는 행위를 유발하도록 해야 할 것이다. 바꿔 말하면 경영자의 인사철학은 개인의 목적, 즉 현재와 미래의 생활안정, 사회적 수용과 인정, 그리고 자기 이상

---

3) 서도원 외, 2003, 306.
4) 김식현, 1999, 55.

(理想)의 실현 등이 조직의 목표와 조화를 이룰 수 있다는 확신을 주어야 한다.5)

경영자는 인사철학을 구체화시켜 인사목적(목표)을 설정하고, 이를 효과적으로 달성하기 위해 인사방침을 제시하여야 한다. 인사방침은 인사정책(personnel policy)이라고도 한다. 인사방침은 인사관리 활동의 기본 원칙으로서 그 행동 방향을 제시해 주는 이정표 역할을 하며, 개별적 인사관리 의사결정의 판단기준이 된다. 예를 들어 인사활동의 기준으로서 능력주의, 연공주의, 업적주의 등이 있다. 기업이 능력주의 인사방침을 채택할 경우 선발, 개발, 평가, 보상, 해고 등 제반 직능활동은 능력을 기준으로 이루어지는 것이다.

## 2) 인사방침의 설정기준

인사방침은 기업의 인사철학이 구체적으로 실현될 수 있도록 합리적으로 설정되어야 한다. 인사방침의 설정 기준은 다음과 같다.

인사방침은 인사철학이 현실적으로 실천될 수 있도록 설정되어야 한다. 인사방침은 최고 경영자의 인사철학을 충분히 반영하여 형식적 방침과 실질적 방침이 괴리가 나타나지 않도록 설정되어야 한다.

인사방침은 그 의도와 내용을 모든 관리자와 종업원들이 잘 이해할 수 있도록 설정되어야 한다. 기업은 주요 관리자들의 참여하에 인사방침을 결정하도록 하고, 이를 전체적·통일적으로 적용하여 그 의미를 정확히 해석할 수 있도록 하여야 한다.

인사방침은 기업의 여러 부문들의 관련성을 고려하여 설정되어야 한다. 인사방침은 여러 관련 방침들과 전체적으로 통일적인 인사 운용원칙이 되어야 한다.

인사방침은 기업 내외의 여건을 고려하여 설정되어야 한다. 기업의 인사방침은 인사목표를 달성할 수 있는 기회 요인을 적극적으로 활용하고, 위협요인을 회피하도록 설정되어야 한다. 또한 인사방침은 기업 내외의 이익집단 간에 공정하고 타당하여야 한다. 따라서 인사방침은 구성원들에 의해 수용되어야 할 뿐만 아니라 사회일반윤리 및 법적 제도에서도 수용될 수 있도록 설정되어야 한다.

인사방침은 종업원들이 인사상황을 정확히 예측하는 데 도움이 되도록 설정되어야 한다. 인사방침은 종업원들이 인사상황을 정확히 예측할 수 있도록 어느 정도 안정성과 지속성이 유지되어야 한다.

---

5) 김식현, 1999, 55~57.

## 3. 인적자원관리 계획의 내용

### 1) 인력계획의 구성

오늘날 기업은 급속도로 변화하는 기술적·경제적·사회적 환경에 직면하고 있다.

기업은 환경의 변화로 인해 경영계획을 수립하는데 있어서 노동시장의 구조적 변화, 직무의 구조적 변화, 작업동기부여의 구조적 변화 등을 고려하여야 한다.

인사계획은 전반경영계획의 일환으로서 그 기업의 다른 부문계획, 즉 판매계획, 생산계획, 투자계획 및 구매계획 등과 상호작용을 고려하여야 한다.

인사계획은 협의의 인사계획과 광의의 인사계획이 있다. 협의의 인사계획은 인력계획만을 의미하고, 광의의 인사계획은 인력계획·조직계획·제도계획 등을 의미한다. 조직계획과 제도계획은 인력계획을 수립하는데 보조적인 역할을 한다. 조직계획은 인력을 수용하는

**그림 14-1**   경영계획의 일환으로서 인사계획

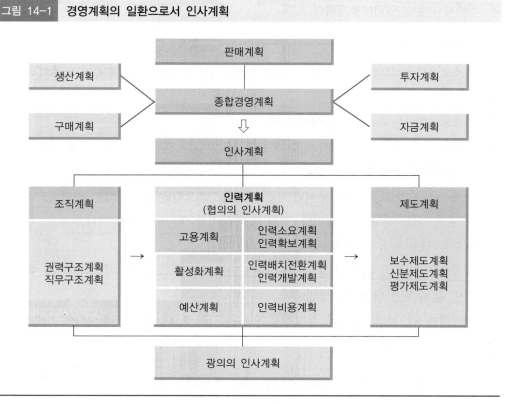

자료: 최종태, 2000, 635를 다소 수정하였음.

권력의 구조와 직무의 구조를 파악하는 활동계획이고, 제도계획은 인력활용을 뒷받침해 주는 보수제도와 신분제도 및 평가제도를 확립하는 계획이다. 인력계획이 기능적 요소라면, 조직계획, 제도계획은 구조적 요소이다. 이를 그림으로 나타내면 [그림 14-1]과 같다.6)

인사계획에는 인력계획·조직계획·제도계획이 있으나 여기서는 인력계획만을 설명하기로 한다. 기업의 인력계획은 다음 사항을 고려하여 수립해야 한다.

첫째, 인력계획7)은 먼저 인력의 수요를 예측하고, 그 다음 내부 노동시장의 인력이동을 내부 조정한 후 외부 노동시장의 인력확보를 위한 수요계획을 수립해야 한다.

둘째, 인력계획은 인력 공급예측에 있어서도 내부 노동시장의 인적자원에 대한 현황과 동태를 정확히 파악하고, 이들의 승진·이동·훈련 계획을 수립해야 한다.

셋째, 인력계획은 노동시장의 유연화 추세에 부합될 수 있도록 수립해야 한다.

## 2) 주요 인력계획

인력계획의 핵심은 소요계획과 확보계획이다. 이 밖에도 인력계획에는 인력배치전환계획, 인력개발계획, 인력비용계획이 있다.

### (1) 인력소요계획

인력소요계획은 현재 및 미래에 있어서 기업이 필요로 하는 인적자원의 직종별 인원을 예측하는 것을 말한다.

인력소요계획에는 두 가지 유형이 있다.

거시예측은 기업의 지불능력과 관련하여 총괄적인 소요인원을 측정하는 것인데, 정책적으로 목표인력의 '총인력수'를 산정한다.

미시예측은 사업부문별이나 부서별(직무단위별)로 소요인원을 측정하는 것인데, 어떤 인력의 소요가 '어느 직무'에서 얼마나 '필요'로 하는지를 파악하여 산정한다.

인력고용 인원수 결정정책은 두 가지 유형이 있다.

거시정책은 기업의 지불능력을 근거로 하여 거시적으로 고용인원수를 결정하고 이를 미시적으로 각 부서에 배정하는 방법이다.

미시정책은 각 사업부문이나 부서에서 미시적으로 소요인원수를 분석하여 산출한 후,

---

6) 최종태, 2000, 634~637.
7) 인력의 소요계획과 확보계획은 본서의 제4장에 인력의 소요예측과 인력의 확보예측과 거의 동일하다. 왜냐하면 인력의 예측은 사실상 인력의 계획과 직결되기 때문이다. 따라서 본 절의 인력의 계획은 개요만 설명하기로 한다. 자세한 내용은 제4장을 참고하기 바란다.

이를 거시차원에서 임금지불능력을 고려하여 전략적으로 고용인원수를 결정하는 방법이다. 그러나 이 방법으로 적정 인원수의 산출이 여의치 않을 경우 미시차원에서 재분석 과정을 거친 후 수정 보완하여 소요인원수를 재산출하고, 이를 임금지불능력을 고려하여 전략적으로 고용인원수를 결정하는 방법이다.

인력고용 인원수 결정정책은 미시정책이 더 합리적이라 할 수 있다. 그러나 기업의 경제사정 등이 다르므로 기업의 실정에 맞는 방법을 선정하여야 할 것이다.

### (2) 인력확보계획

인력확보계획의 유형에는 두 가지 유형이 있다.

내부노동시장형은 '시간외 노동'과 '승진·배치전환'이 있다.

외부노동시장형은 신규 종업원의 채용을 의미하는 '새로운 고용계약'과 인력리스, 즉 인력파견업체로부터 인력임대계약을 통해 확보하는 '인력 아웃소싱'이 있다.

### (3) 인력배치전환계획

기업은 확보된 인력을 조직에 잘 적응시키도록 적절히 배치·전환시켜 인재로 양성하는 인력배치전환계획을 마련하여야 한다.

인력배치전환계획의 방식에는 두 가지 방식이 있다.

양적 배치전환방식은 배치전환에 종업원의 인원수만 고려하는 거시적 방식이다.

질적 배치전환방식은 종업원의 적성까지 고려하는 미시적 방식이다.

종업원의 양 및 질과의 적정배치전환의 관계은 각 부서 종업원의 양은 그 질에 의하여 영향을 받고 있고, 각 부서 종업원의 질은 적정배치전환에 영향을 받는다. 인력 배치전환은 작업소요에 따른 직능과 인력확보자의 역량을 고려하여 실시하여야 한다.

### (4) 인력개발계획

기업은 확보된 인력을 개발계획에 따라 교육과 훈련을 실시하여야 한다. 기업이 아무리 유능한 인재를 구하였다하더라도 그 기업의 실정에 맞도록 계속 교육과 훈련시키지 않으면 안 된다. 그러므로 기업은 인력개발계획, 즉 교육·훈련 및 개발계획을 경영전략의 일환으로 삼아야 할 것이다.

오늘날 기업은 외부에서 구매할 수 있는 일반기술보다 특유기술이 필요하므로, 이에 알맞은 양적·질적으로 인력을 개발하여야 한다. 인력개발은 '계속적(continuity)', 상황에 적합하도록 '유연적(flexibility)', 직종과 대상에 따라 개발방법이 '다원적(diversity)', 그리고 전체와 조화를 이룰 수 있도록 '통합적(integration)'으로 이루어져야 한다. 인력개발은 오로지 노동성과적인 직무중심의 직무수행능력 개발에서 탈피하여 종업원들에게 자기발전의 희망과 기회를 부여할 수 있는 경력중심의 직업능력개발이 이루어져야 한다.

### (5) 인력비용계획

기업은 인력실천계획의 수립에 의거하여 이를 원활히 실현시킬 수 있도록 인력비용(예산)계획을 수립하여야 한다. 기업은 인력비용계획에 의한 인력예산을 수립하여야 하며, 이를 통한 통제도 필요하다.

기업의 인력비용계획의 수립에는 인력 원가계산제도의 적극적인 활용이 요청된다. 인력 원가계산제도는 인력관리활동에 소요되는 모든 비용을 파악하여 계산하여야 한다. 따라서 부분별 원가계산이 용이하도록 원가부문을 설정하고, 공통비를 원가요소별로 산정할 수 있도록 하여야 한다. 또한 기업은 원가배분에 대하여 감사(監査)하여야 할 것이다.

## 제3절 인적자원관리의 조직화

### 1. 인적자원관리 조직화의 의의

인적자원관리의 조직화는 인적자원관리를 계획대로 수행하기 위해 공동으로 노력할 수 있도록 조직의 필요한 사람 및 기타 자원을 일정한 패턴하에 상호 연관되도록 배치하는 과정이다. 인적자원관리의 조직화는 전통적으로 총노동비용의 절감과 종업원의 동기부여를 통한 생산성 향상을 강조하였으나, 최신에는 종업원의 핵심역량 강화를 통한 경쟁우위의 확보와 환경의 유연한 대응이 강조되고 있다.

오늘날 조직은 환경변화에 효과적으로 대처하기 위해 유일하고 최적의 아키텍처가 있다는 기존 연구자들의 시각을 부정하고, 하나의 조직에서 인적자본의 유형에 따라 다양한 인적자원관리 형태(HR configuration)가 있다고 보고 있다.

다양한 인적자원관리 형태는 다양한 인적자원의 고용방식(employment mode)과 이에 맞는 인적자본의 개발과 활용을 촉진시킬 수 있는 인적자원관리 제도들의 결합형태(practices configuration)를 필요로 한다.

다양한 인적자원관리 형태는 기본적으로 인적자원의 획득을 내부에서 양성(make: 내부노동시장형)할 것인가, 아니면 외부에서 구매(buy: 외부노동시장형)할 것인가의 선택과 관련이 있다. 그러나 이 두 제도는 서로 장단점[8]이 공존하고 있다. 기업은 그의 환경과 실정에 맞는 제도 중 하나를 선택하거나 두 제도를 일정 비율로 혼합하여 실시할 수 있다.

기업은 다양한 인적자원을 바탕으로 조직화하여야 한다. 인적자원관리의 조직화는 조직구성원들이 조직의 목표를 달성하기 위해 공동으로 노력할 수 있도록 안정적이고 이해가능한 모든 자원의 틀을 제공하는 것이다.[9] 따라서 기업은 그 환경이나 전략은 물론이고, 인적자본의 가치성이나 특유성이 다르거나 변화할 때 반드시 새로운 인적자원관리의 조직화가 이루어져야 한다.

## 2. 인적자원관리 조직화의 모형

### 1) 조직중심 인적자원 아키텍처모형

인적자원의 고용방식은 조직을 중심으로 설계되는 조직중심의 인적자원 아키텍처모형이 있다. 조직중심의 인적자원 아키텍처모형은 종업원들이 가진 다양한 기술 잠재력에 의한 가치창출(value-creating)과 특정 기업만이 보유하고 있는 기술특유(technical-uniqueness) 등 두 측면이 고려되고 있다.

#### (1) 조직중심 인적자원의 아키텍처 요소
#### (ㄱ) 인적자본의 가치(the value of human capital)

인적자본의 가치는 기업의 목표를 달성시켜 줄 수 있는 인적자원의 중요한 성질을 의미한다. 이는 기업의 인적자원 내부화를 통해 기업 자체에서 양성함으로써 향상될 수 있다.

기업의 인적자원 내부화는 한편으로 기업의 핵심역량을 기르고 거래비용을 낮추는 데 도움이 되지만, 다른 한편으로 채용·훈련·보상 등 인사관리 관련 제반 관행들을 유지하는 데 많은 관리비용을 발생시킨다. 다시 말하면 기업의 내부화는 인적자원(자본)을 개발하고 유지하기 위한 비용보다 종업원들이 가진 기술로부터 발생된 전략적 효익이 클 때 적용할 수 있는 전략이다. 만약 기업 내부화를 통해 양성된 종업원들이 기업의 비용절감에

---

8) 내부노동시장형은 기업이 보유하고 있는 기능(지식)·능력 및 기술을 쉽게 예측할 수 있고 거래비용이 감소된다. 그러나 이 형태는 고용관계에서 관료제 경향이 강하므로 더 많은 비용이 발생하고, 환경의 변화에 대한 적응력이 떨어진다. 이에 대해 외부노동시장형은 간접비용과 관리비용이 감소되고, 종업원의 수와 유형에 대한 재량권의 증대로 조직의 유연성이 증대된다. 그러나 이 형태는 기업의 인력이 외부로부터 조달된 인력과 부합되기가 어려워 핵심기술이나 역량으로 발전되기가 쉽지 않다.
9) 조직이란 그 공동목표를 달성하기 위하여 조직구성원 및 모든 자원이 상호 연결되어 있는 집합체를 말한다.

그림 14-2  인적자원 아키텍처의 형태

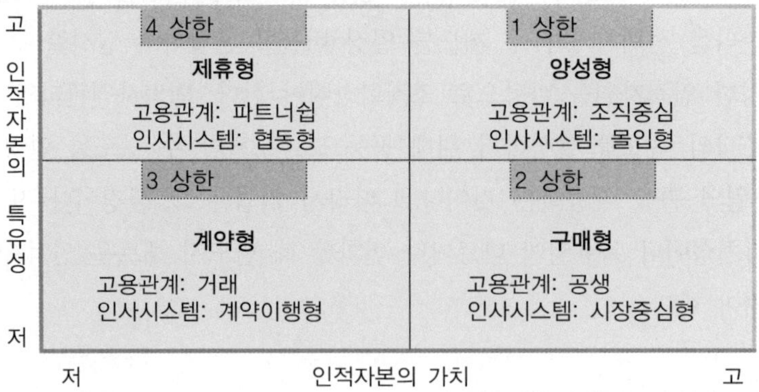

| 고 | 4 상한 | 1 상한 |
|---|---|---|
| 인적자본의 특유성 | **제휴형**<br><br>고용관계: 파트너쉽<br>인사시스템: 협동형 | **양성형**<br><br>고용관계: 조직중심<br>인사시스템: 몰입형 |
| | 3 상한 | 2 상한 |
| | **계약형**<br><br>고용관계: 거래<br>인사시스템: 계약이행형 | **구매형**<br><br>고용관계: 공생<br>인사시스템: 시장중심형 |
| 저 | | |

저 ⟶ 인적자본의 가치 ⟶ 고

자료: D.P. Lepak and  S. Snell, 1999.

도움을 준다거나, 고객들에게 더 많은 효익을 제공할 수 있다면, 인적자본의 가치가 증대된다고 할 수 있다.

### (ㄴ) 인적자본의 특유(the uniqueness of human capital)

인적자본의 특유성은 어떤 인적자본이 타 기업에는 없고, 특정 기업에만 존재하면서 특별히 소중한 성질을 의미한다. 인적자본의 특유가 클수록 거래비용이 커지므로 고용을 내부화시킬 필요성이 증대된다. 다시 말하면 기업이 조직에서 예외적인 일이 많이 발생하거나 팀 작업과 같이 상호의존성이 높은 업무를 수행하거나 조직특유의 업무를 수행하는 방식을 채택하고 있을 경우 사회적 복잡성(social complexity), 인간관계의 모호성(casual ambiguity), 묵시적 지식(tacit knowledge)이 증대되고 있으므로 종업원 기술의 특유성도 높아진다.

기업의 특유기술을 보유한 인재는 외부에서 쉽게 얻을 수 없고, 내부에서 특유(idio-syncratic)의 학습과정을 통해 투자하여 양성된 자산이다. 기업 특유의 자산은 거래비용 관점뿐만 아니라 자원기반 관점에서도 경쟁우위의 원천이 될 수 있으므로, 인적자본의 특유성이 높을수록 고용을 내부화해야 한다는 것이다.

### (2) 조직중심의 인적자원 아키텍처모형

조직중심의 인적자원 아키텍처모형은 인적자본의 가치(value)와 인적자본의 특유(uniqueness)를 고용방식의 선택기준으로 정하고, 이 두 요소가 높고 낮은 정도에 따라 4분면으로 구성된 아키텍처모형이다. 아키텍처모형은 [그림 14-2]와 같이 4분면으로 구성된다. 인적자본의 전략적 특성, 즉 가치와 특유는 각기 다른 고용 방식과 고용관계, 그리고 인사관리 관행들의 결합형태와 밀접한 연관이 있는 요인이다.

인적자원 아키텍처에서 인적자본의 가치와 인적자본의 특유가 모두 높은 기능을 요구하는 조직은 인적자원의 '양성형'이 적합하다고 할 수 있다. 그리고 인적자본의 가치가 높고 인적자본의 특유가 낮은 조직은 '구매형', 그 반대의 조직은 '제휴형', 인적자본의 가치와 인적자본의 특유가 모두 낮은 조직은 '계약형'이 적합하다고 할 것이다.10)

기업은 전략적 인적자원관리의 시각에서 어떤 인적자원의 운영방식이 기업의 경쟁우위를 가져올 것인가를 고려하여야 한다. 그러므로 조직에서는 한 모형을 일률적으로 적용하지 말고, 부서의 특성에 맞게 적용하거나 혹은 두 가지 방식을 혼용하여 사용해야 할 것이다.11)

## 2) 기능중심 인적자원의 아키텍처모형

기업의 인적자원 고용방식은 개인을 중심으로 설계(조직화)된 기능중심의 인적자원 아키텍처모형이 있다.

고용관리형태에는 외부노동시장형과 내부노동시장형을 혼합한 '핵심-주변 인력관리모형(core-peripheral workers)'이 있다. 즉, 핵심인력은 정규직 사원으로 하고 장기 고용을 전제로 하면서 조직의 중요한 부문을 담당하게 하는 내부노동시장형 고용형태이다. 그러나 주변인력은 비정규직 사원으로 하고 일시 혹은 단기 고용을 전제로 하면서 조직의 주변부문을 담당하게 하는 외부노동시장형 고용형태이다. 이는 미국 기업들이 1980년 이후 활용되고 있다.

고용관리형태에는 인력의 특성에 따라 집단별로 구분하고 있다. 각각 다른 인력정책을 적용하는 '고용포트폴리오모형'이다. 이 모형은 다음과 같이 세 가지 유형으로 나눌 수 있다. 이는 일본 일경연(日經連)에서 개발하여 활용하고 있다.

장기능력축적 활용형은 기업의 장기고용을 통해 능력을 축적하고 핵심직무를 수행하도록 하는 형태이다. 이 유형은 주로 관리직원이나 기능직원 등 한 기업에 계속 근무하기 원하는 핵심인력을 대상으로 한다. 이 유형은 종업원 개개인의 OJT와 각종 교육훈련 및 자기계발프로그램 등을 통한 능력개발 지원, 성과와 능력요소를 가미한 안정적인 임금체계

---

10) 유규창, 2004.
11) 김성수, 2002, 123~142.

채택, 업적과 능력에 따른 정기승진제도 등을 실시하고 있다. 또한 장기고용에 따라 인센티브를 제공하고, 퇴직금제도를 두며 생애에 걸친 종합적인 복지정책을 적용한다.

고도전문능력 활용형은 기업이 고도로 전문적인 역량과 기술을 향상시켜 기획, 영업, 연구개발 등 핵심직무를 수행하도록 하는 형태이다. 이 유형은 계약직으로서 계약기간 중 그 업적의 달성여부에 따라 처우가 결정된다. 따라서 이 유형은 승진을 통한 인센티브보다는 성과에 따른 상여금으로 동기를 부여시킨다. 다만 필요한 경우 정규직과 별도로 전문직승진제도를 둔다. 퇴직금은 적용대상에서 제외되며, 복지후생도 기본적인 생활보장에 필요한 것만을 제공한다.

고용 유연형은 기업의 필요에 따라 수시로 고용하고 해고하는 임시직, 계약직, 파트타이머 등으로 주변직무를 수행하도록 하는 형태이다. 이 유형은 근로자가 한 기업에 매어 있기보다는 여러 기업에 근무하는 단기고용형태이므로 대부분 퇴직금이나 기타 복리후생을 제공되지 않고, 생활과 안전에 필수적인 복지혜택만 제공한다. 이 유형의 업무는 직무에 따라 단순하고 반복적인 업무에서부터 전문적인 기술을 요하는 업무까지 다양하게 존재한다. 따라서 이 유형은 시간급제나 직무급의 형태를 주로 채택하고 있다.

이상의 세 가지 유형을 정리하면 〈표 14-1〉과 같다.

우리나라 기업의 고용형태는 연공서열에 바탕을 둔 평생직장형 장기고용의 형태가 줄어들고, 고도전문능력활용형이나 고용유연형은 늘어나고 있다. 한국기업의 인적자원관리는 정규핵심인력과 비정규인력이 조화를 이루면서 핵심역량도 강화시켜야 하는 등의 과제를

| 표 14-1 | 고용 포트폴리오에 따른 인적자원관리 | | |
| --- | --- | --- | --- |
| 구 분 | 장기능력축적 활용형 | 고도전문능력 활용형 | 고용 유연형 |
| 고용형태 | 기간을 정하지 않은 고용계약 | 기간을 정하는 고용계약 | 기간을 정하는 고용계약 |
| 대 상 | 관리직·종합직·기간직 | 기획·영업·연구개발 | 단순정형직·영업직 |
| 임 금 | 월급제 또는 연봉 승급제 있음 | 연봉제 또는 업적급 승급제 없음 | 직무급제와 시간급제 승급제 없음 |
| 상여금 | 정률 + 업적급 | 성과에 따른 상여금 | 정률로 지급 |
| 퇴직금 및 연금 | 포인트제도 | 없음 | 없음 |
| 승진 및 승급 | 직능자격제도 또는 직급 승진제도 | 전문직 승진제도 | 상위직무로의 전환 |
| 복리후생 | 생애종합시책 | 생활 원호 | 생활 원호 |

안고 있다. 따라서 기업은 단순히 시장 환경의 변화에 대해 수동적으로 대응하는 차원을 넘어, 보다 적극적으로 기업의 전략적인 목표에 따라 핵심인력이 필요한 업무와 전문능력이 필요한 업무, 그리고 주변 인력으로 수행 가능한 단순 업무로 분류하여 관리하여야 할 것이다.

제4절 | 인적자원관리의 통제

## 1. 인적자원관리 통제의 의의

인적자원관리의 통제는 인적자원관리 계획이 예정대로 수행되고 있는가를 파악하여 문제가 있을 경우 수정하는 과정이다. 다시 말하면 인적자원관리 통제는 전반적인 인적자원관리 활동이 기대되는 결과에 도달하도록 계획된 목표와 그 실제와의 차이를 측정하고 평가한 후에 그 차이를 수정·보완할 수 있도록 제공되는 방법과 과정을 의미한다.

인적자원관리 통제의 준수사항은 다음과 같다.

첫째, 인적자원관리 통제는 인사방침 및 그 실천 사항이 서로 체계화되어야 한다.

둘째, 인적자원관리 통제는 종업원들이 충분히 이해하고 인정할 수 있는 명확한 통제의 목표와 표준이 설정되어야 한다.

셋째, 인적자원관리 통제는 비용 - 수익 분석에 따라 경제성 내지 효율성이 향상될 수 있도록 이루어져야 한다.

넷째, 인적자원관리 통제는 표준과 실제의 차이가 발생한 이후에 수정하는 통제(feed-back control)도 필요하지만, 사전적이고 예방적인 통제(feed-forward control)가 더 필요하다.

다섯째, 인적자원관리 통제는 각 부문별로 자율성이 최대한 발휘될 수 있는 자기통제(self control)방식이 적용되어야 한다. 그럼으로써 업무수행자는 스스로 목표 달성을 위해 노력할 것이며, 고성과를 달성하도록 매진할 것이다.

여섯째, 인적자원관리 통제는 각 부문의 능력과 실정에 따라 유연적으로 운영되어야 한다. 조직의 통제단위는 자립단위, 준자립단위, 종속단위로 구분된다. 자립단위는 인적자원관리의 통제를 담당자나 담당부서에 위임하고, 준자립단위와 종속단위는 인적자원관리 통제를 기업의 인사부에서 그 정도에 따라 결정해야 한다.

## 2. 인적자원관리 통제의 형태와 과정

### 1) 인적자원관리 통제의 형태

인적자원관리의 통제는 다음과 같이 구분할 수 있다.

인적자원관리 통제는 '통제의 시기'에 따라 구분할 수 있다. 이에는 사전 통제, 현행 통제, 사후 통제가 있다.

인적자원관리 통제는 '통제의 내용'에 따라 구분할 수 있다.

첫째, 문제중심 통제는 문제가 발생하였거나 발생될 내용에 중점을 두는 통제이다.

계획중심 통제는 비용계획·시간계획 등과 같은 목표접근과정에 중점을 두는 통제이다.

기능중심 통제는 선발·배치와 같이 인사부문의 다양한 기능수행을 평가에 중점을 두는 통제이다.

조직중심 통제는 인적자원과 관련하여 조직의 효율을 높이기 위한 비용-수익 분석에 중점을 두는 통제이다.

둘째, 인적자원관리 통제는 '통제의 원천'이 기업의 안이냐 밖이냐에 따라 구분할 수 있다.

외부 통제는 기업의 노동조합과 노동시장에 의한 통제이다.

내부 통제는 기업의 규정·정보·감독이 그 기업의 대상자나 부서를 통제한다.[12]

### 2) 인적자원관리 통제의 과정

인적자원관리 통제의 과정은 네 단계로 설정된다.

표준 설정이다. 인적자원관리의 계획에서 설정한 목표와 표준이 통제활동의 목표 내지 기준이 된다.

실적 측정이다. 인적자원관리의 계획에서 설정한 목표와 표준에 따라 추진된 실적을 측정한다.

목표와 표준 및 실적 비교이다. 인적자원관리의 계획에서 설정한 목표와 표준 및 실적을 비교하여 예상하지 않았던 결과가 나타났을 경우 그 원인을 분석하고 평가한다.

편차 수정이다. 인적자원관리의 실적을 분석하고 평가한 결과, 수정이 필요한 경우 가능한 모든 조치를 탐색하여 적절하게 수정한다.

---

12) 최종태, 2000, 712.

## 3. 인사감사

### 1) 인사감사의 의의

인사감사는 인적자원관리의 통제에서 가장 강한 형태이다. 인적자원관리의 통제는 인적자원을 일정한 계획에 따라 여러 부분으로 나누어진 것을 통일하여 제어하는 것이지만, 인사감사는 인적자원관리의 운영과 회계 등이 기업의 목적과 각종 사업의 경영상태 및 그 성과에 대해 일정한 기준, 즉 원리·원칙·관습·경험·법규 등에 비추어 정확성 여부, 또는 합법성 여부를 평가하는 것을 말한다. 인사감사는 인적자원관리의 목적을 확인하고 체계적인 조사·분석을 통하여 경영효과를 평가하고 개선점을 발견하여 인사정책을 합리적으로 수립하기 위한 감사이다.

인사감사는 다음과 같은 필요에 의해 실시된다.

기업의 인력관리정책이 갖기 쉬운 획일성·몰개성 등의 개선과 그 효과에 대한 평가가 필요하다.

기업의 인력관리정책에 대한 노사의 이해관계가 첨예하게 대립하고 있는 상황에서 이의 조정에 관한 실적평가와 근로자들의 인간성 회복에 관한 실적평가가 필요하다.[13]

인사감사의 감사인(監事人)은 다음 세 가지 기준에 부합되어야 한다.

감사인은 자질기준(general standards)으로서 감사할 분야에 대하여 적절한 기술훈련을 받고 숙달되어야 하며, 독립된 정신자세를 가져야 한다. 그리고 보고서 작성기준에 부합된 감사가 이루어져야 한다.

감사인은 실사기준(standards of field work)으로서 실사를 적절히 계획해야 하고, 현존하는 내부 통제에 대해 연구하고 평가해야 한다. 감사인은 인사프로그램에 관한 의견의 합리적 근거를 얻을 수 있도록 검사·관찰·조회·확인해야 한다.

감사인은 보고기준(standards of reporting)으로서 인사정책 및 관리에 따른 문제분석, 문제에 대한 원인 분석, 문제해결 방안, 구체적 변화와 수단 등을 제시해야 한다.

인적자원관리의 감사는 1장의 인적자원관리 목표에서 제시한 3대 목표의 달성 여부를 평가하기 위해 다음과 같은 목표달성 감사가 필요하다.

효율성감사(인적자본 형성)이다. 기업은 조직의 생산성 향상을 위해 조직역량개발로 전문지식과 능력을 향상시켜 '인적자본(고차원적, 고숙련적 인적자원)'이 형성되었는가에 대해 효

---

13) 최종태, 2000, 717~718.

율성감사를 실시하여야 한다.

사회성감사(사회자본 형성)이다. 기업은 조직의 공정성·공공성 향상을 위해 사회역량개발로 협동능력(협조와 팀워크)과 사회적 책임을 이룸으로써 '사회자본(협동·조정적 자원)'이 형성되었는가에 대해 사회성감사를 실시하여야 한다.

생활성감사이다. 기업은 개인의 만족성 향상을 위해 개인 태도역량(보람과 긍지)이 바람직하게 형성되었는가에 대해 생활성감사를 실시하여야 한다. 그러나 여기에서 생활성감사는 따로 실시하지 않고 사회성감사에 포함시킨다.

인적자원관리의 감사는 일반적으로 경영자들이 기업을 효율적으로 운영하였는가에 대한 '효율성감사'와 기업이 사회와 이해관계자에 대해 올바른 사명과 역할을 다하였는가에 대한 '사회성감사'로 구분되고 있다. 그러나 다우존스사는 〈표 14-2〉와 같이 다우존스 안정성지수(Dow Johns Sustainability World Index: DJSWI)를 경제적 성과, 환경적 성과, 사회적 성과로 구분하여 지표를 제시하고 있다.[14]

**표 14-2  DJSWI의 구성요소**

| 구 분 | 기 준 | 가중치(%) |
|---|---|---|
| 경제적 성과 | 행동강령/ 준법감시/ 부패 및 뇌물수수 | 5.5 |
| | 기업지배구조 | 6.0 |
| | 위험 및 위기관리 | 6.0 |
| | 산업별 기준 | 산업별조정 |
| 환경적 성과 | 환경성과 | 7.0 |
| | 환경보고 | 3.0 |
| | 산업별 기준 | 산업별조정 |
| 사회적 성과 | 기업시민의식/ 기부 | 3.5 |
| | 노동관행 관련지표 | 5.0 |
| | 인적자본개발 | 5.5 |
| | 사회보고 | 3.0 |
| | 인재유인 및 유지 | 5.5 |
| | 산업별 기준 | 산업별조정 |

자료: DJSI, 2006, Dow Johns Sustainability World Indexes Guide, Version 8.0 August.

---

14) 이영면·박상언, 2007, 167.

## 2) 인사 효율성감사

### (1) 인사 효율성감사의 의의

인사 효율성감사(efficiency audit)는 가장 많이 사용되는 인사감사이다. 이는 19세기까지 인사관리 과정에서 유발되는 부정을 방지하기 위해 '적발감사'가 실시되었고, 20세기 이후 내부 '통제감사'가 실시되었다.

인사 효율성감사의 특성은 다음과 같다.

첫째, 인사 효율성목표의 달성 정도를 감사한다.

둘째, 인적자원관리의 제도와 활동 및 성과에 관한 자료를 체계적으로 수집하여 그 장점과 단점을 감사하고 개선 방안을 제시한다. 즉 이는 인적자원관리 목적에 비추어 그 활동이 적합한가를 체계적·포괄적·정기적으로 감사하는 것이다.

셋째, 인적자원관리의 운영과 회계기준에 비추어 실적을 감사한다. 기업은 이 감사를 통해 인사업무의 개선책을 발견하고 경직성을 방지하며, 오류를 시정한다. 따라서 이 감사는 치료적 관점이 아닌, 예방적이고 건강적인 관점에서 인적자원의 관리와 그 대책을 강구하여야 할 것이다.[15]

인사 효율성감사의 문제점은 다음과 같다.

첫째, 인사 효율성감사는 기업의 인사가 경영전반 차원에서 실시되고 있고, 그 내용도 매우 복잡하고 추상적이어서 그 효율을 정확하게 측정하기가 어렵다.

둘째, 인사 효율성감사는 기업의 인사가 비용에 비해 그 효과가 장기에 걸쳐 나타나므로 단기 동안에 나타나는 효율을 정확하게 측정하기가 어렵다.

셋째, 인사 효율성감사는 기업의 인사감사가 경영전반 차원(최고경영자의 역할)에서 실시되므로 일선부서(인사부서나 라인관리자)의 의견이 인사전략이나 계획에 반영되지 않았을 경우 그들의 사기 저하와 저항이 유발될 수 있다.

### (2) 인사 효율성감사의 기능

인사 효율성감사는 다음과 같은 기능을 수행하고 있다.

인사 효율성감사는 인적자원관리 수행과정에서 발생하는 오류의 시정과 예방에 필요한 자료 및 정보를 제공할 수 있다.

인사 효율성감사는 최고경영자가 결정한 인사정책이 기업 전체에 걸쳐 얼마나 원활하게 수행되었는가를 평가할 수 있다.

---

15) 최종태, 2000, 718~719.

인사 효율성감사는 인사담당자가 특별히 주의를 필요로 하는 영역의 문제점을 파악할 수 있다. 즉, 정기 인사감사 등을 통해 어떤 문제를 조기에 발견하여 더 악화되기 전에 해결할 수 있다.

인사 효율성감사는 근태율, 이동률, 사기 지표, 인력개발 정도, 종업원의 기술 수준, 교육프로그램의 자발적 이용률 등 조직전체에 유효한 지표를 개발하여 유효성을 평가할 수 있다.

인사 효율성감사는 목표 기간 내에 기대성과의 표준과 실제를 비교할 수 있다. 종업원의 고용, 훈련, 노동생산성, 초과 근무시간 등의 표준을 다른 기업이나 기타 조직과 비교한다.

인사 효율성감사는 개별 인사프로그램의 비용-수익 분석으로 인사정책의 유효성을 결정할 수 있다.

### (3) 인사 효율성감사의 형태

인사 효율성감사는 다음과 같이 여러 가지 형태로 구분되고 있다.

인사 효율성감사는 '실시 시기'에 따라 두 가지 감사가 있다.

정기감사는 일정한 시기를 정하여 기업의 문제를 예방하기 위해 실시한다.

비정기감사는 현실적으로 중요한 문제가 나타났을 때 임시적으로 실시한다.

인사 효율성감사는 '실시 주체'에 따라 세 가지 감사가 있다.

내부감사는 기업 내부의 인사전문가 및 유자격자들이 주체가 되어 실시하는 감사이다. 이 감사는 자료나 정보 수집이 쉬우므로 실태 파악이 편리하지만, 독립성이 약하기 때문에 기업 내부의 관행이나 전통에 대하여 새로운 감각을 가지고 비판할 수 없다.

외부감사는 기업 외부의 전문가, 즉 자문가·대학·연구기관 등에 의뢰하여 실시하는 위탁감사이다. 이 감사는 외부전문가가 독립성을 가지고 전문 능력으로 평가할 수 있다. 그러나 외부전문가는 기업 내부사정에 밝지 못하므로 정확한 정보를 획득·해석·판단하는 데 시간과 비용이 많이 소모된다.

합동감사는 기업 내부전문가와 외부전문가가 함께 실시하는 감사이다. 이 감사는 양쪽의 장점을 살릴 수 있다. 그러나 감사 결과가 미흡할 경우 이에 대한 책임을 서로 전가시킬 수 있고, 두 감사의 장점을 모두 살리지 못할 위험도 있다.

인사 효율성감사는 '실시 대상'에 따라 ABC감사가 있다. ABC감사는 일본 노무연구회의 노무감사위원회에서 개발한 것을, 미네소타대학의 요다(Yoder)가 1948년에 연구하여 발전시켰다. ABC감사의 내용은 다음과 같다.

A감사는 내용감사(administration survey)이다. 내용감사는 인사 정책의 관리적 측면을 대상으로 실시하는 감사이며, 인사기능 전반의 적정성을 감사하는 기능감사이다.

B감사는 예산감사(budget survey)이다. 예산감사는 인사 정책의 경제적 측면을 대상으로 실시하는 감사로서, 노무관리비 또는 인건비의 적정성을 분석·평가하는 비용감사이다.

C감사는 효과감사(contribution survey)이다. 효과감사는 인사정책의 실제적 효과를 대상으로 실시되는 감사로서, 경영성과 측정(매출액 지수, 생산 지수, 매출액 이익률, 총자본 이익률 등), 요원 측정(간접요원 비율, 직접요원 비율, 인사관리요원 비율, 입직률, 퇴직율, 배치 전환율 등), 복무 측정(결근율, 징계율 등), 손실 측정(불량률, 분쟁률, 재해 도수율)을 포함하는 결과감사이다.

ABC 감사는 인사통제 과정의 순서에 따라 이루어진다. 즉, 내용감사(A), 예산감사(B), 효과감사(C)를 순서대로 계속 순환하면서 실시하는 것이다.

### (4) 인사 효율성감사 시행절차

인사의 효율성감사는 일반적으로 다음과 같은 절차에 따라 진행된다.

첫째, 일반적 기록에 대해 조사한다. 일반적 기록은 비재무적 기록(회사 조직표, 내규, 정부 규제 등), 재무기록, 회계기록 등을 포함한다.

둘째, 세부적 인사기능에 따른 각 프로그램에 대해 분석한다.

셋째, 실사 자료의 수집방법을 결정한다.

넷째, 당초의 계획·표준적 절차·외부의 표준자료 등을 비교하거나, 한 조직·부서 간·부서의 추세를 비교하여 기업전체 환경에 적합하도록 감사한다.

다섯째, 최종적인 권고안을 작성한다.

## 3) 인사의 사회성감사

인사의 사회성감사(sociality audit)는 사회성 목표와 더불어 생활성 목표의 달성정도도 포함하여 감사한다. 사회성감사는 기업을 둘러싼 이해관계자들에게 어느 정도 만족을 주었는가에 대해 사회지표를 개발하여 실시하는 감사이다. 따라서 사회지표의 요소들은 기업이 그의 이해관계자들에게 반드시 제공하여야 할 사항들로 구성되어 있으므로, 인적자본이나 조직의 명성과 같은 무형자본에 영향을 주고 있다.

기업은 지역적·국가적·국제적 차원에서 이해관계자들에게 끼치는 사회적 성과를 분석하여야 한다. 기업은 사회적 성과분석을 바탕으로 종업원들과의 관계에서 친밀도를 강화시키고, 작업환경의 질을 향상시키기 위해 노력해야 할 것이다. 따라서 기업은 다음과 같이 사회성감사를 실시하고 그 결과를 공개하여야 한다.

첫째, 기업은 사회적 성과지표들을 기준으로 하여 종업원의 기본 권리를 어떻게 유지하고 존중하는지를 평가한다.

둘째, 기업은 그 운영에서 나타나는 다양한 사회적 상황과 이슈를 평가하여 이해관계자들에게 가능한 완전에 가깝게 공개한다.

GRI(Global Reporting Initiative)는 지속가능한 기업경영을 평가하는 기준으로 노동 관행, 인권, 소비자, 커뮤니티 등 사회의 다른 이해 관계자들에게 영향을 끼치는 광범위한 이슈들을 둘러싼 사회적 평가지표를 개발하였다.[16] GRI는 지속가능성보고서(sustainability reporting guidelines) 혹은 사회보고서(social reporting)로서 '지속가능한 개발'을 강조하고, 후세대가 필요로 하는 사항을 지속시키면서 현재 필요한 사항의 충족을 목표로 한다. GRI는 사회성과지표들을 개발하여 발표하였다. 사회성과지표에는 노동관행과 좋은 일자리지표, 인권지표, 사회지표, 제품책임지표가 있다. 그중에서 인적자원관리의 사회성과지표와 가장 관련이 높은 고용관행과 좋은 일자리는 〈표 14-3〉과 같고, 인권은 〈표 14-4〉와 같다.[17]

| **표 14-3** | **고용관행과 좋은 일자리** | | |
|---|---|---|---|
| 분 류 | 지표명 | 내 용 | 핵심/부가 |
| 고 용 | LA1 | 고용형태와 지역에 따른 고용규모 | 핵심 |
| | LA2 | 연령 및 성별 이직자 수와 이직률 | 핵심 |
| | LA3 | 정규직에 대해 제공되는 최소수준의 복리후생(비정규직은 제외) | 부가 |
| 노사/고용관계 | LA4 | 노동조합에 의해 대표되거나 단체협약에 적용되는 노동자 비율 | 핵심 |
| | LA5 | 구조조정(operational change)에 대한 최소 예고기간 및 협의 관행 | 핵심 |
| 직업건강과 안전 | LA6 | 직업건강과 안정에 대해 논의하는 공식적인 노사공동 위원회에 의해 대표되는 노동자의 비율 | 핵심 |
| | LA7 | 노동자의 사고, 직업병, 직무관련 결근율 및 산재사망률 | 핵심 |

16) GRI, 2002.
17) 이영면·박상언, 2007, 159~160.

| | LA8 | 노동자 및 그 가족을 대상으로 하는 전염가능 주요 질병에 대한 교육, 훈련, 카운슬링 및 예방프로그램 | 핵심 |
|---|---|---|---|
| | LA9 | 직업건강 및 안전관리 프로그램의 요소 | 부가 |
| | LA10 | 단체협약에 공식적으로 포함되는 건강 및 안전 이슈 | 부가 |
| 훈련과 교육 | LA11 | 노동자 유형별 연평균 훈련기간 | 핵심 |
| | LA12 | 고용가능성 제고와 경력개발을 위한 숙련도 제고 및 평생교육 비율 | 핵심 |
| | LA13 | 정기적으로 업무성과와 경력개발에 대해 검토를 받는 노동자의 비율 | 부가 |
| 다양성과 평등 | LA14 | 관련위원회의 구성과 성, 연령, 소수집단 및 기타 다양성 기준에 따른 노동자 비율 | 핵심 |
| | LA15 | 노동자 유형별 여성의 남성에 대한 보상수준 비율 | 부가 |

자료: GRI, G3 Version for Public Comments, Sustainability Reporting Guidelines(2006)을 재구성하였음.

**표 14-4  인권**

| 분 류 | 지표명 | 내 용 | 핵심/부가 |
|---|---|---|---|
| 관리관행 | LA1 | 인권관련 또는 인권보호 조항을 포함하는 투자협정 비율 | 핵심 |
| | LA2 | 인권보호를 확인하는 주요 공급업체 및 협력업체 비율 | 핵심 |
| | LA3 | 경영 및 운영관련 인권보호조항에 대한 교육형태 및 피교육자 수 | 부가 |
| 차별금지 | LA4 | 차별행위 건수 | 핵심 |
| 결사의 자유 | LA5 | 결사의 자유 및 단체교섭의 자유에 대한 위반 건수 | 핵심 |
| 아동노동 | LA6 | 아동노동 건수 | 핵심 |
| 강제노동 | LA7 | 강제노동 건수 | 핵심 |
| 징계관행 | LA8 | 인권보호위반 또는 보복관련 소비자, 종업원, 지역사회의 이의제기 절차 | 부가 |
| 인권보호관행 | LA9 | 조직의 인권관련 정책에 대해 교육받은 안전요원의 비율 | 부가 |
| 원주민권리보호 | LA10 | 원주민 권리보호 위반 건수 | 부가 |

자료: GRI, G3 Version for Public Comments, Sustainability Reporting Guidelines(2006)을 재구성하였음.

제5절 **기업의 인적자원관리 방향**

## 1. 아름다운 기업을 위한 인적자원관리 방향

경영자는 기업을 성장과 발전시키기 위해 그의 철학이나 신념, 그리고 이념이 바탕이 되어 훌륭한 경영원칙을 정하고, 이를 실천하여야 한다. 철학과 원칙은 기업을 운영하는 방향과 목표를 결정짓는 역할을 한다. 여기에서 철학이란 전체로서의 세계, 또는 세계 그 자체의 가치나 신념을 총체적·주체적으로 추구하는 활동으로서 세계 속에 존재하는 모든 물체, 특히 인생의 궁극적이고 근본적인 원리를 탐지하려는 과학이다. 또한 원칙이란 여러 가지 현상에 대하여 일반적으로 적용되는 법칙이다. 조직이 원칙을 지킨다는 것은 바로 근본을 치유하는 노력이라 할 수 있다.

한국의 인적자원관리는 유교사상을 바탕으로 하고 있다. 즉 철학적 관점에서 공자의 인 사상(仁: 어짐)과 퇴계의 경사상(敬: 경건함, 공손하고 엄숙하게), 그리고 율곡의 인심·도심 상호적용 가능성, 이(理)와 기(氣) 중 기 중시사상(재료적인 것과 활동 중시)이다. 다시 말하면 한국적 인적자원관리의 근원은 철학적 관점에서 인의(仁義)사상에 바탕을 둔 '이기(理氣)사상'이라 할 수 있다. 따라서 한국적 인적자원관리는 이기사상을 바탕으로 다음과 같이 인적자원관리의 아름다움을 이루어야 할 것이다.

한국적 인적자원관리의 아름다움(美)은 인(仁)과 의(義), 이(理)와 기(氣), 이성(reason)과 감성(feeling)이 조화와 균형으로 이루어진다. 인적자원관리에서 인·이는 정적으로 선(善) 그 자체이자 진리이다. 의·기는 동적으로 선(善)의지를 갖고 지식과 지성으로 나아갈 때 진(眞)을 이루고, 행동이나 예술로 나아갈 때 바로 미(美)를 이룰 수도 있고, 진과 함께 미(美)를 이룰 수도 있다.

한국적 인적자원관리의 아름다움은 목표적 관점에서 이성을 주로 바탕으로 하는 전문능력향상관리와 감성을 주로 바탕으로 하는 의욕향상관리로 이루어져 있다. 즉 전자가 효율성과 사회성 목표라면, 후자는 생활성 목표라 할 수 있다. 따라서 한국적 인적자원관리는 이 두 요소의 조화와 균형이 이루어져야 한다.

한국적 인적자원관리의 아름다움은 목표실현적 관점에서 '나'보다는 '우리'를 중시하는 공동체의식, 정(情)과 의리를 소중히 여기는 인간관계를 중시하고 있다. 한국의 인적자원관리는 딱딱한 형식주의에 얽매이기보다 인간중심의 여유, 풍유, 신바람, 흥 등 미풍으로 신뢰와 협동정신을 계승하고 있다. 이는 개인주의를 바탕으로 하는 서구적 의식구조와는 상반되는 것으로, 친하지만 거리를 두고, 논리와 성과를 중시하며, 사람관리에서 구조적이고 공식적인 법을 우선으로 하는 것과는 대조적이다. 따라서 이것이 한국적 인적자원관리의 아름다움(美)인 것이다.

한국적 인적자원관리는 인의(仁義)사상과 이기(理氣)사상을 바탕으로 최고의 성과를 도출하기 위해 인적자원관리의 모든 영역에서 중요 구성요소들이 조화와 균형을 이루어야 한다.

## 2. 아름다운 인적자원관리를 위한 조화와 균형

기업은 한국적 인적자원관리의 아름다움을 이루기 위해 다음과 같이 조화와 균형을 이루어야 한다.

### 1) 기업 이해관계자들과의 조화와 균형

경영자는 이윤을 추구하기 위해 기업을 운영한다. 그러나 경영자가 이윤을 추구한다고 해서 수단과 방법을 가리지 않고 이윤만 획득해서는 안 된다. 기업이 이윤을 추구할 때 이해관계자들과 관계에서 지켜야 할 윤리가 있고 사회에 대한 책무가 있는 것이다. 따라서 기업은 이해관계자들과의 조화와 균형이 필요하다.

간디는 그의 망국론(亡國論)에서 나라를 망치는 원인의 하나로 '도덕 없는 상업'이라고 주장하면서 돈이 소중한 것은 돈으로 사회에 유익한 일들을 할 수 있기 때문이라고 설명한다.

유일한은 유한양행의 설립자이다. 그는 미국에서 교육을 받은 사람으로서 과학성에 입각하여 경영하는 합리주의자였고, 모든 일을 이윤추구보다 국가 사회의 기여차원에서 해결하려 하였다. 또한 그는 그의 대부분의 재산을 사회에 환원하기도 하였다.

### 2) 경영자와 종업원, 경영자와 노동조합과의 조화와 균형

기업은 성장과 발전을 위해 효율성이 강조되지만, 반드시 이것만으로 모든 것이 이루어질 수는 없다.

민주 사회에서 자유와 평등이 중요한 것처럼 고용관계에 있어서도 경영자와 종업원이 지켜야 할 의무가 있다. 경영자는 종업원에게 법률상의 권리보장 의무, 안전하고 건강한 환경보장의 의무, 기본적인 욕구충족 보장의 의무는 물론이고 종업원들을 공정하게 대우할 의무가 있다. 또한 종업원은 경영자에 대해 기업의 정당한 목적달성에 협조할 책임과 의무, 방침과 명령에 복종할 의무가 있다. 따라서 경영자와 종업원 간의 조화와 균형이 필요하다.

경영자는 기업의 가치창출을 위한 직능수행에 꼭 필요한 권리인 경영권을 중시하고, 노동조합은 근로자들이 경영자로부터 그들의 생존을 확보하고, 권익을 보호하기 위해 노동권을 중시한다. 따라서 경영자는 노동조합과의 관계에서도 노사공존공영을 위해 경영권과 노동권의 조화와 균형을 유지하여야 한다.

### 3) 인적자원 전략과 관리의 조화와 균형

기업은 지속적으로 경쟁우위를 확보하고, 나아가 고부가가치 사업구조를 형성하여 성과를 향상시킬 수 있는 인적자원의 활동이다.[18) 인적자원전략의 상위 개념으로 인적자원정책이 있다. 인적자원정책은 기업의 인적자원을 전체적으로 내려다 볼 수 있는 전반경영자의 포괄적인 판단과 결정이다. 따라서 인적자원의 전략은 인적자원정책에 따라 기업이 자신의 비전과 목표 및 계획을 수립하고 이를 전체적 관점에서 추진하는 유기적인 상호작용 체계이다.

인적자원의 관리는 인적자원관리 전략을 구체적으로 실현시키는 과정이다.

기업은 전체적이고 개념적인 전략과 부분적이고 실천적인 관리와의 조화와 균형을 적절하게 유지해야 할 필요가 있다.

### 4) 인적자원관리의 안정과 혁신의 조화와 균형

안정전략은 기업이 과거의 사업활동에 만족하여 과거와 동일한 목표를 추구하고, 현재의 성장을 유지하거나 일정수준 이하로 제한함으로써 안정적인 기업활동을 유지하고자 하는 전략이다. 일반적으로 안정전략은 상대적으로 낮은 위험을 수반하는 전략으로서 성장이 느리고 환경변화가 비교적 낮은 산업이나 환경의 급속한 변화로 그 예측이 어려운 산업에 매우 효과적인 전략이다.

혁신전략은 기술이 상호 의존적으로 결합하고 발전되어 이전에 없었던 새로운 산업의 생성이나 기존산업을 새 산업으로 전환시키기 위해 이미 발명된 아이디어를 현실에 적용시키는 전략이다. 즉 새로운 아이디어를 개발하고 채택하여 이를 조직 내로 확산·실행하

---

18) 신유근, 2008, 238~239.

는 전략이다.19)

모든 조직은 안정과 혁신을 함께 중시해야 한다. 안정 없는 혁신 없고, 혁신 없는 안정도 있을 수 없는 것이다.

기업은 이 두 전략의 조화와 균형을 유지함으로써 조직을 더욱 발전시켜야 할 것이다.

### 5) 경제적 · 사회적 성과와 생활적 성과의 조화와 균형

기업의 성과는 조직체의 목적달성에 기여하는 정도를 말한다. 성과에는 기업이 중시하는 경제적 성과와 사회적 성과, 종업원이 중시하는 생활적 성과가 있다. 이들 간의 조화와 균형이 필요하다. 왜냐하면 생활적 성과를 도외시한 경제적 · 사회적 성과는 단기적으로 기능할지 모르지만 장기적인 성과는 있을 수 없고, 경제적 · 사회적 성과 없는 생활적 성과는 성립할 수도 없기 때문이다.

## 3. 바람직한 인적자원 양성을 위한 방향

### 1) 바람직한 인적자원 양성모델

기업은 종업원들이 자기의 직업과 기업 속에서 인생의 존재의의를 느끼면서 역량을 향상시키도록 관리하여야 한다. 기업의 바람직한 인적자원의 특성은 미래지향적 인재와 끊임없이 도전하는 인재이다.

기업이 이런 인재를 양성하기 위한 목표역량은 전문역량에서 고차원적 · 고숙련적 인적자원이고, 태도역량에서 인격을 갖추고, 보람과 긍지를 가진 인적자원이라 할 수 있다. 따라서 기업의 인적자원 양성모델은 [그림 14-3]과 같이 나타낼 수 있다.

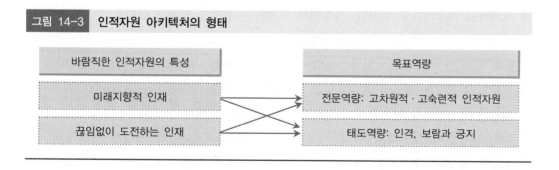

그림 14-3 인적자원 아키텍처의 형태

---

19) Van de Ven, 1986, 590; 신유근, 2008, 116

## 2) 바람직한 인적자원의 특성

### (1) 미래지향적 인재

기업의 인적자원은 무엇보다도 변화하는 환경에 쉽게 적응할 수 있고, 새로운 도전에도 살아남을 수 있으며 물러설 수 없는 투지로 새롭게 창조를 할 수 있는 '미래지향적 인재'가 절실히 요구되고 있다.

미래지향적 인재는 수월성 차원에서 다양성을 수용할 수 있어야 하고, 끝없는 도전에 감응할 수 있는 폭 넓은 학문의 '지식'이 마련되어야 한다. 기업이 개인에게 요구되는 역량은 개인의 상식에서 나온 것이 아니라, 구체적으로 경험해서 이해될 수 있는 문제인 것이다(미셜·크로제).

미래지향적 인재는 '상상력'이 풍부한 사람이어야 한다. 경영자는 종업원들이 상상력을 마음껏 펼칠 수 있도록 분위기를 조성하여야 한다. 인간은 홀로살이에서도 그렇지만 더불어 사는 자리에 이르면 그 꼬임과 얽힘이 이루 말할 수 없다. 그럴 때는 인간의 상상력이 닫히고, 삶의 터전이 요동치며, 인간의 존엄과 인간에 대한 감동도 사라진다.

알버트 아인슈타인은 지식보다 더 중요한 것은 상상력이라고 했다. 상상력은 인간의 삶에서 예술을 낳게 하는 가장 근본적인 힘이다. 상상력은 상상을 통해서 인간과 세계에 대한 통찰과 전망을 미적으로 드러내는 능력이다. 상상력은 사고력을 바탕으로 새로운 현실을 창조할 수 있다. 따라서 기업은 종업원들의 상상력을 통해 창조적인 능력을 깊고 넓게 키워야 한다. 창조야 말로 인간을 가장 인간답게 만드는 근본이다. 창조적 사고는 매일마다 반복되는 일상의 삶을 깨워 보람과 가치를 가져다준다.

### (2) 끊임없이 도전하는 인재

인간의 삶은 끊임없이 자아를 형성하고 수정하는 긴 여정이다. 인간은 이런 과정에서 늘 고뇌하고 좌절하기도 하지만, 끊임없이 도전하는 인재가 되기도 한다.

도전하는 인재는 다음과 같은 특성이 있다.

첫째, 끊임없이 도전하는 인재는 굳건한 의지와 지혜를 가지고 있는 사람이다. 이런 인재는 문제의 핵심을 꿰뚫어 볼 수 있고, 창조적인 업무를 수행할 수 있다. 또한 혁신적이고 복잡한 조직업무를 창의적이고 열정적으로 추진할 수 있다.

둘째, 끊임없이 도전하는 인재는 경영자정신(manager mind)과 기업가정신(entrepreneurship)을 보유한 사람이다. 즉 경영자는 기업의 목표를 달성하기 위해 기업의 효과성과 효율성 제고하고, 기업자원의 새로운 결합으로 혁신활동을 수행하여야 한다.

셋째, 끊임없이 도전하는 인재는 업무수행에 필요한 자질과 역량을 보유한 사람이다. 사람들은 그 자신은 물론 부하 및 후배들의 자질과 역량을 향상시키기 위해 지적투자를 늘여 새로운 역량을 키워 나가야 한다. 왜냐하면 자질과 역량이 높은 인적자원만이 새로운 논법을 개발하여 복잡한 문제를 다룰 수 있도록 해 주며 종전에 밝혀내지 못했던 의미들을 발견하도록 해 줄 수 있을 것이기 때문이다.

한국의 대표적인 성공기업들은 인재를 확보하고 또 효율적으로 활용하고 있다. 예를 들어 삼성물산은 한국 최초로 사원공채를 실시하였고 인재 제일주의를 지향하고 있다. 즉 삼성은 인간을 신뢰하고 또 소중히 하며, 인사의 합리성을 통해 끊임없이 도전하고 있다. 한편, 현대는 그 발전의 역사가 말해주듯 불퇴전의 추진력을 기업의 정신으로 정착시키고 있다. 따라서 학벌이나 연공서열이 아닌 능력중심 인사를 통해 진취적이고 유능한 인재를 발탁하여 활용하고 있다.

한 기업이 최고 수준에 도달하려면, 경영자나 종업원들의 많은 시련과 도전, 그리고 그의 철학이 녹아 있어야 한다. 그렇게 될 때만이 이들의 눈은 본질에 닿게 되고, 머리는 세상의 이치를 담을 수 있는 수준에 도달할 수 있는 것이다.

### 3) 전문역량: 고차원적 · 고숙련적 인적자원 양성

오늘날 기업은 인적자원의 가치를 중시하고 있다. 그러기 위해서는 수월성 차원에서 바람직한 인재상 및 관리체계를 확립하고 인재양성 전략을 추진하여야 한다.

#### (1) 바람직한 인재상 및 관리체계 확립

현대 기업은 종업원이 바람직한 인재상 및 관리체계를 확립하여야 할 것이다.

기업은 바람직한 인재상(人材像)을 정립하여야 한다. 기업은 미래에 경쟁력있는 바람직한 인재를 확보하고 유지 및 개발해야 한다. 이것이 기업의 성패를 결정짓는 중요한 요소인 것이다. 최근 세계 선도기업의 최고경영자들도 '우리의 미래는 전략이 아니라, 인재에 달려 있다'고 주장하고 있다.

기업은 바람직한 가치를 창출할 수 있는 인재를 확보할 수 있어야 한다. 따라서 기업은 인재관에 부합하는 인재의 특성을 파악하고, 기업이 추구하는 가치를 구현할 수 있는 인재관리체계, 즉 인재관리시스템, 성과관리체계 등을 구축하여야 한다.

#### (2) 고차원적 · 고숙련적 인적자원 양성전략 추진

현대 기업은 고차원적이고 고숙련적인 인적자원의 양성을 위해 다음과 같은 순서로 전략을 추진하여야 할 것이다.

종업원은 누구나 열심히 연구에 매진하여 새로운 사실을 발견할 수 있는 창조적인 지식을 창출해 내야 한다. 우리 기업들은 지난 수십년간 해외로부터 선진 과학과 기술을 전수받아 사회 전 분야에 확산시키는 기능을 잘 수행하여 고도성장을 달성할 수 있었다. 그렇지만, 이제는 모방을 통한 양적 팽창이 아니라 창조를 통한 질적인 성장을 위해 창조적 지식을 창출해야 한다.

기업은 종업원들이 조직에 몰입할 수 있도록 업무 단위별로 적절한 자율권 보장과 단순한 조직형태를 구축하는 등 필요한 여건을 조성해 주어야 한다. 오늘날과 같이 고도로 복잡해진 조직 속에서 경영자는 인적자원이 자주적으로 활동할 수 있도록 자율권을 보장해 주어야 한다. 경영자가 종업원들에게 큰 자율권을 부여할 경우 종업원들은 새로운 의미를 부여할 수 있는 업무수행을 위해 엄청난 혁신적 노력을 제공하게 될 것이다. 또한 기업은 조직을 최대 단순구조로 변경시킬 필요가 있다. 그럴 경우 기업은 효율성을 높일 수 있을 것이다.

기업은 미래지향적 인적자원을 보다 적극적으로 양성할 수 있는 시스템을 구축하여야 한다. 미래지향적인 인적자원은 기업에서 끊임없이 도전하는 고차원적이고 고숙련적인 인재라 할 수 있다. 따라서 이런 인재는 기업의 궁극적 목적, 즉 이윤추구를 위해 '높이 날고 멀리 뛰는'(高飛遠走) 사람이라 할 수 있다.

### 4) 태도역량: 인격과 보람 및 긍지

#### (1) 종업원의 인격

기업은 종업원들의 높은 품성을 필요로 한다. 그러기 위해서는 경영자 자신이 수신제가(修身齊家)가 되어야 할 것이다. 최고경영자라면 재물 그 자체를 추구하기보다는 좀더 높은 가치관을 추구하여야 한다.

종업원은 다음 두 가지 품성을 갖추어야 한다.

종업원들은 인격을 갖추어야 한다. 종업원들은 자질, 즉 도덕성을 함양하여야 한다. 종업원은 지식을 많이 쌓는 것도 중요하지만, 충직한 마음과 신의, 어짊과 덕망을 가지고 행동하며 처신해야 한다.

종업원들은 충심과 신의를 품고 힘써 실천하여야 한다. 종업원들은 그의 역량과 열정을 조직에 쏟고, 종업원들 간에 어질게 행동하도록 해야 한다.[20]

---

20) 정운찬, 2008.

## (2) 종업원의 보람과 긍지

경영자는 종업원들이 바람직한 태도역량을 보유할 수 있도록 합리적인 원칙을 가지고 운영하고, 종업원들의 자율성을 보장하며, 그 열매를 공정하게 나누도록 하여야 할 것이다. 그렇게 할 경우 종업원들은 의욕을 갖고 노력할 것이고, 이 과정에서 '보람과 긍지'도 가질 수 있을 것이다.

### (ㄱ) 보람: 일의 성과로 느끼는 행복감

사람은 조직이 자신을 받아들이고, 자신을 좋아할 때, 그의 삶이 행복하게 된다.

보람은 사람이 그가 한 일에 대하여 좋은 결과가 나타날 때 심리적으로 느끼는 만족감을 의미한다. 다시 말해서, 보람은 실행한 일이 의도한 대로 실현되고 그 결과에 대해 주변 사람으로부터 인정을 받을 때 느끼는 만족감이다.

일반적으로 사람들은 직장에서 일을 통해 보람을 찾는다. 사람에게는 돈이나 명예보다 자기의 일을 사랑하고 소중하게 생각하고 있다. 따라서 사람은 직장에서 무언가를 이루기 위해 불꽃을 품고 살아간다.

직업은 귀천이 있는 것이 아니라, 일을 통해서 사람이 얼마나 만족과 즐거움을 찾을 수 있느냐가 더욱 중요하다. 따라서 사람은 직장에서 단순히 특정한 목적 달성을 위해서가 아니라 직업(일)을 통해 삶의 욕구가 실현되는 곳이고, 자아가 실현되는 곳이며, 결과적으로 보람을 느낄 수 있는 곳이어야 한다. 일은 개인의 삶의 질과 존엄성, 그 사회의 산업화, 나아가 그 나라 경제의 근간이 된다. 그러므로 사람들은 일과 관련된 승진, 물질(금전) 등이 기대에 부응할 때 더욱 보람을 느끼게 된다.

### (ㄴ) 긍지: 직업 등의 애착심, 공적을 인정받거나 기여한다는 자부심

개인은 조직에서 긍지를 가질 때 업무에 몰입할 수 있다.

긍지(矜持)는 개인이 믿는 바가 있어서 스스로 자랑하고 싶은 마음을 의미한다. 따라서 기업은 종업원들이 다음과 같이 직업이나 직장, 또는 일에 대해 긍지를 갖게 해 주어야 한다.

개인은 그의 직업이나 소속기업, 또는 일에 애착을 가질 때 긍지를 갖는다. 따라서 사람은 무언가에 이끌려 일생을 걸 만한 직업을 갖게 되었을 때 긍지를 느낀다. 이런 직업을 천직이라 할 수 있는데, 사람들은 그것을 갖는 것만으로도 자신이 이 세상에 존재 의미를 실감할 수 있게 된다.

조직에서 종업원들이 긍지를 갖게 하는 마음에는 직업의식이나 기업의식이 있다. 직업의식은 독일에서 발전되었다. 독일인은 직업을 기독교적 관점에서 하늘(신)이 내린 소명으로 여기고 있다. 따라서 그들은 직업을 사회체계 중 그 일원으로 각자가 담당해야 할 역할로 여기고 직업에 대한 책임감, 직업을 통한 사회에의 공헌의욕과 더불어 시민의식으로 자각하면서 항상 자부심을 가진다. 기업의식은 일본에서 발전되었다. 기업의식이란 기업의 존재의의, 전통 및 실태를 이해함으로써 그 기업 속에서 자기의 역할과 입장에 대하여 만족하고, 적극적이면서 창의적으로 전체의 목적·목표달성에 노력하도록 직장의 집단정신, 즉 공동운명체로 자각하는 것을 의미한다.[21]

개인은 조직에서 일의 수행결과를 공적(功績)으로 인정받았을 때 긍지를 갖는다. 특히 개인은 다른 사람이 이루지 못할 탁월한 업적을 올리거나 조직에서 다른 사람보다 우수한 업적을 올렸을 때 긍지를 가진다. 이를 자긍심이라고도 한다. 자긍심은 한 개인이 스스로에 대하여 능력 있고 가치 있다고 믿는 정도를 의미한다.

자긍심이 낮은 사람은 사회생활에서도 자신이 부적합하다고 느끼며 지나치게 자기중심적으로 생각하거나 작은 일에도 과민하게 반응한다. 또한 업무에 임할 때에도 열심히 일을 하거나 신나게 일하지 않는다. 그러나 자긍심이 높은 사람은 스스로 능력이 있음을 확신하며 업무의 능률이 향상된다. 따라서 자긍심이 높은 사람은 결과적으로 기업에 매우 소중한 인적자원이 될 수 있는 것이다.[22]

개인은 그의 업무가 도덕적으로나 윤리적으로 바람직한 것이며 회사뿐만 아니라 사회의 이익에 기여한다는 생각을 가질 때 긍지를 느낀다. 따라서 기업은 종업원들이 이런 업무를 많이 할 수 있도록 지원해야 한다. 그러나 구성원들이 부도덕한 일을 하는 집단에서 업무를 수행할 때도 자기의 일에 보람을 느낄 수 있다. 그러나 그 사람은 자기가 한 일에 대해 세상 모든 사람들에게 떳떳하게 드러내놓고 말할 수 없기 때문에 긍지는 느끼지 못할 것이다.

## 4. 고성과 작업시스템의 구축

기업은 그의 경쟁력을 높여 성과 향상을 목표로 한다. 따라서 기업은 고성과 작업시스템을 구축하여야 한다.

---

21) 최종태, 2000, 385~390.
22) 최애경, 2006, 49, 52~53.

## 1) 고성과 작업시스템의 의의

고성과 작업시스템은 인적자원관리에 있어 종업원 존중, 그들의 성장과 발전, 관리자들에 대한 종업원 신뢰 형성이라는 원칙 하에 조직의 목표를 달성할 수 있도록 고안된 여러 인사관련 제도의 묶음이다. 기업에서 고성과 작업시스템의 사용은 종업원의 몰입과 참여를 효과적으로 이끌어 낸다고 보고 있다. 따라서 기업(조직)들은 고성과 작업시스템을 통해 종업원의 몰입과 참여, 두 가지 목표를 추구하고 있다. AMO모델에 따르면 종업원들의 성과를 결정짓는 요인은 그들의 능력(ability), 동기부여수준(motivation), 기회(opportunity)의 곱(성과 = 능력×동기부여수준×기회)으로 요약할 수 있다.

고성과 작업시스템이 조직성과에 긍정적 영향을 미치는 요인에는 인적자본, 종업원의 동기부여와 몰입, 인간관계적 접근이 있다. 인적자본(human capital)은 조직 내의 사용되지 않은 인적자원의 활용을 극대화(지식기반 역량과 조직목표 달성 간의 연관 중시)하거나(자원기반이론), 모방불가능하고 대체불가능한 높은 수준의 인적자원을 보유(인적자본이론)하면 경쟁우위를 창출한다. 종업원의 동기부여와 몰입(employee motivation and commitment)은 조직과 종업원들 간의 일치된 목표를 설정(이해관계 일치)함으로서 조직의 성과를 향상시키는 효과가 있다. 인간관계적 접근(relational perspective)은 구성원 간의 상호작용과 조직 내의 분위기로 설명할 수 있다. 즉 고성과 작업시스템이 형성하는 조직 분위기는 구성원들 간의 긍정적인 상호작용을 장려하는 효과가 있고, 조직구성원들 간의 긍정적 상호작용이 빈번히 일어날 때에는 나에게 필요하지만 내게 없을 경우 남이 보유하고 있는 자원에 대한 접근이 보다 용이해져서 그들 간의 협력과 화합이 강화된다.

## 2) 고성과 작업시스템의 실행

종전의 전략적 인적자원관리는 행동주의적 접근법(behavioral approach)으로 설명되었다. 이는 인사제도가 종업원의 특정 행동을 유발하게 되고, 이러한 행동은 곧 조직의 성과에 직결된다(HR제도 → 종업원의 행동 → 성과). 그러나 인사제도가 종업원들의 행동을 유발시키는 과정에 대해 상세하게 설명하지 못한다. 최근에는 이를 해결하기 위해 프로세스에 입각한 접근법(process approach)이 고려되고 있다. 즉 종업원들의 인사제도에 관한 지각이라 할 수 있다.

고성과 작업시스템은 인사제도, 인사관리 지각, 업무태도와 인사 분위기, 업무행동, 업무성과로 이어지고, 이를 [그림 14-4]와 같이 나타낼 수 있다. 고성과 작업시스템은 다양한 인적자원관리제도들로 구성되어 있다. 지식, 기술, 그리고 능력 향상을 위한 인사제도(모집,

그림 14-4  인사제도 지각을 통한 인사시스템의 효과성

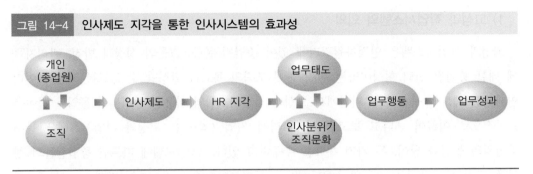

자료: 권석균·이병철·양재완, 2022, 지속가능 성장을 위한 인적자원관리(제2판), 437을 다소 변경하였음.

선발, 교육·훈련), 동기부여와 업무노력 증대를 위한 인사제도(성과평가, 보상, 직업 안정성 보장), 능력발휘 기회를 다양하게 제공하기 위한 인사제도(종업원 참여, 높은 자율성과 권한 부여, 팀 조직 운영에 관련된 인사제도) 등이 있다. 이들 제도가 효율적·능률적으로 운영될 때 종업원의 몰입과 참여가 가능할 것이다.

인사제도에 관한 종업원들의 지각은 그들의 태도를 형성하는 밑거름이다. 따라서 인사제도는 종업원들이 이해하기 쉽게, 그리고 구체적으로 설계되어야 한다. 또한 종업원들이 고성과 작업시스템에 관한 지각을 올바르게 형성하기 위해서는 인사제도를 일관되게 실행하는 것이 핵심이다. 인사시스템에 관한 개인의 지각은 조직 구성원들 간의 상호작용을 통해 조직 수준의 개념인 인사 분위기로 발전된다. 만약 인사제도를 조직에서 이해하기 쉽고, 구체적이며, 일관되게 설계하여 운영하면 강한 인사 분위기(HR climate)가 형성된다. 그리고 나아가 조직문화(공식화 또는 문서화 되지 않으나 대부분의 구성원들이 인지하고 있는 공유된 가치나 규범으로 조직 구성원들의 행동에 중요한 영향을 미침)가 형성된다. 조직문화는 인사 분위기의 작동원리와 동일하다. 그러나 인사(조직) 분위기는 구성원들의 지각의 공유를 통해서 형성되고, 조직문화는 구성원의 지각뿐 아니라 신화, 상징, 언어, 이념, 전통 등 문화적 산물에 의해 형성된다. 한편 국가문화는 권력차이, 집단주의, 성과지향성이 고성과 작업시스템과 관련되어 있다. 국가의 문화속성이 권력의 차이가 작고, 집단주의가 낮으며, 성과지향성이 높은 형태를 가진 국가에서 보다 긍정적이다.

### 3) 인적자원관리제도 실행의 영향요인

인적자원관리제도의 실행에는 관리자의 리더십, 종업원의 시각차이, 조직의 인사제도 변화 등이 있다.

### (1) 관리자의 리더십

인적자원관리제도의 실행은 인사부서만이 하는 것은 아니다. 인사부서, 즉 인사담당자, 인사관리자, 그리고 인사담당 임원 등은 인적자원관리 제도를 도입하고 설계하는 기능은 담당한다. 그러나 이러한 인사제도를 기업경영과 그에 관련된 중요한 의사결정을 하는 데에 실제로 적용하고 그 효과를 극대화시키는 것은 대부분 관리자(일선관리자, 중간관리자)가한다. 따라서 관리자들이 어떠한 리더십을 가지고 부하직원들의 채용, 교육/훈련, 평가, 그리고 보상 등에 관련된 의사결정을 내리고 이를 실행하느냐가 매우 중요하다. 또한 경영자의 리더십도 인사시스템의 효과적 실행에 매우 중요한 영향을 미친다.

### (2) 종업원의 인식차이

인사제도의 적용대상인 종업원들은 그들의 속성에 기초한 차별성(individual)을 가지고있다. 비록 경영자가 일관성 있는 다양한 인사제도를 통하여 종업원들에게 일관된 메시지를 전달하려고 해도, 그것을 받아들이는 종업원들이 다른 인식을 가지고 있다면 그들의 해석은 매우 상이할 수 있다. 이러한 개인의 차별성은 개인의 성장 및 교육환경, 가치관, 사회적 관계, 그리고 경험 등 매우 다양한 차이에 기인한다. 조직의 인사제도에 대한 종업원의 반응은 논리적 판단과정뿐 아니라 감정적 상태에 의한 영향도 고려해야 한다.

### (3) 조직의 인사제도 변화

급속히 변화하는 4차 산업혁명(인공지능, 빅데이터 등)의 도래는 인적자원관리와 관련된 조직의 다양한 정책과 제도에도 변화를 가져와 새로운 제도가 신설되거나 폐지되기도 한다. 따라서 인사시스템의 효과성에 미치는 영향에 대해 더욱 깊은 이해와 통찰이 필요하게 되었다.[23]

---

23) 권석균 · 이병철 · 양재완, 2022, 424~444.

참고문헌

권석균·이병철·양재완 (2022), 지속가능 성장을 위한 인적자원관리(제2판), 시대가치.

김성수 (2002), "인적자원 아키텍쳐가 조직유효성에 미치는 영향", 노사관계연구, 서울대학교 노사관계연구소, 제13권, 123~142.

김식현 (1999), 인사관리론, 무역경영사.

서도원·서인석·송석훈·이기돈 (2003), 인사관리, 대경.

신유근 (2008), 경영학원론, 다산출판사.

유규창 (2004), 새로운 고용관리-고용포트폴리오 전략.

이영면·박상언 (2007), "고용의 질에 관한 글로벌 기준과 측정지표", 인사관리연구, 제31집 2권, 149~177.

정운찬 (2007.5.7), '한국 지성사회의 반성과 과제' 강연 요지, 교수신문.

정범구·한창수 공역 (1995), 이카루스 패러독스, Danny Miller (1990), The Icarus Paradox, 21세기북스.

최애경 (2006), 성공적인 커리어를 위한 인간간계의 이해와 실천, 청람.

최진남·성선영 (2023), 스마트경영학, 생능.

최종태 (2000), 현대인사관리론, 박영사.


Dow Johns Sustainability World Index(DJSWI) (2006), *Dow Johns Sustainability World Indexes Guide*, Version 8.0 August.

Global Reporting Initiative(GRI) (2002), *Sustainability Reporting Guideline*.

Global Reporting Initiative(GRI) (2006), "G3 Version for Public Comments", *Sustainability Reporting Guidelines,* http://www.gri3.org/guidelines/overview.html, March 16.

Koontz, C., O Donnel & Weihrich, H. (1980), *Management*, 7th ed.

Jones, G. R. & George, J. M. (2019), Essentials of Contemporary Management, 윤현중·이준우 등 역(2021), 경영학에센스, 지필미디어.

Kinicki, A. & Soignet, D. B. (2022), Managemet: A Practical Introduction, 김안드레아 역(2022), 실용적 접근방식의 경영학원론, 한빛아카데미.

Lepak, D. P. and Snell, S. (1999), "Human Resource Architecture." *Academy of Management Review,* 24(1), 31~48.

Van de Ven, A. H. (1986), "Central Problems in the Management of Innovation", *Management Science*, 32(5), 590~607.

# 찾아보기

 저자약력

■ **박성환**

성결대학교 경영학과 명예교수
동국대학교 경영학박사
성결대학교 교무처장
한국산업인력공단 국가직무능력표준개발(NCS) 개발전문위원
한국경영학회 운영위원, 한국인사관리학회·한국생산성학회 이사

역량중심 인적자원관리, 2008, 한올출판사. 문화체육관광부 우수학술도서 선정
경영학의 탐색(공저), 2011, 법문사. 문화체육관광부 우수학술도서 선정
노사관계론(공저), 2019, 범한
다기능숙련화의 영향요인과 성과에 관한 연구(박사학위논문) 외 다수

■ **이준우**

국립한밭대학교 경상대학 융합경영학과 교수
서울대학교 경영학박사
고용노동부 책임운영기관 운영심의회 위원
한국인적자원개발학회 이사장
사회적기업학회 회장
한국경영학회, 한국인사조직학회, 한국인사관리학회, 한국산업경영학회 부회장

■ **윤현중**

강원대학교 경영회계학부 부교수
서울대학교 경영학박사
강원대학교 입학본부장, 대학원부원장·교육혁신부처장
강원지방노동위원회 공익위원
한국인사관리학회, 한국인적자원개발학회, 한국전략경영학회, 한국중소기업학회 부회장
한국경영학회, 한국생산성학회, 한국인사조직학회, 대한경영학회, 대한리더십학회 상임이사
사회적기업학회 감사

## 역량중심 **인적자원관리** [제4판]

2007년 12월 30일   초판 발행
2012년   1월 10일   개정판 발행
2014년   3월 15일   제3판 발행
2024년   4월 10일   제4판 1쇄 발행

저　자　박성환 · 이준우 · 윤현중

발행인　배　　효　　선

발행처　도서
　　　　출판　　法　文　社

주 소　10881 경기도 파주시 회동길 37-29
등 록　1957년 12월 12일 / 제2-76호 (윤)
전 화　(031)955-6500~6 FAX (031)955-6525
E-mail　(영업) bms@bobmunsa.co.kr
　　　　(편집) edit66@bobmunsa.co.kr
홈페이지 http://www.bobmunsa.co.kr

조 판　　광　　　진　　　사

정가　32,000원　　　　ISBN　978-89-18-91512-8